조선후기 사상계의 전환기적 특성

조광趙珖

1945년 서울 출생
고려대학교 대학원 사학과 박사과정 졸업(문학박사)
동국대학교 사범대학 국사교육과 조교수 역임
한국사연구회 회장 역임
한일역사공동연구위원회 위원장 역임
고려대학교 문과대학장 역임
고려대학교 박물관장 역임
현재 고려대학교 문과대학 한국사학과 교수

논 저

『朝鮮後期 天主教史 研究』,『역주 사학징의』,『조선후기 천주교사 연구의 기초』,
『한국 근현대 천주교사 연구』,『조선후기 사회와 천주교』외 다수

조선후기 사상계의 전환기적 특성   값 40,000원

2010년 7월 16일 초판 인쇄
2010년 7월 31일 초판 발행

저　　자 : 조 광
발 행 인 : 한 정 희
발 행 처 : 경인문화사
편　　집 : 신학태 김지선 문영주 안상준 정연규
　　　　　서울특별시 마포구 마포동 324 - 3
　　　　　전화 : 718 - 4831~2, 팩스 : 703 - 9711
　　　　　이메일 : kyunginp@chol.com
　　　　　홈페이지 : 한국학서적.kr / www.kyunginp.co.kr
등록번호 : 제10 - 18호(1973. 11. 8)

ISBN : 978-89-499-0739-0　94910

조선후기 사상계의 전환기적 특성

조 광

景仁文化社

머리말

한국사학계는 1960년대를 전후하여 큰 변화를 겪게 되었다. 이때에 이르러 식민사학의 극복을 위한 노력이 본격적으로 전개되기 시작했다. 그리고 한국사의 내재적 발전론 및 자본주의 맹아론에 대한 연구가 진전되어 갔고, 근대 한국 민족주의의 기원을 설정하기 위한 노력도 진행되었다. 당시의 이 연구 경향들은 한국 근대화의 기원을 모색하는 문제와 긴밀한 관계를 가지고 있었다. 이는 한국사연구자들이 1960년에 일어난 4·19혁명 이후 자신의 학문 방향에 대한 반성을 진행시키면서 한국사회가 직면했던 현재적 과제들을 역사학의 영역 안에서 풀어보고자 했던 노력의 표현이기도 했다.

바로 이 과정에서 조선후기사가 본격적으로 주목을 받기 시작했고, 연구자들은 이 분야에 자신의 연구 역량을 집중하고 있었다. 그 결과 1960년대 이후 조선후기사 연구는 괄목할만한 발전을 이룰 수 있었다. 이 때 남북한의 학계에서는 조선후기에 이르러 농업과 상업 그리고 수공업 분야에서 자본주의의 맹아가 발생하고 있었음을 실증하고자 했다. 임노동분야에서 고용 노동의 등장과 증가 현상에 주목하기 시작했고, 신분변동을 비롯한 사회변동이 급격히 진행되었음을 논증해 내기에 이르렀다. 이와 동일한 맥락에서 실학사상에 대한 주목이 이루어졌다.

1960년대 한국사학계의 연구결과로, 임진왜란과 병자호란을 겪은 조선후기의 사회는 전통적 사회를 자기 힘으로 극복해 나가면서 근대를 지향하고 있던 전환기 내지는 변혁기로 인식되었다. 이때 조선후기라는 시대의 범위는 대체로 17세기 전반기부터 19세기 후반 문호 개방의 시기까지로 설정되었다. 그러나 발전사관을 전제로 할 때 모든 역사적 시간은 전환기임을 말하면서 굳이 조선후기만을 전환기로 규정할 수는 없다는 주장이 제기되기도 했다. 또한 우리 학계에서는 250여 년에 이르는 장구한 기간을 뜻하는 조선후기 전체를 전환기로 규정하는 데에 무리가 있음을 지적하게 되었다. 이와 같은 견해들은 한국사 특히 조선후기사에 대한 성찰이 강화된 결과로 제시될 수 있었다.

한국사 연구 내지 조선후기사 연구도 1980년대를 또 다른 계기로 삼아 큰 변화를 겪게 되었다. 즉, 연구자들은 조선후기 사회의 구조적 변화와 발전상을 찾으려던 시각視覺과 함께 당대 사회의 구조적 특성을 본격적으로 모색하기 시작했다. 또한 연구자들 사이에서는 내재적 발전론에 대한 문제제기가 진행되었다. 그러나 한국사학계 일반에서는 대체적으로 조선후기 사회가 전근대에서 근대로의 전환기 내지는 이행기에 놓여 있었다는 기존의 견해에 대해서 전적으로 거부하지는 않았다. 이러한 상황을 감안하여 이 책에 『조선후기 사상계의 전환기적 특성』이라는 제목을 붙여 보았다.

돌이켜 보건대 필자가 한국사의 탐구에 뜻을 두고 학업에 착수했던 때는 1960년대 말엽이었다. 그리고 석사 학위를 받은 후 1973년부터 대학에서 교양한국사 및 전공과목을 강의하기 시작했다. 그 후 필자 자신은 조선후기의 사회와 사상이 맺고 있는 상호관계를 밝혀보고자 시도해 왔다. 그 결과 필자는 이에 관한 일련의 글들을 발표한 바 있었다. 이에 이러한 논문들 가운데 조선후기 사상사 특히 실학사상과 관련된 주제들을 모아서 한 권의 책자로 엮어 보게 되었다.

필자는 먼저 이 책에서 조선후기 사상계가 가지고 있는 특성을 요약해서 제시함으로써 사상사 분야에서 드러나는 그 전환기적 성격을 밝혀 보고자 했다. 그리하여 이 책의 첫 번째 장에서는 조선후기 사상계가 가지고 있던 전환기적 특성 즉, 성리학을 중심으로 한 정학正學과 선진先秦 유학에 입각한 실학實學 그리고 학문적 정당성을 부인 당하던 사학邪學의 대결구도를 설정했다.

또한 이에 이어서 조선왕조 사회에서 중요한 이데올로기로서의 기능을 담당하고 있던 효孝 인식을 검토했다. 동학 및 민중 사상과 개화사상의 관계를 살펴보고자 했던 것도 이른바 사학邪學으로 지탄당한 사상들이 가지고 있던 사회적 기능을 밝혀보려던 노력의 일부였다. 그리고 개항 이후 급변하던 사회 속에서 유학계가 전개했던 근대 적응을 위한 시도에도 관심을 가졌다.

이 책의 제2부에서는 조선후기 사상계에서 전개되었던 새로운 기운으로 실학사상實學思想을 주목했다. 먼저 조선후기 사상계에 등장했던 실학 일반을 개관하면서, 그 개념이 형성되는 과정을 밝히고자 했다. 그런데 1990년대를 전후하여 실학사상에 대한 재평가의 움직임이 일어났고, 이 과정에서 실학사상의 존재 자체를 부인하는 시도까지도 있었다. 이러한 상황에서 필자는 실학의 개념과 연원을 분명히 하여 실학사상의 존재를 거듭 확인해 보고, 실학사상이 가지고 있던 개혁 사상으로서의 특성을 재정리해 보고자 했다.

그리하여 실학實學이라는 용어의 학문적 개념은 육당六堂 최남선崔南善이 1923년에 처음으로 사용하기 시작했으며, 1950년대 후반을 전후하여 1960년에 이르러 남북한 역사학계의 동시적인 노력의 결과로 실학사상의 존재가 학계의 동의를 얻고 본격적으로 주목 받기 시작했음을 밝혔다. 즉 조선후기 사회에서 실학사상은 그 대자적對自的 성격에 있어서는 문제가 있다 하더라도 '즉자적卽自的 존재'의 형태로 사색되고 실천되던 사상이었음을 규명해 보았다.

이 책의 제3부에서는 조선후기 전환기에 활동했던 사상가 몇 명을 주목했다. 즉 17세기 사상계의 주요 인물 가운데 하나였던 박세당의 사회 비판 의식과 정치사상을 분석해보았다. 그리고 18세기를 전후한 시기에 실학자들이 가지고 있던 국방 의식을 정리했다. 국방에 관한 문제는 조선후기의 지배 권력과 백성이 직접 만나는 지점이었다. 그러므로 여기에서는 군역軍役 및 군비軍備 등에 관한 문제들을 먼저 다루었다. 그리고 당시 사회에서 가해지던 국가의 강제력이 정당성을 상실한 데 대해서 실학자들이 가지고 있던 군사 제도 개혁론의 실상을 정리하고자 했다.

이와 더불어 조선후기 실학사상가들 가운데 주목을 받고 있는 홍대용洪大容의 정치사상을 밝혔다. 또한 정약용丁若鏞의 실학사상이 가지고 있는 일반적 특성을 정리하고, 이에 이어서 정약용의 사상에서 민권 의식의 초기적 형태를 추출하고자 했다. 즉, 전통 유학의 입장에서 치자治者에게 강조되던 덕목이 민본民本이었지만, 이 민본民本의 개념은 민을 객체화하는 데에 머물 수밖에 없는 사상이었다. 그러므로 필자는 민본의 강조만을 통해서 전환기의 정치사상적 특성을 추출하고자 하는 데에는 문제가 있다고 생각했다. 여기에서 정치사상의 전환을 확인하기 위해서는 민을 주체로 삼는 민권의 개념이 요청된다는 문제의식에서 이 논문을 작성했다.

조선후기 사상계가 가지고 있던 역동성은 한 권의 책자를 통해 모두다 정리될 수는 없다고 생각한다. 그러므로 이 책은 당시 사회의 전환기적 특성을 충분히 설명하는 데에는 이르지 못한 점이 있다. 특히 조선후기 사상계의 역동성을 설명하기 위해서는 성리학을 표방하던 정학正學 분야의 변화상 및 당시 사회에서 활발히 전개되던 불교 및 서학과 동학 사상과 같은 사학邪學의 동향을 주목해야 할 것이다. 그러나 이 책에는 주로 실학사상 분야에 대한 필자의 견해만이 수록되어 있다. 그렇다 하더라도 이 책이 조선후기 사상계가 가지고 있는 전환기적 특성을 이해하는 데에 조그마한 도움이 될 수 있다면 다행으로 생각하겠다.

이 책이 나오는 데에는 여러 사람들의 도움이 컸다. 특히 조선후기 사상사 연구의 중요성을 일깨워 준 스승과 선배 및 동료들에게 우선 감사를 드린다. 또한 미숙한 글들을 계속 쓸 수 있도록 소중한 지면을 할애해 주었던 학계의 여러분에게도 고마움을 표한다. 이제 연구자로서의 수련을 시작하고 있는 이주화 군은 이 책의 원고를 다시 확인하고 각주의 정리에 큰 도움을 주었다. 경인문화사의 한정희 사장과 신학태 부장 이하 편집진 여러분의 도움도 잊지 않겠다. 이 모든 분들의 도움과 격려로 이 책이 엮어질 수 있었다.

2010년 7월 15일
안암의 서실에서
조 광

x

\<목 차\>

이 책에 수록된 글들의 발표지

제1부 조선후기 사상사의 전개

1. 「조선후기 사상계의 전환기적 특성」『韓國史 轉換期의 문제들』, 知識産業社, 1993.

2. 「조선조 효인식의 기능과 특성」『韓國思想史學』10, 韓國思想史學會, 1998.

3. 「동학과 개화사상」, 미발표 원고.

4. 「조선후기 민중사상과 동학농민전쟁」『百濟文化』23, 公州大學校 百濟文化研究所, 1994.

5. 「개항이후 유학계의 변화와 근대적응 노력」『轉換期 韓國儒學의 摸索과 對應』, 韓國國學振興院, 2004.

제2부 조선후기 사상계의 새로운 기운

1. 「조선후기 실학의 발전」『韓國史』35, 國史編纂委員會, 1998.

2. 「조선후기 실학사상의 연구동향과 전망」『金昌洙敎授 華甲紀念 史學論叢』, 汎友社, 1992.

3. 「개항기 및 식민지시대 실학연구의 특성」『韓國實學研究』7, 韓國實學學會, 2004.

4. 「실학과 개화사상의 관계에 대한 재검토」『조선후기사연구의 현황과 과제』(강만길 엮음), 창작과 비평사, 2000.

5. 「실학사상의 현재적 의미」『京畿論壇』6-4, 京畿開發研究院, 2004.

제3부 전환기의 사상가들

제1부

조선후기 사상사의 전개

제1장 조선후기 사상계의 전환기적 특성
−정학·실학·사학의 대립구도−

1. 머리말

조선후기의 사회는 대체적으로 볼 때 중세에서 근대로 이행되어나가던 시대로 규정되고 있다. 특히 18·19세기의 조선 사회에서는 중세적 질서의 붕괴에 수반하여 사회·경제 분야에서 새로운 현상이 출현했음이 주목되기도 했다. 그리고 이 새로운 현상은 조선후기사회의 내재적 발전론을 전제로 하여 설명되기도 했다. 이러한 연구의 시각에서는 조선후기의 사회구조 자체에 대한 관심보다는 그 구조변동적 측면에 대한 설명이 더욱 강하게 등장했다.

한편, 조선후기의 사회·경제에 대한 관심과 병행하여 그 사상계의 변동상에 대한 연구도 진행되었다. 그리고 그 주된 연구경향은 내재적 발전론의 연장선상에서 조선후기사회의 발전을 이끈 사상적 요소를 탐색하는 것으로 나타났다. 이 과정에서 실학사상의 존재가 주목되기에 이르렀다. 그리하여 실학사상은 '허학虛學'인 성리학의 폐해를 극복한 조선후기의 새로운 사상으로 부각되었고, 조선후기의 사상사적인 특성은 실학사상의 존재를 통해서 규명될 수 있는 것으로 생각되었다. 즉 실학사상이 조선후기의 대표적 사유형태로 인식되어 간 것이다. 그러나 이와 같은 인식의 경향도 조선후기의 사상계를 둘러싼 객관적 상황이나 그 구조에 대한 인식보다는 구조변동을 중심으로 한 사상사의 이해였다는 특성을 드러내는 것이었다.

그러므로 이 글에서는 실학을 본위로 한 조선후기 사상계의 이해에 대한 문제점을 확인해 보고, 조선후기 사상계가 드러내고 있던 객관적인 상황을 먼저 파악하고자 한다. 그리고 조선후기사회에서 드러나는 다양한 사상들의 존재를 확인하고 그 특성을 검토해 보고자 한다. 즉, 먼저 조선후기 유학계의 전개과정을 주목하여 정학正學으로서의 성리학과 탈성리학적 학풍을 지향하던 실학사상의 특성을 파악해 보고자 한다. 그리고 사학邪學으로 비하되어 왔던 민인民人들의 종교사상을 검토함으로써 그 반反성리학적 성격의 역사적 의미를 주목하고자 한다. 그리하여 이 글에서는 조선후기사회에서 각기 독자적으로 존재이유를 가지고 있던 정학·실학·사학의 대립구조를 통해 조선후기 사상계에서 드러나는 전환기적 특성을 서술하려 한다.

이 글은 한국사에 나타난 전환기적 특성을 파악하기 위해 시도되고 있는 일련의 연구 가운데 일부를 이루고 있다. 그런데 한 시대의 전환기적 특성을 파악하기 위해서는 경우에 따라서 구체적 주제에 관한 천착穿鑿적 연구보다는 우선 조감鳥瞰적 입장에서의 접근이 더 효과적인 방법이라 생각된다. 그러므로 이 글에서는 주로 18세기를 전후한 조선후기 사상계의 상황을 개괄하고, 거기서 드러나는 특성을 거시적 시각에서 파악해 보고자 한다. 이 글이 조선후기의 전환기적 상황에 대한 이해에 조금이라도 도움이 될 수 있기를 바란다.

2. 유학사상의 전개

조선후기의 사상계에 드러나는 주요한 특징 가운데 하나로는 성리학에 대한 인식이 심화되고 있으며 성리학적 원리에 의한 사회통제 및 변통의 논리가 계속해서 제시되고 있다는 사실을 들 수 있다. 조선의 성리학계에서는 17세기 이래 예론의 발전을 이루어왔고, 이 예론은 조선왕조의 봉건적 통치질서를 강화시켜 주는 기능을 담당하고 있었다.[1] 또한 17세기 대동법大同法의 시행과정에서나 18세기의 균역법均役法 시행 등 주요 국가제도의 개혁과정에서도 성리학을 지적 배경으로 가지고 있던 관료들은 대소의 변통론變通論을 제시했다.[2] 이러한 당시 상황은 성리학이 조선의 통치이념으로서 계속해서 기능하고 있었음을 뜻한다. 사실 성리학은 조선말기까지 조선 사상계에서 지배적 지위를 차지하고 있었으며, 조선왕조의 체제와 그 사회질서를 유지시켜 주는 기능을 계속해서 담당했다.

그러나 조선후기사회는 각 방면에 걸쳐 변화가 진행되어 가고 있었다. 이 변화에 따라 조선 성리학에서도 일련의 움직임이 있었다. 18세기를 전후한 시기에 조선 성리학계의 변화상은 호락논쟁湖洛論爭의 전개, 정통론과 명분론의 강화, 그리고 성리학적 가치관을 사회에 확산시키려는 꾸준한 노력 등을 통해서 확인된다. 또한 18세기 후반기 이래 다시 성행하기 시작하여 개항기까지 지속되었던 척사위정斥邪衛正의 논리도 조선후기 성리학의 전개과정에서 나타난 자기보위적自己保衛的 이론의 일단이었다.

여기에서 먼저 호락논쟁을 주목해 보면, 이는 권상하權尙夏(1641~1721)의 문하에 있던 한원진韓元震(1862~1751)과 이간李柬(1677~1727) 사이에서 전개되기 시작한 논쟁이었다. 이 논쟁의 요점 가운데 첫 번째는 인성人性과 물성物性의 동이同異에 관한 것이고, 또 다른 하나는 본래부터 심체心體가 선한가 아니면 선과 악을 겸하고 있는가[未發有氣質善惡]에 관한 문제

---

1) 尹絲淳, 1983, 「朝鮮朝 禮思想의 硏究」『東洋學』13, 단국대학교 동양학연구소, 233쪽.
2) 鄭萬祚, 1977, 「朝鮮後期의 良役變通論議에 對한 檢討」『同大論叢』7, 13~27쪽.

였다. 이 논쟁의 목적은 성리설의 입장에서 인성과 물성의 동이를 깨달아 인성의 선하고 고귀한 가치를 보전하며 이를 계발·구현하려는 데 있었다.3)

호락논쟁은 16세기 중엽 이래 전개된 바 있던 사단칠정四端七情에 관한 논쟁의 연장이었다. 그리고 이 논쟁은 19세기 말에 이르기까지 조선 성리학계에서 최고의 이론적 관심사였다. 이 논쟁을 통해 조선 성리학은 그 이론적 탐구의 절정에 이르게 되었다. 그리고 이로써 조선후기의 성리학자들도 주자朱子의 이론을 무비판적으로 수용하지 아니하고, 이를 비판적으로 재검토하여 독자적 철학체계를 발전시켜 나가고 있었음을 드러내주었다. 그러나 사변적 경향을 강하게 표출해 주고 있는 이 논쟁의 전개과정을 통해 성리학에 기반을 둔 중세적 인간상이 형태를 달리하여 강조되고 있었을 뿐, 근대적 세계관이나 평등한 인간성에 대한 이해가 제시되지는 못했다.

한편, 18세기 후기의 사상계에서는 척사위정의 논리가 다시금 제시되어 강화되어 갔다. 성리학의 수용 초기에 등장했던 척사위정의 논리는 18세기 후반기에 이르러 새로운 사상의 출현에 대한 대결의식에서 재등장하게 되었다. 즉 18세기의 척사위정론은 조선 성리학의 척사위정론적 학문전통과 18세기 당시의 사회적 위기의식의 합성에 의해 제시된 사상이었다.

그리하여 18세기의 척사위정론은 모든 이단을 '사학邪學'으로 규정하여 배격하고, 정학을 진흥시키며, '사학'을 금지해야 한다는 논리를 분명히 제시해 나갔다. 18세기 후반기 당시 이단으로 규정되던 것은 제자백가諸子百家에 속하는 모든 것으로서 정경상도正經常道에서 조금이라도 어긋나고 선왕의 법언法言이 아닌 것이 이에 해당했다.4) 이때에 이르러 조

---

3) 尹絲淳, 1986, 『韓國儒學思想論』, 열음사, 132쪽.
4) 『正祖實錄』 卷33, 正祖 15年 10月 乙丑 "異端云乎者 … 凡諸子百家 有萬其類之

선성리학계에서는 이단의 개념을 이와 같이 강화해 나갔고, 이단의 배격을 시도하고 있었다. 그리고 그들은 "주자를 준칙準則으로 삼아 정심正心을 얻고자"[5] 하며 주자의 성리학을 정학正學으로 인식했다.

한편, 1784년 이후 서학西學, 즉 천주교신앙이 본격적으로 수용되자 척사위정론은 그 공격적 성격을 강화하여 갔다. 그들은 서학을 원기元氣인 정학을 해치는 '객사客邪'로 파악했다.[6] 그리고 그들에게 서학, 즉 천주교는 시급하게 배격해 가야 할 '사학'으로 부각되고 있었다.[7] 그러나 그들은 서학뿐만 아니라 불교나 도교, 그리고 감결鑑訣과 같은 각종의 사상들도 사학邪學의 범주 안에 포함시켜 이에 대한 대결의 의지를 분명히 했다. 그리하여 그들은 정학과 사학의 대립을 강조하며 치란治亂과 충역忠逆이라는 전통적 대비개념을 활용하여 사학도邪學徒를 난신亂臣이며 역적으로 규정했다.

이러한 과정에서 척사위정론은 더욱 더 강화되어 갔다. 18세기 말엽 척사위정론이 등장하던 초기부터 척사위정론은 노론 벽파僻派계열의 인물뿐만 아니라 최헌중崔獻重과 같은 남인 시파時派계열의 인물에 이르기까지 광범한 지지를 받고 있었다. 그리고 이 이론은 화서華西 이항로李恒老(1792~1868)와 그 문인들에 의하여 더욱 확대되어 갔다.[8] 그리하여 개항기에 이르러서는 사학에 대한 이론적 반대에만 그치지 아니하고, 제국주의의 침략에 맞서 성리학적 가치관과 사회질서를 유지하고자 하는 저항운동으로까지 전개되었다. 그리고 이 같은 척사위정운동은 조선후기의 성리학이 드러내고 있던 자기보위적 특성의 필연적 결과였다.

書 小拂於正經常道 而非先王之法言 皆是也."
5) 正祖, 『弘齋全書』卷165, 「日得錄文學」5 "學者慾得正 必以朱子爲準的"
6) 蔡濟恭, 『樊巖集』卷31, "正學猶元氣也 洋學卽客邪也"
7) 『承政院日記』純祖 1年 2月 4日 ; 『日省錄』正祖 12年 戊申 8月 2日 ; 李基慶, 『闢衛編』, 70쪽 등 참조.
8) 홍순창, 1977, 「衛正斥邪論의 性格과 그 系譜」 『趙仁濟博士還曆紀念論叢』, 271~289쪽.

조선후기 성리학에 대한 인식이 강화되어 간 또 다른 사례로 우리는 정통론이 조선의 학인學人들에 재인식되고 역사의 서술에서 본격적으로 적용되고 있음을 주목할 수 있다.9) 주자에 의해 체계화된 정통론은 성리학 자체의 의리명분론과 깊은 관계를 가지고 있는 것이다. 그리고 이 정통론은 안정복安鼎福의 『동사강목東史綱目』에서처럼 우리의 역사서술에 본격적으로 적용되어 갔다.10)

조선후기사회에서는 성리학적 가치관을 확산·강화시키려는 노력이 지속되고 있었다. 우리는 이러한 목적을 가진 움직임 가운데 하나로 실천윤리에 관한 각종의 서적이 활발히 간행되고 있었던 사실을 주목할 수 있다. 즉 조선의 정부 당국자들은 18세기에 이르러서도 『삼강행실三綱行實』·『삼강행실속록三綱行實續錄』·『오륜행실五倫行實』·『오례의五禮儀』·『속오례의續五禮儀』·『상례보편喪禮補篇』 등 삼강오륜과 각종 예에 관한 서적을 간행하고 있었다.11) 그리고 19세기 중엽 국가의 재정이 극도로 위축되어 있었고, 전국적 규모의 농민반란이 일어나기 직전의 음울한 상황에서도 『오륜행실』이 발행되고 있음을 확인할 수 있다.12) 이러한 사실을 살펴볼 때 당시의 집권층에서는 성리학적 도덕규범의 강화를 통해 중세적 통치 질서의 유지를 꾀하고 있었음을 알 수 있다.

또한 당시의 지배층에서는 성리학적 가치관을 선양하기 위해 충신·효자·열녀 등을 특별히 기리는 정려旌閭를 빈번히 시행하고 있었다.13) 당시 일부 지방관료 가운데는 성리학적 가치관의 관철을 위해 지역 안의 재가녀再嫁女들을 찾아내어 음간淫奸으로 몰아 궁비宮婢로 충정시켰다가 속방贖放한 예까지 나타나고 있다.14) 1774년 홍덕현興德縣에서 일어났던

---

9) 조광, 1985, 「朝鮮後期의 歷史認識」 『韓國史學史의 硏究』, 을유문화사, 155~159쪽.
10) 卞媛琳, 1973, 「安鼎福의 歷史認識」 『史叢』 17·18합집, 고려대학교 사학과, 341쪽.
11) 정성철, 『조선철학사』 Ⅱ, 이성과현실사, 162쪽.
12) 『哲宗實錄』 卷11, 哲宗 10年 9月 丁丑.
13) 朴珠, 1990, 『朝鮮時代의 旌表政策』, 일조각, 147쪽.

이와 같은 사건은 성리학적 열녀관의 궁극적 관철을 기도했던 당시 지배층의 경직된 사고방법의 일단을 말해 준다.

우리는 이상에서 조선후기 성리학계의 몇 가지 특성을 검토하였다. 이러한 특성들을 살펴볼 때 조선후기의 성리학계는 주자성리학의 단순한 수용단계를 넘어 조선 성리학으로서의 면모를 강화시켜 나가던 때임을 확인하게 된다. 그리고 조선후기 성리학이 가지고 있던 긍정적 측면이나 부정적 요소를 파악하기에 앞서, 성리학은 당시의 사회를 유지시켜 주는 기능을 담당하고 있었음에 주목할 수 있다. 그리고 당시의 성리학계에서는 이와 같은 기능을 강화하기 위해서 자신의 학문을 '정학正學'으로 표방하며, 성리학 이외의 학문이나 사상체계를 '사학邪學'으로 배격했다. 여기에서 척사위정론이 새롭게 전개되어 갔고, 척사위정론은 조선후기의 사회변동에 맞서 기존의 질서와 체계를 유지해 보려던 이념으로 작용하고 있다.

한편, 조선후기 사회에서는 성리학이 당시의 사상체계에서 차지하고 있던 지도적 위치에 대한 비판적 이해가 시도되기도 했다. 이와 같은 시도는 박세당朴世堂(1629~1703)이나 서명응徐命膺(1716~1787) 등에 의한 도가철학 연구를 통해서도 확인할 수 있다.[15] 이들의 연구는 노장사상에 대한 적극적 이해를 목적으로 진행되었다. 그러나 이 연구는 개별분산적으로 진행된 것이며, 조선후기 성리학 중심적 사상계의 구도에 큰 변동을 가져다주지 못했다.

그렇다 하더라도 성리학에 대한 비판의식은 조선후기사회에서 점차 성숙되어 가고 있었다. 우리는 이러한 증좌를 조선후기 양명학의 연구를 통해 확인할 수 있다. 조선에 양명학이 본격적으로 수용될 수 있었던 사

---

14) 『英祖實錄』卷121, 英祖 49年 9月 丙子.
15) 宋恒龍, 1982, 「西溪 朴世堂의 老莊研究와 道家哲學思想」 『大東文化研究』 16, 성균관대학교 대동문화연구원, 45~56쪽 ; 李康洙, 1989, 「徐命膺의 老子理解」 『東方學志』 62, 延世大學校 國學研究院, 87~107쪽.

상적 배경으로는 중종대 이후에 진행된 주자학의 심학화心學化 과정을 들 수 있다.16) 이 심학화 과정에서 『근사록近思錄』·『심경心經』·『소학小學』 등이 널리 보급되어 갔으며, 『심경부주心經附注』와 같은 심학서心學書가 전파되어 조선 성리학의 심성心性논쟁을 선도하고 있었다. 이러한 심학화현상이 중국 명대의 심학인 양명학을 변척辨斥, 수용하는 계기를 마련해 주었다.17)

그러나 조선후기사회에서는 양명학도 성리학과 대등한 입장에 서거나 그 독자적 발전을 이루어나갈 수 없었다. 그렇지만 양명학은 성리학에 대한 비판의식과 관련하여 장유張維(1587~1638)·최명길崔鳴吉(1586~1647) 등에 의해 주목받은 바 있었고, 정제두鄭齊斗(1649~1736)의 단계에 이르러 본격적으로 연구되었다. 이들은 양명학을 인정하고 그 학문적 중요성을 역설하기도 했다. 18) 이러한 그들의 학적 태도는 범유학汎儒學의 입장에서 성리학과 구별되는 새로운 사상적 대안을 제시해 보고자 한 노력으로 일단, 평가해 줄 수 있을 것이다.

조선후기 성리학 중심의 사상계를 범유학적 입장에서 재검토하고, 이에 대한 대안을 제시하려는 노력은 양명학 이외의 분야에서도 전개되고 있었다. 우리는 이러한 사례의 대표적 예를 선진유학에 대한 연구가 강화되어 가는 현상을 통해 살펴볼 수 있다. 조선의 사상계에서 선진유학에 관심이 높아진 것은 17세기 이래 근기近畿 남인南人들의 학문연구를 통해서였다. 이러한 새로운 연구경향과 당시 사회의 내재적 요청, 그리고 외래의 문물에 자극받아 실학사상이 형성되었다.

18세기를 전후한 당시의 실학자들은 그들 앞에 놓여 있는 역사적 모순을 직시하고, 이를 바로잡기 위한 새로운 개혁안을 범유학의 입장에서

---

16) 尹南漢, 1982, 『朝鮮時代의 陽明學研究, 집문당, 19쪽.
17) 吳性鍾, 1989, 「朝鮮中期 陽明學의 辨斥과 受容」『歷史教育』 46, 117쪽.
18) 金吉煥, 1980, 「陽明學과 朝鮮朝 陽明學의 實際」『韓國學報』 21, 일지사, 51쪽.

발견해 보고자 했다. 이러한 과정에서 그들은 수취체제의 개편을 시도해 유학의 민본民本이데올로기를 강화시키고, 전통적 왕도정치의 이념이 구현될 수 있기를 기대했다. 또한 그들은 실사구시를 지향하며 자연과학과 기술과학을 연구했고, 자신의 개혁안을 지탱해 줄 철학적 이론의 수립을 위해서도 노력했다.

　이들 실학자들이 드러내고 있던 중요한 사상적 경향으로는 탈성리학적 특성을 들 수 있다. 이 탈성리학적 경향은 송·명 이학의 전통을 이어받은 조선 성리학의 이념을 극복하고, 선진유학을 기초로 하여 새로운 사유체제를 형성해 보려던 노력의 결과였다. 그리고 탈성리학적 경향을 대변하는 실학자로서는 정약용丁若鏞(1762~1836)을 들 수 있으며,[19] 북학사상北學思想의 경우에서도 이와 같은 사상경향을 특징으로 삼고 있다.[20]

　그런데 조선후기의 사상계에서 성취한 가장 중요한 학문적 업적으로는 바로 이 실학사상이 주목되어 왔다. 실학사상은 조선후기 사회경제적 발전에 수반하여 나타난 현상이었으며, 조선후기사회의 발전을 이끈 사상으로까지 적극적인 평가를 받아왔다.[21] 그러나 그 사상 안에서는 적지 않은 한계가 드러나기도 한다. 실학자들이 제시했던 개혁안의 상당부분은 왕조체제의 유지를 지향한 것이기도 했다. 또한 이들이 제시했던 사회개혁안은 중세사회의 해체를 막을 수 있는 방안이거나 근대사회의 출현을 적극적으로 유도하는 것으로 평가되기에는 문제가 있다.

　상당수가 몰락지식인 출신이었던 실학자들은 자신의 현실개혁안을 정부당국에 제시하여 이를 관철시킬 수 있는 통로와 능력을 가지지 못했다. 그리고 그들은 자신의 견해를 사회의 여론으로 만들기 위한 적극적 노력을 전개하지는 않았다. 또한 그들은 자신들이 가지고 있던 이론을

19) 李乙浩, 1975,「實學思想의 哲學的 側面」『韓國思想』13.
20) 池斗煥, 1987,「朝鮮後期 實學研究의 問題點과 방향」『泰東古典研究』3, 태동고전연구소, 122쪽.
21) 洪以燮, 1959,『丁若鏞의 政治經濟思想研究』, 한국연구원 등 참조.

확대 재생산하기 위한 구체적 작업도 전개하지 않은 듯하다. 나아가 19세기 중엽에 이르러 실학사상에서는 그 사회개혁의 의지가 약화되어 가는 현상마저 드러나고 있었다. 18세기 말엽과 19세기 초엽에 걸쳐 전개된 실학사상에서는 수취체제를 비롯한 제도개혁의 의지가 강렬하게 표출된 바 있었다. 그러나 19세기 중엽 이후의 실학사상에서는 민생에 직결된 이와 같은 요청들이 점차 약화되어 갔던 것이다.[22]

여기에서 우리는 조선후기 실학사상이 가지고 있던 몇 가지의 특성을 확인하게 된다. 즉 실학사상은 범유학적-탈성리학적 입장에서 전개된 개혁사상이었다. 그러나 이 개혁사상이 유학의 이념을 배경으로 하고 있는 한, 당시의 지배적 사상이었던 성리학으로부터 배격되거나 탄압받지 않을 수 있었다. 실학사상이 범유학적이었다는 사실은 당시 조선의 사회를 지배하고 있던 성리학과 실학이 공존할 수 있는 가능성을 제시해 준다. 그러나 성리학이 지배이데올로기의 기능을 담당하며 현실정치를 주도하는 한, 실학이 사상적 공존은 용인 받을 수 있지만 그 개혁정신의 궁극적 관철은 실현되기 어려운 것이었다. 그리하여 조선후기의 실학사상은 제도의 개혁이나 역사의 발전에 적극적으로 기여했다기보다는 조선후기사회의 문제점을 발견하고 이를 드러내는 데에 의미가 있었던 사상이었다. 여기에서 우리는 조선후기의 실학사상이 '의미 있는 사상'으로 평가될 수는 있을지언정, 당시 사회의 변화와 발전을 가능하게 한 유일한 사상으로 이해되기에는 제한성이 있음을 확인하게 된다.

요컨대, 18세기를 전후한 조선후기의 유학계에서는 적지 않은 변동이 진행되어 갔다. 그 결과, 성리학의 이해가 심화되고 성리학적 가치관의 실천이 강화되어 가는 측면을 드러내기도 했다. 물론 성리학이 사상계의 주도적 위치를 차지하고 있던 상황에 반대하여 새로운 사상운동으로서

---

22) 趙珖, 1992,「朝鮮後期 實學思想의 硏究動向과 그 展望」『金昌洙敎授華甲紀念史學論叢-歷史學의 諸問題-』, 범우사 참조.

양명학 등이 연구되기도 했지만 그 영향은 미미했다. 그리하여 성리학은 계속 정학正學의 위치를 차지하면서 조선후기 사회와 사상을 주도했던 것이다. 그러나 이러한 상황에 대한 반성의 결과 범유학적 – 탈성리학적 입장에서 실학사상이 출현하였다. 그런데 실학사상은 그 탈성리학적 지향성에도 불구하고 성리학과 공조해 나갈 수 있었다. 그러므로 18세기를 전후한 조선후기의 유학계가 드러내고 있던 주요 특성으로는 성리학 곧 정학과 실학의 공존을 주목할 수 있을 것이다.

3. 전통종교의 재인식

  조선후기 사상계에서 나타나는 또 다른 움직임 가운데 하나로는 불교나 도교 또는 감결사상鑑訣思想과 같은 전통 종교사상들에 대한 재인식이 강화되고 있으며, 이러한 종교운동들이 활발하게 전개되고 있다는 사실을 들 수 있다. 이들 전통 종교사상은 조선 전기 이전부터 대부분 이미 알려져 있었던 것이다. 그러나 조선왕조에서 성리학을 수용하고, 보급하려는 노력과 함께 전개된 일종의 사상통제정책思想統制政策으로 말미암아, 이들 전통 종교사상들은 조선 전기사회에서 그 발전이 억압되고 있었다. 그러나 조선후기에 이르러 이들 전통 종교사상들은 새롭게 인식되어 갔다. 우리는 이와 같은 현상을 조선후기 사상계의 전환기적 특성과 관련하여 검토해 볼 수 있을 것이다.

  조선후기의 사회변동과 성리학적 가치관에 대한 도전현상은 불교에 대한 재인식의 강화를 통해서도 나타난다. 주지하다시피 조선 전기사회에서 불교는 척불양유론斥佛揚儒論을 주장하던 지배층으로부터 철저히 배척당해 왔다. 물론 조선후기에 이르러서도 척불양유론적 인식이 지속되고 있었고, 유생儒生들에 의한 불교배척도 의연히 계속되고 있었다.[23]

그러나 이와는 달리 불교계 자체에서는 척불양유론에 맞서 자신의 종교
적 가치를 재확인하려는 노력을 계속해서 전개하였다. 즉 조선 전기 불
교계의 호교적護教的 사상은 3교[禪家·儒家·道家]의 궁극적 원리를 원융圓
融하여 일치시켜 보려던 삼교회통론三教會通論으로 표출된 바 있다.24) 이
회통론의 전통은 조선후기에도 계속 강화되고 있었다. 조선후기의 회통
론에 관한 이해에서는 서산대사西山大師(休靜 ; 1520~1604)가 저술한 『삼가
귀감三家龜鑑』을 우선 주목할 수 있다. 그는 삼교를 삼족정三足鼎에 비유
하여 그 대등한 가치를 설명하고자 하였다.25) 그리고 그는 『삼가귀감』
을 통해서 삼교가 그 본원本源에서는 서로 동일한 것이며, 삼교가 가지고
있는 각각의 명칭은 허명虛名일 뿐임을 강조하였다.26) 그리하여 삼교는
모두가 민民의 병고病苦를 치유하는 데에 목적을 두고 있다고 생각하고
있었다.27)

조선후기의 회통론에서 특히 강조된 것은 유학과 불교의 삼교회통론
이었다.28) 인악仁嶽(1746~1796)과 연담蓮潭(1720~1799) 등 불승佛僧들에
의해 제시되고 있던 이와 같은 사상은 당시 불교사상계의 당면과제가 여
전히 유학과의 회통론에 있었음을 말하는 것이며, 불교도 유학과 마찬가
지로 종교적 진리를 가지고 있다는 선언임과 동시에 유학과 공존하고자
하는 의사표현이었다. 그리고 이는 불교의 승려들에게 유학 내지는 성리

---

23) 『顯宗實錄』卷22, 顯宗 15年 6月 丙申 ;『肅宗實錄』卷23, 肅宗 17年 4月 丁巳 ;
    『正祖實錄』卷1, 正祖 卽位年 6月 癸丑.
    앞의 기사를 살펴볼 때, 지방 유생이나 사헌부 등에서 불교배척에 관한 논의가 진
    행되고 있었음을 확인할 수 있다. 또한 金容祚, 1983,「朝鮮後期 儒者의 佛敎觀 -
    磻溪·星湖·茶山의 경우」『慶尙大論文集』22-2, 경상대학교, 229~240쪽 참조.
24) 韓鍾萬, 1978,「朝鮮朝 前期의 佛敎哲學」『韓國哲學史硏究』, 동명사, 77쪽 참조.
25) 休靜,「說禪儀」『韓國佛敎全書』7, 동국대출판부, 740쪽. "三敎猶如三足鼎"
26) 休靜,「三家龜鑑」『韓國佛敎全書』7, 634쪽. "噫 三敎通稱曰道 道是何物 若究得
    徹去 方悟 儒也釋也道也 皆虛名耳"
27) 己和,「儒釋質疑論」『韓國佛敎全書』7, 255쪽. "三敎之聖者 名醫其民之病也"
28) 徐京洙, 1987,「朝鮮後期의 佛敎哲學思想」『韓國哲學史』下, 동명사, 167쪽.

학에 대한 이해를 촉구하는 것이기도 하였다. 이러한 분위기 아래에서 조선후기의 일부 학승學僧들은 불교의 본원적 진리뿐만이 아니라 유학에 관한 연구도 진행시켜 나갔다. 그리고 그들은 유자儒者와 거의 대등한 입장에서 경서를 담론談論하기도 하였다. 이러한 사례의 대표적 인물로는 인악을 들 수 있다. 그는 유서와 불서에 모두 조예가 깊었다.[29]

조선후기의 불교계는 사상적으로 유학과 공존하려는 노력을 전개함과 동시에, 당시의 지배적 정치질서였던 왕조체제에 대해 꾸준히 화해와 타협의 방향을 모색하고 있었다. 즉 그들은 호국불교의 전통을 강화시켜 갔다. 그들이 주장하던 호국사상의 정체는 호왕護王에 귀결되는 것이었다. 우리는 이러한 예를 왕실의 원당願堂을 설치하거나, 열성列聖의 영정影幀을 주요사찰에 봉안하고 설재設齋한 기록들을 통해서 확인할 수 있다.[30] 또한 당시 불교계에서는 '부모군사시주父母君師施主'에 대한 사은四恩에 유념하도록 강조하고 있었다.[31] 그들은 특히 국왕은國王恩를 강조했으며, 국왕의 만수萬壽를 기원하고 있었다.[32] 이러한 호국護國 내지 충군忠君적 입장은 조선왕조의 불교배척에도 불구하고 불교계 자체에서는 유학적 가치를 존중하는 왕실과의 화해를 그침 없이 시도하고 있었음을 뜻한다.

한편, 조선의 불교계에서는 임진왜란과 병자호란의 과정에 승병僧兵으로 봉기하여 자신의 호국적 면모를 드러낸 바 있다. 양란 당시 승려들의 이러한 역할에 대해서는 국왕도 그 공을 인정한 바 있었다.[33] 그리고

---

29) 仁嶽,「仁嶽集」『韓國佛敎全書』10, 序, 400쪽. "師曰武所癖 癖惟看書 酷好者義 易朱書 每把卷玩索 殆忘此身之爲儒爲禪"

30) 『肅宗實錄』卷23, 肅宗 17年 4月 丁巳 ;『肅宗實錄』卷31, 肅宗 23年 正月 甲子 ; 『肅宗實錄』33, 肅宗 25年 正月 己卯.

31) 休靜,「禪家龜鑑」『韓國佛敎全書』7, 637쪽. "大抵參禪者 還知四恩深厚麼"[四恩 者 父母君師施主恩也]

32) 休靜,「雲水壇詞」『韓國佛敎全書』7, 750쪽. "伏願主上殿下 龍樓萬歲 鳳閣千 秋 王妃殿下 金枝鬱鬱 玉葉垂垂"

조선의 지배층에서는 승군僧軍의 군사적 역량을 높이 평가했다. 그리하
여 조선의 지배층은 1714년(숙종 40년) 이래 의승군제도義僧軍制度를 마련
하고 남한산성과 북한산성에 승군을 배치해서 수도방어에 임하게 하였
다.[34] 불교가 가지고 있던 이러한 호국적 기능은 당시의 집권층에서 불
교를 새롭게 인식할 수 있는 계기를 마련해 주었다.

그리하여 조선후기의 사상계에서는 양반 사족士族들이 불교에 대해서
가지고 있던 무부무군無父無君이라는 부정적 관념이 점차 불식되어 갔다.
우리는 이러한 사례를 왕조가 서산대사 화상당畵像堂의 명銘과 서문序文
을 지어준 일이나, 휴정의 공덕을 기리기 위해 건립된 수충사酬忠祠에 제
문祭文을 내린 일을 통해서도 알 수 있다.[35] 또한 18세기를 전후하여 승
려들의 문집에 사족들이 서문을 쓴 예가 다수 발견된다.[36] 이 때에 이르
러 유자들이 불승의 비문을 짓거나 시문詩文을 주고받는 일도 빈번하게
나타났다.[37] 주로 남인 시파계열의 인물과 불승 사이에서 전개되고 있
던 이와 같은 상황은 조선후기 불교에 대한 인식이 조선 전기의 그것과
는 상당한 차이를 드러내고 있었음을 말한다.

그리고 이러한 상황을 배경으로 하여 채제공蔡濟恭(1720~1799)과 같은
인물은 정조의 명을 받아 가려 뽑은 고전목록 가운데 불경을 포함시킬
수 있었다.[38] 그리고 김정희金正喜(1786~1856)와 같은 통유通儒도 불교에
대하여 큰 관심을 가지고 있었고, 백파白坡(1767~1852)와 선논쟁禪論爭을

---

33) 『顯宗實錄』 卷17, 顯宗 10年 6月 辛巳.
34) 金甲周, 1988, 「南北漢山城 義僧番錢의 綜合的 考察」『불교학보』 25, 225쪽.
35) 休靜, 「正宗大王御製西山大師畵像堂銘幷序」・「酬忠祠賜祭文」, 『淸虛堂集』.
36) 18세기를 전후한 시기 불승들의 문집에 서문을 쓴 인물과 그 문집명은 다음과 같
   다. 李龔, 『月波集序』; 吳光運, 『無竟序』; 丁範祖, 『逍遙堂集序』・『冲虛大師遺
   集序』; 洪奭周, 『艸衣詩集序』; 睦萬重, 『鏡巖集序』・『雪潭集序』・『秋波集序』;
   申景濬, 『秋波集序』; 蔡濟恭, 『月城集序』・『雪潭集序』 등.
37) 蔡濟恭, 『樊巖先生文集』 57, 「海月大師浮屠碑銘」; 「鳳巖大師碑銘」; 「文谷大師
   碑銘」; 「霜月大師碑銘」; 「雪坡大師碑銘」, 12a~21b쪽.
38) 蔡濟恭, 『樊巖集』 28, 8b~9a쪽, "御定千古百選議"

전개하기도 하였다.[39]

지배층의 불교에 대한 재인식이 강화되는 과정과 함께, 불교계 자체에서도 불교사상에 대한 이해를 심화시켜 나갔다. 즉 조선후기의 회통론會通論에서는 호교적 의미와 더불어 불교사상에 대한 인식의 심화현상을 찾아볼 수 있다. 그리고 당시 불교계의 주요 논쟁점이었던 2종선二種禪[如來禪·祖師禪]과 3종선三種禪[如來禪·祖師禪·義理禪]에 대한 논의도 불교사상의 이론적 발전을 수반하고 있었다.[40] 그리고 진묵震默(1562~1633)·백암栢庵(1631~1700)·백파白坡(1767~1852)·초의草衣(1786~1856) 등과 같은 고승대덕高僧大德들이 출현하여 불교계의 발전에 기여하고 있었다. 이러한 과정에서 오랫동안 방치되었던 산사山寺들이 다시 재건되고, 정화幀畵의 제작을 비롯한 각종 불사佛事가 성행하게 되었다. 그리고 불사가 활발하게 진행되고 있는 이러한 현상은 제도불교制度佛敎의 부흥을 나타내는 확실한 지표가 되고 있다.

불교사상에 대한 재인식은 조선후기 성리학 중심의 사상계에서 일정한 변동이 일어나고 있음을 암시하는 사건이었다. 그러나 불교계의 움직임은 여기에 국한된 것만은 아니었다. 당시에는 미륵신앙과 깊이 관련된 민중불교의 보급과 확산이 진행되고 있었으며, 이 움직임은 성리학을 바탕으로 한 조선후기의 사상계에 대한 뚜렷한 도전으로서의 성격을 드러내는 것이었다. 미륵신앙이 조정에서 문제시된 것은 17세기 후반부터였다. 즉 1688년(숙종 14년)에 발생한 '요승妖僧' 여환呂還 등에 관한 사건은 조선후기 미륵운동의 한 측면을 나타내주고 있다.[41] 이 사건은 여환과 그의 처 원향遠香을 중심으로 일어났다. 여환은 미륵의 세상이 도래함을

---

39) 李相鉉, 1990, 「秋史의 佛敎觀」『民族文化』 13, 민족문화추진회, 170~190쪽 참조.
40) 韓國哲學會, 1987, 『韓國哲學史』 하, 동명사, 167~178쪽 ; 『韓國哲學研究』 하, 동명사, 65~69쪽 등 참조.
41) 鄭奭鍾, 1981, 「朝鮮後期 肅宗年間의 彌勒信仰과 社會變動」『韓㳓劤博士停年紀念史學論叢』, 지식산업사, 430쪽부터 참조.

말하며 모반을 도모하다 죽었다.[42] 또한 1737년(영조 13년)에도 미륵신앙 사건이 황해도에서 발생하여 강원도와 경기도에까지 영향을 미쳤다. 이 들도 석가釋迦의 대代가 다하고 미륵의 대에 이르렀음을 주장하고 있었 다.[43] 이와 같이 미륵신앙사건에서 미륵계의 도래를 말하고 있는 것은 기존의 사상이나 제도에 대한 강렬한 부인으로 이해할 수 있으며, 미륵 신앙 그 자체는 제도불교의 회통론과는 달리 성리학적 가치관에 대한 반 대임을 확인하게 된다.

미륵신앙과 더불어 도교사상도 민간에 유포되어 갔다. 도교사상을 신 봉하던 사람들 가운데는 태을太乙의 수를 헤아려 국가에 변이 있으리라 는 '요언妖言'을 퍼뜨리기도 하였다.[44] 그리고 왕실의 권위에 정면도전 하여 자신을 '적제赤帝'라 칭하고, 자신의 집을 '대궐大闕'이라고 하며, 도교적 신행信行을 실천하기도 하였다.[45] 한편 1785년(정조 9년)에 발생한 김이용金履容·홍복영洪福榮 등의 사건도 도교를 배경으로 왕조에 대한 저 항을 음모하였던 사건이다. 그들은 곤제坤帝를 받들고 초제醮祭를 거행하 였다. 그리고 그들은 곧 도적이 사방에서 일어나고 외적이 침입하여 나 라가 3분되리라고 주장하였다.[46] 조선후기의 도교사상에서 드러나는 이 와 같은 반체제적 지향성은 성리학 중심의 사유체계에 대한 저항임과 동 시에 전통 종교사상의 재인식현상으로 볼 수 있다.

한편, 조선후기 사상계에서 제시되었던 특이한 양상 가운데 하나로는 각종 감결사상鑑訣思想의 성행을 들 수 있다. 감결사상은 현세에 대한 강 한 거부의식과 더불어 이상향에 대한 추구를 특징으로 하고 있다. 그리

---

42) 『推案及鞫案』97册,「逆賊呂還等推案」, 戊辰 7月 27日 楊州牧報草 ; 『肅宗實錄』
    卷19, 肅宗 14年 8月 辛丑.
43) 『推案及鞫案』20册,「金聖鐸安世福等推案」, 223쪽.
44) 『肅宗實錄』卷10, 肅宗 6年 閏8月 丙申.
45) 『肅宗實錄』卷52, 肅宗 38年 8月 戊午.
46) 『正祖實錄』卷19, 正祖 9年 3月 庚戌.

고 감결사상에서는 현세의 질곡에서 자신을 해방시켜 주고, 이상향의 도래를 가능하게 할 존재의 출현이 임박했음을 말하고 있다. 조선후기의 감결서 가운데 가장 대표적인 것으로는 『정감록鄭鑑錄』을 들 수 있다. 『정이문답鄭李問答』 등 여러 다른 명칭으로 불리고 있는 이 자료는 정감鄭鑑과 이심李沁의 대화형식을 취하고 있다. 그리고 여기에서 조선의 국운을 예언하여 조선왕조의 멸망과 정진인鄭眞人에 의한 역성혁명易姓革命의 필연성을 제시하고자 하였다.[47]

『정감록』은 지기쇠왕설地氣衰旺說이라는 전근대적 자연관에 입각하여 왕조의 흥망을 설명하고 있다. 그러나 이 책은 당시 현존하던 왕조인 이씨조선의 존재와 정통성을 부인하고 새로운 왕조의 출현을 기다리고 있다는 데에서 그 참다운 의미를 찾을 수 있다. 그리고 18세기 후반기 이후의 사료에서 집중적으로 등장하는 진인眞人·신인神人·선인仙人·이인異人 등과 관련된 사유형식은 대개가 『정감록』사상의 표현이었다. 그리고 이러한 사상을 가지고 있었던 인물들은 각종의 모반사건을 통해 그 존재를 확인할 수 있다.

18세기 이후에 발생한 민중저항운동 가운데 상당수의 사건들이 감결사상을 그 배경으로 삼고 있었다. 즉 『추안급국안推安及鞫案』을 통하여 확인할 수 있는 1748년의 이지서사건李之曙事件, 1760년의 신후일사건愼後一事件, 1763년 송영흥사건宋永興事件, 1768년의 황응직사건黃應直事件 등은 감결사상을 배경으로 하여 발생하였다.[48] 또한 정조 연간인 1782년에 발생한 문인방사건文仁邦事件, 1785년의 김이용사건金履容事件, 홍복영사건洪福榮事件 등도 『정감록』의 영향 아래 일어난 사건이었다.[49] 이 사건에서는 대부분 조선왕조의 멸망을 예언하며 무장봉기를 꾀하고 있

---

47) 申一澈, 1970, 「鄭鑑錄」『한국의 명저』, 현암사, 443쪽 ; 梁銀容, 1990, 「鄭鑑錄 信仰의 再照明」『傳統思想의 現代的 意味』, 한국정신문화연구원, 49~55쪽.
48) 『推案及鞫案』 제184·204·216책 등에 수록되어 있다.
49) 『正祖實錄』 卷14, 正祖 6年 11月 癸丑 ; 『正祖實錄』 卷19, 正祖 9年 3月 庚戌.

었다.

한편, 19세기에 접어들어서도 『정감록』을 비롯한 감결사상은 더욱 맹위를 떨쳤다. 즉 1804년에 발생한 이당규사건李唐揆事件은 평안도 일대에서 성행하던 『관서비기關西秘記』와 관련을 맺고 있었다. 그리고 1811년의 평안도 농민전쟁의 사례에서도 감결사상의 요소가 확인된다.[50] 한편, 평안도 농민전쟁이 실패로 끝난 이후에도 감결사상은 여전히 성행하고 있었다. 예를 들면, 1826년에 발생한 박형서사건朴亨瑞事件에서는 진인 정재룡鄭在龍이 곧 조선을 습격할 것이라고 선전하며 민중저항운동을 유도하고 있었다.[51] 그리고 1870년 마산포馬山浦에서 발생한 정만식사건鄭晚植事件의 경우에도 『정감록』을 직접 활용하고 있음을 확인할 수 있다.[52]

이상에서 살펴본 바와 같이 18세기를 전후한 조선후기사회에서는 『정감록』과 관련된 감결사상이 성행하고 있었다. 『정감록』은 속화俗化된 민중 종교적 특성을 가지고 있는 것이었고, 18세기에 이르러서는 한문으로 된 『정감록』뿐만 아니라 한글로 번역된 『언문 정감록』도 출현하고 있었다. 이 한글 번역본 『정감록』은 민인들 사이에 일종의 메시아니즘을 확대시켜 주는 기능을 담당하고 있었고, 왕조에 대한 저항의 이념적 근거를 보급해 주었다. 그러나 『정감록』 자체는 당시 연구되던 실학에서와 같은 과학성이 결여되어 있고, 미래사회에 대한 확고한 전망을 제시해 주는 데에도 이르지 못했다. 그렇다 하더라도 『정감록』을 비롯한 감결사상은 민인들의 반란 에너지를 응집시켜 주었으며, 당시의 민인들을 지배하고 있던 중요한 사상 가운데 하나였다. 그리고 이와 같은 감결사상의 성행은 민인들이 성리학의 사상적 체계로부터 벗어나서 그들의 독자

---

50) 鄭奭鍾, 1972, 「洪景來亂의 性格」 『韓國史研究』 7, 한국사연구회, 167쪽 참조.
51) 『推案及鞫案』 281冊, 「罪人亨瑞尙采申李亮鞫案」 참조.
52) 尹大遠, 1987, 「李弼濟亂의 研究」 『韓國史論』 16, 서울대학교 국사학과, 198쪽.

적 사상을 갖추어 가고 있던 사례와 관련된 현상으로 생각된다.

요컨대, 조선후기사회에서는 전통종교에 대한 새로운 인식이 강화되고 있었다. 그 가운데서 특히 주목되는 것은 불교사상에 대한 재인식이었다. 당시의 사상계는 조선 전기의 척불론적 시각을 점차 극복해 가며 불교의 본원적 의미와 사회적 기능에 관해 주목하고 있었다. 또한 당시 적지 않은 민인들은 미륵신앙이나 도교 및 감결사상 등으로 기울었다. 이러한 민인들의 사상은 반성리학적 성격을 노골적으로 드러내고 있던 것이었다. 즉 이때에 이르러 조선의 중세적 사유형태였던 성리학은 조선 사상계에서 지배적 위치를 유지하는 데 있어서 전통 종교사상의 커다란 도전을 받고 있었다. 그리고 이 전통종교 사상들은 민인民人의 사유형태로서 그 사상사적 의미가 강화되어 가고 있었다. 조선후기 사상계에 나타나는 이와 같은 상황은 그 전환기적 특성을 나타내주는 현상으로 생각된다.

4. 신종교사상의 출현

18세기 말엽 이후 조선의 사상계에서 드러나고 있던 특이한 경향으로는 서학 즉 천주교사상 및 동학사상의 출현과 보급을 들 수 있다. 18·19세기에 나타난 서학과 동학은 조선 사회에서 미처 경험하지 못했던 새로운 종교사상이었다. 즉 연행사燕行使를 통해 수용의 계기를 가지게 된 서학은 청의 문화를 통해 일정한 여과를 거친 유럽문화를 의미하는 청구문화淸歐文化로서의 특성을 가지고 있었다.[53] 이 서학사상은 먼저 학문적 탐구의 대상으로 주목받은 바 있었다. 그리고 18세기 말엽 이후부터는 민중종교운동의 일환으로 실천되어 갔다. 한편, 19세기 중엽에 형성된 동

---

53 李元淳, 1986, 『朝鮮西學史研究』, 일지사, 110쪽 참조.

학사상은 조선의 전통사상에 바탕을 두었으나 새로운 종교운동으로 발전해 가고 있었다. 정부 당국에서는 이러한 종교사상을 '사학邪學'으로 규정하고 탄압을 가했지만, 이들 신종교사상은 '변혁의 이념'으로 기능하고 있었고, 이러한 상황도 조선후기 사상계의 전환기적 특성과 관련하여 검토해 보아야 한다.

조선후기의 변혁사상 가운데 서학, 즉 천주교사상의 존재를 우리는 먼저 주목할 수 있다. 조선후기 서학사상을 수용한 지식인층은 대체적으로 성리학에 대해 비판의식을 가지고 있었으며, 선진유학先秦儒學에 기초하여 범유학적 입장에서 성리학적 가치체계를 변혁시켜 보려던 인물들이었다.[54] 이러한 그들에게 한문 서학서西學書를 통해 전파된 보유론적補儒論的 천주교신앙은 비교적 쉽게 이해될 수 있던 사상이었다. 보유론은 서학이 유학에 대립되는 사상이 아니라 유학의 부족한 점을 보충해 준다는 이론이었다. 따라서 그들은 자신이 기초하고 있던 범유학적 입장을 포기하지 않고서도 서학에 접근할 수 있었다. 그리고 범유학적 입장에서 선진유학의 재검토를 기초로 하여 성리학의 사상체계를 개혁하고자 시도하던 그들은 서학 자체도 변혁의 이념으로 파악하고 이를 연구해 갔다.[55]

그러나 1791년 조상제사문제로 발생한 윤지충尹持忠과 권상연權尙然의 사건 이후 조선의 서학계에서는 큰 변화가 일어났다. 이 사건은 종전의 서학에서 견지되어 오던 보유론이 정부당국뿐만 아니라 천주교 자체에서도 다 같이 배격되고 있음을 명백히 해주었다. 그리고 그 당연한 결과로 유학에 기초하여 서학을 이해하고자 했던 초기 천주교의 지성知性들이 천주교신앙을 포기하는 사태가 야기되었다. 그리하여 1791년의 사건 이후 천주교에 계속 남아 있던 양반 지식인들은 양반으로서의 특권을 스스로 포기한 변혁지향적 인물이었거나, 양반의 특권을 이미 오래 전에

---

54) 趙珖, 1988, 『朝鮮後期 天主教史硏究』, 고려대학교 민족문화연구소, 97쪽.
55) 洪時濟, 『訥菴記略』 "邪學之流 … 慾以此易天下可乎" 참조.

상실당한 몰락양반들이 대부분이었다.[56]

천주교는 조선에 전파된 직후부터 양반 지식인층에게 뿐만 아니라 일 반민들에게 전파되어 갔다. 천주교의 전파에 매개체가 되었던 것은 한글 로 번역된 천주교 서적이었다. 즉 한문 서학서는 일반 민인들이 "거의 한어漢語와 같아 분명히 알아들을 수 없었기"[57] 때문에 한글로 번역되기 시작하였다. 서학서가 한글로 번역된 시기를 정확히 밝힐 수는 없다. 그 러나 1787년에 한글 천주교 서적이 번역되어 지방에서 읽히고 있었음이 조정에서까지 문제가 되고 있었다.[58] 이를 감안할 때 천주교 서적의 번 역은 조선에 교회가 세워진 1784년 직후부터 진행되었다고 볼 수 있다. 그리하여 1801년에 이르러서 조선 천주교회는 모두 83종에 이르는 한글 서학서를 가질 수 있었다.[59]

이와 같은 천주교 서적에서 강조하고 있었던 사상으로는 평등과 사랑 의 개념을 들 수 있다. 당시의 천주교에서는 평등론에 입각한 새로운 인 간관을 제시해 주고 있었다. 그들이 주장하던 인간 평등론의 근거는 모 든 인간이 천주天主에 의해 창조된 동일한 존재라는 것이었다. 그리하여 그들은 인간이 인간을 사랑할 때에는 그 인품이나 재능이 있기 때문에 사랑할 것이 아니라, 인간이 '사람된 위位'를 가지고 있기 때문임을 강조 하였다.[60]

한편, 당시 천주교사상에서 강조하고 있던 이와 같은 평등의 개념은 신도들의 신앙실천에서도 큰 영향을 미치고 있었다. 우리는 이에 관한 대표적 사례를 백정출신 신도였던 황일광黃日光을 통하여 살펴볼 수 있

---

56) 趙珖, 1988, 앞의 책, 53쪽 참조.
57) 『邪學懲義』 韓國敎會史硏究所 刊, 1977, 불함문화사, 376쪽 : "[李召史曰] 殆同漢 語 無以分明解廳"
58) 『日省錄』 正祖 11年 4月 27日 참조.
59) 『邪學懲義』 韓國敎會史硏究所 刊, 1977, 불함문화사, 379~386쪽 참조.
60) 안도니 Daveluy, Marie Nicolas Antoine, 『신명초힝』 하, 「애인」, 64b~65a쪽.

다. 당시의 신도들은 일반적 관행과는 달리 백정출신인 황일광을 멸시하지 않고 형제로 받아들였다. 양반 출신 신도들도 그를 평등하게 대우하며 함께 대화를 나누기도 하였다. 이에 황일광은 감격하여, "나에게는 천당이 둘이 있는데, 하나는 내 자신의 신분에 비해 지나친 대우를 받는 점으로 보아서 지상에 있는 것이요, 다른 하나는 내세에 있다"라고까지[61] 말하였다. 황일광은 평등을 실천하던 새로운 신앙공동체 안에서 지상천국을 체험하고 있었다. 이와 같은 그의 체험을 통해서 생각할 때 평등사상을 말하던 조선후기의 천주교신앙은 종교적 복음으로서의 성격뿐만 아니라 사회적 복음으로서의 성격을 함께 가진 것이었다.

또한 1801년에 충청도 덕산德山에서 체포되었던 유군명은 평등의 가르침을 실천하기 위해서 세례를 받은 이후 자신이 소유하고 있던 노비들을 모두 해방시켜 주기까지 하였다.[62] 그리고 1827년에 순교한 신대보申大甫의 경우도 천주교의 특성으로 평등성을 의식하고 있었다. 즉 그는 말하기를 "천주교는 크게 평등한 것이다. 거기에는 대인大人도 소인小人도 없고 양반도 상한常漢도 없다"고[63] 하였다. 당시의 신도들은 "한번 여기에 들어오면 양반과 상민의 차이란 아무 소용이 없게 되는 것"으로[64] 인식하고 있었다.

조선후기의 천주교도들은 충효일맥忠孝一脈을 강조하던 당시 성리학계의 유교적 윤리에 대한 변질을 시도하고 있었다. 그들은 부모나 군주도 천주의 피조물이라는 인식을 새롭게 확인하며, 부모와 군주에 대한 충효를 상대화하고 있었다. 그들은 가부장제적 가족윤리를 포기했으며, 신앙을 매개로 한 새로운 공동체의 형성을 기도하고 있었다. 또한 그들은 성리

---

61) 달레 著, 安應烈·崔奭祐 譯, 1979, 『韓國天主敎會史』 상, 한국교회사연구소, 474쪽.
62) 달레 著, 安應烈·崔奭祐 譯, 1979, 앞의 책 중, 48쪽.
63) 달레 著, 安應烈·崔奭祐 譯, 1979, 앞의 책 상, 388쪽.
64) 달레 著, 安應烈·崔奭祐 譯, 1979, 앞의 책 중, 127쪽.

학적 윤리관에 의해 수직적인 것으로 규정되던 남녀 내지는 부부관계를 수평적인 관계로 이해하고자 하였다. 이러한 그들의 사고방법은 성리학에 대한 반대를 뜻하며, 사상폭동적 의미를 간직하고 있는 것이다.[65]

왜냐하면 조선왕조를 지탱하던 가장 근본적인 사회규범은 신분제적 질서였기 때문이다. 수분지풍守分之風이 강조되던 이러한 당시 상황에서 인간의 평등성을 강조한다는 것은 곧 체제부정의 논리와 통하는 것이었다. 그러므로 집권층에서는 천주교가 기존의 사회질서를 파괴하는 '무부무군無父無君의 교敎'라고 규정했으며, 천주교도는 이단사설異端邪說을 신봉하며 국가에 대한 변란을 일삼던 황건적黃巾賊이나 백련교도白蓮敎徒와 같은 존재로 파악하게 되었다.[66] 사실 당시의 이들 신도들 가운데에는 신분제적 질서를 기반으로 한 조선왕조의 사회에서는 도저히 인정될 수 없는 파격적 사고방법을 가지기도 하였다. 예를 들면, 1801년에 순교한 정약종丁若鍾의 일기日記를 집권층이 압수한 바 있는데, 거기에는 "나라에는 큰 원수가 있으니 임금이며, 집안에도 큰 원수가 있으니 아비이다"라는 '흉언凶言'이 기록되어 있었다.[67] 정약종은 군주와 가부장이 가지고 있던 기성의 권위에 대한 철저한 부정을 시도한 것이었다. 그러나 이와 같은 '흉언'을 접한 당시의 집권층은 천주교에 대한 부정적 인식을 강화시켜 나가게 되었다.

그리하여 정부당국에서는 천주교를 '사학邪學'으로 규정짓고, 이에 대한 탄압을 강화시켜 갔다. 조선후기의 사서에서 간혹 등장하고 있는 '사학'이란 용어는 원래 '악유惡儒'를 뜻하는 말이었다.[68] 그러나 조선후기 사회에서 '사학'이란 개념은 성리학을 제외한 모든 이단적 사상을 포괄

---

65) 趙珖, 1988, 앞의 책, 143~154쪽.
66) 『承政院日記』, 純祖 元年 2月 庚戌 "斯學爲之害 … 必至於凶國禍家而後已 … 犯刑憲如飮食 黃巾綠林之憂 迫在呼吸"
67) 李基慶, 『闢衛編』 "國有大仇君也 家有大仇父也"
68) 『荀子』, 「大略」 "此家言邪學之 所以惡儒者也"

하는 말이었다. 그리하여 사학은 성리학 즉 정학正學에 대한 대립개념으로 정착되어 있었다. 그리고 이 사학의 범위 안에는 불교나 감결사상과 같은 전통적 사상뿐만 아니라 신종교사상을 포함하게 되었다. 특히 조선후기에 이르러 사학이라 지칭할 때에는 서학 즉 천주교사상을 말하는 경우가 많았다. 정부 당국자들에게 천주교도란 '나라를 원망하는 무리[怨國之徒]'이거나[69] '세상의 변혁을 바라는 자[思欲變世者]',[70] 그리고 '반란을 생각하는 마음을 가진 자[思亂之心]'로 규정되게 되었다.[71] 이러한 서학에 대한 정부의 규정을 통하여 당시 서학, 즉 천주교사상이 가지고 있던 변혁지향적 특성을 우리는 확인할 수 있는 것이다.

한편, 신종교사상으로 천주교신앙의 보급과 확산이 진행되어 가던 과정에서 전통사상에 기반한 새로운 종교운동이 태동되고 있었다. 이 새로운 종교운동은 최제우崔濟愚(1824~1864)에 의해서 주도되었다. 그는 1860년에 천령天靈의 감응感應을 받아 득도得道하게 되었다.[72] 그는 자신이 얻은 도가 곧 '만고萬古에 없는 무극대도無極大道'라 하였다. 이는 그의 새로운 종교사상이 가지고 있는 시대적 적합성과 독창성을 표현하고자 한 말로 해석된다. 그는 19세기 중엽 조선사회에 대한 비판을 기조로 하여, 당시의 사회를 '불고천명不顧天命'하고 '불순천명不順天理'하는 난세亂世로 규정하였다.[73] 이는 천명이 이미 조선왕조를 떠났음을 지적하고자 한 것이다. 그리고 그는 천명을 서학이 받은 것으로까지 생각하였다.[74] 이는 그가 성리학을 기반으로 한 조선왕조의 사상적 정통성에 대해 부정하는 입장을 표현한 것이었다. 그렇지만 그는 서학의 존재를 긍정일변도

---

69) 『邪學罪人金鑢等推案』, 14쪽.
70) 『邪學懲義』, 13쪽.
71) 『邪學罪人姜彛天等推案』, 91쪽.
72) 崔濟愚, 『龍潭遺詞』, 「安心歌」.
73) 崔濟愚, 『東經大典』, 「布德文」.
74) 崔濟愚, 『東經大典』, 「論學文」 "斯人은 道稱西道라 하고 學稱天主라 하고 教稱聖教라 하니 此非知天時而受天命耶아"

로만 보지는 않았다. 그는 서학이 서양의 식민주의적 침략세력과 결합되어 있는 것으로 파악하고, 이에 대한 경계를 유지하고 있었다.[75]

19세기 중엽사회의 사상에 대한 이와 같은 이해는 그로 하여금 새로운 종교사상으로서의 동학東學을 창도하게 하였다. 그가 제시한 동학사상의 근본개념은 시천주사상侍天主思想에서 찾아볼 수 있다. '천주天主를 모신다' 는 이 사상은, 첫째로 각 개인이 시천주侍天主의 인격적 존엄성을 가진 존재라는 뜻과, 둘째로 천주를 모시는 시천주신앙을 통해서 비로소 인격적 존엄성을 얻게 된다는 두 가지의 뜻을 가지고 있다. 그리고 이는 신분에 관계없이 모든 사람이 각기 보편자普遍者 천주를 내면화하게 되고, 따라서 양반과 서민庶民, 대인大人과 소인小人의 본질적 차등은 인정할 수 없게 되어, 만인萬人이 군자君子가 될 수 있는 인간평등의 이념이기도 하였다.[76] 시천주의 개념은 인간의 자아自我를 확립시켜 근대적 인간관을 형성하는 데에도 일정한 기여를 해주고 있었던 것이다.[77]

최제우가 창도한 동학사상에서는 나라의 운명에 대해서도 사명감을 표현하고 있다. 그리하여 국가의 안위가 염려되던 위기상황에 대처하기 위한 사상으로서 동학이 창도되었던 것이다. 즉 동학에서는 왜적倭賊이나 한이漢夷와 함께 서양적西洋賊에 대항하여 국가의 안위를 보장하고자 하였다.[78] 따라서 동학은 개인의 구제뿐만 아니라 국가 내지는 민족의 구제까지 지향하고 있던 개혁사상이었다.[79]

그러나 동학사상이 가지고 있던 개혁사상적 측면은 조선후기의 지배적 사유형태였던 성리학적 가치관과 대치되는 특성을 분명히 가지고 있

75) 崔濟愚, 『東經大典』, 「布德文」 "西洋之人이 道成德立하여 及其造化하여는 無事不成이라 하며 攻鬪干戈에 無人在前이라니 中國이 消滅하면 豈可無脣亡之患耶아"
76) 申一澈, 1979, 「東學思想의 展開」『韓國思想』 17, 94쪽.
77) 姜在彦, 1973, 「近代朝鮮の變革思想」, 日本評論社, 70쪽.
78) 崔濟愚, 『龍潭遺詞』, 「安心歌」.
79) 韓㳓劢, 1969, 「東學思想의 本質」『東方學志』 10, 延世大學校 國學研究院, 70쪽.

었다. 그러므로 19세기 중엽 당시 조선의 지배자들은 동학도 사학의 일종으로 파악하게 되었다. 그리고 이러한 인식의 결과, 동학을 창도한 최제우는 사학의 괴수로 지목되었고, 1864년 대구감영에서 좌도난정률左道亂正律로 정형正刑을 선고받게 되었다.

요컨대, 조선후기의 사상계에서는 새로운 종교신앙운동이 일어나고 있었다. 서학, 즉 천주교와 동학으로 나누어지는 이 종교사상이 추구하고 있는 가장 큰 특징은 인간평등성의 원리에 대한 이해였다. 또한 이 신종교사상들은 성리학적 사회규범에 대한 정면부정을 시도하기도 하였다. 바로 이러한 신종교사상의 성격으로 인해 이 사상들은 민인들의 사회운동과 연결될 수 있다. 조선후기의 신종교사상은 민인의 각성과 관련하여 출현된 사상이었으며, 민인들은 사상 실천의 주체로 부각되어 갔다. 바로 이러한 점에서 조선후기 사상계가 가지고 있던 전환기적 특성의 일단이 확인되는 것이다. 한편, 정부당국에서는 이 새로운 종교사상운동을 사학으로 규정하고, 이에 대한 탄압을 강행시켜 나갔다. 정부 당국자들이 이를 사학으로 규정한 것은 이들 사상 자체가 조선왕조의 중세적 사유 체제에 대항하는 반체제적 사상으로서의 기능을 담당하고 있었기 때문이다. 여기에서 조선후기 사상계에서는 정학과 사학의 예민한 대립구도가 형성되어 갔다. 바로 이와 같은 사상思想상의 대립과 정부 당국의 사상통제정책의 강화는 조선후기 사상계의 주요특징으로 규정해 줄 수 있을 것이다.

5. 맺음말

18세기를 전후한 조선후기 사회에서는 성리학·실학, 그리고 각종 종교 신앙 등 다양한 사상이 성행하고 있었다. 즉 당시의 지배층에서는 조선왕조가 개창된 이래 지배이데올로기로 작용하던 성리학을 정학正學으로 확인하고 이를 발전·강화시켜 나갔다. 그 결과 성리학은 조선후기에도 사상계에서 지배적 위치를 의연히 점하고 있었다.

한편, 지배층 일부에 속하기는 했으나 정책결정권을 장악하지 못했던 일단의 지식인들은 왕조체제의 유지를 전제로 한 제한적인 현실비판의식을 표현하고 있었다. 이들은 대체로 사회변동의 현상을 인정하고, 그 현상에 걸맞은 제도의 시행과 정책의 변동을 요구했다. 이들의 개혁사상은 정학인 성리학과는 일정한 차이를 드러내고 있었다. 이들은 탈성리학적－범유학적 입장에서 성리학에 대한 비판의식을 가지고 있었다. 이들의 견해를 오늘의 우리는 실학사상으로 규정하고 있다.

또한 당시의 사상계에서는 기존의 지배이데올로기에 대한 배격의 움직임이 강하게 일어나고 있었다. 이러한 경향은 민인들이 전개한 각종 종교운동을 통해서 확인된다. 조선후기에 활발히 전개되고 있던 민인들의 종교운동은 조선 전기사회에서는 찾아볼 수 없던 특이한 양상이었다. 그러나 그들의 종교사상은 정학에 대립되는 이단사설異端邪說로 규정되었으며 '사학邪學'으로 지칭되어 왔던 것이다. 그리고 민인들의 이 사상운동은 성리학 내지는 유학 본위의 사회규범에 대한 도전이라는 반성리학적 사상으로서의 의미를 가지고 있다.

이렇게 18세기를 전후한 조선후기사회에서는 정학正學과 실학實學, 그리고 '사학邪學'의 대립구도가 형성되어 있었다. 우리는 이런 대립구도의 존재를 통해 조선후기 사상계의 전환기적 특성을 파악할 수 있을 것이다. 또한 조선후기사회에서는 양반지식층뿐만 아니라 일반 민인들까지도 새로운 사상을 창출하고 실천해 나가는 사상의 주체로 성숙되어 가고 있었다. 바로 이 점에서 우리는 조선후기 사상계가 가지고 있던 또 다른 특성을 찾아볼 수 있다.

한편, 이러한 세 종류의 대립적 사상 가운데 정학은 양반관료층과 재지사족在地士族의 사유思惟였다고 할 때, 실학은 사회변동의 과정에서 몰락의 길을 걷고 있던 비판적 지식인의 사상이었다. 이에 반하여 사학으로 지칭되던 각종의 종교사상은 피지배 민인들의 자기 각성과 관련하여 성행하게 된 사상이었다. 그리고 정학이 체제를 유지하게 하는 사상이었다면, 실학은 조선왕조의 여러 체제 자체를 거부하지는 않았으나 이를 개량해 보려던 개량주의적 특성을 다분히 내포하고 있었다. 그러나 사학은 체제에 대한 부정적이며 저항적 성격과 관련되는 반체제적 특성을 함께 가지고 있었다. 사학이 가지고 있는 이와 같은 특성 때문에 정학이나 실학의 입장에서는 사학의 범위 안에 포함되어 있는 각종 종교사상과의 회통會通이나 조화와 공존을 시도하기보다는 이를 경원시할 수밖에 없었다. 여기에서 전통 유학사상이 근대사상으로 전환될 수 있는 가능성이 단절되기에 이르렀던 것으로 생각된다.

이와 같은 여러 현상에서 우리는 조선후기 사상계의 전환기적 특성을 확인하게 된다.

제2장 조선시대 효孝 인식의 기능과 그 전개

1. 문제의 제기

조선왕조 사회에서 효孝는 조선의 지배이념이었던 성리학性理學 즉 유학儒學 및 불교佛敎를 비롯한 조선의 여러 사회사상에서 공통적으로 강조되고 있었던 관념이었다. 효는 '충효쌍전忠孝雙全', '충효일맥忠孝一脈'이란 용어를 통해서 확인되는 바와 같이 조선사회를 유지시켜 주는 사상적 기둥이었다. 효는 『소학小學』이나 『효경孝經』과 같은 전통적 윤리서를 비롯하여 삼강오륜三綱五倫과 관계되는 거의 모든 유학관계儒學關係 도서들에서 공통적으로 강조되어 왔다. 그리고 『부모은중경父母恩重經』을 비롯한 불교의 윤리서에서도 효의 중요성이 천명되었다. 18세기 후반기 이래로 일종의 신종교 사상으로서 조선사회에 일정한 영향을 미치고 있었던 서학西學−서교西敎의 경우에도 『성찰긔략』[省察記略]이나 『신명초ᄒᆡᆼ』[神命初行]과 같은 서적을 통해서 효에 관한 관념을 강조해 왔다. 이렇듯 효에 대한 관념은 조선의 사회윤리 내지 사회사상에서 매우 중요한 위치를 차지하고 있었다.

효가 조선왕조의 역사과정에서 나타나는 사회사상의 일종이라면, 대략 5백여 년으로 규정되는 조선의 그 장구한 기간 동안 동일한 내용을 가지고 지속될 수만은 없었다. 조선시대에 있어서 효에 대한 관념도 성리학, 불교, 서학, 동학 등 그 근본하고 있었던 사상이나 시대에 따라서 각기 차이를 드러냈다. 이렇듯 효에 대한 인식은 초시간적 개념이 아니라 한 시대의 사회적 역사적 산물일 수밖에 없다. 그러므로 시대적 조건이나 실천자에 따라서 그 의미상 차이가 나타나게 마련이었다. 조선시대의 효에 관해서 논할 경우에는 검토대상이 되는 조선시대의 범위와 분석대상이 되는 서적의 종류를 먼저 규정해 주어야 한다.

여기에서는 일단 조선시대를 전기(建國 - 中宗, 1392~1545), 중기(明宗 - 景宗, 1546~1724), 후기(英祖 - 開港, 1725~1876)로 나누어 생각할 수 있을 것이다. 이와 같이 조선시대를 세 단계로 나누는 기존의 시대구분 방법에 따라서, 이 글에서는 우선 조선시대 효에 대한 인식의 전개 과정과 각 단계별 특성을 파악해 보고자 한다. 그런데 한 시대의 효 인식은 당대에 읽혀지던 각종 서적과 학교 교육을 분석함으로써 가능할 것이다. 그러나 이 글에서는 학교 교육을 통한 효 인식의 보급과 실천에 관해서는 일단 언급을 보류하고자 한다. 이 글에서는 다만 당시 간행되어 유통되고 있던 서적 중 효행서孝行書들을 분석하여 당대 효 인식이 가지고 있던 특성들을 밝혀보려고 한다.

이 논문에서 분석 대상이 되고 있는 효행서의 범위에는 우선 광의의 범위로는 사서오경四書五經과 같이 삼강오륜에 관해서 논하고 있는 책들을 포함시킬 수 있다. 그리고 그 협의의 범위로는 『삼강행실도』와 같은 유교 윤리에 대한 도해서圖解書 및 『효경』, 『소학』 등과 같은 편찬물 및 초학자初學者를 위한 동몽류童蒙類 도서를 효행서로 간주할 수 있을 것이다. 그리고 여기에 불교나 서교의 윤리서 및 비록 하나의 독립된 윤리서는 아니라 하더라도 당시대의 윤리에 영향을 주었던 사상서思想書들도 검토의 대상으로 삼을 수 있을 것이다.

조선시대의 효 인식에 관해서는 선학先學들의 포괄적인 사상사의 연구를 통해 이미 확인할 수 있다.[1] 이 글에서는 이러한 기존의 연구를

---

1) 다음과 같은 선행의 논문들이 조선시대 효 인식의 연구에 있어서 참조될 수 있을

기초로 하여 각종의 효행서에 수록된 내용에 대한 간략한 분석과 함께, 그 효행서의 사회적 기능을 시대별로 검토하는 작업도 수행해 보고자 한다. 그리고 각종의 효행서를 통해서 확인되는 특정한 윤리의 생산자 내지는 옹호자들의 생산의도 및 생산과정에 관하여 유념해 보고자 한다. 또한 이 글에서는 효와 관련된 각종 도서의 번역이나 간행 문제에 일단 관심을 기울이고자 한다.

한편, 효라는 윤리사상은 그 독자적으로 존재하기보다는 여타 윤리나 사회사상과의 관계 속에서, 그리고 그 일환으로 존재하게 마련이다. 그러므로 효 사상의 특성을 올바로 이해하기 위해서는 여타 윤리적 덕목이나 사회사상과의 관계에 대해서도 검토되어야 할 것이다. 그러나 이 글에서는 효孝가 충忠이나 열烈과 같은 여타 사회사상과 맺고 있는 상호 관계의 규명도 추후로 돌리겠다. 또한 이 글에서는 그 특정 윤리의 사용자 또는 소비자의 지향점이나 소비양태 및 그 반응에 대한 분석도 일단 보류하고자 한다. 이 글은 이러한 한계를 가지고 있지만, 조선시대 효 인식 내지는 효를 중심으로 한 윤리의식 및 사회사상사의 이해에 작은 도움이 될 수 있기를 기대한다.

것이다.
金元龍, 1965,「三綱行實圖 刊本攷」『東亞文化』4, 서울대학교 동아문화연구소 ; 金駿錫, 1981,「朝鮮前期의 社會思想－小學의 社會的 機能 分析을 중심으로－」『東方學志』29, 연세대학교 국학연구원 ; 金恒洙, 1981,「16세기 士林의 性理學 理解－書籍의 刊行·編纂을 중심으로－」『韓國史論』7, 서울대학교 인문대학 국사학과 ; 河宇鳳, 1983,「世宗代의 儒敎倫理 普及에 대하여－'孝行錄'과 '三綱行實圖'를 중심으로－」『全北史學』7, 전북대학교 사학회 ; 文喆永, 1984,「朝鮮初期 新儒學의 수용과 그 性格」『韓國學報』36, 일지사 ; 金勳埴, 1985,「16세기 '二倫行實圖' 보급의 社會史的 考察」『歷史學報』107, 역사학회 ; 金恒洙, 1987,「16세기 經書諺解의 思想史的 考察」『奎章閣』10, 서울대학교 규장각한국학연구소 ; 志部昭平, 1989,「諺解三綱行實圖의 傳本과 그 系譜」『東洋學』19, 단국대학교 동양학연구소 ; 김항수, 1994,「조선전기의 성리학」『한국사』8, 한길사.

2. 효 인식의 기능과 윤리서의 편찬 간행

조선왕조가 창건된 직후 성리학이 정착되어 나가는 과정에서 성리학적 윤리의 실천이 강조되고 있었다. 조선의 지배층이 성리학적 윤리의 실천을 강조했다는 사실은 전 왕조인 고려의 불교적 윤리관 내지는 인간관계론에 대처할 수 있는 새로운 사상의 모색을 뜻하는 것이었다. 윤리는 인간 상호 관계에 대한 규정을 뜻하며, 이러한 인간관계를 통해서 발견되는 특성에 의해 그 사회의 성격도 규정되는 것이다. 조선은 성리학적 윤리의 보급을 통해서 새로운 사회질서를 새우고, 그 새 사회를 이끌 이념의 강화를 시도하고 있었다.

조선시대 성리학적 윤리덕목 가운데 가장 핵심적 요소는 효도孝道에 대한 관념이었다. 조선시대 효孝에 대한 이해는 그 시대의 심성心性 내지는 사회사상을 파악하기 위한 지름길이다. 그러므로 여기에서는 조선시대 효를 이해하기 위한 전제로서 당시 효의 성격 및 효행서孝行書의 언해諺解 내지는 그 간행 상황을 우선 간략히 언급해 보고자 한다.

조선시대 효에 대한 관념은 "백행百行의 근본根本이요 만화萬化의 근본根本"이라는 『효경孝經』에서 언급된 인식을 전제로 하고 있었다.2) 효는 '충효忠孝'나 '효제孝悌' '효열孝烈' '효경孝敬'등의 합성어合成語를 통해서 드러나는 바와 같이 성리학적 윤리어倫理語 가운데 가장 빈번히 나타나는 것이었다. 왕실의 경우에도 "요순堯舜의 도는 효제孝悌일 뿐이며, 효제의 도는 곧 인류의 본원이다"라고 생각했다.3) 또한 "신하의 대절大節은 충효보다 더 큰 것이 없다"고4) 보았으며, 효는 '수제치평修齊治平의 근본도리'로 인식되었다. 그리고 충효일맥忠孝一脈의 교화敎化를 논하는

---

2) 『仁祖實錄』卷12, 4年 3月 5日 戊申條 ; 『英祖實錄』卷57, 19年 3月 25日 己卯條.
3) 『中宗實錄』卷100, 38年 2月 24日 戊戌條.
4) 『明宗實錄』卷9, 4年 6月 19日 丁巳條.

과정에서 "충신은 효자 가문에서 구한다"라고 하여,[5] 효는 충의 기초를
이루는 것으로 이해하고 있었다. 이러한 표현을 통해서 확인할 수 있는
바와 같이 조선왕조에서는 효를 조선사회의 기본적 가치로 인식하고 있
었다.

한편, 효의 요체는 경敬과 순順에 있는 것으로 규정되어 있었다.[6] 그
리고 그 구체적 내용으로 효는 가난이나 자신의 희생을 무릅쓰고 부모를
보호하는 환난구제患難救濟의 행동이거나 부모에게 순종하는 행위,[7] 부
모의 병을 구완하기 위해서 특이한 음식을 구해 봉양하거나,[8] 그 상처를
정성을 다해서 치료하고 할고단지割股斷指를 하는 경우 등으로 평가되었
다.[9] 삼년 여묘廬墓살이를 하거나,[10] 가묘家廟에서 매달 1일과 15일에 제
사를 지내는 행위도 효행으로 표창되고 있었다.[11] 남편이 죽은 후 시부
媤父의 혼사를 주선하여 가문의 대를 잇게 하는 경우[12] 등도 효도의 사
례로 평가되고 있다.

이러한 내용을 살펴 볼 때 조선시대의 효는 부자관계를 돈독히 한다
는 의미가 주목되고 있음을 확인하게 된다. 또한 동시에 당시의 효에는
시묘侍墓라든지 가묘家廟의 제사祭祀, 가문의 계승을 비롯한 신분제를 본
위로 한 가부장적 사회 질서를 강화한다는 또 다른 목적도 병존하고 있

---

5) 『肅宗實錄』 卷14, 9年 1月 18日 庚申條.
6) 『明宗實錄』 卷9, 4年 5月 21日 庚寅條.
7) 『三綱行實圖』, 婁伯捕虎, 1972, 세종대왕기념사업회 영인본, 71쪽 ; 『中宗實錄』
    卷57, 21年 7月 15日 丙申條, 三陟幼學 金崇孫 事例.
8) 『三綱行實圖』, 王祥剖氷, 41쪽.
9) 『三綱行實圖』, 劉氏孝姑, 石珍斷指, 70, 76쪽 ; 『中宗實錄』 卷57, 21年 7月 25日
    丙午條, 咸從幼學 劉仁碩 事例.
10) 『三綱行實圖』, 自强伏塚, 74쪽 ; 『中宗實錄』 卷57, 21年 7月 25日 丙午條, 順安
    參奉 朴萬根 事例.
11) 『中宗實錄』 卷57, 21年 7月 15日 丙申條, 楊口戶長 柳渾 事例.
12) 蔚珍郡誌編纂委員會, 1984, 『蔚珍郡誌』, 371쪽. '金學起의 妻 潭陽田氏의 孝姑
    事例' 참조.

음을 확인하게 된다. 그러므로 효는 『가례家禮』의 시행 과정에서 가부장의 권위를 강화하는 역할을 했고,[13] 각처에서 시행된 향약鄕約에서도 '부모효양父母孝養'이나 '부모불효父母不孝'를 첫째가는 선목善目이나 악목惡目으로 지목하고 있었다.[14]

그리하여 조선에서는 효자孝子에 대한 정려旌閭를 시행해 왔다.[15] 그리고 효행자에 대해서는 증직贈職을 허가하거나[16] 비록 범죄를 했다 하더라도 그 벌을 감해주는 사례가 있었다.[17] 암행어사가 지방을 순시할 때에도 효행자를 특별히 방문하도록 했다.[18]

효의 가치를 이처럼 중요하게 평가하고 있었던 조선에서 각종의 효행서를 간행하게 된 것은 당연한 일이었다. 광의의 효행서라고 할 수 있는 성리학적 경서들까지 포함하여, 『효경』을 비롯한 여러 책자들을 간행했다. 조선왕조에서는 이러한 서적의 간행을 통해서 효행을 강조하고 보급하고자 했다. 여기에서는 먼저 효를 포함하여 삼강오륜三綱五倫이라는 성리학적 일반 규범을 강조하기 위해서 진행시킨 사서오경四書三經의 구결口訣이나 언해諺解 및 그 간행 작업을 주목할 수 있다. 또한 당시는 『소학小學』이나 『경민편警民編』, 『동몽선습童蒙先習』, 『격몽요결擊蒙要訣』 등의 일반적인 윤리서에서 효를 중심으로 한 가족윤리를 강조하는 방법도 취하고 있었다. 그리고 이 보다는 좀더 직접적으로 『효경孝經』, 『삼강행실도三綱行實圖』, 『오륜행실도五倫行實圖』 등의 효행서를 통해서 효의 중요성을 인식시키고 이를 보급하고자 노력했다.

---

13) 김항수, 1994, 앞의 논문, 276쪽.
14) 朴翼煥, 1984, 「朝鮮前期 鄕規와 鄕規約考」 『史學硏究』 38, 한국사학회, 337쪽 ; 鄭亨愚, 1969, 「朝鮮 鄕約의 構成과 그 組織」 『李弘稙博士 回甲紀念 韓國史學論叢』, 신구문화사, 331쪽.
15) 『肅宗實錄』 卷14, 9年 9月 5日 癸酉條.
16) 『純祖實錄』 卷30, 29年 12月 10日 庚午條.
17) 『中宗實錄』 卷25, 11年 6月 5日 乙卯條.
18) 『肅宗實錄』 卷11, 7年 1月 14日 戊辰條.

당시의 지배층이 시도한 사서삼경의 현토懸吐 구결이나 언해 작업에는 여러 가지 의미가 함축되어 있었다. 우리는 그 의미를 다음의 자료를 통해서 살펴볼 수 있을 것이다.

> a-1 : 『주역』의 언해가 없다면 … 장차 어떻게 위로는 성상께서 공부하는 데에 보탬이 되고 아래로는 후학들에게 전할 수 있겠습니까.[19]

> a-2 : 세자께서 『상서尚書』를 진강하는 데 언해가 없습니다. 지금 『상서』와 『예기』를 현토하고 해석하여 『시전언해』를 개간開刊하듯이 하면, 경연에만 도움이 있을 뿐 아니라 여염의 훈몽에도 크게 유익함이 있을 것입니다.[20]

> a-3 : 지난 태평한 날에는 국가에서 각종 서책 및 사서삼경과 언해서까지 나누어 보내주어 구독句讀을 익히는 선비에게 편리하도록 하였기 때문에 제생諸生이 배우고 익혀 향당鄕黨에서 행실을 닦는 자가 왕왕 있었습니다.[21]

이상의 자료를 통해서 생각해 볼 때 유학의 기본경전에 대한 현토 구결이나 언해 작업은 첫 번째로는 경연에서의 진강進講에 편의를 제공하고(a1), 경전 이해에 표준적 해석 방법을 확정하여 보급하며(a1, a3), 경전의 보급을 일반화시키려던 목적을 가지고 있었음을 알 수 있다(a2, a3). 경서의 언해는 이와 같이 중요한 의미를 지니고 있었으므로, 당시 언해 작업은 전교傳敎에 의해서 교정청校正廳이나 찬집청撰集廳을 설치하여 진행시켜 나갔다.[22] 때로는 홍문관弘文館 관원이 언해본의 수정작업을 담당하기도 했다.[23] 이 언해본은 국왕이 직접 재정裁定하는 형태를 취했으

---

19) 『宣祖實錄』 卷141, 34年 9月 5日 己亥條.
20) 『宣祖實錄』 卷193, 38年 11月 3日 癸酉條.
21) 『仁祖實錄』 卷25, 9年 12月 24日 壬辰條.
22) 『宣祖實錄』 卷22, 21年 10月 29日 己酉條 ; 『光海君日記』 卷97, 7年 11月 2日 甲戌條.
23) 『光海君日記』 卷50, 4年 1月 17日 壬子條.

므로, 그 교정에는 신중을 기하였고, 전교를 통해서야 개정될 수 있었
다.24) 그리고 사서삼경의 음석音釋을 교정하고 언해 작업에 참여한 유신
들에 대해서 특별히 논상論賞했다.25) 이러한 사실을 감안할 때 당시 왕
실에서 언해본의 간행에 상당한 비중을 두고 있었음을 알 수 있다.

당시 언해작업 과정에서는 사서언해四書諺解를 외방에 널리 구하거나
홍문관에 보관되어 있는 언해본들을 참조하기도 했다.26) 뿐만 아니라
조선의 성리학계에서 성취한 기존의 구결 언해 성과를 두루 참조했다.
이와 같은 예로는 선조宣祖 연간 유희춘柳希春(1513~1577)이 왕명에 의해
서 사서오경의 구결과 언해를 상정祥定하면서 기존의 업적들을 참고했던
사실을 주목할 수 있다.27)

언해본은 경서와 함께 중요시되었다. 조정에서는 언해본을 지방 군현
에 반사頒賜할 때 '경서와 언해'를 각각 한 부씩 보냈다.28) 또한 특별한
공이 있는 문신들에게도 경서와 언해를 함께 반사한 기록을 찾을 수 있
다.29) 이러한 사례를 통해서 조선왕조에서는 언해본을 단지 성리학의
민간 전수에만 목적을 두고 있었던 것은 아니었고, 경서의 표준적 해석
방법을 제시하기 위해 언해본을 보내주었던 것으로 해석된다.

언해작업이 가지고 있는 두 번째의 의미로는 성리학을 이해하는 데에
있어서 요청되는 기본의 틀을 세우기 위한 작업이었다는 데에서 찾아진
다. 이 언해작업은 불교적 윤리에 대한 경계 심리를 반영하는 것이었
다.30) 또한 이 작업은 조선왕조의 창건 이래 진행되어 온 성리학의 발전

---

24) 『宣祖實錄』 卷142, 34年 10月 19日 癸未條.
25) 『宣祖實錄』 卷22, 21年 10月 29日 己酉條 ; 『光海君日記』 卷50, 4年 1月 17日
   壬子條.
26) 『宣祖實錄』 卷122, 33年 2月 3日 丁丑條.
27) 『宣祖實錄』 卷8, 7年 10月 19日 庚申條.
28) 『仁祖實錄』 卷25, 9年 12月 24日 壬辰條 等.
29) 『英祖實錄』 卷25, 9年 12月 24日 壬辰條.
30) 『中宗實錄』 卷81, 31年 5月 12日 丙寅條.

을 배경으로 하여 주자집주본朱子集註本에 대한 이해를 더욱 심화시키려던 의도를 가지고 있었다.

언해본이 갖는 의미가 이처럼 중요했기 때문에 언해본은 실록實錄을 보관하는 사고史庫에 수장했다. 이러한 예로서 선조 초년에 『쥬역언히』[周易諺解]를 간행한 다음 이를 강화사고江華史庫에 보관시켰던 사실을 들 수 있다.[31]

사서삼경 등, 경서의 언해는 표준 사상의 제정과 관련되는 일이라면, 일반 윤리서의 편찬과 언해는 성리학적 윤리의 일반화를 통하여 인심을 순화하기 위한 목표를 가지고 있었다.[32] 우리는 이러한 점을 세종世宗 14년 6월 집현전에서 찬집한 『삼강행실도三綱行實圖』의 서문을 비롯한,[33] 다음의 사료를 통하여 확인할 수 있을 것이다.

> b-1 : 완악한 풍속을 변혁하고자 하여 … 옛 사람의 책 중에서 풍속을 바로잡을 수 있는 것을 택하여 거기에 언해를 붙여 도내에 반포하여 가르치게 하고 … 주해가 없어 우리나라 사람들이 쉽게 이해하지 못하므로 곧 그 언해를 상세하게 만들어 사람마다 보는 즉시 이해하게 하고 … 언자諺字로 번역했다.[34]

> b-2 : 근래 인심이 모질고 나빠졌습니다. … 이는 진실로 교화가 행해지지 않았기 때문이니 국가의 큰 걱정거리입니다. … 고서 가운데 본받을 만한 것으로 『삼강행실도』보다 더 나은 것이 없습니다. … 조종조에서는 『삼강행실도』를 수찬하고 언문으로 번역해서 중외에 반포하여 사람마다 쉽게 알고 쉽게 감동하게 하였습니다. … 다만 지방의 궁벽한 시골 사람들은 글을 아는 이가 적어서 새로운 책을 반포하더라도 두루 알게 하기는 어려울 것입니다. 언서諺書라면 백성들도 알 수 있으니 찬집할 때 언문으로 번역하기도 하여 두루 알리는 데에 힘쓰는 것이 어떠합니까.[35]

---

31) 『宣祖實錄』 卷39, 39年 9月 19日 乙酉條.
32) 『肅宗實錄』 卷45, 33年 11月 23日 辛未條.
33) 『三綱行實圖』, 序, "予欲使取其特異者 作爲圖贊 頒諸中外 庶幾愚夫愚婦 皆得易以觀感而興起 則亦化民成俗之一道也"
34) 『中宗實錄』 卷32, 13年 4月 1日 己巳條.

b-3 : 난리를 겪은 후에 백성들의 풍속이 날로 투박해져서 아들이 어버이
      에게 효도할 줄 모르고, 아우는 형을 공경할 줄을 모르며 그 밖에
      이륜彝倫이 없어지고 풍교風敎가 끊어져 놀라운 정상을 다 형용하기
      가 어렵습니다. …『삼강행실도』와『이륜행실도』등의 책은 양심을
      감발시키고 선단善端을 흥기시키어 진실로 인심을 맑게 하는데 일조
      가 됩니다. 그러나 난리 후 여염에 이 책이 드무니 … 인출하게 하
      십시오.36)

b-4 : 검토관 송정명宋正明이『삼강행실』,『경민편』,『효경』등의 책을 간
      행하여 해서海西의 여러 고을에 반포할 것을 청했다. 해서의 인심이
      사나움이 다른 도에 비해서 특히 심하기 때문이었는데 임금이 허락
      하였다.37)

도해서圖解書나 언해본諺解本은 15세기 세종 연간에 편찬되기 시작했
다. 이 책들은 성리학적 가치관에 의해서 반인륜적反人倫的이라 할 행위
가 발생함에 자극 받아 편찬되기 시작했다. 당시 조정에서는 이 책들의
보급을 통해서 성리학적 윤리관을 일반화시키고자 했다. 그런데 도해서
나 언해본이 지방에 본격적으로 보급되기 시작한 것은 중종中宗 연간 조
광조趙光祖(1482~1519)를 비롯한 사림파가 집권한 이후였다. 이때 김안국
金安國(1478~1543)은 사료 a1에서와 같이 풍속의 교화를 위해서 도해서와
언해본을 간행 보급하고 있었다. 이러한 목적은 조선왕조 어느 시기에나
거의 공통적으로 적용되었다. 특히 전란으로 인해 무너진 사회질서를 바
로 세우기 위해서 이러한 책의 발간이 주장되기도 했다. 즉,『삼강행실
도三綱行實圖』와『이륜행실도二倫行實圖』에 대해서 "인륜을 밝히는 책이
니, 방언으로 번역하고 그 형상을 그려서 여염의 부인이나 아동들로 하
여금 한번 보아 모두 흠복 감탄하여 양심良心이 저절로 생기게 하면 풍
화風化에 도움이 될 것이다"고 평한 바 있었다"38)는 선조 연간의 기록을

---

35)『中宗實錄』卷81, 31年 5月 12日 丙寅條.
36)『宣祖實錄』卷199, 39年 5月 24日 辛卯條.
37)『肅宗實錄』卷45, 33年 11月 23日 辛未條.

통해서 이 사실을 확인하게 된다.

이 서적들이 가지고 있는 경서의 성리학적 해석에 표준을 제시한다는 것과 그 윤리의 일반화라는 두 가지 목표를 가지고 이 언해본이나 효행서들은 각종의 교육기관에서 활용되고 있었다. 이를 간략히 살펴보면 다음과 같다. 성리학적 교육의 표준적 사례로는 세자시강원의 교육을 들수 있을 것이다. 당시 학동들은 일반적으로『천자千字』,『류합類合』,『효경孝經』,『소학小學』등의 책자를 배우고 있었다.[39) 세자시강원에서는 기본적인 한자漢字 교육인 천자문이 끝난 이후『효경』을 강했다.[40) 그리고『효경』을 강한 다음에는 일반적으로『논어』나『대학』을 강하는 것을 학문의 차례로 인식하고 있었다. 그러나 광해군光海君은 세자 교육에 있어서『사략史略』을 먼저 가르친 다음『대학』과『논어』를 가르치도록 명한 바 있었다.[41) 경종景宗은 세자로서 8세 때에 시강원侍講院에 입학례를 행하고,『효경』,『소학』,『삼강행실』등을 두루 강하였다.[42) 영조 연간 세자시강원에서는『효경』을 마친 다음『소학』을 읽도록 규정했다가,[43)『소학』이『대학』의 근본이라는 인식이 강화됨에 따라서『효경』대신에『소학』을 부과했다.[44) 또한 국왕의 경연經筵 과정에서도『효경』과『소학』이 석강夕講과 야대夜對에서 진강되고 있었다.[45) 이러한 효행서의 형식적 강독을 경계하며, 이를 체념體念할 것을 요구하고 있다.[46)

교육과정 내지는 독서의 순서가 시대에 따라서 약간씩 차이가 있는

---

38)『宣祖實錄』卷199, 39年 5月 21日 戊子條.
39)『中宗實錄』卷87, 33年 3月 11日 甲申條.
40)『明宗實錄』卷19, 10年 11月 29日 庚申條.
41)『光海君日記』卷10, 卽位年 11月 4日 丁亥條.
42)『景宗實錄』卷15, 附錄 景宗大王 墓誌文.
43)『英祖實錄』卷10, 2年 12月 7日 甲子條.
44)『英祖實錄』卷57, 19年 2月 22日 丙午條.
45)『明宗實錄』卷2, 卽位年 12月 9日 戊戌條.
46)『中宗實錄』卷32, 13年 3月 11日 庚戌條.

것은,[47] 당시의 지적 분위기의 차이로 생각된다. 그러나 그 교육과정에서 세자나 국왕은 효에도 제왕帝王의 효와 신서臣庶의 효 사이에는 차이가 있는 것으로 보았다. 또한 『효경』을 통하여 효에는 천자天子, 제후諸侯, 경대부卿大夫, 사서인士庶人의 구분을 분명히 하려는 교육을 지향했다.[48] 제왕은 "효를 행함에 있어서 반드시 천지天地에 순응하고, 조종祖宗에도 알맞아서, 경卿과 사대부가 기꺼이 심복하고 만백성의 환심을 얻어야만 교화敎化가 유통되고 기반이 공교해져서" 성인聖人으로서의 달효達孝가 되는 것으로 이해했다.[49] 달효를 지향하는 제왕의 효는 공가公家의 윤리로서 모든 효의 근본이 되는 것이며, 신서臣庶의 윤리, 즉 사가私家의 윤리보다 월등히 높은 것으로 인식하고 있었다.

이처럼 천자나 제왕의 효가 일반 사대부나 민인民人 등의 효와 구별되는 것으로 생각하면서도, 조선사회에서는 일반적으로 효가 충보다 더욱 강조되는 경향을 취하고 있었다. 즉, "불효는 천하에서 가장 악한 죄명이다"는 표현을 통해서,[50] 효에 대한 당시 관념의 일단을 파악하게 된다. 바로 이러한 분위기에서 사족士族들은 효 관념을 군왕君王에 대한 충忠보다도 선행하고 우월한 것으로 인식하기도 했다. 이는 조선의 사족들이 군신관계에 선행하는 우월한 부자관계의 정립을 통해서 왕권과 대립되는 자신의 사회적 지위를 강화해 나가려던 시도였다고 해석할 수 있다. 반면에 왕실의 입장에서는 충을 강조하고 그 후손의 녹용錄用을 명하는 사례를 확인할 수 있다.[51] 이 사례를 통해서는 충과 효의 비중에 있어서 충을 함께 강조하려던 왕실의 입장을 알 수 있게 된다.

---

47) 예컨대, 李珥는 『소학』을 읽은 후 四書六經과 史를 읽도록 하고 있다. 『聖學輯要』第二, 修己 第四, 窮理章 참조.
48) 『英祖實錄』 卷1, 卽位年 9月 23日 癸亥條.
49) 『仁祖實錄』 卷12, 4年 3月 5日 戊申條.
50) 『純祖實錄』 卷11, 8年 9月 13日 庚午條.
51) 『英祖實錄』 卷62, 21年 7月 12日 壬午條.

요컨대, 조선시대에 이르러 효에 대한 인식이 강화되어 갔다. 당시 효
는 백행만화百行萬化의 근본으로 인식되어 강조되어 왔다. 이러한 효 인
식의 강화를 위해서 성리학적 경서의 언해작업이 진행되었고, 도해본圖
解本으로 각종 윤리서가 간행되었다. 이 책들의 간행을 통해서 조선왕조
는 효를 중심으로 한 성리학적 윤리의 보급과 강화를 시도하고 있었다.
그리고 이를 위해서 이 효행서들은 세자시강원을 비롯하여 각종의 교육
기관에서 초학자들을 대상으로 하여 교수되고 있었다. 당시 효는 가족윤
리의 강화라는 기본적인 측면 외에, 당시의 집권층에서는 이를 통해서
신분제를 기반으로 한 성리학적 사회질서의 유지와 공고화를 꾀한 측면
이 있다. 조선시대의 사회사상적 특성을 이해하기 위해서는 효에 대한
인식이 반드시 요청되는 것이다.

3. 조선전기 효 인식과 효행서의 간행

조선시대사의 시기 구분에 있어서 그 전기는 대체적으로 건국(1392년)
직후부터 중종(1506~1544) 연간에 이르는 시기를 말한다. 이 시기 조선은
성리학을 지도이념으로 하여 개국했고, 조선왕조에서는 성리학적 기초
위에 법전을 정비하며 각종 제도를 마련해 갔다. 15세기 조선왕조의 문
화는 왕실 및 훈구 귀족들을 주체로 한 궁정문화적宮庭文化的 특성을 가
지고 있었다. 이는 사림문화적士林文化的 요소가 강화되어 나가던 16세기
이후의 문화와는 일정한 차이를 드러내는 것이었다. 16세기 중엽 이후에
본격화되는 조선중기 사림문화는 조선왕조의 개창을 통해서 준비되어
갔다. 그러나 세종 연간(1419~1450)을 전후로 한 15세기의 조선에서는
불교문화적 요소의 잔재를 경계하면서 성리학적 문화의 기초를 다지기
위한 노력이 궁정을 중심으로 하여 집중적으로 전개되었다.

그리하여 사서四書를 비롯한 중국고전에 대한 성리학적 주석서들이 본격적으로 연구되었고, 삼강오륜과 같은 실천적 예가 강조되면서 이에 관한 도해서圖解書들이 간행되어 갔다. 또한 사서삼경을 비롯한 유학의 기본 경전에 대한 현토懸吐나 언해 작업이 이 시기에 착수되었다. 현토구 결이나 언해하는 작업은 그 서적에 대한 이해를 심화시켜 주는 것이며, 그 사상을 일반화시켜 주는 데에 있어서 첩경이 되는 일이다. 삼경의 현 토는 태종대인 1402년에 이미 착수되었고,[52] 사서에 구결을 붙이는 작 업은 1428년 세종 대에 본격적으로 전개되었다.[53] 그리고 세조 연간에 이르러서는 경서의 언해 작업에 대한 관심이 강화되고 있었다.[54] 이러 한 일련의 과정에서 성리학적 효에 대한 인식도 강화되어 갔다. 그러므 로 여기서는 이 일련의 사실들을 확인해 감으로써, 우리는 조선전기 효 인식의 전개과정과 각종 효행서의 간해에 관하여 검토해 보고자 한다.

조선전기 성리학적 사회질서를 마련하는 데에 있어서 중요한 의미를 갖는 사건은 『성리대전性理大全』의 수입이었다. 조선의 학인學人들은 이 책의 주해註解에 의거하여 사서오경을 연구해 갈 수 있었다. 그들은 사서 오경 가운데 주자가 주를 붙인 사서삼경을 주자주칠서朱子註七書라 하여 더욱 중시했다.[55] 한편, 조선왕조는 15세기 이래 『예기禮記』, 『주례周禮』, 『의례儀禮』 등과 같은 예경禮經에 대한 관심을 통해서 새로운 사회질서 를 모색해 보고자 했다. 그리고 삼강오륜과 관련되는 유교적 규범의 중 요성을 강조하면서 이를 보급하기 위한 노력을 전개해 갔다.

이러한 노력과 함께 조선초기 사회에서는 선행에 대한 보응報應의 특 성을 띤 불교적 효를 경계하면서,[56] 성리학적 윤리규범을 본격적으로

---

52) 『太宗實錄』 卷3, 2年 5月 10日 壬辰條.
53) 『世宗實錄』 卷40, 10年 閏4月 28日 己酉條.
54) 金恒洙, 1987, 앞의 논문, 25쪽.
55) 金恒洙, 1987, 「16세기 經書諺解의 思想史的 考察」 『奎章閣』 10, 서울대학교 중 앙도서관, 19쪽.

보급하기 위한 방안들이 모색되었다. 그리고 '이효치국以孝治國 인민성화
人民成化'라는 입장에서 효는 국가 운영의 근본적 가치로 장려 보급되었
다.[57] 효를 보급 실천하기 위한 구체적인 사례로는 『효행록孝行錄』 및
『삼강행실도三綱行實圖』와 『이륜행실도二倫行實圖』의 간행을 들 수 있다.
『효행록』은 1428년(세종 10년) 변계량卞季良의 건의에 따라 설순偰循에 의
해서 개찬 간행되었다.[58] 또한, 같은 해에 설순은 『삼강행실도』를 왕명
에 따라 편찬하기 시작했으며, 1434년(세종 16년)에 충신도·효자도·열녀
도 등 목판본 3책으로 인출印出 반포했다.[59]

　여기에서는 군신·부자·부부의 관계에 있어서 성립되는 충신·효자·열
부의 모범적 사례들을 중국과 조선의 서적에서 가려 뽑아 간행한 것이
다. 이 책에 서술된 내용은 주로 중국의 사례였고, 조선의 것으로는 효자
4명, 충신 6명, 열녀 6명이 수록되어 있었다. 특히 중국의 효자 사례는
『이십사효二十四孝』나 『효순사실孝順事實』과 같은 기존의 서적에서 취한
것이었고, 조선의 효행은 권부權溥(1262~1346)의 『효행록』 등에서 발췌한
것이었다. 「삼강행실효자도三綱行實孝子圖」에는 가장 친밀한 인간관계의
하나인 부자간의 관계에 있어서 탁월한 행동을 드러낸 110명의 효행이
소개되어 있다.

　조정에서는 간행 직후부터 이 『삼강행실도』의 보급을 위해서 노력했
다. 그리고 1489년(성종 20년)에 이르러 언해본이 나왔다. 언해본에는 한
문 본문 외에 도해圖解 및 본문을 요약한 한글 해설 부분이 수록되어 있
다. 그리하여 이 책은 도해와 언해 부분을 통해서 그 독자층을 양반사족

56) 『中宗實錄』 卷81, 31年 5月 12日 丙寅條.
57) 『世宗實錄』 卷10, 2年 10月 18日 癸丑條.
58) 河宇鳳, 1983, 「世宗代의 儒教倫理 普及에 대하여－'孝行錄'과 '三綱行實圖'를
　　중심으로－」 『全北史學』 7, 全北大學校 史學科, 28~32쪽.
59) 金元龍, 1965, 「三綱行實圖刊本攷」 『東亞文化』 4, 서울대학교 동아문화연구소,
　　105쪽 ; 『世宗實錄』 卷42, 10年 10月 3日 辛巳條 ; 卷56, 14年 6月 9日 丙申條.

들 뿐만 아니라 동몽童蒙이나 일반 백성들에게 까지로 확대시키며 성리
학적 입장에서 효의 중요성을 강조할 수 있었다. 이 책의 간행을 주도했
던 조정에서는 성리학적 효 관념의 일반화라는 목적을 가지고 있었다.
그리고 이 책의 파급범위 및 영향력이 매우 높았던 것으로 보아 조선전
기의 대표적 효행서 가운데 하나로 평가된다. 이 책의 효자도孝子圖는 충
신도忠信圖, 열녀도烈女圖와 함께 조선사회에 효孝와 충忠과 열烈의 성리
학적 가치를 보급하는 역할을 충실히 수행했다.

　이 책에 이어서 1514년(중종 9년)에는 『속삼강행실도續三綱行實圖』가 간
행되었다. 여기에서는 『삼강행실도』가 간행된 이후에 등장한 효자 36인,
충신 5인, 열녀 28인의 사례를 정리했다. 이 증보된 내용에서 살펴볼 수
있는 바와 같이 이 책이 가장 강조하고 있던 덕목은 효행이었다. 그러나
효행은 오륜의 다른 덕목들과 함께 파악되어야 했다. 이러한 까닭에
1518년(중종 13년)에는 『이륜행실도二倫行實圖』가 간행되었다. 『삼강행실
도』와 같은 형식으로 간행된 이 책에서는 붕우朋友와 장유長幼의 윤리를
논하고 있었다. 이 책은 조광조의 도학정치가 강조되던 상황에서 간행되
었다. 이는 정치의 근간으로 성리학적 윤리를 강조하던 당시의 시대상을
반영하고 있는 것이다. 그리고 사림을 비롯한 당시의 집권층에서는 세종
연간의 『삼강행실도』와 함께 이 책의 간행을 통해서 오륜에 대한 대중
적인 교화를 추진해 나갈 수 있었다.

　성리학적 윤리도덕을 보급하려는 노력의 일환으로 김굉필金宏弼이나
정여창鄭汝昌 등 사림파 학인學人들은 『소학小學』을 강조했다. 이는 사장
詞章을 위주로 한 문화의 중심축을 성리학적 윤리 중심으로 바꾸어 보려
던 노력의 표현이었다. 또한 이는 강상綱常과 명분名分의 중시를 통해서
명분론적 사회를 정당화하려던 시도였다.[60] 『소학』은 주희가 삼대三代
의 '소학'에서 가르치던 내용의 복원을 의도하며 그 만년에 저술한 서적

이지만,[61] 이 책이 조선에서는 주자학의 입문서요 교화의 기본서로서 유교교육의 필수과정에 속했다. 『소학』은 이미 1330년 고려 말, 관리임명의 시험과목으로 명기되어 있었다.[62] 15·6세기 이래 조선에서도 이 책은 향교鄕校나 사학私學의 교과목으로 채택되어 꾸준히 강습되어 갔다. 그 후 소학은 세종 연간에 3회에 걸쳐서 복간되었고,[63] 그 중에 한번은 1만 부나 인쇄해서 판매하자는 제안이 있을 정도로 그 수요가 폭발적으로 늘어갔다. 이 책은 서울에서뿐만 아니라 15세기 초엽부터 지방에서도 개판開版되었고, 16세기 말에는 모두 17개소에서 간행되었다.[64]

이처럼 널리 보급되어 있던 『소학』 2편 6권 386장은 '명륜明倫'과 '경신敬身'을 대강大綱으로 삼고 있는데, '명륜'의 기본세목은 오륜五倫이며, '경신'은 심술心術, 위의威儀, 의복衣服, 음식飮食을 기본세목으로 하고 있었다. 특히 『소학』은 '명륜' 즉 "오륜을 밝히는 책"으로서 인륜교화의 정신과 방책을 전해주고 있었다. 그런데 『소학』의 제정諸章 중 오륜에 관한 203장 가운데 부자간의 윤리 즉 효에 관해서는 80장에 걸쳐서 서술되고 있다. 이는 오륜에 관한 부분의 39.4%에 해당하는 분량으로서, 효는 『소학』에 수록되어 있는 오륜 가운데서 가장 큰 비중을 차지하고 있었다. 이는 군신君臣, 부부夫婦, 장유長幼, 붕우朋友의 관계가 효에 의해서 제약되거나 효의 연장으로 파악되고 있음을 의미한다. 또한 『소학』의 오륜에 대한 설명에서는 재하자在下者의 재상자在上者에 대한 일방의 태도만이 규정되어 있고, 이는 효의 경우에 있어서도 동일한 것이었다. 『소학』의 사회교화를 통하여 확립될 수 있는 질서는 집권체제의 강화와

---

61) 『小學』은 朱子 자신의 저서라기보다는 그의 門人이었던 劉子澄이 朱子의 가르침을 받아 편찬한 책이지만, 그 체제나 내용 구성에 朱子의 뜻이 반영된 책으로 평가된다. 金駿錫, 1981, 앞의 논문, 123쪽.
62) 『高麗史』 卷73, 志27, 選擧1.
63) 田川孝三, 1963, 「庚子字本孝經諺解と小學諺解」 『朝鮮學報』 27, 朝鮮學會, 72~73쪽.
64) 金駿錫, 1981, 앞의 논문, 123, 141쪽.

사회신분제도의 확립이었다.[65]

　『소학』은 강상과 명분을 중요시하는 사림층에 의해서 본격적으로 장려되었다. 『소학』의 보급에 노력했던 사림들로는 길재吉再(1353~1419), 김숙자金叔滋(1389~1456), 김종직金宗直(1431~1492), 김굉필金宏弼(1454~1504) 등을 들 수 있고,[66] 특히 김굉필은 '소학동자小學童子'임을 자임하면서 평생토록 『소학』의 주요성을 강조하고 소학 윤리의 체득을 위해 노력했다. 그리고 김굉필의 제자인 조광조趙光祖(1482~1519), 김안국金安國(1478~1543) 등 기묘사림己卯士林들에 의해서 『소학』은 전국적으로 보급되어 갔다.[67] 『소학』은 기묘사화己卯士禍 후 한 때 기피되기도 했으나, 사림들의 계속적인 관심으로 향촌사회 내에 뿌리를 내리게 되었다.[68]

　『소학』이 지향하던 사회질서의 확립과 그 보급을 위해서 중종 대에 『소학』의 언해본이 나왔다. 『소학』을 언해하는 작업은 사서四書의 언해와 함께 진행되었다. 그런데 언해 작업을 통해서는 단순히 책을 간행한다는 사실 뿐만 아니라 그 의미와 파급효과를 주목하게 된다. 한 사상의 내용을 올바로 이해하지 않고서는 그 서적을 번역할 수 없는 것이기 때문이다. 이 때문에 언해서들은 비슷한 시기에 집중적으로 출현했다. 그리고 성리학적 경전들이 한문이 아닌 한글로 번역됨으로써 그 독자층이 비약적으로 확대될 수 있다. 그러므로 언해본의 출현은 특정 사상의 심화 및 일반화에 있어서 중요한 사건이 된다.

　한편, 조선초기 사회에서 주목받고 있던 초학자初學者를 위한 도서 가운데 하나로 『효경』을 들 수 있다. 이 『효경』은 공자孔子와 증삼曾參이 문답한 내용을 주자가 간오刊誤한 것으로 조선초기에는 이해되고 있었

---

65) 金駿錫, 1981, 앞의 논문, 160, 165, 191쪽 등 참조.
66) 文喆永, 1984, 앞의 논문 35쪽.
67) 金恒洙, 1981, 「16세기 士林의 性理學 理解 - 書籍의 刊行 編纂을 중심으로 - 」, 『韓國史論』 7, 서울대학교 국사학과, 137쪽.
68) 김항수, 1994, 「조선전기의 성리학」, 『한국사』 8, 한길사, 256, 259쪽.

다.[69] 이 책에서는 효가 천자天子·경대부卿大夫·서인庶人 등 모든 신분계층에게 적용되는 윤리규범임을 강조하고 있다. 효가 하늘의 경經이며, 땅의 의義이고, 백성의 행行이므로 마땅히 효를 좇아서 그것으로 천하를 순하게 해야 한다고 했다. 그리고 천자와 제후, 경대부가 효로써 나라와 가정을 통치하면, 백성은 화목하고 상하가 서로 대립하지 않을 것임을 말하고 있다. 또한 백성들도 효도하는 마음에 미루어 나라를 섬기는 것임을 강조하였다. 이처럼 효를 강조하고 효와 충의 연결을 말하는 『효경』은 인간 행위의 준칙을 밝혀 주는 책으로 존중되었다.

조선에 『효경』이 전래된 시기에 대해서는 미상이나, 이 책은 전주全州에서 처음으로 개판開板된 1475년(성종 6년) 된 이후 조선사회에서 널리 읽히고 있었다. 1512년 이 책은 대자大字 30건, 소자小字 30건이 동시에 궁중에 입내入內할 수 있을 정도로 상당 분량이 간행되어 있었다.[70] 또한 『효경』은 1530년(중종 25년) 남원부에서 개판改版되었고, 조선전기에 있어서도 그밖에 수차에 걸쳐서 더 간행되었다. 원래 한문으로 간행되었던 이 책은 1521년 이전에 이미 구결을 달아서 『효경구결孝經口訣』이란 제목으로 간행된 바 있었다. 그리고 조선중기에 이르러 그 언해본이 간행되었다. 이『효경언히』는 이미 중종 때에 최세진崔世珍(1473~1542)이 『소학언히』와 함께 찬술하여 바쳤다는 기록이 있다.[71] 또한 이와 비슷한 시기에 『여효경女孝經』도 간행되었다. 『여효경』은 여성들의 효성을 강화하기 위해서 『효경』의 장구章句를 모방하여 도해와 전傳을 붙여 저술된 책이었다.[72] 이 책은 여성들에게도 효도의 뜻과 중요성을 강조하기 위

---

69) 『明宗實錄』 卷1, 卽位年 8月 11日 辛丑條. 그러나 오늘의 학계에서는 『孝經』이 戰國末 漢初에 君權支配의 강화를 지지하는 입장에서 저작된 것으로 연구되고 있다. 李成珪, 1998, 「漢代 '孝經'의 普及과 그 理念」 『韓國思想史學』 10, 한국사상사학회 참조.

70) 『中宗實錄』 卷41, 16年 2月 2日 乙酉條.

71) 『中宗實錄』 卷90, 34年 5月 17日 甲申條.

72) 『中宗實錄』 卷95, 36年 6月 17日 壬申條.

해서 간행된 것이었다. 조선전기의 조정에서는 효를 강조하기 위해서 효
를 중심으로 한 삼강오륜에 관한 책자의 간행이나 언해에 머물지 아니하
고 행정적 조직을 통해서 효를 장려하고 규찰하고자 했다. 예를 들면
1540년(중종 35년)에는 각도의 관찰사가 순행할 때마다 『효경』, 『소학』,
『삼강행실도』 등을 강명講明하게 했다.73) 그리고 1543년(중종 38년) 조정
에서는 『삼강행실도』 등을 지방에 보급한 데에 이어서 매달 초하루와
그믐에는 이정里正과 권농勸農에게 그 마을의 효자와 불효자 등에 대한
수본手本을 만들게 했다.74) 또한 이러한 분위기 아래에서 효자에 대한
정려旌閭나 복호復戶 등의 정책이 시행되었다.

　요컨대, 조선전기에는 성리학적 가치관의 확립을 위해서 그리고 성
리학적 사회질서 내지는 규범을 수립하기 위한 노력으로 오륜의 일부
로서 효가 강조되었다. 조선의 지배층에서는 효를 모든 인간에게 공통
적으로 적용되는 윤리규범으로 규정했다. 효에 대한 강조 작업은 주로
사림층에 의해서 진행되었다. 조선전기 사회에서 효는 단순한 가족 윤
리가 아니오, 통치의 수단이며 목적으로 강조되었다. 그러나 조선왕조
의 기반이 확립되고 사림 중심의 정치가 진행되어 나가는 과정에서 군
주권君主權과 관료권官僚權의 대립현상이 일어나기도 했다. 이는 공가公
家의 윤리 즉 국가윤리와 사가私家의 윤리 즉 가족윤리의 상호관계를
규정하는 문제로 전개되었다. 여기에서 효가 가지고 있는 의미에 대한
사림적 천착穿鑿이 진행되었고, 효는 충보다 더 우월한 가치로 자리를
잡아가게 되었다고 생각된다. 그들이 강조했던 이 효의 가치는 군주권
에서 제시하고 있는 충의 논리를 능가하는 것이었다. 조선전기 사회에
서는 이 처럼 효에 대한 성리학적 인식이 출현 강화되어 가던 특성을
발견하게 된다.

---

73) 『中宗實錄』 卷93, 35年 6月 22日 壬午條.
74) 『中宗實錄』 卷100, 38年 2月 24日 戊戌條.

4. 조선중기 효 인식의 강화와 그 의미

조선중기(明宗‒景宗, 1546~1724)에 이르러 사회 문화의 변동은 계속되었다. 이 시기는 사족 중심의 정치가 정착 심화되었고, 조선성리학이 성립되었으며, 예학의 기초가 다져져갔던 시기였다. 또한 조선중기는 임진왜란과 병자호란이라는 대외 전쟁으로 인해 국내의 기존 질서가 파괴되고, 지배층들이 소유하고 있던 기존의 권위가 심각한 도전에 직면해 있었던 시기였다. 그러므로 조선중기의 지배층에서는 성리학에 대한 인식의 심화에 병행하여 그 실천윤리 가운데 가장 중요한 덕목으로 평가되던 효 사상의 강화를 시도하고 있었다. 그리고 양란兩亂을 겪은 이후에 그들은 전재戰災를 극복하고, 전란으로 인해 실추된 지배층의 권위를 회복하여 기존의 사회질서를 재건하려는 노력의 일환으로 성리학적 윤리도덕을 복구 강화하려고 시도했다. 이 과정에서 조선중기에 이르러 효 사상은 더욱 심화 확대되어 나갔다. 그러므로 여기에서는 이 시기에 효 사상이 확대 심화되는 과정 및 각종 경전經傳과 윤리서들이 언해되거나 저술 간행되는 과정에 주목해 보며, 그 역사적 의미를 찾아보고자 한다.

조선중기에 이르러서는 사서삼경에 대한 연구가 조선전기의 연구 업적을 이어받아 더욱 심화되어 갔다. 즉, 조선 중기 선조 대에 이르러서는 사서의 현토 구결에 만족하지 아니하고 이를 언해하려는 작업이 전개되었다. 즉, 이황李滉(1501~1570)은 1557년『사서삼경석의四書三經釋義』를 만들어 성리학에 대한 이해를 심화시켰다.[75] 또한 유희춘柳希春(1513~1577)은 1576년『대학언희』를 진상할 수 있었고,『논어언히』를 진행하다가 죽었다. 유희춘의 언해 작업은 이황의『사서오경언석四書五經諺釋』등의

---

75) 이 책은 1609년 李滉의 門人 琴應壎 등에 의해서 간행되었다. 金恒洙, 1987, 앞의 논문, 27쪽.

업적을 기반으로 한 것이었다.[76] 이이李珥(1536~1584)도 유희춘에 앞서서 사서소주四書小註의 개정 작업을 추진하고 그 언해를 시도하고 있었으며, 이이의 이 작업도 유희춘의 언해에 참고 되었다. 선조 연간에 진행된 경서의 언해 작업은 1585년(선조 18년) 경서언해교정청經書諺解校正廳의 설치를 기해 더욱 큰 박차가 가해졌다.[77]

오늘날 전해지고 있는 『쥬역언히』, 『셔전언히』, 『시경언히』, 『대학언히』, 『듕용언히』, 『론어언히』, 『밍즈언히』 등 사서삼경의 언해본이 모두 선조 명찬命撰으로 되어 있는 것은 이와 같은 당시의 정황을 말해주는 것이다. 사서삼경의 언해본이 완성된 때는 1588년 7월이었다.[78] 사서의 언해본은 임진왜란 이전에 이미 간행될 수 있었지만, 삼경의 경우에는 미처 책자로 간행되기 전에 그 고본稿本이 임진왜란의 전재를 입어 산일散逸되었다.[79] 그리하여 1601년(선조 34년) 선조는 교정청校正廳을 설치하고 주역 언해를 다시 착수하게 되었고,[80] 이어서 서전과 시경의 언해에도 재착수했다.[81] 그리고 전란 이후에는 보존된 언해본 원고 등을 이용하여 이 언해본의 간행 작업이 진행되었다. 그 결과 1610년 광해군 연간에 『시전언해』, 『서전언해』가 교서관에서 간행될 수 있었다.[82] 그리고 『대학언히』와 『듕용언히』, 『론어언히』가 1631년(인조 9년)에 재간再刊될 수 있었다. 이 시기 사서삼경의 언해본이 출현하게 된 것은 효 사상을 더욱 깊게 이해할 수 있는 기초를 마련해 준 사건이었다. 사서에 대한 연구의 심화는 성리학적 윤리관의 강화에 긍정적으로 작용하고 있었다.

---

76) 『宣祖實錄』 卷8 , 7年 10月 19日 庚申條.

77) 『宣祖實錄』 卷22, 21年 6月 5日 丁巳條.

78) 『宣祖實錄』 卷22, 21年 10月 29日 己酉條.

79) 『宣祖實錄』 卷172, 36年 5月 13日 戊辰條.

80) 『宣祖實錄』 卷128, 33年 8月 30日 庚子條 等 ; 金恒洙, 1987, 앞의 논문, 37~39쪽 참조.

81) 註 74와 같음 ; 『宣祖實錄』 卷172, 36年 5月 13日 戊辰條.

82) 『光海君日記』 卷26, 2年 閏3月 22日 丁卯條.

선조 때에 설치된 교정청에서는 경서經書만을 번역하는 데에 그치지 않고, 『소학』과 같이 성리학적 윤리 도덕을 강조하는 책들을 간행했다. 『소학』은 조선중기의 윤리서 가운데 계속 관심의 대상이 되어 왔다. 즉, 1579년(선조 12년)에 이이가 『소학집주小學集註』를 간행함으로써 조선중기 사림의 윤리적 기준에 의해서 『소학』에 대한 여러 설이 정리될 수 있었다. 또한 1587년(선조 20년)에는 기존의 한글 번역본을 수정한 『소학언히』가 교정청에서 간행되었다.[83] 당시 사림의 『소학』 언해 작업은 기묘사림 이래의 『소학』 보급운동이 성취한 중요한 결실 가운데 하나였다. 1605년에도 『소학언해』를 영남과 호남 양남兩南 지방의 종이가 생산되는 고을에서 개간토록 했다.[84]

한편, 조선중기에 이르러서도 『효경』에 대한 관심과 연구가 지속되었다. 그리하여 『효경언히』가 1590년(선조 23년)에 간행될 수 있었고, 1604년(선조 37년)에는 평양에서 『효경대의孝經大義』가 평양에서 인출될 수 있을 정도로 '유교적' 효 인식을 지방 관아에서 현양하기 위해 노력했다.[85] 그런데 이 시기에 이르러서는 효 인식의 심화와 보급을 위한 노력이 본격적으로 전개되는 과정에서 『효경』이나 소학류의 각종 동몽서류童蒙書類 저작물이 새롭게 등장했다. 이 동몽서류 서적들을 통해서도 오륜을 비롯한 효 인식이 강조되고 있다. 동몽서와 관련하여서는 김안국金安國(1478~1543)이 경상도관찰사로 재임하면서 주희의 『동몽수지童蒙須知』를 간행했던 사실을 주목할 수 있다.[86] 그러나 당시의 동몽서 가운데 대표적 저서로는 박세무朴世茂(1487~1554)의 『동몽선습童蒙先習』을 들 수 있다. 또한 유희춘柳希春(1513~1577)이 1558년에 『속몽구분주續蒙求分註』를 저술한 바 있다. 이 책에 수록된 내용은 길재吉再, 정몽주鄭夢周 등의 절의

---

83) 李山海, 『鵝溪集』 卷5, 諺解小學跋.
84) 『宣祖實錄』 卷193, 38年 11月 3日 癸酉條.
85) 『宣祖實錄』 卷174, 37年 5月 18日 戊辰條.
86) 『中宗實錄』 卷28, 12年 閏12月 14日 乙酉條.

를 평가한 부분 등도 있으나, 그 대부분은 후당後唐 이한李翰이 저술한『몽
구蒙求』의 내용을 보충 추가해서, 중국의 모범적 사례를 기록한 것이다.
그렇다 하더라도 이 책에서 강조하고 있었던 윤리적 덕목 가운데 효 인식
은 매우 중요한 비중을 차지하고 있었다.[87] 또한 이이李珥(1536~1584)의『격
몽요결擊蒙要訣』 1577도 이와 유사한 입장에서 주목될 수 있을 것이다.

동몽서에서 가르치고자 했던 내용은 조선시대 서당에서 천자문千字文
다음의 교재로 사용되고 있었던『동몽선습』의 내용을 통해서 살펴볼 수
있다. 이 책에서는 오륜의 의미 특히 부모에 대한 효의 중요성을 강조했
다. 즉 여기에서는 효를 백행百行의 근본으로 규정하면서, 사친事親의 도道
와 절차節次를 제시해 주고자 했다. 이러한 동몽서들이 조선중기에 이르러
집중적으로 출현했다는 사실은 가부장 중심적 가족윤리의 중요성을 강조
하던 당시 조선의 사림적 취향을 반영하고 있는 것으로 생각된다.

그러나 조선중기에 간행된 가장 대표적 효행서로서는『동국신속삼강
행실도東國新續三綱行實圖』가 주목된다. 이 책은 그 제목에서 확인되는 바
와 같이『삼강행실도』의 속편續篇 형식을 취하고 있다. 이 책은 광해군
이 즉위한 직후인 1612년(광해군 4년) 왕의 비망기備忘記를 통해서 찬집撰
集이 제안되었다.[88] 그리하여 그 편찬 문제가 1613년(광해군 5년)에 본격
적으로 논의되었고,[89] 1614년(광해군 6년)에 이르러 찬집청撰集廳을 별도
로 설치하여 이 사업이 본격적으로 전개될 수 있었다.[90] 여기에서는『삼
강행실도』의 예에 따라서 선정된 효자, 충신, 열녀에 관해서 시찬詩贊,
도화圖畵, 언해諺解로 그 전말을 기록했다. 이 책의 편찬과정에서 자금난
에 봉착하여 책의 간행을 연기하는 문제가 거론되기도 했다.[91] 그러나

87) 金恒洙, 1981, 앞의 논문, 154쪽 참조.
88)『東國新屬三綱行實撰集廳儀軌』, 2張.
89)『光海君日記』卷73, 5年 12月 12日 乙未條.
90)『東國新屬三綱行實撰集廳儀軌』, 4張.
91)『光海君日記』卷80, 6年 7月 11日 辛酉條.

모두 18권 18책으로 된 이 『동국신속삼강행실도』는 1615년(광해군 7년)
에 편찬을 마칠 수 있었다.[92] 그리고 1617년(광해군 9년)에는 공홍도公洪
道, 평안도平安道, 황연도黃延道, 경상도慶尙道, 전라도全羅道 등 5개 도에
각기 분담하여 900질秩을 간행했다.[93] 이렇게 분담 간행한 후, 조정에서
는 각 도에 흩어져 있는 책판을 다시 서울로 실어 와서 계속 인출하기
위한 만반의 준비를 갖추었다.[94] 각 지방에 분담 간행을 결정하기 전 찬
집청에서는 이 책 400질을 간행하는 데에 백지 16,600권卷[33,200 첩貼]이
라는 막대한 물량이 필요함을 계산해 낸 바 있었다. 이 물량은 전재 복
구로 인해서 많은 지출이 요구되고 있던 당시 중앙정부의 재정에도 부담
이 되는 액수였다. 그러므로 조정에서는 이 책의 간행을 5도로 나누어
책임지도록 했던 것이다.

『동국신속삼강행실도』는 임진왜란 이래 조선왕조로부터 정표旌表를
받은 효자孝子[권1~8], 충신忠臣[권9], 열녀烈女[권10~17]들과, 『삼강행실도』
및 『속삼강행실도』에 수록되어 있는 동국인 72인을 수록한 속부續部[권
18]로 편성되어 있다. 이 책에는 신분이나 성별의 차별이 없이 뛰어난
행실을 드러낸 사람들을 망라하여 수록하고 있다.[95] 이 책 중 충효열의
수록 분량을 통해서 볼 수 있는 바와 같이, 그 중심가치는 효와 열에 있
었다. 이러한 사실을 살펴볼 때, 국가재조國家再造 사업이 활발히 진행되
던 당시 왕실에서는 임진왜란 이후 해이해진 성리학적 윤리도덕의 재조
再造를 꾀하고, 전란과정에서 탁행卓行을 드러낸 제인諸人에 대한 표창의
의미에서 이 책자를 편찬하였음을 알 수 있을 것이다. 즉, 이 책의 편찬
은 왕실을 중심으로 하여 사회윤리를 재건하기 위한 방법으로 착수된 것
이었다.

---

92) 『光海君日記』 卷97, 7年 11月 2日 甲戌條.
93) 『光海君日記』 卷113, 9年 3月 11日 丙子條.
94) 『光海君日記』 卷113, 9年 3月 19日 甲申條.
95) 李丙燾, 1958, 「解題」 『東國新續三綱行實』, 國立圖書館, 12쪽.

사실 조선중기의 경우에 있어서도 기본적으로는 공가公家의 윤리인 충보다 사가私家의 윤리인 효가 강조되어 왔다고 생각된다. 이는 조선왕조사회에 있어서 공가를 대변하는 군주권과 사가적 요소가 있는 관료권의 대결과정에서 관료권을 추장推獎하려던 사족 측의 의도와 전혀 무관하지만은 아니한 것이었다. 그러나 광해군 연간에는 왕실이 효행을 강조하고 이에 관한 책자의 간행을 주도하고 있었다. 이는 당시 군주를 중심으로 하여 사회질서를 복구하려던 노력과 일치되는 현상이었다. 광해군은 일찍이 『용비어천가龍飛御天歌』, 『내훈內訓』, 『서전언히』, 『시전언히』, 『유선록儒先錄』 등의 책자들을 인출할 때도 『서전언히』를 첫 번째로 간행하도록 했다. 여기에서 우리는 그가 『서전書傳』을 중시하고 있었음을 알게 된다. 『서전』의 황극론皇極論에서는 건극建極의 주체를 국왕으로 보는 경향이 강했다. 이와 같은 사실을 염두에 둘 때 광해군이 『서전』의 인출 시기를 우선적으로 앞당기도록 한 것은 국왕 내지 왕실의 위상을 높이고자 하는 의도를 가지고 있었음을 엿볼 수 있다. 그리고 왕실을 중심으로 하여 국가를 재조하고자 했음을 알 수 있다.

한편, 인조 연간에도 『효경』에 대한 재해석이 시도되었다. 그리하여 제왕帝王의 효와 신서臣庶의 효가 다르다는 인식이 거듭 강조되었다. 이러한 인식의 출현은 조선 전기 사회에서 효가 신분身分에 구애됨이 없이 공통적으로 적용되는 윤리 규범임을 강조하던 경향과는 차이가 있는 것이었다. 그리고 군주君主와 사서인士庶人의 효를 동효同孝로 보려는 입장 대신에 이 양자가 이효異孝임을 주장하는 것은 군주권에 대해 관료권을 강조하려던 조선중기 사림적 입장과도 차이를 드러내고 있었다. 이로 미루어볼 때 조선중기 17세기에 이르러 국왕을 건극의 주체로 인식하고자 하는 경향이나, 제왕의 효를 별도로 규정하려는 노력이 강화되기 시작했음을 규지窺知할 수 있다. 이러한 정치사상의 변화에 짝하여 효 사상에도 변화가 일어나고 있었다.

이러한 상황에서도 조선중기에 이르러서는 『부모은중경父母恩重經』과 같이 효를 강조하던 불경이 여러 차례에 걸쳐서 번역 간행되고 있었다. 이 『부모은중경』에서는 '진자리 마른자리 갈아 뉘시는 은혜(廻乾就濕恩)' 등 부모의 열 가지 은혜를 강조하고 있었다.96) 『부모은중경』에서는 『삼강행실도』와 같은 유교계통의 윤리서와는 달리 부모에 대한 효도를 직접 강조하지는 아니하고 부모의 은혜가 중함만을 말하고 있다. 즉, 1백세 된 모친이 80세 된 아들을 염려하듯이, 부모의 은혜는 수태受胎 직후부터 명命이 다할 때까지 끝이 없는 것임을 역설하고 있다. 불교의 『부모은중경』은 조선 사회에서 효 인식을 강조하던 유교 윤리와 맥을 통할 수 있었으므로 환영받고 있었다. 『부모은중경』의 언해본은 1553년 경기도 장단 화장사華藏寺에서 간행된 이래 개판改版을 거듭했다. 1563년에는 전라도 송광사松廣寺, 1564년 황해도 명엽사明葉寺, 1567년 은진 쌍계사雙溪寺, 1592년 풍기 희방사喜方寺 등지에서 계속 간행된 바 있었다. 18세기 후반기에도 정조의 명에 의해 수원 용주사龍珠寺에서 간행되었다. 이처럼 이 경전이 자주 간행되고 있다는 사실은 비사족층非士族層의 입장에서 효를 인지하고 강조한 것이었다. 또한 그것은 효를 중시하던 조선왕조의 사회윤리에 동참하고자 하던 불교의 입장을 드러내 준 것으로 생각된다.

요컨대, 조선중기에 이르러서도 효에 대한 인식은 조선전기의 사상적 전통을 이어받아 더욱 강화되고 있었다. 조선전기에는 사서삼경에 대한 구결 현토 작업이나 『삼강행실도』와 같은 도해류 서적의 간행을 중시한 바 있었다. 그러나 조선중기에 이르러서는 이에 진일보하여 사서삼경에 대한 언해서들이 본격적으로 간행될 수 있었다. 동몽류의 서적들도 활발히 간행되어 효를 비롯한 성리학적 윤리관을 어린 시절부터 체득하도록 배려했다. 이 시기 성리학적 동몽서의 간행은 성리학적 사회윤리의 보급

---

96) 『父母恩重難報經』, 民國 52年, 臺北: 佛敎文化服務處, 6~10쪽.

과 강화를 위해서 필연적으로 요청되던 것이었다. 그리고 이것은 성리학의 보급을 위한 이 시기에 이르러 사족들의 노력이 결실을 맺은 것으로 볼 수 있다. 한편, 조선 중기 효의 개념이 강조된 것은 양란을 겪은 이후 성리학적 사회재건의 원리를 모색하는 과정에서 출현한 것이었다. 당시의 사족들은 효를 중심으로 한 삼강오륜의 강조를 통해서 실추된 권위를 회복하고 양란 이전 사족중심의 사회질서를 재건하고자 했던 것이다. 여기에서 조선중기 효 인식의 강화가 가지고 있는 사회적 의미를 발견할수 있다. 그러나 효가 일종의 계급윤리일 수만은 없었다. 그러므로 당시 사회에서는 『부모은중경』의 간행을 통해서 볼 수 있는 바와 같이 비사족층에 속하는 사람들도 효의 중요성을 충분히 인지하며 이를 실천하고 있었다.

5. 조선후기 효 인식의 변화와 그 특성

조선후기(英祖－開港, 1725~1876) 사회는 영조와 정조에 의해서 탕평책이 추진되었던 18세기와 세도정치勢道政治가 진행되던 19세기 개항 이전까지의 시기로 나누어 볼 수 있다. 18세기 조선의 사회는 왕실의 권위를 상대적으로 강화시키기 위한 노력이 진행되고 있었고, 왕의 용사권用捨權이 강조되었고, 국왕을 중심으로 한 국가의 운영이 시도되고 있었다. 물론 이러한 탕평론蕩平論의 전개에 대해서 이의를 갖고 있던 반탕평론적反蕩平論的 입장에 선 노론老論 중심의 벌열閥閱 세력들도 함께 존재하고 있었다. 벌열들은 19세기 세도정치의 시행을 통해서 본격적으로 정권을 장악했고, 성리학적 가치의 강화를 통해서 자신의 정권이 존립할 수 있는 세력 기반을 강고히 하고자 했다. 조선후기 사회에서도 조선중기의 사회사상적 전통을 이어받아 효의 중요성이 계속하여 강조되고 있었다.

그리하여 각종의 경전과 언해서 및 도해서들이 간행되고 있었다. 그러나 조선후기 사회에서는 그 정치적 사회적 분위기와 관련하여 효에 대한 인식도 시대적 특성을 나타내게 되었다. 즉 영조와 정조의 탕평기蕩平期에는 왕실의 권위를 강화하기 위한 방안으로 『효경』을 중시하는 경향이 효 인식에서 뚜렷이 드러난다. 반면 19세기로 접어들어 집권층에서는 조선중기 사림적 전통의 효행서가 강조되는 경향으로 변화되고 있는 것으로 생각된다. 또한 19세기에는 이질적인 사상의 수용과 더불어 효에 대한 인식에 있어서도 일정한 변화상이 드러나게 되었다. 여기서는 이러한 과정을 간략히 검토해 보고자 한다.

　조선후기 사회에서도 왕실을 비롯한 집권층에서는 유학적 윤리의 보급과 심화를 위한 노력을 계속하고 있었다. 그 사례로서 유학 경전에 관한 언해서들이 계속 간행되고 있는 사실을 주목할 수 있다. 조선후기에 간행된 유학 경전으로는 1820년 순조 연간에 간행된 『쥬역언히』, 『셔젼언히』, 『시경언히』 등을 들 수 있다. 물론 이에 앞서서 영조 연간에도 『밍ᄌ율곡선싱언히』가 간행된 바 있었다. 그러나 세도정치가 진행되던 순조 연간에 주자주칠서朱子註七書를 기준으로 한 성리학적 언해서들이 간행되고 있음은 당시 세도 벌열을 중심으로 한 지배층의 사상적 특성을 반영하고 있는 것으로 해석된다.

　언해본 경전의 간행작업과 함께 삼강오륜적 윤리관을 일반에 확대시키고자 하는 노력도 지속되고 있었다. 왕실에서도 『삼강행실도』, 『이륜행실도』, 『오륜행실』과 같은 책의 중요성을 누차에 걸쳐서 강조하고 있었다.

　이 분위기와 관련하여 1797년(정조 21년)에는 왕명에 의해서 언해본 『오륜힝실』[五輪行實]이 주자소에서 활자로 인쇄 간행되었다.[97] 이 책은 정조의 명을 받아 심상규沈象奎가 조선전기에 이미 간행되었던 『삼강행실도』와 『이륜행실도』를 증정證訂하고 언해하여 간행한 것이었다. 『오륜

97) 『正祖實錄』 卷47, 21年 7月 20日 丁亥條.

힝실』의 권 1에서는 모두 33 사례의 효행이 수록되어 있다. 여기에서도
전통적인 효의 가치가 강조되고 있으며, 이 책의 권차卷次에서 「효자도」
가 가장 먼저 나오고 있는 사실에 미루어 보면, 이 책에서도 효가 백행
의 근본임을 계속 강조하고 있었던 것이다.

　한편, 영조는 『삼강행실도』의 보급을 위해 노력했고,98) 여기에 수록
되어 있는 충신 이존오李存吾와 정추鄭樞의 자손을 특별히 서용敍用할 것
을 명했다.99) 정조의 경우에도 『삼강행실도』에 수록되어 있는 충신 정
기원鄭期遠에게 시호諡號를 내려 주었다.100) 영조와 정조는 이처럼 『삼강
행실도』의 충신에 대한 관심이 적지 않았다. 그런데 정조는 『오륜힝실』
이 "정치를 돕고 세상을 권면하는 도구"로 생각했다.101) 이러한 사실을
감안할 때 당시는 효가 충의 근본이 된다는 차원에서 효를 비롯한 유교
적 윤리를 강조하고 있었음을 알 수 있다. 그리고 오륜의 강조가 일종의
통치 수단으로 파악되고 있었다. 오륜을 중심으로 한 유교 윤리의 이와
같은 기능 때문에 『오륜힝실』은 1859년(철종 10년)에 다시 중간되었다.

　그런데, 조선후기에 이르러 가장 강조되고 있었던 윤리서로는 효경을
들 수 있다. 영조 즉위 초기의 18세기 사회에서는 『효경』이 강조되고
있었다. 당시 조정에서는 "효경을 살펴보면, 효도에는 천자天子, 제후諸
侯, 경대부卿大夫, 사서인士庶人의 구분이 있으므로 … 국왕은 제왕帝王의
효로써 힘써야 한다"는 점이 특별히 지적되었다.102) 즉, 제왕과 사서인
의 효가 서로 다르다는 입장에서 『효경』의 중요성을 강조하고 있었다.
이는 당시 조정에서 『소학』을 편찬한 송학宋學 중심의 학문체계보다는
『효경』을 중시했던 한당유학漢唐儒學에 대한 관심이 상대적으로 높아지

　98)『英祖實錄』卷29, 7年 1月 6日 庚午條 ; 卷72, 26年 9月 18日 丁巳條.
　99)『英祖實錄』卷62, 21年 7月 12日 壬午條.
100)『正祖實錄』卷27, 13年 閏5月 11日 丙申條.
101)『正祖實錄』卷46, 21年 1月 1日 壬寅條.
102)『英祖實錄』卷1, 卽位年 9月 23日 癸亥條.

고 있었다는 사상적 특성을 간접적으로 드러내는 것이다. 이러한 분위기에 따라서 영조연간에는 왕세자도 『효경』을 먼저 강하고 『소학』을 강하게 되었다.103) 그리고 왕실에서도 『효경』을 존중하여 그 가운데 본받을 만한 글을 골라서 좌우에 두고 조석朝夕으로 살펴보고 있었다.104)

『효경』의 중요성은 정조 연간에도 계속하여 강조되었다. 정조는 "선왕先王은 지극한 덕과 중요한 도가 있어서 천하를 따르게 했다. 그러므로 이로써 임금에게 충성할 수 있고 어른에게 순종할 수 있으며 관에서 다스릴 수 있는 것이다"라는 『효경』의 구절을 제시하면서 임금에 대한 충성도 효에 기반한 것임을 새롭게 확인하고자 했다.105) 정조는 경연經筵에서 『효경』을 자주 강하고 있었다.106) 그 후의 왕실 교육에 있어서도 『효경』은 계속 그 중요성이 강조되었다.107) 한편, 정조 당시 조정에서는 과폐科弊의 금지를 논의하는 과정에서 『효경』과 『논어』를 통달한 다음에야 단자單子를 받아들여 부시赴試하도록 해야 한다는 주장이 제기된 바 있었다.108) 이와 같은 제안이 제기된 것도 당시 조정에서 『효경』을 중시하던 분위기와 무관하지는 아니할 것이다. 그러나 세도정치가 진행되어 가던 시기의 연대기 기록에서는 『효경』에 대한 언급이 거의 나타나지 않으며, 경연에서 『소학』이 강조되고 있음을 확인할 수 있다.109) 이처럼 『효경』은 탕평정국蕩平政局 아래에서 상대적으로 높이 평가되고 있었다.

한편, 조선후기에 이르러서는 서학西學 즉 서교西敎·천주교天主敎가 전파·수용되었다. 천주교는 당시 성리학적 충효관에 기반을 둔 사회에 대

103) 『英祖實錄』 卷10, 2年 12月 7日 甲子條 ; 卷57, 19年 2月 22日 丙午條.
104) 『英祖實錄』 卷27, 6年 8月 27日 癸亥條.
105) 『正祖實錄』 卷46, 21年 1月 1日 壬寅條.
106) 『正祖實錄』 卷20, 9年 9月 6日 壬子條 ; 卷20, 9年 9月 9日 乙卯條.
107) 『純祖實錄』 卷17, 14年 3月 20日 辛亥條.
108) 『正祖實錄』 卷10, 4年 7月 3日 己卯條.
109) 『憲宗實錄』 卷3, 2年 2月 3日 丙辰條.

한 중대한 도전이었다. 그러므로 당시 지배층에서는 천주교를 무부무군
無父無君, 배군멸부背君蔑父의 가르침으로 규정하며 이에 대한 탄압을 그
치지 않았다.[110] 그러나 조선의 천주교도 당시 조선사회에서 강조하고
있던 충과 효의 가치를 정면으로 거부하지는 않았고, 부모에 대한 효를
특별히 강조하고 있었다. 이는 당시 지배층들이 천주교를 불효불충의 종
교로 규정하고 있는 현상에 대한 자기 방어적 처방이었다고 생각된다.
그렇다 하더라도 당시의 교회에서 강조하고 있던 효에 대한 인식은 전통
적 성리학의 효 인식과 일정한 거리가 있는 것이었다.

조선후기의 서학 즉 천주교의 가족윤리는 '천주십계天主十戒'를 해설
하고 있었던 『성찰긔략』[省察記略]과 같은 한글서적들을 통해서 잘 드러
나고 있다. 이 책은 황석두黃錫斗 등의 도움을 받아 프랑스인 선교사
Daveluy(安敦伊 : 1818~1866)가 편찬한 것이다. 당시 『성찰긔략』과 같은
책에서는 가장 친밀한 인간관계의 하나인 부자간의 관계에 대해서 결코
소홀히 취급하지 않았다. 그리하여 이 책에서는 25개 항목에 걸쳐서 자
식이 마땅히 수행해야 할 부모에 대한 도리를 설명하고 있다. 즉, '천주
십계'의 제4계명 "부모를 효도하여 공경하라"는 조목의 해설을 통해서
이 책에서는 자식들에게 부모에 대한 존경과 순종을 강조했다.[111] 그러
나 당시 조선의 천주교에서는 '효심의 자연스런 표현'으로 인정되던 조
상제사를 부정하고 있었다. 천주의 존재를 부자 사이에 개입시킴으로써
부모에 대한 효도를 상대화시켰다.[112]

당시 조선후기 사회에서는 가족윤리의 중심축을 부자관계에 두고 있
었으며, 부모에 대한 자식의 의무를 집중적으로 강조하고 있었다. 이에
반하여 당시 한글 서학서들은 가족의 중심축을 '부자父子 간의 상호 관

---

110) 趙珖, 1989, 『朝鮮後期 天主教史 研究』, 고려대학교 민족문화연구소, 163~165쪽.
111) 안 안또니, 1864, 「사계」 『성찰긔략』, 18a~22a.
112) 「부모를 위하야 하는 경」 『텬쥬셩교공과』 1, 14b~15a쪽 참조.

계'로부터 '부부夫婦 간의 상호 관계'로 전환시켜 나가는 작업을 수행하고 있었다. 그리고 효제孝悌의 가족윤리가 무조건적 공순恭順을 요구하며, 몰 주체적 복종만을 강조하는 것으로 인식하며 이를 조심스럽게 거부하고 있었다. 또한 부자관계에 있어서도 효의 중요함을 강조함과 동시에 자식에 대한 부모의 의무를 더욱 강조하고 있었다.[113] 즉 서학에서는 그 부자관계를 부모에 대한 자식의 일방적 효도만을 규정하기보다는 이를 쌍무적 관계로 파악하고 있었다. 당시의 한글 서학서들에서는 부자간에 있어서 효의 중요함을 강조하면서도 동시에 천주에 대한 효가 인간인 부모에 대한 효보다 선행되어야 함을 말함으로써 효의 가치를 상대화시켰다.[114] 그리고 일부 신도들 가운데는 "집안에는 큰 원수가 있으니 부친이며, 나라에는 큰 원수가 있으니 군주이다[家有大仇 父也 國有大仇 君也]"라는 극언을 통해 당시 조선왕조가 가지고 있던 충효중심의 사회사상을 철저히 거부하고 있음이 밝혀지기도 했다.[115] 따라서 당시 천주교도들이 자신들도 효를 강조한다고 말하더라도 정통 유학의 입장에서는 이를 결코 용납될 수 있는 범주의 것이 아니었다. 그러므로 조선의 천주교는 집권 사족층으로부터 심각한 탄압을 당하게 되었다. 그러나 조선후기 사회에서 일대 파문을 일으켰던 서학의 효 인식은 성리학적 효 인식으로부터 근대의 다양한 효에 대한 인식으로 전환되는 데에 일정한 기여를 했다.

요컨대, 조선후기 사회에 이르러서도 집권층은 전통적인 효의 존재를 주목하고 그 중요성을 강조하고 있었다. 그리하여 『삼강행실도』를 비롯하여 전통적 사회윤리에 관한 도해서들이 계속 간행되어 갔고, 19세기 세도정치기에는 경서經書의 언해본이 복간되고 있었다. 그러나 왕권의

---

113) 趙珖, 1996, 「조선후기 서학서의 인간관계에 대한 이해」 『구중서박사화갑기념논문집』, 태학사, 82~85쪽.
114) 『쥐비훈몽』, 筆寫本, 中卷, 不分面. 「만일 부모의 명호심이 텬쥬 성의에 합지 아니ᄒ거나 쥬로 조경홈을 금ᄒᄂ 일은 순명치 못홀지나라」
115) 李基慶, 『闢衛編』, 曙光社, 313쪽.

강화가 시도되고 있던 영조와 정조 연간에는 사림적 문화풍토를 관철하고 있는『소학』보다는『효경』의 중요성이 상대적으로 더욱 강조되었다. 이는 효를 충의 기본으로 파악하던 왕실의 입장과 일정한 관련이 있을 것으로 생각된다. 그러나 19세기 세도집권기에 이르러서는 주자주칠서朱子註七書를 언해한 책자들이 다시 간행되고 있었다. 이는 한당유학漢唐儒學의 특성을 반영하고 있는『효경』보다는 송학적宋學的 전통이 강한『소학』의 간행을 통해서 집권 노론의 중심사상이었던 성리학적 사회질서를 강화하고자 했던 시도의 일환으로 생각된다. 한편, 이 시기에 이르러 서학 즉 천주교 신앙의 수용이 진행되었다. 당시의 천주교에서도 조선사회에서 존중하던 충효의 가치를 완전 거부할 수는 없었다. 그러나 당시 교회에서는 가족윤리의 중심축을 부자관계에서 성립되는 효에 두지 아니하고, 부부간의 상호 관계를 가족윤리의 기본으로 삼았다. 그리고 부자간의 관계를 쌍무적 관계로 전환시키고, 여기에 천주의 존재를 개입시켜 효의 개념을 상대화했다. 이러한 과정에서 천주교는 집권층으로부터 무부무군無父無君이라는 비난과 함께 극심한 탄압을 받았다. 그러나 이러한 서학의 효 인식은 전통적 효 인식의 새로운 전환을 뜻하는 것이기도 했다. 이상에서 살펴본 바와 같이 조선후기 사회에서는 왕실이나 사족 또는 민인들 사이에 있어서 효 인식의 변화가 진행되고 있었다. 그리고 이 변화의 움직임은 개항기에 이르러 더욱 강하게 드러나게 되었다.

6. 맺음말

조선왕조가 건립된 직후부터 조선은 성리학을 지도이념으로 삼고, 성리학의 원리에 입각한 국가의 운영을 논하고 있었다. 이에 조선전기 사회에서는 왕실이 중심이 되어서 성리학의 기본 경전인 주자주칠서朱子註

七書 및 『성리대전性理大全』의 수용을 위해 적극적인 노력을 전개했다. 그리고 이에 대한 현토 구결작업을 진행시키면서 『삼강행실도』와 같은 도해서를 간행했다. 이 과정에서 사림들은 효의 중요성을 강조하고 효에 대한 인식의 제고를 위해서 노력했다. 이 시기에 진행된 효에 대한 사림적 천착을 통해서, 효가 조선사회의 중심적 윤리규범으로 자리매김 되기에 이르렀다.

한편 조선중기에 이르러서는 성리학에 대한 이해가 심화되는 현상과 병행해서 사서삼경의 언해작업이 진행될 수 있었다. 이 언해 작업을 통해서 당시의 지배층들은 경전 이해의 표준적 기준을 확보해 나갔고, 성리학적 경전의 일반화도 추진해 나갈 수 있었다. 그리고 양란을 겪은 이후에는 실추된 사족의 권위 회복과 붕괴된 성리학적 사회질서의 재건을 위해서 효를 중심으로 한 성리학적 윤리를 다시 강조하는 작업을 진행시켰다. 이에 이어서 조선후기에는 이전 시기와 마찬가지로 효에 대한 인식의 중요성이 강조되고 있었다. 이때 사림들은 송학적宋學的 전통을 가진 『소학』의 중요성을 상대적으로 더 강조하는 경향을 나타내고 있었다. 반면에 영조와 정조의 탕평책이 시행되어 가던 조선후기에는 여러 종류의 효행서 가운데 『효경』의 중요성이 상대적으로 더 강조되는 경향이 확인되기도 했다. 왕실에서는 효를 강조하되 한당유학적漢唐儒學的 특성을 가진 『효경』의 강조를 통해서 제왕帝王의 효와 사서인士庶人의 효에 차이가 있는 것임을 말하고자 했던 것으로 해석된다. 이처럼 조선시대에 있어서 효의 관념은 시대상의 전개와 긴밀한 관계를 가지고 있었다.

조선시대 성리학적 사회사상에서는 가족관계를 기본으로 하여 현실의 인간관계를 설명하고자 했으며, 효의 가치를 가장 강조하여 '백행百行의 근본'으로 파악했다. 이러한 상황에서 조선사회의 집권층들은 성리학적 효에 대한 강조를 통해서 부자관계를 기본축으로 양반 사족 중심의 사회질서를 구현하고자 시도했다. 여기에서 조선시대 성리학적 사림들에 의해서 강조되던 효의 사회적 기능과 역사적 의미가 확인된다. 이러한 가운데 삼강오륜에 관한 성리학적 윤리서들이 구결, 현토되거나 언해간행되었고, 새롭게 편찬되었다. 그러나 효에 대한 인식이 조선왕조의 사림이나 사족들의 전유물이 아니었다. 그러므로 효에 대한 인식은 일반 민인들에게서도 보편적으로 확인되고 있었다. 효에 대한 비성리학적 인식은 불교의 『부모은중경』이나 서학 즉 천주교의 『셩찰긔략』[省察記略] 등의 서적을 통해서도 확인되고 있다. 이 사상들은 성리학적 차원에서의 접근 방법과는 입장을 달리하며 효를 강조하고 있었다. 그러나 무엇보다도 조선사회에 가장 큰 영향력을 미쳐주고 있었던 효에 대한 인식은 유학적 내지는 성리학적 특성을 가진 것이었다.

제3장 동학과 개화사상

1. 머리말

갑오동학농민전쟁 100주년을 기념하여 이에 관한 활발한 연구가 진행되었다. 이 일련의 연구들은 사회운동의 하나인 농민전쟁에 연구의 시각을 맞추어 진행되고 있다. 그러므로 현금現今의 연구에서는 그 연구 시각의 범위가 한정되어 있으므로, 이 시대의 변혁운동과 일정한 관계를 맺고 있었던 동학사상 그 자체에 대한 고찰은 상대적으로 소홀히 취급될 수밖에 없었다고 생각된다. 그러나 개항기의 사회 및 농민전쟁에 관해서 올바로 이해하기 위해서는 그 사상적 특성을 파악하기 위한 노력이 요청되고 있다. 오늘의 학계에 제기되고 있는 이 요청과 관련하여 동학사상의 특성과 개화사상과의 관련을 연구하는 작업은 상당한 의미를 가질 수 있다고 생각된다.

그러나 이 주제에 관한 연구가 충분히 전개되지는 못하고 있다. 물론 이 주제와 관련하여 일부 연구자들은 동학사상과 개화사상의 연결 가능성을 추정하기도 했지만 아직은 그 본격적 연구에까지 이르렀다고 보기는 어렵다. 이 글에서는 이러한 상황을 감안하여 동학사상과 개화사상의 관련 여부에 관한 시론적試論的 검토 작업을 시도해보고자 한다.

그런데, 이 주제를 석명釋明하기 위한 방법으로는 우선 동학 경전을 통해 결집되어 있는 동학사상이 개화사상가들에게 직접 영향을 미쳤는

지의 여부를 검토해야 한다. 그리고 개화사상가들과 동시대同時代를 살
았던 동학도東學徒들이 개화사상가들과 맺고 있었던 상호관계와 그 사상
적 교류 여부를 검토하는 방법도 있을 것이다. 한편 동학사상과 개화사
상 양자 간의 직접적인 관계 여부를 밝히는 데에 한계가 있다면, 두 사
상 사이에 존재하는 논리적 유사성의 유무를 검토하는 비교사상사比較思
想史의 방법을 적용할 수도 있을 것이다. 우리는 이러한 연구방법들을 감
안하면서 동학사상과 개화사상의 관련 여부를 검증해야 한다.

  그동안 학계에서 전개해왔던 개화사상과 동학사상의 관계를 밝히기
위한 시도는 동학농민전쟁과 갑오개혁甲午改革의 관계를 밝혀보려는 노
력과 관련하여 부분적으로 진행되기도 했다.1) 그러나 이와 같은 기존의
관심도 동학사상과 개화사상과의 관계를 직접 밝혀보려는 시도는 아니
었다. 그러므로 이 분야에 관해서는 좀더 체계적인 정리가 요청된다고
하겠다. 이 주제의 규명을 통해서 우리는 19세기의 조선사회에 대해 좀
더 정확히 이해할 수 있을 것이며, 동학사상 및 개화사상 그 자체에 대
해서도 보다 올바로 파악할 수 있을 것이기 때문이다.

2. 19세기 후반기의 시대적 특징

  동학사상과 개화사상의 관련여부를 검증하기 위해서는 우선 그 사상
이 전개된 시대에 대한 인식을 기반으로 삼아야 한다. 그러므로 본고에
서는 먼저 동학사상 발생 당시의 사상적 특성을 주목하고자 한다. 그리

---

1) 이이화, 1994, 「폐정개혁과 갑오개혁의 연관성 규명」『동학농민혁명과 사회변혁』,
   한울 ; 정창렬, 1994.10, 「갑오농민전쟁과 갑오개혁의 관계」『100년 전 한국사회
   와 국제관계』, 아주대 인문과학연구소 학술회의 발표요지 ; 최덕수, 1994.10, 「갑
   오농민전쟁과 갑오개혁」『갑오농민전쟁의 종합적 고찰』, 한국사연구회 학술대회
   발표요지.

고 이에 이어서 개화사상이 성립되던 당시의 사회사상적 특성에 관해서
도 간략히 검토해야 할 것이다.

동학사상은 1860년 수운 최제우에 의해서 창도되었다. 당시 조선의 사
상계에서는 정학正學으로서의 성리학性理學이 지배적 위치를 점하고 있었
다. 그러나 사회의 변동으로 인해 성리학에 대한 사상적 도전 현상이 심화
되어 가는 과정에서 조선 성리학은 척사위정적斥邪衛正的 자세를 강화시켜
나가고 있었다. 당시 사상계에 새롭게 등장했던 척사위정론은 성리학에
대한 사상적 도전의 강화 현상에 대한 대응책으로서의 의미가 있다. 물론
조선 후기의 사회에서는 성리학 중심의 사상 풍토에 대한 지식인층의 대
안으로 범유학汎儒學의 입장에서 실학사상實學思想이 제시된 바 있었다. 그
러나 실학사상은 그 실천성에 한계가 뚜렷했고, 19세기 민인民人과의 연결
에 있어서도 제한성이 많았다. 이러한 과정에서 정학에 대칭할 수 있었던
본격적 사상운동은 이른바 '사학邪學'으로 불리던 분야에서 전개될 수 있
었다. '사학'은 지배층의 사상에 대한 안티 테제로 제시된 민중사상의 일
종이었다. 그리고 이 용어는 미륵신앙을 비롯한 불교신앙이나 감결사상鑑
訣思想을 비롯한 전통적인 종교사상을 표현하던 용어였다. 또한 서학西學
과 같은 신종교사상도 이 범위에 포함되었다. 이와 같은 사학의 성행은
성리학 중심의 사상계에 대한 도전을 뜻하는 것이었다.2)

동학사상은 이와 같이 사학邪學이 성행하던 1850~60년대의 사상적
토양에서 배태되었고 성장했다. 그리고 동학은 창도 직후부터 성리학적
지배층으로부터 반유학적反儒學的 사상 내지는 반성리학적反性理學的 사
상인 사학으로 규탄 받고 있었다. 물론 1880년대의 동학도들은 자신의
종교가 '유불선합일儒佛仙合一'이라는 점을 강조했지만, 동학이 창도되던
1860년 당시의 시점에서 볼 때, 동학과 유학이 상호 회통적會通的 입장에

---

2) 조광, 1993, 「조선후기 사상계의 전환기적 특성」『한국사 전환기의 문제들』(한국
   사연구회 편), 지식산업사.

서 전개되었다고 보기에는 한계가 있다. 즉, 당시 사상계의 특성을 감안할 때, 사학으로 지목되고 있었던 동학은 정학인 성리학 내지는 유학과의 친연성보다는 사학邪學인 불교나 도교와의 관련이 더 깊을 수밖에 없었다고 생각된다. 그러기에 최제우는 자신의 수도처로 불사佛寺를 택하게 되었고, 그 창도 당시의 사상에서도 불교나 도교적 요소를 상당히 표출시켰다고 생각한다. 한편, 동학은 19세기의 조선 사회가 지향해 나가야할 방향을 모색하는 과정에서 창출된 사상이었다. 그러므로 거기에서는 변혁 지향적 성격이 함축되어 있게 마련이었다.

동학은 발생 직후부터 탄압받고 있었고, 그 와중에서 조선은 1876년 개항을 단행하였다. 이 개항과 개항이후의 사회변화를 주도하고 있던 사상으로는 개화사상이 주목받고 있다. 이미 널리 알려진 바와 같이 '개물성무開物成務 화민성속化民成俗'에서 그 의미를 취한 개화사상開化思想의 연원은 1850년대로 소급되며, 그 구체적 형성시기로는 1869년을 주목할 수 있다. 그리고 개화사상이 본격적으로 전개된 때는 1870년대의 이후의 사회였다.3) 개항을 전후한 시기부터 1884년 갑신정변에 이르는 초기 개화파들은 유학을 그 주된 교양의 근거로 가지고 있었던 인물이었다. 그들은 중국에서 전래된 『이언易言』을 비롯한 각종 신서新書의 사상을 수용하고, 변화하는 정세의 기미를 옳게 파악하여 개화사상을 형성시켜 갔다. 그러한 과정에서 그들은 전통 유학에서 사학邪學으로 규정하고 있었던 동학東學 등에 관해서는 별다른 관심을 기울이지는 아니했다.4)

한편, 개항기 사회에 있어서 개화사상은 성리학에 기반을 둔 구래舊來의 사회 질서를 바꾸어 보고자 하던 변혁사상의 일부였다. 그러므로 이 과정에서 전통 성리학계에서는 새로운 사상에 맞서 척사위정론斥邪衛正

---

3) 신용하, 1987, 『한국근대사회사상사연구』, 일지사, 80쪽 이하 참조.
4) 이러한 점은 초기 개화파의 저술을 검토해보면 분명히 밝혀진다고 생각한다. 그들은 개화사상의 형성 당시 동학에 관해서는 직접적인 관심을 표현하지 않았다.

論과 같은 자기 옹호의 논리를 더욱 강하게 전개시켜나갔다. 이와 병행하여 성리학계 일부에서는 대동교大同敎 운동이나 공교회孔敎會 운동과 같이 유학의 근대종교화를 시도하는 움직임이 나타났다. 그러나 이와 같은 개항기 유학계의 사상운동은 그 사상적 한계로 말미암아 근대적 사회개혁의 기능을 여타의 사상에 양보해야 했다. 이 과정에서 개화사상이나 동학사상이 사회개혁 사상으로서의 기능을 보다 선명히 발휘할 수 있었다. 여기에서 우리는 개화사상과 동학사상의 관련 여부에 대한 검토의 가능성을 확보하게 된다.

그러나 개항기 동학사상과 개화사상의 상호 관련성을 논하는 데에는 신중을 기해야 할 것이다. 이 문제를 해결하기 위해서는 두 가지의 과제를 해결해야 한다. 즉 그 하나는 개항기 사회변혁운동 가운데 매우 중요한 1894년의 농민전쟁과 동학과의 관계를 밝히는 일이 먼저 요구된다. 이 작업의 결과 농민전쟁과 동학사상이 상호 관련되는 것으로 규정된다면, 우리는 두 번째로 당시의 개혁사상인 개화사상과 농민전쟁의 배경으로서 또 다른 개혁사상인 동학사상과의 상호관계를 밝혀야 한다. 물론 1860년대의 동학사상과 1870년대 이후부터 1894년 농민전쟁과 갑오개혁에 이르는 기간의 개화사상을 단순 비교함으로써 양 사상 사이의 특성을 규명해볼 수도 있을 것이다. 그러나 이와 같은 방법만으로는 두 사상이 가지고 있는 사회적 기능을 확연히 파악하는 데에 한계가 있을 것이다. 한편 우리는 이 주제의 해명을 위해서는 개항기 사상계 일반이 드러내고 있었던 특성에 대해서도 검토해보아야 한다.[5]

그런데 오늘의 학계에서는 동학 교단과 농민운동의 상호 관계 여부를 밝히기 위해서 비교적 깊은 연구가 진행되고 있다.[6] 그 결과 이에 관한

---

5) 조광, 1994, 「조선후기 민중사상과 동학농민전쟁」『百濟文化』 23, 공주대학교, 17~20쪽 참조.
6) 동학과 농민운동에 관한 언급은 다음과 같다. 정창렬, 1987, 「갑오농민전쟁과 갑오개혁」『한국사연구입문개정판』, 지식산업사 ; 박맹수, 1994, 「동학농민혁명에

최근의 연구결과는 개항기 당시의 동학사상이 사회변혁운동의 일환으로 전개되었던 농민운동과 일정한 관계를 가지고 있는 것으로 밝혀지고 있다. 그러므로 우리는 개화사상과 동학사상 사이의 연관성에 대하여 검토할 수 있는 연구의 단초를 얻을 수 있다.

그러나 당시의 동학사상과 개화사상 사이에는 상호 일치되는 점과 또한 상호 배치되는 요소가 같이 드러난다. 즉, 개화사상가나 동학농민군은 모두가 봉건 모순의 극복을 위해서는 의견을 같이했지만, 그들이 지향했던 사회의 성격에 대해서는 입장의 차이를 드러내고 있었다. 개항기 개화사상가들은 대체적으로 자본주의적 부르주아 사회를 지향하는 것으로 이해되고 있다.[7] 그러나 동학농민군들이 추구하던 사회는 농촌의 희생을 기초로 하여 등장하는 자본주의적 산업사회가 아니었다. 그들은 자소작농自小作農 중심의 소농민적 지향을 가지고 있었으며, 평등주의적이며 반反자본주의적 지향과 관련하여 농민운동에 참여했다. 이러한 차이점을 두 사상에서는 드러내주고 있었으며, 이 역사적 사실과 관련하여 우리는 동학사상과 개화사상의 상호관계를 논해야 한다. 두 사상의 전개에 관한 이와 같은 전제 위에서, 우리는 이 두 사상 사이의 공통적 지향점과 차이점들을 올바로 이해할 수 있을 것이다.

3. 정치제도에 대한 견해

동학과 개화사상의 상호 관계 여부를 규명하기 위해서는 정치사상적 측면에서 두 사상 사이에 존재하는 특성들을 파악해보아야 할 것이다. 그리고 이를 위해서는 우선 최제우의 정치사상이 어떠했는가를 살펴보

있어서 동학의 역할」『동학농민혁명과 사회변동』, 한울. 또한 동학농민전쟁 100주년을 기념으로 개최된 각종의 연구발표를 통해서도 이 문제가 거론된 바 있다.

7) 신용하, 1987, 앞의 책, 93쪽.

아야 한다. 최제우의 정치사상을 파악하기 위해서는 그가 가지고 있던 사상의 전체적 구조와 관련하여 이를 검토해야 한다. 예를 들면 그의 우주관이 현실 정치에 대한 이해에 있어서 어떻게 특징적으로 작용하고 있었는가를 밝히는 작업이 그 정치사상을 올바로 파악하기 위해서 요청되고 있다는 말이다. 그러나 여기에서는 이와 같은 거시적 접근 방법보다는 최제우의 기록 가운데에서 나타나는 정치적 단어들에 대한 분석을 통해서 그의 정치사상이 가지고 있는 특성을 이해할 수 있을 것이다. 최제우가 남긴 『동경대전東經大全』과 『용담유사』에서는 국가, 천하, 군주, 신하, 충성, 충신 등의 정치적 단어들이 나타나고 있다. 그리고 이러한 단어들의 조합組合에 의해서 보국안민輔國安民이나 군신유의君臣有義 등과 같은 술어들이 나타나고 있다. 또한 운수運數나 하원갑下元甲과 같은 용어도 국가의 운명과 관련되어 논의되는 정치적 술어로 파악할 수 있을 것이다.

최제우는 득도得道 이후 자신의 도를 펼쳐가던 1861년 이후의 자료를 통해서 자신의 정치적 견해를 비교적 본격적으로 제시하기 시작했다고 생각된다. 그는 자신이 '천하를 보지는 못했다 하더라도 군주가 있음을 들어서 안다'[8] 고 말했다. 이는 그 자신도 천하 국가의 문제를 논할 수 있음을 선언한 것으로 볼 수 있다. 그는 국가를 논하는 과정에서 '보국안민輔國安民'을 강조했다.[9] 이 보국안민은 당시 인들이 성취해야 했던 정치적 목표를 나타내는 말로 생각된다. 그런데 그는 국가에 국왕의 존재를 당연한 것으로 생각했고, 국가의 대전大全은 준수되어야 할 것으로 생각했다.[10] 또한 국왕에 대한 충성과 의리를 강조했다.[11] 그러나 그는

---

8) 『東經大全』, 偶吟
9) 『東經大全』, 布德文 ; 『용담유사』, 권학가 등 참조
10) 『東經大全』, 論學文
11) 『용담유사』, 권학가 "임금에게 공경하면 충신열사 아닐런가 … 군신유의 몰랐으니 득죄군왕 아닐런가"

매관매직賣官賣職이 성행하던 당시의 세도정치를 간접적으로나마 비판하고 있었으며,[12] '군불군君不君 신불신臣不臣'하는 통치체계가 무너진 사회를 비판했다.[13] 그리고 그는 조선의 운수가 험난함을 지적했고,[14] 시변時變의 필요성과 당연성을 수차례에 걸쳐 암시해 주었다.[15] 그리고 그는 '일성일쇠一盛一衰'의 운수에서 쇠운衰運이 지극하면 성운盛運이 온다고 말함으로서 사회변혁에 대한 긍정적 희망을 제시해주었다.[16] 이상에서 살펴본 바와 같이 최제우는 왕조체제를 변혁하고자 하는 뚜렷한 의식을 가지고 있지는 못했지만, 조선왕조의 당시 상황에 대해서는 비판의식을 가지고 있었다. 그리고 그는 시변時變의 필연성을 제시해보고자 했다고 생각된다. 이러한 그의 정치사상은 최시형崔時亨에게도 영향을 미쳐주었다.

한편 개항기 개화사상에서 드러나는 정치사상상의 특징으로는 전제왕권에 대한 회의를 들고 있다. 유길준 등 초기의 개화사상가들은 입헌군주론에 상당한 호감을 가지고 있었고, 이와 같은 견해는 독립협회 회원을 비롯한 후기의 개화사상에서도 계속 강조되고 있었다. 그러나 '군민공치君民共治'를 주장하는 개화사상의 입헌군주론은 정치현실에서 실천될 수는 없었고, 오히려 당시는 전제왕권의 강화를 기도하는 각종의 시도가 전개되기도 했다. 물론 당시의 개화사상가들도 사회의 변혁을 기원했다. 그러나 그들은 농민을 '군민공치'의 주역으로까지 보지는 못했다.[17] 그러나 이 개화파 관료들은 갑오개혁의 추진 당시 중요한 역할을

---

12) 『용담유사』, 몽중노소문답가 "매관매직 세도자도 일심은 궁궁이요"

13) 『용담유사』, 몽중노소문답가

14) 『용담유사』, 안심가 "가련하다 가련하다 아국운수 가련하다"

15) 『용담유사』, 안심가

16) 『용담유사』, 권학가 "시운을 의논해도 일성일쇠 아닐런가 쇠운이 지극하면 성운이 오지마는 현숙한 모든군자 동귀일체 하였던가"

17) 최덕수, 1994, 「갑오농민전쟁과 갑오개혁」『갑오농민전쟁의 종합적 고찰』, 한국사연구회 갑오농민전쟁 100주년기념 학술대회 발표요지, 100쪽 참조.

담당했고, 갑오개혁의 사회개혁 내지는 정치개혁은 바로 이들에 의해서 추진된 것이었다.[18]

한편 동학농민전쟁이 진행되어 가던 과정에서 농민군들은 '진멸권귀盡滅權貴'를 주장했다. 이는 세도집단에 대해서 비판적 의식을 가졌던 최제우의 입장과 기본적으로 동일한 것이었다. 또한 당시의 농민군들의 봉기는 시변時變의 필연성을 말한 바 있던 최제우의 암시와도 일치되는 것이었다. 물론 이러한 양자 사이에서 드러나는 입장에 대한 직접적인 연결고리를 발견해 내기가 어렵다. 그렇다 하더라도 우리는 이 양자 사이에 존재하는 논리적 유사성을 부인하기는 어려울 것이다. 한편, 농민군들은 국태공國太公 대원군大院君을 감국監國으로 추대하고자 했다.[19] 이 사례를 통해서 볼 때 농민군은 이씨 왕조체제에 대한 본격적인 부정에까지 이르지는 못했다고 할 수 있다. 이와 같은 제약성도 최제우가 이씨 왕조 내지는 왕조체제 자체에 대해서 가지고 있던 견해와 유사성을 드러내는 것이다. 그러나 농민군을 통해서 표출될 수도 있다고 생각되는 동학의 정치사상에 관한 일련의 견해들과 개항기 개화사상가들이 가지고 있던 입장 사이에는 일정한 차이가 있음을 확인할 수 있다. 물론 오늘날 일부의 연구자들은 개화사상가들의 군민공치적君民共治的 중앙 권력의 개혁 구상과 집강소執綱所를 연결하여 개화파와 농민군의 연대가능성에 대한 암시를 시도한다. 그러나 개화사상가들과 농민군 사이에는 그 정치적 개혁방향에 대한 상호 협의가 있었던 것은 아니었고, 그들의 주장 내용 가운데에서도 차이가 드러난다. 또한 개화사상가들이 동학의 경전에 직접 접했던 기록도 찾아보기 어렵다. 그렇다 하더라도 동학사상이 발생하고 전파되어가던 시기나 개화사상가들이 국내외 정세의 변화에 발맞추어 사회의 개혁을 꾀하던 시기는 서로 일치되던 때였다. 이러한 상황

---

18) 유영익, 1990, 『갑오갱장연구』, 일조각, 134~167쪽 참조.
19) 趙珖, 1985, 「東學農民革命 關係史料 拾遺」 『史叢』 29, 216~219쪽.

에서 정치 및 사회의 변혁이 수행되어야 한다는 현실 판단에서는 이 양자 간에 의견의 일치를 볼 수 있었다. 그러나 우리가 그 정치사상적 측면에서 동학과 개화사상의 상호 연결성을 논하기에는 어려움이 따를 것으로 생각된다.

4. 새로운 인간관과 신분제 부정

사회사상의 이해에 있어서 전근대 사회와 근대사회를 구분하는 가장 중요한 특징으로는 사회신분제에 대한 이해를 들 수 있다. 전근대사회에서는 신분제의 원칙이 사회 각 부문에 걸쳐 관철되고 있다. 반면에 근대 사회사상이 가지고 있는 특성으로는 신분제도와 같은 사회적 불평등의 해소를 지적할 수 있다. 그런데 조선후기 사회에서는 신분제에 대한 도전과 배격의 현상이 심화되고 있었다. 이러한 과정에서 동학과 같은 개혁의 사상에서는 신분제 부정의 논리가 선명히 드러날 수 있었다. 그리고 개항기의 사회에서도 신분제를 개혁하고자 하던 노력은 지속되었다. 이러한 과정에서 개항기 동학농민군의 사회사상 가운데 신분 평등론은 많은 농민의 호응을 얻으며, 보급되어 갔다. 한편, 개항기 개화사상가들의 경우에 있어서도 사회신분제를 개혁하고자 하는 노력이 전개되고 있었다. 이러한 노력은 갑신정변의 과정에서나 갑오개혁의 과정에서 다 같이 확인되고 있다.

그런데 동학사상에서 등장하는 신분개혁 사상의 배경에는 새로운 우주관 내지는 신관의 출현을 들 수 있다. 흔히 말하기를 신관과 인간관은 동전의 양면처럼 서로 깊은 관련이 있는 것이라고 한다. 이를 우리는 새로운 신관이나 우주관에 대한 인식은 새로운 인간관의 출현을 예시해주는 일로 해석할 수 있을 것이다. 이와 같은 특성은 동학사상의 경우에도 마찬가지로 드러난다. 예를 들면, 최제우는 '천심즉인심론天心卽人心論'을 전개한 바 있다.[20] 이는 천인합일사상天人合一思想의 표현으로 해석되며, 모든 인간을 하늘의 위치로 들어올린 인간존중의 사상이었다. 그리고 최제우는 '오직 사람만이 가장 신령한 존재[獨惟人 最靈者也]'이고,[21] '하물며 만물지간萬物之間 유인唯人이 최령最靈일세'라고[22] 말함으로서 인간의 존엄성에 대해서 강조했다. 한편 최시형崔時亨은 '사인여천事人如天'을 강조하고 있다.[23] 이는 최제우보다도 더 직설화법을 사용하여 인간의 존귀함을 하늘에 비견해주고 있는 것이었다. 그리고 최시형은 경천敬天과 경인敬人 나아가서는 경물敬物까지도 강조했다.[24] 그는 인간을 비롯한 만물 모두가 존엄하다는 입장의 표명을 통해서 인간 존엄성을 필연의 이치로 확립하고자 했다.

이와 같은 교리에 대한 다른 측면으로 최제우와 최시형 등은 인간 평등성의 원리를 계속해서 강조해 주었다. 우리는 최제우가 가지고 있던 신분 평등의 관념을 다음의 자료를 통해서 확인할 수 있다.

> 부하고 귀한 사람 이전 시절 빈천이요, 빈하고 천한 사람 오는 시절 부귀로세[25]
> 입도한 세상 사람 그날부터 군자되어 무위이화 될 것이니 지상 신선 네아니냐[26]

이 자료에서 나타나는 바와 같이 최제우는 빈천한 사람들에게 부귀를 약속함으로서 신분의 해방을 이야기 하고 있었다. 그리고 그는 누구든지

---

20) 『東經大全』, 論學文
21) 『東經大全』, 論學文
22) 『용담유사』, 안심가
23) 吳知泳, 1940, 『東學史』, 41쪽.
24) 『天道敎創建史』, 17~18쪽.
25) 『용담유사』, 교훈가
26) 『용담유사』, 교훈가

일단 동학에 입도하면 곧 양반인 군자君子가 되고 도통한 신선이 될 수
있다고 말함으로써 신분의 평등을 기반으로 한 새로운 사회의 도래를 말
했다. 한편, 최시형의 경우에도 신분 평등을 위한 주장은 도처에서 발견
된다. 그는 인간에게는 귀천이 없고, 인간 모두는 평등한 존재임을 강조
해주었다.[27] 그리고 그는 부인이나 어린이까지도 평등한 인간임을 강조
했다.[28] 이러한 가르침으로 인해 동학농민전쟁 당시 농민군들은 평등을
실천하고 있었다.[29] 그리하여 동학이 전파되어 가던 1860년대의 양반사
회에서나, 1890년대 농민운동이 전개되어 나가는 과정에서 양반층은 농
민군이 반상을 무시하는 일에 분개하고 있었다.[30]

　한편, 개항기에 이르러 개화사상가들도 사회신분제의 폐지에 관심을
가지고 있었다. 이는 당시 사회가 그만큼 성장한 결과이기도 하지만,
1894년의 갑오개혁의 과정에서 신분제는 철폐될 수 있었다. 그리고 이
는 개화사상가들이 이를 위해 노력한 결과였다. 그런데 신분제 폐지에는
이와 같이 개화사상과 동학사상 양자 사이에 일치된 측면이 있었지만 이
들 사이에 신분제 폐지를 위한 공동의 노력이나 협동작업의 전개가 진행
되었던 것은 아니었다. 그러므로 신분제 폐지론에 있어서 양자는 일치점
을 가지고 있었지만, 이를 실천하기 위한 노력은 각자의 입장에서 별개
로 진행된 것이다. 그러므로 신분제 개혁의 이론을 통해서 우리는 개화
사상과 동학사상 사이에 그 지향의 일치점은 찾을 수 있으되, 그 관철의
방법에 있어서는 차이가 있음을 확인하게 되는 것이다.

---

27) 『天道敎書』 제2편, 해월신사, 포덕 6년
28) 崔時亨, 內修道文
29) 金九, 『白凡逸志』, 범우사, 32쪽.
30) 이에 관해서는 1863년 상주 道南書院의 예를 들 수 있을 것이다.

5. 대외 인식의 문제점

동학사상과 개화사상이 가지고 있는 상호관계를 파악하기 위해서 우리는 그 대외인식이 가지고 있는 특성에 대해서 검토해 보아야 한다. 기존의 연구 성과를 검토해 볼 때 동학의 대외인식은 민족주의적 요소가 강한 근대적 대외인식으로서의 특성을 드러내고 있는 것으로 이해되고 있다. 그리고 동학 창도 당시의 이와 같은 정신적 특성은 개항기 동학농민전쟁이 전개되는 과정에서도 '척양척왜斥洋斥倭'의 논리를 통하여 민족주의적 입장을 선명히 표현해주고 있는 것으로 설명되고 있다. 한편, 개항기 개화사상가들의 경우에도 비록 일본을 근대화의 모델로 삼고자 하는 시도가 전개된 바도 있지만, 대체적으로 볼 때 국권의 수호를 지향했던 민족주의적 특성을 함께 드러내는 것으로 이해되고 있다. 그리고 바로 이와 같은 측면에서 동학과 개화사상의 상호 관련성을 논하기도 한다.

이와 같은 기존의 연구성과가 전적으로 틀린 것이라고 보기는 어렵다. 그러나 동학의 대외관을 논하는 기존의 연구에서는 분명히 밝히고 넘어가야 할 몇 가지의 과제가 있다. 그 첫째 과제로서는 동학은 서유럽 자본주의의 동양 침략이 강화되어 가던 상황에서 이른바 '서구西歐의 충격衝擊'의 일종으로 나타난 사상이며, 북경 함락이라는 사건이 동학의 창도에 상당한 영향을 미쳐주었다는 논리의 문제점을 검토해야 한다. 그리고 이와 같은 견해의 연장선상에서 서구 자본주의의 침략에 대항하고자 창도된 것으로 해석된 이 동학사상이 한국 민족주의의 연원을 이루고 있는 것으로 이해되고 있다. 그러나 우리는 이 가설의 타당성을 검토함으로서 동학사상의 발생배경에 대해 좀더 잘 알 수 있을 것이다.

그런데 동학이 창도된 때는 1860년 4월 5일이었다.[31] 그는 동학을 창도하기 직전에 서학에 관해서는 들어서 알고 있었다. 그러나 이 때 그가 파악한 서학은 교리에 관한 것이었지 그 무력에 관한 것은 아니었다.[32] 그러나 영불英佛 연합군으로 상징되는 서양의 무력에 의해서 북경이 함락된 것은 1860년 10월이었다. 그리고 북경 함락의 소식이 조선에 전해진 때는 1860년 겨울에 파견되었던 동지사들이 조선에 귀환한 1861년 3월 이후로 보아야 한다. 그렇다면 최제우는 북경 함락의 소식을 듣기 이전에 이미 득도하여 동학을 창도했음이 분명하다. 따라서 동학의 창도와 '서구西歐의 충격' 사이에 완벽한 인과관계가 있는 것으로 단정하기는 어렵다. 물론 최제우는 득도 이전부터 중국에 대한 서양의 침략을 알고 있었다. 이를 그는 '서양지인西洋之人 … 공취천하攻取天下.'라고 표현했을 것이다. 그러나 이는 그가 포덕문을 지은 1861년의 상황에서 파악한 서양관과 관련이 있을 것으로 생각된다. 그렇다면 그는 서구의 충격을 받아 득도했다기보다는, 1861년 포덕문布德文을 짓고 본격적으로 포덕布德을 단행하던 과정에서 영불 연합군의 북경 함락으로 인해 조선의 조야에 팽배해진 위기감을 적절히 활용했던 인물이라는 점에 우리는 주목할 수 있을 것이다. 여기에서 우리는 그의 창도 자체가 서유럽의 동양 침략에 대한 저항으로서의 성격을 가지고 있다고 보는 견해에 대해서는 신중한 재검토 작업이 필요함을 확인하게 된다. 그의 서양 세력에 대한 인식도 포덕의 과정에서 분명히 제시되고 고양되어 갔다. 그가 포덕문에서 논하는 '西洋 戰勝攻取 無事不成 而天下盡滅'의[33] 상황은 북경 함락과 관련된 상황의 묘사였다. 이

---

31) 『龍潭遺詞』, 안심가
32) 『東經大全』, 布德文 "至於庚申 傳聞西洋之人 以爲天主之意 不取富貴 攻取天下 立其堂 行其道 故 吾亦有其然豈其然之意" 한편 1860년에 지어진 「안심가」나 「교훈가」 등에서는 서양의 무력침략에 대한 경계가 드러나 있지 아니하다.
33) 『東經大全』, 布德文

를 볼 때, 북경함락이 그에게 미친 충격이 적지 아니했음을 알 수 있다. 이러한 서양의 동양에 대한 침략은 1870년대 이후 보편화되어 갔고, 이러한 상황에서 제국주의의 침략에 대한 저항이 당시 사회에서는 중요한 가치를 가지게 되었다.

한편, 동학 창도 당시의 대외관과 관련하여 우리가 주목할 수 있는 것은 그의 대중국관對中國觀이다. 동학이 창도되던 1860년 당시나 동학농민전쟁이 일어난 1894년 당시에 있어서 조선에 가장 강력한 외세로 작용하고 있었던 국가는 청국이었다. 사실 1860년 당시 조선에 미친 '서구西歐의 충격'은 상당히 미미한 편이었다. 그렇다면 당시 사회에서 조선의 독자성을 확인하기 위해서는 청국으로부터의 자립의지가 중요한 것으로 평가된다. 그런데 최제우는 당시 조선왕조의 사대교린적事大交隣的 국제관계에 대해서는 별다른 이의를 제기하지 못하고 있다. 이렇게 청국에 대한 대항의지가 충분치 못한 측면에 대해서도 우리는 관심을 갖고 그 원인을 규명해 보아야 할 것이다. 또한 우리는 개항기 동학농민전쟁의 전개 과정에서도 반청적反淸的 대외관이 매우 약하다는 사실에 주목해야 한다. 그렇다면 동학사상에서 드러나는 국제관계인식은 개화사상과 일정한 차이를 가지고 있음을 확인하게 된다. 개화사상가들은 대체적으로 말하여 반청적 의식을 가지고 있었다. 물론 반청의식反淸意識 자체가 곧 자주적 대외관계의 규정으로 이어지는 것만은 아니지만, 이는 적어도 사대교린적事大交隣的 국제관계의 청산을 통한 새로운 대외관계의 규정을 시도한 것이다. 그리고 바로 이러한 측면에서 살펴볼 수 있듯이, 국제관계 내지는 대외관에 있어서는 동학사상보다 개화사상이 진일보進一步한 성격을 가지고 있음을 확인할 수 있다. 그러므로 우리는 대외인식을 통해서 개화사상과 동학사상의 일치점을 확인하는 데에는 어려움을 느끼게 된다.

6. 맺음말

이상에서 동학과 개화사상의 관계를 간략히 살펴보았다. 동학사상은 사회개혁 사상의 일종으로서 1860년 최제우에 의해서 창도된 다음, 개항 이후의 사회를 통해서 농민과의 결속을 강화시켰다. 그리고 농민주도의 사회변혁운동인 동학농민전쟁의 과정에서 그 사상적 기반으로 작용한 측면도 있는 것으로 생각된다. 한편, 개화사상은 1870년대를 전후해서 출현한 이후 개항기 각종 사회개혁에 있어서 중요하게 기여한 사상이었다. 이 개화사상은 농민과는 그 사회적 특성이 달랐던 개화 지식인들에 의해서 발전해 갔다. 이러한 과정에서 이 양자는 모두 사회개혁이라는 과제에는 동일하게 찬성했다 하더라도 그 구체적 방법이나 각자가 구상하던 사회상에 있어서는 상호 차이점을 드러내주고 있었다.

또한 1860년대 본질적으로 사학도邪學徒일 수밖에 없었던 최제우는 유학 내지는 성리학과 본격적인 접촉을 시도하지는 아니했고, 당시의 정통적 유자儒者들도 동학을 도외시했다. 이러한 과정에서 개항이 단행되었고, 개항을 전후하여 형성된 개화사상가들도 유학을 기본 소양으로 가지고 있던 개화사상가들도 동학사상에 대한 본격적 연구를 시도하지도 아니했다. 물론 개항기의 동학도들이 얼마나 개화사상에 접근하고 있었는지는 앞으로 좀더 밝혀보아야 할 과제이다. 그러나 적어도 당시 교권을 장악했던 최시형崔時亨의 경우를 검토해 볼 때 그가 개화사상에 적극적으로 영향 받은 바는 없었던 것으로 생각된다. 그러므로 개화사상과 동학사상의 연결 여부는 그 논리적 구조의 유사성을 통해서 검토될 수밖에 없다.

이상에서 살펴본 바와 같이, 이 두 사상은 모두가 19세기 후반기 이후 개혁지향의 사상으로 출현했다. 그러나 이 두 사상의 경우에는 직접적인 연결 관계를 확인하는 데에는 한계가 있었다. 그러나 이 양자는 개항기의 사회에서 새로운 개혁을 위한 사상운동으로서 함께 그 긍정적 기능을 인정받을 수 있을 것이다.

제4장 조선후기 민중사상과 동학농민전쟁

1. 머리말

조선후기 우리나라 사회에서는 일대 사상의 변동이 진행되고 있었다. 그 변동 가운데 가장 특이한 점은 민중사상의 등장을 들 수 있다. 민중사상이란 한 사회의 지배적 이데올로기 내지는 중심적 가치체계가 사회 변동의 과정에서 사회의 내적 요인이나 외적 상황에 의해 전반적이나 부분적으로 붕괴되어 사회가 불균형 상태에 빠지게 될 때 나타나는 현상이다. 민중사상은 바로 이러한 때 기존의 가치체계나 사회질서로부터 벗어나 그것을 부분적으로나 전면적으로 재구성하여 자신의 삶을 새로운 방향으로 이끌어 나가려는 사람들에 의해 발굴되거나 창출되는 사상을 말한다. 이 민중사상은 흔히 종교 내지는 준종교準宗敎 사상의 형태를 취하고 있으며, 종교운동을 통해 그 대중성을 확보해나간다. 여기에서 사회의 변혁을 지향하는 민중종교운동들이 일어나게 마련이며, 이 민중종교운동은 카리스마적 지도자와 그를 따르는 신도들에 의한 사회운동으로서의 특성을 가지게 된다.

조선후기의 동학東學은 민중사상의 하나였으며, 19세기 말에 발생한 동학농민전쟁은 민중종교운동의 형식을 취한 사회변혁운동이었다. 특히 동학농민전쟁은 동학의 이념과 민중 내지는 농민의 힘이 결합한 운동으로서, 그것은 조선 후기 사회와 사상의 변동과정에서 배태된 것이었으며

19세기 말엽 우리나라 사회에 있어서 매우 중요한 정치적 사회적 움직임이었다. 그러므로 그것은 조선후기 사회와 사상의 변동과정에서 배태된 것이었으며, 19세기 말엽 우리나라 사상계의 특성을 밝히려는 데에 있어서도 반드시 집고 넘어가야 할 문제인 것이다.

그러므로 이 글에서는 동학사상을 비롯한 조선후기 민중사상의 정체를 밝혀보고, 이에 이어서 이 민중사상들이 사회적 저항의 이데올로기로 어떻게 작용하고 있었나를 간략하게 검토하고자 한다. 또한 이 글에서는 민중사상과 동학농민전쟁의 관계를 검토하고 동학농민전쟁 당시 진행되고 있던 민중사상의 유형들을 검토해 보고자 한다.

2. 조선후기의 민중사상

18세기 이래 조선 후기의 사상계에서는 조선 성리학인 '정학正學'과 선진유학先秦儒學에 기초를 둔 '실학實學'이 성행하고 있었다. 또한 기존의 사상계에 대한 민중의 반발과 관련하여 각종의 민중사상들이 일어나고 있었다. 이를 당시의 지배층에서는 '사학邪學'으로 규정하고 있었다. 그리하여 조선후기 우리나라 사상계에서는 성리학의 독주에 제동이 걸리고 사상계에서의 다원화 현상이 일어나고 있었다. 조선후기의 사상계가 가지고 있는 중요한 특징으로는 이와 같이 성리학 중심의 사회로부터 다원적 사상으로 전환되어 갔음을 들어 줄 수 있다.

그러나 성리학은 여전히 조선 후기 지식층의 사상계를 지배하고 조선의 정치와 사회 문화에 현실적으로 강력한 힘을 미치고 있었다. 호락논쟁湖洛論爭 등을 통해서 확인할 수 있는 바와 같이 당시의 성리학적 사상계에서는 자신의 철학적 이론을 심화시켜나가고 있었으며, 17세기에 확립된 성리학적 예학禮學도 18세기 이후의 사회에서 의연히 그 힘을 지속하고 있었다. 성리학은 당시 지배층의 사상으로서 당시의 사회를 지배하고 있었다. 그렇지만 성리학은 통치이데올로기로서의 긍정적 기능을 상실해 가고 있었다.

이에 지식층 일각에서는 개신유학의 일종인 송명이학宋明理學에 근거한 조선 성리학의 사상체계에 대한 재검토 작업을 시도하게 되었다. 그들은 성리학과 마찬가지로 유학儒學에 기초를 두되 성리학과는 다를 수밖에 없던 선진유학先秦儒學에 근거한 새로운 사상체계의 형성을 위해 노력했다. 후대의 연구자에 의해 실학實學으로 불리는 이러한 경향의 사상은 분명 성리학적 가치체계에 대한 대안으로서의 의미를 가지고 있었다. 그러나 실학은 조선후기 당시에 지식계 전체로부터 광범한 지지를 받는 데에까지는 이르지 못했다. 조선후기의 사상계에서 주요한 위치를 차지하고 있던 성리학계의 일부에서는 실학의 참신성을 묵인함으로써 자신의 사상이 가지고 있는 탄력성을 과시하려 했을 뿐 실학자의 개혁안을 적극적으로 수용하여 이를 현실정치에 반영하려 하지는 아니했다.

그렇다 하여 당시의 실학자들이 자신의 사상을 기초로 하여 새로운 사회 세력을 형성시키는 데에도 미치지 못했다. 따라서 실학은 당시 사회의 발전에 직접적으로 기여할 수 있는 변혁의 이데올로기가 되기에는 역부족이었다. 그러나 실학은 당시 사회에서 통치 이데올로기로서는 한계에 이르렀던 성리학의 상황을 간접적으로 나타내며 새로운 사상운동의 출현 가능성을 제시해 주고 있었다.

한편, 체제유지적 성격이 농후했던 실학사상과는 달리 조선왕조 자체나 그 봉건체제에 대해 부정하는 새로운 사상들이 조선 후기 사회에서는 출현하고 있었다. 이러한 사상을 성리학계나 실학계에서는 '사학邪學'으로 규정하고 배격했다. 당시 사학邪學으로 규정되고 있었던 것은 전통 종교 사상이나 새로운 신흥종교 사상들이었다. 전통 종교 사상으로서는 불교와 도교 및 감결사상 등을 들 수 있다. 불교는 조선왕조 개창 당시부터 사학으로 배격 받아 왔다. 그러나 조선후기에 이르러 불교 자체의 노력과 사회의 변동 결과 불교의 부흥이 일어나고 있었지만 불교계의 일각에서는 미륵신앙 운동을 통해서 드러나는 바와 같이 반왕조적反王朝的입장이 본격적으로 제시되고 있었다. 한편 조선후기 일부 민중들은 도교에 경도되어 갔고 민간신앙에 더욱 침잠되었던 바, 이는 성리학적 내지는 유교적 가치 체계에 대한 실질적 도전으로 평가된다. 그리고 그들은 감결신앙을 통해 조선왕조의 지속적 존재의 가능성에 회의하고 있었다.

또한 그들은 일종의 신흥종교 운동을 전개하고 있었다. 그 신흥종교 운동 가운데에는 서학 즉 천주교와 동학을 들 수 있다. 서학은 일종의 평등사상으로 민인民人들에게 이해되고 있었다. 당시의 천주교에는 청년기예青年氣銳들과 농민들 그리고 몰락한 왕족이나 양반들까지 관여되고 있었다. 또한 거기에는 청국淸國이나 서양의 세력과도 연결되는 면이 있었다. 그리하여 당시의 지배층에서는 그들이 사회변혁세력화하는 것을 적극적으로 막아보고자 하여 그들에 대한 탄압을 강화했다. 이러한 상황에서 천주교와는 또 다른 변혁세력으로 동학이 출현하게 되었고, 새로운 변혁세력이었던 동학은 19세기 후반기의 대표적 민중종교운동으로 전개되기에 이르렀다.

3. 민중사상과 농민항쟁

조선후기 사회에서는 민중사상을 매개로 한 민중 결속 현상이 강화되고 있었고, 이 민중 결속을 기반으로 한 민중저항의 시도가 일어나고 있었다. 조선후기 사회에서 발생한 민중종교운동들은 대개가 민중사상을 조직하고 실천하기 위한 운동들이었다. 민중종교를 매개로 한 민중 결속현상은 이미 17세기 조선 사회에서도 발생하고 있었다. 예를 들면 1676년 승려 처경處瓊은 경기와 충청도 일대에서 신승神僧을 자처하며 백성들을 끌어모았던 사건이 일어난 바 있었다. 또 1688년에는 미륵신앙을 표방하며 서울 침공을 기도한 '요승妖僧 여환呂還 사건'이 일어나고 있었다.

이와 유사한 민중종교 운동은 18세기에 이르러서도 계속되었다. 즉, 18세기 이후의 민중종교계의 움직임 가운데는 1758년 신계현新溪縣에서 영무英武라는 무당을 중심으로 하여 발생한 미륵신앙운동을 주목할 수 있다. 이 미륵신앙 운동이 일어나자 몇 달이 지나지 않아서 황해도에서 고양高陽 북쪽과 강원도 일대의 사람들이 이에 따랐다고 한다. 또한 정조 당시 경상도 상주와 선산 일대를 풍미했던 영동靈童에 관한 사건도 민중종교운동의 일환으로서 쉽게 민중종교운동에 경도되어 갔던 당시인들의 상황을 이해하는 데에 도움을 줄 수 있다. 그리고 당시 황해도에서 자주 발생했던 생불生佛 사건이나 강원도의 역귀적役鬼敵에 관한 사건도 민중계의 이와 같은 사상적 동향을 나타내 준다.

조선후기 민중운동 가운데 감결사상을 배경으로 한 운동들도 부단히 계속되고 있었다. 『정감록』을 비롯한 각종의 비결秘訣 등은 일반 민인들을 선동하고 반란의 대열에 참여케 하는 데에 적절히 활용되고 있었다. 17세기에 일어난 감결사상과 직결되는 민중운동으로는 1691년 장단인長湍人 김영하金泳河 등의 사례를 제시할 수 있다. 그들은 "한양漢陽은 다할 것이요, 정읍鄭邑이 일어날 것이다."라는 유언비어를 유포하다 처벌되었다. 18세기 영조 연간에도 '이망정홍李亡鄭興'의 비결은 계속 유포되고 있었고, 감결을 배경으로 하는 민선용閔先鏞 사건이 일어나기도 하였다.

그러나 『정감록』이나 이와 비슷한 계통의 진인설眞人說과 해도론海島論이 성행하던 때로는 19세기를 들 수 있다. 19세기에 일어난 평안도 농민전쟁의 과정에서도 주모자들은 진인眞人 정화론鄭花論을 내세우고 있었다. 그리고 19세기 후반기 1869~71년의 '이필제란李弼濟亂'에서도 감결사상적 요소가 발견되고 있다. 특히 1870년 진주작변晋州作變을 주도

했던 정만식鄭晩植의 경우에서는 감결사상의 영향이 상당히 컸다.

이 민중사상의 실천자나 주도자들은 몰락한 사족士族이거나 일반 농민들이었다. 이들은 때로는 민중사상을 매개로 하여 결집되었고 저항을 결행하기도 했다. 그러나 조선후기에 성행하던 각종의 민중종교사상들은 민인들은 정치적 저항집단으로 항구적으로 결속시키는 데는 실패했다. 조선후기 민중사상을 배경으로 한 민의 저항형태는 상당한 한계를 드러내고 있었던 것이다. 그러나 '이필제란李弼濟亂'을 계기로 하여 정감록과 더불어 동학사상東學思想이 민인들에게 반란 에너지를 공급해 주기 시작했고, 동학사상의 영향력은 점차 증폭되어 갔다.

4. 민중사상과 동학농민전쟁

동학은 그 창도된 이후 조선사회에서 유력한 민중사상으로 작용하고 있었다. 동학사상에서 드러나고 있는 평등지향성은 당시 기존의 사상계에 대한 민중적 도전을 뜻하는 것이다. 불평등한 신분제 사회에서 평등을 지향한다는 것은 일종의 혁명사상일 수밖에 없었다. 이러한 측면에서 최제우는 자신의 동학과 서학이 같은 시운時運을 가진 것으로 생각하기까지 했다.

한편 동학은 여타 전통적 민중종교와는 달리 비교적 확실한 교리체계를 가지고 있었다. 『동경대전東經大全』이나 『용담유사』는 동학에서 경전화經典化되어 갔다. 이와 같이 '뚜렷한' 경전의 존재는 동학이 미륵신앙이나 감결사상과는 달리 사상의 체계화와 대중화에 있어서 한걸음 앞설 수 있는 기회를 제공해 주었다. 또한 동학에서는 고유한 입도의식入道儀式과 수련 방법이 규정되어 있었다. 이는 동학도를 일종의 의례공동체儀禮共同體로 결속시키는 기능을 담당했으며, 종교적 의례를 통한 강한 결속은 동학도 자신들에게 강한 귀속의식을 불어넣어 주었다. 이 때문에 그들은 입도 초기부터 동학도로서의 자부심을 갖고 공동체적 행동을 전개해 나갈 수 있었다. 이러한 전개과정에서 동학에서는 '이필제란' 이후 현안의 과제로 등장했던 교조신원 운동을 표방하는 종교적 사회적 운동에 착수하게 되었다. 그리고 동학은 농민을 결속시키고 사회변혁의 방향을 암시해 주며, 저항의 단위 조직을 형성하는 데에 기여하게 되었다. 그러므로 1894년의 농민항쟁 과정에서 동학사상은 단순한 외피로서의 의미만 갖는 것은 결코 아니었다.

민중사상으로서의 동학이 농민전쟁과 결합할 수 있었던 것은 17세기 이후 우리나라 사회에서 농민운동과 민중사상이 결합된 예에 준하여 살펴볼 수도 있을 것이다. 그러나 동학사상은 여타의 민중사상과는 달리 일정한 사상적 체계와 광범위한 조직력을 가지고 있었다. 그러므로 동학농민전쟁은 그 이전에 일어난 일회적인 민란 내지는 농민저항운동과는 달리 조직적·지속적 성격을 강하게 유지할 수 있었다. 여기에서 우리는 민중사상으로서의 동학이 동학농민전쟁에 미친 영향을 대강이나마 짐작할 수 있을 것이다.

5. 동학東學·남학南學·영학英學

1894년에 일어난 동학농민전쟁은 실패로 끝났다. 그러나 동학농민전쟁의 과정과 전쟁이 끝난 이후 동학 이외의 민중종교 운동은 지속되고 있었고, 이들은 집권층에 대한 도전을 그침 없이 시도하고 있었다. 동학 이외의 민중종교운동으로는 남학南學을 우선 주목할 수 있다. 남학은 동학東學과 마찬가지로 대략 1860년대에 시작된 것으로 보고 있다. 충청남도와 전라북도 지역을 중심으로 하여 유儒·불佛·선仙 합일合一을 표방하며 일어난 남학의 교주는 연담蓮潭 이운규李雲圭였다. 그러나 그 교리체계를 확립한 사람은 일부一夫 김환金桓과 광화光華 김치인金致寅이었다. 이들은 후천세계後天世界와 무량낙원無量樂園을 이상으로 삼고, 이 후천세계에의 참여를 위해 모든 사람이 정진할 것을 주장했다. 남학南學은 교리의 정비과정에서 일부계一夫系와 광화계光華系로 분파되었다. 김환金桓의 경우에는 유儒의 입장에서 불佛과 선仙을 포용하려는 특성을 가지고 있었다. 그리고 김치인金致寅은 불佛의 입장에서 유儒·선仙과의 합일合一을 논하고 있었다. 이들 중 일부 계파는 1878년경부터 활동을 시작하여 충청도 연산 및 공주지역에 전파되고 있었으며, 광화계는 1879년부터 전라도 용담 대불리에서 그 활동을 전개하기 시작했다.

이들 가운데 광화계 남학도들은 1894년 고부에서 농민전쟁이 시작되자 이에 호응하여 남학운동을 전개했다. 그들은 불교의 당래불當來佛 교화설敎化設에 의해서 후천개벽을 용화세계龍華世界의 전개로 이해하고 있었으므로 동학운동과 보조를 같이 하고자 했다. 이 남학운동은 광화계의 하급간부들의 주도하에 전개되었지만, 1895년 봄 김치인을 비롯한 지도부 8명이 관군에게 체포되어 전주 서문 밖에서 처형됨으로써 좌절되었다. 그러나 이 운동은 제주도 등으로 전파되어 1898년에는 방성칠房星七을 주동으로 한 민중저항운동이 발생했다. 우리는 이 남학운동을 통해 동학농민전쟁이 조선후기의 민중사상을 배경으로 한 농민저항운동의 결집체였음을 확인하게 된다. 그리고 동학농민전쟁이 실패로 끝난 이후에도 민중사상을 배경으로 한 반란 에너지는 꾸준히 지속되고 있었음을 알게 된다.

남학과 함께 당시 사회에서는 영학당英學黨의 봉기가 일어났다. 영학당英學黨이란 동학농민전쟁이 끝난 이후 나타난 농민조직으로서 스스로 개화를 모색해 나가고 있었던 조직이었다. 1898년 전라도 흥덕興德을 중심으로 하여 이들이 봉기했을 때 정부 당국에서는 이들을 '동비여당東匪

餘黨'으로 규정하고 있었다. 영학당의 봉기 주모자는 이화삼李化三이었다. 이들은 홍덕과 무장 및 고창 관아를 한 때 점령하고 무기를 탈취해서 탐관오리의 제거와 농민 착취의 종식을 주장하고 나섰다. 이 영학당 운동은 '농민의 만민공동회'로 불리기도 하며 두레의 조직이 활용되고 있었다. 그러나 이 운동에는 동학농민전쟁의 이념이 지속적으로 작용하고 있음을 알 수 있다. 여기에서 우리는 동학농민전쟁이 실패한 이후에도 민중사상은 그 저항 이데올로기로서의 역할을 계속하고 있었음을 확인하게 된다.

6. 맺음말

조선후기의 민중사상은 사상적 측면에서 전개된 지배층에 대한 저항의식의 일단이었다. 그것은 지배 이데올로기인 성리학 및 본질적으로는 체제유지적 성격을 띠고 있는 실학實學과는 근본적으로 다른 저항적 성격을 가지고 있는 것들이었다. 그러므로 조선후기 민중저항운동의 전개과정에서 민중사상은 그 저항 에너지의 원천이 되기도 했다.

조선후기의 민중사상 가운데 가장 대표적인 것은 동학東學이었다. 그러나 동학은 여타 민중사상과는 달리 교리의 체계화와 전국적 조직화가 가능했던 사상이었다. 그리고 동학에서는 신도를 의례공동체 안에 결집시켜나갔으며, 강한 귀속의식을 가진 신도들은 동학의 가르침을 표방한 사회운동에 뛰어들 수도 있었다. 그리고 이 때문에 그들은 농민전쟁의 과정에서 그 주도적 역할을 수행해 나갈 수가 있었다.

민중사상과 농민전쟁의 연결과정에서 동학이 가지고 있는 비중은 매우 높다. 1894년의 농민전쟁은 그 이전의 민중사상과는 달리 동학을 통해 더욱 고양된 형태의 농민저항을 추진할 수 있었다. 바로 이점이 동학과 그 이전의 민중사상이 가지고 있는 질적 차이에서 유래한 것으로 평가할 수 있을 것이다.

　동학농민전쟁이 실패로 돌아간 다음에도 민중사상이 멸절된 것은 아니었다. 후일 동학이 근대 종교의 일종으로 자기변신을 시도했고, 사회변혁운동에 지속적으로 참여하게 되었던 사실을 우리는 주목할 수 있을 것이다. 그리고 동학의 일파로 지목되는 영학당英學黨 운동이 일어나고 있었고, 민중사상인 남학南學 등도 사회변혁운동에 참여하고 있었다. 이를 보면 민중사상은 동학농민전쟁이 실패한 이후에도 단속적으로 진행되고 있었음을 알 수 있다. 이러한 일련의 사실을 통해 우리는 민중사상과 농민저항의 관계를 거듭 확인할 수 있을 것이다.

제5장 개항 이후 유학계의 변화와 근대적응 노력
―전통 유학의 근대종교화 운동을 중심으로―

1. 머리말

한국사의 전개 과정에서 사상적 환경이 변화되는 전환기 가운데 하나로 1876년 개항이후 1910년 '한일합병'에 이르기까지의 시대를 주목하게 된다. 개화기 혹은 개항기로 불리는 이 시대에 이르러 조선왕조의 전통적 지도이념으로 기능하고 있던 조선성리학 내지 유학계는 심각한 도전에 직면하게 되었다. 사상사적 차원에서 볼 때 개항기의 이 도전은 전통적 이념인 유학에 대한 수정이나 거부를 통해 새로운 가치를 보급하려던 시도로 평가될 수 있다.

그리고 이 사상사적 시도는 당시 개항기 한국 사회가 가지고 있었던 당면 과제에 의해 더욱 추동推動되고 있었다. 개항기 한국 사회의 당면 과제는 제국주의 침략으로부터 국권을 수호하여 국가적 자주성을 유지하는 일과, 근대적 개혁을 통해 우승열패優勝劣敗의 사회에서 승자勝者의 지위를 차지하는 일이었다. '국권수호'와 '근대화'라는 말로 요약될 수 있는 이 두 측면은 동전의 양면처럼 상호 긴밀히 연결되어 있었다. 따라서 개항기의 주요한 역사적 사건들은 이 두 측면과 관련하여 그 의미가 규정되어 왔다.

한편, 개항기에 이르러서 이질적인 외래의 종교사상으로 기독교가 본격적으로 선교되어 왔다. 그리고 사회진화론과 같은 '근대사조'가 개화기 지성들에게 큰 자극을 주었다. 이 과정에서 일부 개화지식인들은 조선이 근대화에 뒤진 원인으로 성리학 내지는 유학사상을 지목하고 이를 공격했다. 일부 언론들은 개항으로 인한 사회변동이 진행되던 과정에서 유학에 대한 직접적 비판을 노골적으로 전개하기도 했다.

개항으로 인해 조선의 유학계가 직면하게 된 새로운 상황은 그 자체가 유학에 대한 도전으로 인식되었다. 개화기 일부 언론에서 확인되는 유학에 대한 비판적 분위기는 전통 유림들에게 개화에 대한 위기의식을 강화시켜 주었다. 따라서 전통 도학의 입장은 수세적 차원으로 전환되었고, 척사위정적 자세를 강화함으로써 자신의 가치를 확인하고자 했다.

개항 당시의 유학계를 풍미하고 있던 척사위정론斥邪衛正論은 전통 도학의 보수保守 내지는 근대 이념에 대한 부정否定이라는 측면과 함께 제국주의 침략에 대한 저항의 성격을 동시에 가지고 있었다. 그러나 1910년대 말에 이르러서 개항 내지 근대화는 이미 필연의 방향으로 확정되어 갔고, 의병운동도 한계에 봉착하고 있었다.

이러한 상황에서 일부 유학적 지식인들은 유학계 자체의 변화와 개혁을 통해 근대사회에 적응하고자 시도하고 있었다. 그리하여 그들은 유학의 개신改新 내지는 근대 종교화를 시도했다. 그들은 이를 통해서 조선사회의 근대적 개혁에 동참하고자 했고, 근대사회에 적응해 나가고자 했다. 그들이 전개했던 결사운동이나 교육기관의 창설 내지는 그 밖의 각종 민족운동 등은 근대사회에 대응하려던 노력의 일부였다. 이와 같은 유학계의 근대 적응노력은 개항이전부터 치국평천하治國平天下를 논해오던 유학의 사회적 기능과 관련된 측면이 강했다.

한편, 개항기의 지성들은 근대개혁에 관한 문제를 주요 화두로 삼아, 약육강식의 국제 경쟁을 이길 수 있는 방안을 모색하고 있었다. 이 과정에서 그들은 그 정신적 요소로 종교를 주목하게 되었다. 이는 물질적 발전이 지난至難하고, 제도의 개혁에 한계가 있던 상황에서, 사회적, 정치적 주제에 대한 탐구를 관심을 주요과제로 삼았던 유교의 특성이 도달할 수 있는 자연스런 귀결이었다. 그리하여 유학을 개신하고, 근대 종교화하고자 하는 움직임이 구체적으로 전개되었다. 이는 조선 유학 자체에서 치국평천하의 기본이 되는 수신적修身的 측면이 강조되어 왔기 때문에 가능한 일이었다. 유학을 근대종교화하고자 하는 움직임은 이렇게 유교계의 근대화 노력과 연결될 수 있었다.

개항기 전통 유학 사상을 근대적 종교로 전환시키려던 노력들이 여러 계열에서 일어나고 있었다. 물론, 유학의 종교화 운동은 기독교를 비롯한 서구계 종교의 도전에 직면했던 전통사상의 중요한 대응방안이기도 했다. 그리하여 개항기 후기에 이르러서는 대동교大同敎, 태극교太極敎, 공자교회孔子敎會, 대성교大聖敎 등 유학의 종교화 운동이 전개되었다. 이들 유교계 종교 가운데 일부는 근대에 대한 저항을 꾀하기 위해 조직되기도 했다. 그러나 유교계 종교운동의 주류는 변동하는 사회에 대한 역동적 대응의 양상을 취하고 있었으며, 유교를 근대사회에 적응시키고자 하던 노력의 표현이었다.

유교계의 이 같은 거대한 움직임에도 불구하고 개항기 유학계의 동향에 관한 연구는 척사위정운동 및 저명 유자儒者나 학파學派들의 동향에 관한 연구가 중심을 이루고 있었다.[1] 이 과정에서 우리 사회의 전통 속에 자리 잡은 유교문화의 축적된 힘을 계승하고 유지하고자 하는 데에 일차적 관심들이 밝혀졌다.[2] 그러나 개항기 유학계의 동향에 대한 이해를 위해서는 이와 함께 유학을 근대종교화 하고자 시도했던 움직임도 주목해야 했다. 물론 이 분야에 관해서도 그동안 학계의 일각에서는 연구

---

1) 琴章泰, 1999, 『增補版 韓國近代의 儒學思想』, 서울대학교 출판부 ; 유준기, 1999, 『증보판 한국근대유교 개혁운동사』, 아세아문화사.
2) 琴章泰, 2000, 「유교」 『한국사 46: 신문화운동 Ⅱ』, 국사편찬위원회, 111쪽.

를 진행시켜 왔으나 그 연구 성과가 상대적 의미에서 미약한 것으로 생각된다.

본고는 이러한 기존의 연구를 기반으로 하여, 개항기 유학계에서 전개되었던 근대종교화 운동에 대한 공시적共時的 접근을 시도해 보고자 한다. 이를 위해 본고에서는 이 운동이 일어났던 1909년을 전후한 시대적 상황에 관해 먼저 주목해 보고자 한다. 그리고 이에 이어서 유교계에서 전개된 유교구신론적儒敎求新論的 차원의 종교운동 및 이에 대항하여 결성되었던 친일 유교 조직을 검토하고자 한다. 그리고 이러한 시대상황과는 무관하게 전통적 유학관儒學觀을 고수하며 이를 관철시켜 나가고자 했던 새로운 종교단체의 출현에 대해서도 살펴보겠다.

개항기 사회에서 유교계가 드러내고 있었던 이상의 움직임은 당시 간행되었던 여러 언론매체를 통해서 소개되고 있었다. 따라서 본고에서는 선학들의 연구업적을 기반으로 하되, 『독립신문』·『대한매일신보』를 비롯한 당대의 신문 잡지 등에 수록된 유학의 근대종교화 운동에 관한 기사들을 주요 자료로 활용해 보고자 한다. 이와 같은 신문자료들을 통해서 개항기 사회에서 유교의 근대 종교화 운동이 가지고 있던 특성이 좀 더 선명히 밝혀질 수 있다고 생각되기 때문이다.

2. 유교계 종교운동의 배경

유학계는 개항기 최말엽에 이르러 근대종교화 운동을 일으켰다. 당시의 유학계에서 전통 유학을 일종의 근대 종교로 전환시키고자 했던 데에는 몇 가지 배경이 있다. 우선 그 첫 번째 배경으로는 의병운동을 통해서 드러나는 바와 같이 무력저항의 형식으로 전개되고 있던 척사위정운동의 한계에 대한 인식이었다고 생각된다. 그리고 두 번째로는 개항기 당시 기독교로 대표되던 근대종교가 성행하고 있던 현상을 주목할 수 있다. 당시의 유학계는 이 현상에 직면하여 자성을 강화하고 그 대안을 마련해야 했다. 이 점이 전통유학의 근대종교화 시도에 일정한 배경으로 작용하기도 했다. 사회의 변혁을 추진하고 감당해 나가는 과정에서 정신적 요소 내지는 종교의 힘이 가지고 있는 중요성에 대한 인식의 결과였다. 개항기 지식인들이 대체적으로 동의했던 이 인식의 과정에서 유학은 조선의 근대화에 방해되는 존재로 지목되기도 했다. 이에 유학계에서는 사회변화를 선도하기 위한 정신적 기능의 중요성에 공감하면서, 근대적 −서유럽적 가치를 대변하는 사상으로 그리스도교 등이 제시되고 있던 상황에 대해 응답해야 했다.

개항기 사회에서도 전통적 사상체계였던 유학은 의연히 중요한 비중을 차지하고 있었고, 척사위정운동을 강하게 추진하고 있었다. 이 운동은 최익현崔益鉉 등의 움직임을 통해서 대표되고 있었던 바, 최익현은 1898년에 '사의정부찬정소辭議政府贊政疏'를 올려 척사의 입장을 거듭 제시했다. 이 최익현의 상소는『독립신문』을 통해서도 2회에 걸쳐 한글로 발췌·번역되어 1면에 게재되었다.3) 이는『독립신문』이 당시 사회의 주요 집단이었던 유교계의 동향에 관한 사실보도의 차원에서 게재된 기사로 볼 수도 있다. 그러나 이와 함께『독립신문』이 가지고 있던 반침략적 성향과 최익현의 상소가 합치되는 측면이 있었기 때문이었다. 또한 최익현이 1904년에 올린 상소문에 대해서도 당시의 언론은 그 내용을 요약하여 보도하고 있었다.4)

여기에서 볼 수 있는 바와 같이 개항기 언론들은 당시 사회에서 유력한 집단이었던 유학계 내지 유림들의 움직임을 주의 깊게 보도하고 있었

---

3)『독립신문』, 1898년 12월 12일, 1면, 전 찬정신 최익현의 상쇼 대개를 좌에 긔재 ᄒ노라 ; 1898년 12월 14일, 1면, 전 찬정신 최익현의 샹쇼젼젼호 련쇽.

4)『大韓每日申報』, 1904년 12월 8일, 1면, 관보 ; 1905년 1월 10일, 잡보 ; 1905년 1월 17일, 잡보.

다. 그리고『황성신문』에서는 전국 유생들이 유교진흥을 의정부에 건의
했던 사실이나[5] 전국의 향교에 대한 정부의 특별지원을 요구했던 사실
을[6] 게재했고, 성균관 유생들의 동향이나,[7] 경상도 유생과 같은 지방유
생들의 동향까지도 보도해 주었다.[8] 이와 같은 보도의 태도는 1907년
8월 이후부터 전개되기 시작했던 정미의병에 대해서도 계속 적용되고
있었다. 이 보도 등을 통해서 당시 사람들은 의병의 동향을 비교적 잘
파악할 수 있었다. 당시 사람들이 이해하고 있었을 의병전쟁의 상황은
다음의 <표 1>을 통하여 살펴볼 수 있다.

<표 1> 정미의병 전투횟수와 참여 의병수[9]

연도	1907	1908	1909	1910	1911	총 계
격전회수	323	1,415	898	147	33	2,816
참여의병수	44,116	69,828	25,763	1,891	216	141,814

물론, 1907년 이후의 의병운동이 척사위정계 인물들에 의해서만 진행
되지는 않았다. 그러나 이 의병운동의 경우에 있어서도 유생들은 그 중
요한 부분을 점하고 있었다. 그런데 위의 <표 1>을 통해 볼 수 있는
바와 같이 의병전쟁은 1908년에 정점을 이루었고, 1909년도 하반기부터
는 일제의 탄압으로 말미암아 급속도로 약화되어 갔다. 그리고 1910년
국권피탈 직후에 국내에서의 의병전쟁은 그 명맥이 사실상 소멸되어 가
고 있었다. 이 의병전쟁은 목숨을 담보로 하는 무력저항이었다. 그러므
로 유학계 일각에서는 무력투쟁에 한계를 느끼고, 온건한 방법에 의해

---

5)『皇城新聞』, 1899년 8월 25일, 3면, 雜報.
6)『皇城新聞』, 1903년 1월 24일, 2면, 雜報.
7)『皇城新聞』, 1898년 10월 8일, 3면, 雜報 ; 1901년 5월 14일, 2면, 雜報.
8)『皇城新聞』, 1901년 5월 8일, 2면, 雜報.
9) 尹炳奭, 1996,『근대한국 民族運動의 思潮』, 集文堂, 348~349쪽 참조.

유학의 정신을 널리 전하고, 사회개혁을 추진해야 할 필요성을 절실히 감지하게 되었다. 이 시점에서 그들은 유교를 근대종교로 개혁시켜 사회 변혁을 지속적으로 추진할 수 있는 이념적 근거를 확보하고자 하게 되었다. 여기에서 우리는 유교의 근대종교화 운동이 일어나게 된 첫 번째 배경을 찾아볼 수 있게 된다.

한편, 두 번째의 배경으로는 서유럽계 종교가 개항이후 급속도로 전파되어가던 상황에 대한 유교계의 대응이 요청되고 있었다는 점을 들 수 있다. 조선에 전파된 서유럽계 종교로는 우선 천주교를 들 수 있다. 천주교는 이미 1784년 이후 조선에 전파되어 장기간에 걸쳐 탄압을 받아왔다. 그러나 개항이후 대략 1882년경부터 선교를 묵인 받아 오다가 1895년에 이르러 고종에게서 천주교의 존재를 인정받을 수 있었고, 이를 통해 신앙의 자유를 확보해 나갔다.[10] 한편 개신교는 1884년 선교사가 조선에 입국해서 선교를 시도하고 있었다. 그러나 그들은 조선왕조의 전통적 금령禁令에 맞서기보다는 신앙자유의 기회가 임박했음을 감지하고 이를 기다리다가 1895년 이후에 이르러 본격적 선교에 착수해서 비약적 발전을 거듭하고 있었다. 이렇게 전파되어 가던 천주교와 개신교 교세의 신장 상황은 다음 <표 2>를 통해서 확인할 수 있다.

〈표 2〉 개항기 그리스도교 계통 신도의 증가 상황[11]

연도	1897	1900	1905	1907	1910
천주교	32,217	42,441	64,070	63,340	73,517
개신교	6,800	13,569	37,407	72,968	140,470
합계	39,017	56,110	101,477	136,308	213,987

10) 뮈텔, 『뮈텔 주교 日記』, 1895년 8월 28일 참조.
11) 趙珖, 1989, 『韓國天主敎 200年』, 햇빛출판사, 59쪽.

이 표에서 볼 수 있는 바와 같이 개항기 조선 사회에서 서유럽계통의 종교가 빠른 속도로 성장하고 있었다. 특히 1907년을 전후하여 개신교의 성장률은 가히 폭발적이었다. 그리고 서유럽 계통의 종교는 동양의 전통 종교와는 달리 자체 결속력이 강했고, 종교적 정체성을 분명히 함에 따라 그 대외적 영향력은 월등히 크게 나타났다. 그런데 이 서유럽계통의 종교들에서는 조상제사를 거부하는 등 유학의 전통적 가치에 대한 도전의 입장을 분명히 하고 있었다. 이러한 상황에서 전통적 신념의 중심에 있었던 유학의 경우에는 일대 위기의식을 느끼게 되었다고 생각된다. 이와 같은 상황에서 유림들은 유학을 근대 종교화하여 서유럽계 종교의 도전에 효율적으로 대응해 보고자 했다.

유학의 근대종교화 운동이 전개된 세 번째 배경으로는 국가의 정신적 기초로 종교적 요소를 강조해 왔던 당시의 사상적 경향 및 유교를 국가의 정신적 기초로 삼으려던 노력들을 들 수 있다. 당시 사상계의 일반적 경향으로는 종교가 국민의 정신을 주조하는 원료로 파악하고 있었다. 이 점은 고종의 경우에서도 드러나는 바인데, 그는 "세계의 모든 나라가 종교를 존중하는 것은 종교가 인심을 맑게 하고 정치의 도리가 여기에서 나오기 때문이다"라고 보았다.[12] 또한 단재丹齋 신채호申采浩도 종교를 국민에게 감화를 주는 하나의 큰 기관으로 규정했다.[13] 그 밖에 많은 사람들도 한 나라의 강약과 흥망이 종교에 걸려 있다고 생각하기도 했다. 이러한 당시의 경향은 다음의 자료를 통해서 거듭 확인된다.

> a-1 : 서철西哲이 유언有言하되 '종교宗敎는 국민國民의 모母'라 하니 개국민 盖國民의 품성을 도주陶鑄하며 풍속을 전이轉移하는 능력이 종교에 막과莫過한 고故로 왈모曰母라함이니라 연칙모然則母의 책임責任을 부負하며 모의 의무義務를 행할 자는 종교가宗敎家가 시是니 석재惜哉라

---

12) 宋秉稷 等, 1900, 『尊華錄』 卷6, 綸音 ; 許拭 等, 1903, 『大東正路』 卷5, 尊聖綸音.
13) 申采浩, 1987, 「二十世紀 新國民」 『丹齋申采浩全集』 別集, 형설출판사, 227쪽.

종교가여 어찌 차此를 경輕타하리오 … 차로써 관觀하건대 하교何敎
를 용用하던지 종교가가 우優하면 기교其敎가 흥국교興國敎가 되며 종
교가가 열劣하면 기교가 망국교亡國敎가 되는 바니라.[14]

a-2 : 종교를 불가불숭봉不可不崇奉이오 신구新舊를 불가불참작不可不參酌이
라 나자지지불명奈自知之不明에 반피방관지첨파反被傍觀之詔破오.[15]

즉 개항기 사회에서는 종교가 국민의 품성을 훈도하고 풍속을 바꾸는
역할을 하므로 아이를 낳아 기르는 어미와 같다고 보았다. 그리고 이 종
교는 사람들이 받들지 않을 수 없는 요소라고 보면서, 종교의 필요성을
역설하고 있었다.

이처럼 종교가 강조되던 개항기의 상황에서 일부 개화사상가들은 유학
이 종교가 아닌 경세론의 일종으로 규정했다. 그리고 유학의 공자의 가르
침을 따르는 나라들은 '음난한 풍습'을 당연시하며, 반개화半開化의 상태에
머물 뿐 '부강한 나라가 아님'을 다음의 자료에서와 같이 강조했다.

조선과 청국서 공ᄌ교가 잇스나 공ᄌ교ᄂ 교라 닐흘거시 아닌 거시 다만
정치학과 슈신졔가 ᄒᄂ 법과 치국ᄒᄂ 법과 행동거지를 말ᄒ 학문이라 공
ᄌ의 교 ᄒᄂ 스름들은 공자님을 큰 션생으로 대접할지언졍 공ᄌ님을 밋고
공ᄌ님께 긔도ᄒ야 공ᄌ님 덕택으로 하ᄂ님께 보호를 밧으면 텬당에를 죽은
후에 간다ᄂ 말은 업슨즉 후생 일은 도모지 공ᄌ님이 ᄒ신 일이 업고 다만
금생에서 엇더케 살나ᄂ 학문만 말ᄒ얏스니 교라 닐흘거시 아니요 세상 사
름의게 닐너 준 학문이라 공ᄌ교 ᄒᄂ 나라에서들은 모하메튼 교 ᄒᄂ 사름
득과 ᄀ치 흔 사내히가 여러 계집을 음란이 ᄒᄂ거슬 허락ᄒ얏고 공ᄌ교 ᄒ
ᄂ 나라들은 다만 청국과 죠선인대 지금 세계에 그리 부강흔 나라히 아니요
열니기를 다만 반만 열녀 세계 상에 반 개화국 자리에 잇더라[16]

개항기 유학계는 당시 직면하고 있던 각종 도전 현상들을 정신세계에

---

14) 『大韓每日申報』, 1909년 10월 28일, 1면, 論說.
15) 『大韓自强會月報』 9, 1907년 3월 25일.
16) 『독립신문』, 1887년 1월 26일, 1면, 론설.

있어서 유학의 위치를 약화시키려던 시도로 인식할 수 있었다. 그러나
당시의 유학계에서는 종교의 성쇠가 국가의 흥망과 직결된다는 사실에
는 동의하면서도, 국가의 개혁이나 발전에는 특정 종교만이 효력이 있는
것이 아니며, 국가의 흥망성쇠에는 어떤 종교든지 그 종교가의 자세가
중요함을 다음과 같이 역설하였다.

> 소이所以로 청교도淸敎徒가 영미英美를 흥하며 라마교도喇馬敎徒가 몽고蒙古
> 를 망함이니 종교가된 자者ㅣ이 차此에 구연瞿然히 삼사三思할바아닌가 혹자
> 或者는 망론妄論하되 "모교某敎는 흥국교오 모교는 망국교니 위국자爲國者ㅣ이
> 모교某敎를 사捨하고 모교某敎를 종종從함이 가可하다"하나 시是는 오제吾儕의 불
> 감不敢하는바라 현시문명국現時文明國의 신앙信仰하는 야소교耶蘇敎를 종종從하고
> 도 망한 국이 유有니 파분애급波芬埃及이 시是오 인도印度에서 산출産出한 불교
> 를 종종 종종從 하고는 흥한자 유有하니 일본이 시是오 금수에 회교국回敎國이 수
> 쇠雖衰나 왕석往昔에 고방연固厖然한 대제국大帝國을 건건建하던 자者라 차此로
> 써 관관觀하건대 하교何敎를 용용用하던지 종교가宗敎家가 우하면 기교其敎가 흥국
> 교가 되며 종교가가 열하면 기교가 망국교가 되는 바니라 여하如何한 종교가
> 라야 기교를 국을 능흥能興하나뇨 왈 국가주의國家主義를 유한 종교가가 시是
> 라 차주의此主義를 유有하면 기교로써 기국은 흥하며 차주의를 불유不有하면
> 기교로서 기국其國을 망하나니 종교가의 담부擔負한바 여시如是이 대大하며 여
> 시如是히 중중重重하거늘.[17]

즉, 당시 세간에서 기독교를 신앙해야 국가가 흥할 수 있다고 논의되
던 상황을 의식하면서, 기독교를 신앙하던 국가라 하더라도 폴란드나 핀
란드가 국권을 상실한 경우를 들어 이를 반박했다. 그리고 불교를 신앙
하는 국가가 흥할 수 없다는 주장에 대해서는 일본이 불교를 신앙하나
하지만 흥하고 있음을 제시했고, 과거 이슬람교를 신앙하던 국가들이 강
성했던 사례를 말했다. 그리하여 그 결론으로는 국가의 흥망에는 종교의
가르침이 중요하다기보다는 이를 실천하는 종교인의 자세가 중요함을
말하고자 했다. 이와 같은 분위기에서 구한말의 유학계 일각에서는 유교

---

17) 『大韓每日申報』 1909. 10. 28. 1면, 論說.

의 개혁에 대해서 심사숙고하게 되었다.

요컨대, 1900년대 첫 십년간 조선의 사상계는 큰 변화를 겪고 있었다. 이 변화의 과정에서 유학 또는 유교를 근대종교화 하고자 하는 움직임이 구체적으로 일어났다. 유교의 근대종교화를 위한 노력은 주로 다음의 세 가지 배경을 가지고 전개되었다. 첫 번째로는 척사위정을 표방한 의병의 무력투쟁 방식이 가지고 있는 한계를 극복하고, 정신운동 또는 종교운동으로 반침략과 반봉건을 동시에 수행해보고자 하던 유교계 일각의 노력을 들 있다. 그리고 두 번째로는 서유럽계 종교의 급속한 전파상황에 대한 대항의식이 작용했을 가능성이 크다고 생각된다. 또한 세 번째로는 국가의 흥망성쇠에는 종교가 깊이 관여되고, 조선의 개혁과 발전을 위해서는 유교가 기초가 되어야 하겠다는 생각을 주목하게 된다. 이와 같은 시대적 배경에서 유교의 근대종교화 운동이 진행되기에 이르렀다.

3. 유교 개혁운동과 대동교大同敎의 창설

개항기에 진행된 유학계에도 보수와 개혁의 논리가 치열하게 대립되어 있었다. 그 가운데 유학을 보수하고자 하던 경향으로는 척사위정론을 들 수 있다. 반면에 유학의 근본원리의 정당성에 대한 확신에는 변함이 없다하더라도 개항기라는 시대상황에 맞게 이를 개혁하려는 시도도 줄기차게 지속되고 있었다. 유교개혁론은 동도서기론東道西器論 또는 채서론採西論의 입장에서 전개되기 되기 시작했다. 이 두 가지 흐름이 개항기 조선 유학계를 관류하고 있었다.

이 두 흐름 가운데 먼저 척사위정적 입장을 검토해 볼 수 있다. 조선 왕조를 사상적으로 지배해 오던 유학은 개항기에 이르러서도 척사위정론을 통해 그 힘을 지속적으로 발휘하고 있었다. 척사유림 가운데 하나였던 유인석柳麟錫은 "인류로서 공자의 교를 종宗으로 삼지 않으면 인류가 아니다"라고 말한 바 있다.[18] 유학에 대한 이와 같은 확신에서 척사위정론자들은 의병운동에 투신하게 되었다. 그리고 무력저항에 직접 참여하지는 않았다 하더라도 당시의 유학계에서는 유학의 중요성을 강조해왔다. 그들은 "서교西教를 물리치고 존성尊聖하자"고 조정의 학부學部에 품청稟請하기도 했으며,[19] 각 부처에 존성헌의尊聖獻議를 거듭해 왔다.[20]

유교계의 이와 같은 움직임은 독립협회운동이 전개되기 시작했던 1896년을 지나 1899년에 이르러 본격적 형태로 나타났다. 즉, 이때에 유학계는 유학에 대한 정부의 입장을 밝히기를 압박했다. 그리고 1899년 팔도 유생들이 성균관에 모여서 정부가 석전釋奠 추향秋享에 소홀함을 문제로 제기하면서 의정부에 유교진흥을 요청했다[21] 이 분위기에서 1899년 고종이 내린 존성윤음尊聖綸音은 "우리나라의 종교는 공자의 도가 아니겠는가?"라고 단언했다.[22] 물론 여기에서 말하는 '공자의 도'라는 용어는 전통성리학에서부터 동도서기론적 입장까지를 아우르는 복합적인 용어임에 틀림없다. 이 윤음에서는 '공자의 도'에 대한 개념 규정을 하지는 않았다. 그러나 이 윤음을 통해서 유학은 개항기 조선사회에서 사상적으로도 여전히 중요한 요소임을 확인받을 수 있었다.

그 후에도 유학계에서는 정부의 지원에 대한 요청이 계속되고 있었다. 예를 들면, 1903년에는 13도 유생 수백 명은 정부에 상소하여 조선 전국 336개 군의 향교에서 재일齋日을 지내는데 정부의 지원을 요청했

---

18) 柳麟錫, 『毅菴集』 卷51, 宇宙問答.
19) 『독립신문』, 1899년 3월 9일, 3면, 잡보.
20) 『독립신문』, 1899년 5월 22일, 3면, 잡보.
21) 『皇城新聞』, 1899년 8월 25일, 3면, 雜報.
22) 宋秉稷 等, 1900, 『尊華錄』 卷6, 綸音 ; 許拭 等, 1903, 『大東正路』 卷5, 尊聖綸音, "我國之宗教, 其非孔夫子之道乎!"

다.[23] 또한 같은 해에는 각 지방에서 향약鄕約, 향규鄕規가 약화되어 유림들의 향촌 장악력에 타격이 가해지자 전라도 유생들은 여씨향약呂氏鄕約을 설치하고 이를 내부의 인가를 받기 위해서 집단으로 상경하여 청원하고 있었다.[24] 이는 조선왕조시대 향촌사회에서 관습적으로 용인되고 있었던 양반 중심의 향약지배질서에 대한 중앙정부의 인정 내지 보장을 요구한 행동으로 볼 수 있다. 이처럼 개항기 유학계는 자신의 기득권을 확인받고 이를 지속시켜 가고자 노력하고 있었다.

한편, 척사위정론이나 유교보수의 입장을 강화하고자 하던 시도와 함께 동도서기론적 입장의 맥을 이어받은 유학계 인사들은 개항 말기에 이르러서도 유교의 개혁을 줄기차게 부르짖고 있었다. 개항기 말엽 유교개혁론儒敎改革論을 주장했던 이들은 유학이 조선의 주요 전통임을 확인했다. 이들은 유학을 새롭게 개혁하여, 그 전통이 가지고 있는 문화적 힘을 이어받아 위기에 처한 조선왕조를 개혁하려는 데에 목적을 두고 있었다. 유교개혁론자들은 유교의 체질을 재각성시켜 근대 사회에 적응시키고자 했다.

여기에서 유교개혁론은 한 걸음 더 나아가 유교를 근대종교로 개혁하여 근대 국가와 사회를 이끌 수 있는 지도이념으로서의 위치를 유지하고자 했다. 유교의 기득권을 지키고자 하는 노력과 함께 조선왕조의 유학이 가지고 있던 폐해 내지는 문제점에 대한 지적도 당시 사회에서는 시도되고 있었다. 조선왕조 유학이 가지고 있던 문제점에 관해 지적하고 있던 대표적 사례로는 『대한매일신문』의 다음과 같은 기사를 들 수 있다.[25]

---

23) 『皇城新聞』, 1903년 1월 23일, 4면, 雜報.
24) 『皇城新聞』, 1903년 3월 3일, 4면, 雜報. "儒敎는 吾韓人民의 固有한 國性이니 … 道德의 根基로서 文明事業을 做言하면 一變至道의 功效를 可圖할줄로 思惟하노라."
25) 이 논설의 작성자는 申采浩로 추정된다. 申采浩는 「二十世紀 新國民」『丹齋申采浩全集』別集, 형설출판사, 1987, 227쪽에서 거의 비슷한 취지의 말을 하고 있기 때문이다.

　　오호嗚呼라 동국사東國史를 번적翻鬩하건대 국가주의를 유有한 종교가가 기인幾
人이뇨 동국이 이왕이왕已往에는 불교가 국교되었다가 이조이래李朝以來로는 유교
가 성성盛하고 불佛이 쇠쇠衰하니 유유儒는 입세入世의 교교敎오 佛은 출세出世의 교
인즉 유교시대儒敎時代의 국가주의가 의호불교시대宜乎佛敎時代에 과過할듯하
나 석호惜乎라 유교도儒敎徒의 논쟁점論爭點이 공도불도孔道佛道의 시비是非뿐
이며 한학송학漢學宋學의 사정邪正뿐이며 정주육왕程朱陸王의 가부可否뿐이며
정퇴우율靜退牛栗의 우열優劣뿐이오 국가이자國家二字에는 안안眼을 착着한자이
무無하니 석재惜哉라 수백년내 제선정諸先正의 치도治道를 강강講함이 수근雖勤하
나 시是를 강하여 단군檀君의 유산을 확장擴張코자함이아니라 당우唐虞의 후계
後繼됨을 과과誇코자함이며 학술學術을 구구究함이 수독雖篤하나 시時로 구하여 한
국의 학안學案을 광휘光輝코자 함이 아니라 정주程朱의 충신됨일 낙락樂함이라
기정신其精神이 여시如是한 고고故로 병자이후 북벌北伐의 논론論이 국치國恥를 설
설雪하0랴 한 자ㅣ아니오 유교종주국儒敎宗主國의 산업을 회복恢復하랴 하였도
다 이화서李華西는 한국유가의 거장巨匠이오 산기암제山崎闇齊는 일본유교의
거장이니 이인二人의 학술문장을 교교較할진대 산기씨山崎氏가 화서문하華西門下
의 일시동一侍童에 불과不過할지나 연연然이나 화서華西는 왈 "금일오배지책今日
吾輩之責 재유교성쇠在儒敎盛衰 지어국가존망至於國家存亡 유속제이건사猶屬第二
件事"라하고 산기는 왈 "유래침오국자有來侵吾國者 수공자위장雖孔子爲將 안자
위선봉顏子爲先鋒 오당이수적시지吾當以讎敵視之"라 하니 오호라 한일韓日의 강
약은 즉양국유교도卽兩國儒敎徒의 정신에 관하여도 가판阿判할바로다 금일에
지至하여 한국종교가 유불교뿐아니라 야소교耶蘇敎도 유하며 천주교天主敎도
유하니 기중其中에 국가주의를 포포抱한 종교가가 하처何處에 존존在한가 연연然이나
오제오제吾儕의 이목소급耳目所及으로 기기記한즉 일차종교가一次宗敎家의 명명名을 대
대帶하면 불국민佛國民이 되며 천국민天國民이 될뿐이오 한국민되는 자는 한한罕하
니 희희噫라.[26]

　　즉, 『대한매일신보』의 이 논설은 조선역사 상의 정신사적 특성 내지
과거 조선 유학계가 걸어온 길에 대해서 신랄한 자기비판을 시도했다.
그리하여 조선의 유학계가 국가 안위에 관한 문제보다는 사변적 학설 자
체에만 매달려왔음을 질타했다. 그리고 병자호란 이후에 제시된 북벌론
마저도 국치國恥를 설욕하고자 하던 의도였다기보다는 유교의 종주국 중

26) 『大韓每日申報』, 1909년 10월 28일, 1면, 論說.

국을 부흥하고자 하던 논의에 지나지 않았다고 말했다. 또한 조선의 유
학계가 조선의 학안學案을 세우는 데도 실패했고, 단군의 유산인 국가를
성장시키는 데에도 실패했다고 단정했다. 이와 같은 자기비판에서 유학
을 개혁하고자 하던 강력한 의지를 확인하게 된다.

개항기 말엽에 이르러서는 유학 내지는 유림이 가지고 있는 문제점에
대한 지적도 자주 등장하고 있었다.[27] 이러한 성질의 글들은 유학의 개
혁을 주장하며, 유림 자체의 각성과 반성을 촉구하는 데에 목적이 있었
다. 그리고 탁월한 유교적 경세가의 출현이 없음을 한탄하기도 했다.[28]
또한 모든 종교가는 국가의 관념을 분명히 가져야 됨을 역설하면서 '국
가'의 관념이 없는 종교를 배격하고, 국민적 정신이 없는 종교는 20세기
새 종교가 될 수 없다고 단언했다.[29]

이 상황에서 박은식朴殷植은 '유교구신론儒敎求新論'을 발표해서 유학
의 본격적 개혁을 주장했다. 그의 주장은 국내외에 있는 동포들의 주목
을 받으며 발표되었다.[30] 이와 같이 유교를 개혁하고자 하는 데에는 "유
교는 오한인민吾韓人民의 고유固有한 국성國性"이라는 확신이 전제되어
있었다.[31] 즉 그들은 유교가 대한제국 인민의 국성을 이루고 있으므로,
도덕적 근거가 튼튼한 유림세력이 문명화에 나서면 그 효과가 클 것이라

---

27) 『皇城新聞』, 1899년 12월 7일, 1면, 論說. 여기에서는 '독서하는 선비', '태학에서
   양성하는 선비', '향교 유사직을 맡은 선비'들을 가장 無知頑昧한 부류로 규정하
   며, 이들이 학문을 篤修하여 국가 元氣를 회복시키는 데에 이바지하기를 촉구하
   고 있었다.
28) 『大韓每日申報』, 1907년 10월 25일, 2면, 시스평론.
29) 申采浩, 1987, 「二十世紀 新國民」『丹齋申采浩全集』別集, 형설출판사, 227쪽.
30) 『新韓民報』, 1909년 3월 17일, 3면, 內報, "우리나라은 원래 유교를 숭샹ᄒ야 동
   양세계에 특이ᄒ 관념이 잇더니 만근 유교의 광채가 점점 흑암ᄒ야 쟝차 따에
   떠러질 위긔가 림박ᄒ얏더니 근일 셔북흑회월보 쥬필 박은식씨가 개연히 유교를
   다시 니릇킬 사샹으로 유교구신론이란 책을 더술ᄒ얏는대 유림계에서 이의론을
   alt고 담임주거ᄒ게 되면 유교의 발달은 어렵지 아니ᄒ겠다더라."
31) 『皇城新聞』, 1909년 11월 9일, 1면, 論說.

고 평하고 있다.[32] 이 말은 그들이 유교를 개혁하여 이를 기반으로 해서 개화 내지는 근대화 운동을 수행할 때, 그 근대화는 가장 큰 추진체를 얻게 될 것으로 생각했음을 뜻한다. 또한 당시의 유교계 일각에서는 조선후기 실학자들의 여러 개혁안에 대한 관심을 갖고 유교를 기반으로 한 개혁을 모색하기도 했다.[33] 이러한 데에서 우리는 유교계가 전개하고 있던 근대 적응노력의 일단을 확인하게 된다.

이 분위기에서 전통유교의 근대 종교화 운동이 일어나게 되었다. 당시는 유학이 가지고 있던 민중에 대한 교화기능과 제민濟民기능이 점차 상실되어 가던 상황이었다. 이 시점에서 유교계에서는 전통사상에 입각한 국민정신과 사회변혁의 원리를 마련하고자 하는 운동이 일어났고, 유교계에서 전개된 근대 적응노력의 일환으로 종교운동이 본격적으로 발생하게 되었다. 유교계의 근대종교화 운동은 대동교의 창설을 통해서 구체적으로 드러났다.

대동교의 창설과 활동은 당시 유교적 집권층의 일부가 친일화해 가던 상황에서 유교계의 친일화에 대한 저항으로서의 의미가 있었다. 당시 유교적 집권층 일부는 친일화해 갔다. 개항기 최말엽에 이르러 애국계몽운동의 일환으로 각종 학회운동이 진행되던 과정에서 1907년 12월 신구학문의 연구를 표방하면서 대동학회大東學會가 창설된 바 있었다. 그러나 이 대동학회는 이완용李完用, 조중응趙重應 등 친일적 인사들에 의해서 주도되고 있었다. 대동학회가 창설된 1907년 12월은 정미의병의 봉기가 고조되고 있던 단계였다. 대한제국 군대 해산을 계기로 하여 봉기한 정미의병에는 척사위정적 유학계도 상당수 참여하고 있었다. 이 상황에 직면하게 된 일제는 유학계의 반일적 경향을 차단하거나 약화시키기 위해

32) 白東鉉, 2004,『大韓帝國期 民族認識과 國家構想』, 고려대학교 박사학위 논문, 160쪽 참조.
33) 趙珖, 2004,「개항기 및 식민지시대 실학연구의 특성」『韓國實學研究』7, 韓國實學學會, 217~223쪽.

서 국내 친일세력을 고취하여 친일적 유교단체로 대동학회를 창설하게
하였다. 따라서 대동학회는 조선침략에 대한 유림의 저항을 약화시키고,
조선 유림의 친일화를 목적으로 하여 진행된 측면이 있었다.[34]

이에 대한 유학계의 반격은 당연한 일이었다. 그리하여 친일적 유학
계에 대한 대결의 의미에서 대동교는 1909년 9월 11일에 발족했다. 대
동교는 3개월 뒤늦게 발족된 친일적 대동학회와는 그 설립취지나 그
현실인식에 있어서 상당한 차이를 드러내고 있었다. 대동교는 대동종
교회大同宗敎會라고 불리기도 했다.[35] 이로써 개항 이래 추진되어 오던
유교의 근대화 운동은 근대종교운동으로 방향을 선회하여 나가게 되었
다. 그리하여 대동교는 무력에 의존하지 아니하고 비폭력적 종교운동
의 방법으로 개혁된 유교를 통해서 조선의 근대화를 성취시켜 가고자
했다.

대동교는 "공자교의 대동주의를 밝히기 위해서 교명을 대동교라고 했
다"는 기록으로 미루어보아 공자를 교조敎祖로 삼고 대동주의를 표방했
음을 알 수 있다. 대동교는 총장 밑에 총사와 총교부, 교육부, 편집부,
전례부, 의사부, 지방부 등의 조직을 갖추었다. 대동교는『황성신문皇城
新聞』계열의 인사들이 다수 참여하고 있었고,[36]『대한매일신보大韓每日申
報』에서 활동하던 개화지식인들도 여기에 가담했다. 대동교의 창설과 관
련하여서는 다음과 같은 당시 신문기사를 확인할 수 있다.

> b-1 : <대동교낫네> 북부 홍현 리범규씨의 집에서 종교회 발기회를 하였
> 는데 공자교의 대동주의를 밝히기 위하여 교명을 대동교라 정하고

---

34) 大東學會의 창설에는 이토오가 2만원을 지원하여 창설했다는 설이 있다. 또한 대
   동학회를 기반으로 하여 출범한 공자교회는 이토가 제공한 20만원(10만 달러)의
   자금을 받았다는 설이 있다. 그러나 이 설의 정확한 근거는 미처 확인하지 못했
   다. 康鎭甲,「대동학회」『民族文化大百科事典』, 한국정신문화연구원.
35)『大韓每日申報』, 1909년 10월 22일, 3면, 잡보.
36)『皇城新聞』, 1909년 9월 14일, 잡보, 大同敎任員.

당일에 출석한 인원은 륙십여명인데 이용직씨로 총장을 선명하였다
더라.37)

b-2 : <대동교개회> 삼작일 북부 홍현 리범규씨집에서 대동종교 제2회를
하고 총장 이용직씨가 출석하여 공자교의 지리旨理를 설명하고 총사
는 리범규 리윤중 총교부장은 박은식 교육부장은 원영의 편집부장
은 리병소 전례부장은 조완구 의사부장은 신하균씨로 선정하였다더
라.38)

b-3 : <대동교> 의사회에서 찬교원에 시종원경 윤덕영, 지방부장은 황성
신문사장 유근으로 정했다.39)

b-4 : <대동개교> 성균관 비천당에서 지난 일요일에 대동종교 개교식을
거행한다함은 이미 게재하였거니와 그날에 총장이하 각부 대신과
여러 임원과 신사제씨들이 모였는데 모다 이백여인이나 되었다더
라.40)

대동교는 창설 직후부터 당시의 주요 관료들이 적극 참여하고 있었
다. 대동교의 총장에는 학부대신을 역임했던 이용직李容稙이 선임되었고,
그가 다시 학부대신에 기용되자,41) 그를 대신하여 김윤식金允植이 총장
에 취임했다.42) 그리고 그의 뒤를 이어서 전우田愚가 총장 후보로 거론
되기도 했다.43) 대동교의 주요임원에는 박은식·조완구趙宛九·유근柳瑾
등이 있었다. 이들 가운데 박은식은 독립운동에 적극 참여했고, 조완구

---

37) 『大韓每日申報』, 1909년 9월 2일, 3면, 잡보.
38) 『大韓每日申報』, 1909년 9월 14일, 1면, 잡보.
39) 『大韓每日申報』, 1909년 12월 16일, 3면, 잡보.
40) 『大韓每日申報』, 1909년 10월 12일, 3면, 잡보.
41) 『大韓每日申報』, 1909년 10월 29일, 2면, 잡보.
42) 『大韓每日申報』, 1909년 10월 14일, 3면, 잡보, 대동교 임원 : 1909년 11월 14일
임원회를 개최하고 총장 김윤식 총사 조명희 선정.
43) 『大韓每日申報』, 1910년 5월 31일, 2면, 잡보, "회장추천 : 대동교 회장으로 전우
가 추천되었다."

와 유근 등도 독립운동에 참여하는 한편, 국권피탈 전후에는 나철羅喆이
창설한 대종교에로 옮겨가 활동하고 있었다. 이러한 사실을 볼 때 이들
내지는 대동교가 가지고 있던 민족주의적 성향을 짐작할 수 있으리라 생
각된다.

대동교는 1909년 12월 14일 의사회를 개최하고 새로 제정한 규칙을
공포했다.[44] 또한 대동교는 회관에 공자영정을 봉안하기로 했다[45] 대동
교에서는 『성경聖經』을 발간할 계획까지 추진하고 있었다.[46] 그리고 13
도에 지방조직을 설치하고자 했다.[47] 또한 지방의 유림들도 대동교의
지회를 창설하는 데에 적극적인 자세를 취하고 있었다. 이에 관한 사례
는 용인군에서 드러난다.[48] 대동교에서도 전문 강사를 두어서 선교의
체제를 강화시켜 가고 있었다.[49] 그리고 지방 지회에 대한 감독과 격려
를 위해 중앙에서 지방에 임원이 파견되고 있었다.[50]

대동교는 기호학회와도 밀접한 관계를 맺고 있었다. 즉, 대동교는 서
울 북부 안동에 기호학회 회관과 학교가 준공되자 학부의 승인을 얻어
기호학회 회관을 대동교에서 회관으로 쓰고자 학부에 청원했다.[51] 학부
에서는 이 청원을 받은 후 즉시 인허하여 대동교는 기호학회 회관을 사
용하게 되었다.[52]

---

44) 『大韓每日申報』, 1909년 12월 15일, 1면, 잡보.
45) 『大韓每日申報』, 1910년 1월 30일, 1면, 잡보.
46) 『大韓每日申報』, 1910년 7월 3일, 2면, 잡보.
47) 『大韓每日申報』, 1909년 12월 4일, 2면, 잡보, "대동교 임원회에서 부장 리지용씨
　　가 재정방침과 십삼도 지방과를 설치하는 문제를 의론했다."
48) 『大韓每日申報』, 1910년 3월 20일, 1면, 잡보, "용인군 맹보순이 대동교 확장차로
　　경성대종교 총사 이범규씨를 찾아보고 그 교세 확장방침을 의론했다."
49) 『大韓每日申報』, 1910년 5월 6일, 1면, "학계, 전성균관장 신두선을 도강사로 초
　　빙하기로 했다."
50) 『大韓每日申報』, 1910년 7월 13일, 1면, 잡보, 대동교 총사 이범규가 경남북 포교
　　차 현지방문; 1910년 7월 19일, 2면, 잡보, 대동교 임원 김상섭이 평안남북도 지
　　교 현황을 시찰하기로 출발.
51) 『大韓每日申報』, 1909년 11월 2일, 3면, 잡보.

그리고 대동교는 일반회원의 의연을 받기로 결정하여 재정을 확보했다.[53] 현존하는 자료에서는 대동교의 임원 및 개화 관료들의 출연에 관한 기록들을 확인할 수 있다.[54] 그밖에도 일부 교인들은 다양한 방법으로 대동교를 지원하고 있었다. 예를 들면 황성신문사 사장 유근은 대동교 교표敎標 1,000장을 무료로 인쇄해 주었다.[55]

그러나 대동교는 기존의 유학계와 원만한 관계를 유지한 것만은 아니었다. 예를 들면 대동교 회원들이 비천당에서 평상복으로 대성전을 배알하려다가 복장 불량으로 인해 거부당한 사건은 이러한 양자관계의 일부를 나타낸다.[56] 이는 대동교가 가지고 있던 개혁적 성향에 대한 전통 유림 일반의 반대로 해석될 수 있는 사건이었다. 전통적 유학계와는 이와 같은 갈등이 있었지만, 대동교는 당시인들에게 개신유학적 인사들의 종교운동임을 확연히 심어 주었다.

그리고 대동교는 종교운동의 형식을 취하면서 조선사회에서 유교의 의미를 강조하고, 이를 통해서 근대적 개혁을 추진해 보고자 했다. 그러나 이들이 시도하고자 했던 조선왕조의 개혁과 국권의 유지는 '한일합방'으로 인해 좌절되었다. 이후 이 계열에 속하는 인물들 가운데 일부는 대동교를 '공교회'로 개칭하였다. 이는 종교의 명칭에 공자의 이름을 포함시켜 자신의 종교적 정체성을 분명히 하고자 했던 시도였다. 식민지 시대 이들은 공교회 운동을 통해서 조선왕조의 유교적 전통을 지켜 나가고자 노력했다.

요컨대, 개항기 이후 유교를 개혁하고자 하던 시도의 일환으로 동도

---

52) 『大韓每日申報』, 1909년 11월 12일, 3면, 잡보.
53) 『大韓每日申報』, 1910년 4월 3일, 2면, 잡보.
54) 『大韓每日申報』, 1909년 12월 18일, 2면, 잡보, 대동교 부교장 리지용 찬교원 윤덕영이 몇 백환씩을 기부.
55) 『大韓每日申報』, 1910년 4월 5일, 2면, 잡보.
56) 『大韓每日申報』, 1909년 10월 12일, 2면, 잡보.

서기론적 입장이 제시되었다. 그러나 이에 맞서 척사위정적 경향도 강화되어 의병운동의 사상적 기초의 주요 부분을 제공하기도 했다. 이 상황에서 유교의 개혁을 추구하는 움직임이 1907년을 전후한 개항기 최말엽의 조선사회에서 강하게 일어나고 있었다. 이 움직임의 일환으로 반일적 유교단체인 대동교가 발족되기에 이르렀다. 대동교 운동은 유학의 가르침을 근거로 하여 국가의 독립을 수호하고 내적 개혁을 추진하고자 했다. 그러나 비폭력적 근대종교운동의 일환으로 대동교가 창설되었지만, 조선은 곧 한일합방을 강요당하게 되었다. 일제의 지배가 강요되던 상황에서 이 대동교는 지속적 힘을 발휘할 수 없게 되었다. 그리고 대동교 운동을 주도하던 인사들 가운데 상당수는 해외에 망명하여 조선의 독립운동에 투신하게 되었다. 이에 따라 반일유교反日儒敎 조직이었던 대동교는 국내 포교에 한계가 분명하게 되었고, 점차 소멸되어 가는 길을 걷게 되었다.

4. 반일유교운동에 대한 대응 양상

조선의 유학계에서는 정미의병 등을 통해 제국주의 침략에 대한 무력저항을 시도하고 있었다. 또한 대동교를 설시하여 유교를 기초로 하여 국권수호운동을 전개하되, 비폭력적 방법을 지향하기도 했다. 당시 유림이 취하고 있던 폭력저항 및 비폭력적 저항의 국권수호운동에 적지 않은 유생들이 호의적 태도를 지니고 있었다. 이에 통감부를 통해 조선을 실질적으로 지배하고 있었던 일제는 유교를 역이용하여 자신의 침략 의도를 관철시켜 보고자 했다. 여기에서 공자교회孔子敎會와 같은 친일적 유교조직이 형성되어 갔다. 한편 이와 같은 상황과는 별도로 개신적 유교계가 전개하고 있던 근대화 운동에 대한 저항도 지속되고 있었다. 그들은 근대적 가치를 전파시키는 근대교육을 부정하면서 전통유학의 학맥을 지켜나가고자 했다. 이들에 의해서 태극교가 창설되었다. 공자교회와 태극교는 조선의 국권에 대한 입장에 차이를 드러내고 있었지만, 대동교 운동에 대한 대립의 입장에는 상통된 측면을 가지고 있었다.

1) 유교계의 친일적 경향과 공자교회

애국계몽운동기 최말엽에 이르러서는 통감부 당국에 의해서 애국계 몽운동 단체들의 성격을 친일적 방향으로 전환시키기 위한 노력이 전개 되고 있었다. 이 과정에서 이완용과 조중응 등은 1907년 12월 서울에서 대동학회大東學會를 설립했다. 이 학회의 책임자는 신기선申箕善이었으나, 학회는 이토 히로부미(伊藤博文)의 적극적 후원 아래 설립되었다. 대동학 회는 유도儒道로 체體를 삼고 신학문으로 용用을 삼아 신구사상을 합일 시키겠다는 동도서기적 취지를 선언하고 나섰다. 그러므로 이 학회의 초 창기에는 정교鄭喬 등과 같은 개신적 유학자들도 참여하고 있었다. 그러 나 이 학회가 가지고 있었던 친일적 성향으로 인해 초기 참여자들 가운 데 일부가 탈퇴해 나갔다.

이러한 과정에서 황족皇族들의 후원을 받아 1909년 7월에 공자교孔子 敎가 설시設施되었다. 이 공자교는 그 종지를 "격물치지格物致知의 요지를 강연하여 국민의 지식을 계발코자 함"에 두었다.[57] 그러나 리범규 등이 주도했던 이 공자교 설립의 노력은 당시 사회에서 넓은 찬동을 확보하지 못한 듯하다. 그리하여 이 공자교 운동과는 별도로 1909년 10월에 계열 을 달리하는 공자교 운동이 일어나게 되었다.

즉, 대동학회의 임원들은 학회로서의 한계를 극복하고 본격적인 종교

---

57) 『新韓民報』, 1909년 7월 21일, 3면, 內報, "전사승 리범규등 제씨가 공자료를 진 항하기 위호야 교회를 셜시호 는데 그 종지는 격물티디의 요지를 강연호야 국민 의 디식을 계발코저 홈인데 황족 졔기가 열심 찬성흔다더라."

운동으로 전환하고자 하여 1909년 10월 총회를 열어 공자교회 또는 공자교를 표방하고 종교운동으로 전환했다. 그리고 1909년 12월 19일 개교식을 거행하여 종교운동단체로 발족했다.[58] 이들은 회의 조직을 강화하고, 회원들의 소속의식을 다지기 위한 방법으로 회원들에게 회표會標를 발행하기로 했다. 그리고 지방에 지회를 설치하여 그 교세의 확장을 꾀하고 있었다.

공자교회의 창설은 대동교의 창설에 대한 대동학회측의 반격적 성격을 가지고 있었다. 대동학회와 공자교회에 속했던 인물들은 대동교의 총장이었던 이용직을 공자교회의 초대 회장으로 추대했다. 이는 공자교회가 대동교와 협동체제를 갖추기 위해서였다기 보다는 먼저 출범한 대동교를 무력화시키기 위한 정책이었다고 판단된다. 이용직은 학부대신에 재취임하게 되자 공자교 회장도 1909년 10월 29일에 사직했다.

공자교회는 이토 히로부미의 적극적 지원을 받았다. 이토 히로부미이 공자교회를 지원했다는 사실은 공자교회의 성격을 이해하는 데에 일정한 도움을 주게 된다. 즉, 일제는 신생 공자교회에 명망가를 회장으로 영입하여, 반일적 유교 개혁운동을 저지하고자 했다. 그리고 나아가서는 유교문화를 기본으로 하는 조선의 식민지화에 대한 긍정적 여론을 공자교회를 통해서 사전에 조성해 보고자 했었다고 판단된다. 이 때문에 당시인들은 공자교회를 통감의 통치아래 놓여 있던 정부를 지지하는 종교로 이해하고 있었다.[59]

공자교회는 그 신앙과 교리를 확립하기 위한 노력을 전개했다.[60] 즉,

---

58) 『大韓每日申報』, 1909년 12월 12일, 3면, 잡보, "공자교 개교식 : 공자교에서 본 월십구일 성균관 안에서 개교식을 거행한다더라."

59) 『大韓每日申報』, 1909년 10월 22일, 3면, 잡보, "공자교회라 하는 교회는 정부를 구원하는 교회요, 대동종교회는 유림사회의 교회라고 세상사람의 공론이 자자하다더라."

60) 『共立新聞』, 융희 3년 7월 21일, 3면, 內報, "전사승 리범규 등 졔씨가 공자교를 진흥ㅎ기 위ㅎ야 교회를 셜시ㅎ눈대 그 종지눈 격물티디의 요지를 강연ㅎ야 국

"공자교회에서는 교회의 종교상 신앙의 범위를 확장하기 위하여 일간 그 교회에서 방침연구회를 한다더라"는 당시 신문의 기사를 보면 이와 같은 교리 확정을 위한 노력이 있었음을 짐작할 수 있다.[61] 그리고 조직을 강화하고, 회원들의 소속의식을 다지기 위한 방법으로 회원들에게 회표會標를 발행하기로 했다.[62] 공자교회는 회칙을 정해서 교도들에게 제시해 주었으며,[63] "매월 삭망에 성균관 문묘에 참배하고 경의를 강론하겠다고 학부에 청원했다"[64]는 기록을 보면, 정기적인 종교의례를 거행하고자 했음을 알 수 있다.

그러나 공자교회는 창설초기부터 일종의 정치단체로 인식되었다.[65] 그리고 합방직전 친일운동을 전개하고 있었다. 그 사례로는 신임통감을 영접하기 위해서 동경東京에 대표를 파견한 일을 들 수 있다.[66] 그리고 안중근安重根에 의해 제거된 이토 히로부미의 장례식에 조문사절로 정병조를 동경에 보내고 있는 기록을 들 수 있다.[67]

민의 디식을 개발코져 흠인대 황족 제씨가 열심 찬성혼다더라."

61) 『大韓每日申報』, 1910년 2월 26일, 3면, 잡보.

62) 『大韓每日申報』, 1910년 1월 12일, 2면, 잡보, "공자교에서 삼작일 하오 일시에 정기총회를 하고 회원 사십여인 출석하였는데 입회하는 회원에게 회표를 발행하기로 하였다더라."

63) 『大韓每日申報』, 1909년 10월 27일, 1면, 잡보, "공자교에서 재작일 오후이시에 총무회를 하고 그 회에 세측을 선명하였다더라."

64) 『大韓每日申報』, 1909년 12월 10일, 1면, 잡보.

65) 『大韓每日申報』, 1910년 6월 21일, 2면, 잡보, "운동낭패 : 내각 변경된다는 말이 난 이후로 각 당파에서 방계곡경으로 비밀히 운동하여 이중용씨와 이하영씨와 유길준씨와 공자교 등 각 당파의 운동이 대단한데 그 중 공자교에서는 대한신문사장 이인직씨가 귀국한 후 소망이 아주 낭패되었다더라."

66) 『大韓每日申報』, 1910년 6월 3일, 2면, 잡보, "작별겸환영 : 대한신문사장 이인직씨는 구통감을 작별하고 신통감을 환영하기 위하여 공자교 대표로 작일 상오 구시에 경부기차를 타고 일본으로 갔다더라."

67) 『大韓每日申報』, 1909년 10월 31일, 3면, 잡보, "각 대표 발정 : 중추원 회장 김윤식씨는 원로 대표오 정병조 씨는 공자교의 대표오 유길준 씨는 한성부민회 대표로 이등공 장례에 참여키 위하야 본일에 발정한다더라."

또한 공자교회는 신문발행을 계획했다. 그 신문발간 계획은 조중응·이인직李人稙 등 친일관료출신 인사들이 주관하고 있었다.[68] 당시『대한신문사』사장이었던 이인직은 대한일일신문사를 일본인 소유주로부터 인수하여 이를 공자교회 기관지로 개편하기 위한 시도를 전개하고 있었다. 그러나 이 신문 간행계획은『대한일일신문』직원들의 반발을 사서 순탄하게 진행되지를 못했다. 그러자 이인직은 다시『시사신문』을 구입하여 기관지화하려는 계획을 추진했다.

c-1 : <사장추천> 공자교회에서 대한일일신문을 매수할 사는 각 신문에 게재한 바이어니와 사장은 대한신문 기자 신태범씨로 추천하고 경비는 공자교회에서매삭 삼백환씩 당하기로 하였다더라.[69]

c-2 : <공자교회 신문발간> 일본에 인쇄기를 주문하여 불원간 도착예정.[70]

c-3 : <왜 퇴각했노> 대한신문사장 이인직씨는 사원 차상학씨를 소개하여 대한일일신문을 공자교회의 기관신문으로 만들고저 하여 그 사장 일인 전촌만지조에게 매삭 삼백환씩 주마고 교섭하다가 퇴각을 당하엿다더라.[71]

c-4 : <일일보 사서> 공자교회에서는 신문을 발간하기로 결정하고 일본인 전촌만지조가 발행하는 대한일일신문을 륙백환에 삿는데 명일이나 재명일간에 발행하기로 준비하는 중이라더라.[72]

c-5 : <이태영 긔소> 대한일일신문사 편집겸발행인 이태영씨가 그 신문을 공자교회에 돈 오백환을 받고 팔았는데 그 신문사 총무와 회계의

---

68)『大韓每日申報』, 1909년 10월 16일, 3면, 잡보, "신문이 또 난다 : 공자교회에서는 매일 발행호는 신문을 발간할 터인데 리인직씨는 간사가 되고 조중응씨는 자본을 당한다더라."
69)『大韓每日申報』, 1910년 8월 2일, 2면, 잡보.
70)『大韓每日申報』, 1910년 8월 17일, 3면, 잡보.
71)『大韓每日申報』, 1910년 7월 5일, 2면, 잡보.
72)『大韓每日申報』, 1910년 7월 8일, 1면, 잡보.

고본금 몇 백환과 사원의 월급은 한푼도 아니주고 월급을 지불하라
고 독촉하면 도리혀 구타한 까닭으로 사원들이 그 사실을 경성 헌병
대 이분대에 괴소하였다더라.[73]

c-6 : <시사신문> 공자교회에 대한일일신문을 사고자 했으나 여의치 못
하여 전 시사신문을 사기로 지금교섭 중이라더라.[74]

공자교회에서는 교회가 창설된 직후부터 친일여론을 조성하기 위한
목적으로 신문의 간행을 기획하고 있었다. 그 과정에서 조선인 이태영이
편집겸발행인으로 있었으나, 일본인이 소유하고 있던 『대한일일신문』을
구입하여 공자교회의 기관지로 삼고자 했다. 이 신문의 간행작업은 친일
적 인물이었던 이인직이 책임을 졌다. 그러나 『대한일일신문』의 구입문
제가 여의치 못하자 공자교회 측에서는 다시 『시사신문』을 구입하여 자
신의 선전매체로 삼고자 했음을 알 수 있다. 이 과정에서 『대한일일신문』
의 사원들이 크게 반발했다.[75] 그리고 신문의 간행을 추진하던 이인직
이 공자교회 공금 삼천환을 횡령한 사건 등이 불거져 나왔다.[76] 이로 말
미암아 공자교회는 자신의 선전매체를 가지지는 못했고, 이 시도는 친일
파 이인직의 추악한 작태를 드러내는 일로 끝나게 되었다.

이상의 자료를 통해서 드러나는 바와 같이, 통감부에서는 조선침략의
기반조성에 유교계를 활용하기 위해서 대동교 운동에 대한 견제가 필요
하다고 판단했고 이에 공자교회의 설립을 조종했다. 공자교회는 설립된
직후부터 친일관료들에 의해 운영되었고, 친일적 행동을 서슴치 않았다.
공자교회는 자신의 선전수단으로 일간지의 발간을 계획할 정도로 자금

---

73) 『大韓每日申報』, 1910년 7월 22일, 2면, 잡보.
74) 『大韓每日申報』, 1910년 7월 21일, 1면, 잡보.
75) 『大韓每日申報』, 1910년 7월 9일, 2면, 잡보.
76) 『大韓每日申報』, 1910년 6월 25일, 1면, 잡보, "범용은 웨해 : 대한신문사장 이인
직씨는 공자교회의 경비쓰는 돈 삼천환을 범용하였다는 말이 있음으로 모처에서
지금 조사하는 중이라더라."

력이 풍부했다. 그러나 '한일합병'으로 공자교회의 설립 의도가 완수됨에 따라, 조선총독부는 공자교회에 대한 특별지원을 거부했고, 이에 따라 공자교회도 급속히 쇠퇴해 갔다.

2) 태극교의 근대교육 반대운동

개항기 유학계의 일각에서는 국권수호나 근대화를 추진해야 할 당위성에 동의하고 있었다. 그러나 이러한 움직임에 대한 전통 유림의 저항도 함께 일어났다. 전통유학을 옹호하려던 이 운동은 척사위정운동의 형식으로 전개되기도 했다. 그러나 척사위정운동이 가지고 있는 무력저항적 측면에 문제를 느끼고 이를 비폭력적 종교운동으로 선회시켜 전통유학에 대한 옹호를 추구해 보고자 하는 운동이 일어났다. 여기에서 태극교 운동이 태동하고 있었다. 태극교는 그 지향하는 바가 전통 유학의 보수에 있었으되, 근대 종교운동의 형식을 통해서 자신의 목적을 수행해 나가고자 한 듯하다. 그들의 활동을 감안해 볼 때 태극교는 유교의 근대적응노력에 대한 반동으로서의 성격이 크다고 하겠다.

태극교는 두 계열의 인물에 의해서 각기 창도되어 활동했다. 여기에서는 먼저, 1907년 서울에서 송병화宋炳華가 창시한 태극교를 들 수 있다. 태극교는 공자를 숭배하고 유교정신을 이어받아 도법예의道法禮儀 생활의 실천을 교지로 하였다. 입교자入敎者는 봄·가을에 열리는 공자제孔子祭에 참석하여야 했다. 태극교는 1년마다 열리는 임원선거총회에서는 교장敎長·장의掌議·도유사都有司·교감敎監 등에 임명했다. 태극교에의 입교 이유가 유생·양반으로의 지위를 획득하여 상층계급이 된 것으로 여겼기 때문으로 되어 있다. 그렇다면 이 송병화가 창시한 태극교는 1894년 갑오개혁을 통해 실천된 신분해방의 사회발전에 대한 반동으로서의 성격을 가지고 있었다고 볼 수 있다.[77)]

송병화가 창시했던 태극교는 성진지부·길주군지부·함경북도총지부와 함경남도의 단천지부가 활발히 활동하고 있었다. 성진지부의 경우 1908년 4월 성진읍에 사무소를 개설한 지 얼마 안 되어 2,000여 명이 입교하였으며, 길주지부에서도 1910년 4월 길성면 지부설립과 동시에 1,800여 명이 입교하였다. 당시 입교자가 임원이 되려면 2원에서 5원의 의연금을 납부해야 했으므로, 서로 경쟁하며 다액의 기부금을 납부했다는 보고가 남아 있다.

이에 이어서 또 다른 인물에 의해 태극교가 1909년 6월 6일 서울에서 시작되었다. 교남교육회관에서 개최된 창립총회에서 윤돈구가 임시의장이 되었으며, 서기 강사 등의 교회 직책이 있었다. 이에 관해서는 다음과 같은 자료를 확인할 수 있다.

> 태극교에서 재작일에 교남교육회관 내에 강연회를 하고 임시회장은 윤돈구씨로 추천하야 상읍례를 행하고 리영조씨는 태극교 창립한 취지를 낭독한 후에 교종의 원인을 성명하고 태극진리와 교종명의라는 문제에 대하야 강사 김성근·김학진·남정철·민종묵 제씨가 강의를 지어 서긔 권상익으로 낭독하고 회원 수백인 중에 참례한 스람이 차례로 연의하였다더라.[78]

태극교는 서울의 중앙기구를 다져가면서 지방으로 조직을 확신시켜 나갔다. 교남교육회관에서 출발한 태극교는 그 사무소를 서울 중부에 두었고,[79] 각 지방에 지회를 조직해 나갔다. 그리고 이때 창설된 태극교는 함경도 지역에 여러 지부가 창설되어 가고 있음을 감안하면, 1907년 송병화가 창설했던 태극교를 사실상 포괄하면서 전파되어 나갔다고 생각된다. 태극교의 지방 조직이 강화되어 가던 상황은 다음의 자료를 통해서 확인할 수 있다.

---

77) 村山智順, 1935, 『朝鮮の類似宗教』, 朝鮮總督府, 272쪽.
78) 『大韓每日申報』, 1909년 6월 8일, 3면, 잡보, 태극개회.
79) 『大韓每日申報』, 1909년 12월 3일, 2면, 잡보, "태극교 이사 : 본부 사무소를 중부 비파동 74통 6호로 이사하엿다더라."

d-1 : <태극회홍왕> 태극교종회의 각지방 지회 청원이 칠십여 처나 되는
     데 이심여곳이나 인허하엿다더라.[80]

d-2 : <임씨열성> 함경남도 함흥군 임순직은 저명한 유림인데 200여환
     을 출연하여 태극교종 총지부를 설립하엿다더라.[81]

d-3 : <태극교종전포> 태극교종에서 십삼도 인민에게 교를 전포하는데
     황해도 인민이 데일 만히 입교하엿다더라.[82]

d-4 : <열심주선> 길주군수 이민규씨는 태극교종지소를 설시하기로 열
     심주선하는 중이라더라.[83]

d-5 : <임씨열심> 함경남도 함흥군에 사는 임순재씨는 유림중에 명예있
     는 사람으로 이번에 돈 백여환을 내여 태극교종 총지부를 설립하는
     사에 대하야 유교가의 칭송이 자자하다더라.[84]

즉, 당시 신문에 보도된 태극교의 지부설치 관계 기사는 함경도 지역
에 집중되고 있다. 물론 태극교는 함경도 뿐만 아니라 황해도 등 조선
13도에 지부를 두었음도 알 수 있다. 이 태극교는 기존의 향교를 기반으
로 하여 전국적 전파를 기도했고 있었기 때문이다.

이 과정에서 태극교는 자신의 독자적인 표지로 기旗와 인장을 만들어
향교에서 사용하게 하려고 했다.[85] 그리고 태극교는 향교의 학전學田를
인수받아 재정적 기초로 삼고자 하였다.[86] 물론 그들의 시도는 학부의

---

80) 『大韓每日申報』, 1909년 9월 30일, 2면, 잡보.
81) 『大韓每日申報』, 1910년 8월 6일, 3면, 잡보.
82) 『大韓每日申報』, 1910년 6월 29일, 2면, 잡보.
83) 『大韓每日申報』, 1910년 8월 7일, 3면, 잡보.
84) 『大韓每日申報』, 1910년 8월 6일, 3면, 잡보.
85) 『大韓每日申報』, 1910년 3월 11일, 2면, 잡보, "인허청원 : 태극교종에서 각군 향
    교에 긔와 인장을 제조하야 쓰겟다는 사건에 대하야 학부에서 금지하였더니 태극
    교종에서 작일 학부 청원하야 인하라 하엿다더라."
86) 『大韓每日申報』, 1910년 3월 24일, 1면, 잡보.

반대로 관철될 수는 없었다. 그러나 개항기 최말엽에 전개된 이러한 시도를 통해서 향교를 기반으로 하는 보수 유학의 종교화 움직임이 매우 강하게 일어나고 있었음을 확인하게 된다.

그런데 태극교의 운동에서는 근대적 교육에 반대하고 있었던 상황이 분명히 드러난다. 황해도 배천군의 경우에는 태극교의 신교육 반대운동으로 이해 그 고을의 근대학교들이 모두 문을 닫을 지경에 이르기도 했다. 이러한 태극교의 행동에 대해서 당시 여론은 격렬히 반발했다. 따라서 이러한 측면의 종교운동은 실패로 돌아가게 되었다고 생각된다. 이에 관해서는 다음과 같은 자료를 참고할 수 있다.

> e-1 : <교육에 방해하는 교인> 백천군에서 태극교인 중에 혹 신교육을 반대하는 자가 잇슴으로 해군 군수 전봉훈 씨가 간절히 고시하였으나 지금까지 그 폐습이 잇슴으로 그 고을 학교가 다 폐지할 지경이 되엿다더라.[87]

> e-2 : <백천군슈효유> 황해도 백천군슈 전봉훈씨는 그 고을안에 태극교를 신앙하는 유생들이 구학문만 숭상하고 신학문을 반대하는고로 교육게에 방해가 된다하야 그 경내 인민에게 교시하야 신학문이 필요할 것으로 효유하얏다더라.[88]

> e-3 : <웨 반대하노> 백천군 학교직원 김용익씨는 태극교에 입회한 후에 학교의 본의를 알지 못하고 경내 유림가를 격동하여 신학문을 극력 반대하는고로 교육계에 방해가 막심하다고 그곳 여론이 낭자하다더라.[89]

> e-4 : <오해함이 업도록> 학부에서 각 관찰사에게 훈령하되 한성에 있는 태극교종에서 각 디방의 향교에 대하야 권고문을 보내며 권교유사를 파견함으로 인민중 그 본뜻을 자세히 알지 못하고 신학문을 반대한

---

87) 『大韓每日申報』, 1909년 2월 26일, 3면, 잡보.
88) 『大韓每日申報』, 1910년 1월 30일, 3면, 학계.
89) 『大韓每日申報』, 1910년 2월 22일, 1면, 잡보.

다 하니 관하 각 군에 신칙하야 이 갓치 오해함이 없게 하였다더 라.90)

근대적 교육의 시행에 반대하던 이상의 자료는 주로 황해도 배천군의 사례에 집중되어 나타나고 있다. 그러나 자료 e-4를 통해서 볼 수 있는 바와 같이 태극교의 서울 본부에서는 전국 각처에 있는 양교에 대해 신학 문을 반대하는 공문을 발송하고 있었다. 그들은 근대적 애국계몽운동단체 에 교인들이 관여하는 것을 막기 위해 노력하기도 했다.91) 이 점에서 개 항기 최말엽 태극교 운동에서 드러나는 반동적 특성을 확인하게 된다.

이처럼 개항기 최말엽 태극교는 유학의 근대적 적응에 반대하되, 반 대하기 위한 방법으로 유학의 종교화를 꾀하고 나섰다. 그리고 종교적 조직과 열정을 가지고 근대교육 등에 대한 거부를 시도하면서 동일한 취 지를 가진 단체들과의 연대를 시도하기도 했다. 그들은 단발斷髮을 거부 하면서 사서四書가 자신들의 법문이며, 정치학이나 법률학은 오랑캐의 학문일 뿐이라고 말했다. 또한 그들은 자녀들을 근대학교에 보내지 말기 를 강조하고 있었다.92) 이러한 그들의 행동은 당시 언론으로부터 심각

---

90) 『大韓每日申報』, 1910년 3월 5일, 2면, 잡보.
91) 『大韓每日申報』, 1910년 2월 26일, 3면, 잡보, "출교시킨다 : 태극교종에서 오는 일요일 호우 일시에 총회를 한다함은 이미 게재하였거니와 그 교원중 국민동지찬 성회에 든 자는 개회할 때에 일제히 출교시키기로 협의하여 조하는 중이라더라."
92) 『大韓每日申報』, 1910년 1월 21일, 1면, 논설, "태극교회에 고ᄒ노라 : 근일 련속 히 디방쇼식을 드른즉 사름으로 ᄒ야곰 크게 아혹ᄒ 일이 잇ᄂ지라 뎌 교도들이 각디방으로 ᄃ니면서 완고배들을 결연하여 신학문학교를 저해하여 갈아대 높은 갓을 쓰고 넓은 ᄯ를 매는 것이 우리 선비의 본색이니 머리를 깍고 양복을 입은 오랑캐의 법을 하지 말라하며 중용·대학·논어·맹자가 우리 선비의 법문이니 정 치학이라 법률학이라 하는 오랑캐의 학문을 하지 말라 하며 창가하고 체조하는 것은 독갑의 작란이니 하지 말라 하며 지지와 역사는 허망한 자의 지어낸 것이니 믿지 말라하고 다만 우리 태극교로 들어오라 우리 대동교로 들어오라 우리 이 교 는 수 천년 공맹의 정통이요 오백년 열성조의 높이던 바이니 너희는 다만 이 교 로 들어오라 하여 이십세기 태양의 밝은 빛을 향하지 아니하고 수십년전 완고하 던 말을 버리지 아니하매 겨우 신학문의 말을 듣고 구습을 버리고저 하여 학교에

한 비판을 받고 있었다.

요컨대, 개항기에 이르러 조선 사상계가 처한 난맥상은 친일적 종교 단체인 공자교회를 통해서 드러난다. 공자교회는 일제의 사주 아래 창설되어 유림들 사이에 친일 여론을 확산시켜 나가는 것을 목적으로 삼았다. 한편, 전국의 향교를 조직 기반으로 하여 태극교가 설립되기도 했다. 그러나 태극교는 유학계의 주류가 찬성하고 있던 개신유학적 측면에 정면으로 반발하고, 근대적 학문과 근대 교육에 대해 전반적으로 부정하고 있었다. 이와 같은 사실은 개항기라는 사회적 변혁기에 유학이 대처해 나가던 과정에서 나타나게 된 파행적 요소로 생각된다. 따라서 당시 유학계의 일각에서 드러내고 있었던 이러한 반동적 움직임은 역사의 주류에서 멀어져 갈 수밖에 없었다.

5. 맺음말

개항기에 이르러 조선의 유학계에서는 크게 두 가지의 입장이 나타나고 있다. 그 하나는 척사위정론의 입장에서 조정의 근대화 정책에 반대하고 전통적 유학사상을 국가의 지도이념으로 유지하려던 집단이다. 다른 하나는 유학에 대한 전통적 입장을 포기하고 동도서기론적 입장에서 유학을 근대화 과정에 적응시켜 보려던 입장이었다. 그리고 이 동도서기론적 전통을 이어받은 일단의 유학자들은 한일합방 직전 유교를 근대종교로 개혁하고자 했다. 이러한 노력의 결과, 여러 계통에서 유교를 근대종교로 만들고자 하던 시도가 진행되었다. 이들은 유교를 개혁하여 조선

자녀를 보내었던 자들이 망년된 생각이 나서 그 자제를 불러 나오게 하매 각 지방 신학문 교육에 크게 방해가 되게 하여 지사의 마음에 무한한 고통을 면치 못하게 한다 하니 유교의 무리들이 단결하여새 교육을 흥왕하게 하면 유림도 영광이요 태극교에는 좋은 사업이어날 이것을 아니하고 저렇듯 어두은 생각을 두는가."

왕조 사회를 이끌 지도이념으로서의 위치를 유지해보고자 했다. 전통사상이었던 유교를 근대 종교로 개혁하고자 하는 운동은 척사위정론을 배경으로 한 의병투쟁이 한계에 다다른 1909년을 전후하여 집중적으로 전개되었다. 유학을 근대종교로 전환하고자 하는 대표적 움직임으로는 대동교 운동을 들 수 있다. 이 신종교 운동은 공자를 교조로 삼고, 그 근본이념이 대동주의임을 천명하면서 1909년 9월에 발족했다. 이 운동을 시작한 인물들은 '유교구신론'을 제기하던 개신적 유학자들이었다. 그들은 청말 사상가인 강유위의 유교개혁론에 찬동했던 인물들이었다. 그리고 개혁된 유교의 이론에 기초하여 조선왕조를 근대국가로 전환시켜 보고자 했다. 따라서 이들 가운데 상당수는 조선왕조의 멸망을 막아보려던 노력의 일환으로 이 운동을 시작했으며, 제국주의의 조선침략에 반대하고 있었다. 그러나 이 운동이 시작된 지 1년이 못되어 한일합방이 단행되었다. 한일합방이후 이 계열에 속하는 인물들 가운데 일부는 대동교를 '공교회'로 개칭하여 자신의 종교적 정체성을 분명히 하면서 이 운동을 이어받아 조선왕조의 유교적 전통을 지켜나가고자 시도했다.

한편, 개항기 최말엽 일본 제국주의자들은 의병운동으로 전개된 척사위정을 무력으로 탄압했다. 그리고 비폭력적 방법에 의해 유학계가 추진하고 있었던 대동교운동에 대해서는 친일본적 사상운동으로 대응해 나가고자 했다. 그리하여 일제는 대동교 운동에 대한 견제작업으로 '공자교회'를 발족시켜 친일적 유림들을 결집시키고자 했다. 이들은 통감부와 총독부의 절대적 지원 하에 향촌의 여론을 친일적 방향으로 이끌어 가고자 시도했다.

한편, 척사위정을 표방하면서 전개되던 의병운동이 좌절되던 과정에서 일부 유교계에서는 무력적 방법이 아닌 대중적 종교운동으로 척사위정의 이념을 전파시키고자 시도하기도 했다. 이러한 계열의 운동을 태극교 운동으로 볼 수 있다. 태극교에서는 유교를 개혁하려는 노력 자체를 반대했다. 그리고 개화기에 성취되었던 일련의 근대적 개혁에 대해서 강한 저항을 시도하고 있었다. 이들은 그 종교운동의 형태에 있어서는 근대적 종교의 틀을 갖추고자 했으나 그 이념적 측면에 있어서는 전통사상을 고수하는 특성을 가지고 있었다.

이와 같은 종교운동 이외에도 한일합방 직전 조선에서는 대동교 등 유교계 신종교 운동이 도처에서 일어나고 있었다. 이러한 종교운동을 통해서 유학은 조선사회에서 지도이념의 기능을 계속 유지해 보고자 했다. 그러나 천주교나 개신교 등 기독교의 가르침이나 사회진화론 등 새로운 이념이 강하게 전파되어 나갔고, 이 과정에서 유학은 그 지도적 위치가 상대적으로 약화되어 갔다. 이와 같은 상황은 개항이후 유학계의 근대사회에 적응하려는 노력에 문제가 있었기 때문으로 판단된다.

개항기에 이르러 유교를 사상적 기본으로 삼고 있던 조선사회는 유교를 중심으로 하여 시대의 전환에 대응하고자 했다. 시대적 전환기에 처했던 이들이 추구했던 근본적인 공통의 목적은 유교사상을 중심으로 단결하는 것이었다. 그러나 그 대응의 방법론에 따라 그 갈래가 다양하게 나타났다. 그러한 과정에서 유교는 일종의 근대종교화운동을 전개했다. 이 종교운동은 다양한 갈래로 전개되었다. 즉, 민족주의적 입장에서 개화를 추진하고자 했던 대동교, 친일적 개화를 추구하던 공자교회, 전통 유교의 고수 및 반근대적 움직임을 드러내었던 태극교 등으로 크게 나뉘었다. 그러나 개항기 최말엽에 전개되었던 이 유교계 근대종교운동은 식민지시대에 지속적으로 연결되지 못했다, 그렇지만 시대적 전환기에 대응하고자 하던 이러한 노력으로 인해 한국문화 안에서 오늘날까지 유교적 가르침이 일정한 기능을 담당하게 되었다.

제2부

조선후기 사상계의 새로운 기운

제1장 조선후기 실학의 발전

1. 실학사상의 성립

1) 실학개념의 정립

(1) 실학사상의 존재

일반적으로 실학사상實學思想은 조선후기 17세기 이후의 사회에서 출현한 현실 개혁적 사유형태를 지칭하고 있다. 해방 이후 남북한의 학계에서는 실학사상의 존재를 확인하고 그 의미를 규명하기 위한 작업을 활발히 전개해 왔다.[1] 그러나 실학에 대한 최근의 연구결과를 검토해 볼 때 실학사상과 관련된 몇 가지 문제에 봉착하게 된다. 이 문제들을 규명하는 차원에서 실학의 존재 및 개념과 관련된 문제점에 대한 분석을 시도해 보고자 한다.

본고에서는 먼저 조선후기 실학사상의 존재여부에 대한 문제부터 검

---

[1] 조선후기 실학사상에 대한 연구사적 검토는 다음의 논문들을 참조할 수 있다.
池斗煥, 1987, 「朝鮮後期 實學研究의 問題點과 방향」『泰東古典研究』3, 泰東古典研究所, 103~148쪽.
김현영, 1987, 「'실학'연구의 반성과 전망」『韓國中世社會 解體期의 諸問題』上, 한울, 311~337쪽.
趙珖, 1992, 「朝鮮後期 實學思想의 研究動向과 展望」『金昌洙教授華甲紀念史學論叢』, 汎友社, 406~443쪽.
조성을, 1996, 「실학과 민중사상」『한국역사입문』2, 풀빛.

토해 보고자 한다. 최근 일부 연구자들은 조선후기 실학사상의 존재 자
체를 의문시하기도 했다.[2] 그리고 해방 이후의 연구자들이 실학의 범위
로 설정해 오던 일반적인 방법과는 달리, '실학'의 적용범위를 축소하려
는 시도도 진행되었다. 이러한 문제제기는 실학의 개념을 분명히 하는
데에 기여하는 것으로 생각된다. 그러므로 실학의 개념을 설명하기 위해
서는 이미 제기된 이 문제에 관해서 먼저 검토해 보아야 할 것이다.

　실학사상의 존재를 확인하기 위해서는 '실학實學'이란 단어의 용례 및
실학이라는 용어에 함축되어 있던 사상의 특성이 구체적으로 드러나고
있는 상황을 분석해 볼 수 있다. 그렇다면 우리는 먼저 실학이라는 용어
가 시대에 따라서 각기 다른 의미로 사용되어 왔음을 다음과 같이 확인
하게 된다. 즉, 한국사상사에서 실학이란 단어는 여말선초麗末鮮初의 사
회에서부터 쓰이기 시작했다. 이 때의 실학은 오늘날 실학이라는 개념에
함축되어 있는 바와는 달리 성리학을 지칭한 용어였다. 여말麗末에 수용
되었고 조선의 관학官學 즉 통치원리로 정립된 성리학은 원래 수기修己
와 안인安人을 목적으로 했다. 이 때문에 14세기 후반 정주程朱의 성리학
性理學을 수용한 이래 여말선초의 유학자들은 유학 즉 성리학이 도덕과
정치에 유용·유익한 생활관과 경세론을 제공해 주는 실제적實際的 사상
이란 의미에서 이를 실학이라고 했다. 이러한 성리학적 실학은 오늘날의
연구자들이 논하고 있는 조선후기의 실학사상과는 일정한 차이를 드러
내고 있다.

---

2) 도널드 베이커 著, 金世潤 譯, 1997, 「실학개념의 사용과 오용」 『조선후기 유교와
　천주교의 대립』, 一潮閣, 232~234쪽 ; Baker, 1981, "The Use and Abuse of the
　Sirhak Label" 『教會史研究』 3, 한국교회사연구소 참조. 이 글을 비롯하여 최근 일
　부 연구자들은 실학사상의 존재 자체에 의심을 표하기도 했다. 그러나 실학사상
　의 존재를 西歐的 觀點이나 基準이 아니라 동양사상 일반이 드러내고 있는 특성
　에 따라 검토해야 한다. 그렇다면 실학사상의 존재형태는 對自的 존재가 아닌 卽
　自的 존재로 이해할 수 있을 것이며, 그 존재의 의미도 충분히 인정되어야 한다.

　조선왕조의 성립을 전후해서 자신의 성리학을 실학이라고 생각했던 대표
적 인물들로는 이제현李齊賢[益齋](1287~1367)과 정도전鄭道傳[三峰](1337~1398)
그리고 권근權近[陽村](1352~1409)을 들 수 있다. 그들은 성리학이 불교나 훈
고訓詁 사장詞章에 치우친 한당漢唐의 유학보다 우월함을 인식했다. 그들은
성리학이 인의충신仁義忠信 등의 수기修己로 인해서 훈고나 사장의 유학보다
'위기爲己'의 실효를 거둘 수 있는 학문이라고 생각했다. 그리고 충효를 비롯
한 오륜五輪과 육예六禮의 학습을 통해서 불교보다 '제가치국평천하齊家治國
平天下'의 실효를 더 거둘 수 있을 것으로 확신했고, 이러한 이유로 이를 실
학이라고 불렀다.

　또한 이황李滉[退溪](1501~1570)이나 이이李珥[栗谷](1536~1584)도 수기안
인修己安人의 설說인 성리학을 실학으로 인식하고 있었다. 반면에 조선후
기에 접어들어 예禮지향적 수기의 예론禮論을 전개하고 있던 윤증尹拯은
예학을 실학이라고 인식했다.[3] 이러한 조선의 성리학자들은 대체로 주
희朱熹를 유일한 기준으로 삼아 유학을 해석하면서 자신의 학문체계를
실학으로 인식하고 있었다.

　그러나 17세기 이후 일단의 유학자들 가운데는 관학官學 즉 통치원리로
기능하고 있던 성리학의 주자 유일 기준을 거부하고 탈脫성리학적 경향을
드러내고 있었다. 그들은 선진유학先秦儒學 내지는 원시유학原始儒學의 정
신을 회복을 통해서 성리학을 극복하고자 하는 의지를 가지고 있었다. 그
들은 예론적 실학이 지배하고 있던 상황에 대한 비판을 시도했다. 이러한
사상적 경향을 가지고 있었던 인물로는 이수광李睟光[芝峰](1563~1628)이나
허목許穆[眉叟](1595~1682)을 들 수 있다.

　특히 허목의 경우에는 주자학 일변도의 경색된 학문풍토를 거부했다.
그는 주자주朱子註를 중심으로 하는 4서四書(論孟庸學)나 7서七書(論孟庸學

---

3) 尹絲淳, 1995, 「實學 意味의 變異」『民族文化硏究』 28, 고려대학교 민족문화연구
　　소, 307~317쪽.

詩書易) 체제를 거부하고, 원시유학 경전으로서 '요순지학堯舜之學'을 간직하고 있는 6경六經을 강조했다.4) 이들을 통해서 드러나는 유학의 탈성리학적 연구경향은 조선후기 실학사상의 전개에 있어서 선구적 역할을 했다. 이처럼 조선중기 이래 유학계에서는 탈성리학적 학문 연구경향이 등장하고 있었다. 조선중기의 이 탈성리학적 연구경향에서 조선후기적 실학이 움터 나왔다.

조선후기의 실학자로 지칭되는 사람들은 경세치용적經世致用的 학문을 강조하거나 자신의 저서에서 '실학'이라는 단어를 직접 구사하기도 했다. 즉 유형원柳馨遠(1622~1673)의 학문체계는 당대부터 '경세치용經世致用'의 학문으로 평가되어 왔다. 그리고 이익李瀷[星湖](1681~1763)도 학문이란 장차 천하만사를 조치할 만큼 치국治國·평천하平天下의 경세經世에 치용[致用:有用]한 것을 지향해야 한다고 역설했고, 자신이 직접 '실학'이라는 단어를 사용하기도 했다.5)

홍대용洪大容[湛軒](1731~1783)은 '실학'이라는 단어를 구사하여 사장詞章과 기송記誦 그리고 훈고訓詁와 구별되며, 공리功利나 노불老佛 육왕陸王과는 다른 학문체계를 제시하고자 했다.6) 박지원朴趾源[燕巖](1737~1805)의 경우에도 농공상農工商의 이치를 포함하는 사士의 학문을 '실학'이라고 지칭하면서 농공고農工賈가 소업所業을 잘못하는 것은 사士에게 실학이 없기 때문이라고 말했다.7)

정약용丁若鏞[茶山](1762~1836)은 그의 저서에서 '실학'이라는 단어를 사용하지는 않았다. 그러나 그는 당대의 성리학을 '잡학雜學'이라고까지 폄하하면서, 치국안민治國安民의 목적을 달성하기 위해 이적夷狄을 물리치며

---

4) 鄭玉子, 1979,「眉叟 許穆 研究」『韓國史論』5, 서울대학교 국사학과, 205쪽.
5) 李瀷,『星湖僿說』卷27 經史門 窮理條 ; 尹絲淳, 1995, 위의 글, 319~320쪽. 이하 '實學'의 용례에 관한 논의도 이 글의 도움을 받았다.
6) 洪大容,『湛軒書』外集 卷1, 與鐵橋書.
7) 朴趾源,『燕巖集』卷4, 課農少抄 諸家摠論後附說.

재용財用을 넉넉히 하고, 능문능리能文能吏[학문과 업무 모두에 유능하여 무소부당無所不當(당해내지 못함이 없는)]한 능력의 양성을 주창했다.[8] 여기에서 정약용의 실학개념이 간접적으로 추출될 수 있다. 19세기의 김정희金正喜[秋史](1786~1856)의 경우에는 '실사구시實事求是'를 중시하는 학문태도를 강조했다.[9] 최한기崔漢綺[惠崗](1803~1877)는 사농공상士農工商에 걸친 실사實事를 실지實地로 탐구·실천할 것을 제창하면서 자신의 실학사상을 표현했다.[10]

여기에서 오늘날 우리 학계는 조선후기 사상계의 변화를 논하면서 실학이라는 분야를 설정하게 되었다. 그러나 조선후기의 실학사상은 당대의 학인學人들이 직접 문호門戶를 열고 기치旗幟를 세우며 자신의 존재를 '실학파實學派' 등으로 스스로 확인한 사상은 아니었다. 그러나 그들은 스스로가 자신을 실학자實學者로 자처한 바도 없고, 자신의 학문을 실학이라고 선언하지도 아니했다. 그들이 서로 모여 타자와 구별되는 배타적 견지에서 학파學派를 조직한 바도 없었다.

그렇다 하더라도 오늘날 학계에서 당시의 학풍을 실학으로 명명하는 데에는 충분한 근거가 있다. 즉 조선후기의 실학사상은 즉자적卽自的(an sich) 형태로 존재하고 있었다. 실학사상은 자신의 존재를 의식하고 자신의 독립성을 확연히 천명하는 대자적對自的[für sich] 단계의 사상으로까지 전개되지는 아니했지만 분명 조선후기의 사상계에 존재하고 있었던 중요한 흐름 가운데 하나였다. 이 즉자적 사상의 형태를 1950년대에 이르러 남북한의 학계에서는 실학사상이라고 지칭하게 되었다.

따라서 실학사상에 대한 연구는 과거 역사적 존재 자체를 밝히고 그 의미를 규명하려는 작업이다. 이러한 특성을 가진 '조선후기 실학'은 종

---

8) 丁若鏞, 『與猶堂全書』 第1集 卷12, 俗儒論.
9) 金正喜, 『阮堂集』 卷1, 實事求是說.
10) 崔漢綺, 『推測錄』 卷5, 名實取捨.

전의 '성리학적 실학'이나 '예학적 실학' 혹은 '양명학적 실학' 등과 구
별된다. 그리고 이 '조선후기 실학'이란 긴 관용어 대신에 여태까지 한
국사학계에서 통용되어 오던 상례에 따라 이를 단순히 '실학사상'으로
명명해 줄 수도 있을 것이다. 이 실학사상은 조선초기 성리학의 학문전
통과는 엄연히 구별되는 사상이었다.

(2) 실학사상의 특성

조선후기 실학사상에 대한 본격적 연구가 진행되기 시작한 1950년대
이후 오늘에 이르기까지 실학사상의 개념은 다양하게 규정되어 왔다. 일
부 연구자들은 실학을 경세학의 일종으로 파악하는 경우가 있었다. 그리
고 이를 '근대지향적 사상'이나, '탈성리학적 사상'으로 규정하려 했
다.[11] 또한 일부의 연구자들은 실학의 범위를 북학사상만으로 제한하여
부르기를 제안했다.[12] 이처럼 실학사상의 특성 내지는 개념에 관한 다
양한 의견이 제시됨으로 인해서 실학이 가지고 있는 특성을 파악하는 데
에는 어려움이 따르게 되었다. 이러한 다양한 견해 가운데 먼저 '탈성리
학적 사상'이라는 규정을 중심으로 하여 실학사상의 특성을 살펴보겠
다.[13]

탈성리학적 사상은 주자주朱子註를 유일한 근거로 하여 유교경전을 해
석해왔던 조선 성리학의 관행을 거부하고, 경전의 해석에 새로운 기준을
모색하는 사상 경향을 총칭한다. 그리고 조선후기 사회에서 이러한 경향
을 나타내는 사상을 실학으로 규정했다. 이 견해가 가지고 있는 의미를
분명히 하기 위해서 주희朱熹 내지는 주자학朱子學에 대한 조선후기 실학

---

11) 千寬宇, 1970,「韓國實學思想史」『韓國文化史大系』Ⅵ, 고려대학교 민족문화연구
    소, 967쪽 ; 尹絲淳, 1997,「탈성리학적 실학」『한국유학사상론』, 예문서원, 367쪽.
12) 池斗煥, 1987, 앞의 글, 146쪽.
13) 實學의 槪念과 관련하여 提示되어 왔던 '經世論', '近代志向' '北學' 등에 관한
    입장은 본고 3.연구의 전개과정에 대한 검토 부분에서 略述하겠다.

자의 태도를 검토해야 한다. 이를 위해서는 실학자들이 남긴 주희나 주자학에 관한 언급들을 주목할 수 있다.

실학자들이 주희에 대해서 가지고 있던 사례 가운데 유형원柳馨遠의 경우를 먼저 검토할 수 있다. 유형원은 주희의 견해를 '기강이약氣强理弱'이라고 하여 비판적인 입장을 취하고 있었지만, 전반적으로는 주자를 크게 존신尊信하고 있었다.14) 이익李瀷도 "정주程朱가 맹자孟子 이전에 있었다면 반드시 성인으로 지목되었을 것이다"라고15) 말할 정도로 주희에 대한 존숭尊崇을 지속하고 있었다. 홍대용洪大容도 "주자학은 중정中正하여 편벽되지 않으니, 참으로 공맹孔孟의 정맥正脈이다"라고 말하여16) 주자학의 가치를 충분히 인정해 주었다.

정약용도 "주희는 6경六經을 깊이 연구하여 진위를 판별하고 사서四書를 드러내어 심오한 뜻을 천발闡發했다"고 말하며 주자의 학적 권위를 전적으로 거부하지는 아니했다.17) 정약용은 『춘추春秋』의 해석과 관련하여 말하기를 "역대 선유의 논의를 살피건대 주희의 설만이 참으로 확실하고 평정하다. 『주자어류朱子語類』에 실린 천만 가지 말마디 모두가 요체要諦에 들어맞으니 내가 무엇을 덧붙이겠는가"라고 말하여 주희를 적극적으로 인정하기도 했다.18)

이러한 언급을 통해서 볼 때 실학사상은 주자학을 굳이 배격하지는 아니했음을 알 수 있다. 실학자들의 사상은 성리학을 기본으로 하여 출발했고, 그들의 사고에서 부분적으로는 성리학적 사고와 새로운 사고들이 공존하는 경우도 있었다.19) 실학자들이 주자학의 모든 부분을 확연

---

14) 金泰永, 1997, 「조선후기 實學에서의 현실과 이성」『韓國思想史方法論』, 도서출판 소화, 233쪽. 이 글은 이 논문의 연구 성과에 크게 힘입었었다.
15) 李瀷, 『星湖僿說』卷17, 程朱聖人.
16) 洪大容, 『湛軒書』外集3, 杭傳尺牘 乾淨錄後語.
17) 丁若鏞, 『與猶堂全書』第2集 卷11, 五學論.
18) 丁若鏞, 『與猶堂全書』第2集 卷13, 春秋考徵序.
19) 박학래, 1993, 「홍대용의 실학적 인간관」『실학의 철학』, 예문서원, 270쪽 ; 김형찬,

히 배척하지는 않았다. 이는 그들이 현실에 대한 올바른 인식과 개혁의 방향을 제시해 주는 이론이라면 주희를 비롯해서 누구의 이론이라도 수용했기 때문이었다.[20]

그러나 실학자들은 주희朱熹를 명시적으로 거부하지는 아니했지만, 유학의 해석에 있어서 적용되어 오던 주희 유일 기준을 거부하면서 주자설에 대한 맹종이 가지고 있는 문제점을 극복하고자 했다. 주자설에 대한 맹종의 거부는 허목許穆이나 이수광李睟光 단계에서부터 이미 드러난 일이었다. 이 점은 유형원의 경우에 있어서도 마찬가지였다. 그는 주자학의 왕도정치론을 극복하고 원초유학으로 회귀해 가는 과정에서 주자학의 이기인성론理氣人性論을 극복했다.[21] 이익李瀷은 주희 성리학의 연장에만 머물지 않고 이에 대한 반성과 비판적 태도를 견지했다.[22] 홍대용洪大容은 성리학에 대한 비판적인 태도를 견지했고, 그 인간론의 전개에 있어서도 자신이 속한 낙론계洛論系의 성리학자들과는 다른 인물성심人物性心의 동론同論을 주장했다.[23] 박지원朴趾源의 철학에서 드러나는 특징도 주희 유일기준朱熹唯一基準에 대해 반발했고 인식론에 있어서 자신의 새로운 주장을 제시했다.[24]

이 점은 정약용의 경우에도 동일하게 나타나는 현상이다. 예를 들면 정약용은 성리학의 기질지성氣質之性에 대한 해석을 달리하여 기질을 선천적 제약으로 해석했던 성리학의 입장을 거부하고, 새로운 인간관을 제시했다. 그는 주장하기를 천天은 인간의 마음에 자주권自主權을 부여해 주었다고 했다. 이로써 인간은 그 자아의 주체적 자율성을 가진 존재로

1993, 「박지원 철학사상의 실학적 기반」 『실학의 철학』, 예문서원, 315쪽.

20) 金泰永, 1997, 앞의 글, 233쪽.

21) 金駿錫, 1992, 「柳馨遠의 變法觀과 實理論」 『東方學志』 75, 延世大學校 國學研究院, 94쪽.

22) 송갑준, 1993, 「이익의 경학관」 『실학의 철학』, 예문서원, 183쪽.

23) 박학래, 1993, 앞의 논문, 271쪽.

24) 김형찬, 1993, 앞의 논문, 313쪽.

새롭게 규정되었다.[25] 이상의 사례에서 볼 수 있는 바와 같이 실학자들은 주자주朱子註를 기준으로 한 성리학의 유학 해석방법을 벗어나서 새로운 철학을 구성해갔다.

위에서 확인되는 바와 같이 실학자들은 주자를 존숭尊崇하기는 했지만 주자설을 유학해석에 있어서 유일한 기준으로 삼기를 거부했다. 실학자들은 주자집주朱子集註에 맹종하기를 거부하고 선택적 입장에서 주자의 가르침까지 객관화하여 이를 비판하기를 주저하지 아니했다. 이 주자에 대한 비판적 인식은 실학적 사유의 본령이었고, 이를 탈성리학적 현상이라고 규정할 수 있을 것이다. 이 탈성리학적 현상은 실학을 비롯한 조선후기의 여러 사상에서 공통적으로 드러나는 것이었다. 특히 조선후기 실학자들의 탈성리학적 경향은 이러한 주자성리학에 대한 비판에서 나타날 수 있었다. 이러한 이유로 인해서 실학을 탈성리학과 동일시하기도 했다.

그런데 조선후기에 출현했던 탈성리학으로 범칭汎稱되는 사상들은 상당히 다양한 성격을 띠고 있었다. 주자유일 기준에 입각한 성리학과는 계통을 달리하는 학문사상의 경향 중에는 유학의 범위에 드는 양명학陽明學이나 훈고학訓詁學·사장학詞章學 등이 있다. 그리고 도가사상 등 유학과는 궤를 달리하는 사상도 있었다. 이처럼 다양한 요소를 가진 사상을 탈성리학이라는 한 가지 측면을 기준으로 하여 실학이라고 부르는 데에는 난점이 따른다. 그렇게 할 경우에는 그 사상들이 가지고 있는 다양성으로 말미암아, 실학이란 용어에도 개념적 다양성이나 모호성이 수반될 수밖에 없다. 그리고 탈성리학이라는 소극적 개념을 구사하여 한 시대의 정신을 대변하는 적극적이고 명확한 사상을 표현하는 데에는 한계가 따른다.

그러므로 탈성리학적 사상 일반을 실학으로 규정하기보다는 탈성리

---

25) 琴章泰, 1986, 「茶山의 天槪念과 天人關係論」 『哲學』 25, 韓國哲學會, 57~59쪽.

학적 사상 가운데 자신의 고유한 논리를 적극적으로 제시하고 있는 특정 사상만을 분리해내야 한다. 학술용어는 그 개념이 명확해야 하며, 적용 범위가 분명히 제한되어야 하는 것이기 때문이다. 그렇다면 실학사상은 조선 성리학의 학문풍토에 비판적 입장을 견지하던 사상 가운데 선진유학 내지는 원초유학의 입장에서 제기된 왕정론王政論 혹은 왕도정치론王道政治論으로 제한하여 설명할 수 있을 것이다.26)

실학자들은 자신의 왕도정치론이 현실사회에 시행될 수 있을 것으로 생각했다. 그들은 중세사회 해체기에 처하여 국가재조론의 입장에서 왕도王道의 강화와 실천을 주장했다. 그들은 이 주장을 통해 당시의 현실사회에 대한 자신의 책임을 확인하고자 했다. 그러므로 실학사상은 바로 이 측면에서 볼 때 제한적 의미에서나마 현실 참여적 특성을 가지고 있었다. 따라서 실학사상을 실천성이 결여된 이념이었다거나, 중세체제의 단순한 유지 강화론으로만 볼 수는 없다.

요컨대, 조선후기 사회에서는 즉자적 사상의 형태로 실학사상이 존재하고 있었다. 이 실학사상은 유학의 해석에 있어서 주자설朱子說을 유일한 기준으로 삼기를 거부한 탈성리학적 사상으로서, 선진유학 내지는 원초유학에 입각하여 왕도정치론王道政治論 혹은 왕정론王政論에 기반을 두고 변법적變法的 개혁을 추진하던 국가재조國家再造의 사상이었다. 그리고 실학자는 성리학에 대해 비판적 입장을 취하면서 원초유학의 이상형으로 제시되고 있는 왕도정치의 정론政論에 따라 고법古法과 고제古制를 조선후기 자신들이 살고 있는 현실사회에 구현하려고 노력하던 사람들이었다. 또한 실학파는 실학자 상호간에 있어서 직접적인 유대나 연결 관계와는 큰 상관없이 조선후기의 지적 운동에서 드러나는 이와 같은 경

---

26) 金泰永, 1997, 앞의 논문, 232쪽. 이 논문에서는 실학의 범위를 脫性理學이라는 규정 대신에 先秦儒學의 王政論에서 구하고 있다. 실학에서 제시하고 있는 왕도 정치론의 특성에 관해서는 이 글 2장의 '실학적 왕도정치론'에 後述되어 있다.

향성을 공유했던 학인學人들의 무리를 뜻한다.

이 실학파에 속하는 학인으로는 유형원(1622~1673) 이하 이익(1681~1763)을 거쳐 홍대용洪大容(1731~1783)이나 정약용(1762~1836) 등 흔히 북학파 사상가로 불리는 일단의 인물들을 모두 포괄하게 된다. 19세기 중엽 헌종대憲宗代에 활동했던 이규경李圭景이나 최한기崔漢綺도 실학자의 범위 안에 포함되는 것이다.

2) 실학사상의 형성배경

실학자들은 자신이 처해 있던 현실세계의 분석을 통해서 주자설에 입각한 성리학이 현실과 괴리된 것으로 판단했다. 실학자들은 성리학자들과 마찬가지로 왕도정치론을 존중했지만, 여기에서도 그들은 주자유일 기준을 거부했던 것이다. 그들은 성리학에 대체될 수 있는 경세론으로 6경六經 고학古學에 기초한 왕도정치론을 제시했다. 실학적 왕도정치론은 17세기 이후의 조선 사회에서 행정·군사·경제·사회·문화의 각 부분에 걸쳐 폭넓은 제도변화를 이루려는 시도였다. 이렇게 조선후기 사회에 이르러 성리학적 왕도정치론을 반대하고 실학적 왕도정치론이 제기된 데에는 일정한 배경이 있었다. 즉, 실학사상의 등장배경에는 조선후기 사회의 해체가 강화되어 나가던 내재적 상황이 주된 역할을 담당했고, 일부 외래적 요인도 함께 작용했음을 확인할 수 있다.[27]

그런데 오늘날 '실학'으로 규정하고 있는 사상의 경향에 대해 학문적으로 관심이 표시되기 시작했던 식민지시대에는 이 사상의 형성배경으로 청조문물의 수용이나 서학의 전래와 같은 외래적 요인을 주로 주목했다. 그 후 '실학'의 개념을 정립시켰던 해방직후의 학계에서는 대부분이 식민사관 극복론과 민족사에 대한 주체적 인식논리에 따라 내재적 발전

---

27) 강만길, 1994, 『고쳐쓴 한국근대사』, 창작과비평사, 150쪽.

론의 입장에서 실학의 발생원인을 추구하게 되었다. 그러나 1970년대에 이르러 실학발생의 원인에 대한 재검토 작업이 진행되었다.

이 과정에서 실학발생의 내재적 요인과 함께 외래적 요인에 대한 균형적 인식이 가능하게 되었다. 그리하여 주체적 인식을 강조하기 위해서 외래적 요인의 인정을 거부하려는 경향을 경계했으며, 주체성의 문제는 수용의 태도나 방법에 관한 문제이지 외국의 영향을 받았는지 여부에 대한 결과의 문제가 아님을 확인했다.[28] 그리고 한 민족의 역사는 그 민족의 자생적 능력에 의해서 추진되고 전개되는 것이지만 밖으로부터의 외적 변수나 요인이 무시되어서는 안 된다는 입장이 제시되었다.[29] 여기에서는 기존의 연구 성과들을 기초로 하여 실학사상 발생의 원인에 대해서 검토해 보고자 한다.

(1) 내재적 배경

실학사상이 발달하게 된 내재적 배경으로는 조선후기사의 전개과정에서 나타난 사회경제적 여러 현상을 비롯하여 정치·문화적 요소가 종합적으로 작용하고 있었던 점을 들 수 있다. 즉 실학사상은 17세기 이래 조선 사회에서 전개된 사회경제적 변동 및 문화변동의 산물이었다.

실학사상 발달의 내재적 요인으로는 우선 조선후기 사회의 경제적 변화와 발전현상을 주목할 수 있다. 17~18세기 이래의 농촌사회에는 커다란 변동이 일어나고 있었다. 일부 대토지 소유자에 의해 토지겸병이 확대되고 그에 따라 대다수의 농민은 소작농으로 전락하거나 아니면 토지를 잃고 농촌을 떠나는 현상이 발생했다. 그리고 이와 함께, 또 다른 한편에서는 소작 경영이나 상업적 농업을 통해 부를 축적해 가는 경영형

---

28) 金泳鎬, 1975, 「實學思想의 勃興」 『한국사』 14, 국사편찬위원회, 164쪽.
29) 李元淳, 1975, 「朝鮮後期 實學者의 西學意識」 『歷史敎育』 17, 歷史敎育硏究會, 136쪽.

부농이나 서민 지주가 나타나고 있었다. 이는 곧 농민층 분해현상의 집중적이고 구체적인 표현이었다.

실학은 이러한 농민층 분해과정에서 이에 대한 대안적 사상으로 형성되었다. 여기에서 실학자들은 농민층 분해의 여러 방향에 따라 각기 다르게 자신의 개혁안을 구상했던 것이다. 일부 실학자들은 농민분해 현상을 주의 깊게 관찰하면서 상업적 농업경영자 및 일부 성장하고 있는 부농층의 처지를 대변했고, 또 다른 사상가들은 토지에서 이탈된 빈농들에 대한 대안을 마련해 보고자 했다. 또 한편에서는 지주적 토지소유를 근본적으로 부정하는가 하면, 다른 한편에서는 지주의 토지소유 자체는 인정하고 경영의 전환과 소작 조건의 개선 방안을 모색하기도 했다.[30]

아울러 임진왜란(1592)·병자호란(1636) 이후 상품화폐경제의 발전 역시 실학사상의 배경으로써 작용하고 있었다. 특히 18세기 이후 상품화폐경제의 발전 과정에서 서울이 상업 도시적 양상을 짙게 띠게 되자 이에 영향을 받은 일군—群의 실학자들이 나타났다.[31] 이들은 상업과 수공업에서 새로운 동향을 주목하면서 18세기 이후 서울의 도시적 분위기에 걸맞은 유통을 중시하는 경세론을 펴게 되었다. 즉, 이러한 이해는 이들이 성장하고 체득했던 서울의 도시적 분위기와 유통경제의 활기에서 연유한 것이었다. 따라서 그들은 경제력을 높이는 생산 활동과 유통경제의 활성화를 긍정적으로 인식하게 되었고, 이것의 적극적 발전을 주장했다.

이와 함께 조선후기의 사회 계급적 변동 역시 실학 발달의 원인으로 들 수 있다. 전쟁 후의 조선사회는 중세적 신분질서가 비교적 폭넓게 붕괴해 갔고, 그것은 대체로 양반의 일부와 대다수의 농민층이 경제적으로 몰락해 가는 하향 방향과 서민층의 일부가 신분상승을 성취하는 상향 방

---

30) 金泳鎬, 1975, 앞의 논문, 128~144쪽.
31) 李佑成, 1963,「18세기 서울의 도시적 양상 – 실학과 특히 이용후생과의 성립배경 –」
　　『鄕土서울』17, 서울특별시시사편찬위원회.

향으로 나타났다. 이런 변화에 직면한 일부 진보 성향의 사상가들은 사회적으로 하향 과정에 놓여 있는 양반층의 생계 대책과 함께 상향 과정에 들어선 서민층의 이익을 보장하는 문제에 주목하게 되었다. 이 과정에서 실학자들은 사회현상에 대한 정확한 진단과 대책을 모색했고, 이를 통하여 현실 개혁적 실학사상이 형성되었던 것이다.[32]

조선후기 실학사상이 성립하게 된 또 다른 배경으로는 성리학을 본위로 한 조선사상계의 지형이 바뀌고 있었던 점을 주목할 수 있다. 성리학은 15세기 조선의 사회질서를 수립하고 이를 유지하는 데에 가장 근간이 되던 사상이었다. 성리학은 조선후기 사회에서도 조선의 대표적 사유형태였으며, 경세론으로 의연히 작용하고 있었다. 더욱이 임진왜란·병자호란 후의 조선 사회는 모든 분야에 걸쳐 그 부조리가 드러나고 변화의 조짐이 나타남에 따라 전면적이고 본질적인 개혁이 필요했다. 그러나 당시까지도 국가운영의 지배원리였던 성리학적 경세론은 그 합리적 수습책을 제시하지 못했고, 교조주의적 경향과 명분론을 강화하고 있었다.

이러한 상황에서 16세기 후반부터 17세기에 이르러서 조선의 사상계에서 성리학의 학풍을 추구하면서도 주자 유일 기준의 입장을 벗어나서 새로운 기준에 입각한 학문경향이 나타나기도 했다. 한백겸韓百謙·이수광李睟光 등으로 대표되는 이러한 경향의 학인들은 당시 성리학계에서 주류를 이루고 있던 주희朱熹를 유일한 기준으로 삼아 공허한 논의가 성행하고 있던 상황에 대해서 비판적 입장을 견지했다.[33]

권득기權得己(1570~1622)나 권시權諰(1604~1672) 부자父子나 허목許穆(1595~1682)의 경우에도 주희 유일 기준을 거부하고 있었다. 특히 허목의 경우에는 고문고학古文古學을 존중하며 주자주소朱子註疏의 번잡함과 폐쇄성을 탈피하여 6경六經을 중시하는 원초유학의 체제로 복귀하고자 했다.[34] 이들

---

32) 金泳鎬, 1975, 앞의 논문, 159쪽.
33) 金泰永, 1997, 앞의 논문, 214쪽.

의 사상은 상술한 바와 같이 17세기에 이르러 새로운 상황으로 전개되어 나갔다.

이에 그들은 성리학을 비판적으로 재검토하여 선진시대의 원초유학으로 돌아가 왕도정치론의 견지에서 새로운 개혁안을 모색해냈다. 그 결과 조선후기 사회에서는 성리학적 학문체계에서 벗어난 새로운 학풍이 형성되어 갔고, 여기에서 탈성리학적 – 원초유학적 입장에서 제시된 개혁사상인 실학사상이 발생하게 되었다. 이러한 경향은 18세기에 후반기에 이르러 성리학적 명분론에 입각한 사회질서가 동요되던 당시의 사상계에서도 동일하게 드러났다. 그리하여 경화사족京華士族을 중심으로 한 경화학계京華學界 일각에서는 기존의 성리학적 의리지학義理之學을 반성하는 새로운 학문적 지향이 제기되었다.35)

이렇게 성리학의 자기극복과정에서 실학이 나타나게 된 것은 실학자 대부분이 성리학적 지식을 기본교양으로 가지고 있었기 때문이었다. 실학자들은 상술한 바와 같이 적극적으로 성리학을 부정하거나 거부하지 않았다. 그러므로 조선후기 당시의 실학자들은 기득권을 장악하고 있던 성리학자들과 본격적인 갈등이나 대립을 겪지 않을 수도 있었다. 그러나 그들은 자기 시대의 권력구조와 사회질서와 문화전통의 해석에 새로운 패러다임을 제시하여 전면적으로 반성·비판하는 데에는 실패했다. 이 때문에 실학사상은 조선후기라는 중세사회 해체기에 등장한 이상사회의 중세적 재건논리였다는 특성에만 머물게 되었다.36)

마지막으로 실학사상 발달의 또 다른 내재적 요인으로는 정치적인 면에서 전쟁 후의 조선 사회가 직면하고 있었던 통치 질서의 경직화 현상을 들 수 있다. 16세기경부터 일부 변질되기 시작한 조선의 통치 질서는

---

34) 鄭玉子, 1979,「眉叟 許穆 硏究」『韓國史論』5, 서울대학교 국사학과, 230쪽.

35) 劉奉學, 1995,『燕巖一派의 北學思想의 硏究』, 一志社, 79~99쪽.

36) 趙珖, 1992,「朝鮮後期 實學思想의 硏究動向과 展望」『何石金昌洙敎授華甲紀念 史學論叢』, 429쪽.

전쟁을 겪으면서 동요되기 시작했다. 집권층의 벌열화, 수취체제의 붕
괴. 신분체제의 동요, 농본주의 생산체제의 일부 변화 등은 15세기를 통
해 짜여진 조선왕조 본래의 경국대전적 통치 질서에 상당한 수정을 가해
야 할 필요성을 절실하게 했다.

전쟁 후의 조선 사회에는 전면적이고 본질적인 개혁이 요청되었으나
성리학적 왕도정치론에 침잠되어 있던 집권세력은 폭넓은 개혁방안을
제시하지 못하고, 다만 소변통론小變通論의 입장에서 보완적 체제유지책
을 세우는 데 한정됐을 뿐이다. 그러나 일부 상대적 진보성향의 관료와
재야의 지식인들이 조선왕조 자체를 유지하는 범위 안에서 벌열세력을
억제하고 국가의 통치체제를 강화해서 민생을 안정시킬 수 있는 방안을
강구하고자 했다.[37]

여기에서 볼 수 있는 바와 같이 조선후기 통치 질서의 경직화 현상에
대한 발생은 왕도정치론의 구현을 위한 현실적 대안들에 대한 사고思考
를 요청하고 있었다. 그리하여 그들은 16세기 말 이이李珥가 제시한 바
와 같은 무실론務實論 즉 현실개혁론의 영향을 받으면서도 주희 유일기
준이 아닌 원초 유학의 입장에 선 무실론을 전개했고, 그것을 다시 발전
시켜 독자적인 학문 영역으로 성립시켜 나갔다. 조선후기의 실학자들에
게 있어서 전기의 과학부문의 업적이나 무실론으로 대표되는 경세적 학
풍들은 참고 된 바가 적지 않았다.

(2) 외래적 요인

한편 실학사상의 발달에는 내재적 요인과 함께 국제정세의 변동과 이
시기에 전래된 서학 및 청대 학문의 영향도 일정하게 작용했다. 여기에
서는 먼저 국제정세의 변동 가운데는 조선과 청이 맺고 있던 관계를 주

---

37) 李佑成, 1973, 「實學硏究序說」『實學硏究入門』, 一潮閣.

목해 보고자 한다. 즉, 조선은 17세기 전반기 병자호란의 과정에서 참패를 당했고 이를 만회하기 위한 노력을 여러 측면에서 전개해 갔다. 또한 대륙에서도 명청明淸의 교체가 일어나, 만이蠻夷였던 청이 중국의 정통을 이어받게 되었다.

이와 같이 새롭게 전개된 일련의 상황에서 조선의 사상계에서는 전통적인 정통론과 화이론에 대한 재검토 작업의 과정에서 조선중심주의가 일어나서 소중화론小中華論 혹은 소화론小華論을 제시하게 되었다.[38] 이 주장은 조선의 성리학자들이 당시의 현실을 중화中華가 이미 소멸된 상황으로 규정했던 사실을 전제로 하여야 올바로 이해될 수 있을 것이다. 조선의 성리학자들은 성리학을 기준으로 한 왕도정치론의 입장에서 조선만이 중화 문화의 정수를 보존하고 있다고 확신했다. 그리하여 이들은 조선의 학계가 다시 중국에 이를 전수시켜 주어야 할 책임을 지고 있는 것으로 생각하기도 했다.

국제정세의 변동으로 인해서 초래된 이와 같은 조선중심주의적 사고방법의 출현은 실학자들의 자아 각성에도 일정한 영향을 주었다. 실학자들의 경우에서도 정통론과 화이론의 재검토 작업이 진행되었고, 이 재검토 작업은 실학자 자신의 사상이 새롭게 정립되는 데에 적극적으로 기여했다.

한편, 당시 국제정세의 변동은 서세동점의 현상을 통해서도 확인된다. 서세동점의 결과로 중국에 전해진 서학사상은 조선에도 전파되었다.[39] 그리고 17세기 이래 중국에서 간행된 각종 한문서학서漢文西學書 가운데 상당수가 조선에 전래되어 당시의 지식인들에게 읽히고 있었다.[40] 이때 전해진 서학서 가운데에는 천주교 사상을 논하는 서적과 함께 수학·

---

38) 鄭玉子, 1998, 『朝鮮中華主義研究』, 一志社 참조.
39) 趙珖, 1997, 「조선후기 서양과의 관계」『韓國史』32, 국사편찬위원회, 480~485쪽.
40) 李元淳, 1975, 「明清來 西學書의 사상사적 위치」『韓國天主敎會史論文選集』1, 韓國敎會史研究所.

천문학·농학·측량測量·지도地圖와 같은 과학기술 계통의 서적이 있었다.

한문서학서를 통해 실학자들에 흡수된 서학의 종교사상은 그들의 철학적 사유에 일정한 영향을 미쳤다. 조선후기 서학사상을 수용한 지식인층은 대체로 성리학에 대해 비판의식을 가지고 있었으며, 선진 유학에 기초하여 원초 유학적 입장에서 성리학적 가치체계를 변혁시켜 보려던 인물들이었다. 이러한 그들은 당시의 학문풍토가 지니고 있던 사변적思辨的 경향과 관련하여 한문 서학서漢文西學書 가운데 천주교 교리를 설명하는 이편理篇에 관심을 가지고 있었다.

여기에서 주로 논하고 있던 내용은 원초 유학의 신관神觀에 대한 수용을 뜻하는 보유론적補儒論的 천주교 신앙이었다. 보유론은 서학이 유학에 대립되는 사상이 아니라 유학의 부족한 점을 보충해 준다는 이론이었다. 따라서 그들은 자신이 기초하고 있던 원초 유학적 입장을 포기하지 않고서도 서학에 접근할 수 있었다. 즉, 그들이 원초 유학의 틀을 빌려 자신의 교리에 대한 설명을 시도하던 서학에 접근할 수 있었던 까닭은 심성론을 비롯한 그들의 사상이 이미 성리학적 사상의 틀을 떠나고 있었기 때문이기도 했다.

그들은 서학서에서 논의하는 인간관 등의 개념을 원용하여 자신의 이론을 발전시켜 나가기도 했다.[41] 그들은 선진 유학의 재검토를 기초로 하여 성리학의 사상체계를 개혁하고자 시도했고, 여기에서 그들은 서학 자체도 변혁의 이념으로 파악하고 이를 연구했던 것이다.[42] 이리하여 서학은 실학이 성리학과 구분되는 독자적인 사상체계로 발전하는 데에 일정한 도움을 줄 수 있었다.

---

41) 金承惠, 1994, 「'七克'에 대한 硏究」『敎會史硏究』9, 韓國敎會史硏究所, 177~190쪽 등 참조. 丁若鏞의 『孟子要義』에 나오는 '自主權'의 개념도 漢文西學書 가운데 『七克』 등의 영향으로 볼 수 있는 여지가 있다.
42) 趙珖, 1993, 「朝鮮後期 思想界의 轉換期的 特性 – 正學·實學·邪學의 對立構圖 –」『韓國史 轉換期의 문제들』, 지식산업사, 170쪽.

또한 서학의 과학기술에 대한 이론들도 실학자들의 사상 형성 및 과
학 연구에 자극을 주었다. 실학자들은 서학의 자극을 받으며 천문학과
지리학 혹은 기하학 등의 연구에 박차를 가하기도 했다.[43] 서양의 과학
기술의 우월성을 인정하고 이를 적극적으로 수용하자는 주장도 제기됐
으며, 서학서의 이론을 직접 적용하여 거중기擧重機와 같은 실용적인 토
목공사용 기계를 제작하기도 했다.

서양 천문학에 대한 이해가 넓어지면서 중국이 세계의 중심이 아니라
는 인식이 확대될 수 있었고, 이를 통해 학문의 관심이 조선과 조선 문
화로 돌려질 수 있었다. 즉, 실학이 조선 중심적인 사유 체계로 발전할
수 있었던 것에는 서양 천문학의 영향으로 인한 지식의 확대가 중요한
배경이 되었던 것이다.

천문학은 천시天時를 정해주어야 하는 중국황실에서는 제왕지학帝王之
學으로 소중히 여겨 왔지만, 반면에 조선에서의 천문학은 원래 중인지학
中人之學에 지나지 않았다. 그러나 대부분이 양반출신이었던 실학자들은
천문학의 연구를 시도하여 조선의 왕격王格을 중국의 황제와 대등하게
만들려 했고, 조선이라는 국가적 존재의 위상을 중국과 대등한 지위로
격상시켜 해석하고자 했다. 여기에서 서학이 실학의 발전에 영향을 준
또 다른 면을 확인할 수 있게 된다.

한편, 명말청초 중국의 실학적 학풍과 청대의 고증학도 조선후기 실
학사상 형성에 영향을 주었다. 황종희黃宗羲·고염무顧炎武·왕부지王夫之·
안원顏元 등에 의해 제시되었던 명말청초의 학술사상에서는 일종의 '민
족의식'과 민본의식 그리고 현실개혁 의식이 강하게 나타나 있었다. 그
러나 이와 같은 학문 경향에서 등장하는 개혁적 이상은 청조 지배층의

---

43) 朴星來, 1983, 「마테오 리치와 韓國의 西洋科學 受容」 『東亞研究』 3, 西江大學校
東亞文化研究所 ; 朴星來, 1985, 「『星湖僿說』 속의 西洋科學」 『震檀學報』 55, 震
檀學會.

의도적 왜곡작업으로 인해 변질되었다. 그 개혁적 이상이 거세되고 고증학으로 전환되었던 것이다.

요컨대, 조선후기 실학사상의 발생배경은 내재적 요인과 외래적 요인으로 나누어 검토할 수 있다. 특히 여기에서 주목되는 것은 내재적 요인이다. 그리고 실학사상이 조선후기라는 장기간에 걸쳐 전개되던 과정에서 각 시대에 따라서 달리 나타난 내외적 배경은 실학사상의 전개과정에서 그 사상적 특성을 형성하는 데에 적지 않게 영향을 주었다. 조선후기 실학사상의 발생배경 가운데 가장 중요한 부분은 내재적 요인이다. 그 내재적 요인으로는 농업변동과 농민층 분해, 상품화폐경제의 발달, 신분제의 붕괴 및 평민의식의 성장 등을 주목할 수 있을 것이다.

한편 조선후기 사회가 직면하고 있었던 국제환경의 영향 아래 실학의 외래적 요인이 조성되어 갔다. 실학은 대륙정세의 변동이나 서세동점西勢東漸이라는 역사적 사건과 무관할 수 없었다. 실학은 서학 및 명·청대 학술의 수용 등 조선후기사의 주체적 전개과정 속에서 형성되고 발전되어 갔다. 아울러 실학자의 이러한 사상전환은 기존사상을 전적으로 부정하고 얻어진 단절의 결과가 아니라 그것을 비판적으로 수용함으로써 가능하였기 때문에, 조선후기의 실학사상은 전통성리학의 발전적 자기극복과정에서 성장하고 발달하였던 것이다.[44]

3) 실학의 연구방법과 분야

조선후기 실학에서 드러나는 특성은 그 연구방법론에 있다. 실학자들은 가장 강조하던 방법론상의 특성은 '박학博學'이었다. 실학자들은 16세기 이황·이이 단계에서 강조되던 무실務實의 방법 즉 현실 개혁의 논리에 주목하되, 성리학자들이 경홀히 여겼던 박학의 방법을 무실정신을

---

44) 鄭在貞, 1986, 「朝鮮後期 實學研究의 동향과 '국사' 교과서 서술의 변천」『歷史教育』39, 歷史教育研究會.

바탕으로 하여 중요시했다. 박학은 원래 심문審問·심사深思·명변明辯과 함께 원초 유학의 단계에서부터 중요시한 방법 가운데 하나였다. 박학이 원초 유학 단계에서 중요시되었기 때문에 조선 성리학계에서도 이 연구 방법론을 적극적으로 부인하거나 포기하지는 아니했다. 그러나 성리학 은 이 박학의 방법을 구사한 연구보다는 경학經學의 형이상학적 탐구에 치중하여, 그 학문이 비실제적 성향으로 흐르고 있었고, 실천에 있어서 는 치인治人보다 수기修己에만 열중하고 있었다.

실학자들은 성리학에서 취하고 있던 이 방법을 비판 극복하기 위해서 원초 유학의 회복을 꾀했다. 원초 유학의 방법론은 '자근행원 자천입심 自近行遠 自淺入深:가까운 데서부터 시작하여 먼 곳으로 나아가고 얕은 데 서부터 깊은 곳으로 들어가다'하여 '하학이상달下學而上達(아래 있는 것을 배워 위에 도달하다)'하는 방법을 취하고 있었다. 즉 원초 유학의 방법론은 고원高遠 심오深奧한 것에 매달리지 않고 일상적·현실적으로 천근淺近한 실제성實際性을 위주로 하여 학문을 연구했었다. 실학자들은 이 원초 유 학의 학문방법론의 회복을 주장했다.

실학자들은 성리학적 경학의 연구풍토에 대한 반성을 촉구하며, 일상 적·현실적 분야의 연구가 중요함을 강조했고 여기에서 '박학'의 방법이 존중되기에 이르렀다. 그들이 박학을 중요시한 의도는 성리학 이상으로 광범한 현실 파악능력을 배양하여 민생을 구제하려 했던 것이다.[45] 실 제성과 박학을 중시하던 실학자들은 이를 강조함으로써 학문연구에 있 어서 절대적 위치에 놓여 있던 경학을 상대화시키게 되었다.

실학자들이 박학의 연구방법론을 중요시했기 때문에 그들의 학문 연 구 분야는 백과전서적 경향을 띠고 있다. 실학자들에게서 흔히 발견되는 백과전서적 경향은 성리학이 제시하고 있었던 의리론義理論의 유일 기준 과 주관적 사유에서 벗어나서 자연과 세계와 인간에 대한 객관적 이해를

---

45) 尹絲淳, 1995, 앞의 논문, 318~319쪽.

공유하기 위해 제시되었던 저술의 경향이었다.[46]

실학은 백과전서적 학문경향을 가지고 있으므로 실학의 연구 분야는 매우 다양했다. 이 다양한 연구 분야를 계통별로 살펴보면 다시 몇 분야로 나눌 수 있다. 우선 실학은 이기심성理氣心性 등에 관한 철학적 탐구를 시도했다. 여기에서 그들은 조선성리학과는 구별되는 견해에 도달할 수 있었고, 이에 근거하여 인간과 세계와 자연을 보는 새로운 안목을 키울 수 있었다.

또한 실학은 왕도정치론에 대해 각별한 관심을 갖고 연구해 나갔다. 실학은 성리학과는 구별되는 원초 유학에 입각하여 왕도정치를 구현하고자 했다. 그들이 왕도정치론을 개진해 나가던 시점은 조선후기 중세사회 해체기였다. 그들은 이 해체기적 양상으로 각 분야에서 드러나고 있던 비리와 모순을 개혁하고 경색된 현실을 타개하여, 유교적 이상사회를 구현하려 했다. 그리고 그들은 이를 위한 구체적 방법으로 각 분야를 개혁하고자 하는 과제를 검토했다.

실학은 새로운 철학과 왕도정치론을 총론總論으로 삼아 이에 기초하여 분야별 각론各論을 전개했다. 실학의 각론에서는 첫 번째로 조선의 존재와 전통에 관한 문제를 들 수 있다. 실학자들은 민족의 존재를 확인하면서 전통적 화이관華夷觀의 극복을 시도했다. 여기에서 그들은 중국과는 구별되는 조선朝鮮적 자아에 대한 인식을 강화시키게 되었다. 그들은 조선의 존재 자체를 정확히 이해하고자 했다. 그리하여 조선어와 문학에 대한 관심뿐만 아니라 세시풍속歲時風俗을 비롯한 민속에 관해서도 애정을 가지고 조사와 연구를 진행시켰다. 그들은 역사지리와 인문지리에 대하여 깊은 관심을 가지고 있었다. 그들은 조선의 역사적 전통에 대해 관심을 쏟았으며, 자신이 제시하는 개혁안의 원리도 지난날의 역사 경험을 통해서 검증해 보고자 했다. 그들에 있어서 역사란 조선의 주체적 인식

---

46) 金泰永, 1997, 앞의 논문, 218쪽.

을 위한 도구였고, 자신의 개혁안을 설득력 있게 제시하게 해주는 스승이었다.

실학의 각론에서 두 번째로 지적할 수 있는 분야는 정치제도의 개혁에 관한 문제이다. 실학자들은 왕도정치론에 관한 부연적敷演的 성찰을 통해서 군신간의 관계를 새롭게 확인하고자 했다. 국정의 각 분야에 관한 연구에 힘을 기울여서 국가의 제도 개혁에 관한 문제를 논했다. 수취체제의 개편에 관한 광범위한 생각을 가지고 있었으며, 과거제도 등 관리임용방법의 개선책을 논했다. 그들은 군사제도의 개혁안을 제시하기도 했다.

실학의 각론에서 세 번째로는 현실개혁을 위한 사회경제적 문제를 주목할 수 있다. 실학사상을 낳게 한 것은 조선후기의 역사적 현실이었기 때문에 당시의 실학자들은 농촌의 피폐상을 극복하기 위해 토지제도 및 농업경영의 개선책을 모색했다. 그리고 농업생산력의 발전을 촉진시키기 위한 문제에 관심을 가지고 있었다. 또한 그들은 상공업의 발전을 위한 개선안을 내놓았다. 그들은 부당한 수취체제의 문란상을 바로 잡고자 노력했다. 그리고 그들은 전통적 신분제도의 모순을 극복해 보고자 노력하기도 했다. 이러한 그들의 노력은 '신아지구방新我之舊邦(묵은 우리나라를 새롭게 하자)'이라는 말[47] 한 마디로 집약될 수 있을 것이다.

실학의 네 번째 연구 분야로는 자연과학과 기술과학을 들 수 있다. 실학자들은 자연의 논리와 인간의 논리가 가지고 있는 차이점에 대해 연구했고, 자연에 대한 과학적 관찰과 연구를 지속했다. 그리고 그들은 농민을 중심으로 한 민중 생활에 직접 관심을 가지고 농업기술의 혁신에 관해서 연구했다. 또한 동시에 그들은 새로운 광업기술이나 공학기술의 도입에 대해서도 적극적인 자세를 가지고 있었다.

요컨대, 실학은 박학을 중요한 연구방법론으로 존중했고 자신의 학문

---

47) 丁若鏞, 『與猶堂全書』 第1集 詩文集 卷16, 文集, 墓誌銘.

연구에 적용했다. 그리하여 실학에서는 백과전서적 경향이 드러났다. 백과전서적 연구방법을 취했기 때문에 실학의 연구 분야는 매우 다양하게 전개되었다. 실학자들은 새로운 사고방법을 도출해내는 전제로써 이기론·인성론 등에 대한 연구를 새롭게 전개하여 인간과 세계에 대한 새로운 안목을 드러내 주었다. 그리고 원초 유학적 왕도정치의 연구를 통해서 자신의 개혁방향을 선정해 나갔다. 원초 유학적 철학사상과 왕도정치론은 실학사상의 총론이었다. 이 총론을 전제로 하여 실학자들은 구체적 실천사항으로 각론各論을 전개시켜 나갔다. 그리하여 그들은 민족의 존재와 전통에 대해서 연구했고, 현실개혁을 위한 정치·경제·사회에 관한 문제를 논했다. 그들은 자연과학과 기술과학에 대한 연구에도 정진해 나갔다. 이 모든 각론적 연구는 왕도정치를 구체적으로 실현하는 데에 목표를 둔 것이었다.

2. 실학사상의 전개

1) 실학적 왕도정치론

조선후기에 이르러 유학 경전의 해석에 있어서 주희朱熹 유일 기준을 고수하는 성리학적 학풍에 대한 비판이 시도되었다. 이와 함께 원초 유학의 입장에서 새로운 사상체계를 형성하려는 노력이 드러나기 시작했다. 사상의 경향과 관련하여 실학자들은 경전에 대한 주자의 해석에 만족하지 않고 이기심성론理氣心性論을 새롭게 탐구해 갔고, 원초 유학의 입장에서 왕도정치론을 재구성하고자 했다.

사실 조선 성리학은 이기론보다는 인간의 심心의 문제를 중요시하는 심학心學의 경향을 취하고 있었다. 실학은 성리학과의 관계를 분명히 하고 그 차이점을 모색하는 과정에서 이기심성론에 대한 연구를 진행시켜 나갔다. 실학자들은 성리학과는 다른 입장에서 심성론을 제기해 나갔고, 이를 통해 인간과 세계와 역사에 대한 새로운 인식에 도달했다. 성리학과 실학의 심성론에서 드러나는 차이는 상당히 큰 것이었다.

성리학적 심성론의 대표적 이론가인 이황이나 이이는 기질지성氣質之性의 선천적 규정성을 매우 강조했다. 그러므로 선천적 기氣의 차이에 따라서 인간은 이미 귀천貴賤과 현우賢愚 그리고 선악善惡을 규정받고 태어나는 존재로 해석되었다. 그리고 이렇게 태어난 인간의 숙명을 변화시키기란 어려운 것으로 주장되었다. 그 결과는 세계 만물 가운데 인간이 갖는 독자성이나 자율성이 왜소화되는 논리로 귀결되었다.

그러나 실학자들은 대체적으로 인간이 선천적 기질지성에 구애되는 것을 부인하고 스스로 주체적 사유를 할 수 있는 존재로 규정했다. 실학은 인간의 심心이 활성活性인 것임을 강조했고, 인간의 본질이 성性이 아니라 심인 것으로 확신해 갔다. 이 과정에서 실학의 인간관은 인성人性이 선善으로 정향定向되었다고 단정하는 성리학적 도덕률의 허구성으로부터 인간을 해방시킬 수 있었다.[48]

실학에서는 인간의 심은 모든 이치를 깨달을 수 있는 영명성靈明性과 스스로 호오好惡와 선악善惡을 행할 수 있는 자율성을 타고났다는 새로운 인간관을 제시했다. 여기에서 인간의 자율과 각자의 책임 및 역할에 대한 분명한 인식도 가능하게 되었다.[49] 실학자들은 인물성론의 재해석을 근거로 인간과 자연에 대한 독자적 이해에 도달했다. 또한 실학은 인간이 가지고 있는 부귀에 대한 욕구가 인간 사회를 발전시키는 원동력이 된다는 생각에까지 도달했다.

실학이 부귀富貴와 같은 인간의 사회적 욕구를 긍정했던 당연한 결과로 현실 개혁적인 제 과제에 관심을 가지게 되었다. 그리고 성리학적 왕

---

48) 金泰永, 1997, 앞의 논문, 199~204·331쪽.
49) 琴章泰, 1984, 『東西交涉과 韓國近代思想』, 성균관대학교 출판부, 180쪽.

도정치론을 실학적 왕도정치론으로 전환시키고자 했다. 실학자들은 사회·국가제도 전반에 걸쳐 통일된 이념과 목표를 설정하고 이에 입각한 개혁안을 체계적으로 제시하려 했던 것이다.50)

실학에서 왕도정치론을 제기하게 된 것은 실학이 근거하고 있던 유학사상이 그 본질상 국가 통치의 교학敎學이었고 일종의 정론政論이었기 때문이다. 따라서 원초 유학 단계에서부터 국가 통치에 관한 이론이 모색되었고, 왕도王道 또는 왕정王政이란 개념이 형성되었다. 그리하여『서경書經』「홍범洪範」에 '왕도王道'라는 단어가 나타나 있고,『논어論語』「학이學而」에는 '선왕지도先王之道'가, 그리고『맹자孟子』「양혜왕梁惠王」하에 '왕정王政'이란 용어가 제시되어 있다.

왕도정치론은 맹자에 의해서 가장 선명하게 제시되었다. 그는 '왕정'이란 용어 외에도 '인정仁政'·'왕도王道'·'요순지도堯舜之道'·'문왕지치文王之治'와 같은 용어를 통해서 왕도정치론를 전개해 나갔다. 그리고 그는 왕도정치의 요체가 '인왕仁王'에 의한 '인정'임을 내세웠다. 그는 인정의 구체적 내용으로 군주 개인을 위한 사부私富의 축적을 억제하고, 농업의 장려를 통해 민생을 안정시키고, 정전제에 의해 부세제도를 확립하고, 관세를 철폐하여 상품유통을 보장하기를 제안했다.51)

이렇게 나타난 왕도정치의 원형은 유학사상이 각 시대에 따라 발전 전개되는 과정에서 꾸준히 부연 설명되고 재해석되어 갔다. 유학적 정론政論에서는 이 왕도王道 왕정王政 혹은 왕도정치의 개념을 떠날 수 없었다. 유학의 발전이 성리학의 단계에 이르렀을 때에는 성리학적 왕도정치론이 성립되기에 이르렀다. 그리하여 주희는 "왕도王道란 곧 인의仁義이다. 군주君主가 왕도를 행한다는 것은 인의를 가지고 천하를 안정되게 한다는 것이다"고 말했다.52) 그는 왕정·왕도의 기준을 인의라는 도덕적

---

50) 金駿錫, 1992, 앞의 논문, 70쪽.
51) 이승환, 1998,『유가사상의 사회철학적 재조명』, 고려대학교 출판부, 81쪽.

가치에다 설정했던 것이다.

그런데 성리학은 한당漢唐의 유학에 비해서 세계와 현실을 좀더 객관적이며 역사적인 것으로 새롭게 해석했고, 거기에서 3대三代의 왕정이라는 이상이 현실에서 실현 가능한 것으로 추구했다. 이 입장에서 조광조趙光祖(1482~1519)나 이황李滉(1501~1570)·이이李珥(1536~1584) 등과 같은 조선전기의 관료와 성리학자들은 성리학적 왕도정치론을 자신의 정론으로 전개해갔다. 조선전기에 편찬된『경국대전經國大典』에서도 이 왕도정치의 구현을 목표로 하여 편찬된 것이었다.

그러나 성리학적 왕도정치론에 대한 회의의 과정에서 16세기 후반 내지는 17세기 중반기 사회에 이르러 조선의 사상계는 원초 유학으로 회귀하려 했던 이수광과 허목의 단계를 경과했다. 이 단계를 거쳐 조선의 일부 유학자들은 원초 유학에 입각한 본격적인 왕정론을 구체적으로 전개해 나가게 되었다. 이에 이르러 조선후기의 실학은 그 면모를 드러내게 되었다.

조선후기의 실학자들은 왕도정치론王道政治論을 성리학자들과 공통적 명제로 삼고 있었지만 그 접근의 방법에 있어서 차이를 드러내 주었다. 중세 사회 해체기를 살았던 실학자들은 성리학적 왕도정치론과 입장을 달리했다. 그들은 주희가 정리한 성리학의 이론이 아닌 선진 유학 내지는 원초 유학의 왕도정치론에 직접 근거하고자 했다.[53] 실학에서 원초 유학적 왕도정치론을 제기한 지점은 중세 해체기의 사회에서였다. 그들은 성리학적 왕도정치론의 파탄으로 인해 중세 사회의 병폐가 가장 첨예

---

52) 朱熹,『朱子大全』73「雜著」李公常語 下 ; 金泰永, 1997, 앞의 논문, 148쪽. 王道 또는 王政에 대해서 우리나라 학계에서는 玄相允의『朝鮮儒學史』이래 '王道政治'란 용어를 주로 사용해 왔다. 그러므로 본고에서는 이러한 전통을 존중하여 '王政論' 혹은 '王道論'이라는 용어 대신에 '王道政治論'이란 용어를 주로 사용하고자 한다.
53) 金泰永, 1997, 앞의 논문, 148~150쪽.

하게 드러났던 시점에서 원초 유학에 입각한 왕도정치론으로 새로운 활로를 찾아보고자 했다.

실학은 당시까지 알려진 최고의 이상사회였던 3대三代의 왕도정치가 제시한 이념에 입각하여 조선후기 사회의 모순을 근원적으로 지양하고자 했다. 실학은 현실의 국가체제를 개혁하여 궁극적으로 왕도정치를 실현한다는 이상을 추구했다. 실학은 성리학보다 현실을 좀 더 역사적인 것으로 보고 있었다. 그래서 현실을 그저 따르기만 하지 않고 그 현실에 적체되어 있는 비리와 인습을 근원적으로 지양하고자 했다. 그리하여 가장 이상적인 삼대의 왕도정치가 구현되었다는 고성인古聖人의 본의를 탐구하여 새로운 왕도정치를 실현하는 객관적 기준으로 제시하기에 이르렀다. 그런데 현실의 문제점을 초극하려는 기준은 고성인의 경전을 새롭게 해석함으로써 각득覺得해낸 것이었다. 그 객관적 기준을 가지고서 실학은 새로운 국가론을 전개하고 있었다. 실학의 왕도정치론적 국가론은 이상적 국가 공동체를 실현하려는 전근대 우리나라 국가론의 최후 원형을 이루게 되었다.54)

그들의 왕도정치론은 현실의 모순을 개혁하고 경색된 현실의 타개를 주장하는 개혁론적 사상의 성격을 띠게 되었다. 실학에서는 왕도정치를 현실 사회에서 구현하기 위한 구체적 방법들을 모색해 나갔다. 여기에서 그들은 성리학적 왕도정치론과는 입장을 달리해서, 왕도王道·왕정王政의 기준을 인의仁義와 같은 도덕적 요소에 설정하기보다는 '안인安人'을 중요시하기에 이르렀다. 안인을 실천하기 위한 노력은 국가재조론적國家再造論的 차원에서 전개되어 갔다. 사실 그들의 사상에서는 임진왜란·병자호란을 겪은 이후 17세기 사회에서 제시되었던 전재극복戰災克復의 논리인 국가재조론國家再造論의 발전적 특성이 드러난다. 실학자들은 자신들이 살고 있던 조선의 현실이 전쟁을 치른 직후나 마찬가지로 일대 변혁

---

54) 金泰永, 1997, 앞의 논문, 324~328쪽.

이 요청되는 상황으로 인식했던 것이다. 이 때문에 그들은 국가를 재조하는 방략을 포기할 수 없었다.

실학사상은 원초 유학의 교학敎學을 바탕으로 해서 이상적 왕도정치의 구현을 추구하던 현실과 이상의 회통론會通論으로서 이 양자兩者를 합일시키려던 지적 노력의 표현이었다.[55] 그리하여 국가재조再造를 희구하던 실학자들은 모순에 찬 현실을 극복하는 방안이 폐법弊法의 변혁變革에 있다고 보고 그 방략方略을 '변법變法'의 차원에서 모색하고 있었다.[56] 그들은 정치 현장에서 자신의 정론을 개진하여 이를 관철시키는 데에는 한계를 지니고 있기는 했다. 그러나 그들은 광범위한 분야에 걸쳐 개혁의 방안을 모색해서 제시해 주었다.

요컨대, 17세기 이후 조선 사상계의 변화에 수반하여 인의仁義와 같은 도덕적 가치의 구현에 목적을 두었던 성리학적 왕도정치론에 관한 재검토 작업이 진행되었다. 그 과정에서 원초 유학에 입각한 실학적 왕도정치론이 제시되었다. 실학적 왕도정치론은 성리학의 이기심성론理氣心性論에 대한 비판의 과정에서 그 면모를 드러냈다. 이 비판을 통해서 실학자들은 새로운 인간관과 사회관에 도달하게 되었기 때문이다. 그들은 중세 해체기의 사회에서 위기에 봉착해 있던 인간과 사회에 관한 실제적인 문제의 중요성을 인식했다. 그리하여 그들은 왕도정치의 핵심을 '안인'에 두고서, 국가사회의 각 분야에 걸쳐서 국가재조론의 차원에서 개혁안을 제시하기에 이르렀다. 실학은 중세 사회 해체기에 이 해체의 극복을 위해서 꾸준히 제시되고 있던 국가재조론이었다.

여기에서 실학자들은 왕도정치를 총론總論으로 한 실학의 각론各論을 제시했다. 실학에서 제시하는 모든 개혁론은 왕도정치론이라는 큰 틀 안에서 상호 구조적으로 긴밀하게 연결되어 있는 것이다. 실학의 개혁론은

---

55) 金泰永, 1997, 앞의 논문, 229·323쪽.
56) 金駿錫, 1992, 앞의 논문, 88쪽.

그 하나하나를 독립적인 경제 이론이나 사회 이론 등으로 파악할 수 없으며, 왕정의 구현이라는 총론에서 파생된 다양한 갈래의 사회개혁적 사상이었다. 자신이 살고 있는 현실 사회에 참여해야 했던 실학자들은 이 개혁안의 제시를 통해서 조선후기의 사회에 참여하고자 했다. 개혁안의 제시는 그들 나름대로의 사회 참여 방법이었다.

2) 정치개혁론

(1) 권력구조 개편론

조선후기 실학에서는 성리학적 왕도정치론에 의해서 조선왕조를 유지하려 했던 사상풍토에 대항하여 3대三代의 왕도정치론적 경세론이 상대적으로 더 중요함을 주장했다. 그들은 원초 유학적 왕도정치론을 부연하는 차원에서 부국강병론적 정치개혁론을 전개해 나갔다. 그리고 그것은 왕권을 사회의 중심축中心軸으로 삼아 개혁의 주도권을 왕실 혹은 중앙정부에서 장악해야 함을 주장하던 견해였다. 그들은 지방의 사족이나 벌열이 아니라 왕권에서 사회개혁의 추진력을 구하고자 했다. 그러므로 실학사상은 근본적으로 왕실 중심론 내지는 왕권 강화론의 성격을 가지고 있었다.[57]

그들의 정치개혁론은 중세 사회 해체기에 조정의 신하들을 중심으로 왕권의 약화를 꾀했던 시도가 집요하게 전개되던 상황에서 제시된 것이

---

57) 정약용의 초기 저작인 「蕩論」, 「原牧」을 검토해보면 民의 정치적 권력을 인정한 측면도 있었다趙珖, 1976, 「丁若鏞의 民權意識硏究」 『아세아연구』 56, 고려대학교 아세아문제연구소 ; 林熒澤, 1990, 「茶山의 '民'主體 政治思想의 이론적·현실적 근저」 『茶山의 政治經濟 思想』, 창작과 비평사. 정약용에게서 나타난 민에 대한 인식은 그를 전후한 실학자들과 구별되는 면이 있다. 그러나 이러한 인식은 초기의 저작들에게서 나타나는 것이었고, 후기에 이르러 자신이 대표적 개혁서로 내세우는 一表二書의 단계에서는 보다 현실적인 개혁론을 제시하면서 왕권을 개혁의 주체로 삼고자 하는 노력을 집중적으로 전개했다.

었다.58) 그러므로 실학자들이 제기한 왕권의 주도적 역할을 전제로 한 개혁론이나 왕권강화에 관한 직접적 주장은 당시의 정치 현실에 대한 비판을 함축하고 있었다. 그러나 실학자들은 새로운 사회세력의 발흥을 예견하거나 파악하지 못했고, 이 왕조의 현실을 개혁하기 위해서 기존 체제의 일부인 왕권에서 그 추진력을 구하려 했다. 이것은 실학자들의 발상이 가지고 있던 한계를 나타내는 것이었다. 그리고 이로 인해서 실학사상이 근대적 정치사상으로 작용하는 데에는 한계를 갖게 되었다.59)

실학자들이 왕정을 실현할 추진력으로 군주의 위치를 강조한 예는 유형원에게서 확인되다. 그는 "인주仁主가 뜻을 세우지 않으면 만사는 본래 말할 것이 없다. 과연 인주가 학문이 밝고 뜻을 정했다면 … 스스로 실효를 거두게 될 것이다"라고 말했다.60) 그리고 그는 군주君主의 일심一心을 강조했다. 이익李瀷의 경우에도 군주君主의 일심一心을 중요시하여 "나라의 치란治亂은 군주의 일심에 달려 있다"고 하면서 정치의 주체를 군주에 설정했다.61) 이와 같은 발상에서 홍대용洪大容은 국왕이란 단순히 군림君臨하거나 상징적인 존재가 아니라 실제로 통치하고 최고의 권력을 행사하는 강력한 존재가 되어야 한다고 생각했다.62) 정약용은 "인주의 일심이 바로 잡히면 백관과 만민이 함께 운화運化하게 된다"고 말했다.63) 정약용의 경우에도 개혁의 가장 기본적인 원동력을 왕권에서

---

58) 국가 사회에서 사족의 위치를 상대적으로 강화하려던 구체적 사례는 禮訟의 과정에서도 확인된다. 禮訟에서는 王室 喪事를 公家之禮나 私家之禮 중 어느 것으로 해석할 것인가가 주된 문제였다. 이는 國王과 士族의 禮가 同禮인지 異禮인지에 관한 문제이기도 했다. 왕실의 권위를 지지하는 입장에서는 이를 公家之禮와 異禮로 보고자 했다.

59) 金泰永, 1997, 앞의 논문, 315쪽.

60) 柳馨遠, 『磻溪隨錄』 卷10, 敎選之制 下 貢擧事目.

61) 李瀷, 『藿憂錄』 卷1, 經筵.

62) 趙珖, 1979, 「洪大容의 政治思想 硏究」 『民族文化硏究』 14, 고려대학교 민족문화연구소, 68~79쪽.

63) 丁若鏞, 『與猶堂全書』 第1集 卷16, 自撰墓地銘集中本.

구하고자 했다.

이처럼 실학자들은 권력구조에 있어서 왕권의 중요성을 강조해 왔다. 실학자들이 주장했던 왕도정치론은 왕권을 국가통치의 핵심으로 설정하려던 국왕의 입장에서도 적극적으로 수용할 여지가 있었다. 그런데 영조英祖·정조正祖 연간에는 국왕이 모든 신민臣民은 자신의 적자赤子임을 강조하던 '균시적자론均是赤子論'이 제시되었고, 서민庶民 위에 국왕과 사족을 배치하려는 사족측士族側의 주장에 대항하여 국왕 자신을 우위에 놓고 귀족과 서민을 동렬에 두려던 왕권강화론이 제기되고 있었다. 이러한 정치적 분위기에서 군주의 일심一心에 기대를 거는 실학자들의 정치사상이 강화될 수 있었다.

여기에서 우리는 왕도정치론과 밀접한 관계를 맺으며 권력 구조 및 관료제 개혁론이 제기되고 있는 사실을 주목할 수 있다. 이러한 예를 우리는 이익이나 홍대용 그리고 정약용 등의 경우를 통해서 확인하게 된다. 이들이 제시하고 있는 권력 구조 개혁론의 내용을 간략히 검토해 보면 다음과 같다.

이익은 주자의 왕도론과 달리 새로운 왕도정치론의 전개를 시도하며, 형정刑政과 같은 외재적 규율을 주요 통치수단으로 하는 패도覇道까지도 인정하여 이른바 왕패병용론王覇竝用論을 수용하였다. 이것은 계속되는 환국換局의 결과 정국 운영을 독주하였던 노론老論의 전횡에 따른 폐단을 제거하고 새로운 정치체제를 구축할 의도에서 제기된 것이었다.

권력 구조 개편론은 18세기 홍대용에 의해서도 제기되었다. 홍대용은 왕조 체제의 정당성이나 왕의 존재에 대해 아무런 의문을 가지지 않았고, 왕권의 강화에 찬성하고 있었다. 그는 국왕이 법제적으로뿐만 아니라 실질적으로 관리에 대한 임면권任免權을 장악해야 한다고 주장하였다. 또한 그는 종래 왕권을 견제하는 기능을 가지고 있었던 간관제도諫官制度의 혁파를 강조하였고, 왕권의 강화를 위해서 왕위는 장자상속長子相

續의 원칙에 따라 계승되어야 한다고 생각했고, 국왕에 대한 백성의 충성을 특히 강조했다.

19세기의 대표적 실학자인 정약용의 경우에도 그의 일표이서一表二書를 통해서 군주권의 절대성과 우월성을 내용으로 하는 왕권강화론을 제시했다. 그는 벌열閥閱이 권력을 장악하고 정치를 전횡하던 상황에서 국가 공권력의 회복을 위해서 왕권의 절대성을 강조했다. 그러나 그가 주장하는 왕권은 공권력을 대표하는 권위의 상징일 뿐이었고 절대 왕정과는 거리가 멀었으며, 영조와 정조대 탕평蕩平정책에서 추진되었던 왕권강화책과도 일정한 거리가 있었다. 정약용은 국왕이나 관료가 공적인 관료기구를 통해 권력을 행사하는 것을 가장 이상적인 것으로 파악했다.

(2) 관료제도 개혁론

실학자들이 제기한 왕권강화론적 권력구조 개편론은 관료제도 개혁론과 표리관계를 가지고 있었다. 이익은 환국이 거듭되던 상황에서 왕도정치의 실현을 추구하며 붕당의 폐해를 지적하고, '파붕당破朋黨'의 방안으로 군주 중심의 당평론과 이를 실현하기 위한 구체적인 정제복구론政制復舊論을 제시하였다.

그가 제시한 방안은 비변사를 혁파하여 신권臣權우위의 정국 구도를 타파하고, 의정부의 복원을 통해서 군주 중심의 중앙 집권 체제로 개편하기를 제안했다. 그리고 그는 중앙의 정치 체제를 재상宰相이 중심이 되어 당론에 좌우되지 않는 일사불란한 정책의 결정과 집행이 가능한 체제로 개편하고자 하였다. 또한 그는 특정 당파가 간직諫職을 독점하여 왕권과 재상권에 제한을 가함으로써 중앙권력의 집행을 방해했던 상황을 막기 위해서 간관제諫官制의 확대를 주장하였다.[64]

---

64) 원재린, 1997, 「星湖 李瀷의 人間觀과 政治改革論 – 朝鮮後期 荀子學說 受容의 一端」『學林』18, 79~94쪽.

홍대용의 관료제 개편론은 이러한 왕권강화의 주장과 연결되었다. 그는 국왕을 정점으로 한 피라미드적인 통치 구조를 설정하면서, 국왕의 정령政令이 효율적으로 전달될 수 있도록 중앙과 지방의 관제를 개혁하고자 하였다.

한편, 19세기에 이르면, 정치운영의 형태가 소수의 벌열閥閱이 권력을 독점하는 세도정치로 바뀌면서 국가 기강의 문란과 관료체제의 부패, 극심한 사회경제적 혼란이 야기되었다. 이를 바로잡기 위해 정약용은 관료 기구의 개혁안 마련에 주력했다. 그는 우선, 6조에 소속된 아문들을 재배치하고, 승정원 및 왕실 관련 아문들을 모두 이조에 예속시킬 것을 주장했다. 군영아문軍營衙門의 사례에서도 병조에 소속시켜, 명령 전달체계를 일원화시켰다. 또한, 정약용은 권력이 집중된 관료기구의 효율적 운영을 위하여 의정부의 기능을 강화시키고자 했다. 그는 비변사를 혁파하고 중추부를 실직화시켜 변무邊務만을 담당하게 하는 방안을 제안했다. 동시에 그는 이전까지 비변사가 장악하던 군국기무 처리기능을 의정부에 회복시키고 고위 관직에 대한 인사권을 부여함으로써, 의정부가 명실공히 관료기구의 중심이 되는 행정체계를 구상했다. 그리고 정약용은 왕과 관료 집단간에 사적인 연결을 방지하고, 관료 기구를 효율적으로 운영하기 위해서 규장각奎章閣의 초계문신抄啓文臣을 비롯한 청요직淸要職의 폐지를 주장했다.

즉, 정약용은 왕을 정점으로 하고 의정부를 통해 권력이 일원적으로 행사되도록 하여 행정의 본체인 6조를 중심으로 하는 관료체제를 강화시키고자 하였다. 또한, 왕과 관료 사이에도 일정한 거리가 유지되도록 하여 사회개혁을 위한 정책이 일관성 있게 추진될 수 있는 독자적인 관료 체제의 구조를 만들어 나가고자 하였던 것이다.[65]

---

65) 姜錫和, 1989,「丁若鏞의 官制改革案 硏究」『韓國史論』21, 서울대학교 국사학과, 192~216쪽.

(3) 과거제도 개혁론

관료 체제의 개혁을 위한 노력은 관료 충원 제도의 개혁을 위한 시도와 연결되었다. 관료 충원 제도 개편의 방향은 왕권강화를 목표로 개편된 중앙 집권 체제를 운영해 나갈 새로운 관료군을 창출하는 데에 있었다. 그러므로 실학자들은 특히 과거제도 개혁론을 제안하였다. 그들이 제안했던 과거제 개혁론의 핵심은 '과천합일科薦合一'의 방향을 취했다.[66]

관료충원제도 개혁에 관한 실학자의 견해 중 우선 이익의 견해를 살펴볼 수 있다. 그는 종래 과거를 너무 자주 시행함으로써 관직 예비후보자의 과잉을 초래해 당쟁이 불가피했다고 인식해 왔다. 그래서 그는 일단 과거의 실시 자체를 줄여야 하고, 이를 위해서는 5년마다 한번씩 과거를 정기적으로 실시하는 것 이외에 나머지 별시는 모두 없애야 한다고 생각했다. 또한 그는 여기에 개인의 재주를 기준으로 인재를 선발하는 과거제의 문제점을 보충하기 위해 재주와 덕행을 기준으로 하여 인재를 선발하는 천거제薦擧制의 병용을 주장했다. 이익은 이어서 선발된 관료들에 대한 공정하고 효율적인 인사 관리를 위해서 담당 기관으로 하여금 총장사總章司의 설치를 주장하기도 했다.[67]

홍대용은 또한 새로운 통치 구조 속에서 활동하고, 국왕의 강력한 지도력을 견지할 새로운 관료를 선발하기 위해서 종래의 과거제도를 폐지하고, 일종의 공거제貢擧制를 새로운 선발 방식으로 제시하였다. 지금까지 과거제도는 기송記誦이나 훈고訓詁에 얽매여 새로운 관료군을 배출하기 어렵기 때문에 다양한 내용의 의무 교육을 통해서 배출되는 인재 중에서도 능력에 따라 태학太學의 추천을 받아서 관리를 선발해야 한다는

---

66) 趙湲來, 1977, 「實學者의 官吏登用法改革論 研究」 『白山學報』 23, 白山學會, 276쪽.
67) 李成茂, 1997, 「星湖 李瀷(1681~1763)의 生涯와 思想」 『朝鮮時代史學報』 3, 118~119쪽.

것이었다. 이러한 공거제의 실시 주장은 전통적인 공거제와는 내용이나 절차를 달리하는 새로운 것이었다.[68]

정약용의 경우에 있어서도 나름대로의 새로운 관료제 개혁안을 제시하면서 이에 걸맞은 새로운 관료를 선발하기 위한 과거제 개혁론을 제시하였다. 정약용은 이익李瀷의 견해에 찬동하여 식년시 이외에 부정기시를 모두 혁파하고, 급제자의 숫자도 줄임으로써 과거에 합격하고도 관직을 얻지 못하는 일이 없도록 해야 함을 강조하였다. 이는 과거제 본래의 기능을 일단 회복시키자는 목적에서 제기된 것이었다.

또한 정약용은 과거제의 실시절차를 정비·보강하였다. 정약용은 공거제貢擧制를 과거시험의 1단계에서 도입하고, 소과小科와 대과大科를 통합하였으며, 마지막으로 3관三館의 관료들이 급제자와 경륜을 논하는 조고朝考를 추가할 것을 제안했다. 정약용은 고시과목도 대폭 증설하였다. 경학과 관련된 과목이 시험 때마다 바뀌면서 응시생들에게 요구되는 부담이 매우 커졌으며, 중국사는 물론 우리 역사, 관료로서의 실무행정과 관련되는 잡학雜學, 체력의 단련을 요하는 시사試射 등이 새로이 추가되었다.[69]

정약용의 이러한 과거제 개혁론은 관료를 선발하는 기준을 덕행·재주 등으로 다양하게 확대하고, 학교제와 과거제의 연결을 통해 관료 양성과 선발을 구조화하고자 하였으며, 관료로서의 기본적인 자질과 실무능력을 고양시키려는 의도였다.

(4) 군사제도 개혁론

조선후기 사회의 제반모순을 개혁하고자 하는 실학자들은 군사와 관련된 각종 개혁론을 제시했다. 실학자들은 군사제도가 왕도정치의 유지를 보장해 줄 수 있는 무력적 장치임에 동의했다. 그리고 그들이 이 개

---

68) 趙珖, 1979, 앞의 논문, 68~79쪽.
69) 李秉烋, 1972,「茶山 丁若鏞의 科擧制 改革論」『東洋文化』13 참고.

혁론을 제시하게 된 배경에는 군역의 부담으로 고통을 받고 있는 민인民人들의 부담을 덜어주려는 의도가 있었다. 또한 이전의 전란을 겪은 후에도 전쟁에 관한 대비책이 전무한 국가 현실에 대한 비판이 작용했고, 자기 국가와 국토에 대한 방위 의식을 드러내기에 이르렀다.

실학자들은 국가의 상비 전력常備戰力을 강화하고, 민중 수탈의 제도로 전락한 군정軍政을 바로 잡고자 했다. 여기에서 그들이 제시한 군사조직 개혁론에는 우선, 병농일치 군정으로의 개혁을 들 수 있다.[70] 정약용·홍대용의 사례에서 알 수 있듯이, 이것은 농업생산력에 의존하여 군제를 개혁하고자 하는 것으로 농업 내지 토지제도와 군사 분야를 통합·운영하려던 것이었다. 그러나 이 개혁론은 조선초기에 실시되었던 오위제五衛制하에서의 병농일치 군정과는 구별된다. 즉, 종래의 것은 징병제의 원칙에 따라 의무 동원이나 강제부담을 감수하도록 요구했지만, 이들의 개혁안은 농지소유권의 보장에 따른 반대급부로서 의무 병역을 주장한 것이었다.[71]

또한 군사조직의 개혁론으로는 수포제收布制에 기반을 둔 5군영제五軍營制를 부정하고, 민중의 군포 부담을 줄이는 방향에서 전개되기도 했다. 그 중에서도 홍대용은 향촌 제도의 전반적인 개혁과 관련하여, 군 최고 통수권자를 정점으로 하여 지휘체계가 완비된 새로운 군사조직의 필요성을 역설하고 8도의 국방을 담당할 백 만 대군의 양성을 주장했다.[72] 홍대용뿐만 아니라 실학자들은 대체적으로 향촌제도와 토지제도의 재편성을 통한 군사조직의 개혁안을 제시하고 있었다. 한편, 군사조직 부분에 대해서는 독특하게도 홍대용이 특수병과特殊兵科의 설치에 관한 의견

---

70) 姜萬吉, 1979,「軍役改革論을 통해본 實學의 性格」『東方學志』22, 延世大學校
    國學研究院, 158~161쪽.
71) 趙珖, 1981,「實學者의 國防意識」『韓國史論』9 - 朝鮮後期 國防體制의 諸問題 -,
    國史編纂委員會, 270~272쪽.
72) 趙禎基, 1986,「湛軒 洪大容의 國防論」『慶南史學』3, 16~18쪽.

과 특수병과를 관장하는 참모직參謀職의 필요성을 제시하였다. 특수병과에 대한 논의나 참모직의 필요성에 관한 발상은 군사사상軍事思想이라는 측면에서 진일보한 형태의 것이었다.[73)]

실학자들은 국가의 상비전력을 강화하고, 민중수탈의 제도로 전락한 군정을 바로 잡기 위해 군사정책 개혁론을 제시했다. 그들이 제시했던 군사정책 개혁론 가운데 양역良役의 폐단을 광구匡救하고자 하는 노력이 우선적으로 표현되었다. 실학자들은 양인의 부담을 견감蠲減시키고자 하여 군역을 부담하는 연령층의 폭을 좁히는 문제를 생각했다. 또 실학자는 대전략大戰略의 차원에서 군사제도의 개편론에 접근하였고, 토지제도 개혁론을 비롯한 다른 개혁론은 군사조직의 유지 강화를 위한 방안과 밀접한 관계를 갖고 있었다. 실학자들은 군비軍備 염출방법에 대해서 신분 병역제의 원칙을 적용하여 양인들만이 군포를 부담하는 것을 반대했다. 그들은 군포를 호포제戶布制나 구전제口錢制로 바꾸어 신분 차별 없이 모두가 군사비용을 부담할 것을 주장했다.

그러나 실학자들은 천인의 군역부담에 대해서는 대체로 인정하면서도 양반의 군역부담에 대해서는 의견을 달리하였다. 그 중에서 특히 정약용은 종전의 신포제身布制를 호포제로 전환하여 양반도 군역을 부담해야 한다고 강력하게 주장하였다. 이러한 정약용의 주장은 병역이란 단순히 하위의 신분층이 부담해야 할 신역身役의 일종이 아니라 국가를 구성하는 모든 사람들이 공유해야 하는 의무임을 밝혀주고자 한 것이었다. 그리하여 그는 군역을 신분적 예속물에서부터 해방시켰다.

요컨대 실학자들의 권력구조 및 관료제 개혁론을 살펴보았다. 실학자들은 국왕을 사회개혁의 중심축으로 파악하고 왕권 강화를 기도했다. 그들은 이상적인 정치구조를 중앙 집권적 관료체제로 보고 있으며, 그 정치구조를 움직이는 주체는 대체로 국왕 및 공적 권력을 행사하는 관료로

---

73) 趙珖, 1981, 앞의 논문, 272쪽.

설정했다. 그리고 관료를 선발하기 위한 방법으로서 기존의 과거제에 새
로이 천거제를 추가하는 형태를 제시했다. 이러한 권력구조 및 관료제
개혁론의 제시는 당시의 정치상황에 대한 비판의식을 토대로 한 것으로,
사회·경제 부분에서의 개혁론의 실시를 위한 전제로서 이루어졌다. 실
학자들은 당시 사회에서 질곡桎梏으로 작용하고 있으며 민생에 막대한
부담을 주고 있었던 군사제도의 개편을 주장했다. 그들은 양역의 형태로
부과되던 군포를 신분과 상관없이 호포제戶布制 등의 형식으로 전환시켜
야 한다고 생각했다. 그들은 군사조직과 군사운영에 있어서도 새로운 사
상을 가지고 있었다.

3) 대외인식과 역사관의 변화

(1) 대외인식의 변화

조선사회에서 가지고 있던 대외인식의 기본 틀은 화이관華夷觀이었다.
화이관은 송대 이후 주자학을 중심으로 중국사상에서 강조되던 관념으
로서, 중화中華와 이적夷狄을 엄격히 구별하고 한족 왕조의 방어를 도덕
적 사명으로 강조하던 정치사상이었다.[74] 남송대 주자학을 수용하여 성
리학으로 발전시켜 나갔던 조선전기의 사회에서는 대외인식의 기본 틀
로 이 화이관을 가지고 있었다. 당시는 이에 바탕을 두고 국제정세에 융
통성을 발휘하며 대응하는 사대교린의 외교정책이 구사되었다. 그리고
16세기 의리명분론적 성리학이 체계화되면서 중화＝명, 소중화＝조선으
로 파악되었고, 소중화란 개념은 조선이 가지고 있었던 문화적 자신감의
표현이기도 했다.

그러나 조선후기에 이르러 대외인식에 있어서 기본 틀로 작용하고 있
던 화이관에 일대 변화가 일어났다. 화이관의 변화는 명청明淸의 교체라

---

74) 趙珖, 1985, 「朝鮮後期의 歷史認識」『韓國史學史의 硏究』, 乙酉文化社, 147쪽.

는 대륙 정세의 변동으로 인해서 야기되었다. 당시 이 화이관의 극복에 는 천문과 지리 지식의 확대라는 측면도 함께 자리 잡고 있었다.[75] 당시 의 실학자들은 산해경山海經을 대표하는 지리관이라고 할 수 있는 천원 지방설天圓地方說에서 세계의 중심으로 중국을 설정했던 견해를 부정했 다. 그리고 화華와 이夷의 구분 기준이 지리에 있는 것이 아니라 문화에 있음을 주장하기에 이르렀다.

그런데 화이관적 대외 인식의 표현이었던 소중화 의식은 17세기 명· 청 교체라는 국제 관계의 변화 속에서 더욱 강화되었다. '이적夷狄'의 국 가인 청이 대륙을 석권한 후 조선은 중화=명, 소중화=조선이라는 틀을 더 이상 고수하기를 포기했다. 17세기 이후 조선인들은 중화로 인정되어 왔던 명의 멸망으로 오직 소중화인 조선만이 중화의 명맥을 유지하고 있 는 것으로 단정했다. 당시 성행했던 존주론尊周論·대명의리론對明義理論 은 멸망한 왕조인 명에 대한 의리의 확인을 통해서 중화 문화의 유일한 보존자요 계승자인 조선의 존재를 확인하고자 하던 노력의 표현이었다. 여기에서 소중화 의식 혹은 소화 의식小華意識은 더욱 강화되어 갔다.[76] 이 의식은 당시의 현실에 있어서는 조선을 중화로 보아야 한다는 자신감 의 표현이었다. 이와 같은 조선 중심주의는 조선 성리학자나 실학자들이 공유하고 있었던 견해였다.

그러나 당시 조선 중심주의를 주장하던 성리학자들과 실학자들의 입 장에는 차이가 있었다. 노론老論 학계를 중심으로 하여 지속되고 있었던 성리학자들의 반청북벌론은 청을 오랑캐로만 여기는 청 이적관淸夷狄觀 을 전제로 하여 전개되었다. 그들은 청조의 문화에 대한 정당한 평가와 이의 수용을 거부했다. 그러나 실학자들의 경우에는 이와 다른 견지에서 소중화론을 주장했다. 즉 그들은 중화의 기준이 문화에 있는 것으로 확

---

75) 孫承喆, 1982, 「北學의 中華的 世界觀 克服」 『論文集』 15, 江原大學校 참조.
76) 鄭玉子, 1998, 『조선후기 조선중화사상연구』, 일지사, 151~153쪽.

인했기 때문에 종래에 이적夷狄이었던 청淸이라 하더라도 중화가 될 수 있는 것으로 인식했다.

18세기에 이르러서는 이 인식을 기초로 하여 성리학적 소중화 의식에 대한 비판과 반성이 나타나기 시작했다. 그리고 이는 대청인식對淸認識의 긍정적 전개를 가능케 했다. 더욱이 당시의 청은 삼번의 난을 진압한 이후 전성기를 맞이했다. 이 시기 청의 발전상은 연행사燕行使를 통해 조선에 알려졌다. 그리하여 청의 현실과 우월한 문화에 대한 객관적 인식이 요청되고 있었고, 대對중국관에 있어서 성리학자들과는 다른 새로운 입장으로의 전환이 가능했다.

이 시기 대중국관의 변화는 이익李瀷이 주도했다. 그는 청이 지배하는 중국을 중화 문명과 동일시하여 청 이적관淸夷狄觀을 청산했다. 그는 서학연구를 통해서 확인한 서양 천문학의 지구설地球說을 지지하며, 중국 한족漢族 중심의 천하 사상을 부정하고 모든 나라의 독자성을 인정했다.[77] 이러한 다원적 세계관은 문화 가치의 상대화로 연결됨으로써, 결국 성리학적 소중화 의식을 극복하게 되었다.

대중국인식의 전개에서 획기적 인식의 전환을 이룩한 인물은 홍대용이었다. 그는 중국 사행을 통해서 청의 발전상을 눈으로 확인하고 조선의 상대적 낙후성을 인식하면서 북학론을 제시하고 기존의 세계관을 바꾸었다. 그는 서양 과학의 수용에 적극적이었고, 그 중에서도 천문학에 깊은 관심을 가지고 있었다. 그는 지구설뿐만 아니라 지동설에 입각한 천문학적 지식, 과학적 세계관을 바탕으로 삼아, 둥근 지구에서 보면 모든 나라가 다 지구의 중심이 될 수 있으며, 중국이나 서양의 각 나라가 자기를 정계正界로 삼기 때문에 모두 평등하다는 국가 관념을 도출하였다. 또한 그는 종래 이적이라고 불리던 민족들이 세운 국가와 문화에 대해 다원성과 독자적 가치를 옹호했다. 이러한 개방적 관점에서 그는 조

---

77) 李元淳, 1977,「星湖 李瀷의 西學世界」『敎會史硏究』1, 한국교회사연구소 참고.

선과 청의 문물을 직시할 수 있었고 청의 문물을 수용하자는 논리를 도출할 수 있었다.[78]

정약용 역시 이익의 영향을 받아 기존의 성리학적 화이관을 극복해 나갔다. 그는 우선, 종래 지리적·종족적 차원의 화이관을 부정하고 문화 가치를 기준으로 하는 화이관을 내세웠다. 그는 청조 문화清朝文化에 대한 개방적 인식을 피력하며, 부연사赴燕使를 파견할 때 사소한 농기계로부터 천문역법에 쓰일 기계까지 구입해 와야 한다고 했고, 이를 위해 전담 관청을 새로이 설치해야 한다고 주장했다.

전통적 화이관의 극복은 세계와 서양에 대한 인식을 새롭게 해주었다. 그리하여 박지원朴趾源(1737~1805)과 박제가朴齊家(1750~1805)는 개방적인 세계관을 바탕으로 하여 대외 인식에 있어서 적극적이고도 구체적인 내용을 제시했다. 이들에게 서양은 중국과 같은 또 하나의 문명세계, 과학이 발전한 이용후생의 선진국이고 경제가 발전하여 교역과 통상을 할 만한 나라로서 인식됨으로써, 서양 과학도 연구 대상에 포함되었다. 정약용도 서학西學을 이해했고 서양의 과학과 기술의 우수성을 인정하여 그것의 도입과 활용에도 적극적인 관심을 보였다. 또한 천주교의 천주를 원초유학에서의 상제와 동일시하여 주자학을 극복하는 논리로 차용했다.[79]

실학자들은 대외 인식을 새롭게 하는 과정에서 일본에 대한 재인식을 주장했다. 그리하여 이익은 일본에 대한 재인식을 강조하며, 임란 이후 지속되었던 적개심과 일본 이적관日本夷狄觀에서 탈피하여 현실적인 시각으로 변화하는 일본을 연구하고 대처해 나가야 한다고 주장했다. 그는 이에 더 나아가 일본과의 외교 관계에서 문제점을 지적하면서 문화교류를 중심으로 한 대일對日 관계의 강화책을 제시하기도 했다.[80] 이덕무

---

78) 趙珖, 1979,「洪大容의 政治思想 研究」『民族文化研究』14, 고려대학교 민족문화연구소, 68~79쪽 ; 河宇鳳, 1997,「實學派의 對外認識」『國史館論叢』76, 國史編纂委員會, 266~267쪽.

79) 李元淳, 1986,「朝鮮後期 實學者의 西學意識」『朝鮮西學史研究』, 一志社 참고.

(1741~1793)도 일본의 발전된 기술과 통일된 도량형에 관심을 가지고 있었다. 그는 일본에서 전개되고 있었던 화폐의 전국적 유통과 해외 통상의 현황 등 실용적인 측면에서 관심을 기울였고, 일본문물에 대한 선별적인 수용론을 전개하기도 했다.[81]

일본에 대해 정약용은 기존의 실학자들과 달리 더욱 폭넓은 입장에서 객관적으로 평가하였다. 그는 유배지 강진에서 주자학을 비판하는 일본의 고학파古學派 유학자들의 문집과 경전 주석서를 본 것을 계기로 일본의 기술뿐만 아니라 사회제도와 문화의 발전상에도 깊은 관심을 가지게 되었다. 그는 일본을 기술하는 많은 저술을 남기기도 하였다.

이와 같이 18세기 전후 조선사회에서 전개된 화이관의 극복은 대외인식의 새로운 전개를 가능하게 했다. 조선의 학인學人들은 전통적 중국 중심론인 화이관의 극복을 통해서 조선의 존재 가치와 문화적 사명을 확인해 갔다. 이 때 조선의 성리학적 학인들은 청 이적관淸夷狄觀을 고수하면서 조선의 자존自尊과 문화적 사명을 논했다. 그러나 실학자들은 노론학계老論學界를 중심으로 한 이와 같은 견해를 거부하고 청淸이 지배하고 있던 중국의 문화를 새롭게 인식했다. 여기에서 그들은 북학론北學論을 제기하기도 했다. 또한 그들은 국제사회에서 국가 간의 상대성·대등성·독자성을 인정하고 있었다. 실학자들의 소중화 의식은 바로 이 점에서 성리학자의 견해와 차이를 드러내었다.

(2) 역사관의 발전

조선후기의 성리학과 실학 사이에 존재했던 화이관에 대한 인식의 차이는 그 역사관의 차이이기도 했다. 실학자들은 문화를 기준으로 한 화이관으로 전환해 가고 있었다. 그리하여 홍대용은 역외춘추론域外春秋論

---

80) 河宇鳳, 1989,「李瀷의 日本觀」『朝鮮後期 實學者의 日本觀 硏究』, 一志社, 88~89쪽.
81) 河宇鳳, 1989,「李德懋의 日本觀」, 앞의 책 참조.

을 제시했고, 정약용은 중화와 이적의 구별이 도道와 정政에 있는 것이지 강역疆域에 있는 것이 아님을 분명히 밝혔다.[82]

조선후기 실학자들은 역사를 성리학과 구별되는 독자적 학문 체제로 인식했다. 실학자들은 당시의 경전적經傳的 사서였던 『자치통감강목資治通鑑綱目』에 대하여 일정한 비판 의식을 가지고 있었다. 그들은 주자의 학문적 권위를 완전히 부정하지는 못했지만 송학宋學 위주의 윤리도덕적 역사 인식으로부터 점차 벗어나고 있었다. 이는 사학史學을 경학 내지는 응용경학적應用經學的 존재로 인식하던 단계를 벗어나 독자적 학문으로 인식해 가고 있었음을 말하는 것이다. 이러한 인식의 발전은 물론 조선 전기에 비해서는 진전된 것이지만 완벽한 역사의 독자성 인식에 이른 것은 아니었다.[83]

실학자들은 역사학의 독자성이라는 인식에 점차 접근해 가고 있었을 뿐만 아니라 중국사와 구별되는 자국사의 독자성에 대한 인식도 강화시켜 나갔다. 그들은 전통적 화이관의 극복을 통해 중국 중심의 역사인식에 대한 반성을 촉구하고 자국사의 독자성을 주장할 수 있었다. 그리고 자국사 연구의 중요성에 대한 인식은 과거시험에 국사 과목을 부과해야 한다는 주장으로 이어져 나갔다.

실학자들은 또한 정통론正統論에 대한 새로운 인식을 기반으로 조선의 역사를 서술하였다. 이익은 '삼한정통론三韓正統論'을 제시하여 단군檀君－기자箕子－마한馬韓으로 이어지는 정통론을 주장했으며, 안정복은 이를 계승하여 단군－기자－마한－삼국三國－신라新羅로 연결되는 정통론을 주장했다. 조선사에 대한 정통론의 적용은 소속 왕조에 대한 의리義理를 주장했던 주자학적 정통론과는 달리, 우리의 역사가 중국사와 대등하게 그 시종始終이 전개되고 있음을 강조하기 위한 것이었다. 하지만 정통

---

82) 丁若鏞, 『與猶堂全書』 第1集 卷12, 拓拔魏論.
83) 趙珖, 1985, 「朝鮮後期의 歷史認識」 『韓國史學史의 硏究』, 乙酉文化社, 147쪽.

론이 적용되는 한 역사 서술이 명분적 사관에서 완전히 벗어날 수는 없었다.

실학자들은 역사의 원동력이 무엇인지를 찾아보고자 했다. 그리하여 그들은 역사의 원동력으로 성리학적 윤리성을 거부하고 지리를 주목하거나 시세를 논하기도 했다. 즉, 고금의 성패는 시세에 의해 결정되는 것이지 통치자의 재덕에 의해 결정되는 것이 아니라는 시세론이 등장하여 역사에 대한 도덕적·영웅주의적 해석을 거부해 나가고 있었다. 나아가 정약용은 과학 기술적 측면에서 역사의 진보에 대한 이해를 제시하기도 하였다.[84] 물론 이러한 논리가 역사의 원동력을 이해하고 인과관계를 규명하며, 역사의 발전을 논하는 수준에 이른 것은 아니었다.

역사 연구 방법론에 있어서도 조선후기 실학자들은 앞 시기에 비해 진전된 측면을 보여주고 있었다. 그들은 사실의 객관적 인식에 필요한 문헌 사료의 중요성을 인정하고 사료의 광범위한 수집과 활용을 주장했다. 이는 당시의 백과전서적百科全書的 경향과 맥을 같이 하는 것으로 사료에 대한 깊은 관심은 역사 연구에서 중요시되는 귀납적 실증주의와도 관련되는 것이다.

실학자들은 이 가운데 특히 중국의 사적에 수록되어 있는 국사 자료의 제약성을 인식하고 국내 사료의 중요성을 강조하였다. 그들은 오류가 많은 중국 측 사료보다 사실을 분명히 전하는 국내 사료가 더 귀중함을 말하였고, 국내 관찬 사서와 야사 및 문집까지 참작할 것을 주장하였다. 이는 주체적 국사 인식을 위한 방법론상의 발전으로 이해해야 할 것이다. 또한 엄격한 사료 고증은 전통 사관의 도덕주의적 한계를 벗어난 역사의 객관적 인식과 연결된다고 할 수 있다.

그들은 실제의 역사 서술에 있어서는 더하거나 덜지 않는다는 '술이

---

84) 鄭昌烈, 1990, 「實學의 歷史觀」『碧史李佑成教授停年退任紀念論叢 -民族史의 展開와 그 文化-』下, 창작과비평사, 245쪽.

부작述而不作'의 정신에 입각하여 사실史實의 객관적 인식을 존중하고 사실에 정치적·윤리적 해석이 가해짐으로써 왜곡되는 것을 경계하였다. 그리하여 한 사실에 반대되는 자료를 동시에 제시하여 객관적 판단을 독자에게 맡기는 방법을 취하기도 했다. 그들은 또한 자료의 윤색을 거부하고 저술에 본명本名의 철저한 직서直書를 주장하여 사실의 객관적 인식과 서술을 존중했다. 그러나 객관성을 추구하였다고 해서 성리학적 문화 풍토에서 완전히 벗어났던 것은 아니었다.

실학자들은 역사 서술 형식에서도 사체史體의 선택에 주의를 기울였으며, 범례를 명확히 세워 국사의 체계적 서술을 달성하고자 했다. 전통적인 사체史體에 대한 인식의 심화 속에서 안정복은 편년강목체編年綱目體로, 이긍익李肯翊은 기사본말체紀事本末體로, 한치윤韓致奫은 기전체紀傳體의 형식을 빌려 우리 역사의 재구성을 시도하였다. 물론 이러한 사체는 전통적인 것으로 역사의 내적 원동력과 발전 변화의 논리에 입각해 역사를 체계화하는 데 미치지는 못하였다.

마지막으로 그들은 역사 연구의 대상이 되는 사건이나 인물의 폭을 확대하였다. 즉, 그들은 역사의 인식 대상을 서민층에 이르기까지 확대했으며, 우리의 고대사에서부터 당대사에 이르기까지 그 인식의 시대적 범위를 확대시켜 나갔다. 그들의 역사 서술에서는 한반도 중심의 서술에서 벗어나 요동遼東과 만주滿洲일대까지 민족사의 무대로 파악하여 고구려의 역사 전통을 강조하는 경향이 강하게 대두되었다. 그리고 양반 사림 중심의 역사인식 태도에서 벗어나 역사적 사건과 그 주체적인 인물에 대한 종합적인 이해를 시도했다.

요컨대, 조선후기 실학의 단계에 이르러서는 대외관과 역사 인식으로 인하여 기존의 성리학적 견해와는 다른 해석이 나타났다. 조선의 사상계에서는 이 때에 이르러 중국 중심주의적인 전통적 화이관을 극복했고, 조선 중심적 사고방식이 나타났다. 성리학계에서는 청=이적론의 입장

에서 중화 문화의 유일한 계승자이며 보존자인 조선의 존재와 그 문화적
사명을 확인했다. 반면에 실학자들은 중화의 기준을 문화로 설정하게 됨
에 따라 세계에 대한 객관적 이해에 접근해 갔다. 그들은 청에서 전개되
고 있던 중화 문화의 수용책을 제안했으며, 일본에 대한 객관적 이해를
시도했다. 그리고 서양 문물의 선별적 수용론을 전개하기도 했다.

이러한 대외관의 전환과 깊은 관련을 가지면서, 역사의식도 발전해
나갔다. 그들은 경학經學과 사학史學의 구분을 시도하여 사학의 학문적
독자성을 확인해 갔다. 또한 시세론時勢論 등을 통해서 도덕주의적 역사
해석을 수정하고자 했다. 그들은 조선 중심적 사고 방법과 관련하여 조
선 문화와 역사의 독자성을 서술하기도 했다. 사료의 광범위한 수집과
정리를 주장했고, 역사 서술의 대상을 확대시켜 나갔다. 이러한 실학자
들의 대외관과 역사인식은 성리학의 그것과는 뚜렷이 구별되는 것으로
실학과 성리학의 경계를 선명히 드러내주는 것이다.

4) 경제·사회사상의 특성

(1) 토지개혁론

원초 유학의 단계에서 제시되고 있던 왕도정치론에서는 그 구체적 실
천 방안으로 민民에게 항산恒產을 보장해 주고, 정전제井田制의 실시를 통
해서 부세賦稅와 요역徭役을 고르게 하고, 상공商工의 보호를 제시했다.
또한 당시의 왕도정치론에서는 전반적 차원에서 '보민保民'을 주장했고,
특히 궁민窮民의 구제에 관심을 가져야 함을 말했다.85)

---

85) 劉澤華, 1992,『中國古代政治思想史』, 天津: 南開大學出版社, 77~78쪽. 여기에서
   는 仁政의 내용으로 給民以恒產, 賦稅徭役有定制, 輕刑罰, 救濟窮人, 保護工商을
   들었다 ; 狩野直喜 著, 吳二煥 譯, 1986,『中國哲學史』, 乙酉文化社, 164쪽. 여기에
   서 가노 나오키는 왕도를 구체적으로 설명하고 있다. 그는 "왕도의 대요는 務農과
   興學의 둘로 나뉜다. 務農에 의해 백성의 생활을 안락하게 하고, 興學에 의해 人倫

　　조선후기의 실학자들은 원초 유학의 왕도정치론을 중세 해체기의 조선 사회에 적용함으로써 조선에서 왕도정치를 구현하고자 했다. 이는 정전제井田制의 정신을 살려 토지개혁을 단행함으로써 인정仁政의 회복을 주장하는 새로운 왕도정치론으로서의 의미를 가지고 있었다. 실학자들이 제시했던 정전제 등에 관한 주장은 단순한 경제개혁의 이론이라기보다는 왕도정치를 구현하고자 하는 통합적 이론 가운데 주요한 일부였다는 측면을 가지고 있었다.

　　즉 실학자들이 주장했던 토지개혁 사상은 왕도정치를 조선 사회에 알맞게 재해석하여 그 시행을 역설한 것이다. 실학자들은 왕도정치의 구현이라는 현실적 목표를 가지고 정전론을 제시함으로써, 국가 내지 국왕은 민民을 본위本位로 하고 민을 위하는 민본위민民本爲民의 의무를 수행해야 함을 천명하고자 했고, 항산恒產을 보장 받게 될 민에게 무농務農을 강조하고자 했다.

　　그런데, 조선후기 실학자들이 살고 있던 당시에 농업의 주요한 생산관계는 지주 전호제地主佃戶制가 보편적이었다. 따라서 이 시기 토지개혁론은 이러한 지주제를 인정하는 위로부터의 길과 지주제를 해체하고 자립적 소농이나 중소 상공인의 입장을 지지하는 아래로부터의 길 등 두 가지가 있었다. 실학파의 토지개혁론은 후자의 길과 관련된다.[86] 이러한 조선후기 토지문제에 대한 개혁론은 균전론均田論·한전론限田論·정전론井田論·여전론閭田論으로 크게 구별할 수 있다. 이들은 중국의 토지개혁 논의를 자신의 근거로 삼고 있었다.

孝悌의 도를 밝히는 것이다"라고 규정했다 ; 勞思光 著, 鄭仁在 譯, 1990, 『中國哲學史』, 探究堂, 148쪽. 여기에서는 仁政에서 논하는 주요 취지가 '保民'에 있음을 말했다. 맹자가 仁政을 王道라고 이름 붙인 것은 인정을 행하면 민심을 얻을 수 있고, 민심을 얻으면 천하에서 왕 노릇할 수 있다고 믿었기 때문이다.
86) 金容燮, 1988, 「근대화 과정에서의 농업개혁의 두 방향」 『한국자본주의 성격논쟁』, 大旺社.

유형원柳馨遠(1622~1673)은 『반계수록磻溪隨錄』에서 국가체제의 전반적인 개혁 방안을 제시하면서 토지제도의 개혁을 가장 중요시했다. 그는 지세불편地勢不便이나 공전公田에서의 수세收稅의 어려움 때문에 정전제의 시행이 어렵다고 하면서 정전제가 가지고 있던 균산均產의 의미를 살리는 방향에서 균전제의 시행을 주장했다. 그리하여 그는 균전均田의 토지분급과 정전井田의 공동부담을 근간으로 한 토지개혁안을 제안해서 당시의 문란한 토지 소유관계를 혁신하고 국가가 이를 재분배하여 균등하게 점유되는 토지관계를 설정하고자 했다. 유형원이 토지개혁론을 주장했던 궁극적인 목적은 토지를 국유화하여 토지의 겸병을 억제하고 토지의 균점均占을 통해 농민 생활을 안정시키고, 국가재정을 재건하려는 것이었다. 그 토지개혁론의 구체적인 내용을 살펴보면 다음과 같다.

첫째, 토지분배의 기준을 사람이 아닌 토지에 두어 모든 백성이 균일하게 농지를 갖도록 하자는 것이며 군역·부세 등도 또한 토지를 대상으로 일률적으로 부과하자는 것이다. 둘째, 종래의 결부법結付法을 폐지하고 경무법頃畝法을 채택하여, 1경頃 혹은 1무畝라는 일정한 토지 면적에서 나오는 수확량에 따라 세금의 액수를 정하고, 토지의 실제 면적이 파악될 수 있도록 근본적으로 시정하자는 것이었다. 셋째, 토지 분급의 기준을 정하는 것이다. 토지 공유를 기초로 농민 한 사람에게 1경의 땅을 나누어 주고 유사儒士와 관리에게는 2~12경의 토지를 차등 지급하는 형태이다. 넷째, 정전법의 원칙을 살려 경지정리를 행한다는 것이다. 이 과정에서 발생할 수 있는 부유층의 반대는 중형重刑으로 다스리도록 그는 주장했다. 이를 위해 유형원은 국왕의 시행 의지가 있어야 한다고 주장했다.[87]

그의 개혁안의 기초는 균전법인데 농민에 대한 균일한 영업전營業田

---

87) 金容燮, 1975, 「18·9세기 農村 實情과 새로운 農業改革論」『韓國近代農業史研究』, 一潮閣.

및 구분전口分田의 수수收受와 지배층에 대한 영업전 및 직분전의 할급割給이라는 이원적 체제에 근거를 둔 것이었다. 그런데 그의 균전제는 농민에게 토지를 주었으나 신분에 따라 토지 지급에 차등을 두는 한계가 있었다.

유형원의 토지개혁론에 이어서 이익李瀷(1681~1763)의 개혁론을 검토할 수 있다. 이익은 전통적인 토지국유의 원칙을 토지제도의 기본적인 대전제로 삼아 개인의 토지 사점私占을 원칙적으로 배제하고자 했다. 그는 농민의 균등한 토지소유를 보장하며, 토지에 대한 절대적 처분관리권을 국가에 귀속시켜야 한다는 개혁론을 주장했다.

먼저 그는 중국의 정전법은 이상적이지만 현실에 맞지 않고 유형원의 균전제는 급격한 개혁으로서 그대로 실시할 수 없다고 비판했다. 그리고 그는 유형원이 제시한 것과는 또 다른 균전제인 한전제限田制를 주장했다. 이익이 제시했던 토지개혁안의 구체적인 내용은 첫째, 토지겸병이 빈민貧民의 매전賣田에서 비롯된다고 파악하여 이를 방지하기 위해 호당 영업전永業田의 면적을 설정할 것을 주장했다. 둘째, 영업전 이외 토지는 자유로이 매매하고 이를 팔도록 강요하지 않는다는 점이다. 셋째, 영업전으로 제한된 토지 내에서는 매매를 금지해야 한다고 했다. 넷째, 일체의 전지田地매매는 관에 보고하여 관에서 이를 통제해야 한다는 것이었다.

이와 같은 그의 토지개혁론은 귀부자貴富者의 토지사유라는 현실을 인정한 위에서 점진적인 방법을 통한 균전제 실시를 주장한 것이다. 또한 유형원의 균전제가 국가의 권력으로 토지를 균분하려는 것임에 반해 이익의 한전제는 국가 권력으로 소전주小田主들의 몰락을 방지하는 데 중점을 두어 점진적으로 장기간에 걸쳐 꾸준한 개혁의 실시를 의도했다.

박지원朴趾源(1737~1805)은 『과농소초課農小抄』에서 '한민명전의限民名田議'라고 하는 토지 재분배론을 주장했다. 이 주장은 일종의 한전법限田法으로 토지소유 상한선을 설정하고 그 이상의 소유는 허락하지 않으면 수 십 년 후 매매와 상속을 통해 토지가 균등해질 것이라고 예상했다. 그는 이 방법을 통해 정전井田에서 추구했던 균산均産의 취지를 실현하고자 했다.

서유구徐有榘(1764~1845)의 한전론限田論도 이와 비슷하다. 서유구는 처음에는 한전제를 주장했다. 그러나 현실적 방안으로서 둔전론屯田論을 제기했다. 이 방안은 국가가 주체가 되는 국영농장제의 개혁론이었다. 즉 정부가 부농층으로 하여금 토지에서 배제된 무전농민無田農民을 고용하여 하나의 집단농장을 형성하고 경영하게 하려고 한 것이다. 이것은 무전 소작농의 안정 및 지주 전호관계의 질적인 전환을 의미한 것이다.

실학자의 토지개혁안 가운데 가장 주목되는 것은 정약용의 이론이었다.[88] 정약용은 자신의 개혁론을 제시하기에 앞서 정전제·균전제·한전제를 차례로 비판한 바 있다. 그는 중국 고대의 정전제가 한전旱田과 평전平田에서만 시행되었던 것이므로, 수전水田과 산전山田이 많은 우리나라의 현실에는 맞지 않는다고 판단했다. 또한 균전제는 토지와 인구를 계산하여 이를 표준으로 삼는 방법인데, 당시 조선은 호구의 증감이 수시로 변동되며 토지의 비옥도가 일정치 않기 때문에 당시 조선에서 이를 실천하기에 적합하지 못하다고 했다. 그리고 한전제는 전지의 매입과 매각에 일정한 제한을 두고자 하는 이론이나, 타인의 명의를 빌려 한도 이상으로 늘이거나 줄이는 것을 일일이 적발해 낼 수 없다고 했다. 이들의 기본적 결함은 치전治田에 반하여 농사를 짓지 않는 자에게 토지를 주고 균산均産에 주안을 둔 데 있다고 주장했다. 그러면서 그는 균산에 그 목적을 두지 않고 오직 농업생산력을 상승시킬 수 있는 치전治田에 목적을 둔 토지제도의 개혁을 주장하면서, 경자유전의 원칙을 분명히 하고자 했다.

그의 토지개혁론은 '전론田論'에 나타난 여전제閭田制와 『경세유표經世

---

88) 朴贊勝, 1986, 「丁若鏞의 井田制論 考察 -『經世遺表』 '田制'를 중심으로 - 」 『歷史學報』 110, 역사학회.

遺表』에 보이는 정전제井田制의 두 단계로 나누어 볼 수 있다. 그리고 다시 정전제는 고대 정전제에 대해 나름대로 해석한 정전론井田論과 전제 개혁안을 적용한 정전의井田議로 나누어 볼 수 있다.[89] 정약용의 토지개혁안 가운데 여전제적 개혁안을 담고 있는 '전론'은 1798년에 작성되었고, 정전제적 개혁을 추구하던 『경세유표』는 1817년에 쓰였다.

먼저, 정약용의 경우는 농업생산력의 향상에 관심을 갖고 그의 토지개혁안인 여전제를 논하였다. '전론'에서 주장하는 여전제의 목적은 토지 균분으로 토지와 재부財富가 집중되는 것을 방지하고자 하는 한 것이었다. 여기에서는 경자유전耕者有田의 원칙에 따라 농사를 짓는 자만이 농지를 얻고, 농사를 짓지 않는 자는 얻지 못하도록 했다. 이는 정전제[정전론·정전의]의 입장과 같다.

여전제에서 제시하고 있는 구체적인 내용은 다음과 같다. 여전제는 30가구를 1여로 하여 여민閭民은 공동 노동을 통해서 생산과 수확을 하는 것으로 설정되었다. 여기에서 여민이 선출한 여장閭長은 생산 작업을 분담시키며, 일역부日役簿를 만들어 노동량을 기록했다. 이와 같이 여전제 아래에서는 공동생산을 추진했지만, 가족단위로 소비를 하는 것으로 생각했다. 그러므로 생산물의 분배는 생산에 투하된 가족의 노동량에 따라 진행되어야 한다고 했다. 그런데 여전제는 봉건적 토지 소유를 부정하면서 토지의 공동소유 공동경작을 창안함으로써 그 경제적 내용에 있어서 토지는 사회적 소유로 규정되었다.[90]

여전제 아래에서는 인구의 자유로운 이동을 8~9년간 허용하면, 이익을 추구하고 해를 피하려는 농민의 합리적 행동에 의해 각 여의 노동생산성과 빈부는 균등하게 될 것으로 전망되었다. 그리고 10년째부터는

---

89 趙誠乙, 1998, 「丁若鏞의 土地制度 改革論」『韓國思想史學』10, 한국사상사학회, 101쪽.
90) 朴承奎, 1990, 「茶山의 田制改革思想의 現代史的 意義」『晋州文化』9, 진주교육대 진주문화연구소.

인구와 노동력의 이동을 노동생산성을 균등화하는 방향에서만 국가에서
계획적으로 관리해야 한다고 주장했다. 그리고 그는 나아가 여전제의 토
지제도를 군사조직의 근간으로 삼아 여閭－이里－방坊－읍邑에 따른 병
농일치제적兵農一致制的 군제개혁안을 구상했다.

정약용은 농사를 짓지 않는 사士·공工·상商의 토지소유를 반대했다.
이에 따라 상인과 수공업자는 독립되어 여전제와는 사회적 분업관계를
이루도록 했다. 사족의 경우 직업을 바꾸어 농사에 종사하거나 이외의
생산 활동 즉 상업·수공업·교육 등에 종사할 것을 주장했다. 특히 사士
들이 이용후생을 위한 기술연구에 종사하는 것을 가장 높이 평가했다.[91]

한편,『경세유표』에 보이는 정전의井田議에서 정약용은 국가에서 재정
을 마련하고 그 돈으로 사유 농지를 유상 매입하여, 전체 농지의 9분의
1을 공전公田으로 만들기를 제안했다. 그리고 이 공전을 민의 노동력으
로 경작하여 그 수확을 전세田稅에 충당한다는 것이다. 그는 이를 실천하
기 위한 과제로서 공전을 마련하기 위한 재원마련, 기구편성, 공전편성
작업, 공전경작을 위한 노동력 할당, 토지대장작업, 공전의 조세량 등을
검토했다. 그가 제시한 이 정전의井田議의 개혁론은 조세 개혁적 성격이
크며, 토지개혁이나 경작권 조정이라는 측면도 있었다. 그는 정전의를
통해서 농업전문화를 통한 상업적 농업을 추구하며 그 경영규모는 100무
를 단위로 하는 부농에 의한 자본주의적 개별경영을 지향했다. 한편,『경
세유표』의 정전론은 전국의 토지를 국유화하여 정전을 편성하고, 그 중
9분의 1은 공전公田을 만들어 조세에 충당하고 나머지는 농민에게 분배
하며, 공전은 토지를 분배받은 농민의 공동 노동으로 경작한다는 내용이
었다. 정약용의 정전론에 있어서는 국가에 토지처분권을 귀속시켜, 지주
전호제의 재등장을 막아 보고자 했다.

---

91) 愼鏞廈, 1983,「茶山 丁若鏞의 閭田制 土地改革思想」『奎章閣』7, 서울대학교 도
서관.

　전반적으로 정약용의 토지 개혁론은 상업적 이윤과 '자본주의적' 경영을 전제로 한 것으로 농민에게 토지를 갖게 하되 양반 및 상공계층은 제외하고 농업을 통한 상업적 이윤을 추구하게 한 점에서 다른 실학자들과는 차이가 있다. 한편 그가 제시한 여전제와 정전론은 유사점이 많다. 즉 그는 자신의 개혁안에서 모두 토지의 사적 소유를 부정했고, 경자유전耕者有田의 원칙에 따라 농민에게만 토지를 주고자 했다. 그리고 농업 생산력의 발전을 목표로 삼았으며, 전제개혁田制改革을 통해서 병농일치제를 관철하고 지방제도와 병제의 일체화를 시도한 점도 비슷하다.

　그러나 이 두 개혁안 사이에는 차이도 있었다. 즉 정약용은 여전론을 통해서 여閭의 설치를 논했고 여민의 공동생산을 분명히 했다. 그러나 정전론에서 제시하고 있는 정전井田의 경우는 그 운영에 있어서 여전閭田과 차이가 있었고, 농업의 전문화와 부농에 의한 개별 경영을 제안했다. 그렇다 하더라도 정전론과 여전론이 근본적으로 다른 개혁안일 수는 없었다. 정약용은 아마도 지향해 나가야 할 궁극적 목표 내지는 방향으로 여전제적 개혁안을 제시했다고 생각된다. 그리고 현실적 개혁안으로서 정전제를 말했기 때문에 이 둘 사이에는 상이점보다도 유사점이 더 많이 드러나게 되었을 것이다.

　이상에서 살펴본 바와 같이 조선후기의 실학자들은 선진시대先秦時代의 왕도정치론에서 제시하고 있었던 정전론의 이념을 살려서 지주전호제의 모순에 시달리던 조선의 토지제도를 개혁하고자 했다. 실학자 가운데 유형원의 경우는 균전론을 논했고 이익은 한전론을 제안했다. 이들은 농민보유지의 확보 즉, 자영농민의 확보에 주안점을 둔 개혁을 제안했다. 한편, 정약용은 정전론과 여전론을 통해서 새로운 토지개혁안을 제안했다. 실학자들이 제안한 이 토지개혁안들은 당대 사회에서 왕도정치의 재현을 시도하던 실학자들의 이상을 담고 있었다.

(2) 상공업 진흥론

원초유학에서 제시하고 있었던 왕도정치론에서는 인정仁政의 지표 가운데 하나로 상인商人과 장인匠人을 보호하는 문제가 거론되고 있었다. 뿐만 아니라 전반적인 사회개혁을 시도하며 실학사상이 제시되던 조선후기 사회에서는 선진시대先秦時代와는 달리 상공업이 상대적으로 발전해 가고 있었다. 그리하여 실학자들은 선진유학에서 제시하고 있었던 공고工賈에 대한 보호논리와 조선후기의 상공업계의 발전단계 등에 영향을 받아서 상공업 진흥론을 전개했고, 화폐의 유통정책에 적극적이었으며, 광업의 개발문제에 대해서도 깊은 관심을 가지고 있었다. 따라서 왕도정치의 재현을 시도하던 실학자들이 상공업 진흥론을 개진한 것은 일견 당연한 일이기도 했었다.

우선 상업에 대한 실학자들의 견해를 주목할 수 있다. 조선에서는 상업을 천업시賤業視하는 말업관末業觀과 상인의 관직 진출을 막는 금고법禁錮法의 철폐를 주장했다. 이러한 주장은 유수원이나 정약용에 의해서 강하게 제시되고 있었다.92) 그들이 상인에 대한 금고의 철폐를 주장한 것은 유식양반遊食兩班에 대한 문제를 해결하기 위한 방법의 일환이었다. 한편, 실학자들은 상업발전론을 직접 제시해 나갔다. 그러나 유형원 단계의 실학에서는 농본적 입장이 견지되면서, 농업생산 중심의 경제체제를 유지하는 데에 지장을 주지 않는 범위 내에서만 상업을 한정시켜야 한다고 주장했다.

그러나 18세기 중엽에 활동한 유수원의 단계에 이르러 실학의 상업론은 상당한 발전을 이룩했다. 유수원은 상업자본의 육성을 전망하면서 대상인에게 금난전권禁難廛權과 같은 전매특허를 주어야 한다고 했으며, 영세상인의 자본을 합자合資시켜 대규모의 상인자본으로 육성해야 한다고

---

92) 姜萬吉, 1991, 「實學者의 商工業 發展論」『東洋學國際學術會議論文集』, 成均館大學校 大東文化研究院, 168쪽.

생각했다. 그가 금난전권의 보장을 요구한 것은 국가재정에서 중요한 의미를 차지할 수 있는 상업세의 증수에 직접적인 목적을 둔 것이었다. 그러나 그의 금난전권 보장 논리는 당시 상업의 발달정도가 미미하여 대자본의 육성을 통한 발전책을 마련하려던 목적이 있었기 때문이었다. 그리고 유수원은 지방도시의 상업발전을 위해서 정기시장의 상설화를 주장했고, 농촌지역에 정기시장의 개설을 장려하고자 했다.[93]

그러나 정약용은 특권상업 및 매점상업에 대한 반대론을 전개했다. 이 시기에는 이미 18세기 이후 발달한 특권 및 매점상업에 의한 폐단이 발생하고 있었기 때문이었다. 그리고 그는 '선왕先王의 법法'을 들어서 상업이윤을 확보하고 있던 상인들에 대한 상업세의 증수를 꾀했다. 그는 이를 위해서 세과사稅課司나 독세사督稅司와 같은 세무관서의 설치가 필요하다고 보았고, 상업세의 증수를 위한 구체적 방안을 제안했다.[94] 한편, 박제가는 재화가 잘 유통되어야 전국적으로 물가가 안정되어, 백성이 이롭게 된다고 주장했다. 박제가와 이규경·최한기 등은 해외통상의 발전에 대해서도 일정한 관심을 가지고 있었다. 실학자들은 민간에 대한 규제를 풀고 이들도 해외통상에 종사하도록 보장해야 한다고 생각했다. 이러한 실학자들의 생각은 왕도정치론에서 제시되고 있는 상인보호의 논리를 빌린 것이었다. 그러나 이 이론은 당시 조선사회의 현실적 요청을 반영한 측면도 가지고 있었다.

실학자들은 상업뿐만 아니라 수공업 분야에 대해서도 일정한 관심을 가지고 있었다. 박지원·박제가 등 실학자는 방직紡織분야 등에서 드러나는 낙후된 국내 기술을 발달시키고 생산력의 향상을 통한 국부國富의 증대를 목적으로 하여 선진기술을 과감히 수용해야 한다고 주장했다. 정약

---

93) 姜萬吉, 1973, 「實學者의 商業觀」 『朝鮮後期 商業資本의 發達』, 高麗大學校 出版部, 22~23쪽.
94) 姜萬吉, 1984, 「丁若鏞의 商工業政策論」 『朝鮮時代 商工業史硏究』, 한길사, 243~252쪽.

용도 중국으로부터 선진기술을 받아들이기 위해서 이용감利用監과 같은
관청을 설치하기를 제안했다. 그리고 선박과 수레 제조기술을 장려하기
위해서 전함사典艦司나 전궤사典軌司와 같은 관청을 중앙정부에 설치해서
정부 주도로 기술을 발전시켜 나가야 한다고 생각했다.

상공업에 이어서 화폐유통에 관한 실학자의 견해를 확인해 보기로 하
겠다. 당시 17세기 이후 조선 사회에서는 화폐의 전국적 유통으로 여러
가지 문제점이 나타나면서 화폐유통에 대한 부정론과 긍정론이 등장했
다. 특히 18세기 초 발생한 전황錢荒 또는 전귀錢貴현상의 등장 이후로는
화폐제도나 유통을 개선시키려는 개혁론이 실학자들 사이에서 적극적으
로 나타났다. 화폐유통에 대한 긍정론은 유형원과 유수원(1694~1755)·박
제가 등은 화폐유통에 대한 긍정론을 전개했다. 그리고 이익·이규경李圭
景은 화폐유통에 수반되는 문제점을 제시하고자 했으며, 정약용은 화폐
제도 개선을 요구한 경우로 분류될 수 있다.[95]

유형원은 화폐유통에 긍정적이었다. 그는 중국 및 고려시대의 화폐
유통을 연구하여 국내에서 동전銅錢유통을 주장하는 근거로 삼았고, 화
폐를 식량과 함께 민생民生의 근본으로 인식했다. 이에 따라 화폐 주조의
국가관리를 주장했고, 화폐체재體裁 및 품질의 규격화를 논했다. 그는 화
폐원료의 공급 및 화폐 주조량의 결정 문제에 대해서도 관심을 가지고
있었다. 한편 그는 화폐의 보급을 장려하기 위해서 국가에서 화폐의 유
통가치를 결정해 주고, 국가의 수입과 지출을 화폐납화貨幣納化하기를 제
안했다. 그리고 그는 상설 점포의 설치를 제안했고, 물품화폐物品貨幣였
던 추포麤布의 유통금지를 주장했으며, 관용비官用費를 금속화폐로 지급
할 것 등을 제안했다.

반면에, 이익은 화폐 유통에 비판적이어서 폐전론廢錢論을 주장하기도
했다. 그는 상품교환수단으로서 동전의 기능이나 가치는 원칙적으로는

---

95) 元裕漢, 1981, 「實學者의 貨幣經濟論」 『東方學志』 26, 延世大學校 國學研究院.

인정했다. 그러나 그는 지역의 협소성狹小性 및 재화를 운송하기 위한 교통의 편리를 들어 금속화폐의 유통에 부정적이었다. 그가 부정적 화폐관을 가지고 있었던 까닭은 동전 유통으로 인해 상업의 발달이 촉진되고 이와 병행하여 고리대가 성행해서, 농민의 몰락이 촉진되고 농업의 위축되던 현상과 관련이 있었다. 그는 화폐의 보급으로 인해서 관리의 탐학이 강화되고, 도적이 횡행하는 것에 두려움을 가지고 있었다. 그리고 그는 화폐의 유통으로 인해서 소비와 사치풍조가 유행하고, 민심의 변화가 촉진되는 등 전통적 생산양식이나 가치 체계의 변질을 걱정했다. 그러므로 그는 동전 유통을 금지하고 물품화폐로 복귀하는 문제를 생각하기도 했다.

정약용은 화폐유통의 현실을 인정하고 있었지만, 농본적인 절약론의 입장에서 화폐유통의 구조 개선을 주장했다. 그는 화폐가 상품유통의 매개체로서 국가경제에 중요하다고 인식했다. 그는 당시 화폐정책 및 화폐제도의 개혁과 전황錢荒을 극복하려는 개혁안을 제시했다. 전환서典圜署를 설치하여 화폐 주조 관리 체계를 일원화하고 화폐의 품질과 체재를 개선하려고 했다. 또한 화폐제도의 개혁안으로 동전을 가장 이상적인 화폐로 생각했으나 고액전의 통용 및 금은화金銀貨의 주조를 제안했다. 한편, 박제가는 양화良貨의 주조와 화폐 통일을 상품유통의 장려를 위한 구체적인 대안으로 제시했다.

조선후기 사회에 있어서 광업 분야에서도 큰 변화가 일어나고 있었다. 그리하여 18세기 말에는 매뉴팩처 단계의 덕대제德大制 광업 경영이 진행되었다. 동시에 농민층 분화와 관련하여 광산 노동자가 증가되었고, 이로 인해 농업 노동력의 부족현상이 나타났다. 광업의 발달은 전답과 봉건 질서를 함께 파괴시켜 갔다. 그리고 광세鑛稅의 징수문제, 금은의 국외 유출 등에 따른 손실 등 여러 문제가 수반되었다.[96]

96) 조선후기 광업의 구체적인 전개 과정에 대해서는 柳承宙, 1993, 『朝鮮時代 鑛業

이와 같은 상황에서 유형원은 광업에 대해 공장세工匠稅 징수 등에 약간의 관심을 보였지만, 관영제官營制보다는 사채제私採制를 지지하는 입장을 가지고 있었다. 이익은 농사에 피해가 없는 한 광산 개발의 필요성을 주장했다. 그리고 과중한 징세로 인해서 광업 개발이 위축된다고 하여 당시 시행되었던 설점수세제設店收稅制의 보완을 요구했다. 이외에도 박지원·박제가·서유구·이규경 등과 같은 실학자들은 대체로 설점수세제에 의한 광산 개발을 인정하면서 광산물의 효율적 활용에 더 큰 관심을 지니고 있었다.[97] 이렇듯 당시 실학자들은 광업이 차지하는 산업 비중이 높지 않았으며, 사회적 독립 분업론 등에 대한 인식도 미숙하여 체계적이고 진보적인 광업론을 제기하지 않았다.

그러나 정약용의 광업론은 특출한 면모를 가지고 있었다. 그의 광업론은 크게 두 단계로 나눌 수 있다. 초기는 국영 광업정책의 단서가 마련되는 「지리책地理策」·「응지논농정소應旨論農政疏」가 저술된 시기이다. 이 때 정약용은 설점수세제設店收稅制를 기본으로 한 정부의 광업 정책을 용인하면서 동점銅店과 철점鐵店에 대한 억제정책을 완화시키기를 요구했고, 광업의 민영화를 인정했다.[98] 그러나 정약용의 광업 개혁론은 광업 민영화보다는 관영화 또는 국영화의 필요성을 강조하는 방향으로 전개되었다.

정약용의 광업 개혁론에서 두 번째 단계는 『경세유표』·『목민심서』의 단계이다. 여기에서 그는 광업 정책 및 광업 경영론을 논했고, 광업 제도의 운영을 개선하는 방안을 마련하고자 했다. 이 시기에 그는 중앙정부 차원의 근본적 개혁 방안으로 국영 광업 정책 및 국영 광업론을 제시했다. 즉 그는 중앙에는 사광서司礦署를 설치하고 지방에는 감무관監務官을

史研究』, 고려대학교 출판부 참조.

97) 元裕漢, 1985, 「朝鮮後期 實學者의 鑛業論 硏究－茶山 丁若鏞의 鑛業國營論을 중심으로－」『韓國近代社會經濟史研究』, 정음문화사.

98) 元裕漢, 1985, 앞의 책.

파견하여 광산鑛山을 관리하고자 했다. 이외에도 이용감利用監의 설치를 제안했고, 금광군金鑛軍의 생산·노동 조직과 광산의 경영 형태 및 생산 기술에 대해 구체적으로 기술하면서 생산성 향상을 전망했다. 그리고 그는 아전의 중간 수탈을 막고 소란의 근원도 방지하기 위해서 지방관 차원의 광업 제도 운영방안으로 광업 행정 지침을 구상했다.[99] 이러한 다산의 국영 광업 개혁론은 당시 발달한 덕대제 광업 경영의 기술 수준을 바탕으로 하고 있었다.

이상에서 살펴본 바와 같이 실학자들은 왕도정치의 이념에 따라 상공인을 보호하고, 당시 사회의 한 과제로 제시되고 있었던 상공업 발전을 촉진시키기 위해서 상공업 개혁론을 전개했다. 그리고 그들은 상업의 말업관末業觀을 거부했다. 그들은 통공발매정책을 지지했고 상업세의 증대에 관해서도 관심을 가졌다. 그들은 금속 화폐의 제조와 유통에 대해서 대체적으로 긍정적 입장을 취했다. 수공업의 발전에 대해서도 긍정적 사고를 가지고 있었다. 그들은 광업을 국부의 원천으로 파악하여 국가 재정의 확보를 위해서는 광산의 국영이 요청된다고 판단했다. 이러한 그들의 상공업 개혁론은 현실적으로 국가의 재정을 확보하고 유식자遊食者를 정리하여 개직皆職을 성취해야 한다는 사회 개혁적 입장에서 제시되었다.

(3) 사회개혁론

조선후기 실학자들은 경제사상의 경우에서와 마찬가지로 자신들이 추구하고 있던 왕도정치의 이념과 조선사회가 직면해 있던 현실에 대한 성찰을 기반으로 하여 일련의 사회 개혁론을 전개했다. 즉 왕도정치의 이념을 제시한 『맹자孟子』는 「등문공滕文公」 상에서 "백공百工의 일은 본래 농사를 지으면서 할 수 있는 일이 아니다(百工之事 固不可耕且爲也)"라고

---

99) 林炳勳, 1987, 「茶山 丁若鏞의 國營鑛業政策·經營論 - 사회개혁사상의 발전 및 사회개혁론 체계와 관련하여 - 」 『東方學志』 54·55·56, 延世大學校 國學硏究院.

말하며, 노심자勞心者와 노력자勞力者를 구별해서 사회적 분업 개념의 원형을 제시했다. 그러나 봉건사회 해체기에 처해 있었던 조선후기 당시의 사회구조에서는 사회적 분업이라는 측면보다는 신분제도가 적용되는 사회적 불평등이 엄존하고 있었다. 실학자들은 이와 같은 당시 사회에서 사회신분 제도의 모순성을 지적하고, 고착적 신분제에 의해서 사회를 설명하기보다는 사회적 분업에 가까운 개념으로 조선 사회를 재편하고자 했다.

우선 실학자들은 당시 사회 신분제도의 모순을 철저히 인식하고 있었다. 사람을 평가하는 데 있어서 능력보다는 문벌이 중시되는 사회에서 양반이 아닌 중서中庶나 노비奴婢들은 차별받을 수밖에 없었다. 이러한 신분간의 차별을 그들은 조선 역사 전개 과정에서 특유하게 형성된 인습으로 바라보았다. 특히 당시의 성리학에서는 기자箕子가 창시한 정당한 법으로 간주하였던 노비 제도에 대해 이익은 이를 훗날에 형성된 그릇된 규정으로 단정했다. 그는 나라를 좀먹는 여섯 가지 병폐로서 과업科業·벌열閥閱·기교技巧·승니僧尼·유타遊惰와 더불어 노비를 들었다. 특히 관직도 없는 양반층이 노비를 부려 놀고먹는 구조적 악습을 지적하고 노비법이야말로 인습 중의 인습이라 하였다. 그리하여 노비의 세전법世傳法과 매매를 반대하는 등 노비에게 동정적인 입장을 취했다. 또한 노비 소유의 상한을 정하고 종모법從母法을 시행할 것을 강조했다. 하지만 그도 노비 제도 자체에 대한 폐지를 주장하는 데에 이르지는 못했고,[100] 현실적인 관행의 불합리를 개선하는 수준에서 신분제도의 모순을 제거하려 하였던 것이다. 그리고 이익은 풍속의 타락으로 인한 향촌 신분질서 동요를 사림파의 인륜회복 노력을 원용하여 극복해 보려 하였다. 그는 제悌라는 횡적인 사회 윤리 회복을 통해 풍속 교화 및 국운 회복까지 기대

---

100) 金泰永, 1997, 「조선후기 實學에서의 현실과 이상」 『韓國思想史方法論』, 小花, 258쪽.

하고 있었는데, 주자학의 명분론적 관념을 여전히 떨쳐 버리지 못하고
있음을 드러낸다.

유수원은 신분제도 개혁을 위한 방안으로 문벌을 폐지하고 학교제도
와 과거 및 관리 임용 제도를 개선할 것을 주장하였다. 모든 이에게 균
등한 교육 기회를 제공하고, 능력에 따라 관리 후보자인 사士를 선발하
자는 것이다. 이는 문벌에 의해 유지되었던 사회 질서를 거부하고, 능력
을 중시하는 인식 태도를 보여준다. 궁극적으로 그는 사농공상士農工商이
라는 사민체제四民體制의 개편에 기초한 전문화된 분업의 수행만이 부국
안민의 유일한 길이라고 주장하였다.

홍대용도 비슷한 견해를 가지고 있었다. 그는 양반들이 빈궁해도 다
른 생업에 종사하지 않는 것을 비판하고, 놀고먹는 무리를 처벌할 것을
요구하기도 하였다. 그리하여 신분이 아니라 재능과 학식의 여부로 사람
을 평가해야 한다는 원칙 아래 4민의 자식들이 모두 균등하게 교육받을
권리를 인정하는 사민개학론四民皆學論을 내놓았다. 귀천의 신분이 제도
적으로 고착되어서는 안 되며 교육을 바탕으로 하는 능력에 따라 사람은
달라질 수 있다는 것이다. 따라서 그는 "재주와 학식이 있는 자는 농가農
賈의 자제로서 낭묘廊廟에 앉아도 참람하다 여길 것이 아니며, 재주와 학
식이 없는 자는 공경公卿의 자제로서 하인下人이 되더라도 한스러이 여
길 것이 아니다"고 한 것이다.101) 하지만 그는 사민평등四民平等의 원칙
을 구체적으로 어떻게 실현해 나갈 것인지에 대해서는 적극적으로 언급
하지는 못했다.

실학을 집대성한 정약용의 경우에도 사회신분제의 개혁논의에는 미
진한 점이 많다. 그는 모든 신민을 사士·농農·공工·상商·포圃·목牧·우虞·
빈嬪·주走의 9직九職으로 나누어 배치해야 한다고 보았다. 이는 직역에

---

101) 洪大容,『湛軒書』內集 卷4, 補遺, 林下經綸 ; 趙珖, 1979,「洪大容의 政治思想
    研究」『民族文化研究』14, 高麗大學校 民族文化研究所, 85쪽.

대한 종래의 신분적 파악에서 사회분업에 따른 직능적 파악으로 나아갔음을 보여준다. 또한 사의 농·공·상에의 참여와 농·공의 과학기술적 기반의 중요성을 강조하고, 농육과農六科 제도와 공장工匠의 기예技藝경영을 통해 우수한 농·공인을 행정직에 발탁하는 일종의 직업별 과거제를 주장했다.[102] 하지만 이러한 9직은 공동체적 필요에 의해 국가에서 배정하는 것으로 자유로운 선택의 의미가 들어있는 것은 아니며 사민구직四民九職을 수평적·직능적으로 파악한다는 것이 신분제의 철저한 혁파를 의미하는 것도 아니었다.

그는 또한 인간의 본질적 평등에 관해서는 인정을 하였지만 신분간의 위계질서는 어느 정도 필요한 것으로 보았다. 그리하여 "국가에서 의지하는 것은 사족인데 그들이 권리도 세력도 없어지면 위급시 소민小民의 난리를 누가 막을 수 있겠는가"[103]라는 우려를 나타내기도 했다. 그는 양반사족의 지도나 통솔이 없이는 국가가 존립할 수 없다는 신분관을 가지고 있었던 것이다. 이러한 인식은 교육관에도 드러나 양반 자제와 서민은 교육기관이나 교육 내용을 엄격히 구분하여 양반은 지도자로서 수기치인의 전인 교육을, 일반 백성은 효제孝悌의 윤리 교육을 실시해야 한다고 했다. 양반은 통치자로서 갖추어야 할 덕목을 배우고 평민은 피지배자로서 지켜야 할 윤리를 배워야 한다는 것이다. 그는 지배계급의 선천적인 우월과 피지배계급의 선천적인 열등을 합리화시키는 운명론을 부정하고 인명을 중시하는 민본주의 사상에서 계층간 격차를 좁혀 보려했다. 그러나 그는 정치의 담당자는 양반임을 내세우는 고정된 신분관에서 벗어나지 못했으며 완전한 신분제의 타파로 나아가지도 했다.[104]

---

102) 金泳鎬, 1985, 「丁茶山의 職業觀－四民九職論을 중심으로－」 『千寬宇先生 還曆紀念韓國史學論叢』, 736쪽.

103) 『牧民心書』 禮典, 辨等條.

104) 李培鎔, 1987, 「茶山의 身分觀에 대한 再檢討」 『朝鮮身分史硏究－身分과 그 移動－』, 法文社, 246쪽.

결국 당시의 실학자들은 만민평등의 원리를 객관적으로 이론화하는 단계에 나아가지는 못했고 신분제도의 철폐를 주장한 것도 아니었다. 유교적 계층관념이 그만큼 완강하게 남아 있었던 것이며, 실학자 자신이 모두 사족 출신이어서 그 같은 관념의 벽을 온전히 허물기 어려웠던 것도 사실이다. 반면에 그들은 신분제도의 불합리성에서 오는 현실 모순을 인식하고 있었기 때문에 현실적으로 가능한 범위 내에서의 개혁을 도모했다고 볼 수 있다.

당시 부패의 온상으로 지목되었던 향리에 대해서도 실학자들은 그들의 직임을 너무 소홀히 하여, 어떠한 사회적 진출의 기회도 부여하지 않으면서 정식 보수조차 책정하지 않은 것에 폐단의 원인을 두었다. 이는 실학자들의 공통된 견해로 유형원은 그들에게 전지田地 혹은 봉록俸祿을 책정해야 한다고 보았고, 정약용은 나아가 그들을 엄연한 하나의 관리 직역으로 독자성을 갖도록 배치해야 한다고 주장했다. 향리들에 대한 실질적인 대우를 통해 부정과 대민 침학을 근절시키려 한 것이다.

또한 군현의 면임面任까지도 사실상 책임을 지고 업무를 수행할 현지의 직관職官으로 충보해야 한다고 보았다. 유형원은 면리面里의 향정鄕正에 사족士族을 동원하여 직무를 맡기게 했고, 홍대용은 면임面任을 종9품의 정식관원으로 삼아야 한다고 하였다. 정약용은 정전제井田制의 시행 과정에서 유산有産의 유지를 동원해 응분의 직임을 맡기도록 하고, 그 재능에 따라 정식 관원으로 발탁해야 한다는 생각을 가지고 있었다. 좌수座首·별감別監 등 향임鄕任에 대해서도 정식관직을 부여하고 사족으로서 응분의 대우를 할 것이며 반드시 승진 기회를 허용해야 한다고 보았다. 정약용의 경우를 통해서 드러나는 바와 같이 당시의 실학자들은 기술 개발의 최종 통로를 관직의 수여에 귀착시키거나, 성공적인 독농가나 향촌 지도자의 경우에도 그 최종 귀착점을 관직에 두고 있었다. 이는 당시 사회문제가 되고 있던 유식遊食양반들에게 개직皆職을 보장하고, 그들을 지방행정의 하급담당자로 삼아 행정의 운용 효율을 높이고, 사회 풍속의 개선도 기대할 수 있다는 인식과도 연결되는 것이다.

이상에서 살펴본 바와 같이 실학에서는 사회신분제도 자체를 인습적 관념에 매달리지 않았고 직능적 관점에서 파악하고자 했다. 그들은 사회적 분업을 인정하는 입장에서 사회구조를 논했던 것이다. 그들은 성리학적 견지에서 제시되던 선천적 불평등성에 입각한 인간 불평등성론에는 분명한 반대 의지를 가지고 있었다. 그러나 그들은 만민평등의 원리를 객관적으로 이론화하는 데에는 이르지 못했고, 신분제를 철폐하여 사회적 평등을 이루어야 함을 선명히 주장하는 단계에까지 이르지는 못했다. 그렇다 하더라도 실학자들은 왕도정치의 이념에 따라서 자신들이 살고 있던 조선후기 사회의 불평등성에 대해 문제의식을 가지고 있었다. 한편 그들은 향촌제도의 개편과 연결하여 향직鄕職을 정식 관직화하기를 제안했고, 향리鄕吏제도의 문제점을 지적했다. 이 같은 그들의 개혁안은 유식遊食양반들에게 개직皆職을 보장하기 위한 노력의 일환이기도 했다.

3. 실학의 연구과정과 성격

일반적으로 말하여 실학은 조선후기에 성행했던 현실 개혁적 사상으로서, 그 사상은 범유학적汎儒學的 경향과 성리학적 가치체계로부터 벗어나려는 특징을 가지고 있는 것으로 규정되어 왔다. 그러나 조선후기에 이 실학사상을 제시했던 사람들은 당시 뚜렷한 학파를 적극적으로 형성하여 그 자신들의 주의·주장을 선명히 제시하지는 아니했다. 실학사상은 조선후기 사회에서 즉자적卽自的 사상의 형태로 존재해 왔다. 그러므로 실학의 개념과 그 역사적 기능 및 의미에 대한 규명은 후대의 연구 작업을 통해서 제시된 것이었다. 즉 1950년대에 이르러 많은 연구자들

이 조선후기의 사상계를 연구하는 과정에서 18세기를 전후한 시기에 일
단의 현실 개혁적 인물 사이에서 사회개혁의 의식이 새롭게 공유되고 있
음을 확인했다. 20세기의 50년대 연구자들은 이 사상을 실학사상으로
명명하게 되었다.

　따라서 실학사상이 가지고 있는 사상적 특성을 정확히 이해하기 위해
서는 실학연구의 전개과정을 주목해 보고자 한다. 우리는 그 연구의 전
개과정에 대한 검토를 통해서 해방을 전후하여 오늘에 이르기까지 우리
학계에서 실학에 대해서 가지고 있었던 개념상의 특성을 다양하게 검토
할 수 있을 것이다. 또한 해방 이후의 연구자들이 실학의 학파를 어떻게
유형화시키고, 실학자들의 사상경향에 따라서 그들에게 어떠한 계통을
설정했는지 살펴보고, 이에 이어서 실학의 역사적 의미와 그 연구의 전
망을 검토하고자 한다.105)

1) 연구의 전개과정에 대한 검토

(1) 실학연구의 전개

　오늘날 한국사에서 실학으로 불리는 사상의 유형들이 연구되기 시작한
때는 1890년대 개항기를 들 수 있다. 이 때부터 오늘에 이르기까지 실학
사상에 대한 연구가 줄곧 진행되어 오고 있다. 그러므로 우리는 실학사상
의 이와 같은 연구과정을 다시 몇 단계로 나누어 그 연구사를 검토할 수
있을 것이다. 즉, 실학연구는 제1단계(1890~1934)·제2단계(1934~1945)·제3
단계(1945~1967), 그리고 제4단계(1967~1998)로 나누어 진행된 것으로 볼
수 있다.

　우선 실학에 관한 초창기의 제1단계 연구에서 드러나는 특성을 살펴

---

105) 趙珖, 1992,「조선후기 실학사상의 연구동향과 전망」『金昌洙敎授 華甲紀念史
　　學論叢』, 汎友社, 416~424쪽.

볼 때, 이 시기에는 장지연張志淵(1864~1921)·최남선崔南善(1890~1957) 및 이능화李能和(1869~1943)와 같은 한국학의 초기 연구자들에 의해서 오늘날의 학자들이 실학사상이라고 부르는 조선후기의 사상경향이 연구되기 시작했다.

이 시기의 연구는 아직 실학·실학파·실학자 등과 같은 용어가 직접 구사되면서 연구되지는 않았다. 그러나 그들은 조선후기에 성리학과는 다른 일군의 현실개혁적 학문과 사상이 존재했음을 주목했다. 그리고 그들은 이 학문의 전통이 유형원柳馨遠(1622~1673)·이익李瀷(1681~1763)·정약용丁若鏞(1762~1836)에 이르는 계보를 가지고 있음을 말했다. 그러나 당시에 간행된 각종 국사교과서에서는 실학사상의 존재를 주목하지 아니했고, 민중의 계몽을 목적으로 간행되던 각종 신문이나 잡지에서도 조선후기의 이 새로운 사상의 존재를 극히 지엽적이며 피상적으로만 다루고 있다.

그러나 조선후기의 이 새로운 사상적 경향에 대한 연구는 1934년을 계기로 하여 본격적으로 착수되었다. 실학연구의 제2단계가 시작되는 이 해는 오늘날 대표적 실학자로 꼽히고 있는 다산茶山 정약용의 서거 98주년에 해당되던 해였다. 이 때 일본의 식민지 통치에 반대하고 협조를 거부했던 민족주의 계열의 연구자들은 '조선문화 부흥운동' 내지는 '조선학운동'을 일으키고 있었다. 그들은 조선학 부흥운동의 일환으로 정약용 서거 100주년 기념사업을 계획하고 있었고, 이 과정에서 정약용의 사상을 비롯하여 정약용과 동시대의 사상가들에 대한 연구가 시작되었다. 이 시기의 연구를 주관했던 인물들은 안재홍安在鴻(1891~1965)·백남운白南雲(1895~1979)·최익한崔益翰(1897~?) 등이었다.

이들은 조선후기에 발생한 이 개혁적 사상의 경향에 대한 범주화 작업과 개념규정을 위해 앞선 연구자들보다 더 큰 노력을 경주했다. 그리하여 그들은 이 사상을 '근대 국민주의 및 자유주의의 선구'로 파악하기

도 했다. 그러나 그들은 이 사상이 아직은 봉건사상을 완전히 해탈한 것
도 아니고 자유주의를 적극적으로 주장한 것도 아닌 과도기적 성격을 가
진 것으로 규정하기도 했다. 또한 일부의 연구자들은 이 사상을 "종래
계급의 반성적 요구를 반영하는 것이기는 하지만 새로운 계급의 이익을
대변하는 사상체계는 되지 못했다"고 규정하기도 했다.[106)

그러나 이 시기의 연구자들은 이 새로운 학문경향을 '실사구시학實事
求是學'이라는 범주로 파악하는 데에 접근해 가고 있었다. 그렇지만 이
시기의 '실학'연구는 그 범위와 대상이 매우 제한되어 있었고, 이에 관
한 본격적 연구의 성과도 미진한 편이었다. 그렇다 하더라도 일본인 연
구자들에 의해 조선에서 독자적 사상이 존재한다는 사실마저 부인되던
당시의 상황을 감안할 때, 이들의 연구와 주장은 민족문화의 전통을 밝
히는 데에 있어서 매우 큰 의미를 가지고 있는 것이었다.

실학사상이 본격적으로 연구된 것은 1945년 한국이 일본의 식민지로
부터 해방된 다음부터였다. 해방을 통해서 실학연구는 제3단계에 진입
하게 되었다. 특히 1950년대 전반기에 이르러 남북한의 연구자들은 앞
단계의 연구를 이어받아 조선후기의 사상에 대한 집중적인 연구를 전개
해 나갔다. 그 결과로 그들은 조선후기의 그 새로운 사상적 경향을 실학
사상이라고 명명하는 데에 대체적으로 의견을 일치시켰다. 이 시기에 이
르러서 북한에서는 최익한·정성철을 비롯한 일단의 연구자들이 실학사
상을 연구했다. 그리고 남한의 학계에서는 홍이섭·천관우·한우근 등이
실학사상을 본격적으로 연구했다. 이 연구과정에서 실학의 개념과 발생
배경 및 그 실학의 연구 분야 및 역사적 의의 등이 본격적으로 거론되기
에 이르렀다.

한편 이 시기는 남북한의 학계에서 일본의 식민사관을 극복하고 내재

---

106) 白南雲,「丁茶山百年제의 의의」『東亞日報』1937.7.6. ; 하연식 편, 1991,「彙編」
『백남운전집』 4, 이론과 실천, 119쪽에서 重引.

적 발전론이 강하게 주장되던 때였다. 이러한 학문적 분위기와 관련하여 조선후기 사회경제사 분야에 있어서 자생적 발전상이 속속 연구되었다. 그리고 조선후기의 사회경제적 발전을 가능하게 해주는 사상의 존재여부를 검증하기 위한 노력이 일어났고 여기에서 실학사상이 주목받게 되었다. 따라서 이 당시 실학연구에는 이와 같은 연구 분위기와 관련하여 사회경제사가들이 대거 참여하게 되었고, 근대화론적 시각이 강하게 투영되기에 이르렀다.

실학연구의 마지막 단계는 1967년 이후 1988년 현재에 이르는 시기로 볼 수 있다. 이 시기에는 실학의 개념을 종전보다 더욱 선명하게 규정하고자 하는 노력들이 일어났고 실학연구는 그 질과 양적인 면에 있어서 모두 비약적인 발전을 하게 되었다. 그러나 오늘에 이르러서는 지난날의 실학연구가 가지고 있었던 여러 문제점에 대한 반성적 검토 작업이 일어났다. 그리하여 실학의 개념과 그 역사적 의미를 새롭게 규정하고자 하는 시도들이 나타났고 실학자의 범위를 축소하고자 하는 경향도 등장했다. 그리하여 오늘날의 연구자들은 조선후기의 전체 사상사의 전개과정에서 실학이 차지하고 있는 위치와 특성을 정확히 이해하고자 시도하고 있다.

(2) 실학개념의 모색

이상과 같이 실학에 관한 연구가 전개되던 과정에서 실학의 개념을 밝히기 위한 노력이 전개되었다. 그리고 실학의 개념은 연구자에 따라 매우 다양한 형태를 띠고 제시되었다. 이 시기 실학의 개념으로는 현실에 긴요緊要한 시무책을 주장하는 것으로 이해되기도 했다.[107] 그러나 시무책은 성리학적 단계를 비롯한 유학의 정치사상과 정치현장에서는

---

107) 韓㳓劤, 1961,「白湖 尹鑴 硏究」『歷史學報』 15·16·19, 歷史學會 참조.

반드시 등장하는 것이며, 모든 시무책은 현실문제의 타개를 목적으로 한 절실함을 가지게 마련이었다. 따라서 실학에 관한 이 개념규정은 광범위한 동의를 얻는 데는 이르지 못했다.

한편, 실학의 개념은 대체적으로 그 사상이 존재하던 조선후기라는 과도기적 특성을 감안하여 전근대성과 근대성이라는 두 가지의 이질적인 시대성과 '실학사상' 자체가 상호 어떠한 관계를 맺고 있는지를 규명하려는 시각에서 검토되어 나갔다. 그리하여 1930년대의 일부 연구자들은 실학의 역사적 특성을 주목하여 실학이 근대적 성격을 가지고 있는 것으로 그 개념을 규정했다. 이러한 시각의 일부를 이어 받아 1960년대의 연구자 가운데 일부에서는 실학을 조선후기 '자본주의 맹아의 발생'을 반영하는 사상이거나 혹은 그러한 발전을 이끌어준 사상으로 규정하기도 했다. 이 경우 실학은 '허학虛學'인 성리학에 대항하는 학문이라고 적극적인 평가를 받기도 했다.

한편 다른 연구자들은 실학을 왕조체제의 유지를 위한 봉건사상의 일종으로 규정짓기도 했다. 즉 실학이 비록 부분적으로는 당시의 문란한 제도의 개편 등을 논하기는 했다 하더라도, 이는 제도의 개편을 통해 새로운 사회를 지향했다기보다는 봉건적 이데올로기의 상징인 왕조체제를 유지 존속시키고자 하는 데에 궁극적 목적이 있는 것으로 주장되었고 이러한 측면에서 그 개념이 규정되었다.

이와 같은 연구의 경향은 이미 1930년대에 백남운 등에 의해 암시되기도 했지만, 1970년대를 전후하여 본격적으로 제시되었다. 한편 이 때에 이르러서는 실학이란 개념이 어느 사회에서나 등장할 수 있는 통시대적 개념인가 아니면 조선후기의 독특한 사상경향만을 지칭하는 특수한 개념인가를 밝히려는 노력이 진행되었다. 그 결과 당시의 학계에서는 대체적으로 실학이란 조선후기의 사회 개혁적 사상을 뜻하는 역사용어로 고정시켜 나갔다.

그리고 또 다른 연구자들은 실학사상에서 드러나는 과도기적 특성을 주목하여 이를 봉건사회의 해체기에 등장한 '근대 지향적' 과도기의 사상으로 보고자 했다. 이 견해는 1967년 이후 천관우에 의해 제시되었다. 그는 실학을 근대성으로 규정했던 1930년대 안재홍의 견해를 발전적으로 극복하여 실학사상을 새롭게 규정해서 "전근대의식에 대립하는 근대정신을, 몰민족의식沒民族意識에 대립하는 민족정신을 뜻한다"고 말하면서, 실학사상의 가장 중요한 특징이 '근대지향적·민족주의적 성격'임을 제시했다.[108]

이러한 그의 실학개념 제시는 많은 연구자들에게 영향을 미쳐 주었다. 이와 같은 개념규정이 제시된 이후 많은 연구자들은 조선후기의 사상에서 이 기준에 의해 실학적 요소를 찾으려 했다. 그리하여 민족주의적 특성의 확인을 위해 중화문화와는 구별되는 자아인식의 존재여부를 검출하기 위한 노력이 진행되기도 했다. 그 과정에서 성리학적 화이관에 입각하여 청국을 이적시하며 조선중심사상을 전개했던 성리학자들까지도 실학자의 범주에 포함되기도 했다.

또한 모든 제도개혁론은 현상 타파론이므로, 봉건적 현상을 타파하고 근대사회를 지향하는 것으로 확대 해석하여, 성리학적 입장에서의 개혁론이 존재하고 있다는 엄연한 사실을 무시하고, 모든 개혁론을 '실학적 개혁'='근대적 개혁'으로 확대 해석하는 경향이 나타났다. 그리고 이러한 데에서 실학의 범위는 거의 무한정하게 확대되어 나가기도 했다.

이와 같은 상황의 당연한 결과로 '근대지향적·민족주의적'이라는 실학개념의 모호성에 문제를 제기하고 실학의 개념을 새롭게 규정하고자

---

108) 千寬宇, 1967, 「朝鮮後期 實學의 槪念 再檢討」 이 글은 연세대학교 '실학공개강좌에서 발표한 것으로, 역사학회 편, 1969, 『韓國史의 反省』, 독서신문사에 수록되어 있다.
   千寬宇, 1970, 「韓國實學思想史」 『韓國文化史大系』 Ⅵ, 高麗大學校 民族文化研究所.

하는 시도가 일어나게 되었다. 그리하여 실학의 개념을 '탈성리학脫性理學'으로 규정하고 실학을 성리학과 구별되는 독자적 사상임을 다시 한번 확인하고자 시도하게 되었다. 이 새로운 시도에서도 대체로 실학이 가지고 있는 것으로 규정되었던 근대성 내지는 민족주의적 특성이 여전히 존중되고 있었다.

실학의 개념과 관련하여 '탈성리학'을 제시하는 입장에서는 실학사상의 기본적 틀로 실제성의 중시, 인식론의 경험적·실증적 특성의 강조, 자연과 인간의 분리와 인간의 자율의지 확보, 도덕윤리의 가변성에 관한 인식 및 만민평등사상으로 규정했다. 이것은 한 마디로 '경험론적 사고에 기초한 근대철학과 유사한 것'으로 이해되기도 했다.[109] 그러나 실학의 개념을 규정하는 데에 '탈성리학'이라는 용어가 가지고 있는 한계를 지적하면서 이를 수정 보완하고자 하는 노력이 전개되었다.

한편, 1980년대 후반기에 이르러 실학개념에 관한 이와 같은 연구의 진전을 기반으로 하여 '근대지향적 성격'·'탈성리학적 성격' 등에 대한 비판적 검토의 시도가 새롭게 나타났다. 이 시도와 함께 실학에서 논의되는 개혁성이나 합리성 또는 민족주의적 성격이 조선의 정통 성리학에서 논하는 그것과는 질적으로 다름이 논의되었고, 실학의 범위를 '북학사상'으로 제한하고자 하는 노력이 일어났다.[110] 실학을 북학사상으로 제한하고자 하는 이 시도에서는 성리학의 본질에 해당하는 '성즉리性即理'의 원칙을 부정하는 학풍이야말로 성리학과는 구별되는 실학으로 규정했다. 그리고 유형원·이익·안정복 등은 성즉리를 인정하므로 성리학자로 보아야 함을 말했다. 그리고 홍대용·박지원·박제가 및 정약용 등에 의해서 주도되던 북학사상은 '성즉리'라는 성리학의 기본원칙을 거부

109) 尹絲淳, 1997, 「탈성리학적 실학」『한국유학사상론』, 예문서원, 476쪽.
110) 池斗煥, 1987, 「조선후기 실학연구의 문제점과 방향」『泰東古典研究』3, 泰東古典研究所.

했으므로 이 북학사상만을 실학이라고 하기를 제안했다.

그리고 북학사상은 '주리주기설主理主氣說' 자체를 부정하는 탈성리학적 성격이 실학의 철학적 성격임을 주장했다. 여기에서 북학사상은 반청적 화이론의 극복을 주장하는 사상이며, 조선 정통 주자학의 자기 극복과정에서 제기된 개혁사상으로 규정짓기에 이르렀다. 그리고 그들은 종래 인간심성 위주의 사고에서 벗어나 물物에 대한 새로운 설명을 시도하고 그 이용을 제기했다고 보았다. 또한 그들은 주자주의적 심성론과 예론禮論을 비판하고 이용후생利用厚生을 지향하는 실용위주의 학문연구를 내세우면서 선진적인 것으로 평가된 청조의 문물과 학술의 수용을 강력히 제기하게 되었던 사상으로 규정했다.

그러나 북학사상만을 실학사상으로 보려는 견해에 대한 비판적 견해가 제시되었다. 이 견해는 북학자들이 성리학의 '성즉리'를 거부했다는 주장의 문제점을 제시했다. 이 반론은 홍대용이 성즉리를 확신하면서 이기론으로는 주기론을 주장했다는 사실과, 최한기崔漢綺까지도 '성즉리'의 견해를 벗어나지 않았다는 입장을 전제로 하여 제시되었다. 그리고 실학의 개념은 주자 유일 기준을 거부하고 3대三代의 왕정과 같은 이상적 국가 공동체를 조선후기 사회에 실현하려던 우리나라 전근대 국가론의 마지막 원형으로 이해하고자 했다.[111]

이상에서 살펴본 바와 같이 실학의 개념은 연구자나 연구시기에 따라 다양하게 나타나고 있다. 그러나 오늘의 학계에서 성취한 연구의 실학 개념은 다음과 같이 규정될 수 있을 것이다. 즉 실학사상은 18세기 전후 조선후기 봉건사회의 해체기에 등장한 사회개혁사상으로서, 주희朱熹 유일 기준을 거부하고 원초유학의 입장에서 전개되고 있던 왕도정치론의 조선적 변용으로 규정할 수 있을 것이다.

---

111) 金泰永, 1997, 「조선후기 實學에서의 현실과 이상」『韓國思想史方法論』, 小花.

2) 학파의 유형화 작업에 대한 검토

실학사상은 그 성행하던 당시 실학사상가들이 뚜렷한 연대의식을 갖고 특정 학파를 표방했던 것은 아니었다. 그러나 그들의 사상에서는 상호 유사성이 드러난다. 이 때문에 후대의 연구자들은 실학사상의 유형화 작업을 시도하게 되었다. 한편 실학의 유형화는 실학개념에 따라서 각기 달라질 수 있고, 실학사상의 상한과 하한을 분명히 해야 한다. 그런데 일부 연구자들은 실학의 상한을 15세기 초엽으로 잡는 경우도 있고, 16세기 중엽에 실학사상이 형성되기 시작한 것으로 보기도 한다. 또한 일부 연구자들은 그 형성의 시기를 17세기의 초엽이나 중엽으로 주장하기도 하며 실학사상은 18세기 후엽에 등장한 북학사상만으로 제한해야 함을 말하기도 한다.

이러한 시도 가운데 첫 번째 것으로는 실학의 시간적 전개과정에 따른 분류를 우선 들 수 있다. 예를 들면 천관우는 실학사상을 준비기(16세기 중엽~17세기 중엽)·맹아기(17세기 중엽~18세기 중엽)·전성기(18세기 중엽~19세기 중엽)로 나누어 실학을 관찰한 바 있다. 그는 실학이 시대에 따라 달리 드러내는 특성을 기준으로 하여 실학의 분류를 시도했다.[112] 그리고 조기준趙璣濬은 실학의 전개시기와 사회경제적 배경을 연결하여 실학의 분류를 시도했다. 그리하여 그는 실학을 봉건적 이데올로기로서의 실학(17세기 초), 과도기의 실학(17세기 중엽~18세기 중엽), 시민계급을 대변하는 실학(18세기 말~19세기 중엽), 전환기의 실학(19세기 말~20세기 초)으로 분류한 바 있다.[113] 그러나 여기에서는 실학이라는 동일한 용어 안에 봉건적 이데올로기로부터 시민계급의 근대사상까지가 함께 포괄되는 무리한 측면이 노정되고 있다.

---

112) 千寬宇, 1952, 「潘溪 柳馨遠研究－實學發生에서 본 李朝社會의 一斷面－」上, 『歷史學報』 2, 歷史學會.
113) 趙璣濬, 1969, 「實學思想의 社會經濟史的 背景」『韓國史의 反省』, 新丘文化社.

한편 이우성은 실학의 시기적 전개과정에서 드러나는 특성에 주목하여 이를 분류하기도 했다. 즉 실학사상은 경세치용학파經世致用學派(18세기 전반)·이용후생학파利用厚生學派(18세기 후반) 그리고 실사구시학파實事求是學派(19세기 전반) 등으로 실학사상을 분류했다.[114]

한편 실학사상의 유형화에는 그 인적 계보를 중시한 경우가 있다. 예를 들면 성호星湖 이익의 문하를 지칭하여 성호학파라는 실학의 유형을 설정하기도 한다. 또한 실학사상이 발생한 지역을 중심으로 하여 그 사상의 유형화를 시도하기도 한다. 예를 들면 근기학파·강화학파江華學派 혹은 호남학파湖南學派 등으로 부르는 경우도 있다. 그러나 인적 유대관계나 지역적 연대를 기초로 하여 실학사상을 유형화하는 데에는 한계가 크다.

이러한 한계를 극복하기 위해서 실학사상의 학문적 특성과 관련하여 이를 분류하고자 하는 시도가 나타났다. 그리하여 중농학파·중상학파 등의 개념이 차용되어 실학의 분류 작업이 시도되기도 했다. 그리고 토지제도 및 행정기구의 개편문제를 그 주요 연구대상으로 삼았던 경세치용학파經世致用學派, 상공업의 발전문제와 기술부분의 혁신에 연구의 초점을 두었던 이용후생학파利用厚生學派, 그리고 경서經書 및 금석문金石文과 고전에 대한 고증을 위주로 했던 실사구시학파實事求是學派 등의 분류도, 그 분류의 타당성 여부를 차치한다 하더라도, 학문적 성격과 일정한 관련을 가진 분류로 생각된다. 한편 최근의 북학파에 대한 주목도 학문경향을 기준으로 한 분류로 볼 수 있다.

이상에서 살펴본 바와 같이 실학사상은 종전의 연구에서 시도되던 바와 같은 중농학파나 중상학파 등 경제사상을 기준으로 한 구분이나, 근기지역의 사상 등 지역성에 주목하는 구분, 그리고 지연地緣과 인연人緣을 결합하여 논하는 성호학파와 같은 구분, 경세치용학파·이용후생학

---

114) 李佑成, 1970,「實學研究 序說」『文化批評』2-4, 문화비평사.

파·실사구시학파 등 동일사상의 다양한 측면을 기준으로 한 구분·부연
赴燕의 경험이나 청조문물의 가치 인정을 기준으로 하여 명명된 북학파
등의 구분이 존재하고 있다. 그러나 실학에 이러한 유파의 구분이 실학
의 개념을 분명히 하기보다는 오히려 실학개념의 다양성 내지 혼잡성을
반영한 것이기도 했다. 그러므로 실학사상의 유파를 분류하는 문제는 신
중을 기해야 할 것이다. 그러므로 본고에서는 서술상의 혼란을 피하기
위해서 실학사상의 유파를 분류하는 작업을 보류하고, 실학파라는 단일
용어 안에서 그 사상적 특성을 논해왔다.

4. 맺음말 : 역사적 의미와 연구의 전망

실학사상이 가지고 있는 역사적 의미를 규정하는 데에도 오늘의 연구
자들은 완전한 합의에 이르지를 못하고 있다. 일부의 연구자들은 실학사
상이 조선후기의 사회경제적 발전을 이끌었고, 각종 제도의 개혁을 가능
케 해줌으로써 조선후기의 발전에 적극 기여했음을 강조했다. 또한 이
사상은 조선후기의 민중을 대변하는 사상으로서 민생의 안정과 발전을
위해서도 기여했고, 개항기에 이르러서는 개화사상의 형성에 원인으로
작용했으며 동학농민전쟁기 사회개혁사상의 배경이 되었음을 주장하고
있다.

이와 같이 근대주의적 입장에서 실학사상을 긍정적으로 보아왔던 견
해에 대하여 최근에 이르러서는 그 긍정일변도의 평가에 대한 신중론이
대두되고 있다. 그리하여 당시의 사회와 실학자 개개인의 제약성으로 말
미암아 실학사상은 조선후기 사회에 있어서 본격적 변혁이념으로서의
역할을 담당하거나 사회의 변혁을 도출해낸 데에는 이르지 못했음을 지
적하기도 한다.

　사실 당시의 실학자들은 자신의 현실개혁안을 정부당국에 제시하여 이를 관철시킬 수 있는 통로와 능력을 가지지 못했다. 그리고 자신의 견해를 조정朝廷이나 사회의 공론으로 만들기 위한 적극적 노력을 전개하는 데에도 한계가 있었다. 또한 그들은 자신이 가지고 있던 이론을 확대 재생산하기 위한 구체적 노력을 전개하지도 아니했다. 나아가서 19세기 중엽 이후 실학사상은 그 사회 개혁적 의지가 약화되는 현상을 드러내었다. 한편, 실학사상과 개화사상의 관계에 있어서도 이 양자를 직결시키는 것은 오히려 개화사상의 근대적 측면을 매몰시키는 것으로 볼 수 있기 때문에 신중을 기해야 한다는 견해도 있다.

　이상에서 살펴본 바와 같이 실학에는 그 한계성이 적지 않게 발견된다. 이 때문에 실학의 역사적 기능을 재평가하려는 기운이 오늘의 연구자에게서는 나타나고 있다. 그렇다 하더라도 실학사상은 당시 지배층의 성리학과는 구별되는 사상으로서 조선후기의 사회에서 몇 가지 긍정적 기능을 발휘했다.

　즉 실학사상은 조선후기의 지식인들이 당시 동양의 사상계를 지배하던 일종의 중세적 보편주의를 극복하고 조선의 역사와 문화가 가지고 있는 개별성과 고유한 가치를 발견하는 데에 이바지했다. 그리고 조선의 전통과 현실에 관한 연구를 촉진시켜 주었다. 이러한 발견과 인식은 분명 민족적 자각의 강화와 관계되는 현상이며, 조선의 학문적 전통을 올바로 세우려던 그들의 노력은 긍정적 평가를 받을 수 있다.

　또한 실학사상은 원초유학에 입각한 개혁사상으로서의 한계가 있다 하더라도 왕도정치론의 구체적 적용을 시도하는 과정에서 당시 사회가 가지고 있는 제반모순에 대해 그침 없이 성찰했다. 그들은 토지제도 및 군역제도의 개혁과 환곡 수취과정에서의 문제점을 바로 잡고자 했다. 또한 그들은 노비제도의 문제점을 지적하는 등 당시 사회의 신분제에 대해서도 개선의 방안을 찾고자 했다. 그들의 이러한 성찰이 비록 현실적 개

혁으로까지 직결되지는 못했다 하더라도, 그들이 조선후기 사회의 문제
점을 발견하고 드러내는 것은 개혁을 향한 여론의 조성에 있어서 기초가
되는 일이었다.

그러므로 비록 실학사상이 적극적인 측면에서 현실개혁을 직접 유도
해내지는 못했다 하더라도, 또 다른 측면에서 실학자들이 수행한 그 현
실개선의 필요성을 강조해준 역할만은 긍정적으로 평가해야 할 것이다.
한편 실학사상은 조선의 중세철학을 대변하는 성리학을 극복하고자 하
는 노력을 통해서 후대인들이 객관적 자연관과 평등한 인간관을 이해하
는 데에 제한된 범위에서나마 도움을 주고 있었다. 즉 실학사상은 당시
의 조선인들에게 새로운 사유형태를 일깨워 주었다. 이 점에서도 실학이
또 달리 발휘하고 있었던 긍정적 기능을 우리는 확인할 수 있을 것이다.
이와 같은 긍정적 기능을 감안할 때 실학사상에 관해서는 좀더 깊은 연
구가 우리에게는 계속 요청되고 있다.

조선후기의 실학사상에 관한 연구를 위해서는 몇 가지의 과제가 확인
되어야 한다. 우선 실학사상은 조선후기 전체 사상사의 맥락에서 연구되
어야 한다. 조선후기 사상계에서는 정학正學이라고 불리던 성리학과 실
학 그리고 사학邪學으로 지칭되던 각종 종교 사상들이 병존하고 있었다.
이들 다양한 사상들은 당시의 사회에서 각자 고유한 기능을 발휘하고 있
었다고 생각된다. 그러므로 우리는 조선후기의 사상을 논할 때에는 당시
존재하던 다양한 사상들의 특성을 주목하고 각 사상이 가지고 있는 상호
관계를 밝혀나가야 한다. 우리가 실학을 연구한다 하더라도 성리학이나
'사학'과의 상호관계를 밝혀야 실학의 특성을 제대로 이해할 수 있을 것
이다.115)

한편 우리는 실학을 연구할 때 실학자 자신의 사상이 당대에는 어떠

---

115) 趙珖, 1993, 「朝鮮後期 思想界의 轉換期的 特性」『韓國史 轉換期의 문제들』, 지
    식산업사.

한 의미를 가지고 있으며 어떻게 인식 평가되고 있었는가를 좀더 명확히 밝혀야 한다. 실학사상에 대한 당대의 평가의 여하에 관심을 갖지 않거나 그 역사적 사회적 기능을 도외시한 채 오늘날의 시각에서만 그것을 규정하고 긍정적으로 평가해 줄 수는 없는 것이기 때문이다.

그리고 실학이 가지고 있는 철학적 구조에 대한 인식을 심화시켜 나가야 한다. 그들이 제시한 현실개혁안의 철학적 기초가 무엇인지를 분명히 함으로서 그 개혁안의 역사적 의미와 기능을 올바로 파악할 수 있기 때문이다. 한편 실학과 근대사상 내지는 개화사상과의 관계여부에 관해서도 좀 더 철저한 연구가 요구된다. 이와 같은 측면에서 실학연구가 더욱 계속된다면 우리는 조선후기의 사상계가 가지고 있는 특성을 좀 더 잘 알 수 있을 것임에 틀림이 없다.

제2장 조선후기 실학사상의 연구동향과 전망

1. 머리말

오늘날 우리의 학계에서는 조선후기의 대표적 사상으로 실학사상을 주목하고 있고, 실학사상은 해방 이후 한국사학계가 성취한 주요 업적 가운데 하나로 평가되고 있다.[1] 이 과정에서 실학사상은 조선후기에 대두된 일련의 현실 개혁적 사상체계로 규정되었으며, 실학자 상호간의 사자관계師資關係에 의해 형성·발전되어 온 사상으로 이해되기도 했다. 그리고 실학사상을 배태胚胎시킨 조선후기 당시의 대내외적 조건에 관한 연구가 시도되기도 했다.

이와 같은 시각에서 실학사상이 연구되어 왔고, 그 연구의 진전을 위해 여러 연구자들은 실학연구사를 정리하여 실학연구의 개괄적 내용들을 간추려 주기도 했다.[2] 실학사상에 관한 연구사의 정리 작업은 이미

1) 丁求福, 1981, 「實學」『한국사연구입문』, 지식산업사, 378쪽.
2) 金容燮, 1963, 「最近의 實學研究에 대하여」『역사교육』7, 역사교육연구회 ; 度部學, 1966, 「近代朝鮮における思想變革」『朝鮮史研究入門』, 龍溪書舍 ; 千寬宇, 1970, 「韓國實學思想史」『한국문화사대계』Ⅵ, 고려대 민족문화연구소 ; 宮原兎一, 1967, 「李朝後期의 實學についての研究動向」『朝鮮學報』43, 朝鮮學會 ; 金永鎬, 1976, 「實學」『한국사론』제4집, 국사편찬위원회 ; 김영호, 1977, 「茶山學 百年」『한국사상』15, 한국사상연구회 ; 丁求福, 1981, 앞의 논문, 지식산업사 ; 鄭昌烈, 1981, 「實學」『한국학연구입문』, 지식산업사 ; 琴章泰, 1983, 「實學思想의 發展과 展開」『한국학입문』, 학술원 ; 鄭求福, 1986, 「實學」『개정판 한국사연구입문』, 지식산업사 ; 鄭在貞, 1986, 「朝鮮後期 實學研究의 동향과 '국사'교과

1960년대 초반부터 착수되어 갔다. 이 때는 1960년의 4·19혁명 이후 식민사관의 극복에 관한 문제가 본격적으로 제시되고, 한국사의 내재적 발전과 한민족의 주체성을 확인하는 작업이 활발하게 전개되어 나가기 시작하던 때였다. 바로 이러한 시점에서 실학사상에 관한 연구사가 정리되기 시작했다는 것은 조선후기사 연구자들이 조선후기의 사상사에 대해 보다 진전된 연구에 착수하려던 각오의 결과였으며, 식민사관을 극복하고자 하던 강력한 의지와 관계되는 것이었다. 그 후 실학 연구사는 1980년대에 이르러 다시 집중적으로 검토되어 나갔다. 이 때에는 한국사의 연구에 대한 전반적인 재검토 내지 반성의 분위기가 강화되던 흐름이 나타났다. 그러므로 1980년대의 연구사 검토 작업도 종전의 실학연구를 종합 정리하는 데에만 머무르지 아니하고, 기존의 실학연구가 갖고 있는 문제점을 발견해 나가려는 방향으로 전개되었다.

본고에서는 해방 이후 본격적으로 연구된 실학사상에 대한 명확한 이해에 도움이 되고자 하여, 기존의 실학연구에서 드러나는 문제점을 발견하고 새로운 연구의 방향을 모색하려는 데에 그 목적을 두고자 한다. 그리하여 본고에서는 먼저 실학사상의 연구사 일반을 개관하고 이어서 연구사적 입장에서 실학의 개념이 어떻게 이해되어 왔나를 정리해 보며, 그 형성배경을 검토하고자 한다. 또한 실학사상의 유형에 관해 각 시대에 걸친 연구자들이 어떻게 분류해 왔는지를 밝혀보고자 한다. 이로써 실학사상 연구의 과제와 그 전망을 확인하고 조선후기 사상사의 이해에 도움이 되고자 한다.[3]

서 서술의 변천」『역사교육』39, 역사교육연구회 ; 池斗煥, 1987, 「朝鮮後期 實學研究의 문제점과 방향」『泰東古典研究』3, 태동고전연구소 ; 金炫榮, 1987, 「實學研究의 反省과 展望」『한국중세사회 해체기의 제문제』상, 한울 ; 趙珖, 1989, 「實學」『한국민족문화대백과사전』12, 한국정신문화연구원 ; 조성을, 1990, 「조선후기 실학의 근대성에 대하여」『역사비평』11, 역사비평사.

3) 이 글은 필자가 1989년에 정리·제시한 바 있는 「實學」『한국민족문화대백과사전』

2. 실학연구사의 전개

실학사상에 대해 좀 더 잘 이해하기 위해서는 우선 그 연구의 전개과
정을 검토해 보아야 할 것이다. 실학연구는 광복 이후 한국사학계가 성취
한 중요한 업적 가운데 하나로 평가되고 있지만, 실학 내지 실학사상에
대해 학문적 관심이 주어지기 시작한 때는 일단 개항기를 그 시초로 잡
아볼 수 있다. 개항기 이후 오늘에 이르기까지 진행되어 온 실학에 관한
연구과정은 대략 네 단계로 나누어 설명될 수 있을 것이다. 즉 실학연구는
태동기(1890~1934)·착수기(1934~1945)·성장기(1945~1967)·발전기(1967년)
이후 등의 단계를 거쳐 진행되어 오고 있는 것으로 볼 수 있다.

1) 실학연구의 태동기

실학사상 연구 상의 첫 단계를 편의상 '태동기'로 부를 수 있다. 이는
1890년대의 개화 사상가들에 의해 일부 실학자들의 업적이 주목받기 시
작한 이래 1934년 정약용에 관한 관심이 고조되던 때까지의 기간에 해당
된다. 이 시기에 실학은 학문적으로 선명히 부각되지는 못했다. 그러나
몇몇 선각적인 연구자들은 한말 내지 식민지시대 초기의 위기상황에서
자신들이 직면한 문제의 극복을 위해 뒷날 실학으로 불리게 된 조선후기
의 사상에 대해 관심을 표현하기 시작했다.[4] 즉 장지연張志淵(1864~1921)
은 자신의 학통을 이익李瀷과 정약용丁若鏞에 두고 있다고 밝히고 정약용
의 학문은 매양 경장유신更張維新의 뜻을 가지고 있었다고 지적하였다.[5]
현채玄采(1856~1925)는 『유년필독석의幼年必讀釋義』에서 정약용을 가리켜

　의 글을 좀더 정리·보완하고 脚註를 첨부하여 그 典據를 밝혀준 것이다.
4) 이와 같은 문제의식에서 정리된 연구사로서는 金泳鎬, 1977, 「茶山學 百年－茶山
　　實學에 대한 研究成果의 綜合的 整理－」『한국사상』 15를 들 수 있다.
5) 張志淵, 『위암문고』 권5, 「跋雅言覺非後」.

조선왕조 5백년 이래 제일의 경제가라고 칭하면서 『목민심서牧民心書』를
비롯한 일련의 저술을 출간하였다(1902).[6] 이건방李建芳은 『난곡존고蘭谷
存稿』에서 정약용을 프랑스의 루소나 몽테스키외와 같은 민권사상가에
비교하면서, 그들에 못지않은 민권사상가라고 지적하였다.[7] 한편 구한
말의 각 신문에서도 정약용에 관하여 소개하였다. 『황성신문皇城新聞』은
1899년 4월 17일부터 2회에 걸쳐 정약용의 경제사상을 단편적으로나마
소개하였다. 또한 같은 해 8월 3일부터 2회에 걸쳐 『황성신문皇城新聞』
은 정약용의 지방행정개혁에 관한 주장을 소개했다.

　이와 같이 한말의 애국계몽운동가들은 민족사상 및 자유민권사상의
내재적 요소로서 조선후기에 있었던 현실개혁론을 수용·발전시키려 했
음을 알 수 있다. 그러나 애국계몽운동기의 이 같은 관심은 주로 정약용
에 국한되어 있었고, 그 목적도 계몽적인 차원에 머물고 있었다. 따라서
이 시기에는 실학을 조선후기에 발생한 일단의 학적 체계로까지는 인식
하지 못하였다.

　한편 이 시기에 실학이라는 용어의 개념 형성과정에서 주목되는 것은
최남선崔南善(1890~1957)이 주재한 조선광문회朝鮮光文會이다. 1910년 한
일합방 전후에 조직된 이 학회는 조선후기의 저술 중 뒤에 실학자로 지
칭되는 인물들의 서적을 간행하였다. 『연려실기술燃藜室記述』·『택리지擇
里志』·『경세유표經世遺表』 등이 그것으로 광문회는 '실학'이라는 용어는
쓰지 않았으나 그들의 사업에서 이미 조선후기 실학개념 형성의 기반이
싹트고 있었던 것이다.[8] 이 시기 실학개념의 형성과 그 범주에 접근하려
했던 업적으로는 우선 1916년에 간행된 최남선의 『시문독본時文讀本』을
들 수 있다. 그는 이 『시문독본』에서 주로 발명력·독창력의 관점에서 윤

　6) 玄采, 『幼年必讀釋義』 하, 「丁茶山」.
　7) 李建芳, 『蘭谷存稿』, 「邦禮艸本序」.
　8) 千寬宇, 1969, 「實學槪念成立에 관한 史學史的 考察」 『李弘稙博士回甲紀念韓國
　　史學論』, 신구문화사 ; 千寬宇, 1979, 『近世朝鮮史硏究』, 일조각, 395~396쪽.

준尹鑴·정약용·박지원朴趾源·이제마李濟馬를 들었다. 비록 후일 열거되는
실학파의 계보와 다소 거리가 있다고 하더라도 그러한 계보의 원형은 이
루었다고 하겠다.9)

　이어 1918년에 간행된 이능화李能和(1869~1943)의 『조선불교통사朝鮮
佛敎通史』하권에서는 경세학으로 유형원柳馨遠·이익·정약용을 지적했다.
그리고 창견創見으로는 한석지韓錫地를 들었으며, 진리의 발명으로 이제
마를 손꼽았다. 이것은 최남선의 경우에서 한 걸음 더 후대 실학자의 계
보에 접근한 것으로 볼 수 있다.10) 그리고 장지연은 1922년에 간행된
『조선유교연원朝鮮儒敎淵源』에서 유형원·정약용·박지원·홍대용洪大容·이
덕무李德懋 등을 "특히 유교로서 경제·고거考據의 학을 겸했다"고 하였
다.11) 한편, 1929년에 『성호사설유선星湖僿說類選』의 책 첫 부분에 실린
정인보鄭寅普(1893~1950)의 서序는 아마도 조선후기 신학풍을 실학이라고
부르게 되는 하나의 시금석과 같은 문헌으로 평가될 수 있을 것이다. 그
는 이 글에서 '의독구실지학依獨求實之學(오직 실질 추구에 의한 학문)'이라는
용어로 실학풍을 설명하면서 유형원·이익·정약용으로 이어지는 계통을
설명하고 있다.12)

　요컨대 개항기 이후 1934년까지의 '태동기'에 있어서 실학사상의 연
구는 직접 실학이라는 용어를 사용하여 연구되지는 않았으나 조선후기
의 성리학과는 다른 일군의 현실 개혁적인 학문과 사상의 존재로 주목되
었다. 한편 이 학문과 사상의 연원 및 계보를 밝혀보려는 노력이 행하여
졌다. 그리하여 1920년대 후반에 이르면 '의독구실지학依獨求實之學'이라
는 용어로 실학을 설명하고, 그의 연원을 유학儒學·양명학陽明學·역상학

9) 千寬宇, 1969, 앞의 논문, 396~399쪽.
10) 李能和, 1918, 『朝鮮佛敎通史』하, 신문관, 1058~1062쪽.
11) 張志淵, 1922, 『朝鮮儒敎淵源』, 滙東書館. 130쪽 "自柳磻溪·丁茶山·朴燕岩·洪湛
　　軒·李雅亭 諸公特以儒學兼經濟考據之學實漢儒學術也"
12) 鄭寅譜, 1929, 『星湖僿說類選』, 「序」.

曆象學 등 조선의 지적 전통 속에서 '징실구시徵實求是(사실에 기초하여 진리를 추구하다)'의 학풍으로 밝히고 있다. 그리고 그 계보를 유형원·이익·정약용으로 성립시켜 나갔다. 그러나 이 시기 우리나라 학계에서는 실학 그 자체에 대한 체계적 연구를 시도하지는 못했었고, 실학 그 자체에 독자적 관심을 가지고 있지도 않았다. 그러므로 구한말에 간행된 각종 국사교과서에서도 오늘날 실학자로 불리는 사람들을 특별히 주목하지는 않았으며, 애국계몽운동기의 신문·잡지에서도 극히 지엽적이요 피상적으로만 이 문제를 다루었다.

2) 실학연구의 착수기

실학연구가 본격적으로 착수되기 시작한 시기는 1934년을 들 수 있다. 이 해는 조선후기의 대표적 실학자인 정약용의 서거 98주년에 해당되던 해였다. 이 해를 전후하여 식민지 조선에서는 문화운동이 활발하게 전개되고 있었다. 즉 민족운동의 전개과정에서 신간회가 해체된 이후 신간회의 해체를 반대하던 비타협적 민족주의자들과 일부 사회주의 계열에 속한 인물들은 민족문화의 건설이라는 과제에 큰 관심을 갖게 되었다. 이 과정에서 '조선문화부흥운동' 또는 '조선학운동'이 일어났다.

그리고 정약용 서거 100주년을 눈앞에 둔 1934년부터 정약용과 실학에 대한 관심이 집중적으로 표현되었고 이러한 분위기는 1935년 이후에도 지속되었다. 그러므로 실학연구사의 제2단계에 해당되는 '착수기'의 기점은 1934년으로 볼 수 있을 것이다. 이 제2단계 착수기는 1945년 민족해방까지를 그 하한으로 설정할 수 있을 것이다.

이 시기 정약용에 대한 현대적 평가는 안재홍安在鴻(1891~1965)이 시도했다. 그는 정약용 사상에 나타나는 중국에 대한 독립적 자존의식을 근대 국민주의의 선구라고 높이 평가하였다.[13] 백남운白南雲(1895~1979)은 "정약용의 실학은 봉건적 쇄국주의의 계급적 양반 도道에 대한 반항

의식의 발로인 동시에 인인애隣人愛와 자유사상의 동경에서 나온 것"이
라고 하며, 실학사상에 대한 자신의 견해를 제시했다. 백남운은 결론적
으로 정약용을 '근세적 자유주의의 일 선구'라 하고 다만 "아직은 봉건
사상을 완전히 해탈한 것도 자유주의를 적극적으로 제창한 것도 아니
다"라고 규정하였다.[14]

최익한崔益翰은 동아일보에 「『여유당전서與猶堂全書』를 독讀함」이라는
장문의 논문에서 정약용의 사상적 목표가 "낡은 나라를 혁신하자는 것
[新我舊邦]이었다"고 강조하였다. 하지만 그는 정약용의 사상을 '종래 계
급의 반성적 요구'를 반영한 것이지 '신흥계급'의 대표로서의 사상체계
는 아니라고 규정하며 그 한계를 지적하였다.[15]

요컨대 제2기 착수기의 실학연구는 실학이라는 용어의 개념정립이 이
루어져 가는 시기이며, 실학파의 범위가 정립되어 가는 시기로 볼 수 있
다. 1930년대 이전의 단순히 허虛 혹은 공空에 대한 대칭개념으로서의
실實이 아닌 '실학實學=실사구시학實事求是學'이라는 이론화 작업이 이루
어지고 거기에 '실학파=현실학파'라는 개념이 정착되어 가고 있었던 것
이다. 그러나 이 시기의 실학연구 또한 그 대상과 범위가 극히 제한되어
있고 1940년대에 들어오면 연구가 미미한 점 등이 한계점으로 지적될
수 있겠다. 그렇지만 이 시기의 일본인 연구자들이 조선으로부터 독자적
사상의 출현과 발전을 부인하고 있었던 상황에서 조선인 연구자들이 구
체적으로 전개한 실학사 연구는 여러 측면에서 중요한 의미를 던져주고
있다.

---

13) 安在鴻, 1935, 「現代思想의 先驅者로서의 茶山先生 地位:國家的 社會主義者」『新
朝鮮』 속12, 시조선사 ; 「韓國實學思想史」『한국문화사대계』 Ⅵ, 고려대학교 민
족문화연구소, 996쪽에서 重引.
14) 白南雲, 「정다산백년제의 역사적 의의」『동아일보』, 1935.7.6 ; 하연식 편, 「彙報」
『백남운전집』 4, 이론과 실천, 119쪽에서 重引.
15) 崔益翰, 「與猶堂全書를 讀함」『동아일보』, 1938.12~1939.6 ; 千寬宇, 1970, 앞의
글, 993쪽 ; 최익한, 1955, 『실학파와 정다산』, 국립출판사, 470~476쪽.

3) 실학연구의 성장기

실학연구의 제3단계는 8·15광복 이후부터 시작된다. 8·15 이후 해방공간에서 전개된 신문화건설운동의 과정에서 실학은 계속해서 관심의 대상이 되어왔다. 그러나 당시의 좌우대립 및 분단체제의 성립과 강화는 실학연구에 있어서 적지 않은 영향을 미쳐 그 활발한 연구가 지장을 받게 되었다. 그러나 8·15를 전후한 시기의 실학연구는 그 방법과 질의 측면에서 종전과는 다른 현저한 차이를 드러내고 있다. 8·15 전의 연구동향은 이른바 실학파가 형성될 수 있는 배경으로서 청조문화淸朝文化 및 청에 의해 수용된 서구문화 즉 청구문화淸歐文化의 작용에 중점을 두고 있었다. 그러나 8·15 이후의 연구는 실학파의 업적들을 분석·검토하여 그 본질을 파악하려는 데 초점을 두고 있었다. 이는 전자의 방법으로는 실학의 개념·본질 및 실학파 형성의 내부적 요인 등을 해명할 수 없다는 반성에서 출발한 것이라 하겠다. 즉 이 시기에 이르러 실학연구는 조선후기사회의 내재적 발전론과 긴밀한 관련을 맺으며 연구되기 시작했고, 이를 통하여 전 단계와는 다른 뚜렷한 업적을 드러내게 되었다.

천관우千寬宇는 이 때 실학의 비조인 유형원의 『반계수록磻溪隨錄』을 통하여 조선사회의 성격을 분석하고 토지소유관계, 세세稅·역역役·공제貢制·과거제도·학제學制·국방체제 개혁안 등을 검토한 후 조선후기 실학파의 계보와 유형원의 위치를 논하였다.[16] 그는 실학의 발전과정을 준비기(16c 중엽~17c 중엽)·맹아기(17c 중엽~18c 중엽)·전성기(18c 중엽~19c 중엽)로 나누고 실학의 성격을 자유성·현실성·과학성[實正·實用·實證의 이른바 三實論]으로 규정하였다. 즉 "고증학을 학문의 방법으로 하고 사회정책·자연과학·국학·훈고학·농학을 학문의 대상으로 하고 있으며, 그 수단의 하나

---

16) 千寬宇, 1952, 「磻溪 柳馨遠研究 – 實學發生에서 본 李朝社會의 一斷面 – 」上, 『歷史學報』 2, 歷史學會 ; 千寬宇, 1952, 「磻溪 柳馨遠研究 – 實學發生에서 본 李朝社會의 一斷面 – 」下 『歷史學報』 3, 歷史學會.

로서의 북학을, 그 결과의 하나로서의 백과사전파를 거느린 학문의 일파를 '실학'이라고 정의하였다.[17] 1952~1953년에 발표된 천관우의 이 논문은 1930년대 연구수준을 한층 향상시킨 것으로, 이후 1950년대~1960년대 초반의 이른바 '실학논쟁'의 단초를 제공한 것이었다. '실학논쟁'의 단초는 실학의 개념문제에서 비롯되었다.

한우근韓㳓劤은 조선후기사회를 이해하는 길잡이로서 성호 이익의 저술들을 연구하였고 이어서 백호 윤휴에 대해서도 그 실학적 성격을 검토하였다. 그는 이를 토대로 '실학'의 개념에 대한 기존의 인식에 이의를 제기하였다. 그는 실학이라는 용어는 유교나 성리학이 불교나 사장학詞章學 등에 대하여 스스로의 학문영역을 '실학'이라 지칭하였다 하여 '실학'이 꼭 조선후기에만 적용될 수는 없으므로, 조선후기의 새로운 학문경향에 대해서는 경세학經世學이라 부를 것을 제안하였다.[18]

그리고 전해종全海宗도 '실학'이라는 용어가 중국에서 사용된 예를 검색하여 명사론적名辭論的 입장에서 실학의 개념을 좀더 분명히 하고자 하였다.[19] 한편 김용섭은 1960년대 실학의 연구가 조선후기사회에 대한 인식의 변화와 관련하여 새로운 단계에 들어가야 함을 암시하였다. 즉 그는 실학사상을 단순히 서학이나 고증학과 같은 외래사조의 영향으로 볼 것이 아니라 그 사회의 내재적 변화·발전에 따라 나타난 사상으로서의 실학이 연구되어져야 할 것이라고 하였다.[20]

요컨대, 해방 이후 1960년대 후반기에 이르는 사이에 실학사상은 조선후기사 연구에 있어서 주요과제로 부각되기 시작했다. 특히 1960년대에 한국 사학계에서 성취한 조선후기 사회경제사의 연구 성과는 괄목할

---

17) 千寬宇, 1952, 앞의 논문, 『歷史學報』 2, 歷史學會.
18) 韓㳓劤, 1954, 「星湖 李瀷硏究의 一端 - 그의 科學制 是非를 중심하여 - 」『歷史學報』 7, 歷史學會.
19) 全海宗, 1959, 「釋實學」『震檀學報』 20, 震檀學會.
20) 金容燮, 1963, 「最近의 實學硏究에 대하여」『역사교육』 6, 135쪽.

만한 것이었다. 강만길·김용섭·송찬식·유원동 등은 1960년대에 본격적
으로 진행된 내재적 발전론의 입장에 서서 여러 사회·경제사적인 연구
들을 진행시켰다. 그리고 이 일련의 연구에 힘입어 실학의 성격을 규정
하고자 하려는 노력이 시작되었다. 동시에 실학자 개개인의 연구를 통해
그 시기의 사회·경제적인 면모를 구체적으로 이해하려고 시도되기에 이
르렀다.

4) 실학연구의 발전기

실학연구의 제4기 발전기는 1967년부터 시작되는 것으로 볼 수 있다.
즉 1960년대 국사학계 연구의 발전에 따라 사회경제사의 연구 성과를
적극 수용하면서 조선후기 실학에 대한 인식이 변화하기 시작하였다. 이
러한 분위기에서 천관우는 50년대 자신의 견해를 이 해(1967년)에 이르러
수정·제시했다.[21] 그는 실학을 '전근대의식에 대립하는 근대정신을, 몰
민족의식沒民族意識에 대립하는 민족정신'을 의미한다고 하였다. 이어 그
는 실학의 개념을 후인後人이 시도한 조선후기 유학사 내지 사상사를 재
구성한 결과인 것이요, 실학이라는 호칭도 그 재구성의 과정에서 점차
형성되어 간 것임을 밝혀주었다. 이 연구가 제시된 이후에 이우성李佑成
을 비롯한 몇몇 연구자들은 실학의 개념과 발생배경 및 전개과정 등을
좀더 분명히 하고자 노력했다.[22]

이 시기의 실학연구는 60년대 후반기와 70년대 초반의 연구성과를 모
은 『실학연구입문實學研究入門』(1973)과 『실학논총實學論叢』(1975) 등의 개
설서 출간을 통해서 대변된다.[23] 그리고 이 시기의 실학연구는 양적으로

---

21) 千寬宇, 1967, 「朝鮮後期 實學의 槪念 再檢討」 이 글은 연세대학교 '실학공개강
　　좌에서 발표한 것으로, 역사학회 편, 1969, 『韓國史의 反省』, 독서신문사에 수록
　　되어 있다.
22) 李佑成, 1970, 「實學研究 序說」 『文化批評』 2, 아한학회.
23) 歷史學會 편, 1973, 『實學研究入門』, 일조각.

도 크게 증가했다. 그러나 양적 팽창에도 불구하고 실학연구에 대한 기본시각은 '근대지향적·민족주의적 성격'의 실학이라는 데에 머물고 있었다. 하지만 이 시기에는 기왕의 실학에 대한 연구 성과를 토대로 조선후기 사상사의 흐름 속에서 실학을 이해하려는 노력이 전개되었다. 그리고 실학사상의 근대 변혁사상으로 변용·발전을 논한 연구 성과 등이 나타났다. 이러한 연구로서 이 시기 실학연구가 한층 발전될 수 있었다.

한편, 1985년을 전후하여 실학사상에 관한 연구는 더욱 심화되어 갔고, 실학연구의 심화는 기존의 연구에 대한 반성을 통해서 가능하게 되었다. 기존의 실학연구에 관한 반성의 기운은 다산 정약용 서거 150주년을 준비하기 위해 개최된 일련의 학술모임을 통해 제기되기 시작했다. 물론 이 시기를 전후하여 발표된 실학계통의 논문은 상당량에 이르렀고 이 논문 중 상당수는 실학에 관한 기존의 시각을 전제로 하여 쓰였던 것이지만 이러한 가운데서도 새로운 학문적 반성이 시도되고 있었다.

한편, 80년대 이후 한국 사회의 급격한 변화와 함께 조선후기사 연구의 주된 관심영역이 사회경제분야로 옮겨감에 따라 80년대 중반기 이후의 실학에 대한 연구 열의는 60년대에 비하면 상대적으로 저조한 상태라고 할 수 있다. 그러나 이 시기에 이르러 실학연구는 실학자 개인연구의 차원으로부터 주제별 연구로 전환되어 갔으며 조선후기의 일반적인 상황과 실학자와의 접맥을 시도함으로써 연구의 심도를 더해갔다.

이와 같은 경향의 연구업적으로는 『정다산 연구의 현황』(1985)·『정다산과 그 시대』(1986)·『정다산의 경학經學』(1989)·『다산학의 탐구』(1990) 등의 간행을 우선 들 수 있다.24) 한편 이 때에 이르러 지두환은 실학의 개념 및 범주에 대해 다시금 문제를 제기했다(1987).25) 그는 기존의 논의

이을호박사정년기념실학논총간행위원회, 1975, 『李乙浩博士停年紀念實學論叢』, 전남대학교 출판부.
24) 정약용에 관한 이상의 연구들은 대우학술문화재단에서 주관하여 추진하고 있고, 그 연구 성과물들이 민음사에서 간행되고 있다.

속에서 실학의 개념 및 연구동향을 재검토한 뒤 북학자들만을 실학의 범주 속에 넣기를 제안했고, 조선후기의 실학사상에 관한 종합적 검토를 시도했다. 그의 이 연구는 실학연구에 활기를 불러 일으켰다는 점에서 의미 있는 논문이라 생각된다. 또한 김현영金炫榮은 실학에 관한 연구사를 정리 제시했다.26)

요컨대, 조선후기의 실학사상은 구한말 애국계몽 운동기의 지식인이나 언론기관에 의해 주목받기 시작했고, 식민지시대 비타협적 민족주의자들을 중심으로 한 조선학운동의 일환으로 연구되어 나갔다. 그리고 해방 이후 식민사관은 극복의 논리와 관련하여 한국사의 내재적 발전론의 시각에서 실학사상은 주목되기에 이르렀고, 1969년 이후 실학연구의 시각은 민족지향적民族志向的·근대지향적近代志向的 사상체계라는 입장에서 연구되어 나갔다. 그 후 1985년을 전후하여 실학연구의 기존방향에 대한 재검토 작업이 진행되었고 실학사상의 제한성에 대한 인식도 제기되기 시작했다. 이와 같은 각 단계별로 나누어 볼 수 있는 실학연구는 각 연구자들이 당면한 시대의 역사적 조건 및 연구 성과 등을 일정하게 흡수하면서 전개되어 나갔고, 오늘에 이르러서는 기존의 연구에 대한 재검토 작업과 비판적 인식이 추진되어 나가고 있다.

3. 실학개념의 연구사적 정리

실학사상에 관한 연구사의 정리를 통하여 간단히 검토한 바와 같이 실학의 개념에 대한 규정은 연구자에 따라 매우 다양한 형태를 나타내고

25) 池斗煥, 1987, 「朝鮮後期 實學研究의 問題點과 방향」『泰東古典研究』3, 泰東古典研究所.
26) 金炫榮, 1987, 「實學研究의 反省과 展望」『韓國中世社會 解體期의 諸問題』上, 한울.

있다. 이를 좀더 부연해서 살펴보면 일부 연구자들은 실학의 역사적 특성에 주목하여 실학이 근대적 성격을 가지고 있는지를 논의하며, 그 개념을 규정짓고자 했다. 그리하여 그들은 실학을 근대사상의 일종으로 파악했던 반면, 또 다른 연구자들은 이를 왕조체제의 유지를 위한 봉건사상의 일종으로 규정짓기도 했다. 그리고 일부 연구자들은 실학사상에서 드러나는 과도기적 특성에 주목하여 이를 봉건사회의 해체기에 등장한 근대 지향적인 과도기의 사상으로 규정하기도 했다. 한편, 실학개념에 대한 기존의 논의는 실학을 역사적 개념으로 볼 것인가 아니면 통시대적·초역사적 개념으로 규정할 것인가라는 문제도 포함하고 있었다. 이는 '실학'이란 용어 자체에 대한 명사론적 개념논의의 과정에서 나타나고 있다. 그리고 실학의 철학적 특성을 규정하는 과정에서 실학의 주기론·주리론을 서양철학의 유물론·관념론 등과 대비하여 개념을 규정하려는 데에서도 연구자들 간에 적지 않은 차이를 드러내고 있다. 실학의 개념에 관한 이와 같은 문제점을 전제로 하여 실학 개념의 논의과정을 살펴보면 다음과 같다.

실학연구가 착수된 1930년대의 연구자들은 오늘날 우리의 학계에서 '실학'이라 지칭하고 있는 이 학풍을 다양한 용어로 표현, 지칭해 왔다. 실학연구의 제2단계에 해당되는 '착수기'에 있어서 적용되고 있었던 실학의 개념은 당시 이 분야의 연구자들이 사용했던 명칭들을 통해서 간접적으로 추정된다. 즉 문일평文一平(1888~1939)은 이를 '실사구시학實事求是學'이라 했고, 정인보鄭寅普는 '의독구실지학' 또는 '치용학致用學' 등으로 불렀다. 그리고 '현실학파[白南雲]'·'경제학파[玄相允]'·'실증학파[洪以燮]'·'성호학파'·'북학파' 등의 다양한 용어가 등장하고 있다.[27] 이러한 용어들은 실학의 개념에 대한 연구자들의 독자적인 파악과 관련하여 제시된 것으로 생각된다.

---

27) 千寬宇, 1970, 앞의 논문, 987~994쪽 참조.

한편, 실학연구는 8·15해방 이후 특히 1950년대에 이르러 본격적으로 출발하게 되었다. 실학연구의 제3단계에 해당되는 성장기의 연구를 주도했던 인물들은 해방 이후 새로이 학계에 등장한 연구자들이었다. 이때 천관우는 실학을 영조·정조 연간을 전후해서 일어난 새로운 학풍으로 규정했다. 그는 실학의 '실實'은 분방한 지식욕을 구사하며 비판하고, 기존의 권위를 부정하는 자유성의 '실정實正', 경험적이고 실증적이며 귀납적 태도를 나타내는 과학성의 '실증實證', 실제와 유리된 모든 공소한 관념의 유희를 경멸하고 현실생활에서 우러나는 불만과 정열을 토대로 하는 현실성의 '실용實用'이라고 정의했다. 그리고 그는 당시의 학문 가운데 이러한 특질 가운데 어느 일면만 갖추고 있어도 모두 실학의 범주 안에 속한다고 하였다.28)

이에 대해 한우근은 '실학'이라는 용어에 유의하여 이 용어가 중국에서는 3대三代의 유학을 가리키는 한편, 가까이는 송원대의 정주학 및 명말청초의 반양명학적反陽明學的 송학복고宋學複古를 지칭한다는 사실을 먼저 밝혀주었다. 그리고 그는 우리나라에서의 실학이 여말선초 이래 사장詞章을 주로 해온 학풍을 배격하고 유학 본래의 정신을 되살려 실심實心·실정實政·수기치인修己治人의 실효를 거둘 수 있는 학문의 수행을 강조하는 뜻으로 사용되었음을 규명했다. 그리하여 그는 '실학'은 통시대적으로 사용될 수 있는 개념임을 말하면서, 조선시대 어느 특정시기의 학문경향을 '실학'이란 용어로 규정하는 데 회의를 표하며, 조선후기의 새로운 학문경향에 대해서는 경세학이라고 부를 것을 제안했다.29)

한우근에 이어 전해종全海宗도 명사론적 입장에서 실학의 개념을 밝혀

---

28) 千寬宇, 1952, 앞의 논문『歷史學報』2, 歷史學會 ; 千寬宇, 1952, 앞의 논문『歷史學報』3, 歷史學會. 이 논문의 결론부분은 千寬宇, 1974,『韓國史의 再發見』, 一潮閣, 96~106쪽에「조선후기 실학의 개념」으로 게재 수록되어 있다.
29) 한우근, 1958,「李朝 '實學'의 槪念에 대하여」『震檀學報』19, 震檀學會 ; 韓㳓劤, 1961,『李朝後期의 社會와 思想』, 을유문화사에 재수록.

보고자 했다. 그는 수기치인의 '실實'을 위한 학문이 실학이라고 규정하고 이 실학은 시대에 따라서 강조하는 면에 차이가 있어서 때로는 수기修己가 중시되기도 하며, 때로는 치인治人이 중시되기도 했다고 말했다.[30]

실학의 개념에 관한 명사론적 검토가 갖고 있는 한계를 극복하고자하는 시도가 실학연구의 제4단계에 이르러 구체적으로 드러나게 되었다. 이 때에 이르러 천관우는 종래의 모호했던 자신의 입장을 좀더 분명히 하고자 했다. 그리하여 그는 "조선후기의 실학은 첫째로 전근대의식에 대립하는 근대의식 내지는 근대지향의식이며, 몰민족의식沒民族意識에 대립되는 민족의식을 척도로 하여 재구성된 조선후기 유학의 개신적改新的 사상으로서 조선후기에 일어난 개신유학改新儒學이라고 부를 수 있다"고 주장했다. 또한 그는 실학이란 명칭도 언급면서 '실학의 제일의第一義가 유학의 진정한 면으로 돌아가는 것'이라면 제이의第二義는 학술상의 방법 및 태도의 새로운 경향이라 할 수 있음을 주장했다. 그리고 그는 1930년대 이래 계속 사용되어 오던 '실학'의 뜻이 근거 없는 것이 아니라면 이를 혁파하는 데에는 상당한 준비가 있어야 한다고 말함으로써 실학의 명칭에 관해 일부 연구자들이 새로운 용어를 사용하려는 시도에 관해 주의를 환기시켰다.[31]

천관우의 이러한 견해가 제시된 때를 전후하여 많은 연구자들은 실학을 초역사적 개념으로 파악하기보다는 조선후기라는 한정된 시간과 공간 안에서 전개된 독특한 사상의 유형으로 보고자 하는 데에 대체적인

---

30) 전해종, 1959, 앞의 논문 ; 全海宗, 1970,「實學의 意義에 대하여」『韓中關係史研究』, 一潮閣 이라는 글로 재수록.

31) 千寬宇, 1967,「朝鮮後期 實學의 槪念 再檢討」; 역사학회 편, 1969,『韓國史의 反省』, 독서신문사에 재수록 ; 천관우, 1969,「朝鮮 實學 槪念成立에 관한 史學史的 考察」『李弘稙博士回甲紀念韓國史學論叢』, 신구문화사 ; 천관우, 1970,「韓國實學思想史」『韓國文化史大系』Ⅵ, 고려대학교 민족문화연구소.

의견의 일치를 보게 되었다. 또한 많은 연구자들의 동의를 얻었던 '근대지향적'이란 개념은 실학을 일종의 '근대적 학문'으로 파악하고자 했던 1930년대 이후 한때 안재홍 등에 의해 제시되었던 연구경향에 대한 극복으로 볼 수 있다. 이와 같이 천관우는 조선후기의 새로운 학문경향을 역사적 개념으로 정립시키고 '근대지향적'이라는 용어를 통해 실학의 개념을 좀 더 분명히 할 수 있었다.

그러나 그가 제시한 '근대지향적'이란 어휘의 모호성으로 말미암아 실학의 개념에 관한 논쟁의 여지가 여전히 남아 있게 되었다. 또한 그의 연구에서는 실학사상의 철학적 측면에 관한 본격적 고찰이 병행되지 못했다. 그리하여 실학연구의 제4단계 발전기에 있어서 실학의 개념에 대한 연구는 천관우에 의해 제시된 개념을 확산·심화시키는 차원에서 진행되었다. 즉 '근대지향적'이라는 의미와 관련해서 김영호金泳鎬 등은 개화사상과 실학의 연관문제나 실학자들의 개혁사상을 주목했다.[32] 또한 '민족의식적'이라는 의미와 관련해서는 실학자들의 역사인식 및 정치사상 등이 연구되었다.

그러나 이 시기, 실학의 개념을 '근대지향적'으로 규정하는 것과는 달리, 실학이 봉건제도를 유지·강화하기 위한 사상이었다는 견해가 제시되기도 했다. 즉 정성철鄭聖哲은 실학자들이 진보적 양반계급의 이해를 대변했지만, 그들 자신 및 당시 사회의 제약성으로 말미암아 그들이 의거했던 세계관은 봉건사상인 주자학의 틀을 벗어난 것이 아니었고 그들의 사상에서는 주관적 관념론의 특성도 드러나고 있는 것으로 보았다. 그리하여 그는 실학자들이 제기한 사회·경제적 견해도 봉건제도와 특권적인 양반신분제도를 영속화하려는 기본 입장에서 제시된 제한적인 개혁사상에 지나지 않는다고 규정했다.[33] 이와 같은 그의 견해는 이미

32) 金泳鎬, 1972,「實學과 開化思想의 聯關問題」『한국사연구』8, 한국사연구회.
33) 정성철, 1974,『실학파의 철학사상과 사회정치적 견해』; 정성철, 1989,『실학과

1930년대 백남운이나 최익한이 제시했던 실학사상의 제약성에 관한 측면을 확대·발전시켜 제시한 것으로 판단된다.

한편, 비슷한 시기에 황원구黃元九도 실학사상은 '근대사상의 발걸음으로 보기보다는 전통적 유학의 최후를 장식한 사상'으로 파악하고자 했다.[34] 실학의 개념에 대한 이와 같은 이의의 제기로 실학이 가지고 있는 역사적 성격에 관한 논의를 다시금 활발히 전개할 수 있는 계기가 마련되어 갔다. 그러나 이 시기에 있어서도 대부분의 연구자들은 근대 지향성이라는 논리의 연장선상에서 성리학과 실학의 구분점과 차이점을 찾으려고 노력했으며, 그 개념의 철학적 측면을 밝히고자 했다.

실학의 철학적 측면에 관한 연구로는 실학을 수사학적洙泗學的 원시原始유학으로 규정한 이을호李乙浩의 노력을 우선 주목할 수 있다.[35] 또한 윤사순尹絲淳도 탈脫성리학이란 관점에서 실학의 성격을 파악해 보려고 했다.[36] 그는 실학의 현실관과 학문관이 성리학으로부터 변화해 온 것임을 전제하고, 그 실학의 근저를 이루는 철학사상의 변화양상을 밝혀보고자 했다. 그리하여 그는 실학자들이 경학관經學觀에서 종전과는 다른 변화가 일어나고 있음을 논증하고, 그 변화의 내용을 성리학적 이기설의 입장에서 설명하고 있다.

그는 이수광李睟光·유형원·박세당朴世堂·이익·안정복安鼎福을 전기 실학자로 분류하고, 홍대용洪大容·박지원·박제가朴濟家·정약용·김정희金正喜·최한기崔漢綺를 후기 실학자로 나누었다. 그리고 이들의 이기론을 분석함으로써 그 경학관의 변화내용을 검토하고 있다. 그 결과 윤사순은

의 철학사상과 사회정치적 견해」, 한마당, 15쪽.

34) 黃元九, 1975, 「實學私議 – 東亞에서의 實學과 그 異同性 –」『문학과 지성』 6-2 ; 黃元九, 1976, 『東亞細亞史硏究』, 一潮閣 에 재수록.

35) 李乙浩, 1975, 「韓國實學의 發展史的 硏究」『實學論叢』, 전남대학교 출판부.

36) 尹絲淳, 1976, 「實學思想의 哲學的 性格」『亞細亞問題硏究』 56, 고려대학교 아세아문제연구소 ; 윤사순, 1986, 「조선말기 유학에 관한 연구」『韓國儒學思想論』, 열음사, 155~178쪽.

김정희를 제외한 10명 가운데 이수광·이익·안정복 세 사람만이 주리파이고 나머지 7명은 주기파임을 주목했다.

그는 특히 전·후기의 실학자를 비교할 때 후기 실학자의 경우 모두 주기파에 속한다는 사실에 감안하여, 이 '주기主氣'의 경향이야말로 실학파 이기설의 대표적 경향이라고 해석했다. 그리고 그는 실학파가 '주기'의 성향을 띠고 있다는 사실과 성리학의 정통적 경향이 주리임을 대비하여 볼 때 실학은 '비정통적 지향에 의한 주자학 극복의 의지'라고 설명한다.

한편, 80년대 중반에 접어들어 실학사상의 개념에 관한 새로운 연구들이 진행되었다. 이 과정에서 일부 연구자들은 실학을 주기론의 입장에서 파악한 윤사순의 견해에 의문을 표했다. 즉 그는 우선 조선후기의 수주자학자守朱子學者였던 송시열宋時烈이 주기론자였고, 실학자라고 파악되는 이수광·이익·안정복 등은 주리론자라는 상반된 사실을 지적하고 또 북학파의 경우 탈脫성리학적 입장을 지니고 있었으므로 그 철학적 성격을 주리나 주기의 영향으로 굳이 나눌 수 없다는 것을 그의 주요한 비판의 근거로 삼았다.[37]

그런데 윤사순은 이러한 비판이 있기에 앞서 성리학자의 이기설과 실학자의 이기설을 분석하여 전자는 주리가 후자는 주기가 주류임을 논증한 바 있다.[38] 여기에서 윤사순은 성리학자에 있어서의 '주기론자'와 실학자에 있어서의 '주기론자'도 존재했음을 인정하고 상호 모순되는 듯한 이 현상을 다음과 같이 설명했다. 즉 실학자 주리설의 경우 정주程朱의 철학을 극복하려는 태도에서 형성된 온건한 주리主理, 혹은 정주보다 더 일상성·실제성을 중시하는 태도에서 형성된 주리라는 것이며 이러한 주리도 후기 실학자들에 오면 극복되고 있다는 것이다.

한편 성리학자 주기설의 경우 17세기 송시열 등의 주기설을 통해서

---

37) 池斗煥, 1987, 앞의 논문, 123~125쪽.
38) 尹絲淳, 1986, 앞의 논문, 169~177쪽 참조.

확인할 수 있듯이 그것은 매우 한정적인 것으로 이들의 근본입장은 주기설에 대비될 때에만 '주기적'이라는 것이다. 결국 성리학의 주기설은 유학의 예禮·도덕의 합리화를 꾀하는 목표나 그 사고방식에 있어서는 주리설과 같으며 서로 다른 것은 다만 이理의 사고내용을 기氣로 바꾸어 이해하는 것뿐이라는 점을 밝혔다.

즉 윤사순은 성리학적 주리설이 이기론의 사고를 보다 추상적·이상적으로 펼치는 데 비해 성리학적 주기설은 기氣에 입각하여 약간 구체적·경험적으로 펼치는 차이가 있을 뿐으로 파악했다. 그리고 성리학적 주기설도 실학의 주기설과 같이 펼치지 못했음을 지적하였다. 이상과 같은 논지에서 윤사순은 성리학과 실학의 구분점을 그들의 경학관의 차이, 즉 전자가 주리설을 주로 하는 데 비하여 후자가 주기설을 주로 하는 것에서 찾았으며 이로써 실학이 갖는 철학적 성격이 일부분 해명되었다고 할 수 있다.

그런데 여기에서는 일부 연구자들이 지적한 바와 같이 실학을 탈성리학으로 규정하면서 과연 성리학의 이기설을 가지고 구분한다는 것이 타당한 것인가에 대한 의문이 제기될 수 있다. 그렇지만 북학파의 실학자들 역시 성리학 지배의 풍토에서 그것을 기본소양으로 익히면서 자신의 학문을 형성해 나간 학자들임을 상기한다면,39) 그들의 철학이 비록 탈성리학적인 경향을 가지고 있다고 하더라도 그들의 철학적 성격을 성리학적 이기론으로 설명하지 못할 이유도 없을 것이다.

한편 1980년대에 접어든 이후 실학의 근대지향적 혹은 민족의식적 측면을 북학사상의 탐구를 통해 밝혀보려는 노력이 진행되었다. 즉 유봉학劉奉學은 홍대용과 박지원의 경우를 중심으로 북학사상의 형성과정에 초점을 맞추어 형성의 배경·학문관의 변화·화이론의 수정 등을 통한 북학론의 대두를 살펴보고 있다.40) 그는 노론 계통의 인물이었던 홍대용·

---

39) 尹絲淳, 1976, 앞의 논문 참조.

박지원 등이 18세기 정통주자학의 핵심부에서 성장하여 낙론적洛論的 심성론心性論을 기본소양으로 수용하였으며, 낙론계와 관련 있던 상수학象數學이나 경제지학經濟之學의 영향도 받고 있었음을 밝혔다. 또한 그들은 낙론적 소양을 토대로 그 인물성론人物性論을 전개하는 과정에서 새로운 물론物論을 성립시키기에 이르렀고, 이로써 종래 인간심성 위주의 사고에서 벗어나 물物에 대한 새로운 설명을 시도하고 그 이용을 제기했다고 보았다. 또한 그들은 기존의 주자주의적 심성론과 예론禮論을 비판하고 이용후생을 내세우는 실용위주의 학문을 연구하면서 선진적인 것으로 평가된 청조淸朝 문물과 학술의 수용을 강력히 제기하게 되었다. 그리하여 그들은 이로써 이제는 허상이 되어버린 기존의 문화자존의식과 반청적反淸的 화이론華夷論을 비판하고 그와는 대조적인 논리인 북학론을 주장하기에 이른 것으로 파악했다. 그러나 이러한 그들의 사상적 전환은 기존사상을 전적으로 부정하였던 단절의 결과라기보다는 그를 비판적으로 수용하였기 때문에 가능하였던 것이며, 따라서 조선후기 사상사의 흐름 속에서 볼 때 북학론으로 수렴되어 갔던 북학사상은 18세기 조선 정통주자학의 자기극복과정을 보여주는 양상이었다는 것이다.

이와 같은 유봉학의 견해는 노론계의 한정된 인물만을 검토 대상으로 함으로써 당시 사상계의 제학파와의 비교·고찰이 결여되어 있고, 따라서 북학사상이 당시 사상계에서 차지했던 위상을 명확히 제시하는 데까지는 이르지 못하고 있다. 그러나 단순히 청의 영향이라는 외래적 요인으로만 이해되거나 구체적 계기가 해명되고 있지 않던 북학론의 형성과정을 주자학의 자기극복과정이라는 내적인 요인으로 설명한 것은 큰 의미를 갖는다.

손승철孫承喆도 18세기의 전체 사상계 속에서 북학사상의 실천적 성격, 즉 북학론자들이 당시의 소중화적 존화양이尊華攘夷 사상이 풍미하던

---

40) 劉奉學, 1982, 「北學思想의 形成과 그 性格」 『한국사론』 8, 서울대학교 국사학과.

시대적 분위기 속에서 자신들의 사상을 어떻게 체계화시켜 가면서 그 당위성을 추구해 갔으며, 또한 그들의 북학론에 정반대의 입장에 있던 당시의 명분주의자들을 어떻게 설득시켜 그 실천적 입장을 실현시키고자 했던가를 살펴보고 있다.41) 이 시기 손승철과 하우봉河宇鳳 등은 또한 실학사상의 대외인식을 살펴봄으로써 실학에 내재된 근대적 사상으로서의 의미를 찾아보려 하였다. 즉 하우봉은 실학자의 일본에 대한 인식이 점차 객관적인 방향을 취해가고 있었으며 그들은 일본의 재침 가능성을 경계하고 일본 국내의 정치상이 한일 외교에 미칠 영향을 주목했음을 밝혔다. 그리고 그는 실학자들의 일본관 연구를 통해 중국 중심의 화이관이 극복되어 나가는 과정을 밝혀 주었다.42)

한편 손승철은 소중화사상小中華思想으로 대표되는 당시 대외인식의 주류가 이익·북학파·정약용을 거치면서 극복되는 과정을 추적했다. 그는 이익의 청조淸朝 긍정론肯定論을 통해 북학파와 이익의 연결점을 찾고 있다.43) 그의 이러한 입장은 지두환의 견해와 차이점이 있는 것이다. 지두환은 최근 실학의 개념을 재론하는 과정에서 흔히 언급되는 실학파 가운데 북학파만을 떼어 내어 실학파로 보고 그 이전의 사상을 조선성리학이라 취급하여 별도의 사상체계로 보고 있다. 그는 조선성리학과 북학사상에서 철학·역사인식·토지개혁론 등의 차이를 살펴봄으로써 그의 논리를 뒷받침하고자 했다.44)

이러한 그의 지적은 막연히 실학사상이라고 일반적으로 이해되고 있는 제諸 조류潮流 사이의 차별성을 다시 한번 생각해 보게 했다는 점에서는

---

41) 孫承喆, 1982, 「북학의 '尊周論'에 대한 性格分析」『人文學研究』 17, 강원대학교·인문학연구위원회.
42) 河宇鳳, 1989, 『朝鮮後期 實學者의 日本觀 研究』, 일지사.
43) 孫承喆, 1985, 「17~18세기 한국사상의 진보성과 보수성의 갈등에 관한 연구1 - 특히 실학사상의 對外認識을 中心으로-」『강원사학』 1, 강원대학교 사학과.
44) 池斗煥, 1987, 앞의 논문, 118쪽 등.

의미 있는 것이라 하겠다. 250여 년이나 지속되는 사상의 흐름을 일정한
시기구분이나 성격 구분 없이 무차별하게 취급하는 태도는 분명 문제가
있는 것이기 때문이다. 그러나 여기에서는 '조선성리학'과 '북학'사이의
차이점만을 지나치게 강조한 나머지 보편적으로 추출 가능한 공통성이나
계기적인 발전의 모습 등에 관한 서술이 약화되어 버렸다. 어떤 사상이든
지 갑자기 생겨날 수는 없는 것으로 이전의 사상에 제약받고 극복하는 과
정을 거치게 마련이다. 물론 엄격한 관점에서 바라본다면 이른바 '조선성
리학'의 논리가 근대혹은 근대지향적인 것과 거리가 있다고 볼 수 있지만
그것은 북학파에서도 마찬가지로 발견할 수 있는 문제일 것이다.

　이상에서 살펴본 바와 같이 실학의 개념은 연구자와 연구시기에 따라
서 각기 다른 다양한 내용을 담고 있다. 그러나 실학개념의 연구과정을
통해서 우리가 얻을 수 있는 최대공약수로서의 실학개념은 조선후기 봉
건사회의 해체기에 등장한 사회개혁 사상임을 확인할 수 있을 것이다.
그리고 그 성격은 대체적으로 볼 때 범유학적汎儒學的·탈성리학적脫性理
學的 측면에서 제시된 제반의 개혁사상으로 규정될 수도 있을 것이다. 그
러나 이 사회개혁사상은 당시 사회와 실학자 개개인의 제약성으로 말미
암아 조선후기사회에 있어서 본격적인 변혁이념으로서의 역할을 수행하
는 데에는 한계가 있었다. 실학의 개념을 이와 같이 정리할 수 있다면
우리는 조선후기 사상사에서 실학이 차지하고 있는 객관적인 위치와 그
비중에 대해 좀더 엄정한 규정을 시도해 나가야 할 것이다.

4. 실학 형성배경에 관한 연구사적 검토

　이상에서 살펴본 바와 같이 실학사상에 관한 오늘날의 연구자들은 그
개념에 관해 다양한 견해를 갖고 있다. 따라서 실학사상의 구체적 내용

을 밝히고, 그 발생배경을 설명하는 데에 있어서도 상당한 견해의 차이가 드러나고 있다. 즉 일부 연구자들이 실학자로 규정하고 있는 인물이 또 다른 연구자들에 의해 성리학자로 분류되기도 한다. 그리고 실학의 기본 개념에 대한 인식의 차이로 말미암아 한 인물의 사상에 대해서도 연구자에 따라서는 이를 탈성리학적 단계의 개혁적 실학사상으로 보거나, 또는 그것을 조선후기의 성리학이 제시한 성리학적 논리의 일단으로 인식하기도 한다. 따라서 이러한 현재의 연구수준과 연구상의 특성을 감안할 때 우리는 실학의 개념뿐만 아니라 발생배경이나 그 특성 및 연구 분야와 유파의 규정에 있어서도 유일한 결론만을 주장하기에는 어려움이 있음을 인정하게 된다. 그리고 실학사상의 역사적 의미에 대한 규정에 있어서도 각기 다른 입장을 취할 수밖에 없게 되었다. 그러나 여기에서는 해방 전후 오늘에 이르기까지 상당수의 연구자들이 동의하고 있는 내용을 중심으로 하여 실학의 형성배경에 관하여 정리해 보고자 한다.

1) 연구사적 검토

실학사상이 형성된 배경에 관해서는 실학사상이 연구되던 각 단계에 따라 견해의 차이가 드러나고 있다. 실학형성의 배경에 관한 논의가 제한적으로나마 제기되기 시작한 때는 1930년대였다. 이 시기의 연구자들은 대부분 실학을 조선후기에 발흥한 사회 개혁적 사상으로 적극적인 평가를 하였다. 그러나 그들은 이 사상의 형성배경에 관한 본격적인 탐구 작업을 전개하지는 아니했다. 그렇지만 이 시기의 연구자들 가운데 일부는 실학자와 청조의 학풍을 연결시킴으로써 실학발생의 배경으로 청조 고증학을 주목하기도 했다.[45]

한편, 이 시기의 연구자들은 실학사상을 서유럽의 계몽주의 사조 등

---

45) 黃義敦, 1939, 「金秋史傳」『朝鮮名人傳』, 조광사 ;『海圓文稿』, 1961, 동국대학교 출판부, 371쪽.

에 대비시키고자 시도하기도 했다.[46] 또한 그들은 실학의 성립과 서학西
學의 성행을 동시에 주목하기도 했다. 여기에서 우리는 그들이 실학사상
의 발생배경으로 외래적 요소를 전제하고 있었음을 부분적으로 인식할
수 있을 것이다.

사실 그들은 실학사상의 형성과 관련하여 청조에서 발흥했던 고증학
의 영향이나 서학의 자극을 짙게 의식했다.[47] 그러나 그렇다 하여 그들
이 실학발생의 내재적 요인을 부인했다고는 보기 어렵다. 이 시기의 연
구자 가운데 최익한崔益翰 등은 조선후기 사회의 전체적 맥락에서 실학
사상의 발생을 주목했던 것으로 볼 수 있다.[48] 그러나 그를 명확히 찾아
내어 이를 제시하는 데에까지 이르지는 못했다.

한편, 해방 이후의 연구단계에 이르러서는 실학발생의 요인에 관해
새롭게 연구되기에 이르렀다. 이 시기에 있어서도 실학발생의 요인으로
외래적 요소가 주목되지 않았던 것은 아니다. 예를 들면 김양선金良善은
「한국실학발달사韓國實學發達史」라는 논문을 통해 실학사상과 서학의 관
계를 강하게 연결 지어 서학이 일어날 때 실학이 발흥했고 서학이 탄압
받고 지하로 들어가게 되자 실학도 같은 운명에 처하게 되었다고 서술했
다.[49] 한편, 박종홍朴鍾鴻은 비슷한 시기에 서학의 유입에 따른 민족적
자각과 이로 인한 서학에 대한 반발 및 섭취를 논했다.[50] 그는 실학발생
의 외적요인으로 서학의 영향을 일정한 범위 안에서 인정하고 있었다.
박종홍과 비슷한 견해가 홍이섭洪以燮에게서도 제시되었다. 그는 서학사
상이 조선후기의 '실학자'들에게 어떠한 자극을 주고 있는지를 밝히려고
시도한 바 있었다.[51]

---

46) 주 13)·14) 참조.
47) 카톨릭청년 편집실, 1936, 「茶山小傳」『카톨릭青年』 35.
48) 崔益翰, 1938.12~1939.6, 「與猶堂全書를 讀함」『동아일보』.
49) 金良善, 1955, 「韓國實學發達史」『崇大學報』 5, 숭실대학 학도호국단.
50) 朴鍾鴻, 1959, 「西學의 流入과 民族的 自覺」『新人間』 17, 신인문사.

그러나 이러한 경향과는 달리 1950년대 이후의 연구자들은 상당수가 실학사상 형성의 내재적 계기를 밝히려는 데에 관심을 집중하고 있었다. 이러한 경향은 당시 우리나라 학계에서 식민사관의 극복논리와 관련하여 강력히 제시되고 있던 '내재적 발전론'의 출현과 일정한 관계를 갖고 있는 것이었다. 그리고 이 경향은 실학발생의 주된 배경을 외래적 요소에서만 찾으려 했던 일부 연구자들에 대한 비판의식과도 관련되는 것이었다. 그리하여 이 시기 천관우·김용섭 등을 비롯한 연구자들은 실학발달의 원인을 조선후기사회의 내재적 발전과정에서 추출하고자 했다.52) 그리고 그들의 이와 같은 견해는 당시 학계의 상당한 지지를 획득하고 있었다. 한편 1970년대에 들어와서 이원순李元淳·김영호金泳鎬 등은 실학발달의 요인을 밝히기 위한 노력을 다시 전개해 나갔다. 그리하여 그들은 내재적 요인과 함께 외래적 요소도 같이 고려의 대상이 되어야 함을 밝혔다.

즉, 김영호는 조선후기의 실학이 종래의 유학적 전통 위에서 현실의 사회경제적 변동과 민족적 이성의 자각으로 성립·발전되었지만 아울러 서학과 청대 학술의 영향을 결코 과소평가할 수 없다고 보았다. 그리고 그는 주체성을 강조하기 위해 외래적 요인의 인정을 거부하려는 경향을 경계하며, 주체성의 문제는 수용의 태도나 방법에 관한 문제이지 외국의 영향을 받았느냐 받지 않았느냐 하는 결과의 문제가 아니라고 단정했다.53) 이원순도 한 민족의 역사는 그 민족사회의 자생적 역사능력歷史能力에 의해 추진되고 전개되는 것이지만 밖으로부터의 외적外的 변수나 요인이 무시되어서는 안 됨을 강조했다. 그리고 외래적 역사요소가 민족

---

51) 洪以燮, 1963, 「朝鮮後期에 있어서의 社會的 變動」『史學硏究』16, 한국사학회.
52) 千寬宇, 1970, 「韓國實學思想史」『韓國文化史大系』Ⅵ ; 金容燮, 1972, 「18·19세기의 農業事情과 새로운 農業經營論」『大東文化硏究』9, 성균관대학교 대동문화연구소.
53) 金泳鎬, 1975, 「實學思想의 勃興」『한국사』14, 국사편찬위원회.

사회에 수용·정착되고 민족사의 구체적 내용으로 용해되어 나가는 과정
에서 민족문화의 재창조와 발전도 가능한 것임을 주장했다.[54] 이러한
과정을 거쳐 오늘에 이르러서 실학사상의 발생배경으로는 내재적 요인
과 함께 외래적 요소도 동시에 고려하게 되었다.

2) 실학발생의 내재적 요인

실학사상이 발생하게 된 내재적 요인으로서는 조선후기사의 전개 과
정에서 나타나고 있는 사회경제적 제 현상을 비롯하여 정치·문화적 요
소들을 종합적으로 고찰하고 있다.[55] 즉 실학은 17세기 이래로 조선 사
회에서 전개된 사회경제적 변동 및 문화변동의 산물로 이해되고 있다.
그리고 여기에서는 먼저 조선후기 농민분해와 실학발생의 상관관계를
주목할 수 있다. 즉 조선후기의 농민분해에 실학자들은 깊은 관심을 가
지고 있었다. 실학의 발생은 농민분해라는 현상의 영향을 받았던 것으로
인식되고 있다. 이 농민분해의 과정에서 실학사상은 생성되었고, 농민분
해의 여러 방향에 따라 각기 다른 사상으로 나타나게 되었던 것이다. 그
리하여 실학의 일부 계열에서는 농민분해의 과정에서 분출된 상업적 농
민을 대변하는 사상을 전개시켰고, 또 다른 한편에서는 토지의 농민적
소유를 주장하며 지주적 토지 소유론을 부인하기도 했다. 그리고 또 다
른 일부의 실학자들은 지주의 존재 자체는 인정한다 하더라도 소작농의
생활안정을 위해 소작조건의 개선방안을 모색하기도 했다. 한편 조선후
기사회에서는 상품화폐가 형성되어 가고 있었다. 실학은 이 과정과 밀접
한 관련을 맺으며 발전하게 되었던 것으로 인식되고 있다.[56]

---

54) 李元淳, 1975,「朝鮮後期 實學者의 西學儀式」『역사교육』17, 역사교육연구회 ;
    이원순, 1984,「朝鮮 西學 實學性」『韓國敎會史硏究論文集』Ⅰ, 한국교회사연구소.
55) 鄭在貞, 1986,「朝鮮後期 實學硏究의 동향과「국사」교과서 서술의 변천」『역사
    교육』39, 역사교육연구회.
56) 姜萬吉, 1984,「實學思想의 發展」『韓國近代史』, 창작과 비평사, 153쪽.

이와 같은 조선후기의 경제적 변화와 더불어 사회계급면의 변동도 실학사상의 발생을 요구하고 있었던 것으로 연구되고 있다. 즉 조선후기사회에서는 중세적 신분체제가 급속히 붕괴되어 가고 있었다. 이 신분체제의 붕괴는 대체로 양반의 경제적 몰락으로 빚어지는 하향과정과 민인층民人層이 신분상승을 꾀하여 이를 성취해 가는 상향과정으로 나타나고 있었다. 이러한 사회신분제도의 변동과정에서 실학자들은 신분의 하향과정에 놓여 있는 양반층의 생계대책과 함께 상향과정에 들어선 민인층의 이익을 보장하는 문제에 주목하게 되었다. 이 과정에서 실학자들은 사회현상에 대한 정확한 진단과 대책을 모색했고, 이를 통하여 현실개혁적인 실학사상이 형성되어 갈 수 있었던 것으로 연구되어 있다.

실학사상의 발생요인 가운데 일부로서 조선후기사회의 정치·문화적 요소들이 주목되기도 했다. 즉 실학은 조선후기에 이르러 전통적인 통치질서와 수취체계가 붕괴되어 가는 과정에서 그 붕괴를 막아 국가체제를 강화하고 민생을 안정시킬 목적으로 제시된 견해를 말하는 것으로 인식되기도 했다.[57] 실학발생의 이와 같은 측면과 관련하여 실학사상이 체제 옹호적 사상이라는 지적이 나올 수 있게 된 것으로 생각된다.

한편, 실학사상은 조선의 지배원리였던 성리학의 교조주의적 경향에 대한 반성에서 출현한 것이었다. 성리학은 15세기 조선의 사회질서를 수립하고 이를 유지시키는 데에 있어서 가장 근간이 되던 사상이었으며, 17~18세기 이래에도 조선의 대표적 사유형태로 작용하고 있었다. 그러나 이 때에 이르러 성리학은 교조주의적 경향을 강화해 나갔고 번쇄난해煩瑣難解(매우 복잡하고 어려운)한 철학적 경향으로 변해 갔다. 17세기의 예송과정에서 볼 수 있듯이 성리학의 예론禮論은 당쟁의 빌미가 되기도 했다. 이 예송의 전개를 통해 나타나듯이 성리학은 일반 인민들의 생활과는 유리된 채 집권층의 권력 장악을 위한 수단이나 철학적 이론으로 전

57) 李佑成, 1973,「實學研究序說」『實學研究 入門』, 일조각.

락되어 가고 있었다.

또한 17세기 이래 조선 사회에서는 점진적인 변화가 진행되어 가고 있었고 이 변화를 반영하고 촉진시킬 사상의 출현이 당시 사회에서는 요청되었다. 그러나 당시까지도 국가운영의 지도원리였던 성리학은 그 변화에 대한 합리적·궁극적 대안을 제시하지 못했다. 그 때문에 18세기를 전후한 사회에서는 성리학에 대한 반성과 반발이 일어나게 되었다. 이 반성의 과정에서 일부 학자들은 유학의 일종인 성리학에 대한 비판과 재검토를 위해 선주시대의 원시유학에로 회귀해 갔다.[58] 그들은 범유학적 汎儒學的 입장에서 새로운 개혁안을 모색하려 한 것이었다. 그 결과 조선후기사회에서는 성리학적 학문체계에서 벗어난 새로운 학풍이 형성되어 갔고, 여기에서 탈성리학적·범유학적 입장에서 제시된 개혁사상인 실학사상이 발생하게 되었다.[59]

한편, 실학이 범유학적 입장의 개혁안으로 제시된 것은 실학자 대부분이 유학적 지식을 기본교양으로 가지고 있었기 때문에 가능하였다. 그리고 이로 인하여 조선후기 당시의 실학자들은 기득권을 장악하고 있던 성리학자들과 본격적인 갈등이나 대립을 겪지 않을 수도 있었다. 그러나 반면에 당시의 실학자들은 이로 인하여 자신이 처한 사회질서와 문화전통을 전반적으로 반성·비판하는 데에는 실패했고, 범유학의 입장에서 전개된 체제내적 개혁의 특성을 드러내게 되었다. 그리고 이 때문에 실학사상은 완벽한 근대사상으로서의 기능을 발휘하기보다는 조선후기 봉건사회의 해체기에 등장한 과도기의 사상이라는 특성에만 머물게 되었다.

실학발생의 문화적 배경 가운데 하나로 우리는 조선이 축적해온 학문적 전통을 들 수 있다. 조선왕조가 성립된 직후인 15세기에 궁정을 중심

---

58) 李乙浩, 1966, 『茶山經學思想硏究』, 을유문화사.
59) 尹絲淳, 1976, 「實學思想의 哲學的 性格」 『아세아문제연구』 56, 고려대학교 아세아문제연구소.

으로 하여 발전했던 궁정문화宮廷文化의 성과들을 조선전기의 문화업적
으로 주목할 수 있다. 그리고 16세기 사림문화士林文化 중 민본 지향적民
本志向的 일부관념은 16~17세기를 거치는 과정에서 더욱 발전되어 갔
다.60) 이 학문의 전통이 18세기 전후의 실학자들에게도 영향을 주었다.
특히 조선전기의 과학적 업적이나 실용적 학문들은 조선후기의 실학자
들에게 참고된 바가 적지 아니했다. 여기에서 우리는 실학사상이 발생할
수 있었던 문화적 배경의 일면을 확인할 수 있게 된다.

3) 실학발생의 외래적 요인

　실학사상의 발생배경에는 그 내재적 요인이 우선적으로 검토되어야
한다. 또한 그 내재적 요인과 함께 외래적 요인들도 함께 검토함으로써
실학사상이 발생하게 된 요인에 관해 구조적인 이해를 할 수 있을 것이
다. 실학사상이 발생하게 된 외래적 요인으로는 서학西學 및 청대학술淸
代學術의 영향을 결코 과소평가할 수는 없다. 먼저 서학과 실학의 관계를
살펴보면, 한문서학서漢文西學書의 전래를 주목할 수 있다.61) 17세기 이
래 조선의 지식인들은 중국에서 간행된 각종 한문서학서를 읽고 있었다.
당시 조선에 전래된 한문서학서 가운데는 천주교 사상을 논하는 서적과
함께 천문天文·역상曆象·수리數理·측량測量 등의 과학 기술서적이 있었
다. 한문서학서를 통해 실학자들에 흡수된 서학의 종교사상은 그들의 철
학적 사유에 일정한 영향을 미쳐 주었고, 그 구체적 사례로는 다산 정약
용의 철학적 인식 가운데 천관天觀을 비롯한 일부 요소들을 지적할 수
있을 것이다.62) 또한 서학의 과학기술에 관한 이론들도 실학자들의 과

---

60) 尹絲淳, 1974,「栗谷思想의 實學的 性格」『韓國思想』제11·13집, 韓國思想研究會.
61) 李元淳, 1975,「明淸來 西學書의 사상적 의의」『韓國天主敎會史論文選集』1,
　　한국교회사연구소.
62) 崔東熙, 1979,「茶山의 神觀」『韓國思想』15, 韓國思想研究會 ; 琴章泰, 1981,
　　「丁若鏞과 天主敎信仰」『한국학』24, 중앙대학교 한국학연구소.

학연구에 자극을 주었다. 그리하여 실학자들은 서학의 자극을 받으며 천문학과 지리학 혹은 기하학 등의 연구에 박차를 가하기도 했다.[63] 그리고 서학서의 이론을 직접 적용하여 거중기舉重機와 같은 실용적인 토목공사용 기계를 제작하기도 했다.

한편, 명말청초의 실학적 학술사상과 청대의 고증학도 실학사상의 형성에 일정한 영향을 주었다. 황종희黃宗羲·고염무顧炎武·왕부지王夫之·안원顏元 등에 의해 제시되었던 명말 청초의 학술사상에서는 민본이데올로기가 강력히 주장되고 있었으며, 현실개혁의식이 강조되기도 했다. 그러나 이와 같은 학문경향에서 등장하는 개혁적 이상은 청조 지배층의 의도적 왜곡작업으로 인해 변질되어 나갔다. 그렇지만 18세기 조선의 지식인들은 명말 청초의 사상을 통해 자신의 개혁이념을 가꾸어 나갔다.[64] 한편 청조의 고증학도 조선후기의 일부 실학자들에게 영향을 주었다. 청조 고증학의 영향을 받은 실학자로는 이덕무李德懋·박제가·정약용·김정희金正喜·이규경李圭景 등이 지목되고 있다. 그러나 정약용이 청대 고증학에 동조하기보다는 오히려 냉담하기조차 했던 사례에서 드러나듯이 조선후기실학에 미친 청대 고증학의 영향은 상당히 제한적인 것이었다. 전체적인 측면에서 볼 때 조선후기의 실학은 고증학보다는 명말청초의 학풍에 좀더 영향을 많이 받은 것으로 연구되고 있다.

요컨대, 조선후기 실학사상의 형성배경에 관해서 식민지시대의 연구자들은 주로 외래적 요인을 주목했다. 즉 그들은 청조의 고증학이나 '청

한편 李東歡, 1990, 「茶山思想에서의 '上帝' 도입경로에 대한 序說的 考察」『民族史의 展開와 그 文化』하, 창작과 비평사 에서는 다산 정약용의 天思想이 선진(先秦)유학사상에 근거하고 있는 것임을 논하고 있다.

63) 朴星來, 1983, 「마테오 리치와 韓國의 西洋科學 受容」『동아연구』3, 서강대학교 동아문화연구소 ; 박성래, 1985, 「『星湖僿說』속의 西洋科學」『震檀學報』55, 震檀學會.
64) 全海宗, 1979, 「淸代 實學과 李朝後期 實學의 比較小論」『제1회 한국학국제회의 론문집』, 한국정신문화연구원.

구문화淸歐文化'인 서학사상西學思想이 조선의 학계에 전파되는 과정에서
조선의 '실학사상'이 발생할 수 있었던 것으로 보았다. 그러나 해방 이
후 실학사상이 새롭게 연구되는 과정에서는 그 외래적 요인보다는 내재
적 요인에 더 큰 관심이 주어졌다. 이는 식민사학의 극복을 위한 내재적
발전론의 연구 성과와 시각을 조선후기 사상사 연구에도 적용시킨 결과
였다. 그 후 1970년대 중엽에 이르러서는 실학사상의 발생배경으로 내
재적 요인과 함께 외래적 요인을 주목하는 연구의 경향이 출현했다. 조
선후기의 사회변동과 문화발전의 맥락에서 그 내재적 요인들이 우선 주
목될 수 있을 것이다. 한편, 실학발생의 외래적 요소에 대한 검토도 단순
한 외국문화의 전파傳播를 밝히려는 것이 아니라 외래문화로의 창조적
수용과정을 밝히려는 것이다. 그러므로 조선후기 실학사상의 발생원인
을 이해하기 위해서는 내재적 요인들을 중심으로 하여 외래적 요인에 대
한 이해에도 노력을 기울여야 할 것이다.

5. 실학사상의 유형화작업의 전개과정

　실학사상의 유형을 나누는 작업은 실학의 개념이나 발생배경에 관한
다양한 인식을 기반으로 하여 전개되어 왔다. 따라서 실학사상의 유형을
획일적으로 설명하기란 거의 불가능한 상황이다. 그리고 실학사상의 유
형을 나누는 작업은 실학 내지는 실학자의 범위를 설정하는 일과 맞물려
서 전개되고 있다. 이는 실학사상의 유형이 실학의 범위와 직결시켜 설
명되어야 함을 말하는 것이다.
　그런데 실학의 범위를 규정하기 위해서는 그 사상의 상한上限과 하한
下限을 분명히 해야 한다. 그러나 이는 연구자에 따라서 상당한 견해 차
이를 드러내고 있는 분야이다. 실학사상의 상한을 어떤 연구자들은 조선

왕조의 건국 직후인 15세기 초엽부터로 보고 있다. 반면에 또 다른 연구자들 가운데는 그 상한이 18세기 중엽에 있음을 주장하고 있다. 여기에서 실학사상의 상한에 관해서는 15세기 초엽설[한우근], 16세기 중엽설[천관우·김용덕], 17세기 초엽설[조기준], 17세기 중엽설[이우성], 18세기 후반설[지두환] 등 다양한 견해가 제시되고 있다. 한편, 실학사상의 하한에 관해서는 개항을 계기로 하여 개화사상으로 전환되었다는 데에 대체적인 의견의 일치를 보고 있다. 실학사상이 전개된 시대의 범위를 설정하는 데에서 드러나는 이와 같은 다양한 견해들은 오늘날 실학사상의 유형을 논하는 과정에서 많은 문제점이 제기되고 있음을 나타내주고 있는 것이다.

한편, 실학의 유형을 구분하는 기준으로는 성호학파星湖學派 등의 분류방법에서 볼 수 있는 인적人的 계보系譜 중심의 구분법, 근기학파近畿學派 등의 분류에서 드러나는 지역기준의 분류법을 들 수 있다. 그리고 실학자의 연구 분야에 따른 구분법이나, 실학의 형성시기를 중심으로 하는 구분법과 그 사상의 구조적 특성에 따른 구분법 등을 찾아볼 수 있다.

실학사상의 유형화 작업은 최남선이나 정인보와 같은 연구자들에 의해 이미 식민지시대 때부터 시도되었다고 볼 수 있다. 그러나 실학사상을 유형화하여 인식하려는 노력이 본격적으로 전개된 것은 1950년대 이후로 볼 수 있다. 이 때에 이르러 천관우는 실학사상을 준비기(16세기 중엽~17세기 중엽)·맹아기(17세기 중엽~18세기 중엽)·전성기(18세기 중엽~19세기 중엽)로 나누었다. 그리고 그는 준비기의 인물로서 권문해權文海·한백겸韓百謙·이수광·김육金堉을 들고, 맹아기의 인물로서 유형원·박세당朴世堂·이익·안정복·이중환李重煥·신경준申景濬·서명응徐命膺을 들었다. 그리고 전성기의 인물로는 홍대용·박지원·박제가·성해응成海應·정약용·김정희·이규경李圭景이 주목되었다. 또한 천관우는 실학사상이 '고증학을 학문의 방법으로 하고 사회정책·자연과학·국학·훈고학·농학을 학문의 대상으로 한 것'·'그 수단의 하나로서의 북학과 그 결과의 하나로서의 백과사

전파를 거느린 학문의 일파'로 규정하면서, 실학연구의 방법과 대상, 수단과 결과 등을 기준으로 한 유형화 작업을 시도하기도 했다.[65]

한편, 조기준趙璣濬은 실학사상의 사회경제적 배경을 기준으로 하여 실학을 봉건적 이데올로기로서의 실학17세기 초, 과도기의 실학(17세기 중엽~18세기 중엽), 시민계급을 대변하는 실학(18세기 말~19세기 중엽), 전환기의 실학(19세기 말~20세기 초)으로 나누어 설명하였다.[66] 즉 그는 '봉건적 이데올로기로서의 실학'이라는 범주를 설정하여 실학의 초창기과정을 설명하며, 이 시기에 실학의 백과전서적 경향이나 민족과 국가에 대한 자각, 실사구시적 학풍이 두드러지게 대두되었음을 말했다.

그리고 이 시기의 실학에서는 이수광·한백겸·김육 등에게서 드러나는 바와 같이 봉건국가의 재정개혁을 위한 노력이 집중적으로 전개되는 점을 볼 때 이 시기의 실학자들은 봉건국가의 이데올로기를 대변하는 실학자라고 규정하고 있다. 그리고 '과도기의 실학'이란 유형원에서 이익에 이르는 실학으로서, 이들은 봉건국가의 강화책도 중요논점으로 삼고 있으나 보다 더 농민계급을 대변하고 있으며, 상공업에 대해서도 좀 더 적극적인 견해를 드러내고 있는 것으로 파악하고 있다. 이들에게서는 농민을 위한 토지정책 등이 새롭게 주장되고 있음이 주목되고 있다.

한편, '시민계급을 대변하는 실학'이란 정약용과 박제가에 이르는 시기로서, 이 때의 실학자들은 명백히 신흥시민 계급을 대변하며, 상공업을 장려하고 각종 산업기술의 혁신을 강조했음을 말하고 있다. 또한 이들은 대체로 도시적 분위기 속에서 성장한 인물들이었으며, 북경에 다녀온 일이 있었으므로 청조의 문화를 배워야 한다고 주장했음을 지적하였다. 그리고 '전환기의 실학'이란 실학이 개화사상의 형성과 발전에 적극적으로 영향을 준 것으로 보며 조선말기의 각종 '근대 개혁'에 영향을

---

65) 千寬宇, 1952, 앞의 논문 『歷史學報』 2, 歷史學會.
66) 趙璣濬, 1967, 앞의 논문.

준 것으로 설명된다. 이와 같은 조기준의 유형분류 작업은 사회경제적 배경과 관련하여 실학의 유형화를 시도했다는 점에서 일정한 평가를 받을 수 있다.

이우성은 실학사상을 18세기 이후의 사상으로 한정하면서 제1기(18세기 전반) 경세치용학파經世致用學派, 제2기(18세기 후반) 이용후생학파利用厚生學派, 제3기(19세기 전반) 실사구시학파實事求是學派로 나누었다.[67] 그는 경세치용학파는 이익을 중심으로 하여 토지제도 및 행정기구와 기타 제도상의 개혁에 치중하는 학파로 규정했고, 이용후생학파란 박지원을 중심으로 하여 상공업의 유통 및 생산기술면의 혁신을 지표로 삼는 학파로 보았다. 그리고 실사구시학파는 김정희金正喜에 이르러 일가를 이루게 되었으며, 경서經書 및 금석金石·전고典故의 고증을 위주로 하는 학파로 설명하고 있다. 그는 실학을 이와 같이 유형화시킴과 동시에 실학자들에게서 드러나는 공통된 특징도 주목했다. 그리하여 그는 실학파의 학자들이 대체로 양반신분이면서 조선 관료국가의 권력체계에서 이탈 또는 소외된 사람들이며, 서울 및 근기지방近畿地方 출신의 학자를 주축으로 삼고 있음을 말하고 있다.

한편, 김용덕은 16세기 중엽 이후의 이이李珥·조헌趙憲·이지함李之菡 등을 전기실학파로 규정하며, 이익 이전에 형성된 학문과 사상의 원류를 주목하여 이를 실학의 범주 안에 포함시키고자 했다.[68] 그리고 그는 이익 이후의 실학사상을 후기실학파로 설정하고 있는 것으로 생각되며, 이전·후기의 실학파 사상을 다시 이용후생론利用厚生論과 경세치용론經世致用論으로 나누어 보고 있다. 그는 '이용후생론'을 통해 이지함·박제가·정약용 등의 기술혁신론을 주목했고, '경세치용론'에서는 실학자들이 제시한 각종 안민책安民策을 주목했다. 그는 특히 청조의 문화를 적극적으

---

67) 李佑成, 1970, 앞의 논문.
68) 金龍德, 1965, 「重峯 趙憲 研究」 『아세아학보』 1, 아세아학술연구회.

로 수용하여 조선후기의 사회질서를 개혁하려던 북학파의 사상에 관심을 집중적으로 표명했으며 이지함과 조헌 등을 북학파의 원류로 주목했던 것이다.

그리고 한우근은 실학의 연원이 조선왕조 건국에 있음을 말하면서 조선후기의 실학을 경세학으로 주목하고자 했다.[69] 그리고 그는 조선후기의 실학을 '중농주의적重農主義的 제도개편론'·'중상론重商論'과 '기술도입론技術導入論'·'국학國學' 등의 분야로 나누어 보고자 했다. 그는 '중농주의적 제도개편론'을 통해 유형원과 이익·정약용 등의 개혁론을 주목했고, 이들에 의해 시도된 토지개혁을 비롯한 각종 제도개혁의 논리를 밝히고자 했다. 또한 '중상론과 기술도입론'에서는 소론 출신 실학자인 유수항柳壽垣을 비롯하여, 박지원·박제가·홍대용·이덕무 등을 주목했고, 흔히 북학파로 불리는 이들은 상공업과 기술을 천시하던 양반들의 생리와 관념을 타파하고자 했음을 주장했다. 그리고 '국학'에서는 조선의 역사와 지리 및 어문에 대한 연구경향을 주목했다. 또한, 한우근은 17~18세기 실학은 백과사전적인 박학다식의 학풍을 존중하고 있음을 말하면서 이러한 학풍으로 인해 실학이 다양한 유파로 분류될 수 있음을 암시해 주었다.

한편, 금장태琴章泰는 '실학사상의 유파와 전개'에 관한 서술을 시도한 바 있다.[70] 그는 실학사상의 전개시기를 기준으로 하여 실학의 특성을 구분하고자 했다. 그리하여 그는 '17세기 실학파의 사상'에서 이수광의 박학적 학문태도를 주목했고, 유형원 단계에 이르러 성리학에서 실학으로 전환되었음을 말했으며, 박세당의 실질을 존중하는 학문적 특성을 밝히고자 했다. 그리고 '성호학파의 실학사상'에서 이익이 전개한 경학經學의 실용적 인식과 경세론의 민본적 전개에 관하여 주목했고, 안정복

---

69) 韓㳍劢, 1958, 「李朝實學의 槪念에 대하여」『震檀學報』19, 震檀學會.

70) 金章泰, 1983, 「實學思想의 發興과 展開」『한국학입문』, 학술원.

의 역사인식에서 드러나는 주체성과 신서파信西派의 실학사상을 논했다.
또한 그는 북학파의 실학사상을 설정하여 홍대용·박지원·박제가 등에게
서 드러나는 비판정신·과학정신·현실의식 및 역사의식과 이용후생론·
사회개혁론을 설명했다. 그리고 이에 이어서 '19세기의 실학사상'으로
정약용·김정희·최한기를 제시하며 그들의 사상에서 드러나는 철학적 특
성을 밝히고자 했다.

이와 같은 실학의 전개과정 및 유파에 대한 견해 외에도 강만길의『한
국근대사』에서는 실학의 연구 분야에 따른 유형화작업을 시도했다.[71]
즉 여기에서는 '민족의 전통과 현실문제에 대한 연구' 경향을 먼저 제시
하며 실학사상에서의 역사·지리 및 어문연구를 하나로 묶어 유형화했
다. 그리고 두 번째로는 '현실개혁을 위한 사회경제적 문제에 대한 연구'
를 말하면서 토지제도와 수취제도를 비롯한 각종 제도개혁론 및 상업정
책·사회신분정책의 개혁안들을 설명하고자 했다. 그리고 그 세 번째 연
구 분야로는 '자연과학과 기술과학'을 제시하며 객관적 자연관에 입각해
서 전개될 수 있었던 과학기술에 관한 새로운 논의들을 밝히고자 했다.
또한 실학의 네 번째 연구 분야로서 '새로운 철학체계'를 주목하며, 실
학사상의 철학적 측면에 관한 연구경향에 주목했다.

이러한 견해들과는 달리 최근에 이르러 일단의 연구자들은 조선후기
의 사상사를 17~18세기의 조선성리학 시기와 19세기 북학사상의 시기
로 구분하고자 했다.[72] 이들은 조선후기 가운데 17·18세기를 임진왜란·
병자호란의 피폐를 곧 회복하고 번영을 누리는 시기로 보고, 이러한 번
영을 주도한 사상이 조선성리학이었음을 주목했다.

이 조선성리학은 상공업이 농업과 분리되어 발달하게 된 19세기에 와

---

71) 姜萬吉, 1984,「實學思想의 發展」『韓國近代史』, 창작과비평사.
72) 池斗煥, 1987,「朝鮮後期 實學研究의 問題點과 방향」『泰東古典研究』3, 泰東古
典研究所.

서는 치세이념治世理念으로서의 위치를 상실하고 말기적 현상을 드러내
게 되었으며, 이에 대한 비판으로 북학사상이 실학으로 등장한 것이라고
보았다. 즉 이러한 논의에서는 북학사상 이전의 실학을 인정하지 않고,
조선 성리학이 말기적 폐단을 드러내기까지는 조선 성리학 자체가 사회
개혁을 주도하는 이념이었다고 주장한다.

그러나 18세기 말 정조대 이후 조선성리학이 공리공담으로 변질되어
가자, 규장각을 중심으로 한 북학파들이 이를 비판하면서 새로운 경세이
념經世理念으로 변모한 청조 고증학을 수용했으며, 홍대용·박지원·박제
가·정약용 등을 거쳐 김정희 단계에 이르러서 새로운 개혁사상인 북학
사상이 집대성되기에 이르렀다고 보았다.

그리하여 조선후기의 새로운 학문경향으로서의 실학개념이나 중세질
서를 부정하고 근대 사상적 요소를 다분히 가지는 실학개념은 북학사상
만을 실학으로 정의할 때 성립될 수 있으며, 북학사상가들이 근대사상으
로서의 실학자로 규정될 수 있다고 주장했다.

요컨대, 실학사상을 유형화하여 이해하고자 하는 시도가 전개되었고,
이에 관한 여러 의견이 제시되었다. 그런데 해방 이후 실학사상의 연구
가 활발히 전개되어 나가는 과정에서 실학의 유형과 전개과정에 관한 이
상의 여러 견해는 실학사상의 체계적 이해를 위해 그 나름대로 기여한
바 있다고 생각된다.

그러나 일부 연구자들의 경우에는 '한 시대의 사상을 나타내는 '실학'
이란 학문경향을 유형화하는 데에 있어서 그 유형화의 기준으로 여러 가
지 구분법을 혼용하는 데에 따른 혼란상을 드러내주고 있다. 기존의 유
형화 작업에서는 구분기준의 모호성으로 말미암아 실학사상의 체계적
이해에 역행하게 된 사례도 있었다. 또한, 동일한 '실학사상'이란 개념
안에 봉건적 사상이라는 측면과 '시민계급을 대변하는' 근대사상이라는
상호 대립적인 요소를 동시에 함축시켜 설명함으로써 실학의 유형화 작

업이 실학의 개념을 오히려 혼란시키게 된 문제점도 지적할 수 있을 것이다.

그리고 인간관계의 규명이 역사학 연구의 본령이므로, 실학사상의 원인이나 배경, 그 원류적 사상을 밝히려는 노력은 정당한 것으로 평가해 줄 수 있을 것이다. 그렇지만, 그 배경적 사상이나 원류적 사상까지도 실학의 범위 안에 포함시킴으로써 실학사상의 시대적 외연을 확장시키려는 시도에는 동의하기가 어렵다. 배경 내지는 원인과, 현상 또는 결과를 뚜렷이 구별해야 한다면, 실학사상의 원천을 밝히고 그것을 소급시켜 나가면서 단순히 실학의 외연만을 확대시키려는 연구방법에는 문제가 있기 때문이다.

한편, 실학사상의 전개과정에서 거의 동일한 개념으로 파악될 수도 있는 다양한 단어를 가지고 그 유형을 구분하려는 시도의 타당성에 대해서도 재검토할 필요가 있다고 생각된다. 그리고 실학사상이 발생했던 조선후기사회가 드러내고 있던 과도기적 특성을 도외시하고 실학을 근대사상으로 규정하고자 하는 견해에도 역시 문제점이 있다.

특히, 고증학의 영향과 관련하여 실학 내지는 북학사상의 긍정성을 강조하려는 시도에는 재검토의 여지가 있다. 이는 보수적 사상으로서 고증학이 가지고 있는 한계성을 도외시한 실학인식이기 때문이다. 그러나 이는 실학사상의 전개과정에서 고증학의 영향을 받았다는 사실을 무시하거나 부정하고자 하는 말은 결코 아니다. 그것은 다만 실학사상이 미친 고증학의 영향을 긍정 일변도로만 파악하려는 시도에 대한 재검토의 요구일 뿐이다. 실학은 고증학의 영향을 받음으로써 사회 개혁론으로서 치열한 기능을 점차 상실해 가고, 오히려 화석화化石化된 측면도 없지 않았음을 간과해서는 안 될 것이다.

6. 실학사상연구의 과제와 전망

이상에서 살펴본 바와 같이 실학의 개념이나 발생배경 혹은 실학의 연구 분야나 그 유파에 대해서는 연구자에 따라 매우 다양한 견해가 제시되고 있다. 실학에 관해서 이와 같이 다양한 견해들이 존재하고 있다는 사실은 실학연구가 활발하게 진행되어 왔음을 반영함과 동시에 실학사상의 연구에 있어서는 미해결과제가 산적되어 있음을 나타낸다.

그런데 해방 이후의 연구에서는 대체적으로 실학사상을 조선후기의 새로운 사상체계로 인식하고 있으며, 그 성격은 근대지향적·민족주의적·탈성리학적이라는 방향에서 연구되어 왔다. 이와 같은 연구의 시각은 해방 이후 한국사 연구자들에 있어서 시급한 과제였던 식민사학의 극복을 위해 한국사를 주체적으로 인식하려던 경향에 의해서 제시되었다. 그리고 이 시각은 해방 이후 당시의 시각으로서는 긍정성을 지닐 수 있었다. 그러나 그러한 긍정성이 오늘날의 학계에서도 계속 유지될 수 있는지에 대해서는 의문을 갖게 된다. 현 단계에 있어서 그 동안의 실학연구를 반성적으로 회고해 볼 때 몇 가지의 문제점을 지적할 수 있게 된다.

즉, 기존의 실학연구에서는 실학이 실체 이상으로 과대평가되어 오지는 않았나를 재검토해야 하며, 논리적 비약이나 오류는 없었는지, 그리고 조선후기의 사상체계를 실학이라고 하는 하나의 틀 속에서만 이해하려 하지 않았나 하는 문제를 생각해 보아야 한다. 조선후기의 사상 가운데 일부로서는 실학 이외에도 정학正學으로 불리던 조선성리학의 전개방향을 주목해야 한다. 그리고 감결사상·미륵신앙·서학·동학과 같은 '사학邪學'의 사상체계도 엄연히 존재하고 있었으며, 이 '사학'의 사상들이 당시의 역사에 일정한 영향을 미치고 있었다는 사실을 주목해야 한다.[73]

---

73) 趙珖, 1993, 「朝鮮後期 思想界의 轉換期的 特性」『韓國史 轉換期의 문제들』, 지

그렇다면 조선후기 사상의 전체로서 실학을 인식하기보다는 실학이 '정학正學' 및 '사학邪學'과 함께 조선후기 사상의 일부를 이루고 있음을 감안하여 실학의 개념과 발생배경 및 타사상과의 관계와 그 역사적 의의를 검출해 보아야 할 것이다. 이와 같은 조선후기 사상사의 전체적 구조 안에서 실학이 논의될 때 그 개념은 좀더 명확하게 재정립될 수 있을 것이다.

한편, 실학의 발생배경에 대해서도 균형 있는 인식이 시도되어야 할 것이다. 실학발생의 내재적 요인에 대한 인식과 외래적 요인에 관해서도 계속 주목할 수 있을 것이다. 그리고 그 발생의 내재적 요인을 검토할 때에도 실학발생 당시의 사회에 대한 구조적 인식을 강화시켜야 한다. 즉 한 시대의 사상이란 그 시대의 현실과 그 시대의 인간관계가 반영된 형태로 볼 수 있다. 그렇다면 사상사의 이해에 있어서도 그 시대의 모순구조에 대한 구체적 이해를 통해서 그 사상이 지니는 역사적 의미에 관한 좀더 정확한 인식에 도달할 수 있을 것이다.

그리고 실학사상의 유형화 작업에 있어서도 조선후기의 거의 모든 사상을 실학으로 파악하여 실학이라는 범위 안에 '봉건적 이데올로기'로부터 '근대사상'까지 모두를 망라하여 제시하기보다는 실학사상의 범주를 좀더 정확히 설정하고 그 안에서 유파를 분류해 보려는 시도가 전개되어야 할 것이다.

또한 실학의 연구 분야에 관해서도 계속적인 규명작업이 진행되어야 한다고 생각된다. 종전의 실학연구는 다분히 개인연구 중심의 경향을 취하고 있었다. 물론, 한 개인의 사상에 대한 개별적 연구가 그 시대의 사회와 사상에 대한 이해에 있어서 전제가 됨을 부인할 수는 없다. 그러나 개별적 개인연구가 조선후기라는 사회의 전체적 역사과정과 유리된 채 진행된다면 그 연구의 성과는 제한적으로밖에 평가될 수 없을 것이다.

식산업사.

그러므로 실학사상의 연구에 있어서는 특정 실학자의 사상에 대한 개인 연구자와 병행하여 정치·경제·사회·문화의 제 분야에 관한 조선후기 실학자들의 사상을 정리해 나가야 한다.

또한 이러한 여러 분야에 대한 연구과정에서 실학의 철학적 특성에 대한 연구가 좀더 활발하게 진행되기를 기대해본다. 하나의 현실개혁사상이 가지고 있는 철학적 기초의 이해 없이는 그 개혁사상에 대한 전체적 이해에 도달하기는 어려운 것이기 때문에 실학사상의 철학적 측면에 각별한 관심과 연구가 요청된다고 하겠다.

그리고 실학사상 가운데 정치사상에 대한 연구도 현재까지는 상대적으로 저조한 분야라고 생각된다. 실학자들이 조선후기의 행정체제에 대한 개혁의지는 가지고 있었지만 왕실을 정점으로 한 왕조체제에 대한 개혁의지는 거의 표현한 바가 없었다. 그렇다면 그들의 정치사상에서 드러나는 이와 같은 현상의 원인과 의미에 대해서도 좀더 선명히 밝혀보고자 하는 노력이 요청된다.

한편, 조선후기의 실학사상을 연구할 때, 특정 당색黨色이나 지역을 중심으로 하여 논의하려 했던 기존의 연구경향 중 일부에 대해서도 재검토의 여지가 있다. 물론 당색이나 지역성은 한 개인의 사상형성에 적지 않은 영향을 주고 있다. 그렇지만 한 시대의 사상가는 당색이나 지방색에 매몰되지만은 않고 그 제약을 극복할 수 있는 인물이기도 하다. 그리고 전근대사회의 제 모순을 극복하려는 개혁정신은 특정지역에서만 창출되는 것이 아니라 그 모순이 존재하는 모든 곳에서 나올 수 있는 것이다. 따라서 실학사상과 관련하여 남인계열을 주목하거나 근기지방近畿地方을 중심으로 했던 연구태도에는 문제가 있을 수 있다. 실학자 가운데에는 홍대용이나 박지원과 같은 노론출신의 인물이나 유수원과 같은 소론계열의 인물도 있기 때문이다. 그리고 유형원이나 정약용과 깊은 연관을 맺고 있으며, 신경준申景濬·황윤석黃允錫 등을 배출한 호남지방을 비롯한 근기 이외의 지역에서도 개혁사상이 제시되고 있음을 지적할 수 있기 때문이다.

한편, 우리는 실학사상이 당대의 사회와 인물들에게는 어떠한 기능을 발휘하고 있었는지를 좀 더 분명히 해야 한다. 즉, 실학자들의 개혁안이 당시 사회발전의 원동력으로 작용했다는 견해가 현재에 있어서는 별다른 이의 없이 수용되고 있는 듯하다. 그러나 실학자의 개혁안 가운데 당대의 정책에 반영된 부분은 매우 제한적인 것이었다. 그리고 그 개혁안이 실학자 고유의 개혁안만도 아니었던 것으로 볼 수 있는 측면도 충분히 있다. 그러므로 실학이 조선후기 사회의 발전에 원동력으로 작용했다는 견해를 확정하기 위해서는 좀 더 구체적으로 실학의 어떤 요소나 당대 역사의 어떠한 분야의 발전에 원동력으로 발전했는지를 밝혀야 한다. 또한, 실학자들의 개혁안이 당시 정책수립자들에 의해 수용되지 못했다면 그 원인이 어디에 있는지를 규명해 보아야 한다.

그리고 우리는 실학자 상호간에 주고받은 사상의 영향을 밝혀나가야 한다. 실학을 조선후기에 발생한 하나의 학파로 규정할 때에는 학파 내에서 공유하고 있는 이론적 특성을 더욱 선명히 밝혀야 하며, 이 이론적 특성의 공유와 확산을 위한 상호유대나 조직의 존재여부에 대해서도 관심을 가져야 한다.

물론 오늘날 우리가 사용하고 있는 '실학'·'실학자'·'실학사상' 등의 개념은 조선후기 당대에 일반적으로 통용되었던 개념이라기보다는 후대의 연구자들에 의해 규정된 개념이라는 특성을 갖고 있다. 그러나 이와 같은 조선후기 사상사의 범주화 작업이나 개념규정을 위해서도 실학자 상호간의 사승師承관계나 그 사상적 영향을 밝히려는 작업이 좀더 진행되어야 한다.

한편, 실학의 역사적 의의와 관련하여 실학사상이 민중의 요구를 반영하고 그 이익을 대변하는 사상이었음이 주목되기도 했다. 그러나 실

학사상이 민중의 소망을 반영하고 그들의 발전에 이바지하고자 하는 적
극적 의사를 가지고 있었다면, 실학자의 거의 모든 저서가 한글이 아닌
한문자로 저술되었는가에 대해서도 밝혀나가야 한다. 조선후기의 실학
자들이 사용하였던 한자라는 표현수단이 갖는 제약성은 당시 실학사상
의 목적이 가지고 있던 본질적 한계와도 관계가 되는 것으로 생각되는
것이다.

또 다른 한편 우리는 실학사상이 후대에 미친 영향에 대해서도 재검
토해 볼 수 있을 것이다. 종전의 연구결과에 의하면 조선후기의 실학사
상은 박규수朴珪壽·박영효朴泳孝·이동인李東仁·강위姜瑋 등 개항기의 개
혁파 인물들에게 직접적인 영향을 주었고, 광무개혁光武改革 당시에도 영
향을 미쳤으며, 1890년대에서 1900년의 첫 10년간에 걸쳐 활동했던
개화자강파開化自强派 계열의 인물들에게도 영향을 주었다고 이해되고
있다. 그리고 일부의 연구자들은 실학이 동학농민전쟁기에 있어서 사회
개혁사상의 배경으로 작용했음을 주목하기도 했다.

그러나 또 다른 입장에서는 실학과 개화사상의 연결보다는 단절을 검
토해야 하고, 실학과 개화사상을 직결시키는 것은 개화사상의 근대적 성
격을 매몰시키는 것으로 볼 수 있음이 거론될 수 있다. 그렇다면 앞으로
의 연구자들은 실학사상과 개화사상의 연관여부에 대해서도 재검토작업
을 한층 더 본격적으로 진행시켜 나가야 한다. 그리고 이 재검토작업에
서는 양자간의 연결여부와 함께 실학사상의 특정 부분이 개화사상과는
단절된 채 화석화化石化되어 나갔을 가능성도 검토되어야 할 것이다. 조
선후기의 실학사상은 이와 같은 많은 연구 과제를 가지고 있다. 그러나
실학사상은 조선후기의 중요한 사상 중 하나로서 계속 주목되고 연구되
어 나가야 한다고 생각된다.

7. 맺음말

실학은 조선후기에 대두된 일련의 현실 개혁적 사상체계를 말한다. 이 사상은 당시 질곡에 처해 있던 조선의 사회체제를 극복하고 새로운 사회형성을 지향하고 있었다. 이 사상이 목적으로 삼았던 현실개혁의 방향을 대다수의 연구자들은 근대사회로의 이행을 지향한 것으로 인식하고 있다. 조선후기의 이와 같은 사상경향은 1890년대의 개화사상가들에 의해 주목되기 시작했고, 1930년대에 이르러 비타협적 민족주의자들을 중심으로 하여 전개된 '조선학운동' 내지 '조선문화부흥운동' 과정에서 학문적 연구의 대상이 되었다. 그 후 1950년대에 이르러 본격적인 연구가 진행되어 갔고, 그 연구는 1960~1970년대에 이르러 더욱 심화되었다. 초기의 연구자들은 실학사상의 발생요인을 청조의 고증학이나 서학과 같은 새로운 학풍의 전래에서 구하고자 했다. 그러나 1950년대 이후에는 실학발생에 미친 외래적 요소의 영향보다는 조선후기 사회가 처해 있던 내재적 조건을 실학사상이 발생하게 된 원인으로 주목하게 되었다. 그 후 1970년대 중엽 이후 실학사상의 형성배경에 관한 재검토 작업이 진행되던 과정에서 내재적 요인과 함께 외래적 요소들의 영향에 관해서도 다시 논의되기에 이르렀다. 실학사상 형성의 원인에 대한 고찰은 실학사상의 개념과 특성을 더 분명히 하는 데에 도움을 주었다. 그리하여 실학사상은 봉건사회의 해체기인 조선후기 사회의 역사적 소산물로 이해되었고, 중세 유학인 성리학과는 달리 선진유학先秦儒學에 기초한 현실 개혁사상으로 규정되기도 했다.

한편, 실학사상의 연구 분야는 매우 광범위하여 백과전서적 경향을 갖고 있는 것으로 연구되었다. 실학자들의 다양한 연구 분야를 몇 개의 범주로 분류해 보면 먼저 그들은 민족의 전통과 현실에 관한 문제를 연

구했고, 또한 현실개혁을 위해 사회경제적 문제를 연구했다. 그리고 그
들은 자연과학·기술과학에 상당한 관심을 가지고 있었으며, 새로운 철
학체계를 세우기 위해서도 노력하고 있었다.

이러한 학자들 가운데 가장 대표적인 인물로는 정약용丁若鏞이 주목을
받고 있다. 그는 유형원柳馨遠·이익李瀷의 학통을 이어서 실학을 집대성
한 인물로 평가받고 있다. 또한 홍대용洪大容·박제가朴齊家·박지원朴趾源
등 북학파 계열의 실학사상도 주목을 받고 있으며, 일부 연구자들은 이
북학파의 단계에 이르러서야 실학이 조선성리학과는 결별된 독자적 사
상체계로 형성될 수 있었다고 보고 있다.

조선후기 실학사상이 가지고 있는 역사적 의의로는 실학사상에 민족
주의적 성격과 근대 지향적 성격이 있음이 주목되고 있었다. 그런데 근
대 지향적 방향에서의 실학인식은 조선후기의 사회변동을 전제로 한 실
학의 의미규정으로 생각된다. 이러한 의미부여는 충분한 설득력을 가질
수는 있다. 그러나 사회변동과 더불어 사회구조 그 자체의 특성에 관한
관심도 지속되어야 한다.

그렇다면 조선후기의 실학은 성리학 중심사회에서 등장한 범유학적汎
儒學的·탈성리학적脫性理學的 개혁이념으로서 당시의 사회와 국가체제를
유지하기 위한 이념이었다는 측면도 함께 고려되어야 한다. 또한 실학은
민중사회의 이익을 대변하고자 했던 사상으로 규정되고 있기도 하다. 실
학자들은 자신의 저서를 왜 한문으로만 남겼으며, 민중사회의 이익을 지
속적으로 보장하기 위해 자신의 이념을 재생산해내고 확산해 나가기 위
한 조직적 노력이 왜 그다지 미약했는지를 밝혀야 한다.

이와 같이 실학사상의 대체적 내용을 정리할 수 있다 하더라도, 현재
는 실학사상의 개념을 비롯한 여러 문제에 있어서 모든 연구자들이 완전
한 합의에 도달하지 못하고 있는 실정이다. 그렇다 하더라도 실학사상은
정학正學·실학實學·사학邪學의 대립구도가 형성되어 있던 조선후기 사상

계에 있어서 중요한 사상의 하나로 평가되어야 하며, 이에 관한 지속적 연구가 요청된다. 또한 실학사상의 올바른 자리매김을 위해서는 조선후기 사상계에 대한 전체적 조망을 기초로 하여 거기에서 실학이 차지하는 위치를 확인하고 그 역사적 의미를 연구해 나가야 할 것이다.

제3장 개항기 및 식민지시대 실학연구의 특성

1. 머리말

학문의 연구에 있어서는 기본적 개념에 대한 정확한 파악과 그 연구과정에 대한 철저한 검토가 요청된다. 이 점은 실학 연구의 경우에도 동일하게 적용된다. 오늘날 한국사학계에서는 대체적으로 실학을 "조선후기 사회에서 주자유일주의朱子唯一主義를 거부하고 원초유학사상原初儒學思想에 입각하여 제시된 왕도정치론적王道政治論的 개혁사상"으로 규정하고 있다.[1] 그러나 이와 같은 개념에 합의하기까지 실학에 관한 연구자들은 실학의 특성을 파악하기 위해 여러 방면에 걸쳐 노력해 왔다. 그 결과 조선후기 실학사상의 연구는 해방이후 한국사학계가 성취한 최대의 업적으로 평가되기도 했다.

1970년대 이전의 실학연구는 대체적으로 조선후기의 실학사상에 대해서는 긍정 일변도의 평가가 이루어져 왔다. 그러나 이 과정에서도 조선후기의 실학 연구 경향에 대한 비판의식이 조심스럽게 나타나기 시작했다.[2] 이 비판의식은 주로 조선후기 사회에서 '실학'이 드러내었던 존

---

1) 趙珖, 1998,「실학의 발전」『한국사』35, 국사편찬위원회, 266~267쪽 ; 金泰永, 1997,「조선후기 실학에서의 현실과 이성」『한국사상사방법론』, 도서출판 소화, 232쪽 참조.
2) 趙珖, 1989,「實學」『한국민족문화대백과사전』, 한국정신문화연구원 ; 趙珖, 1992,「朝鮮後期 實學思想의 研究動向과 展望」『何石 金昌洙敎授 華甲紀念史學論叢』,

재방식의 특성과 그 개념의 불명확성 그리고 실학사상이 당대의 현실 개
혁에 적용되었는지의 여부에 대한 견해 차이 때문에 제기되었다.

　이 이후 실학 연구에는 약간의 기복이 있었고, 그러한 과정을 거쳐
최근에 이르러서는 실학사상의 존재 자체를 부인하는 견해가 제시되기
도 했다.[3] 이러한 이의의 제기는 실학연구자들에게 새로운 과제를 안겨
주었다. 즉, 실학연구자들은 우선 조선후기 사상계에서 실학이 실제로
존재했다는 사실부터 거듭 확인해 주어야 했다. 그리고 실학연구자들은
조선후기 사상계에 나타난 그 개혁적 경향이 각 시대별로 어떻게 인식되
었고 개념화되었는지를 밝혀야 했다.

　그런데 조선후기 사회에서 '실학'은 비록 자신의 존재를 대자적對自的
[für Sich]으로 선언하지는 않았지만, 그 사상이 즉자적卽自的[an Sich]으로
존재해 왔음은 부인하기 어려운 사실이다.[4] 이렇게 조선후기 즉자적으
로 존재해 왔던 '실학'은 조선후기를 지나 개항기에 이르러 비로소 주목
의 대상이 되었고, 객관적으로 관찰되기 시작했다. 그리고 그 객관적 관
찰 작업은 식민지 시대에 이르러 좀더 진전되어 갔다. 당시의 연구자들
은 조선후기 사상계의 개혁적 경향이 존재했음을 확인하고, 그 새로운
사상 경향에 대한 명칭을 다양하게 부여했다. 이 과정에서 조선후기 개
혁적 사상은 개념화 작업을 거치게 되었다.

　이러한 단계를 거쳐 1950년대 이후에 이르러 남북한의 학계에서는
조선후기에 발생한 하나의 학풍을 '실학'이라는 용어로 통일하여 부르게
되었다. 즉, 개항기나 식민지 시대에 있어서는 '실학實學'이라는 용어 자
체가 보편적 학술용어는 아니었다. 이처럼 '실학'이라는 용어와 그 개념
내지 학문의 범주와 특성은 조선후기의 사상사를 연구하던 과정에서 점

　　汎友社, 406·442쪽.
　3) 金容沃, 1990, 『讀氣學說 ; 최한기의 삶과 생각』, 34쪽 등 참조.
　4) 趙珖, 1998, 「실학의 발전」 『한국사』 35, 국사편찬위원회, 210쪽.

차적으로 확정되어 갔다. 그리고 '실학'이 조선후기 사회에서 가지고 있던 역사적 의미도 새롭게 부각되어 갔다.

　바로 이 강조의 과정에서 '실학'은 조선후기 사회에서부터 대자적으로 존재했다고 파악한 듯한 연구결과가 나타나기도 했다. 그러나 '실학'은 앞서 제시한 바와 같이 조선후기 사회에서 대자적으로 존재하지는 않았고, 즉자적으로 존재했을 뿐이었다. 이 상황에서 실학의 대자적 존재성을 부정하는 일은 가능하다고 생각된다. 그렇다 하더라도 조선후기 하나의 학문 경향을 이루며 즉자적으로 존재해 왔던 '실학'의 존재 자체를 부정하기는 어려울 것이다.

　'실학'이라는 개념은 개항 이후의 조선후기 사상계의 개혁적 조류에 대한 연구과정에서 점차 분명히 형성되어 갔다. 실학개념의 형성과정에 관해서는 이미 몇 편의 선행 연구들이 있다.[5] 그러나 기존의 연구는 개항기 및 식민지 시대의 '실학'에 대한 개념화 과정을 간략히 언급하고 넘어가는 수준에 머물렀다. 이에 이 글에서는 이를 좀더 정밀히 검토하여, 개항기와 식민지 시대 연구자들이 조선후기 사상계의 개혁적 경향의 존재에 대해 이해한 바를 우선 밝혀보고자 한다. 이에 이어서 이 글은 당시의 연구자들이 이를 개념화해 가던 과정에서 '실학'이란 학술용어가 제시되고 정착되기에 이르렀던 사실을 밝혀보고자 한다.

　이 글의 서술을 위해 주로 활용하게 되는 자료로는 개항 이후 식민지 시대에 이르기까지 근대적 인쇄술에 의해서 간행된 신문, 잡지, 교과서 및 연구서 등 각종 인쇄물들을 들 수 있다. 이들 자료들 가운데 일부는 최근에 e-book으로 간행됨에 따라 그 내용을 좀쉽게 검색하거나 활용할 수 있었다. 그러나 이 글에서는 개항이후 변혁기를 살았던 사람들

---

5) 千寬宇, 1970, 「韓國實學思想史」『韓國文化史大系』Ⅵ, 고려대학교 민족문화연구소 ; 金泳鎬, 1977, 「茶山學 百年」『韓國思想』15, 한국사상연구회 ; 趙珖, 1992, 「朝鮮後期 實學思想의 研究動向과 展望」『何石 金昌洙教授 華甲紀念史學論叢』, 汎友社.

의 문집류文集類의 기록을 본격적으로 검토하지는 못했다. 이 검토 작업
은 추후에라도 가능한 한 보완하고자 노력해 보겠다. 이 글은 이처럼 자
료상의 미비점을 가지고 있지만, 필자는 이 글이 조선후기 사상계의 개
혁적 경향을 '실학'으로 규정하게 되는 과정을 이해하는 데에 도움이 될
수 있기를 기대해 본다.

2. '실학'에 대한 개항기의 관심

개항을 전후하여 조선왕조 사회는 내적으로는 민民들의 저항에 의해
지배체제가 동요되고 있었고, 외적으로는 조선을 향하여 몰려드는 외세
의 압력에 직면해 있었다. 개항기는 조선후기를 객관화하여 관찰할 수
있었던 시기였다. 그리고 이 시기를 살았던 사람들은 위기 탈출의 방략
을 모색하던 과정에서 '조선후기 사상계의 개혁적 인물'에 대해 일정한
관심을 가지게 되었다. 그리고 이들의 관심은 식민지시대를 살았던 연구
자 상당수에게 지적 유산으로 전수되었다. 따라서 '실학사상'의 존재 자
체에 대한 인정과 그 개념화 과정을 올바로 이해하기 위해서는 개항기의
연구자들이 가지고 있던 이에 대한 인식을 먼저 파악해야 한다.

개항을 전후하여 조선 사회에서는 조선후기의 개혁적 인물에 대한 일정
한 관심이 표명되었다. 즉, 19세기 중엽 고종 초에 기정진奇正鎭(1798~1876)
은 시폐를 논하던 상소문에서 정약용의 『목민심서牧民心書』를 언급한 바 있
었다. 강위姜瑋(1820~1884)도 1862년에 '의삼정구폐책疑三政捄弊策'을 작
성할 때 정약용의 『목민심서』및 『경세유표』에서 제시된 내용을 그대로
옮겨 놓은 바 있었다. 그리고 병인양요를 겪은 직후인 1867년 신관호申觀
浩(1810~1888)는 정약용丁若鏞(1762~1836)의 『민보의民堡議』를 토대로 하여
『민보집설民堡輯說』을 편찬했다. 또한, 신관호와 함께 국방책을 마련했던

이중협李重協, 정주응鄭周應 등은 정약용의 『아방강역고我邦疆域考』의 중
요성을 인정하고 이를 30권으로 정리 편찬하는 일에 참여했다.6)

이렇듯 이들은 시폐時弊를 교구矯捄하고 국가 방어를 논하던 과정에서
자신들의 시대에 선행했던 조선후기에 등장한 개혁적 사상가의 존재를
주목하고 그 업적을 참고하고자 했다. 이는 기정진奇正鎭, 강위姜瑋, 신관
호申觀浩와 같은 개항 전후의 전통적 인물들도 조선후기 개혁적 사상을
주장했던 학인學人들의 존재를 인지하고 있었음을 말한다.

한편, 개항 직전 초기 개화사상가들도 조선후기 개혁적 사상가의 존
재를 인식하고 있었다. 그들 가운데에는 박지원朴趾源이 가지고 있던 개
혁사상의 존재를 확인하고 이를 주목하기도 했다. 즉, 1884년에 발생한
갑신정변甲申政變의 주역 가운데 하나였던 박영효朴泳孝는 갑신정변을
'신사상新思想으로 혁신革新하려던 대운동'으로 규정했다. 그리고 그 혁
신사상은 그의 일가였던 박규수朴珪壽의 집 사랑에서 나왔다고 증언한
바 있었다.7) 즉, 박규수는 서울 재동齋洞에 있던 그의 사랑에서 박영효와
박영효 형제, 김옥균金玉均, 홍영식洪英植, 서광범徐光範 등등 "영준英俊한
청년靑年들을 모아 놓고 『연암문집燕巖文集』을 강의하기도 하고 중화中華
사신使臣들이 가지고 오는 신사상新思想을 전달 고취鼓吹했다. 이처럼 초
기 개화사상가들은 조선후기를 살았던 박지원 등의 개혁사상을 확인하
고, 이를 기초로 하여 조선왕조에 대한 혁신적 사상을 키워나가기도 했
다. 한편, 이때에 이르러 김윤식金允植(1835~1922)은 그의 『속음청사續陰

---

6) 金泳鎬, 1977, 「茶山學百年」 『韓國思想』 15, 韓國思想硏究會, 137~139쪽.

7) 李光洙, 1931, 「甲申政變回顧談 : 朴泳孝氏를 만난 이야기」 『東光』 19, 1931년
   3월 1일, 14쪽. "'그 新思想은 내 일가 朴珪壽집 舍廊에서 나왔소. 金玉均, 洪英
   植, 徐光範, 그리고 내 伯兄(筆者曰 伯兄이라 함은 泳教를 가리킴이다)하고 齋洞
   朴珪壽집 舍廊에 모였지요.' 朴珪壽는 燕巖 朴趾源의 손자로서 李裕元이 領議政
   이엇을 때에 右議政으로 잇다가 李裕元과 不合하야 脫冠(?)하고 齋洞 집에 잇
   서 金玉均 등 英俊한 청년들을 모아 놓고 조부 燕巖文集을 강의도 하고 中華 使
   臣들이 듣고 오는 新思想을 鼓吹도 하엿다."

晴史』에서 박지원朴趾源을 당대의 문장가로 평가했다.8)

개항전후에는 이처럼 조선후기 개혁적 인물 개개인에 대해 주목하는 사람들이 등장했다. 이는 그들이 조선후기 개혁적 사상의 존재에 대한 인정을 전제해야 가능한 일이었다. 그러나 이때까지만 하더라도 이를 조선후기 사상계에서 제기되었던 집단적 경향의 일부로 인식하기보다는 사상가 개인에 대한 관심에 그치는 경우가 대부분이었다. 이러한 경향은 개항 이후 1890년대의 각급 학교 교과서에서도 비슷하게 드러난다. 개항기에는 학교제도가 새롭게 편제되면서 1894년 갑오개혁 이후 학부學部의 주도로 근대적 교과서가 간행되었다.

그런데, 갑오개혁 이후에 간행되었던 역사교과서는 근대적 역사서술 방법론을 적용하기 시작했지만, 여전히 정치사를 중심으로 역사를 서술하고 있었다. 이러한 서술 체제에서는 조선후기의 사상계의 개혁적 경향이나 사상가 자체에 관한 집중적 서술이 이루어질 수 없었다. 당시 대부분의 교과서 집필자들은 조선후기에 이르러 새로운 학풍學風이 존재했다는 사실 자체에 대해서도 관심을 기울이지 못했고, 아직 '실학實學'이라는 용어를 사용하지도 않았다. 오늘날 '실학자'로 지칭되는 인물에 대해서도 별다른 언급이 없었다.

그러나 1890년대 최말엽에 이르러서야 오늘날의 학계에서 '실학자'로 부르고 있는 조선후기 사상계의 개혁적 인물들에 관한 언급이 교과서에 나타나기 시작했다. 즉, 1899년에 간행된 김택영金澤榮이 저술하고 학부學部에서 간행했던 『동국역대사략東國歷代史略』에서는 이전의 교과서보다는 관심의 영역을 넓혀 조선후기사를 서술하면서 이익李瀷, 유형원柳馨遠, 박지원朴趾源, 정약용丁若鏞 등에 관해 다음과 같이 언급하고 있다.

이익李瀷은 학문이 있어 책을 지었는데, 『성호사설星湖僿說』 등의 책이 있다.9)

---

8) 金允植, 1887, 「沔陽行遣日記」 『續陰晴史』, 1887년 5월 9일 ; 翠苕遺稿 等 參照.

유형원柳馨遠은 효종孝宗때의 사람이다. 본디 궁박했으나 벼슬살이를
하지 않았다. 박학다식했고 경제經濟에 능했다. 일찍이 『반계수록磻溪隨
錄』 수십 권을 지었다.[10]

면천군수沔川郡守 박지원朴趾源이 농서農書를 올렸다. … 이미 임금이 중외
中外에 하교下教하여 농서農書를 구한바 있었다. … 순조純祖 시대 때 문학文學
으로 탁용擢用되어 재상宰相이 되었다.[11]

정약용丁若鏞은 구류九流 백가百家에 통달하지 않은 바가 없었는데, 특히
'경제지학經濟之學'에 깊었다. … 정약용은 오래 귀양살이를 했지만 그 학문은
더욱 정교해졌다. … 여유당집與猶堂集을 비롯한 수십 종의 저서가 수백 권이
된다.[12]

이 자료에서 볼 수 있는 바와 같이 김택영은 조선후기 사상계의 개혁
적 인물들을 그의 편년체 사서史書에서 단편적으로나마 언급해 주었다.
그러나 그는 이들 상호간의 학문적 맥락을 설명하거나, 그 학문경향을
조선후기의 새로운 학풍으로 주목하지는 못했다.

조선후기 사상계의 개혁적 인물에 대한 각급학교 교과서의 언급은 1900
년대 첫 10년간 상당히 증가되었다. 즉, 현채玄采(1856~1925)는 1907년 『유
년필독석의幼年必讀釋義』를 간행한 바 있었다. 이 책은 『유년필독幼年必讀』
을 풀이한 교사용 교과서였다. 그는 자신이 저술한 역사서 『동국역사東

---

9) 金澤榮, 1899, 『東國歷代史略』 韓國開化期教科書叢書 20, 亞細亞文化社, 220쪽,
肅宗37年條 "李瀷者 亦以學問 著書有星湖僿說等書"

10) 金澤榮, 1899, 『東國歷代史略』 韓國開化期教科書叢書 20, 亞細亞文化社, 320쪽,
正宗17年條 "馨遠孝宗時人 固窮不仕 博學多聞而長於經濟 嘗著磻溪隨錄數十卷"

11) 金澤榮, 1899, 『東國歷代史略』 韓國開化期教科書叢書 20, 亞細亞文化社, 330쪽,
正宗23年條 "沔川郡守朴趾源進農書 … 旣而上下教中外救農書 … 純祖時以文學
用爲相"

12) 金澤榮, 1899, 『東國歷代史略』 韓國開化期教科書叢書 20, 亞細亞文化社, 359~360
쪽, 純祖元年條 "九流百家 無所不通 尤深於耕濟之學 … 若鏞離憂多年 其學益專 …
有與猶堂集數十種數百卷"

國歷史』나 『동국사략東國史略』에서는 정약용을 언급하지 않았지만, 조선의 독립을 강조했던 저서인 『유년필독幼年必讀』을 보완하는 교재에서 정약용을 언급하고 있음이 주목된다.13)

한편, 1909년에 흥사단興士團의 편집장으로 있던 박정동朴晶東의 『초등본국역사初等本國歷史』에서는 정약용에 대해서 특별히 주목하여 다음과 같이 기록하고 있었다.14)

> 정약용丁若鏞은 정조황제正祖皇帝 때 사람이라. 유시幼時로브터 총명흔 재질才質이 무리에 뛰어나더니 밋 자라매 견문見聞이 만ᄒ며 학식學識ㅣ 깁흐며 이치理致에 능能히 통通ᄒ며 경제經濟 법률法律 지리地理 등等 학술學術에 더욱 밝아서 그 저술著述흔 바 서적書籍이 세상世上에 만히 전傳 ᄒ나 맛참내 크게 쓰이지 못ᄒ야 그 품은 바 재조才操를 펴지 못ᄒ고 또 정치政治를 개량일신改良一新코져 흠에 뜻이 잇섯시나 시세時勢에 인因ᄒ야 마암과 갓지 못ᄒ얏시니 후인後人이 그 때의 만나지 못흠을 탄식歎息ᄒ나니라.

이상에서와 같이 개화기 최말엽에 나타난 박정동朴晶東의 기술記述에서도 오늘날 학계에서 논하는 조선후기의 개혁적 사상 경향을 하나의 학문사조로 파악하는 데에는 이르지 못했고 정약용과 같은 특정인만을 간략히 언급하는 데에 그치고 있었다. 이러한 경향은 개항기 다른 인쇄 매체를 통해서도 동일하게 확인되고 있다.

즉, 개항기에 이르러 1896년『독립신문獨立新聞』이 창간된 이래 많은 민간 신문들이 간행되었다. 이 신문기사에서도 1899년을 전후하여 조선후기 사상계의 개혁적 인물에 대해서 언급하기 시작했다. 예를 들면, 『황성신문皇城新聞』은 1899년 4월 17일부터 2회에 걸쳐 '아국我國의 경제학經濟學의 대선생大先生 정약용씨丁若鏞氏의 소술所述한 바를 적요摘要ᄒ노라'는 제목으로 정약용을 소개한 바 있었다. 그리고 1899년 8월 3일부터

---

13) 玄采, 1907, 「丁茶山」『幼年必讀釋義』下.
14) 朴晶東, 1909, 『初等本國歷史』韓國開化期敎科書叢書 20, 亞細亞文化社, 475~476쪽.

2회에 걸쳐 '대한大韓 경제선생經濟先生 다산茶山 정약용씨丁若鏞氏의 소찬所撰한 수령고적법守領考績法을 좌左에 약기略記ᄒ노라'는 제목으로 정약용을 언급했다. 그러나 당시 황성신문이 조선후기 사상계의 개혁적 인물에 대한 언급한 내용은 그 신문이 보도했거나 취급했던 그 많은 양의 기사와 비교해 볼 때 매우 영성零星한 기록에 지나지 않는다.

이와 같은 시기, 개항기 애국계몽운동이 전개되던 과정에서 각종 학회學會가 조직되었고 학회의 기관지인 학보學報들이 간행되었다. 이 애국계몽적 학보들의 경우에도 기사를 통해서 조선후기 사상계의 개혁적 인물에 대해 관심을 표했다. 즉, 1906년 『대한자강회월보大韓自强會月報』에서는 박지원의 작품인 '노숙구련성露宿九連城'과 같은 부연시赴燕詩나 그의 소설 '호질虎叱' 등을 수록하여,[15] 일반 독자들에게 박지원의 존재를 부각시켜주었다. 1908년 『호남학보湖南學報』에서도 '국문개혁론國文改革論'을 논하면서 조선의 역사에서 정약용을 조선 역사상 가장 대표적 지식인의 사례로 제시한 바 있다.[16]

이상에서와 같이 조선후기의 개혁적 인물들에 대한 인식이 개항기에는 점차 강화되어 갔다. 그리고 조선후기 개혁적 사상의 존재에 대해 인정하는 데에 그치지 않고 이 인물들의 사상이 가지고 있던 성격에 대해 의미를 부여하고자 하는 작업도 1899년 이래 진행되어 갔다. 이 작업은 개항기 근대교과서 집필자였던 김택영을 통해서 시도되었다. 김택영은 유형원을 '경세가經世家'로 지칭했고, 유형원이나 정약용의 학문을 '경제經濟의 학문'으로 규정했다.[17] 현채玄采도 『유년필독석의幼年必讀釋義』에

---

15) 朴趾源, 「露宿九連城」『大韓自强會月報』6, 1906년 12월 25일, 大韓自强會 ; 「虎叱」『大韓自强會月報』8~10, 1907년 2월호~4월호.
16) 每日申報, 1908, 「國漢文輕重論」『湖南學報』2, 1908년 7월 25일, 7쪽. "錢財를 理ᄒᄂ 者ᄂ 崔瑩의 廉으로 姜邯贊의 明을 兼ᄒ며 刑法을 司ᄒ 者ᄂ 庚黔弼의 謹으로 丁茶山의 識을 具ᄒ고"
17) 주) 9~12 참조.

서 정약용을 가리켜 조선왕조 5백년 이래 제일의 경제가經濟家라고 칭한
바 있었다.[18] 또한 1899년 『황성신문』에서도 정약용을 '경제학經濟學'에
밝은 '경제선생經濟先生'으로 지칭한 바 있었다.[19] 그리고 1908년 『대한
협회회보大韓協會會報』에서 단재丹齋 신채호申采浩는 정약용과 유형원을
경세가經世家로 규정했다.[20]

　조선후기의 개혁적 인물들에 대한 '경세가經世家'라는 칭호는 '경세제
민經世濟民'에 이바지 할 수 있는 인물이란 뜻으로 사용되었다. 그리고
이 '경세가'라는 인식은 당시에 새롭게 도입된 개념인 '정치학政治學'이
란 용어와 결합되면서 그들의 저서도 '경세經世의 수필手筆'로 불리게 되
었다.[21] 개항기 당시는 이처럼 이익이나 정약용의 업적을 당시 수용된
최신의 서양학문체계인 '헌법憲法'이나 '정학政學' 혹은 '정치학政治學'과
관련시켜 해석되기에 이르렀다.[22]

18) 玄采, 1907, 「丁茶山」『幼年必讀釋義』下.

19) 『皇城新聞』, 1899년 4월 17일 "我國의 經濟學의 大先生 丁若鏞氏의 所述한 바를
摘要ᄒ노라" ;『皇城新聞』, 1899년 8월 3일 "大韓 經濟先生 茶山 丁若鏞氏의 所
撰한 守領考績法을 左에 略記ᄒ노라"

20) 申采浩, 1908, 「大韓의 希望」『大韓協會會報』1, 대한협회, 1908년 4월 25일, 13
쪽. "列祖列宗이여 道德에난 趙靜庵 李退溪며 經世에난 丁茶山 柳磻溪며 將略에
난 李忠武 郭忘憂며 文章에난 崔簡易 柳於于니 如此 隆運을 금일에 再挽할 수
有한가." 한편, 申采浩는 1935년 조선의 전성시대를 서술하면서 고대사 단계 疆
域의 면적을 논하면서 朴趾源과 丁若鏞 등의 연구성과를 근거하여 이를 추정하
고 있었다. 이로 미루어 보면 그는 終生토록 박지원이나 정약용의 연구성과에 관
심을 가지고 있었고, 이러한 관심의 출발점이 바로 개항기부터였음을 확인하게
된다. 申采浩, 1935, 「朝鮮民族의 全盛時代 」『三千里』7-1, 1935년 1월 1일, 三
千里社, 61~62쪽 참조.

21) 一惺子, 1908, 「我韓敎育歷史」『西友』16, 1908년 3월 1일, 8쪽. "政治學은 潘溪
柳馨遠과 潛谷 金堉과 茶山 丁若鏞 諸氏의 著述이 皆經世의 必需大手筆이오"

22) 李喆柱, 1909, 「研究」『畿湖興學會月報』12, 1909년 7월 25일, 7쪽. "嗚呼라 我
國에도 李星湖의 憲法意味를 跋ᄒ고 정다산은 政學主旨를 創ᄒ얏시니 專制下에
在ᄒ야 他人의 夢想不到의 說을 說홈은 人類界硏究에 起見홈이라 然則 彼兩先
生은 別書를 讀홈은 안이라 … 固是一般이나 如彼 卓見을 養成ᄒ야 我東이 特

한편, 조선후기 개혁적 인물에 대해 설명하는 과정에서 흔히 사용되던 '경제經濟'란 용어는 오늘날 사용되는 의미와는 달리 '경세제민經世濟民' 혹은 '경세제속經世濟俗'이라는 전통적 의미로 해석되어야 한다. 그리고 이를 굳이 현대적 개념으로 정의해야 한다면 이는 사회과학 제분야뿐만 아니라 사상분야까지도 함축하고 있던 단어였다. 그러면서도 당시 교과서의 문맥을 살펴볼 때, 김택영이 사용했던 경제라는 단어는 이학理學에 치우치던 '성학聖學'에 대한 대립적 의미를 함축하고 있었다고 생각된다. 그러나 그는 조선후기 사회에서 활동했던 특정 개인들의 박학다식博學多識하여 무소불통無所不通한 측면을 부각시키면서, 그 때를 만나지 못한 불우함을 서술하는 데에 그쳤다. 그러나 이때에 이르러 '경제'라는 단어의 개념이 점차 확대되어 갔다. 즉, '경제'라는 단어는 이 시기에 이르러 정치학이나 경제학을 중심으로 한 사회과학의 의미로 사용되고 있었다.

그런데, 개항기의 학계에서는 조선후기 사상계의 개혁적 인물의 존재 및 그들의 학풍이 가지고 있었던 성격을 규정하는 데에 그치지 않았다. 그들은 조선후기 개혁적 사상가들의 상호 연계성을 주목하는 데에 이르렀으며, 조선후기에 개혁적 학풍이 존재하고 있었음을 말하기 시작했다. 즉, 장지연張志淵(1864~1921)은 자신의 학통을 이익李瀷(1681~1763)과 정약용丁若鏞(1762~1836)에 두고 있다고 밝히면서 정약용의 학문이 매양 경장유신更張維新의 뜻을 가지고 있다고 지적했다.[23] 이는 그가 이익과 정약용에 이르는 학통을 주목하게 되었음을 말한다.

한편, 이기李沂(1848~1909)는 그의 나이 22세 때(1870년)에 유형원의 『반계수록磻溪隨錄』과 정약용의 『방례초본邦禮草本』, 즉 『경세유표經世遺表』를 읽은 바 있었다. 1907년에 남긴 이기李沂 자신의 회고에 의하면 당시에는

　　色을 作ᄒ니 人의 知識은 書籍에 不在ᄒ고 硏究에 在ᄒ다ᄒ노라"
23) 張志淵, 『韋庵文稿』 卷5, 跋雅言覺非後

이학理學, 화학化學, 정치학政治學, 경제학 등에 관한 책들이 전혀 없을 때였기 때문에 유형원과 정약용의 책을 찾아 읽었다고 했다.[24] 즉, 그는 유형원이나 정약용과 같은 조선후기 개혁사상가의 저서를 일종의 경세서로 인식하고 있었다. 여기에서 우리는 이기李沂도 늦어도 1907년에 이르러서는 유형원과 정약용 사이에 존재하는 사상적 연결성을 확인하고 있었음을 알 수 있다. 이처럼 장지연이나 이기李沂 등은 조선후기 이익과 정약용을 연결하는 하나의 경세론이 존재했음을 막연하게나마 의식하기 시작했다.

이처럼 개항기의 학계에서 조선후기에 경세론을 주장하던 일련의 학파가 존재했다는 인식과 함께 조선후기의 개혁적 사상과 자신의 학문연구를 연관 지으려는 시도가 일어났다. 이러한 시도의 대표적 사례는 장지연을 통해서 확인된다. 즉, 장지연은 기자정전箕子井田에 대한 논증을 시도하면서 이익李瀷의 선행업적을 참고했다.[25] 그는 이익과 정약용의 사상적 맥락에 주목한 바도 있었다. 그리고 장지연은 의복제도의 개혁에 관한 정약용의 학설을 소개하면서 그의 사상을 구체적으로 이어받고 있었다.[26] 장지연은 자신의 역사지리에 대한 해설에 있어서 정약용의 저작을 가장 신뢰할 수 있는 전거로 활용하고 있었다.[27] 장지연은 정약용의 『아방강역고我邦疆域考』를 보완하여 『대한강역고大韓疆域考』를 간행했고, 임나任那에 대한 지명을 고구할 때 정약용의 설을 참고했다.[28] 한편, 1909년에는 정약용이 저술하고 지석영이 발행했던 『아학편兒學編』이 장지연의 『대한신지지大韓新地誌』 등 8책과 함께 교과용도서로 학부의 검

24) 李沂, 1907,「習慣生愛戀愛戀生頑固」『大韓自强會月報』8, 大韓自强會, 1907년 2월 25일, 11쪽.
25) 張志淵, 1906,「國朝故事」『大韓自强會月報』3, 大韓自强會, 1906년 9월 25일.
26) 張志淵,「我韓衣服制度考」2, 『韋庵文稿』.
27) 張志淵, 1906,「國朝故事」『大韓自强會月報』5, 1906년 11월 25일, 29쪽.
28) 張志淵, 『韋庵文稿』, 東事考略, 大伽倻遺跡

정에 통과되기도 했다.29) 이『아학편兒學編』은 아동용 한자漢字 학습서이
기는 하지만, 후일의 연구자들은 이를 실학적 교육사상과 방법론이 투영
된 저서로 평가되었다.30) 이러한 사례를 통해서 장지연은 자신이 정약
용의 사상적 후예임을 실증해주고 있었다. 그러면서 그는 자신이 이익
-정약용을 잇는 학통 위에 서있음을 말하게 되었다.

개항기는 조선후기 사상계의 개혁적 인물과 그 사상의 특성 및 연구
의 경향성에 관한 관심이 진행됨과 동시에 유교에 대한 개혁의지가 강화
되고 있었다. 이 과정에서 유교가 '실디학문[實地學問]' 즉 '실학實學'을 연
마하여 망국의 참화를 면하도록 노력해야 한다는 주장이 제기되었다.
즉, '한일합방' 직전의『대한매일신보』에는 다음과 같은 논설을 수록하
여 이를 주장하고 있었다.31)

> 현재 강대흔 세력은 기독교와 유교ㅣ다. 우리는 이 두 종교에 대ㅎ야 특
> 별히 요구ㅎ는 바ㅣ 있노니 그 요구하는 물건ㅣ 무엇인고 ㅎ면 기독교가에
> 대ㅎ야는 국가정신을 잃지 말라는 것이며 유교가에 대ㅎ야는 문명주의를 힘
> 쓰라는 것ㅣ로다 … 오직 문명주의를 발달ㅎ야 옛 성인의 실디학문을 닥가
> 서 멸망ㅎ는 참혹한 화를 면홀지어다 이것이 우리가 유교를 숭상ㅎ는 동포
> 의게 향ㅎ야 요구ㅎ는 바ㅣ로다.

이 논설은 국가의 멸망을 눈앞에 두고 당시 조선에서 강대한 세력을
형성하고 있던 두 종교집단인 기독교도와 유교도에게 대한 당부의 말 중
일부이다. 여기에서『대한매일신보』는 유교가儒教家에 대해서 국가의 멸
망을 막기 위해서 유교의 혁신이 필요함을 말하며 '실디학문[實地學問]'

---

29)『大韓帝國 官報』第4288號, 隆熙 3년 1월 30일, 內閣法制局官報課.
30)『大韓帝國 官報』第4763號, 隆熙 4년 8월 22일, 內閣法制局官報課. 그러나 이 정
   약용의『兒學編』등은 1910년 8월 22일 그 검정이 취소되었다. 일제는 '한일합
   방'을 준비해 나가면서 자신의 통치에 방해가 될 교과용 도서의 규제 작업을 펼
   쳤고, 이 때문에 정약용의『아학편』도 검정이 취소되기에 이르렀다.
31)『대한매일신보』, 1910년 4월 15일, 1면, 론설. "두 종교가에 향ㅎ여 요구ㅎ노라"

즉 '실학實學'의 중요성을 강조해 주었다. 아마도 이와 같이 개항기 개신유학의 '실지학문實地學問'에 대한 관심은 조선후기 유교개신적 측면에서 개혁사상을 주장하던 유형원, 이익이나 정약용과 같은 인물들의 경세론 내지 경제학을 주목하는 과정을 밝게 되었다고 생각된다. 그리하여 개항기의 연구를 이어받아 식민지시대 초기에 조선후기 사상에 대한 연구를 추진하던 사람들이 조선후기 사상계의 개혁적 경향을 '실학'이라고 부를 수 있는 토양이 여기에서 마련되어 갔다. 그러나 조선왕조는 개항기의 이러한 노력에도 불구하고 멸망의 길을 가고 있었다.[32]

요컨대, 1876년 개항을 전후한 시기에 이르러 조선후기 사상계의 개혁적 인물에 대한 관심이 부분적으로 제기되었다. 이는 당시 사회에서 조선후기 개혁적 사상이 존재했음을 인정한 결과였다. 개항기에 있어서 이 개혁적 사상가들에 대한 관심은 간헐적으로나마 계속되고 있다. 이는 조선후기 개혁적 인물들의 경세론을 구국의 방략으로 이해했기 때문이었다. 그리고 1899년경에 이르러서는 이 개혁적 인물들에 대한 관심이 국사교과서를 중심으로 하여 좀더 자주 나타나게 되었다. 그리고 이들을 경세가經世家나 경제가經濟家로 직접 지칭함으로써 그 개혁사상의 성격을 규정하고, 이를 구체적으로 개념화하려는 시도가 일어났다. 이러한 작업은 19세기 중엽을 살았던 기정진奇正鎭이나 신헌申櫶 등이 '조선후기 사

---

32) 『大韓帝國 官報』 第4766號, 隆熙 4년 8월 25일, 內閣法制局官報課. "忠憲 慮國忘家曰忠 行善可紀曰憲. 贈左贊成朴趾源諡號. 文度 博學多聞曰文 制事合義曰度 贈奎章閣提學丁若鏞諡號."; 1910년 대한제국 황실은 조선왕조에 대한 유공사족에 대한 시호추증작업을 마지막으로 시행했다. 즉, 왕실에서는 국권이 상실되기 5일 전인 1910년 8월 22일 왕조에 대한 有功士族 34명에게 諡號를 추증했다. 이때 朴趾源에게는 忠憲, 정약용에게는 文度라는 시호가 추증되었다. 당시 시호를 추증 받은 사람은 申櫶, 梁憲洙, 李奎遠 등 관직을 역임했던 인물 및 金平默과 같은 척사위정론자가 포함되어 있었다. 조선왕조는 자신의 존립에 대한 희망을 잠시나마 유지시켜 주었던 '실학자' 박지원과 정약용을 그 마지막 순간에도 잊지를 않았다.

상계의 개혁적 인물'을 바라보던 단계보다는 진일보하여 그 '개혁적 성격'을 중시하게 되었음을 말한다. '조선후기 사상계의 개혁적 인물과 그 사상적 특성 및 경향'에 관한 서술의 빈도가 1905년의 '을사조약乙巳條約' 내지는 1907년 '정미칠조약丁未七條約'이 체결된 이후에 이르러서 비교적 증가되어 갔다. 이 당시는 국권의 상실을 눈앞에 둔 절체절명絶體絶命의 상황이었다. 이러한 외적인 환경에서 조선의 학인學人들은 유교구신적儒敎救新的 차원에서 '실지학문' 즉 실학實學을 보국保國의 방략으로 생각했고, 선대先代의 경세가經世家나 경제선생經濟先生에 관한 연구를 통해서 국권회복의 길을 찾아보고자 했다. 그러나 이와 같은 경향은 당시 사상계나 학계의 전반에 걸쳐서 드러나는 지배적 현상은 아니었고, 일부 선각先覺한 개신유학 계열의 인물에 의해 제시된 소수의견적 성격을 가지고 있었다. 그렇다 하더라도 우리는 개항기 '조선후기 사상계의 개혁적 경향'에 대한 언급을 통해서 이 분야에 대한 관심의 애국주의 내지는 민족주의적 연원淵源을 추정하게 된다. '실학'에 대한 개항기의 관심은 식민지시대에 접어들어서도 이와 같은 경향성을 띠면서 지속될 수 있었던 가능성이 여기에서 나타나고 있다.

3. 식민지시대 전기前期의 실학 연구

조선은 1910년 '한일합방'을 통해서 일본의 식민지로 전락하였다. 이 식민지시대 조선의 사상계와 학계에서는 두 가지의 과제를 가지고 있었다. 그 하나는 폭압적인 식민지지배와 민족문화 말살의 시도에 맞서 식민지지배로부터 해방될 수 있는 이론적 기초를 마련하고, 민족문화를 수호하는 일이었다. 그리고 또 다른 하나는 물밀듯이 들어오는 근대적 사조를 주체적으로 수용하여 민족문화를 발전시켜 나가야 했다. 이러한 시점에서 식민지화 직후부터 조선의 역사와 문화를 보존하기 위한 노력이 일어났다. 그리고 3·1운동을 지나 조선후기 사상계의 개혁적 경향에 대한 연구가 미약하게나마 진행되어 갔다. 이러한 상황은 1934년 조선학 운동이 본격적 전개되기 시작하던 때까지 지속되고 있었다. 따라서 이 글에서는 1910년부터 1934년까지를 식민지시대 전기로 규정하고 이 시기에 진행된 조선후기 사상계의 개혁적 경향에 대한 연구 상황을 점검해 보고자 한다.

식민지시대에 전기에 이르러 당시 조선의 학계에서는 대략 세 가지의 주목할 만한 현상이 일어나고 있었다. 즉, 첫 번째로는 조선후기에 개혁적 사상이 존재했다는 사실에 대해 폭넓게 동의했고, 그 구체적 인물에 대한 관심의 범위가 넓어졌다. 그리고 두 번째로는 그 개혁사상의 성격에 대한 구체적 관심이 표출되었고, 조선후기 사상계의 개혁적 경향을 '실학實學'이라는 단어로 표현하기에 이르렀다. 그러나 이때 새로운 개념으로 제시된 '실학'이라는 단어가 당시의 연구자들에게 전폭적인 동의를 얻지는 못했다 하더라도, 당시의 연구자들을 실학으로 범주화하여 이에 특정 개념을 부여해 보고자 시도했다. 한편, 식민지 시대 전기 조선의 학계에서는 세 번째로 조선후기의 개혁적 사상인 '실학'을 계보화하여 인식해 보고자 노력했다는 사실을 주목하게 된다. 물론 이러한 세 가지의 현상은 축차적으로 일어났던 일이 아니라 동시적으로 진행되고 있었지만, 편의상 이를 나누어 설명해 보고자 한다.

여기서는 먼저 식민지시대 전기에 진행되었던 조선후기 개혁적 사상의 존재에 대한 확인에 관해서 먼저 살펴보고자 한다. 식민지시대 초기 조선후기의 개혁적 인물들의 존재에 대한 주목현상은 조선광문회朝鮮光文會의 출판활동을 통해서 먼저 나타났다.

조선광문회는 1910년 서울에서 최남선崔南善(1890~1957)을 중심으로 하여 현채玄采(1856~1925), 박은식朴殷植(1859~1926) 등이 조직했고, 그 간

행 실무에는 장지연張志淵(1864~1921), 김교헌金敎憲(1868~1923) 등이 참여
했다. 조선광문회에서는 조선의 고전 180여 종의 간행계획을 세워 20여
종의 책자를 간행한 바 있었다. 조선광문회에서 간행한 책자 가운데『아
언각비雅言覺非』,『산림경제山林經濟』,『지봉유설芝峰類說』,『성호사설星湖
僿說』,『열하일기熱河日記』,『택리지擇里志』등의 책자는 오늘날의 학계에
서 실학서實學書로 인정하고 있던 내용이었다. 이 책자들은 대략 1,000부
정도가 간행되어 회원제로 보급되고 있었다.[33)

　조선광문회에서 간행한 책자를 보면 조선후기 사상계의 개혁적 인물
들이 남긴 저서가 주류를 이루고 있다 하여도 과언은 아니었다. 그리고
여기에서 우리는 조선광문회의 관계자들은 조선후기 개혁적 사상의 존
재를 인정하고 있었음을 간접적으로나마 확인하게 된다. 여기에서 조선
광문회는 조선후기 사상계의 개혁적 인물 가운데 박지원 등 새로운 인물
들을 발굴해 내고 있음을 확인하게 된다. 그리고 조선광문회 관계자들
이외에도 박지원 등과 같은 인물의 저서를 주목하게 되었다.[34)

　조선광문회의 활동에 이어 1918년에 간행된 이능화李能和(1869~1943)
는 그의『조선불교통사朝鮮佛敎通史』下를 통해서 경세학經世學으로 유형
원柳馨遠(1622~1673), 이익李瀷, 정약용丁若鏞을 지적했다. 그리고 창견創見
으로는 한석지韓錫地(1709~1791)를 들었으며, 진리의 발명으로는 이제마

---

33) 미상, 1935,「三千里機密室」『三千里』7-10, 1935년 11월 1일, 21쪽. "지금붙어
　　약 20년 전에 반도 사회의 신문이라하면 오직 每日申報요, 잡지라 하면「靑春」이
　　라 하든 그 시대에 每日申報의 발매 부수는 얼마나 되엇나는가 하면 申報는 1만
　　내외를 上下하엿고 월간「靑春」잡지는 평균 매월 2천부씩 나갓고, 혹 몃 주년
　　기념 특집 같은 號는 再版까지 하게되어 4천부式 나갓다고, 당시 편집 발행자이
　　든 六堂은 말하고 잇섯다. 또「靑春」이 나오든 이 당시에 문화지도의 유일기관으
　　로「朝鮮光文會」라는 것이 잇섯는데 그 會로 말하면 朴燕岩의「熱河日記」등 모
　　든 古文書籍을 간행하고 잇섯는데 이것이 회원제로써 全鮮에 약 1천명 회언을 가
　　지고 잇섯슴으로 말하자면 熱河日記 갓튼 그 모든 서적은 다달이 나오는 족족 1천
　　부 정도는 무난히 팔닌터이라고 한다."
34) 東華生, 1917,「燕巖外集 許生傳을 讀함」『半島時論』1-4, 1917년 7월 10일.

李濟馬(1838~1900)를 꼽았다.[35] 이러한 그의 서술을 통해서 우리는 이능화가 개항기 연구자들의 연구성과를 이어받아 경세적 사상가의 존재를 제시해 주고 있다는 사실을 알 수 있다. 그리고 그에 이르러 당시 조선후기 개혁사상가에 대한 인식의 폭이 증대되어 가고 있었음을 확인하게 된다.

한편, 1919년 삼일운동 이후 간행된 『동아일보東亞日報』에서는 1921년 '이조인물약전李朝人物略傳'을 연재한 바 있었다. 이 연재기사를 통해서 영조조의 대표적 인물로는 이익李瀷을 들었다. 이익은 천문天文, 성산星算, 율력律曆에 두루 통하던 인물로 높게 평가되었다. 그리고 정조조의 대표적 인물로 안정복, 홍대용, 박지원, 홍양호, 이덕무 등을 다른 인물들과 함께 주목한 바 있다.[36] 그리고 이 연재기사에서는 정약용에 대해서 좀더 전진된 인식을 제공해 주었다.[37]

한편 1920년대 초반에는 문인들 가운데에서도 '실학자'에 대한 관심이 일어나고 있었다. 예를 들면, 이 시기 춘원春園 이광수李光洙가 소설 『허생전許生傳』을 집필했던 데에서도 당시 조선 지식인들이 가지고 있던 실학자에 대한 관심의 일단이 드러난다.[38] '허생전'은 박지원의 『열하일기』 가운데 「옥갑야화玉匣夜話」에 나온 허생許生에게서[39] 그 기본적이 모티브를 얻어왔지만, 그 전개는 박지원의 그것과는 상당한 차이를 드러

---

35) 李能和, 1918, 『朝鮮佛教通史』 下, 新文館, 1058~1062쪽.

36) 金瀯植, 1921, 「李朝人物略傳」 69~70, 『東亞日報』, 1921년 10월 30일, 1면 ; 10월 31일, 1면.

37) 『東亞日報』, 1921년 11월 1일, 丁茶山.

38) 李光洙는 1923년 12월 1일부터 1924년 3월 21일까지 『東亞日報』에 「許生傳」을 연재했다.

39) 崔益翰, 1925, 『東亞日報』, 1925년 1월 14일, 附錄 1면, "許生의 實跡" : 崔益翰은 1925년 『동아일보』에 박지원이 지은 「허생전」의 주인공인 許生의 實跡을 찾아서 언급했다. 여기에서 그는 자신이 知禮에서 읽은 『許后山文集』에 기록된 許鎬 字 京遠 臥龍先生임을 알게 되었고, 이를 자신의 스승이었던 郭鍾錫을 통해서도 확인했던 사실을 기록하고 있다.

내고 있었다.[40) 그러나 이광수가 박지원의 글을 읽고 여기에서 영감을 얻었다는 사실은 부인하기 어려울 것이다.

한편, 이광수가 「허생전」을 신문에 연재하고 있던 그 당시 문인文人 박종화朴鍾和는 정약용의 『아언각비雅言覺非』를 참고도서로 활용하고 있었다.[41) 그는 정약용의 시문학에 접하고 나서 다음과 같은 언급을 남겼다.[42)

> 조선의 큰 경제학자와 법률가일 뿐만 안이라 조선의 큰 인생파적人生派的 시인詩人임을 알았다. 다만 음풍농월吟風弄月이 안이면 순도덕철학純道德哲學에 흘으기 쉬운 한시인漢詩人으로써, 그 시대민중의 참담慘憺한 생활상生活相을 반영反映하고써 악정惡政의 폐해弊害를 브르지저 개혁改革을 의도意圖하얏다는 것만으로도 선생先生은 당시當時 한 큰 이채異彩의 광망光芒을 발발發發하는 존재이다.

박종화는 그 후에도 정약용의 저서에 대한 독서를 계속하고 있었다.[43) 그리고 이 단계에 이르러 1930년대에 들어와서는 조선후기의 개혁적 사상에 대한 본격적 연구가 진행되기 시작했다. 그리하여 실학에 대한 조선인 연구자의 본격적 논문으로 윤용균尹瑢均이 1930년에 발표했던 「다산茶山의 정전고井田考」를 들 수 있게 되었다.[44) 윤용균은 이 글에서 균전균부均田均賦를 이룩하기 위한 정약용의 노력을 높이 평가하면서 정약용을 경제가經濟家로 파악했다.

이처럼 역사학계와 문학계 및 언론계에서 조선후기의 개혁적 사상에 대한 관심을 가졌던 사실은 식민지시대 전기 조선의 지성계가 조선후기

---

40) 金東仁, 1935, 「春園研究」 6, 『三千里』 7-5, 1935년 6월, 268쪽.
41) 朴月灘, 1923, 「抗議 갓지 안흔 抗議者에게」 『開闢』 35, 1923년 5월 1일, 77쪽.
42) 朴鍾和, 1934, 「近讀短評」 『三千里』 6-9, 1934년 9월 1일, 217쪽.
43) 一記者, 1939, 「長篇作家 訪問記(四): 燕山君史를 말하는 朴鍾和氏」 『三千里』 11-7, 1939년 6월 1일, 254쪽. "요샌 뭘 읽으심니까. 역사를 읽습니다. 高麗史 茶山全集 또 요새 온 출판물들 – 朴泰遠씨의 「川邊風景」을 퍽 재미있게 읽고 春園의 「無明」을 역시 좋게 읽었읍니다."
44) 尹瑢均, 1930, 「茶山의 井田考」 『新興』 3, 1930년 7월 10일.

개혁사상가들에 대한 인식 범위와 이해의 깊이를 확대 심화시켜가고 있었음을 뜻한다. 즉, 당시 식민지 조선의 지성계는 조선후기 사상계에 개혁적 인물들이 존재했다는 사실을 어떠한 이의도 없이 받아들였고, 이들에 대한 연구를 심화시켜 갔다. 이는 이 분야에 관한 개항기의 연구성과를 기초로 삼을 수 있었던 결과이기도 했다.

조선후기 개혁적 인물과 사상에 대한 존재 확인에 이어서 두 번째로는 조선후기 사상계의 개혁적 경향에 대한 개념화 과정 및 '실학實學'이라는 용어가 출현하고 있음을 주목할 수 있다. 물론 이와 같은 작업은 조선후기 사상계에 개혁적 인물이나 경향이 존재했다는 인식을 전제로 할 때 가능한 일이었다.

즉, 최남선은 이때에 이르러 '실학實學'이라는 용어를 비로소 사용하기 시작했다. 그는 조선후기의 새로운 사상적 동향에 대해 실학이라는 용어를 사용한 최초의 인물이었다. 그는 1923년에 간행된 자신의 『조선역사강화朝鮮歷史講話』에서 오늘날 실학자로 분류되는 학자들의 업적을 '실학實學의 풍풍風'으로 명명하며 다음과 같이 서술했다.[45]

> 실학實學의 풍풍 : 문학文學이 지나支那로 인하여 생긴 뒤 학문學問이라 하면 지나支那의 문학文學·경술經術을 의미하여, 이조李朝에 들어와서도 오래도록 이 유폐流弊를 벗지 못하더니, 양란兩難 이후에 자아自我라는 사상思想이 선명鮮明해지면서 조선朝鮮의 본질本質을 알고 실제實際를 밝히려는 경향이 날로 깊어서, 영정英正 양조兩朝에 이르러서는 드디어 학풍學風이 일변一變했다.

이 자료를 통해서 확인할 수 있는 바와 같이 최남선은 '실학'이란 단어 안에 영조 정조연간을 중심으로 하여 일어난 일변一變된 학풍學風이란 의미를 부여했다. 그리고 '실학'으로 명명한 이 새로운 학풍은 임진왜란王辰倭亂과 병자호란丙子胡亂 이후 자아의식의 각성과정에서 출현했

---

45) 崔南善, 1923, 『朝鮮歷史講話』;『六堂崔南善全集』Ⅰ, 52쪽.

음을 말했고, 조선의 본질을 알고 실제를 밝히려던 학문이었다고 규정했다. 여기에서 최남선이 제시하고 있는 실학의 개념은 1950년대 이후 남북한 학계에서 규정하게 된 실학의 개념과 큰 차이가 없었다. 또한 그는 1931년에 간행한 자신의 『조선역사朝鮮歷史』에서도 실학이라는 용어를 계속하여 사용했다.

그러나 조선후기의 학풍에 대해서 최남선이 처음으로 사용하기 시작했던 '실학實學'이라는 용어는 동시대의 연구자에게 큰 호응을 얻지 못했다. 당시에는 조선후기의 개혁적 학문경향이 여러 용어로 불리고 있었다. 예를 들면 1929년 『성호사설유선星湖僿說類選』의 권두卷頭에 실린 정인보鄭寅普(1892~1950)의 서序에서는 조선후기의 신학풍을 '의독구실지학依獨求實之學'이라는 용어로 설명하고 있었다.[46]

한편, 1930년대 전반기의 조선인 연구자 가운데 권덕규權悳奎는 조선후기의 개혁적 학풍을 임진왜란과 병자호란 이후 '문운文運의 융창隆昌'이라거나,[47] '문화文化의 융성隆盛' 정도로 인식하여,[48] 개념화의 정도가 미진한 경우도 있었다. 그러나 이창환李昌煥은 『조선역사朝鮮歷史』에서 조선후기 사상계의 변화를 논하면서 "양차兩次 전란 이후에 자아自我라는 정신이 선명하여 지면서 조선의 본질을 알고 실제實際를 밟으려는 경향이 있어서 학풍이 일변하였다"라고 서술했다.[49]

그리고 이창환李昌煥은 1934년 이래 북학론北學論이란 개념을 처음으로 사용하고 있었다. 즉 그는 "국민의 자유정신이 쇠모衰耗하여 교구矯捄의 책策을 연구하는 북학론자가 성행하였으나 특효를 얻지 못하고 말았다"고 서술했다.[50] 여기에서 살펴볼 수 있는 바와 같이 그는 조선후기에

---

46) 鄭寅普, 1929, 「序」 『星湖僿說類選』.
47) 李昌煥, 1934, 『朝鮮歷史』, 北星社, 106쪽.
48) 權悳奎, 1929, 『朝鮮留記 近世史』 ; 1945, 『朝鮮史』(改題名), 正音社, 67쪽.
49) 李昌煥, 1934. 앞의 책, 106~7쪽.
50) 李昌煥, 1934, 앞의 책, 107쪽.

발생한 개혁사상의 배경으로 양란 이후 조선의 자기반성이라는 내재적 측면과 함께 북학이라는 외래적 요인을 함께 주목하면서 북학론을 제시했다. 그리하여 그는 조선후기 사상계의 개혁적 경향에 대한 인식의 깊이를 심화시키고 있었다.

한편, 조선인 연구자의 활동과 함께 일본인 연구자도 조선후기의 개혁적 사상의 존재에 대해 주목하기 시작했고, 이를 개념화하기 위한 시도를 전개했다. 즉, 다카하시 도루(高橋亨)는 "이익·유형원·정약용과 같은 이는 박식하면서도 포괄하는 점에서 위대하지만, 순수한 유학자 모델에서 제외된다"고 말했다.[51] 그는 이익 이래 정약용에 이르는 개혁적 사상이 존재했음을 인정하면서 이들의 사상이 정통 성리학과는 구별되는 독자성을 가지고 있었다는 사실을 제시했다.

그리고 다카하시는 이익李瀷을 '당대 이학理學의 거장'으로 파악했다.[52] 그리고 이익과 정약용의 관계를 다음과 같이 주목했다.

이익은 학문의 여러 분야에 능통하여, 당대의 여러 학문을 한결같이 궁구하지 않음이 없었고, 마침내 천주교 교리까지 언급했다. 그의 문집에 '발천주실의跋天主實義' 한편이 있는데 천주교에 대한 상당한 이해는 물의를 불러 일으켰다. 사람들은 대부분 『성호집』이나 『성호사설』을 통하여 그의 박식한 문장과 경제에 뛰어난 견해를 말한다. 그러나 그가 지은 예설과 『사칠신편』·『질서』·『경서변의』 등을 읽으면 그의 유학과 경학에 대한 사색 및 조예가 심상치 않음을 알 수 있다. 이익의 『사칠신편』은 아마도 영남학파 사칠설의 집대성과 같은 지위를 점할 것이다. 그때까지의 노론 주기파 학설을 충분히 타파하여, 그 연구의 정밀함과 사색의 논리성을 증명했다.[53]

---

51) 高橋亨, 1927, 「朝鮮儒學大觀」 『朝鮮史講座』, 朝鮮史學會 ; 조남호 옮김, 1999, 『조선의 유학』, 소나무, 232쪽.

52) 高橋亨, 1934, 「이황의 가장 충실한 조술자 권상일의 학설」 『小田先生 頌壽記念 朝鮮論叢』, 朝鮮史學會; 조남호 옮김, 1999, 『조선의 유학』, 소나무, 252쪽.

　　정약용은 멀리 이익의 학설을 이어서 이익의 종손 이삼환李森煥 선생에 사사했다. 순조초년 천주 교옥敎獄에 연좌되어 강진에 유배되어 19년 동안 열심히 공부에 힘쓰고, 경사자經史子에 걸쳐서 230권의 넓은 저서를 남겼다. 그는 『여유당집與猶堂集』에 '서암강학기西巖講學記'와 '이발기발변理發氣發辨'에서 학계가 해결하지 못한 현안에 대한 판단을 기술하고 있다. … 정약용도 한 걸음 나아가서 주희의 우주론에서 이기이원理氣二元의 관면을 도덕을 말하는 사람 마음에 적용하여 선악의 근원을 구하고자 하는 철학 조직의 근본에 부조화와 무리가 있음을 인정하기에 이른다. 이것은 나의 견해와 합치하는 바이며, 이에 기쁨을 느낀다.[54]

　　즉, 다카하시는 이익을 유학과 경학에 대한 사색가로 제시하였고, 노론 중심의 '주기파' 학설에 대한 도전자로 규정했다. 또한 그는 안정복安鼎福을 '조선 고금의 역사가로 독보적 존재'라고 규정했다.[55] 다카하시가 가지고 있던 '실학'에 대한 이러한 관심은 당시 조선의 학계에서 제시되고 있던 조선학연구의 열기에 영향 받은 결과일 것으로 생각된다.

　　이와 같은 현상은 다카하시 이외에 다른 일본인 연구자들에게서도 나타났다. 예를 들면, 세노 우마쿠마(瀨野馬熊)는 이익李瀷을 퇴계 이황을 잇는 '문견聞見의 박치博治, 고증考證의 정확精確'에 이른 성리학자로 파악하고 있었지만,[56] 안정복安鼎福과 정약용丁若鏞에 대해서는 순유학자純儒學者로 규정하기보다는 사학자史學者와 고증학자로 인식했다.[57] 이처럼 그는 조선후기 사상계에 성리학과는 구별되는 별도의 사상적 경향이 존재했음을 미약하게나마 인식하고 있었다.

　　그리고 미야자키 이소키(宮崎五十騎)는 기존의 성리학을 '공리공담空理空談'이라 매도하면서, 조선후기 사회에서 제반 폐정弊政을 바로잡기 위

---

53) 高橋亨, 1934 ; 조남호 옮김, 앞의 책, 243쪽.

54) 高橋亨, 1934 ; 조남호 옮김, 앞의 책, 275·277쪽.

55) 高橋亨, 1934 ; 조남호 옮김, 앞의 책, 243쪽.

56) 瀨野馬熊, 1929, 『朝鮮史大系 近世史』, 朝鮮史學會, 305쪽.

57) 瀨野馬熊, 1929, 앞의 책, 308쪽.

한 필요에서 일어난 '실용적 학풍'이라고 생각하며 다음과 같이 말했다.[58]

청과의 교섭이 점차 많아지고, 그 영향에 의해서 학예가 진보발달했던 일을 서술했는데, 반면에 명明에의 사모思慕는 전과 마찬가지로 소멸되지 않은 채, 청淸에 대한 자주적 색채는 농후해졌다. 그러한 경향이 사회상에 여러 가지 폐정弊政을 타개할 필요를 통감하는 데에 이르러, 문득 실용적 학풍이 일어나 종래의 공리공담을 벗어나 사회적 실지지도實地指導로서 활용되는 경향을 낳았다. 따라서 예학의 토론도 있었지만, 역사·지리·경제 등에 관한 이해가 일어나 이에 관한 서적이 많이 발간되었다.

미야자키는 조선후기의 개혁적 사상을 '실사구시實事求是의 학學'[59] 또는 '실용적 학풍'으로 규정하고 있었다. 그리고 이 학풍의 발생배경을 청淸과의 교섭에 두어 조선사의 전개에 미친 외래적 요인을 주목함과 동시에 조선사회 내부에서 일어난 폐정개혁을 위한 노력을 제시해주었다.

이상에서 확인되는 바와 같이 식민지시대 전기에 이르러서는 조선후기의 개혁사상을 특정 용어로 표현하고자 하는 시도가 조선인 학인들을 중심으로 하여 일어나고 있었고, '실학實學' '북학北學' 등과 같은 개념이 제시되기에 이르렀다. 이와 함께 일본인 연구자들도 조선후기 개혁사상의 존재를 인정하면서 이를 실사구시학實事求是學 혹은 조선경제학파朝鮮經濟學派 등으로 파악하게 되었다.

식민지시대 전기 '실학'에 대한 연구과정에서 드러나는 세 번째의 특성은 조선후기 사상계의 개혁적 인물들을 범주화하여 하나의 학파로 인식하는 경향 강화되어 갔다는 점이다. 이는 인물인식의 범위가 확대되고 그들의 사상에 대한 이해가 심화된 결과이기도 하다. 그리고 이는 '실학'의 개념화 작업이 진행됨과 병행하여, 그 개혁적 인물들을 하나의 학파

---

58) 宮崎五十騎, 1937, 『槪觀朝鮮史』, 東京: 四海書房, 143쪽.
59) 宮崎五十騎, 1937, 앞의 책, 142쪽.

로 이해하려는 경향의 출현에 수반된 현상이었다.

조선후기 사상계의 개혁적 인물들을 하나의 학파로 인식하려던 이 시기의 시도는 조선광문회朝鮮光文會의 관계자들을 통해서 제시되고 있다. 물론, 그들은 직접 '실학實學'이라는 용어를 쓰지는 않았다. 그러나 그들의 간행 서목을 보면, 조선후기 하나의 독특한 학풍이 발생하여 존재하고 있었다는 인식이 그들에게는 전제되어 있었음을 알 수 있다.[60] 한편, 1918년에 간행된 이능화李能和(1869~1943)는 그의 『조선불교통사朝鮮佛教通史』下를 통해서도 '조선후기 사상계의 개혁적 경향'을 확인해 주었다. 즉, 이능화는 이 책에서 경세학經世學으로 유형원柳馨遠(1622~1673), 이익李瀷, 정약용丁若鏞을 지적하면서 이들이 일종의 학파를 이루고 있음을 암시하고자 했다.

또한 장지연張志淵(1864~1921)은 1922년에 간행된 『조선유교연원朝鮮儒教淵源』에서 유형원, 이익, 정약용, 박지원(1739~1805), 홍대용洪大容(1731~1783), 이덕무李德懋(1741~1793) 등을 "특히 유교로서 경제經濟·고거考據의 학을 겸했다"고[61] 말하며 조선후기에 존재했던 개혁사상의 맥락을 주목하고 있었다. 여기에서 제시된 이능화나 장지연의 견해는 최남선이 전개했던 조선광문회의 경우보다 한 걸음 더 후대 실학자의 계보에 접근한 것으로 해석되었다.[62]

조선후기의 개혁적 경향을 하나의 학파로 보고자 하던 시도는 1924년 최남선에 의해서 좀더 본격적으로 제시되었다. 그는 이 학풍을 '실학實學의 풍風'으로 규정했다. 그리고 이를 이끈 선두 주자로 유형원柳馨遠을 들었고, 이익李瀷에 이르러 실증·실용의 학문이 널리 보급되어 실용적·

---

60) 千寬宇, 1969, 「實學槪念成立에 관한 史學史的 考察」 『李弘稙博士回甲紀念 韓國史學論叢』, 新丘文化社 ; 千寬宇, 1979, 『近世朝鮮史硏究』, 一潮閣, 395~396쪽.

61) 張志淵, 1922, 『朝鮮儒教淵源』, 滙東書館, 130쪽. "自柳潘溪 丁茶山 朴燕岩 洪湛軒 李雅亭 諸公特以儒教兼經濟考據之學 實漢儒學術也"

62) 千寬宇, 1969, 앞의 논문, 396~399쪽 참조.

내성적인 연구가 이루어지게 되었다고 생각했다. 그리고 그 이후 안정복
安鼎福, 신경준申景濬, 이만운李萬運, 유득공柳得恭, 한치윤韓致奫, 이중환李
重煥, 이긍익李肯翊, 정항령鄭恒齡이 나왔고, 정약용丁若鏞에 이르러 최고조
에 달했다고 서술했다.[63] 이러한 실학의 인식은 오늘날 실학자의 계보
에 대한 인식과 크게 다르지 않음을 알 수 있다.[64] 또한 1926년 차상찬
車相瓚은 남인계열의 인물들을 중심으로 하여 하나의 학파가 형성되어
있었음을 말하기도 했다.[65]

　1920년대 후반에 이르러서도 실학자에 대한 긍정적 평가와 이들을
하나의 범주로 설정해 보려던 시도는 지속되고 있었다.[66] 즉, 1928년도
『별건곤別乾坤』에서는 '문학상으로 본 조선의 자랑'을 정리해 주었다. 이
글의 저자는 조선 '중엽'을 문운文運이 전성했던 시기로 규정했다. 그리
고 "그 뒤 정조시대正祖時代는 가위可謂 이조李朝의 문예부흥文藝復興시대
로 문풍文風이 다시 대진大振"하였다고 보면서, 박지원과 정약용, 이광려
李匡呂 등을 '절세의 문학자로 이조李朝 문단중흥文壇中興의 원훈元勳'으로
거론했다. 그러면서 박지원의 문장과 한유韓愈를 대비하였으며, 정약용

63) 崔南善, 1923, 『朝鮮歷史講話』;『六堂崔南善全集』 Ⅰ, 52쪽.
64) 李英華, 2003, 『崔南善의 歷史學』, 景仁文化社, 187쪽.
65) 靑吾, 1926, 「士禍와 黨爭」 『開闢』 71, 1926년 7월 1일, 69~70쪽 ; 車相瓚,
　　1928, 「朝鮮의 黨爭」 『別乾坤』 16·17, 別乾坤社, 10쪽에도 거의 같은 내용의 글
　　이 실려 있다 ; "學術上에 及한 영향 : 黨爭은 결국 老少의 勝利로 歸한 중 老論
　　은 少論보다 항상 勢力이 多하야 학식의 여하와 인물 여하를 불구하고 顯職을 取
　　함이 拾芥와 如히 용이하얏스니 就中 南人은 詩文, 書法 이외에 政治 經濟의 學
　　術研究에 전력하는 者가 多하야 柳馨遠의 磻溪隨錄, 李瀷의 星湖僿說, 丁若鏞의
　　牧民心書, 李重煥의 八域志 其他 諸學者의 명저가 有하게 되고 또 自由派의 文
　　人學者가 배출한 결과로 당시 배척하던 佛敎, 道敎 등을 自由硏究하게 되엿스니
　　其中 天主敎가 南人의 手를 經하야 輸入되고 또 朝鮮에서 新興한 東學이 南人의
　　계통에서 起한 것은 大히 주목할 일이다. 此는 결국 儒學이 전혀 老論의 독점이
　　되고 仕宦의 진로가 老論 이외에는 殆히 閉塞된 결과라 云할 것이다."
66) 차돌이, 1928, 「上下半萬年의 우리 歷史: 縱으로 본 朝鮮의 자랑」 『別乾坤』 12·
　　13, 1928년 5월 1일, 208쪽.

은 "과학科學에 전공專力하얏스나 그 시문詩文도 또한 타他 명류名流에 불하不下하얏다"고 했다. 이어서 "박제가朴齊家, 이덕무李德懋, 유득공柳得恭, 이서구李書九 사가四家의 시詩와 이익李瀷, 안정복安鼎福, 한치윤韓致奫 삼가三家의 사史는 또한 사계斯界의 종장宗匠"으로 인식했다. 그리고 조선의 사찬私撰 대저술大著述로는 "정약용의 『여유당집與猶堂集』, 권문해權文海의 『대동운부군옥大東韻府群玉』, 유형원의 『반계수록磻溪隨錄』, 이익의 『성호사설星湖僿說』, 안정복의 『동사강목東史綱目』, 서유구徐有榘의 『증보산림경제增補山林經濟』, 김정호金正浩의 『대동지지大東地志』"를 들었다.

『별건곤』의 이 기사는 조선후기의 학풍과 학맥에 관해서 1920년대 후반기 조선 지식인 사회에 일정한 합의가 유지되고 있었음을 말한다. 당시에 합의되고 있던 내용은 조선후기 정조시대에 이르러 문예부흥을 맞게 되었고, 이 문예부흥의 주역들은 오늘날 실학자로 불리고 있는 유형원, 이익, 정약용, 박지원, 서유규 등이라는 사실이었다.

한편, 1929년 정인보鄭寅普(1892~1950)는 '의실구독지학依實求獨之學'이라는 용어로 조선후기의 학풍을 설명하면서 유형원·이익·정약용으로 이어지는 계통을 제시하고 있었다.[67] 그리고 일본인 연구자 다카하시(高橋亨)는 조선후기의 개혁적 사상을 '조선경제학파朝鮮經濟學派'라고 지칭하면서 유형원, 이익, 안정복, 그리고 정약용에 이르는 학맥을 설정했다. 그는 이 조선경제학파가 조준, 정도전에게서 시작되어 중기에 이이, 유성룡에 이르렀다가, 후기에는 유형원, 이익, 정약용에 이르게 되었다고 생각했다. 다카하시는 조선경제학파가 조선의 전기간에 걸쳐 지속적으로 존재했다고 보았다. 그의 이와 같은 판단에는 문제점을 지적할 수 있다. 그러나 다카하시는 유형원과 이익, 정약용으로 이어지는 하나의 일관된 맥락을 설정하고자 했으며, 이익의 학문이 정약용에 계승되는 과정을 정확히 파악하고 있었다.

---

67) 鄭寅普, 1929, 「序」『星湖僿說類選』.

이처럼 식민지시대 전기 조선후기 사상계의 개혁적 인물에 대한 인식의 범위가 확대되어 나가고 있었다. 즉, 개항기 연구자들은 유형원柳馨遠, 이익李瀷, 정약용丁若鏞 등 '경세적' 분야의 인물들을 주목한 바 있었다. 그러나 식민지시대 전기에 이르러서는 이들 이외에도 신경준, 박지원, 홍대용, 이중환, 박제가, 유득공, 이덕무, 안정복, 이긍익, 한치윤, 서유구 등 오늘날 실학자로 분류되고 있는 인물들에 대한 관심이 새롭게 제시되었다.

요컨대 1910년대부터 1930년대 초반 사이에 식민지 조선의 연구자들은 개항기의 연구를 이어받아 조선후기의 개혁적 학풍에 대한 연구를 강화시켜 나갔다. 그리하여 그들은 조선후기 개혁사상의 존재를 거듭 확인하면서 개혁적 인물들에 대한 인식의 범위와 이해의 깊이를 확대 심화시켜 갔다. 이와 병행하여 조선후기 개혁적 사상에 대한 개념화 작업을 진행하여, 1923년 최남선은 조선후기의 학풍을 '실학實學'이란 용어로 설명하기도 했다. 그러나 처음 출현했던 이 '실학'이라는 용어는 당시 학계로부터 광범위한 지지를 얻지는 못했다. 당시의 연구자들은 이 학풍을 '의실구독지학依實求獨之學' 혹은 '실사구시實事求是의 학學', '조선경제학파朝鮮經濟學派' 등으로 부르기도 했다. 그리고 조선후기 사상계의 개혁적 경향을 하나의 학파로 설정하고자 하는 시도가 본격적으로 전개되었다. 그리하여 식민지시대 전기에 전개된 조선후기의 개혁적 학풍에 대한 연구는 1930년대 중엽에 전개된 조선학부흥운동에 일정한 자양분을 제공해 줄 수 있었다.

4. 조선학운동과 실학

식민지 조선에서는 1930년대 전반기 조선학 운동이 강력히 일어나고 있었다. 원래 '조선학朝鮮學'이란 용어는 최남선에 의해 제안된 용어였고, 그 개념에 대한 비판도 당시 학계의 일부에서는 제기된 바 있었다.[68] 그러나 조선학이란 용어는 당시 민족주의 진영에 속하던 인사들에게 널리 수용되어 갔다. 특히 좌우합작을 통해 민족의 활로를 찾고자 했던 신간회운동新幹會運動이 실패로 돌아간 다음 신간회의 해체에 반대하던 국내의 비타협적 민족주의 계열의 인사들을 중심으로 한 새로운 운동이 모색되고 있었다. 이들은 일부 사회주의 계열에 속하는 인사들의 연대하여 조선학 운동이라는 민족문화진흥운동을 통해서 일제의 식민지지배에 대한 문화적 저항을 시도하고 있었다. 이 조선학 운동의 전개과정에서 조선후기의 개혁사상 특히 정약용丁若鏞에 대한 관심이 좀더 선명히 제시되기에 이르렀다. 이에 대한 관심은 '정약용서거백년丁若鏞逝去百年'의 준비작업을 계기로 하여 분명히 드러났다.

그런데, 다산 정약용의 서거 100주년을 준비하는 과정에서 가장 역점 사업으로 강조된 내용은 『여유당전서與猶堂全書』의 간행이었다. 이 작업은 정약용 서거 98주년에 해당되던 1934년에 개시되었고, 이로써 조선학운동이 본격적으로 전개되기에 이르렀다. 그리고 이와 동시에 정약용

---

68) 『東亞日報』, 1934년 9월 11일, 3면, 朝鮮學研究의 機運에 際하야 : 朝鮮學은 어떠케 規定할가, 白南雲氏와의 一問一答; 여기에서 백남운은 동아일보 기자와의 인터뷰를 통해서 조선학이란 용어를 처음으로 사용한 인물로는 최남선을 지목했다. 그리고 그는 '조선학이 정밀한 과학적 방법에 의해 整制된 것이 아니라'는 견해에 동의하면서, '朝鮮心, 朝鮮意識을 過去한 역사적 事實의 연구에서 끄집어 낸다는 것이 조선학 수립의 구극의 목적이라고 하는 것은 한개의 큰 의문이고 … 현재 조선을 연구하자는 기운에 際會하여 云謂되는 朝鮮意識이니 朝鮮魂이니 하는 데에는 많은 문제와 비판의 여지가 있다'고 말했다. 그러나 이 朝鮮學이란 용어는 1934년 당시에도 매우 생소했던 용어였다. 樗山은 『新朝鮮』 1934년 7月號에 권두언을 대신하여 「朝鮮學의 問題」를 논하면서 그 연구분야와 방법에 대해 간략히 제시한 바 있었다. 그리고 茶山先生九十九記念講演에서 鄭寅普가 '朝鮮學에 丁茶山의 地位'라는 제목을 달았을 때 新朝鮮社의 기자는 朝鮮學이란 단어가 처음으로 사용되었다고 생각했으며 그 의미를 묻고 있었다(『新朝鮮』, 1934, 「新朝鮮春秋」, 1934년 10월號, 40쪽 참조).

을 중심으로 한 조선후기의 개혁사상에 대한 연구에 있어서도 일대 진전
이 이루어졌다. 따라서 1934년은 식민지시대 후기 실학연구 과정을 검
토하는 데에 있어서 하나의 획기점을 이루게 되었다.

그리하여 조선학운동의 진행과정에서 정약용에 대한 연구 성과를 통
해서 조선후기 개혁사상의 특성에 관한 천착이 진행되었고, 그 개념이
좀더 분명히 제시될 수 있었다. 그리고 '실학'이란 용어가 전적으로 수
용되지는 않았지만 조선학운동에 참여하던 인사들에 의해서도 일부 사
용되어, 그 용어 보급의 폭이 넓어져 갔다. 또한 조선후기 개혁사상에
대한 본격적 연구가 진행되었고, 그 과정에서 이 사상의 계보에 대한 연
구가 진행되었고, 이를 하나의 학파로 인식하는 경향이 굳어졌다. 조선
후기 개혁사상이 가지고 있던 역사적 의미도 탐구되었다. 이 시기의 연
구성과는 식민지시대 말기 일제의 민족문화말살 정책이 진행되던 과정
에서도 조선의 연구자들에게 반추反芻 음미吟味되면서 1945년 민족해방
을 맞을 때까지 그 효력을 지속하고 있었다.

여기서는 먼저 조선학 운동의 진행과정에서 정약용을 중심으로 한 조
선후기의 개혁사상가들을 주목했던 현상과 그에 대한 연구를 살펴보고
자 한다. 즉, 정약용의 문집인 『여유당전서與猶堂全書』를 간행하는 일이
었다. 이 간행사업이 시작되자 『동아일보』에서는 정약용을 '조선의 석학
이라기보다는 동양의 대석학'임을 지적하고, 그의 책이 수 백 책에 이르
지만 후인後人이 그것을 이어받지 못하여 아직껏 곳간 속에서만 썩히게
되었음을 말하면서, 신조선사新朝鮮社에서 이를 매월 2권씩 3년 반에 걸
쳐 완간할 계획에 착수했다고 보도했다.[69]

그리고 이렇게 정약용의 여유당전서가 출간되기 시작하자 이에 대한
당시 사회의 관심이 고조되었다. 『동아일보』, 『조선중앙일보』를 비롯한
언론기관에서는 이 운동을 적극 홍보해 주었다. 그리고 신조선사新朝鮮社

---

69) 『東亞日報』, 1934년 8월 일, 조간 2면, 茶山著書出版 : 朝鮮의 最大文庫.

에서는 『여유당전서』의 간행과 병행하여 잡지 『신조선新朝鮮』을 발행해서 정약용에 대한 집중적 조명 작업을 전개했다.[70] 이로써 1934년에 전개된 정약용서거백년제丁若鏞逝去百年祭 사업은 '실학'과 정약용에 대한 인식의 기회를 대폭 확대시켜 주게 되었다.

정약용의 사상에 대한 본격적 발굴작업은 『여유당전서』 간행사업의 중심적 역할을 담당하던 정인보鄭寅普에 의해 본격적으로 착수되었다. 정인보는 정약용을 조선역사에서 '유일唯一한 정법가政法家'로 규정했다. 그는 1934년 9월 1일부터 9월 15일까지 모두 6회에 걸쳐서 정약용 연구의 서론을 작성했다. 그는 이 글에서 정약용의 사상이 형성된 배경을 논하면서 조선의 효종~현종과 숙종~영조연간은 이른바 조선심혼朝鮮心魂의 후서기後曙期로 규정했다. 이 후서기에 조선을 중심으로 한 실용적實用的 고안考案을 받아들인 인물로 성호 이익을 들었다.

그리고 정인보는 정약용이 성호 이익의 이론을 이어받아 이를 더욱 정밀하게 한 인물이라고 평했다.[71] 정인보는 정약용이 이벽李蘗 및 이가환李家煥의 영향으로 '동서東西의 학學'을 계승했다고 보았다.[72] 그리고 그의 학이 동서고금을 두루 통했다는 말로서,[73] 서학의 영향을 일정한

---

70) 『新朝鮮』에 수록된 정약용관계의 기사와 집필자의 면모를 살펴보면 다음과 같다. 『新朝鮮』 제6호(1934년 10월 1일), 安在鴻, 「朝鮮史上에 빗나는 丁茶山先生의 生涯」; 朴月灘, 「文學上으로 본 丁茶山先生」; 玄相允, 「李朝儒學과 丁茶山」/ 『新朝鮮』 제7호(1934년 12월 1일), 遠堂處士, 「茶山漢詩와 史話片片」; 樗山後學, 「茶山先生과 種痘法」; 安在鴻, 「雅號를 통하여 본 茶山先生」/ 『新朝鮮』 제8호(1935년 1월 1일), 趙憲泳, 「醫學上으로 본 茶山先生」/ 『新朝鮮』 제12호(1935년 8월 1일), 筆者未詳, 「卷頭言 - 茶山先生」; 白南雲, 「丁茶山百年祭의 歷史的 意義」; 鄭寅普, 「丁茶山先生의 뜻깊흔 囑」; 安在鴻, 「現代思想의 先驅者로서의 茶山先生의 地位」; 白樂濬, 「茶山先生逝去百年을 際하야」; 李建芳, 「書茶山先生」; 樗山後學, 「丁茶山先生年譜」.

71) 鄭寅普, 『東亞日報』, 1934년 9월 1일, 석간 1면, 唯一한 政法家 丁茶山 先生 序論 1
72) 鄭寅普, 『東亞日報』, 1934년 9월 11일, 석간 1면, 唯一한 政法家 丁茶山 先生 序論 2
73) 鄭寅普, 『東亞日報』, 1934년 9월 13일, 석간 1면, 唯一한 政法家 丁茶山 先生 序論 4

범위 내에서 인정하고 있었다. 정인보는 정약용이 그 종지宗旨를 '묵은 우리나라를 새롭게 하자(新我舊邦)'에 두고 있음을 말하면서 조선사회의 혁신책을 제시하기 위해 현실에 대한 비판을 시도했다고 서술했다.[74]

안재홍安在鴻도 정약용을 '경세가'로 지칭하면서, 그의 사상이 '법을 고치고 스스로 힘써서, 묵은 나라를 새롭게 하고(變法自强 新我舊邦)',[75] 세상을 다스려 백성을 윤택하게 하여, 나라를 보호하고 백성을 구하며(經世澤民 護國救民), 나라와 백성의 일을 바로잡고 도와서 떨쳐일으키는 것(匡扶振作 民國之事)에 목적이 있음을 말했다.[76]

정약용 서거 100주년을 2년 앞에 둔 1934년부터 활발히 일어났던 조선학운동과 그 운동의 핵심이었던 정약용에 대한 관심은 당시 간행되던 잡지의 기사를 통해서 확인할 수 있다. 즉, 1934년 11월에 간행되었던 『삼천리』에서는 '반도영웅半島英雄을 논論함'이란 좌담회를 개최한 바 있었다. 이 좌담회는 삼천리사의 사장이었던 시인詩人 김동환金東煥의 사회로 3·1운동 당시 민족대표 33인의 1인이었고, 천도교 구파의 영수였던 권동진權東鎭(1861~1947)과 『조선일보』 사장을 역임했던 안재홍安在鴻, 조선물산장려회의 영수였던 설태희薛泰熙의 좌담이 진행되었다.[77]

이 좌담에서 김동환은 정약용을 『국부론』을 지은 영국의 경제학자 아담 스미스에 대비시켰다. 안재홍의 경우에도 조선 4천년의 역사상 가장 위대한 학자로 정약용, 박지원, 이익, 유형원, 홍대용, 신경준과 그들의 대표적인 저서를 들었다. 그리고 그는 정약용을 이 학자들 가운데 가장 첫 번째 인물로 지목하면서 이익, 박지원, 유형원 등이 사상을 집대성한

74) 鄭寅普, 『東亞日報』, 1934년 9월 12일, 석간 1면, 唯一한 政法家 丁茶山 先生 序論 3
75) 安在鴻, 1934, 「丁茶山先生의 學과 生涯」 『新朝鮮』 1934년 10월호, 新朝鮮社, 24, 26쪽.
76) 安在鴻, 1934, 「丁茶山先生의 學과 生涯」 『新朝鮮』 1934년 10월호, 新朝鮮社, 24, 26쪽.
77) 金東煥 外, 1934, 「半島英傑을 論함: 史上의 著名한 英主, 學者, 名將들」 『三千里』 6-11, 1934년 11월, 25~26쪽.

인물이라고 평가했다.

이때, 권동진도 정약용을 '정치가요 사상가요 경제학자'로 규정하면
서 "인문과학과 자연과학의 정수精髓를 모은 … 우리 사상계의 제일자第
一者"로 그를 규정했다. 이때 설태희는 박지원의 한전론限田論을 높이 평
가해 주었다. 그는 한전론이 토지겸병을 방지하고 대지주의 발생을 막는
'무한한 자본주의적 발달의 조정 내지 수정안'으로까지 해석했다. 즉 그
의 한전론에서 자본주의의 병폐에 대한 치유책의 일부를 찾아보려 하기
까지 했다.

이 좌담회에 참석했던 사람들은 '조선의 저명한 학자'로는 오늘날 실
학자로 불리는 인물들을 지목하고 있었다. 이 좌담회에서 거론되었던 조
선의 저명한 학자로는 원효元曉와 손병희孫秉熙가 잠시 거론되기도 했지
만, 당시의 지식계에서는 '실학자'에 대한 관심과 평가가 다른 어떤 분
야의 인물보다도 높고 후했다.[78]

정약용 서거 100주년을 준비하면서 가속加速된 정약용에 대한 관심은
1935년에도 지속되고 있었다. 이때『동아일보』학예부는 1935년 다산서
세백년기념강연茶山逝世百年記念講演을 주최하여 정약용의 업적을 널리 알
리는 일에 참여했다.[79] 이 강연회에서 정약용은 '조선의 보배'로 지칭되
었다. 이 강연회에는 정인보[다산선생茶山先生과 조선학朝鮮學], 안재홍[조선사
상朝鮮史上의 정다산丁茶山의 지위地位], 현상윤[조선유학李朝儒學과 다산선생茶山
先生]이 참여했다. 그리고 문일평文一平도 조선일보가 주관하는 강연회에
연사로 참여하여 '고증학상考證學上으로 본 정다산丁茶山'을 발표한 바 있
었다. 이들은 당시 국내에 있던 비타협적 민족주의 세력을 대표할 만한

---

78) 一記者, 1936,「當代 處士를 찾어 : 萬年淸節 직히는 權東鎭氏를 차저」『三千里』
    8-8, 1936년 8월 1일, 三千里社, 63쪽 ; 권동진을 탐방한 기자는 그의 책상위에 三
    國史記, 燕巖文集, 熱河日記 등이 놓여 있음을 목격했다. 이처럼 당대의 지식계에
    서는 실학자들의 저서에 관한 독서가 하나의 풍조를 이루고 있었다고 생각된다.
79)『東亞日報』, 1935년 7월 17일, 석간 6면, 茶山逝世百年記念講演.

인사들이었다.

이 강연회와는 별도로 안재홍(1891~1965)은 홍대용의 『임하경륜林下經綸』을 플라톤의 『이상국理想國』과 같은 글로 평가하면서 그의 사상을 '입헌공화주의'라는 차원에서 평가했다. 안재홍은 유형원의 『반계수록』을 보면 아담 스미스의 『경제학원리』를 읽는 듯하다고 했다. 그는 정약용 사상에 나타나는 중국에 대한 독립적 자존의식을 근대 국민주의의 선구라고 높이 평가했다. 또한 계급타파와 평등론은 '근대 자유주의의 개조開祖'로 규정했다.[80] 그리고 전통적 지식인 가운데 하나였던 이건방李建芳(1861~1939)은 그의 『난곡존고蘭谷存稿』에서 정약용을 프랑스의 루소나 몽테스키외와 같은 민권사상가에 비교하면서 정약용이 그들에 못지 않은 민권 사상가라고 규정하기도 했다.[81] 문일평文一平도 정약용의 사상이 서양의 근대사상과 상통함을 다음과 같이 말했다.[82]

그 농정農政 전정錢政 등등等等의 제정책諸政策은 아담 스미드 이래以來의 점차漸次로 발달發達된 서구西歐의 정통적正統的 경제학파經濟學派와 그 보조步調가 가튼 자者이오, 조운무역漕運貿易의 제정책諸政策은 그의 군국자위적軍國自衛的인 주장主張과 아울러 근세자본적近世資本的 국민주의자國民主義者의 풍의風儀가 또렷이 가춘 자者이오, 그 사회환상社會還上과 구황제빈救荒濟貧의 제포부諸抱負는 근대선진국近代先進國의 사회정책社會政策 그대로이오, 그의 빈민貧民의 시詩와 채고采藁의 사詞에서 무산소민無產小民을 피눈물로 동정同情하고 전론田論과 경전經田 평부平賦의 제경론諸經綸에서는 분명分明한 현대경제적現代經濟的 민주주의民主主義의 이데올로기 그대로이니 그의 만민평등萬民平等 귀천공애貴賤共愛로서 견고堅固한 경제經濟와 정법政法의 토대土臺 우에 확연確然한 신국가新國家를 건설建設하려든 것은 참으로 위대偉大하다.

---

80) 安在鴻, 1935, 「現代社會 先驅者로서 茶山先生의 地位 : 國家的 社會主義者」 『新朝鮮』 續12, 新朝鮮社, 1935년 8월 ; 千寬宇, 1970, 앞의 논문, 996쪽.
81) 李建芳, 『蘭谷存稿』, 邦禮草本序.
82) 文一平, 『朝鮮日報』, 1935년 11월 16일, 考證學上으로 본 丁茶山 ; 『茶山學報』 2, 231쪽 참조.

이처럼 당시의 연구자들은 조선후기의 실학자들을 서양의 사상가들과 직접 대비시켜가며 설명하고자 했다. 이러한 그들의 시도는 압도적으로 밀려오는 서양의 사조를 기준으로 하여 조선의 전통문화나 사유방식에서 그 '서양적' 요소 내지는 '근대적' 요소가 실재實在하고 있었음을 논증하려던 의도였다고 해석된다.

정약용서거백년을 기념하기 위한 이러한 사전준비에 이어서 그의 서거 백주년에 해당되던 1936년 식민지 조선의 학계와 언론계에서는 조선후기 개혁사상가로서 정약용을 더욱 집중적으로 조명해주었다. 당시 정지용鄭芝容이 편집장으로 있던 『가톨릭청년靑年』에서도 정약용의 생애와 사상에 관한 특집을 간행했다. 그리고 『동아일보』, 『조선일보』를 비롯한 국내의 언론기관에서도 정약용의 서거 100주년에 관한 기사를 비중 있게 다루어 주었다. 이처럼 1934년부터 1936년 사이에 전개된 조선학운동은 당시의 식민지 조선사회에 '실학'에 대한 인식의 폭을 넓혀주고 있었다.

그런데, 이 시기에 있어서 실학에 관해 연구했거나 언급한 대표적 인물로는 백남운白南雲과 최익한崔益翰을 들 수 있다. 우선 백남운白南雲(1894~1979)은 식민지시대에 유물사관의 입장에서 조선사를 연구한 선구적 인물이었다. 그가 제시했던 맑스주의 역사이론 가운데 실학에 대한 그의 이해와 관련하여 주목할 수 있는 내용은 봉건제 해체론 내지 자본주의 맹아론으로 생각된다. 그는 조선에서 내재적 자본주의 발전 가능성을 제시한 바 있었다.[83] 그의 자본주의 이행론은 조선후기 봉건사회의 해체과정에 대한 성찰을 통해서 제시되었다.

백남운은 조선후기 사회의 특성을 검토하는 과정에서 오늘날 '실학자'로 지칭되는 반계潘溪 유형원柳馨遠이나 다산茶山 정약용丁若鏞의 보고

---

83) 방기중, 1992, 『한국근현대사상사연구 : 1930·1940년대 백남운의 학문과 정치경제사상』, 역사비평사, 178쪽.

報告를 주목했다. 즉, 그는 조선 전통사회의 계契와 향약鄕約을 검토하면서 유형원의 『반계수록磻溪隨錄』에 수록되어 있는 조헌趙憲의 상소를 인용했다.[84] 그리고 그는 환곡還穀의 문제점을 적시하면서 정약용의 『목민심서牧民心書』를 인용했다.[85] 그가 '실학자'들의 저술에 주목하기 시작했던 해는 늦어도 조선계朝鮮契에 관한 그의 글이 씌어졌던 1927년경이었다고 생각된다. 그는 18세기 말엽 경상감영에서 간행한 목판본 『반계수록磻溪隨錄』과 1901년 광문사光文社에서 인간印刊한 『목민심서牧民心書』에 접할 수 있었으므로, 자신의 글에 이 자료를 인용했으리라 생각된다. 그리고 이와 같은 사실은 그가 정약용 서거 100주년기념제라는 사건을 맞아 우연히 타의에 의해 정약용에 관한 글을 집필한 것이 아님을 드러내준다. '실학'에 대한 백남운의 견해는 정약용에 관한 두 편의 글을 통해서 집중적으로 드러난다. 사상이나 관념을 그 시대의 사회적 생산관계의 반영물로 파악하는 그에게 실학파 정약용의 사상은 곧 조선후기 사회상의 반영이었다.[86] 그리하여 그는 정약용의 사상이 형성된 배경으로 당시의 역사성과 사회성을 주목하며 다음과 같이 말했다.[87]

> 외관으로는 문운文運이 발랄潑剌하고 정강政綱이 진작振作된 바 있었으나 내면으로 모모의 세도 정국이 조종되는 동시의 한양의 세도문勢道門을 중심으로 한 전국의 지방관은 대체로 가렴주구에 몰두하얏고 농민은 납세納稅·별공別貢·요역徭役 등 봉건적 착취의 중압重壓으로 … 타면으로는 자연생장적으로 화폐경제의 싹이 트게 되매 봉건착취의 압력은 한층 강화하얏든 것이니, 이러한 모순은 실로 사회모순社會矛盾의 심각화深刻化인 동시에 역사적으로는 봉건

---

84) 白南雲, 1936, 「『朝鮮契』의 사회적 고찰」『學海』; 하일식편, 1991, 『백남운전집 4: 彙編』, 이론과 실천, 33쪽.

85) 白南雲, 1936, 「『朝鮮契』의 사회적 고찰」『學海』; 하일식편, 1991, 『백남운전집 4: 彙編』, 이론과 실천, 42쪽.

86) 방기중, 1992, 앞의 책, 180쪽.

87) 白南雲, 『東亞日報』, 1935년 7월 6일, 丁茶山의 思想; 하일식편, 1991, 『백남운전집 4: 彙編』, 이론과 실천, 114쪽.

기구의 붕괴과정이엇든 것이다. 그리하야 안으로는 사회의 맥박인 민란의 징조가 이미 발생되엇고 밖으로는 서구의 이양선이 가끔 조선의 관문을 두다려 통상을 청하엿으나 봉건왕도의 도원桃園 꿈은 기지개 쓸 줄도 몰랏든 것이다. 자기반성도 필요하려니와 외래의 '천사'를 '악마'로 본 것은 천고의 유한遺恨일 것이다.

백남운은 '실학'의 발생의 요인으로 조선후기 사회의 자기모순과 함께 외래적 측면도 주목했다. 이는 그가 자신의 역사이론에서 내재적 발전의 가능성을 집요하게 모색해 왔던 사실과 상치되는 것으로 보인다. 그러나 이러한 해석보다는 백남운이 역사에 미치는 외래적 요인에 대해서도 부분적으로 인정하고 있었다는 측면에서 그의 언급을 이해할 수 있을 것이다.

그리고 그는 정약용이 가지고 있는 과도기적 성격 내지는 중층적 특성을 다음과 같이 표현했다.[88]

다산의 사상은 양반출신이면서도 '양반'은 아니고 유학의 출신이면서도 '순유학자'는 아니며 … 서학의 신도이면서도 익혹溺惑이 아니라 섭취이엇고 '배교자'이면서도 실천자이엇든 것이다. 그러나 전적으로 보아서 봉건사상을 완전히 해탈한 것도 아니고 근세적 자유사상을 적극적으로 제창한 것도 아니다. 이것은 과도적 존재의 반영으로서 이해하지 안흐면 안될 것이다.

백남운은 정약용의 '실학'은 "봉건적 쇄국주의의 계급적 양반도兩班道에 대한 반항의식의 발로인 동시에 인인애隣人愛와 자유주의 사상에의 동경에서 나온 것"으로 규정했다.[89] 그리고 결론적으로 말하여 정약용은 "아직 봉건사상을 완전히 해탈한 것도 자유주의를 적극적으로 제창한 것도 아니다"라고 규정했다. 그는 정약용을 근대에 이르는 과도기적

---

88) 白南雲, 『東亞日報』, 1935년 7월 6일, 丁茶山의 思想; 하일식편, 1991, 『백남운전집 4: 彙編』, 이론과 실천, 116쪽.

89) 白南雲, 1935, 「現代史上의 先驅者로서 茶山先生의 地位: 國家的社會主義」; 하일식, 1991, 『백남운전집 4: 彙編』, 이론과 실천, 119쪽.

인물로 파악했기 때문이었다.

한편, 이 시기의 연구자 가운데 최익한崔益翰(1897~?)의 존재가 가장 주목된다. 최익한은 백남운白南雲과 동시대를 살았고, 해방이후에는 북한北韓으로 가서 백남운과 함께 만년의 운명을 나누기도 했다. 최익한은 당시의 강원도 울진에서 1897년에 태어났고, 1911년부터 1916년 사이에는 영남의 거유였던 곽종석郭鍾錫의 문하에 들어가 한학漢學을 익혔다. 그 후 그는 상경하여 중동학교와 기독청년학관에서 수학했다. 그러나 삼일운동 직후 독립자금모금사건이 발각되어 4년의 형을 언도받고 복역하다가 1924년에 출감한 다음 일본의 와세다대학에 진학했다. 그러나 그는 제3차 조선공산당사건에 연루되어 1928년에 다시 투옥되었고 1935년 말에 석방되었다. 출감 후 그는 서울로 올라와 국학운동에 투신하였다.

이때 1934년부터 신조선사新朝鮮社에서 간행되기 시작했던 『여유당전서與猶堂全書』가 400부 76권의 규모로 1938년 10월에 완간되기에 이르렀다.90) 최익한은 이에 관한 논평을 맡아 동아일보에 1938년 12월 9일자부터 1939년 6월 4일자에 이르기까지 모두 65회에 걸쳐 「여유당전서與猶堂全書를 독讀함」이라는 글을 연재했다. 그런데 이 글은 단순한 서평이라기보다는 정약용에 관한 본격적 연구논문으로 평가할 수 있을 것이다.

최익한은 이 글의 연재를 통해서 정약용의 연보年譜와 명호名號, 거주지, 저서총목著書總目, 학문의 연원경로淵源徑路, 남인南人·서학西學·성호학파星湖學派의 교착交錯, 당쟁黨爭과 척사斥邪의 표지적表裏的 관계, 서학西學의 좌우파左右派, 과학적 신견해新見解, 유학儒學의 신견해, 균등주의均等主義의 왕정론王政論, 경제정책의 수례數例, 계급타파사상, 사회·정치철학의 기조基調, 다산사상茶山思想에 대한 개평槪評 등을 정리해 주었다. 그리고 그는 이 글을 연재하는 과정에서 안재홍安在鴻, 정인보鄭寅普 등과

---

90) 『東亞日報』, 1938년 10월 28일, 석간 3면, 丁茶山全書: 朝鮮出版界의 金子塔, 四百部 七十六卷을 完刊.

교류하면서 국학國學의 연구에 동참하여 조선사 전반에 관한 평론적 글
들도 집필하게 되었다.[91]

　최익한은 「여유당전서與猶堂全書를 독讀함」이라는 장문의 논문에서 정
약용의 사상적 목표가 '낡은 나라를 혁신하자新我舊邦'에 있었음을 강조
했다.[92] 그의 이와 같은 주장에는 정인보나 안재홍의 영향이 있었다고
생각된다. 앞서 살펴본 바와 같이 정인보 및 안재홍의 경우에도 정약용
사상의 핵심이 '신아구방新我舊邦'하는 데에 있었음을 역설한 바 있었기
때문이다. 하지만 그는 정인보보다 한 걸음 더 나아가 정약용의 사상에
대한 본격적 평가를 시도하고 있었다. 그리하여 그는 정약용의 사상이
종래 계급의 반성적 요구를 반영한 것이지 신흥계급의 대표로서의 사상
체계는 아니라고 규정하며 그 한계를 지적했다. 최익한은 자신이 1930
년대 후반 '실학'의 연구에 참여했던 이유에 대해서 다음과 같이 말한
바 있다.[93]

　　회고컨대 집필 당시는 즉 중일전中日戰이 삼각화함에 따라서 일제日帝 팟
쇼는 소위 '황민화皇民化' 운동을 통하야 조선민족문화朝鮮民族文化를 그 근본
根本부터 폭력적暴力的으로 괴멸壞滅해 버리려 하던 그때였으므로 과거過去의
제도制度에 가탁假託하야 민족고유문화民族固有文化의 일단一端을 과시誇示하는
것은 한고個 모험적冒險的 선전宣傳이였으며 따라서 의의意義를 내포內包한 것
이였다.

　즉 최익한은 자신의 학문연구가 일제에 대한 저항의 일환이었음을 언
급하고 있다. 여기에서 식민지시기 후기에 전개되었던 조선학운동이나
실학에 대한 연구가 가지고 있던 민족주의적 경향을 확인할 수 있다.

91) 宋讚燮, 1997, 「일제·해방초기 崔益翰의 茶山研究」, 『韓國史學史研究』于松趙東
　　杰教授停年紀念論叢l, 나남출판사, 594~613쪽 참조.
92) 崔益翰, 『東亞日報』, 1938년 12월, 「與猶堂全書를 讀함(1)」; 최익한, 1955, 『실
　　학파와 정다산』, 평양: 국립출판사, 470~476쪽.
93) 崔益翰, 1947, 『朝鮮社會政策史』, 博文出版社, 2쪽.

한편, 이 조선학 운동이 전개되던 과정에서 '실학實學'이라는 용어가 좀더 광범하게 사용되기에 이르렀다. 즉, 조선학운동에 참여했던 인사들은 정약용과 그가 살았던 당시의 사상적 배경을 설명하는 과정에서 1923년 최남선이 제시한 바 있었던 '실학實學'이라는 용어를 채택하여 사용하기 시작했다.

이에 관한 구체적 사례로서 정인보는 1935년에는 정약용의 일생에 대해서 논술하면서 그가 살았던 시대는 "실학實學으로써 허구虛構를 구救하라는 학풍學風"이 존재했음을 말했고, 정조正祖가 경연을 통해 "정치 경제의 실학實學을 연납延納하였다"고 했다.[94]

현상윤도 1935년에 이르러 정약용이 '민국民國의 실학實學'을 논했던 '경제학파經濟學派의 최절정最絶頂'으로 규정했다.[95] 그리고 그는 조선후기 유학계에 '실학파實學派의 궐기蹶起'가 있었다고 서술하면서 다음과 같이 말했다.[96]

> 전에도 말한 바와 같이 이학理學이 유학儒學의 전부全部가 아니다. 그뿐만 아니라 유학儒學이 학문學問이나 사상思想으로서 사회社會에 기여寄與하는 것이 잇다면 그것은 이론방면理論方面보다도 실제적實際的 방면方面인 것은 또한 움직이지 못할 사실事實이다. 그런데 불구不拘하고 조선朝鮮서는 이학理學만을 숭상崇尙하니 여기에 반드시 반동反動이 잇을 것은 또한 분명分明한 일이다. 이 시대적時代的 필연必然에 응應하야 생기生起한 것이 실학파實學派의 운동運動이다. 이 실학파實學派의 급선봉急先鋒은 반계潘溪 유형원柳馨遠이니 그는 실實로 이조유학사상李朝儒學史上 일대경이一大驚異이다. … 그후 영조연간英祖年間에 성호이익星湖李瀷이 반계潘溪의 사상思想을 계술繼述하야 또한 실학實學의 필요必要를 역설力說하엿다. … 이때에 성호星湖를 중심中心으로 하고 혹은 성호星湖에게 직접直接 친구親炙하는 자者와 혹或은 사숙私淑한 자중者中에 걸사傑士가 불소不少히 산출産出하니, 안정복安鼎福, 이가환李家煥, 박지원朴趾源, 이

94) 鄭寅普, 『東亞日報』, 1935년 7월 16일, 석간 3면, 茶山先生의 一生.
95) 玄相允, 1934, 「李朝儒學과 丁茶山先生」 『新朝鮮』 1934년 10월호, 新朝鮮社, 36쪽.
96) 玄相允, 『東亞日報』, 1935년 7월 16일, 석간 3면, 朝鮮儒學史上의 丁茶山과 그 位置.

덕무李德懋, 유득공柳得恭, 박제가朴齊家, 정약용丁若鏞 등等이 이들이다. 그중에
서 정약용丁若鏞 즉 다산茶山은 집대성集大成의 감感이 불무不無하다.

이 글에서 현상윤은 유형원과 이익 그리고 정약용으로 이어지는 실학파
의 학맥을 설정하고 있었으며, 정약용을 그 집대성자로 평가해 주었다.

한편, 안재홍도 1938년말 동아일보 지상에 '실학파 정약용'에 관해서
언급하고 있었다.[97] 그가 이 용어를 구사하게 된 데에는 1934년 이래의
조선학 운동에 참여했던 경험이 크게 작용되었으리라 생각된다.

백남운은 정약용을 경세가로 규정했고, '근세자유주의近世自由主義의
일선구자一先驅者'로 규정했다. 그러나 그는 1935년 조선학운동의 전개
과정에서 '실학파實學派'라는 용어를 사용하기도 했다. 그는 실학이라는
용어를 다음과 같이 사용하고 있었다.[98]

> 영정순헌英正順憲 연간年間에 이르러서는 사회기구적社會機構的 붕괴崩壞에
> 대對한 반성적反省的 욕구欲求와 외력작용外力作用의 영향影響으로 인因하야 학
> 문적學問的 동향動向이 형이상학적形而上學的 경향傾向과 분리分離되는 동시同時
> 에 지나支那의 조박精粕에만 만족滿足하지 안코 자연과학적自然科學的으로[수리
> 의학등數理醫學等] 또는 실학적實學的[주主로 정책이론政策理論]으로 구심화球心化하
> 는 경향傾向이 현저顯著하였다. … 정다산丁茶山 선생先生은 이조말기李朝末期의
> 실학부문實學部門을 집대성集大成하였다.

즉 백남운은 1935년에 이르러 사회개혁적 정책이론에 대한 부분을 '실
학實學'으로 이해했고, 정약용을 실학을 집대성集大成한 인물로 설명했다.
그러나 이상의 조선학 운동 참여자들은 실학이라는 용어를 간혹 병용倂用
하기도 했으나 조선후기의 개혁사상을 나타내는 용어로 '경세학經世學' '경
제학파經濟學派' 등의 용어를 더욱 빈번히 사용하고 있음을 주목하게 된다.

---

97) 安在鴻, 『東亞日報』, 1938년 12월 9일, 석간 3면, 茶山先生과 現代의 關係.
98) 白南雲, 1935, 「정다산백년제의 역사적의의」『新朝鮮』1935년 8월호丁茶山特輯,
    22쪽.

반면에 이 시기 조선학 운동에 함께 참여하고 있었던 조헌영趙憲泳이
나 백낙준白樂濬 등의 경우에는 조선후기의 개혁사상을 강조하면서도 '실
학實學'이라는 용어를 사용하지는 않았다. 즉, 조헌영은 정약용의 학문이
'경세론經世論'이었음을 말하면서, 정약용을 '경세가經世家'라고 불렀을
뿐이다.99) 또한 백낙준白樂濬도 정약용이 '신아구방新我舊邦'의 이상을 실
현하기 위해 노력했던 인물로 보았지만, 그의 학문을 '실학實學'으로 규
정하는 데에는 이르지 못했다.100) 이들보다는 몇 년 뒤에 활동했던 최익
한崔益翰의 경우에도 실학이라는 용어를 직접구사하지는 않은 듯했다.

그러나, '실학'이란 용어는 1940년대 전반기 조선사회에서도 지속적
으로 사용되고 있었다. 즉, 1940년에 창해생(滄 海生)은 정약용이 '개물성
무開物成務의 실학實學을 독창獨創한' 인물로 규정했다.101) 1942년 유진
오兪鎭午는 조선후기의 '실학파實學派'에 대해 주목한 바도 있었다.102) 그
리고 최남선도 1944년에 발간된 『고사통故事通』을 통해서 실학의 시대
성을 밝히고 있을 뿐만 아니라 그 학문적 태도도 실용적實用的, 내성적內
省的인 것으로 정의했다. 그리고 그는 이 책에 1931년에 간행되었던 『조
선역사朝鮮歷史』에 수록된 글을 옮겨 적어 실학사상 중 한 갈래로 '북학
론'을 제시하면서 이에 관한 간략한 의미를 제시했다. 즉, 최남선은 '북
학론'을 자신의 실학론에 흡수하여 다음과 같이 설명하고 있다.103)

자기自己에 대한 엄정嚴正한 성찰省察이 진행進行함을 따라서 조선朝鮮의 결
함缺陷과 밋 그 교구矯捄의 책策을 생각하는 풍風이 이러나니 그 중에 두드러진

---

99) 趙憲泳, 1935, 「醫學上으로 본 茶山先生」 『新朝鮮』 1935년 신년호, 62쪽.

100) 白樂濬, 1935, 「茶山逝世百年을 際하야」 『新朝鮮』 1938년 8월호(丁茶山特輯), 30쪽.

101) 滄海生, 『東亞日報』, 1940년 3월 1일, 석간 3면, 種痘術과 丁茶山先生(中)

102) 兪鎭午, 1942, 「李朝의 實學派에 대하여」 『文獻報國』 8-8 ; 1979, 『茶山學報』 2에 再收錄.

103) 崔南善, 1944, 『故事通』, 三中堂, 176쪽.

것은 조선을 구하려 하려면 몬저 경제적經濟的으로 손을 대여야 할 것이오 그
리함에는 외국인의 실제생활實際生活상 장처長處를 배호고 특히 그 진보進步한
교통무역交通貿易의 실제實際를 본뜨자하든 일파一派ㅣ니 위선 북으로 지나支
那에서브터 배호자 한 점으로 이네의 주장主張을 북학론北學論이라 부른다.

여기에서 볼 수 있는 바와 같이 최남선은 '실학'의 북학론北學論에 대
한 관심을 명시적으로 표명했다. 그리고 '북학론'의 목적이 내정의 개혁
에 있었음을 이 글에서 설명하고 있었다.

이러한 상황에서 1944년 당시 조선사회에서도 실학파實學派라는 단어
가 계속 사용되었던 사례를 확인할 수도 있다. 즉, 아오키 슈죠(青木修三)
는 실학實學의 제1조第一祖 반계潘溪, 제2조第二祖 성호星湖의 학을 계승하
여 신중하게 검토음미해서 이를 집대성한 인물이 다산 정약용을 '실학파
實學派의 중심인물中心人物'로 규정했다.104) 그리고 창해생(滄海生)은 정약
용이 반계 유형원과 성호 이익 그리고 순암 안정복과 학통을 같이하고
있음을 말하면서, 영조 38년(1762년)에 실학파의 제3조로 운위되는 다산
정약용이 태어났다고 했다.105)

그러나 이 시기에도 '실학'이라는 용어가 학계의 보편적 동의를 얻지
는 못했다. 그 사례로 홍이섭洪以燮의 경우를 들 수 있다. 홍이섭洪以燮은
1944년 『조선과학사朝鮮科學史』를 일제의 조선어통제정책朝鮮語統制政策
때문에 일본문日本文으로 간행한 바 있었다. 그는 이 책에서 조선후기의
새로운 사조를 '실증학파實證學派'로 명명하여 사용하고 있다.106) 즉, 이

---

104) 青木修三, 1944, '茶山とその遺著(其一)', 「朝鮮近世古典叢談(6)」 『國民文學』
    4-6, 人文社, 53쪽. 青木修三은 創氏名으로 추정된다. 그러나 그 朝鮮名은 누구
    인지 未詳이다.
105) 青木修三, 1944, '茶山とその遺著其一', 「朝鮮近世古典叢談 6」 『國民文學』
    4-6, 人文社, 50쪽.
106) 洪以燮, 1946, 『朝鮮科學史』, 正音社, 237쪽. 홍이섭이 1944년에 간행했던 『朝
    鮮科學史』는 해방직후 한글본으로 다시 간행되었다. 이 한글본을 종전의 일본문
    본과 비교해보면, 그 '序言'과 '板權'을 제외하면 완전히 같은 내용으로 되어 있

책의 단계에서도 그는 '실학파實學派'라는 용어 대신에 '실증학파實證學派'라는 용어를 사용하여, 오늘날 '실학자'로 불리는 학인學人들의 과학적인 업적을 서술한 바 있었다.107) 그러나 '실학'이라는 용어는 그 개념의 적합성으로 인해 점차 널리 사용되어 가기에 이르렀다.108)

요컨대, 1934년에 이르러 다산서세백주년기념茶山逝世百周年紀念이 본격적으로 착수되어 『여유당전서』가 간행되기 시작했고 이를 계기로 하여 조선학운동이 재점화되었다. 그리고 이 과정에서 정약용을 비롯한 조선후기의 개혁사상에 대한 관심이 급격히 강화되었다. 이 과정에서 조선후기의 학풍이 서양의 근대적 사상과 대비 고찰되었고, 당시 조선의 사회적 요구와 관련하여 조선후기 개혁사상에서 근대성의 개념이 강조되었다. 그리고 정약용의 사상에 대한 본격적 연구가 출현하게 된 시점도 이때였다. 그리하여 이때에 이르러서는 '조선후기朝鮮後期 개혁사상改革思想=실사구시학實事求是學 또는 실학實學'이라는 학문적 개념화 작업이 거의 완성 단계에 이르렀다. 그리고 이 시기에 이어지는 1940년대 전반기의 '실학' 연구가 당시의 시대적 환경과 맞물려서 상당히 제약을 받았지만, 이 시기의 조선인 학자들은 실학연구를 통해서 민족문화에 대한 자긍심을 강화하고자 했다.

다. 이때 간행된 한글본의 각주 부분은 日本文本의 각주 부분 紙型을 그대로 활용하고 있었다.
107) 홍이섭은 해방직후 '실학'에 대한 연구를 계속했고, 1950년대에 이르러 실학사상, 실학파 등의 용어를 본격적으로 사용하게 되었다.
108) '實學'이라는 용어가 다시 본격적으로 사용하게 된 것은 1949년에 간행된 玄相允의 『朝鮮思想史』를 통해서였다. 玄相允은 『朝鮮思想史』 제13장에서 '實學派의 勃興'이라는 제목 밑에 '實學派의 出現과 그 原因', '實學派의 學風', '實學派의 代辯者'라는 3개의 節을 설정하였다. 그러나 그가 北으로 간 이후 1953년에 간행된 『朝鮮儒學史』에는 '實學派'를 경제학파로 부르고 있다. 이로 미루어 보아 해방직후까지도 현상윤은 조선후기의 새로운 학풍을 '실학파'와 '경제학파'라는 두 종류의 용어를 사용했음을 알 수 있다. 趙東杰, 1998, 『現代韓國史學史』, 나남출판, 352쪽 참조.

5. 맺음말

개항기에 접어들어 조선후기를 객관적 관찰의 대상으로 삼을 수 있게 됨에 따라 조선후기 사상계 개혁적 학풍에 대한 관심이 제기되었다. 즉 조선후기의 개혁사상인 실학은 당대에 즉자적으로 존재해 왔으나 이에 대한 객관적 관찰이 가능한 개항 이후의 학계에서 이들의 존재를 확인하고 이들 상호간의 관계를 규명하여 하나의 학파로 편제해 갔으며, 이들에 대한 개념을 심화시켜 갔다. 조선후기의 개혁사상에 대한 관심은 특히 1899년 이후의 개항기 사회가 구국의 방략을 모색하던 과정에서 등장했다. 개항기 연구자들은 대체적으로 조선후기 사회에 개혁적 사상이 있었음을 인정했고, 이 개혁사상이 유형원, 이익, 정약용 등에 의해 제시되었다고 생각했다. 이러한 개항기의 연구성과는, 편의상 식민지시대 전기로 규정된 1910년부터 1934년에 이르는 기간 동안에도 재음미되었다. 그리하여 이 시기의 연구자들은 조선후기 개혁적 사상의 존재에 대해 거듭 확인했고, 이 개혁적 사상을 가지고 있던 인물들에 대한 이해의 폭이 넓어져 박지원을 비롯한 여러 개혁사상가들이 주목되었다.

이 과정에서 조선후기의 개혁사상에 대한 개념화 작업이 진행되었다. 당시인들은 이를 '실사구시학파', '경제학파' 등 여러 명칭으로 불렀다. 그러나 최남선은 1923년에 그의 『조선역사강화朝鮮歷史講話』에서 조선후기의 학풍을 가리키는 용어로 '실학'이란 단어를 처음으로 사용하고 있었다. 최남선은 1931년 『조선역사朝鮮歷史』에서 '북학론北學論'이란 용어를 사용했고, 그리고 이창환도 1934년 『조선역사朝鮮歷史』에서 '북학론'을 언급했다. 그러나 이러한 용어가 당시 주류 학계에서는 큰 주목을 받지 못했지만, 조선후기의 개혁사상의 이해를 한층 심화시켰다. 한편, 식민지시대 전기에는 조선후기 개혁사상을 하나의 학파 내지는 학문적 경향

으로 규정하고자 하는 시도가 전개되었다. 이는 그 사상에 대한 인식의
폭이 심화된 결과이기도 했다.

한편, 1934년에 다산서세백주년茶山逝世百週年 기념사업의 일환으로『여
유당전서與猶堂全書』가 간행되기 시작했다. 그리고 이 과정에서 조선학운
동이 활발히 전개되기에 이르렀다. 이때의 조선학운동은 다산 정약용에
대한 연구를 중심으로 하여 전개되었다. 그러나 이 운동의 주도자들이
비타협적 민족주의자들이었지만, 최남선이 사용하기 시작했던 조선후기
학풍에 대한 '실학實學'이라는 용어가 이들에 의해 점차 사용되어 가고
있음을 확인하게 된다. 그러나 조선학운동의 과정에서 그 주도자들을 조
선후기의 개혁사상을 여전히 '경제학파', '실증학파' 등으로 불러주고 있
었다.

한편, 개항기와 식민지 시대에 있어서 전개된 조선후기의 개혁사상에
대한 연구는 일종의 구국적 방략에서 제시되었다. 그리고 당시의 연구자
들은 이 사상경향을 조선사회에 내재해 있던 근대성의 발현으로 보려는
경우가 많았다. 여기에서 당시 사회에서 조선후기의 개혁사상 즉 '실학'
이 좀더 적극적으로 평가될 수 있던 이유를 확인할 수 있다. 그렇다 하
더라도 이 시기에 있어서 '실학'이라는 학술용어나 그 개념이 확립되지
는 못했다. 그러나 이 시기에 전개된 조선후기 개혁사상에 대한 관심과
연구는 1945년 민족해방 이후 남북한의 학자들이 실학이라는 개념을 정
립하고 이를 연구하는 데에 중요한 밑돌이 되었다.

제4장 실학과 개화사상의 관계에 대한 재검토

1. 머리말

실학사상은 조선후기 선진先秦 유학을 모태로 하여 등장한 일련의 개혁사상으로 규정된다. 그러나 실학사상이 연구되어 가는 과정에서 그 개념이 다양하게 제시되었다. 또한 그 전개과정이나 역사적 의미에 대해서도 연구자 사이에 편차가 드러나고 있다. 이 과정에서 실학과 개화사상의 연결에 대한 문제가 제기되었다.

그 동안 연구자들은 실학과 개화사상의 연결 여부에 대해서 다양한 견해를 제시해왔다. 일부 연구자들은 이 양자간의 연결성을 주목하고 강조했다. 그러나 또 다른 연구자들은 실학과 개화사상의 연결 여부에 신중한 입장을 취하거나 이 두 사상을 서로 단절된 것으로 파악하고자 했다. 이러한 상이한 입장은 실학의 개념과 전개과정에 대한 이해의 차이에서 유래했다.

즉, 조선후기의 실학사상이 근대적 내지는 근대 지향적 요소를 가지고 있다고 보는 입장에서는 이 양자간의 연결을 시도했다. 그러나 실학을 중세적 사유형태의 일종으로 규정하는 연구자들은 그 상호 연결을 설명할 수 있는 이론적 기초나 역사적 사례가 없음에 주목하고 있다. 이와 같이 이 문제는 실학의 개념에 대한 인식과 직결되고 있다. 또한 실학과 개화사상의 연결 여부에 관한 문제는 실학의 사상의 전개과정에서 그 시대적 하한下限을 설정하는 문제와 직결된다.

이 주제에 대한 종전의 연구 경향을 살펴보면, 이 주제는 개화사상의 연원을 밝히려는 입장에서 집중적으로 진행되었다. 그리고 실학사상에 대한 연구 과정에서도 그 개념 규정과 관련하여 단편적으로나마 언급되거나 의식되었다. 또한 이 문제는 실학에 관한 연구자들의 입장에 따라서 계속 논의될 여지가 상존常存하고 있다. 그러나 이에 관한 종합적 검토작업은 아직 진행되지 않았다. 이 때문에 본고에서는 실학과 개화사상의 상관관계에 대한 종합적 검토작업을 다시 시도해 보고자 한다.

이 문제에 대한 규명은 조선후기 실학의 개념을 규정하고 그 역사적 의미를 파악하는 관건이 될 수 있다. 이 문제에 대한 연구자의 이해에는 실학의 개념과 역사적 기능 및 전개과정에 대한 자신의 입장이 집약되어 있기 때문이다. 이에 이 글에서는 실학과 개화사상의 연결 여부에 대한 규명을 통해서 실학사상 및 개화사상의 성격을 올바로 이해하는 데에 도움을 주고자 한다. 여기에서 우리는 이 주제에 대한 연구의 목적과 의의를 찾을 수 있게 된다.

한편, 필자는 이미 실학의 개념이나 연구의 전개과정에 대한 의견을 정리·제시한 바 있다.[1] 그러므로 이 글에서 사용되고 있는 주요 용어의 개념들은 앞서 제시된 논문들에서 사용했던 바에 따르고자 한다. 그런데 이 두 사상의 연결 여부를 파악하기 위해서는 두 사상의 구조에 대한 간략한 언급이 요청된다. 그러므로 이 글에서는 실학과 개화사상의 개념에 대한 확인을 통해서 두 사상의 연결 여부를 이해할 수 있는 이론적 기초를 마련하고자 한다. 또한 동시에 이 두 사상의 연결 여부에 관한 연구자들의 견해를 연구사적 접근을 통해서 검토해 보고자 한다.

---

1) 趙珖, 1992,「朝鮮後期 實學思想의 研究動向과 展望」『何石 金昌洙教授 華甲紀念史學論叢』, 汎友社, 406~443쪽 ; 趙珖, 1998,「조선후기 실학사상의 발전」『한국사』 35, 국사편찬위원회, 207~271쪽.

특히, 실학이나 개화사상에 관한 본격적 연구는 해방 이후 남북한의 연구자들에 의해서 진행되었다. 따라서 그 개념이나 전개과정에 관한 연구사적 검토작업은 해방 이후 남북한의 학계를 중심으로 수행되어야 한다. 이러한 작업이 전제될 때, 실학과 개화의 상관성 여부가 올바로 규명될 수 있을 것이다.

2. 실학과 개화사상의 개념

실학과 개화사상의 연결 여부에 대한 검토를 위해서는 이 두 사상의 개념이나 그 역사적 의의에 대한 검토가 진행되어야 한다. 이 양자가 가지고 있는 개념 및 전개과정과 역사적 의의의 비교를 통해서 그 상호간의 관계 여부를 파악할 수 있기 때문이다. 그런데 실학이나 개화사상에 관해서는 이미 선학들에 의해서 많은 연구작업이 진행되어 왔다. 따라서 본고에서는 이 양자의 관계를 이해하는 기본 전제의 범위 안에서 이를 간략히 정리해 보고자 한다.

우선, '실학사상'은 조선후기 사상계의 변화와 관련하여 제시된 용어이다. 성리학이 주류적 사상으로 작용하고 있던 조선후기 사상계에서는 분명 새로운 경향의 사상운동이 일어나고 있었다. 이 사상계의 새로운 경향을 1950년대를 전후하여 남북한의 학계에서는 '실학사상'이라 지칭하게 되었다. 그러나 이 사상을 주장하던 당대의 사상가들은 직접 문호門戶를 열고 기치旗幟를 세우며 자신의 존재를 '실학파實學派'로 확인하거나 자신의 사상을 '실학사상'으로 규정하지는 않았다. 즉, 그들은 스스로 '실학자'로 자처한 바도 없고, 자신의 학문을 '실학'이라고 선언하지도 않았다. 그들이 서로 모여 타자와 구별되는 배타적 견지에서 '실학파'를 조직한 바도 없었다.

그러나 오늘의 학계에서 당시의 학풍을 '실학'으로 규정하는 데에는 일정한 근거가 있다. 즉, 조선후기 당시의 실학사상은 자신의 존재를 의식하고 자신의 독립성을 확연히 천명하는 대자적對自的[für sich] 단계의 사상으로까지 전개되지는 않았다. 그러나 실학사상은 조선후기 사회에서 즉자적卽自的(an sich) 형태로 존재하고 있었던 중요한 흐름 가운데 하나였음을 부인할 수는 없다.[2]

이 즉자적 사상의 존재에 대해서 개항기 지식인들은 1890년대 말엽에 이르러 점차 관심을 갖기 시작했다. 그리고 이 사상적 경향은 1930년대 초에 비타협적 민족주의자들을 중심으로 하여 전개된 '조선학운동' 내지는 '조선문화부흥운동'의 과정에서 집중적 관심의 대상이 되었다. 그리고 1950년대 이후에 남북한의 학계에서는 이 즉자적 사상을 '실학' 내지 '실학사상'으로 명명하여 지칭하게 되었다.[3]

이와 같이 진행된 실학사상의 연구 상황에 관한 검토작업은 이미 수차례에 걸쳐서 진행된 바 있다.[4] 실학사상에 대한 1890년대의 연구자들은 '경세가經世家'로서의 실학자를 주목했다. 개항기 당시에 진행된 '실학사상'에 대한 관심은 주로 제도개혁의 이론적 근거나 역사적 경험을 확인하려던 측면에서 진행되었다. 개화사상가들은 정약용丁若鏞(1762~1836)이나 유형원柳馨遠(1622~1673)에 관해서 일정한 관심을 표하기도 했다. 그러나 개항기 학부學部나 민간에서 편찬한 역사 교과서류에는 이들에 대한

---

2) 趙珖, 1998, 앞의 논문, 210쪽.
3) 趙珖, 1992, 앞의 논문, 442쪽.
4) 池斗煥, 1987, 「朝鮮後期 實學研究의 問題點과 방향」『泰東古典研究』3, 泰東古典研究所, 103~148쪽 ; 김현영, 1987, 「'실학'연구의 반성과 전망」『한국중세사회 해체기의 제문제』상, 한울, 311~337쪽 ; 趙珖, 1992, 「朝鮮後期 實學思想의 研究動向과 展望」『何石 金昌洙教授華甲紀念史學論叢』, 汎友社, 406~443쪽 ; 조성을, 1996, 「실학과 민중사상」『한국역사입문』②, 풀빛, 559~574쪽 ; 池教憲, 1991, 「北韓의 實學研究成果에 대한 分析」『北韓의 韓國學 研究成果 分析』, 한국정신문화연구원, 107~153쪽.

언급이 거의 없었다. 이로 미루어 볼 때 개항기 사회에서 이들에 대한 인식의 폭은 매우 제한되어 있었음을 확인하게 된다.

한편, 1930년대 전후에 있어서는 오늘날 우리가 '실학'으로 지칭하는 사상은 실사구시학實事求是學, 의독구실지학依獨求實之學, 치용학致用學 등으로 다양하게 불리었고, 간혹 실학實學이라는 용어도 출현했다. 그리고 오늘날의 용어로 '실학파'라 불리는 학문 경향에 대하여, 1930년대의 연구자들은 현실학파, 경제학파, 실증학파, 성호학파, 북학파 등의 용어를 사용했다.5) 특히, 식민지 시대의 연구자들 가운데 반제국주의反帝國主義 사학에 종사하던 연구자들은 이 새로운 사상 경향에 주목하고 있었다. 그들은 정약용을 비롯한 조선후기 사상가에 대한 관심을 표명하면서 '실학'에 대해서 언급하고 있었다. 반면에 이른바 실증주의 계열에 속하는 연구자들은 실학사상에 대한 관심의 흔적이 거의 없었다.

즉, 식민지 시대 마르크스주의 역사학 계열에 속하는 백남운白南雲 (1895~1979)은 이를 "봉건적 쇄국주의의 계급적 양반의 도道에 대한 반항의식의 발로인 동시에 인인애隣人愛와 자유사상의 동경에서 나온 것'이라고 규정했다. 그는 정약용을 '근세적 자유주의의 일 선구'라고 하면서도 "아직은 봉건사상을 완전히 해탈한 것도, 자유주의를 적극적으로 제창한 것도 아니다"라고 말하면서 그 사상의 과도적 성격을 지적했다. 한편, 이청원李淸源은 이 새로운 "아세아적 전제국가 하에서의 소농민의 공동체적 생활을 재건하려는 것"으로 규정하여, '실학'을 조선후기 봉건국가의 재건 논리의 하나로 파악했다.6)

한편, 민족주의 계통의 역사연구자들 가운데 최익한崔益翰과 안재홍安在鴻(1891~1965)은7) 조선후기의 새로운 학풍에 관해서 관심을 가지고 있었

5) 趙珖, 1992, 앞의 논문, 417쪽.
6) 趙珖, 1992, 앞의 논문, 411쪽 등 참조.
7) 趙東杰, 1998, 『現代韓國史學史』, 나남출판사, 238쪽.

다. 즉, 최익한은 정약용에 대한 연구과정에서 그를 루소(J. J. Rousseau : 1712~1778)나 벤담(J. Bentham : 1748~1832) 등 유럽 근대의 사상가들과 비교하여 그의 근대성을 인정하고자 했다. 그러나 정약용의 사상은 "종래 계급의 반성적 요구를 반영하는 것이지 신흥계급의 대표로서의 사상체계는 아니다"라고 규정했다. 반면에 안재홍은 정약용에 대한 적극적 평가를 시도했다. 즉 그는 정약용이 중국에 대한 독립적 자존의식을 가진 '근대 국민주의의 선구'이며, 계급타파와 평등론을 제시하여 '근대 자유주의의 개조開祖'가 되었다고 이해했다. 그는 정약용의 사상을 '일종의 국가적 사회민주주의'로 규정하기도 했다.

이상에서 살펴본 바와 같이 1930년대에 있어서 '실학'은 '민족문화의 우수성' 내지는 '민족적 자주성'을 확인하기 위한 민족문화 재건의 논리에 입각하여 연구되었다. 비록 이 시기의 '실학' 연구는 그 범위와 대상이 매우 제한되어 있었고, 이에 관한 본격적 연구 성과도 미진한 편이었다. 그렇다 하더라도 일본인 연구자들에 의해 조선에서 독자적 사상이 존재한다는 사실마저 부인되던 당시의 상황을 감안할 때, 이들의 연구와 주장은 민족문화의 전통을 밝히는 데에 있어서 매우 큰 의미를 가지고 있는 것이었다. 그리고 이때에 이르러 실학연구와 사회경제사연구가 만나기 시작했고, 실학이 가지고 있는 과도적 성격이 언급되고 있었다. 그러나 실학에 대한 연구는 1950년대에 이르러서야 남북한 사회에서 본격적으로 자리 잡아 갔다. 이 시기에 실학, 실학사상, 실학파, 실학자 등의 용어가 확정되었다.

이 시기 북한의 실학연구는 1960년대 전반기까지는 실학의 과도기적 성격 내지는 전근대적 제약성이 언급되기도 했지만, 실학의 근대성을 강조하는 경향이 지속되었다. 그러나 1960년대 후반기 이후의 실학 연구에서는 실학사상의 제약성이 더 강조되고 있었다. 역사에 대해서 주체사상이 적용되는 과정에서 실학에 대한 시각의 부분적 변경이 진행되었다고 판단된다.

즉, 전근대사회에서의 인민대중의 투쟁을 강조하고 있는 주체사관에서는, 실학을 양반층 내부의 진보적 계층의 사상으로 규정하면서 실학자의 한계성이 주장되었다. 여기에서 실학은 봉건국가를 재건하려는 논리로 규정되었다. 그러나 북한의 실학에 대한 연구 경향은 조선후기의 사회변동을 반영하는 사상이며, 중세의 최후를 장식하는 사상 내지는 근대로 나아가는 과도기적 사상으로 거의 일관되게 규정하고 있다.

반면에 남한의 경우에도 조선후기 사회경제 발전의 반영태反映態로서 실학사상이 주목되었으며, 이 과정에서 역사발전론을 실증하기 위한 사회경제사 연구자들의 의도가 강하게 작용되기도 했다. 한편, 또 다른 계열의 연구자들은 실학의 역사적 실체를 확인하기 위해 노력했고, 실학의 개념에 대한 명사론적名辭論的 접근을 시도하거나 실학의 역사적 기능을 밝히려는 연구가 진행되었다.

이 과정에서 실학의 개념은 "전근대前近代 의식에 대항하는 근대의식 내지는 근대지향의식近代志向意識, 몰민족沒民族 의식에 대항하는 민족의식을 척도로 하여 재구성된 조선후기 유학의 개신적改新的 사상으로서, 조선후기에 일어난 개신유학이다"라고 규정되었다.[8] 이 규정에서는 실학을 봉건사회의 해체기에 등장한 '근대지향적' 과도기적 사상의 일종으로 보고자 한 것이고, 이는 상당 기간 동안 남한 학계의 광범위한 동의를 얻었다.

그러면서도 실학의 개념에 관한 천착 작업은 지속되어 갔고 여러 의견이 제시되었다. 일부 연구자들은 실학을 북학사상으로 한정하고자 시도한 바도 있었다.[9] 이 견해는 북학사상의 특성이 성즉리性卽理에 대한

---

8) 千寬宇, 1970, 「韓國實學思想史」『韓國文化史大系』 Ⅵ, 高麗大學校 民族文化研究所, 1044쪽.

9) 池斗煥, 1987, 「조선후기 실학연구의 문제점과 방향」『泰東古典研究』 3, 泰東古典研究所.

부정에 있다는 전제에서 제시되었다. 그러나 홍대용洪大容이나 최한기崔
漢綺 등 북학파 사상가들도 '성즉리'를 부정하지 않았음이 밝혀지면서,
이 견해의 문제점이 드러났다. 그리고 이에 대한 대안으로 실학의 개념
은 주자 유일 기준을 거부하고 삼대三代의 왕정王政과 같은 이상적 국가
공동체를 조선후기 사회에 실현하려던 우리나라 전근대 국가론의 마지
막 원형으로 이해하고자 했다.[10)

즉, '실학자'들은 주자朱子를 명시적으로 거부하지는 않았지만, 유학
의 해석에 있어서 적용되어 오던 주자 유일 기준을 거부한 탈성리학적
사상을 주장했다. 그리고 그들은 선진유학先秦儒學 내지는 원초유학原初
儒學에 입각하여 왕도정치론 혹은 왕정론에 기반을 두고 변법적 개혁을
추진하던 국가 재조再造 사상을 제시했다. 실학자는 성리학에 대해 비판
적 입장을 취하면서 원초유학의 이상형으로 제시되고 있는 왕도정치의
정론에 따라 고법古法과 고제古制를 조선후기 자신들이 살고 있는 현실
사회에 구현하려고 노력하던 사람들이었다. 또한 실학파는 실학자 상호
간에 있어서 직접적인 유대나 연결 관계와는 큰 상관없이 조선후기의 지
적 운동에서 드러나는 이와 같은 경향성을 공유했던 학인學人들의 무리
를 뜻하는 것으로 해석되었다.[11)

한편, 개화사상도 해방이후 남북한의 연구자들에 의해서 정립된 개념
이었다. 연구자들에 따라서는 이 개화사상의 출현 시기와 그 개념에 대
해서도 다양한 의견이 제시되고 있다. 먼저, 북한의 연구자들은 개화사
상이 1882년 임오군란을 전후하여 출현했다고 보았다. 그리고 개화사상
은 구미 각국의 급격한 근대문명 발전에 영향을 받아, 낙후한 조선정부
를 개조하여, 만청滿淸 봉건 통치배들과의 봉건적 종속관계를 폐기하고

---

10) 金泰永, 1997, 「조선후기 實學에서의 현실과 이상」 『韓國思想史方法論』, 도서출
    판 소화, 334쪽.
11) 趙珖, 1998, 앞의 논문, 267쪽.

'독립 자주' 정신으로 내정을 개혁함으로써 조선을 급속히 개화시켜 근대국가 체제로 개혁하고자 하는 사상으로 규정되었다.[12]

그리고 남한의 연구자들은 개화사상을 '1880년대 이후 한일합방 이전 시기까지 한국의 정치·경제·문화·사회 등을 지배하던 사상'으로서, '선각자들이 무지한 대중들을 교도하여 문명의 단계로 이끌어 보려던 경향'이며, 전근대적 사회에서 근대적 사회로 발전하기 위한 준비기의 사상으로 보았다.[13]

반면에, 또 다른 연구자들은 개화사상이 1853년 이후 중인 역관 출신 오경석吳慶錫에 의해서 제시되었음을 주장했다. 즉, 오경석을 통해서 드러나는 개화사상은 조선이 처한 현실을 '민족적 대위기大危機'로 판단하고, 정치·사회·경제 분야에서 일시 혁신을 단행하고, 과학과 기술을 중시하며, 평등사회를 지향하며, 국방력을 강화하고, 자주적 개항과 통상을 추진하던 사상으로 규정되고 있다.[14]

한편, 개화사상을 형성하는 데에 중요한 역할을 담당한 사회세력 가운데 하나로 중인층이 주목되기도 했다. 개항이전 중인층들은 양이洋夷가 가지고 있는 군사면의 우월성을 인정하고 국제사회 속에서 국가의 명맥을 보전해야 된다는 생각이 작용하였다. 그리고 양반들로 하여금 이러한 면에 눈을 돌리도록 함에 있어서 중요한 역할을 한 것으로 설명되었다.[15] 그리고 이들은 1850년대에 개화사상을 형성하면서 실학사상의 한계를 뛰어넘어 '근대 부르주아 계몽사상'으로서 개화사상의 형성에 기여했다고 보았다.[16]

12) 과학원 역사연구소, 1958, 『조선통사』 하, 평양: 과학원역사연구소 ; 1988, 서울 : 오월, 40쪽.
13) 李光麟, 1969, 『韓國開化史硏究』, 일조각, 20~21쪽.
14) 愼鏞厦, 1987, 「吳慶錫의 開化思想과 開化活動」 『韓國近代社會思想史硏究』, 一志社, 94~95쪽.
15) 李光麟, 1976, 「姜瑋의 人物과 思想」 『東方學志』 17 ; 1979, 『韓國開化思想硏究』, 일조각, 42쪽.

또한, 개화사상은 '민족적 독립'과 '자주와 진보'라는 두 지표로 집약되는 것으로 설명되었다.[17] 또한, 개화사상은 박규수·오경석·유대치 등 일련의 선진적 지식인들이 양무운동洋務運動 단계의 청국을 직접 방문하거나 서양 사정을 소개한 청국 서적의 영향을 받아 세계사의 변화에 적응하기 위한 목적을 가지고 주창한 사상으로 규정했다.[18] 이 사상은 개항기 일련의 개혁을 추진하는 기반으로 작용하고 있었다. 개화사상의 현실정치에 대한 적용은 시무개화파時務開化派에 의해서 집중적으로 시도되었다.

그런데, '개화'라는 용어는 1880년 이후 상소문上疏文이나 교서敎書에 사용되기 시작했다.[19] 특히 개화사상은 조사시찰단朝士視察團이 귀임한 1881년 이후 일본 명치정부의 '문명개화론'에 자극을 받아 제시된 사상으로서, 국가주도하에 문명개화를 이끌어 내기 위한 일종의 계몽사상이었다.[20] 그리고 1884년 당시 외교계에서는 '개화당開化黨'이란 용어가 사용되고 있었다.[21] 이로 미루어 볼 때 개화·개화파·개화당 등의 용어는 개항기 한국사회에서 사용되고 있었던 용어였고, 개화사상가들도 자신의 사상이 전통적 견해와는 구별되는 '개화사상'이라고 자각하고 있었다. 즉, 개항기 개화사상은 즉자적卽自的 존재였을 뿐만 아니라 대자적對自的 사상으로서의 기능을 발휘했다.

요컨대, 실학사상과 개화사상은 해방 이후 남북한의 학계에서 새롭게 정립한 개념이었다. 그러나 이를 정립하기 위한 과정에서 그 개념에 대

16) 李完宰, 1999, 『朴珪壽 硏究』, 집문당, 227쪽.
17) 千寬宇, 1986, 『韓國近代史 散策』, 정음문화사, 145쪽.
18) 하원호, 1988, 「개화사상과 개화운동의 역사적 변화」『개화사상과 개화운동』, 신서원, 13쪽.
19) 李光麟, 1969, 『韓國開化史硏究』, 35~37쪽.
20) 許東賢, 1998, 「1881年 朝士視察團의 日本 社會·風俗觀」『韓國史硏究』101, 한국사연구회, 146쪽.
21) 李光麟, 1973, 『開化黨硏究』, 一潮閣, 1쪽.

한 규정이 다양하게 전개되었다. 그러나 이 양자 간에 있어서는 상당한 차이가 나고 있다. 즉, 실학은 즉자적 형태로 존재했던 사상인 반면 개화 사상은 즉자적 단계를 넘어서 대자적 사상으로서의 특성을 드러내고 있 었다. 또한 실학은 선진 유학의 왕도정치론에 기반을 둔 국가재조론인 반면, 개화사상은 자본주의 국제질서를 체험한 이후에 제시된 국가의 자 주화와 근대화를 지향하던 사상이었다. 한편, 조선왕조사의 역사가 전개 되던 과정에서 18세기를 전후하여 실학의 단계가 있었고, 19세기 중엽 이나 80년대를 전후한 시기에 개화사상이 등장했다. 이처럼 실학과 개화 사상은 상호 선후 관계에 놓여 있었다. 그러나 실학과 개화사상의 상호 관계를 단순한 선후관계의 범위를 넘어서 인과관계로까지 이해해 보고 자 하는 시도가 진행되기도 했다. 그러나 실학의 개념과 개화사상의 개 념이 발전·확정되어 가는 과정에서 이 두 사상 사이의 관계에 대한 논란 의 여지가 발생하게 되었다.

3. 실학과 개화의 연결론

해방이후 실학사상에 대한 연구가 진행되던 초기적 양상으로서 남한 학계에서는 실학사상에서 근대성을 추출하기 위한 근대주의적 시도가 진행되고 있었다. 그리고 실학사상이 근대적 성격을 가진 것이라고 한다 면, 개항 이후의 신사조新思潮와도 일맥상통한다고 생각했고, 개항 이후 의 개화사상가들이 실학의 영향을 깊이 받고 있었다는 점을 강조했다.[22] 여기에서 실학사상과 개화사상의 연결론 내지는 개화사상의 원인으로 실학이 주목되어야 한다는 견해가 제시되었다.

---

22) 趙璣濬, 1969, 「李朝後期의 實學思想과 社會經濟的 背景」『한국사의 반성』, 신구 문화사, 183쪽.

한편, 1950년대 후반기와 1960년대 전반기 북한의 연구자들은 실학자의 토지개혁론을 사회주의적 주장과 연결하여 실학사상의 진보성을 적극적으로 평가했다. 그리고 이를 기반으로 하여 실학과 근대사상의 일종인 개화사상의 연결을 주장했다. 한편, 1960년대 말 이후 남한이나 해외에서의 연구자들은 남북의 연구성과를 집약하여 실학과 개화사상을 상호 밀접히 연결시키고자 하는 작업을 전개했다.

실학사상에 대한 근대주의적 접근이나 적극적 평가는 이미 1930년대의 일부 연구자들에 의해서 시도되기 시작했다. 이 전통은 1950년대 후반기까지 남북한의 학계에 같이 영향을 미쳐주고 있었다. 그리고 북한 학계에서는 1962년 다산 정약용 탄생 200주년을 기념하는 과정에서 실학사상에 대한 적극적 평가와 더불어 실학사상과 개화사상의 연결에 관한 주장들이 제기되었다.[23]

이러한 북한 학계의 입장은 1955년 최익한崔益翰에 의해서 제시된 바 있었다. 그는 박지원의 저작이 갑신정변을 계획했던 개화독립당에 사상적 영향을 주었다고 주장하여, 개화사상과 실학사상을 연결시킬 수 있는 가능성을 제시했다.[24] 또한 실학자의 개혁론 등을 검토해보면 실학사상과 개화사상이 밀접한 관계를 가지고 있다는 견해가 체계적 논문을 통해서 제시되기도 했다.[25] 이러한 견해가 1960년대 전반기 북한 학계에서 주류적 입장을 견지하고 있었음은 다음의 자료를 통해서 확인되고 있다.

a-1 : 정다산의 탁월한 사회경제 사상은 그후 시기의 계몽사상가들에 의해서 계승 발전되었으며, 우리의 고귀한 과학유산으로 빛나고 있다.[26]

23) 김석형 외, 1962,『다산 정약용 탄생 200주년 기념론문집』, 평양: 과학원철학연구소 ; 1989,『다산 정약용』, 서울: 푸른숲.
24) 최익한, 1955,『실학파와 정다산』, 평양: 국립출판사 ; 1989, 서울: 도서출판 청년사.
25) 朴宗根, 1963,「茶山 丁若鏞の 土地改革思想の 考察」『朝鮮學報』28, 朝鮮學會 ; 1971,「李朝後期의 實學思想」『思想』562, 567.
26) 김광진, 1962,「다산 정약용의 사회경제사상」『다산 정약용 탄생 200주년 기념

a-2 : 실학사상은 … 19세기 중엽이후 봉건제도와 외래 침략자들을 반대
한 우리 인민의 투쟁을 사상적으로 고무 추동하는 힘의 원천의 하나
로 되었으며, 조선을 락후한 봉건국가로부터 자본주의적 강국으로
급속히 개화 발전시킬 것을 지향한 개화사상, 애국 문화 계몽사상의
선구적 역할을 담당하였다. … 실학자들은 … 봉건말기에 근대사회
로 지향하고 있었던 우리 력사발전에서 선진적 사상으로서의 훌륭
한 역할을 수행하였다.[27]

한편, 남한의 학계에서도 실학과 개화사상의 연결에 관해서 제시된
북한 학계의 연구성과로부터 일정한 자극을 받아 실학사상과 개화사상
의 연결에 대한 문제가 1960년대 말엽부터 논의되기 시작했다. 이 논의
에 앞장선 연구자는 김영호金泳鎬와 조기준趙璣濬이었고, 개화사상을 전
공하던 이광린李光麟, 강재언姜在彦 등도 이 견해를 더욱 발전시켜 나가고
자 했다.

즉, 김영호金泳鎬는 1968년 실학과 개화사상의 연결을 시도했다.[28] 그
리고 이를 좀더 구체화시켜서 전혀 별개의 사상 체계로 이해되던 실학사
상과 개화사상의 연결 가능성을 제시했다. 그는 실학사상 속에 근대적
요인이 부분적으로 있었다는 점을 주목했고, 개화사상은 서양근대 자본
주의의 동양진출과 관련하여 나타난 타율적인 근대사상으로 해석된다는
사실에 반성적으로 접근했다.

그리고 그는 이와 같은 현상이 전통과 근대의 단절을 의미하며, 전
통은 곧 전근대성을 뜻하고, 근대화는 곧 서양화라고 규정하는 '자기
허무주의적 역사의식'을 나타냈다고 보았다. 그리고 실학과 개화사상
의 연결을 통해서 곧 전통의 내부에서 근대화로 이어지는 주체적 자기
전개의 한 논리를 발견하고자 했고, 전통과 근대의 단절 사관을 극복할

론문집』, 평양: 과학원 철학연구소 ; 1989, 『다산 정약용』, 서울: 푸른숲, 111쪽.
27) 과학원력사연구소, 1962, 『조선통사』 상, 평양: 과학원출판사, 836~837쪽.
28) 金泳鎬, 1968, 「兪吉濬의 開化思想」 『創作과 批評』 11, 창작과 비평사.

수 있는 통로를 열어 보고자 시도했다. 그리하여 그는 박규수朴珪壽가 실학과 개화사상을 연결시켜주는 교량적 인물의 하나임을 주목하게 되었다.29)

여기에서 김영호는 '민족 허무주의의 극복'을 주장하던 북한 학계의 선행 연구를 이어 받아, 30) 실학과 개화사상의 연결이라는 주제를 별도의 논문으로 발표했다.31) 그는 이 논문을 통해서 실학과 개화사상은 인적 계보를 통해서나 사상의 논리에 있어서나 매우 밀접하게 연관을 갖고 있고, 어떤 점에서는 상호 구분하기 어려운 성격을 가지고 있다고 주장했다.32) 그러나 그의 이러한 논의가 당시 남한 학계에서 단기간에 수용될 수 있었던 것은 남한의 실학 연구자들도 실학과 개화사상의 연결 가능성에 대해서 암묵적으로 인정해 왔기 때문이었다.

김영호와 비슷한 시기에 조기준趙璣濬도 실학사상이 개항기 이후의 신사조新思潮와 일맥상통하는 것으로 파악했다. 그는 실학사상의 전개과정을 네 단계로 구분하면서 그 마지막 단계를 '전환기의 실학'으로 명명했다. 그는 이 '전환기의 실학'에서 실학과 개화사상의 연결을 주장했다. 그리고 이에 관한 구체적 증거로서는 호암 문일평文一平(1888~1939)의 기록에 근거하여 개화사상가 김옥균이 박규수의 매개로 박지원의 사상에 접했을 가능성을 주목했다. 그리고 정약용의 사상이 갑오개혁에 영향을 주었다고 언급한 황현黃玹(1855~1910)의 기록에 근거하여 그 인적 계보를 중요시했다.33)

실학과 개화사상의 관계를 체계적으로 논증하고자 시도한 연구자로

29) 金泳鎬, 1971, 「近代化의 새벽 －開化思想－」『韓國現代史』6, 신구문화사, 32쪽.
30) 정진석·정성철·김창원, 1962, 『조선철학사』상, 평양: 사회과학출판사, 329쪽.
31) 金泳鎬 1972, 「實學과 開化思想의 關聯問題」『韓國史研究』8, 63~80쪽.
32) 金泳鎬, 1972, 앞의 논문, 79쪽.
33) 趙璣濬, 1969, 「李朝後期 實學思想과 社會經濟的 背景」『韓國史의 反省』, 新丘文化社, 183쪽.

는 이광린李光麟을 들 수 있다. 그는 개화사상의 연원을 밝히려는 입장에
서 실학과 개화사상의 관련성에 착목했다. 그는 개항 이후 문명화 또는
부강화富强化를 표시하는 개념으로서의 개화開化를 일부 인사들이 받아
들이는 데에는, 과거로부터 내려오는 지적知的 유산인 이용후생학파의
북학론北學論을 주목했다. 그는 이 사상을 토대로 나라의 부강을 이룩해
야 된다는 개념으로서의 개화나 자강을 1870~1880년대의 일부 인사들
이 수용하게 되었다고 판단했다.[34]

이광린은 개화사상은 실학의 지적 유산과 국제정세에 대한 이해로 척
사사상을 타파하고 나타날 수 있었다고 판단했다.[35] 물론 그는 개화사
상이 실학의 영향을 받고 등장하였음을 밝힐 만한 구체적 사료는 없다는
사실을 인정했다. 그러나 개화사상가 중에 실학의 영향을 직접적으로 받
았다고 증언한 기록을 찾아 볼 수는 없지만, 초기 개화사상 등을 살펴보
면 실학의 영향을 받았던 흔적을 적지 않게 찾아볼 수 있다고 생각했
다.[36]

그리고 그는 1870년대 초에서 1890년대 중엽까지 활동했던 개화기
지식인의 실학에 대한 인식을 논하며, 박규수朴珪壽가 실학을 개화사상
으로 승화시켰다고 보았다. 그리고 강위姜瑋의 경우도 실학을 개화사상
가로 발전시킨 인물 가운데 하나였음을 밝히고자 했다. 또한 신헌申櫶도
실학과 개화사상의 연결자로 규정했다. 이 '전기 개화사상가'들은 처음
에는 실학의 영향 하에 있었으나, 새로운 국제환경에 부딪치자 개화사상
가로 탈바꿈했다고 생각했다.[37]

이광린은 이들 전기 개화사상가들이 실용적 실제적인 것을 추구하면

---

34) 李光麟, 1969, 『韓國開化史研究』, 一潮閣, 25쪽.
35) 李光麟, 1999, 『韓國近現代史論考』, 일조각, 48쪽.
36) 李光麟, 1989, 「開化思想의 形成과 그 發展」 『韓國史 市民講座』 4, 一潮閣, 89쪽.
37) 李光麟, 1976, 「姜瑋의 人物과 사상」 『東方學志』 17, 연세대학교 동방학연구소, 37쪽.

서 '실사구시'에 대해서 어떠한 입장을 가지고 있었는지를 정리했다. 그리고 후기 개화사상가들은 신학新學과 구학舊學의 논의과정에서 양자의 절충을 중시했고 여기에서 실학의 중요성이 인지되었다고 보았다.[38]

한편, 강재언姜在彦은 조선실학사상과 북학론이 근대 조선에서 원류로 될 수 있는 사상적 맹아를 내포하고 있는 것으로 보았다. 그는 특히 북학파의 사상에는 근대사상으로 발전될 수 있는 풍부한 가능성이 내포되어 있었다고 보았다. 그리고 그는 실학사상의 특성으로 새로운 지리지식에 의해서 화이사상의 명분론적 세계관의 극복, 자주적 개국론의 전개, 생산력의 발전을 촉진하기 위한 제도와 질서의 개혁 주장, 봉건적 지벌과 문벌에 대한 반대, 국내시장 형성의 전제가 되는 교통수단의 정비론, 주자학적 도그마와 속박에서 인간 이성의 해방 주장을 들었다.[39]

강재언은 실학사상이 가지고 있는 이와 같은 근대지향적 측면을 내재적으로 계승하면서, 외발적 요인에 촉발되어 근대적 변혁사상인 개화사상으로 차츰 질적 전환을 취하여 갔다고 생각했다.[40] 그리고 강재언은 실학자와 '초기 개화파'의 연결 관계에 주목하여 이를 다음과 같이 도표화하여 인식하고 있었다.

실학파   초기개화파

박지원 → 박규수 → 김윤식·유길준·······················갑오개혁의 주역
　↓　　　↓↑↘
박제가 → 오경석 → 김옥균, 서광범, 홍영식, 박영효, 서재필···········갑신정변의 주역
　↓　　　↓↑↗
김정희 → 유홍기 → 이동인·····································암살됨
　　　　→ 강 위 → 변 수·····································갑신정변 참가

38) 李光麟, 1987,「開化期 知識人의 實學觀」『東方學志』54·55·56, 연세대학교 국학연구원, 529쪽.
39) 姜在彦, 1982,『韓國近代史研究』, 한밭출판사, 54~55쪽.
40) 姜在彦, 1980,『朝鮮の開化思想』, 東京: 岩波書店, 178쪽 ; 정창렬 譯, 1981,『韓國의 開化思想』, 비봉출판사, 176쪽.

즉, 위의 표에서와 같이 강재언은 실학파 가운데 박지원과 박제가 김정희 등은 박규수, 오경석, 유대치劉大致 등을 통해서 갑신정변의 주역이었던 김옥균 등과 연결되었다고 해석했다. 그리고 갑오개혁의 주역이었던 김윤식金允植, 유길준兪吉濬 등 시무개화파時務開化派들도 박규수와 연결된다고 보았다.[41] 그는 특히 박규수가 '북학파와 개화파를 결절結節시킨 중심인물'이라고 판단했다.[42]

이와 같은 연구가 진행되는 과정에서 남한의 역사학계에서 실학과 개화사상의 연결에 대해서 대개는 긍정적으로 이해하고 있었다. 예를 들면, 실학사상을 근대사상으로 평가하며, 이를 근대의 기점으로 잡고자 했던 시도가 진행된 바 있었다.[43] 이들은 실학과 개화사상의 연관에 대해서 의심하지 않았다.[44] 그러나 대부분의 연구자들은 실학을 바로 근대사상이라고 할 수는 없으나, 종래의 봉건적 규범에서 벗어나 근대사상에로 한 걸음 다가선 것으로 인식하는 정도에서 실학사상과 개화사상의 접합 가능성을 인정해 왔다.[45]

특히, 실학의 개념을 정리하는 과정에서는 "조선후기 실학사상에서 왕조말의 개화·자강사상으로, 나아가 일본 강점기의 근대화를 전제로 한 민족주의로 이어졌고, 오늘날의 자주적 근대화의 욕구도 기저에 있어서는 그 발전된 형태라고 할 수 있다"[46]라는 결론에 도달하기도 했다. 또한, 실학의 농업론을 분석하는 과정에서, 실학의 농업론이 성리학적 농업이론을 계승 발전시킨 것이었으나, 점차 반성리학적 경향으로 전환되어

41) 姜在彦 著, 鄭昌烈 譯, 1981, 『韓國의 開化思想』, 비봉출판사, 125쪽.
42) 姜在彦, 1973, 『近代朝鮮の變革思想』, 東京: 日本評論社, 53쪽.
43) 劉元東, 1970, 「韓國史에 있어서 近代의 起點」 『韓國史의 時代區分論』, 을유문화사, 143쪽.
44) 劉元東, 1977, 「實學思想의 近代的 特色」 『韓國學報』 6, 일지사, 168~169쪽.
45) 韓沽劤, 1990, 「근대사상의 맹아」 『한국사』 14, 국사편찬위원회, 12쪽.
46) 千寬宇, 1970, 「韓國實學思想史」 『韓國文化史大系』 Ⅵ, 고려대학교 민족문화연구소, 967쪽.

지주제를 정면으로 거부했던 점을 주목했다. 그리하여 개화기에 이르러
서는 봉건적 농업체제가 내포한 모순을 근본적으로 해결함으로써 국가와
농민경제의 안정을 지향했다는 측면에서 실학의 농업론이 근대사회개혁
의 이론으로 성장하고 있었음을 말했다. 그리고 이 이론이 농민전쟁시기
에는 허전許傳(1797~1886), 이기李沂(1848~1909), 강위姜瑋(1820~1884), 김성
규金星圭 등에 의해서 계승되어 "우리의 전통사상이 스스로 개척한 사회
개혁사상·근대화론"으로 발전했다고 보았다.47) 그리하여 실학과 개화사
상의 관계에 대한 관심은 사상의 내재적 발전의 결과로서 개화사상을 이
해하고자 하면서 강화되었고, 개화사상의 연원이 실학에 있음을 주장하
게 되었다.48)

　이 논자들은 정치사상을 중심으로 하여 실학과 개화사상의 연관성을
검토하는 과정에서 실학의 왕권강화론이 근대사상으로 보기 어려운 측
면이 있다 하더라도 화이관의 극복 논리나 공직담임권의 확대론 등은 개
화사상과 상호 논리적 연관성이 있다고 보기도 했다.49) 그리고 "이용후
생학파의 개혁적 사유가 구체적이고 실천적 운동에로까지 발전하지 못
하고 좌절의 운명을 걸었다 하더라도, 그것은 어디까지나 운동으로서의
좌절을 의미하는 것이며, 근세 실학사상 그 자체가 내재적으로 좌절의
운명을 품고 있었다는 것을 의미하지는 않는다. … 실학사상은 개국 후
에 있어서는 개화파의 사상운동을 사상 내재적으로 준비한 것이라고 생
각된다"는 견해를 통해서 실학사상과 개화사상의 관계를 인정했다.50)

---

47) 金容燮, 1976,「朝鮮後期의 農業問題와 實學」『東方學志』17, 연세대학교 동방
　　학연구소.
48) 조성을, 1995,「실학과 민중사상」『한국역사입문』②, 풀빛, 566쪽.
49) 趙珖, 1976,「丁若鏞의 民權意識 研究」『亞細亞研究』56, 고려대학교 아세아문화
　　연구소, 81~118쪽 ; 趙珖, 1980,「韓國近代文化의 實學的 基礎」『韓國史學』1,
　　한국정신문화연구원, 41쪽 ; 林熒澤, 1990,「茶山의 民 主體 政治思想의 이론적
　　현실적 근저」『茶山의 政治經濟思想』, 창작과 비평사, 52~78쪽.
50) 朴忠錫, 1982,『韓國政治思想史』, 三英社, 196쪽.

그리고 오경석吳慶錫의 사상에 대한 연구를 통해서 실학과 개화사상의 연결성이 논의되었다.[51] 개항기 『황성신문皇城新聞』의 분석과정에서도 실학과 개화사상의 연결성이 검토되었다.[52] 그리하여 현재에 이르러서는 개항기 전공자 대부분이 조선후기 이래 실학적 전통과 세계사적 변화에 대한 적응 노력의 결과로 개화사상이 형성될 수 있었음을 말하게 되었다.[53]

한편, 남한의 철학계에서도 실학과 개화사상의 연결성에 대해서 긍정적 입장을 견지해 왔다. 즉, 이와 같은 경향은 실학자 개인의 철학사상을 연구하거나 실학사상의 철학적 의미를 모색하는 과정에서 나타나고 있다. 예를 들면, 최한기崔漢綺의 철학을 논하면서, 그는 전통적 유학사상을 실증적·과학적인 근대화와 관련시켜 새로운 태도로 발전시킴으로써 그 근본정신을 시대적으로 살리려 했음이 주목된 바 있었다.[54] 그 결과 그의 사상과 개화사상의 연결성이 설명되었다.

그리고 철학적 입장에서 실학을 개화사상으로 전환시킨 인물로서 이정직李定稷(?~1910)을 주목하는 연구가 발표된 바도 있었다. 이정직의 사상을 분석한 결과, 실용實用과 이용利用에 관심을 가지고 있던 이정직은 서구의 자연관과 서양철학사상을 도입하여 합리적 사고의 중요성을 말했고, 이를 통해서 사상사적 측면에서 근대화를 촉진시키는 데에 기여할 수 있었다고 보았다.[55]

---

51) 愼鏞厦, 1987, 「吳慶錫의 開化思想과 開化運動」 『韓國近代社會思想史研究』, 一志社, 122쪽.
52) 崔起榮, 1997, 「皇城新聞의 역사관련 기사에 대한 검토」 『韓國近代啓蒙運動研究』, 一潮閣, 6~7쪽.
53) 하원호, 1988, 「개화사상과 개화운동의 역사적 변화」 『개화사상과 개화운동』, 신서원, 13쪽.
54) 朴鍾鴻, 1974, 「崔漢綺의 經驗主義」 『實學思想의 探究』, 현암사, 362쪽.
55) 吳鍾逸, 1984, 「實學思想의 近代的 轉移 - 夕亭 李定稷의 경우 -」 『韓國學報』 35, 일지사, 106쪽.

그리하여 철학계에서는 개화사상이 실학사상을 계승했고, 개화파들이 서구의 이념과 제도를 수용하고자 할 때, 실학사상은 바로 그것들을 수용할 수 있는 토양이 되었다는 견해에 동의했다.[56] 그리고 실학파의 철학사상과 과학사상, 사회·정치·경제사상은 당시뿐 아니라 조선근대사회에서도 생산력의 발전과 과학발전 및 철학사상의 발전에 큰 영향을 주었다고 보는 입장도 이와 같은 맥락의 주장으로 주목될 수 있다.[57]

이처럼 철학계에서는 개화사상이나 현대사상과의 관련 속에 실학사상의 해석과 평가가 앞으로는 더욱 확대될 것으로 전망하면서, 실학사상이 사상사 속에 과거적인 것으로만 머물지 않고 보편적 진실성으로서 빛을 발할 수 있도록 인식되어야 한다는 과제를 의식하면서, 이 연구에 박차가 가해져야 한다고 주장했다.[58]

이상에서 검토한 바와 같이 실학은 개화사상이라는 '근대사상' 또는 '근대지향사상'과 밀접한 관련을 가진 것으로 보는 견해는 실학과 민중운동의 연결을 논하는 데에까지 확대되어 갔다. 여기에서 말하는 민중운동은 근대사회를 도래시키는 내재적 원동력으로 파악되고 있다. 그러므로 실학과 민중운동의 관련을 주목하는 입장도 넓은 의미에서 보면 실학과 개화사상의 관계를 논하는 시도의 일부로 파악된다.

실학과 농민전쟁과의 연결을 처음으로 시도한 인물로는 최익한崔益翰을 들 수 있다. 그는 『강진읍지康津邑誌』, 『명승초의전名僧草衣傳』의 기록을 인용하여 현행 『경세유표經世遺表』와는 다른 별본의 존재를 상정하면서 정약용의 사상이 동학농민전쟁의 사상적 배경으로 작용했음을 다음과 같이 말했다.

"초의는 정다산의 시우詩友일 뿐 아니라 도교道交이다. 다산이 유배로부터

56) 이상익, 1997, 『서구의 충격과 근대 한국사상』, 한울 아카데미, 179~185쪽.
57) 朱七星, 1996, 『실학파의 철학사상』, 예문서원, 68쪽.
58) 琴章泰, 1983, 「實學思想의 勃興과 展開」 『韓國學入門』, 학술원, 255쪽.

고향에 돌아가기 직전에『경세유표』를 밀실에서 저작하여 그의 문생 이청李
晴과 친승親僧 초의에게 주어서 비밀히 보관, 전포傳布할 것을 부탁했는데 그
전문全文은 중간에 유실되었고 그 일부는 그 후 대원군에게 박해를 당한 남상
교南尙敎, 남종삼南鍾三, 홍봉주洪鳳周 일파에게 전하여졌으며, 그 일부는 그 후
강진의 윤세환尹世煥, 윤세현尹世顯, 김병태金炳泰, 강운백姜雲伯 등과 해남의 주
정호朱挺浩, 김도일金道一 등을 통하여 갑오년에 기병한 전녹두, 김개남 일파의
수중에 들어가서 그들이 이용하였는데, 전쟁 끝에 관군은 정다산의 비결이 녹
두 일파의 비적匪賊을 선동하였다 하여 정다산의 유배지 부근의 민가와 고성
사高聲寺 대둔사大芚寺, 백련사白蓮寺 등을 수색한 일까지 있었다.59)

한편, 김용섭은 조선후기 사상계의 특성과 관련하여 실학파의 농업론
이 민란民亂과 항조투쟁抗租鬪爭 시기의 진보적 농업론으로 보았다. 그리
하여 그는 여기에서 농민운동과 실학사상의 연결 가능성을 모색했으며,
동학농민전쟁기 농민군 지휘부가 실학사상의 영향을 받았을 가능성을
제시하기도 했다.60) 즉, 그는 동학농민전쟁의 주도자인 전봉준全琫準
(1854~1895)이 활동했던 지역문화의 특성을 주목했다. 전봉준이 살았던
고부古阜 인근에는 유형원柳馨遠이 살았던 부안扶安이 있고, 유형원의 사
상적 영향은 동림서원東林書院을 통해서 오랫동안 전수되고 있었고, 고부
는 정약용의 유배지였던 강진康津과 같은 호남지방이라는 사실 등에 주
목했다. 그리하여 서당 훈장이었던 전봉준의 신정新政에 대한 구상은 유
학에 기초를 두되 사회개혁사상적 성격을 가진 실학사상이었을 것으로
추정되었다. 이 견해는 정약용의『경세유표』가 전봉준 등에 영향을 주
었다는 견해로 부연·정리되어 다시 제시되었다.61) 그리고 19세기 실학
과 민중사상의 매개적 역할을 하던 인물의 존재로 전봉준 이외에 홍경래

---

59) 김석형, 1962, 「다산 정약용의 생애와 활동」『다산 정약용 탄생 200주년 기념 론
   문집』, 평양: 과학원 철학연구소 ; 1989, 『다산 정약용』, 서울: 푸른숲, 39쪽.
60) 金容燮, 1976, 「朝鮮後期의 農業問題와 實學」『東方學志』17, 연세대학교 동방
   학연구소.
61) 鄭昌烈, 1991, 『甲午農民戰爭硏究』, 延世大學校 文學博士 學位論文.

洪景來(1771~1812)가 주목되기도 했다.[62]

요컨대, 1960년대 전반기 북한 학계와 1960년대 후반기 이후 현재까지의 남한 학계에서는 실학과 개화사상의 관계를 주로 상호 연결이라는 측면에서 파악하고 있다. 그리고 이와 같은 견해의 연장선상에서 실학과 농민운동의 연결을 논했다. 이와 같은 연결론은 실학과 개화사상의 성격을 이해하는 데에 적지 않은 도움을 주었다. 그리고 두 사상의 지향점 내지 의도가 외적外的으로는 국가·사회의 개혁에 있었다는 동일점을 확인시켜 주었다. 그리고 민족문화 내지는 민족사의 지적 전통을 확인시켜 주었다. 그런데, 남한 학계에서 실학과 개화사상의 관계를 주목했던 1960년대 후반기 이후 북한 학계에서는 이 양자간의 관계를 단절시켜 파악하고자 하는 견해가 우세하게 되었다. 반면에 당시 남한의 역사학계에서는 강하게 대두되고 있었던 근대화론과 일정한 연관 하에서 실학과 개화사상의 연결이 정설로 굳어져 갔다. 이 양자 사이의 연결 여부에 대한 근거는 지속적이지만 미약하게 제시되어 왔다.

4. 실학과 개화의 실체 비교론

실학과 개화사상의 상호 관계를 연결론의 입장에서 접근하고자 하는 시도가 진행되고 있는 동안에도, 이 양자의 연결성에 회의를 갖거나 이를 단절시켜 이해하고자 하는 입장이 제기되고 있었다. 이는 실학사상에 관한 이론적 검토의 과정에서, 그리고 실학과 개화사상의 실체에 대한 이해를 강화하기 위한 노력에 수반하여 제시되었다. 여기에서 실학의 개념에서 발견되는 제한성이 의식되었고, 그 결과 실학사상에 근대사상의 요소가 희박하다고 파악하게 되었다. 그러므로 본장에서는 실학과 개화

---

62) 조성을, 1995, 「실학과 민중사상」『한국역사입문』②, 풀빛, 570쪽.

사상에 관한 이론적 규명과 그 실체의 비교작업을 통해서 그 상호 관계
에 대한 회의적 평가가 진행되어 나가는 과정을 주목하여 정리해 보고자
한다.

실학사상에 대한 제한적 인식은 이미 1930년대 식민지시대의 연구자
들에게서도 확인되는 바였다. 그러나 이와 같은 견해는 1960년대 후반
기 북한 역사학계와 철학계에서 집중적으로 제기되었다. 이에 관해서는
앞장에서 간략히 제시한 바가 있다. 그러나 여기에서 그 구체적 사례를
다시 한 번 확인해 보면 다음과 같다.

> b-1 : 당시 조선사회는 매우 락후하여 새로운 사회적 세력 – 도시의 혁명
> 적 계급이 전혀 존재하지 않은 조건하에서 실학과 특히 북학파 학자
> 들의 사상의 선진적 변혁적 성격에도 불구하고 그것은 아직 대중을
> 파악하지 못하므로써 사회발전의 현실적 힘으로는 되지 못하였
> 다.63)

> b-2 : 실학사상은 우리나라의 과학사상의 발전, 그리고 사회경제 자체의
> 발전을 위하여 객관적으로 일정한 력사적 의의를 가지는 것이었다.
> 그러나 실학은 양반들의 봉건사회 테두리 내에서의 제도변경에 대
> 한 사상이었으며, 또 개별적 학문부문들에서 아직 봉건 말기의 형편
> 을 벗어나지 못하였다.64)

> b-3 : 실학사상은 당시의 력사적 조건과 실학자들의 사회계급적 처지의 제
> 한성으로 하여 그들은 봉건제도 그 자체를 부정하지 않았을 뿐만 아
> 니라 저들의 리상에 따라 개량된 봉건제도를 유지할 것을 주장하였
> 다. … 실학자들은 어디까지나 량반지배계급 안에의 진보적계층의
> 리익의 대변자였으며 봉건제도 봉건국가의 옹호자였다. 다만 19세
> 기 중엽에 활동한 리규경 최한기 등은 일정하게나마 시민계층의 리
> 해관계를 반영할 수 있었고 나라의 근대적 발전을 지향하였다. 그러

---

63) 과학원 력사연구소, 1956, 『조선통사』, 평양: 과학원출판사, 474쪽.
64) 사회과학원 역사연구소, 1977, 『조선통사』 상 ; 再刊, 1988, 『조선통사』 상, 서울: 오월,
482쪽.

나 그들도 진보적 량반학자에 지나지 않았기 때문에 여러 면에서 봉건제도와 타협적이며 개량적 립장을 취하였다.[65]

b-4 : 실학은 보수적이며 반동적인 량반계층을 반대하는 진보적 량반계층의 리해관계를 대변한 사상이었다. … 그러나 실학사상가들은 당시의 사회계급적 제한성으로 하여 피착취 대중의 근본 리익을 대변할 수 없었으며 다만 일련의 개혁으로 봉건통치를 유지하려 하였을 따름이다. 그러므로 그들의 철학 및 사회정치 사상은 불필코 봉건적 울타리를 벗어날 수 없었다. … 과거 철학유산평가에서 복고주의적 경향과 민족 허무주의적 경향을 다같이 반대하여야 한다.[66]

이상의 자료에서 확인되는 바와 같이 북한의 연구자들은 실학자의 사회계급적 제한성과 그들이 생존했던 시대적 한계로 인하여 실학사상은 개량주의적 사조의 일종으로서, 조선왕조의 봉건통치를 유지하려는 제약성을 가지고 있었다고 보았다. 그렇기 때문에 그들은 실학사상의 평가에 있어서 복고주의적 경향의 출현을 경계했다.

북한의 학계에서 실학의 의미를 낮추 평가한 것은 실학사상의 핵심인 토지개혁론에서 제시하고 있는 '토지국유화론'이 사회주의적 원칙에 의한 농민적 토지소유론과 연결되지 않는다고 보았기 때문이다. 그리고 그 '토지국유화론'은 소농경제를 기반으로 한 봉건국가의 물적 토대를 강화하고자 하는 노력으로 파악했고, 토지를 매개로 하여 농민이 국가에 납부하는 조세가 지대地代의 변형된 형태로 해석되었기 때문이다. 그리고 실학자들이 신분제의 불합리성을 인식했다 하더라도 이에 대한 인정을 전제로 한 논리를 전개했으며, 이를 전반적으로 거부하기에는 이르지 못했던 문제점이 있는 것으로 인식되었다.[67]

---

65) 사회과학원 력사연구소, 1980, 『조선전사』 12, 평양: 과학·백과사전출판사, 272~273쪽.
66) 정성철, 1974, 『실학파의 철학사상과 사회정치적 견해』, 평양: 철학법학도서편집부 ; 1989, 서울: 한마당, 644쪽.
67) 조성을, 1990, 「남북한 역사학계의 쟁점 - 조선후기 실학의 근대성에 대하여」 『역사비평』 11, 역사비평사, 385쪽.

또한 실학사상의 주체가 인민 대중이 아니라 봉건지배층에 지나지 않는 양반층 내부의 진보적 계층에 국한된다는 사실이 문제점으로 지적되었다. 이 때문에 북한의 연구자들은 실학사상의 제약성을 강조하게 되었다. 그리고 주체사관에서는 실학에서의 근대성 강조가 야기할 수 있는 문제점을 지적하게 되었고, 그 결과로 실학과 개화사상의 연결을 거부하는 입장이 강화되었다.

한편, 북한의 역사학계에서는 조선의 자본주의화 과정을 논하면서 위로부터의 발전에 초점을 맞추어 농민층의 성장보다는 지주제의 확대와 근대적 변모에 주목했다. 그리고 수공업의 발전에 있어서도 농민 및 수공업자에 의한 것보다는 상인층의 수공업 지배를 규명하고자 했다. 상업 또는 해외통상론의 진보성을 강조했다. 그 결과 실학파의 토지개혁론이 갖는 의의는 상대적으로 감소할 수밖에 없었으며, 상업에 비중을 두지 않는 실학자의 견해는 상대적으로 보수성을 가졌다고 평가되었다. 그들은 조선후기 이래 진행되어 오고 있던 아래로부터의 근대화 과정에 주목하지 못했다. 이와 같은 1960년대 이후 북한 학계의 사회경제사 연구성과가 실학부분의 평가에 투영되어 실학의 의미가 축소되어 갔다. 한편, 북한의 학계에서는 1960년대 이래로 개화사상을 근대 부르주아 사상으로 해석했다. 이 과정에서 개화사상 이전 단계인 실학에 대한 평가도 근대시민사상이 아니라 봉건국가의 재건논리로 고정되었다. 이처럼 개화사상을 근대사상이라고 적극적으로 규정한 결과,[68] 실학의 의미가 더욱 폄하되는 현상이 초래되었다.[69]

즉, 북한의 학계에서는 실학이 지주적 입장의 개혁론이므로 토지개혁론을 기본으로 하는 실학과 개화사상은 연결되지 않는다고 보았다.[70]

---

68) 정진석·정성철·김창원, 1962, 『조선철학사』 상, 평양: 사회과학출판사, 341쪽.
69) 조성을, 1990, 앞의 논문, 386쪽.
70) 金容燮, 1974, 「갑신·갑오 개혁기 개화파의 농업론」 『동방학지』 15, 연세대학교 동방학연구소 ; 1975, 『한국근대농업사연구』, 일조각.

그리고 그들은 개화사상 내지 계몽운동의 사회적 기초를 매뉴팩처의 발생과 민족 자본의 성장에 설정했다. 계몽운동에서 자유와 민주주의 사상은 그 본질에 있어서 상품생산에 대한 요구였으며, 객관적으로 민족 자본을 옹호하는 것으로서 문화계몽운동은 봉건적 이데올로기로부터의 이탈이라고 보았다.[71] 여기에서 그들은 개화사상의 기초 내지 형성원인을 경제적 하부구조의 변동에서 구하고자 했고, 전통적 실학사상에서 찾기를 거부하고 있음을 알 수 있다. 즉, 그들은 경제결정론적 시각에서 실학사상과 개화사상의 연결 가능성을 부인하게 되었다.

실학사상과 개화사상의 연결성에 대한 거부는 이처럼 이론적 측면에서 진행되기 시작했다. 한편, 남한의 학계에서는 실학사상과 개화사상의 실체를 파악하기 위한 노력이 강화되어 갔다. 이 과정에서 양자 간의 연결에 대한 거부 내지는 회의가 일어났다. 이 회의는 실학과 개화사상의 연결을 주장하는 근거에 대한 사실 확인 차원의 작업과정에서 나타나기 시작했다.

실학사상과 개화사상의 연결론에서는 그 논리적 근거로 외적 인맥의 연결상과 내적 논리구조의 유사성을 주목했다.[72] 외적 인맥의 연결을 논하는 입장에 관해서는 앞장에서 이미 검토한 바 있다. 그러나 이를 확인 차원에서 다시 열거해 보면 다음과 같다. 즉, 실학자 가운데 개화사상에 영향을 준 인물로는 주로 박지원朴趾源(1737~1805), 정약용丁若鏞(1762~1836), 김정희金正喜(1786~1856)가 주목되고 있다. 그리하여 박지원은 박규수朴珪壽(1807~1876), 김옥균金玉均(1851~1894), 유길준兪吉濬(1856~1914), 김윤식金允植(1835~1922) 등과 같은 개화기 인물들에게 영향을 주었다고 주장되었다. 특히 박규수는 북학사상과 개화사상을 결절結節시킨 인물로 주장되었다.[73]

---

71) 정진석·정성철·김창원, 1962,『조선철학사』상, 평양: 사회과학출판사, 329쪽.
72) 金泳鎬, 1972,「實學과 開化思想의 關聯問題」『韓國史研究』8 ; 姜在彦 著·鄭昌烈 譯, 1981,『韓國의 開化思想』, 비봉출판사 ; 趙珖, 1980,「韓國近代文化의 實學的 基礎」『韓國史學』1, 한국정신문화연구원 등 참조.

한편, 정약용의 경우에 있어서도 신헌申櫶(1810~1888), 장지연張志淵(1864~1921), 전봉준全琫準(1854~1895) 등의 사상에 영향을 준 것으로 연구되었다. 그리고 김정희는 오경석吳慶錫(1831~1879), 유홍기劉鴻基(1831~?), 강위姜瑋(1820~1884) 등의 개화사상가에게 일정한 영향을 주었다고 주장되었다. 또한, 이규경李圭景(1788~?)이나 최한기崔漢綺(1803~1879)와 같은 '실학자'도 개화사상의 형성에 영향을 준 것으로 이해되었다.[74] 한편, 허전許傳(1797~1886), 이기李沂(1848~1909), 김성규金星圭(1863~1936), 이정직李定稷(?~1910) 등과 같은 개화기 인물들도 실학자의 영향을 받았다고 해석되었다.

이와 같이 인적 맥락을 중요시하는 경우는 다시 두 가지 경향으로 나뉠 수 있다. 먼저 박지원과 같은 북학파 실학자와 초기 개화사상가의 연결을 논하는 입장이 있다. 그리고 이에 이어서 개화파가 아닌 계열로 전통적 유교 교육을 받은 인사가 사회개혁을 모색하면서, 유형원과 정약용의 사회개혁론으로부터 영향을 받았다는 주장도 제기되고 있다.[75] 이러한 입장은 1864년 부사과副司果 이휘병李彙秉이 『반계수록』에 나타난 유형원의 개혁안을 실시할 것을 주장했다는 점을 강조하는 입장이나,[76] 1883년 경 고종은 정약용의 『여유당집』을 필사하여 정사에 참고하면서 정약용과 같은 인물과 시대를 함께 하지 못함을 개탄했다는 사실에서도 확인되는 것으로 생각되었다.[77] 그리고 광무개혁光武改革 당시 김성규金星奎의 사회경제 개혁안이나 이기李沂의 개혁안은 실학자들의 사회개혁 이론을 기본 사상으로 하여 그 위에 개화사상이 가미되었다는 주장도 이

73) 姜在彦, 1973, 『近代朝鮮の變革思想』, 東京: 日本評論社, 53쪽.

74) 정성철, 1987, 『조선철학사』(2), 평양: 과학백과사전출판사 ; 1988, 서울: 이성과 현실, 604쪽.

75) 鄭求福, 1981, 「實學」『韓國史硏究入門』, 지식산업사, 383~384쪽.

76) 『일성록』 고종1년, 갑자 7월 15일조, 서울대학교 출판부, 383쪽 ; 鄭昌烈, 1981, 「實學」『韓國學硏究入門』, 지식산업사, 297쪽 재인용.

77) 金泳鎬, 1972, 앞의 논문, 68~69쪽 참조.

와 같은 차원에서 제시되었다.

그러나 이와 같은 인적 맥락의 규명을 통하여 실학과 개화사상의 관계를 논하는 데에는 한계가 있는 것으로 생각된다. 즉, 기존의 논문에서는 양자 사이에 확실한 사승師承 관계를 설득력 있게 밝히지 못하고 있다. 그리고 사숙私淑했으리라 추정하는 경우에도 그 뚜렷한 증거의 제시에 이르지 못하는 경우가 많다고 생각되기 때문이다. 물론 실학은, 도통론道統論에 집착하고 학통學統을 중요시했던 성리학과는 달리, 즉자적으로만 존재했던 사상체계였기 때문에 사승관계를 논한다는 것 자체에 문제가 있을 수 있다. 그렇다면 실학과 개화사상을 인적人的 연결 관계를 가지고 논하기는 결코 쉽지 않을 것이다. 그리고 사숙의 경우에도 실학자의 서적이 공간公刊되지 못했던 상황에서 개화사상가가 실학자를 사숙하는 데에는 상당한 한계가 있었으며, 이 한계를 사숙자들이 어떻게 극복했는지를 밝혀야 할 것이다. 또한 개화사상가들이 읽은 독서량은 '한우충동汗牛充棟'에 이르는 책자였을 것인데, 그 가운데 실학자의 소론이 구체적으로 어떻게 영향을 미쳐주었는지를 밝혀나가야 한다. 이러한 과제의 해결이 없이는 인적 맥락을 통한 사상의 연결을 논하는 데에는 계속 문제가 제기될 소지가 있다.

한편, 실학사상과 개화사상을 결절結節시킨 대표적 인물로 주장되던 박규수의 경우에 있어서 그를 개화사상가로 보기보다는 실학의 최종단계에 해당하는 인물로 보아야 한다는 주장이 제기되었다.[78] 이 주장의 근거로는 박규수가 개화사상과 같은 혁신적 사상을 갖춘 인물이 아니었고, 개국을 주장한 실학자로서 그 개국론은 어디까지나 개화사상의 원류일 뿐 그 자체를 곧 개화사상이라고 할 수는 없다는 점을 들고 있다. 이 사례에서 확인되는 바와 같이 실학과 개화사상 양자 간의 연결을 시도하는 경우에도 상호관계에 대한 개략적 추정이 아닌 철저한 분석적 접근이

---

78) 李完宰, 1999, 『朴珪壽 研究』, 集文堂, 164쪽.

요구되고 있다. 예를 들면, 박지원과 박규수의 상호 관계를 밝히기 위해서는 그들의 사상에 대한 면밀한 검토가 더 요청되고 있다는 점이다.[79] 이상에서 살펴본 바와 같이 외적 인맥을 통한 상호 연결에 관한 논의가 아직까지는 역사적 사실에 입각한 주장이라기보다는 개연성에 입각한 추정의 일종으로 생각된다.

이에 이어서, 실학사상과 개화의 인적 연결에 대한 논의와 함께 내적 사상의 연관성을 중요시하는 입장도 병행되고 있다. 사실 외적 인맥의 연결에 관한 주장도 내적 사상의 연결성을 논증하기 위한 방편의 하나였다. 그러므로 실학사상과 개화사상의 관계를 논하는 과정에서 내적 사상의 연결이 가지는 의미는 매우 높았다. 양자 간에서 주장되는 사상적 연관성은 민족주의적 성격, 개인의 권리에 대한 자각, 실사구시의 경험적 방법론, 이념적 개방성, 정덕正德에 앞선 이용후생의 강조, 통상개국론, 이윤추구의 권장, 인간의 욕망에 대한 적극적 권장 등에서 확인된다고 보았다.[80] 이 가운데 '통상개국론'에 관한 주장이 특히 주목받은 바 있었다.

실학과 개화사상의 내적 연결 구조를 설명하고자 하는 시도도 대략 두 가지 측면에서 진행되었다. 즉, 첫째로는 역사발전론의 입장에서 조선후기 실학사상의 '전개과정'을 밝히고자 했다. 이들은 사상의 선후관계에 주목하면서 실학사상이 개화사상의 원인으로 작용하고 있다고 주장했다. 이 경우에는 실학사상이 조선후기 사회의 요구에 의해서 성립되었고 사상적 발전을 거치면서 종국적으로는 근대사상인 개화사상의 형성에 있어서 주요 원인으로 작용하고 있다고 보았다. 한편, 두 번째로는 조선후기 사회경제사적 접근방법을 들 수 있다. 이 분야의 전공자들은 사회경제발전이라는 하부구조의 변화에 조응하는 사상으로서 실학의 존

---

79) 趙珖, 2000, 「朴珪壽研究 書評」『韓國史研究』 108, 181~183쪽.
80) 이상익, 1997, 『서구의 충격과 근대 한국사상』, 한울 아카데미, 179~185쪽.

재를 주목했다. 이 실학사상이 내재적 발전의 결과 개화사상에 이르게
되었음을 말하고 있다.

그리고 실학과 개화사상의 논리구조적 연결성을 강조하는 입장에서
는 조선후기의 실학사상과 1880년대 서양과 일본 세력의 충격에 대한
대응책으로 실사구시實事求是를 주장한 개화자강의 성향이 상호 일치한
다는 점이 강조되었다. 여기에서는 1880년대에서 1900년대에 걸치는 동
학란·청일전쟁·노일전쟁으로부터 오는 외세의 충격에 대응하기 위한 계
몽운동의 정신적 지주로서 실학사상이 강조되었다. 그리하여 개화사상
가들은 그들 스스로 실학에 많은 수정을 가했지만, 그들의 개혁정신은
실학자들의 개혁정신과 일치한다고 생각했다.[81]

그러나 실학과 개화사상 사이에 존재하는 논리적 유사성은 많은 문제
를 지니고 있다. 즉, 이 양자 사이의 논리적 유사성은 조선후기의 실학이
자신의 역사적 기능을 다하지 못했기 때문에, 조선후기의 농촌문제가 해
결되지 않은 채 20세기 초까지 유사한 사회조건이 지속된 결과였다. 실
학자나 개화사상가들은 그 생존 시대의 차이에도 불구하고 공통된 사회
문제를 안고 있었다. 그 결과 실학과 개화사상의 개혁안에서는 논리적
연결이 있는 듯이 보이게 되었다. 그러나 실학의 시대와 개화기는 분명
차이를 가지고 있었다. 이 시대적 성격을 사상捨象하고서 양자의 공통성
을 논할 수는 없다. 이 두 시대 사이에는 공통성보다 더 큰 차별성이 드
러나고 있기 때문이다. 그럼에도 불구하고 일부 특정 주제에 대한 사례
만을 가지고 양자의 연결성을 논하는 데에는 논리적 비약이 따를 수밖에
없다.

시대를 달리하는 두 사상의 비교를 위해서는 좀 더 면밀한 검토가 요
구된다. 예를 들면 실학과 개화사상을 연결시켜주는 가장 중요한 사례로
개국론開國論이 주목되어 왔다. 즉, 북학파의 해외통상론과 개화파의 개

---

81) 鄭求福, 1981, 「實學」『韓國史硏究入門』, 지식산업사, 383~384쪽.

국론이 동질적인 것으로 전제되어 왔다. 그러나 최근의 연구에 의하면 박규수의 개국론은 실학에서 개화사상에로의 과도기적 개국론으로 규정되고 있다. 그의 개국론은 북학파의 해외통상론을 계승하는 것으로서 개화사상의 시동始動일 뿐, 그 자체가 곧 개화사상이라고 할 수 없다고 판단되었다.[82]

즉, 1870년대 변전된 역사적 상황에서 제시된 개국론은 실사구시적 부국강병을 위한 통상교섭 내지 서양 기술의 수용만을 그 내용으로 하여, 민족의 자주 독립과 근대화라는 두 가지를 지표로 삼는 개화사상에 이르기에는 아직 거리가 있는 단계로 규정되었다. 그리하여 박규수 등의 개국론에서는 독립 자주의식이 아직 나타나지 않았음이 밝혀졌다.[83]

그러므로 실학과 개화사상의 초기단계인 개국론의 관계가 상호 '결절 結節'되고 있다 하더라도, 18세기의 실학과 개화파의 개화사상까지를 동질적인 것으로 볼 수는 없다고 주장되었다. 왜냐하면 실학이 실증·실용을 연구의 방법과 대상으로 삼은 것은 사실이지만 이는 어디까지나 유학의 테두리 안에서의 새 경향에 지나지 않고, 또 사변적인 한계를 넘지 못한 것인데 반해, 개화파의 개화사상은 근본적으로 개항이후에 생성되고 있었던 자본주의적 요소에 합치되는 사상체계로 파악되었기 때문이다. 여기에서 실학사상의 개국론을 근대 지향적이라 한다면, 개화파의 개화사상은 곧 근대사상 자체로 규정되기 때문에 양자 간의 일치를 논할 수 없다고 보게 되었다.[84] 즉, 박규수의 사상적 맥락과 그 사상의 실체를 밝히려던 과정에서 그의 개국론과 실학사상의 개국론 사이에 존재하는 이질성이 규명되었다.

이와 같은 사례를 통해서 볼 수 있는 바와 같이 개화사상과 실학사상

---

82) 李完宰, 1999, 『朴珪壽 研究』, 집문당, 230쪽.
83) 李完宰, 1999, 『朴珪壽 研究』, 집문당, 233쪽.
84) 李完宰, 1999, 『朴珪壽 研究』, 집문당, 228쪽.

의 논리적 연결 여부가 본격적으로 검토된다면, 두 사상 사이에 이질적
요소가 상당히 존재하고 있다는 사실이 확인될 수 있을 것이다. 그리고
양자 간의 연결 여부를 검토하기 위해서는 상호 유사성뿐만 아니라 이질
성에 대해서도 관심을 가져야 하고, 유사성과 이질성을 충분히 검토한
이후에야 그 결론에 도달할 수 있을 것이다.

　요컨대, 1960년대 후반기 이후 실학과 개화사상의 연결론에 대한 문
제점이 지적되기 시작했다. 이와 같은 지적은 역사 이론적 측면과 역사의
실체를 파악하고자 하는 입장에서 동시에 진행되었다. 우선, 역사이론의
측면에서는 사회주의 국가 건설론과 관련하여, 실학에서 근대의 맹아를
찾고자 했던 경향이 비판되는 과정에서 양자의 연결을 거부하는 논리가
마련된 결과였다. 그리고 외적인 인적 계보를 통한 연결과 내적 사상의
연관성을 주목해왔던 입장에 대해서도 실학과 개화사상의 실체를 밝히려
던 과정에서 문제가 제기되었다. 그리하여 오늘에 이르러서는 실학과 개
화사상의 관계에 대해서 상당한 의문의 여지가 남아 있게 되었다.

5. 남은말

　이 글에서는 실학과 개화사상의 관계에 대해서 집중적으로 검토해 보
았다. 이 문제에 관한 지금까지의 연구에 있어서는 전통적 유학을 기초
로 한 개혁사상인 실학이 근대 부르주아적 변혁사상인 개화사상과 연결
되는 것으로 보는 견해가 부각되었다. 그러나 이 글에서는 이 문제에 대
한 재검토를 시도했고, 이를 위해서 우선 실학과 개화사상의 개념 및 형
성과정을 점검해 보았다. 양자 간의 연결을 주장하던 논의는 실학과 개
화사상의 개념 파악과 직결되는 것이기 때문이다. 그리고 그 상호 연결
을 주장하는 논의의 문제점을 지적해 보았다. 그 결과 실학과 개화사상

이 상호 연결성을 주장하기 위해서는 그 인적 맥락이나 논리적 연결성에 대한 구체적 연구가 더욱 많이 요구되고 있음을 확인하면서, 현재까지의 연구수준을 감안할 때, 상호 연결성에 대한 주장에는 문제가 있음을 확인했다.

물론, 실학사상을 개화사상과 관련지어 파악하려는 노력은 아직도 진행되고 있는 주제이고, 이에 관한 연구도 현재는 미흡한 편임을 감출 수 없다.[85] 그런데, 실학사상과 개화사상의 상호 간에 연결점이 있다고 생각하던 경우에도 두 사상 사이에는 질적인 차이가 있었음이 강조되기도 했다. 즉, 실학이 유학의 태두리 안에서의 새 경향이었고, 또 사변적思辨的 측면을 가지고 있음에 비하여, 개화사상은 유학의 태두리에서 벗어나 있었고, 시무時務를 중요시했다는 점이 언급되기도 했다.[86] 두 사상의 상호간에 존재하는 이러한 질적 차이는 비교적 일찍부터 의식되었다. 그리하여 사변적이면서 정적인 실학사상이 현실적인 면에서도 동적인 개화사상으로 전환되기란 쉬운 일이 아니라고 인식되었다. 실학은 유학사상 안에서의 새 경향인데 반해, 개화사상은 유학사상을 쳐부수고 나온 것이기 때문에 양자 사이에는 질적인 차이가 있다고 생각했다.[87] 그러나 두 사상 사이에는 이 질적인 차이가 있음을 인정하면서도 그 상호 연결성이 강하게 주장되어 왔다. 여기에서 우리는 그 주장의 논리적 모순을 발견하게 된다.

우리는 사상사의 연구에 있어서 사상의 역사적 변용을 주목할 수 있다. 이 경우에는 변용된 사상의 구조와 특정 관념이나 핵심 개념들의 상호 관계를 주목하게 된다. 이때 특정관념의 의미 변화가 사상의 전체적 구조의 변화를 유발시키고 있음을 확인하게 된다. 그리고 핵심 개념의

85) 鄭求福, 1987, 「實學」『한국사연구입문 개정판』(한국사연구회 편), 지식산업사, 379쪽.
86) 李光麟, 1989, 「開化思想의 形成과 그 發展」『韓國史 市民講座』4, 一潮閣, 91쪽.
87) 李光麟, 1976, 「姜瑋의 人物과 思想」『東方學志』17, 여세대학교 동방학연구소 ; 1979, 『韓國開化思想研究』, 일조각, 42쪽.

변화를 통해서 그 전체적 구조에 있어서 변화가 일어날 경우에는, 선행하는 사상과 변화된 사상이라는 양자 간의 관계를 선후관계로 파악할 수 있을지언정 이를 인과관계로 볼 수는 없다.

물론 선행사상을 극복하고 출현한 후발 사상의 경우에도 선행사상으로부터 일정한 자극과 영향을 받게 마련이다. 그리하여 선행先行 사상과 후발後發 사상의 관계에 있어서는 부분적으로나마 논리적으로 연결되는 경우도 있다. 그러나 이와 동시에 그 근본구조에 있어서 논리적 연결성이 차단된 경우를 발견하게 된다. 이 경우에는 선행사상이 후발사상의 형성에 인과적으로 작용했다고 보기는 불가능하다. 오히려 후발사상은 선행사상을 극복하고 다른 직접적 요인들에 의해서 형성의 계기를 갖게 되었던 것으로 볼 수 있다. 여기에서 중요한 것은 사상의 선후 관계가 아니라 그 사상이 기초하고 있는 근본이념의 구조이다.

근대사상은 신분제에 대한 거부와 인간 평등성의 실천, 이윤의 정당시, 개체성의 추구라는 점 등에서 특징을 드러내고 있다. 그러나 조선후기 새로운 사회개혁사상이었던 실학은 이러한 근대적 특성을 본격적으로 주장하지는 못했다. 이 때문에 조선은 근대화의 길을 스스로 포기할 수밖에 없었고, 구체제를 스스로 혁파함에 실패하고 말았다. 그 결과 조선왕조는 결국 제국주의의 식민지로 전락하게 되었다.[88]

기존의 연구에서는 양자 간의 논리적 연결성을 중요시 한다고 했다. 그러나 그 결론에 있어서는 비논리적 요소가 강했다. 그리고 즉자적 사상의 형태인 실학이 대자적 사상일 수도 있는 개화사상으로 전환되었다고 할 경우에는 동일한 논리구조가 전제되어야 한다. 그러나 실학과 개화사상은 양적 차이가 아니라 질적 차이가 지적되고 있다.

실학과 개화사상은 그 존재형태에 있어서 즉자적 존재와 대자적 존재라는 차이를 드러내고 있다. 실학사상은 선진유학에 기초하고자 했다면,

---

88) 鄭求福, 1999, 「朝鮮時代 學術과 思想의 諸問題」『朝鮮時代 研究史』, 290쪽.

개화사상은 일본과 중국을 통해서 수입된 다양한 근대사조에 눈뜨고 있었다. 그리고 그 개념에 있어서도 실학은 중세적 조선왕조의 재건과 유교적 이상국가의 실현을 목적으로 한 개혁안이었다면, 개화사상은 탈유교적脫儒敎的 입장에서 자주화와 근대화를 지향하던 사상이었다. 또한 실학사상은 신분제의 철폐에 대한 확실한 전망을 제시하지 못했으나 개화사상은 신분평등론을 관철한 사상이었다. 실학사상은 학문의 영역을 확대하였을 뿐 사회개혁을 위한 사상으로 실제적으로 기능하지는 못했다. 반면에 개화사상은 변혁의 이념으로 기능하면서 새로운 사회를 이끌어주고 있었다. 이와 같은 측면에서 보자면 실학과 개화사상은 논리적으로 연결되는 사상이라기보다는 이질적 사상으로 파악될 수 있을 것이다. 즉, 이 두 사상은 시간의 선후관계를 가지고 있을지언정, 그 논리구조에 있어서 인과적 관계로 파악하는 데에는 어려움이 있다고 생각된다.

이 때문에 실학과 근대사상을 연결 지으려는 시도에 대하여 "실학사상과 개화사상의 관련을 종적縱的인 선線보다는 횡적橫的인 면면面에서 생각하여, 실학사상과 개화사상의 연결보다는 어느 시점에서 단절되었는가를 검토해야 한다"는 주장이 제기되었다고 생각된다. 즉, 토오마 세이타(藤間生大)는 상인층과 깊은 연관이 있는 역관 오경석에 의해서 단절의 면을 중시하고, 실학과 개화사상을 직결시키는 것은 개화사상의 근대적 성격을 매장하고 경제발전의 계기를 오히려 매몰시키게 된다고 보기도 했다.[89]

한편, 실학과 개화사상의 연결을 논하기 위해서 파편적 자료를 보물찾기 식으로 발견하여 연결한다면, 실학과 척사위정론의 연결 여부에 대해서도 논의해야 할 것이다. 즉, 위정척사파의 거장인 이항로李恒老(1792~1868)의 문집에서 정약용의 정전제적 개혁론의 영향이 많이 확인되

---

[89] 藤間生大, 1977, 『近代東아시아 世界의 形成』, 春秋社, 267쪽 ; 姜在彦, 1979, 『한국의 개화사상』, 129쪽에서 再引用.

고 있다.[90] 그리고 이항로와 함께 한말 척사위정론의 일가를 이룬 기정진奇正鎭(1798~1876)도 정약용을 높이 평가한 바 있었다.[91] 이를 볼 때, 실학사상을 꼭 어느 한 계열로만 연결시킬 수 없는 점이 확인된다. 따라서 실학사상이 근대사상으로 전환될 수 있는 가능성을 다양하게 추적하여 신중하게 연구되어야 한다.[92] 이 이후에야 우리는 최종적 결론에 도달할 수 있을 것이다. 그러나 현재의 연구 상황에서는 실학과 개화사상의 연결을 주장하기에는 충분한 성과가 축적되어 있지 못하다고 생각된다.

그 동안 실학과 개화사상의 연결에 대한 회의를 통해서 실학과 개화사상의 실체를 이해하는 데에 일정한 도움을 받을 수 있었다고 생각된다. 여기에서 거듭 확인되는 바는 실학이나 개화사상이란 개념이 어느 사회에서나 등장할 수 있는 통시대적通時代的 개념인가 아니면 한 시대의 독특한 사상 경향만을 지칭하는 개념인가를 밝히려는 노력이 좀더 진행되어야 한다는 사실이다. 우리는 한시대의 사상으로서 실학이나 개화사상이 가지고 있던 실체에 대한 정확한 인식을 통해서, 이 사상들이 자신의 시대에 가지고 있던 역사적 의미를 좀더 분명히 할 수 있을 것이다.

---

90) 朴贊勝, 1987, 「朝鮮後期 社會經濟思想 硏究現況」『韓國中世社會 解體期의 諸問題』(상), 한울, 261쪽 주12 참조.
91) 奇正鎭, 『蘆沙先生文集』卷2 壬戌擬策 ; 卷3 疏.
92) 金炫榮, 1987, 「실학 연구의 반성과 전망」『한국중세사회 해체기의 제문제』상, 한울, 331~333쪽.

제5장 실학사상의 현대적 의미

1. 머리말

전통적 의미에서 볼 때, 역사는 과거의 사실을 연구하며 그 사실에 대한 의미를 규정하고자 한다. 과거의 역사적 사실에 대한 연구는 그 현재적 의미를 추구하기 위해서 진행된다. 물론 역사적 사실은 사실 그 자체로 중요성을 가지고 있다고 생각하는 사람들도 있었다. 그러나 역사연구의 궁극적 목적은 과거의 사실에 대한 객관적 규명에 있다기보다는 그 사실이 가지고 있는 의미의 추구에 있다.

이와 같은 사실은 조선후기의 실학사상에 대한 연구에도 동일하게 진행된다. 조선후기 실학사상의 연구는 해방이후 한국사학계가 성취한 최대의 업적으로 한때 평가되기도 했다. 그러나 최근에 이르러서는 실학사상의 연구에 대한 비판의식이 표출되기에 이르렀다. 이 비판의식은 주로 조선후기 사회에서 '실학'이 드러내었던 존재방식의 특성과 그 개념의 불명확성 그리고 실학사상이 당대의 현실 개혁에 적용되었는지의 여부에 대한 견해 차이 때문에 제기되었다. 그리고 여기에서 한 걸음 더 나아가 과연 조선후기 사회에 실학이 하나의 역사적 사실로 존재했었는지에 대한 의문마저 제기되었다.

이러한 이의의 제기는 실학연구자들에게 새로운 과제를 안겨주었다. 즉, 실학연구자들은 우선 조선후기 사상계에서 실학이 역사적 사실로 존재했다는 점부터 거듭 확인해 주어야 했다. 그리고 실학연구자들은 조선 후기 사상계에 나타난 그 개혁적 경향이 개항기 이후 오늘에 이르기까지 각 시대별로 어떻게 인식되었고 개념화되었는지를 밝혀야 했다.

따라서 이 글에서는 먼저 역사적 사실로서 실학의 존재를 간략히 제시해 보겠다. 그리고 여기에 이어서 각 시대의 요구에 따라 이 실학사상이 해석되어 온 과정을 검토하여, 그 현대적 의미를 음미해 보고자 한다. 이와 같은 작업을 통해서 '실학'이라는 역사적 사실은 시대의 요구에 응답하여 끊임없이 다시 서술되어 왔다는 점을 확인하고자 한다. 이 응답을 통해 실학에 대한 연구는 현대사회에 대한 올바른 이해와 그 방향의 설정에 이바지해 왔고, 앞으로도 그러할 것이기 때문이다.

2. 역사적 사실로서의 실학

1) '실학'이라는 용어의 개념

우리나라의 역사에서 살펴 볼 때, 실학이라는 용어가 등장하기 시작한 때는 조선왕조의 성립을 전후한 시기였다. 이 때 자신의 학문을 실학이라고 생각했던 대표적 인물들로는 이제현(1287~1367)과 정도전(1337~1398) 그리고 권근(1352~1409)을 들 수 있다. 그들은 자신들이 새롭게 도입하고자 하던 성리학이 불교와는 비교할 바가 못 되고 훈고訓詁와 사장詞章에 치우친 한당漢唐의 유학보다도 우월함을 인식했다. 즉, 그들은 성리학이 인의충신仁義忠信 등의 수기修己로 인해서 한나라나 당나라 시대의 유학보다 '위기爲己'의 실효를 거둘 수 있는 학문이라고 생각했다. 그리고 충효를 비롯한 오륜과 육예六禮 학습을 통해서 불교보다 '제가·치국·평천하'의 실효를 더 거둘 수 있을 것으로 확신했다. 이러한 이유로 그들은 성리학을 '실학'이라고 불렀다.

실학이라는 용어는 조선중기 사회에서도 사용되고 있었다. 즉, 이황 (1501~1570)이나 이이(1536~1584)도 수기안인修己安人의 설인 성리학을 실학으로 인식하고 있었다. 이 과정에서 조선 성리학은 조선의 지도이념으로 확고히 자리 잡아 갔다. 한편, 조선후기에 접어들어 예론을 전개하고 있던 윤증尹拯은 예학을 실학이라고 인식했다. 이러한 조선왕조의 성리학자들은 대체로 주자朱子, 朱熹를 유일한 기준으로 삼아 유학을 해석하면서 자신의 학문체계를 '실학'이라고 생각했다.

그러나 17세기 이후 일단의 유학자들 가운데는 통치원리로 기능하고 있던 성리학의 주자 유일 기준을 거부하고 탈성리학적脫性理學的 경향을 드러내고 있었다. 그들은 원초유학原初儒學의 정신의 회복을 통해서 성리학을 극복하고자 하는 의지를 가지고 있었다. 이러한 사상적 경향을 가지고 있었던 인물로는 이수광(1563~1628)이나 허목(1595~1682)을 들 수 있다. 조선중기의 이 탈성리학적 연구경향에서 조선후기적 '실학'이 움터 나왔다.

2) 실학사상의 출현

조선후기의 실학자로 지칭되는 사람들은 경세치용적經世致用的 학문을 강조하거나 자신의 저서에서 '실학實學'이라는 단어를 직접 구사하기도 했다. 즉 유형원(1622~1673)의 학문체계는 당대부터 '경세치용'의 학문으로 평가되어 왔다. 그리고 이익(1681~1763)도 학문은 치국평천하治國平天下의 경세에 유용한 것을 지향해야 한다고 역설했고, 자신이 직접 '실학'이라는 단어를 사용하기도 했다.

홍대용(1731~1783)은 '실학'이라는 단어를 구사하여 사장詞章과 기송記誦 그리고 훈고訓詁와 구별되며, 공리功利나 노장사상, 불교, 성리학 등과는 다른 학문체계를 제시하고자 했다. 박지원(1737~1805)의 경우에도 농공상農工商의 이치를 포함하는 선비의 학문을 '실학'이라고 지칭하면서 농업이나 수공업, 상업에 종사하는 사람들이 자신의 일을 잘못하는 것은 사士에게 '실학'이 없기 때문이라고 말했다.

한편, 정약용(1762~1836)은 그의 저서에서 '실학'이라는 단어를 사용하지는 않았다. 그러나 그는 당대의 성리학을 '잡학雜學'이라고까지 폄하했다. 그러면서 그는 치국안민治國安民의 목적을 달성하기 위해 이적을 물리치며 재용을 넉넉히 하고, 문장이나 행정실무에 뛰어나 어떠한 일이라도 잘 처리할 수 있는 인재의 양성을 주창했다. 여기에서 정약용의 실학개념이 간접적으로 추출될 수 있다. 그리고 19세기의 김정희(1786~1856)의 경우에는 '실사구시實事求是'를 중시하는 학문태도를 강조했다. 최한기(1803~1879)는 사농공상에 걸친 실사實事를 실지實地로 탐구 실천할 것을 제창하면서 자신의 실학사상을 표현했다.

여기에서 오늘날 우리 학계는 조선후기 사상계의 변화를 논하면서 실학이라는 분야를 설정하게 되었다. 그러나 조선후기의 실학사상은 당대의 학인들이 직접 문호를 열고 기치를 세우며 자신의 존재를 '실학파' 등으로 스스로 확인한 사상은 아니었다. 또한 그들은 자신을 실학자로 자처한 바도 없고, 자신의 학문을 실학이라고 선언하지도 아니했다. 그들이 서로 모여 타자와 구별되는 배타적 견지에서 학파를 조직한 바도 없었다.

그렇다 하더라도 오늘날 학계에서 당시의 학풍을 실학으로 명명하는 데에는 충분한 근거가 있다. 즉 유형원 – 이익 – 정약용으로 이어지는 조선후기의 실학사상은 즉자적[an sich] 형태로 존재하고 있었다. 실학사상은 자신의 존재를 의식하고 자신의 독립성을 확연히 천명하는 대자적[für sich] 단계의 사상으로까지 전개되지는 아니했지만 분명 조선후기의 사상계에 존재하고 있었던 중요한 흐름 가운데 하나였다. 이 즉자적 사상의 형태를 오늘날 우리 학계에서는 실학사상이라고 부르게 되었다.

3) 실학의 사상적 기초

조선후기 실학사상이 가지고 있는 첫 번째 특성으로는 탈성리학적 사상이라는 점이다. 탈성리학적 사상은 주희朱熹의 가르침을 유일한 근거로 하여 유교경전을 해석해왔던 조선 성리학의 관행을 거부하고, 경전의 해석에 새로운 기준을 모색하고자 했다. 물론 실학자들도 주희의 학문적 권위를 명시적으로 거부하지는 아니했지만, 유학의 해석에 있어서 적용되어 오던 주희에 대한 맹종적 태도를 배격했고, 그의 경전 해석이 가지고 있는 문제점을 극복하고자 했다. 이 경향은 허목許穆이나 이수광李睟光 단계에서부터 이미 드러난 일이었다. 그리고 이 점은 정약용丁若鏞의 경우에도 동일하게 나타나는 현상이다.

예를 들면 정약용은 성리학의 기질지성氣質之性에 대한 해석을 달리하여 기질을 선천적 제약으로 해석했던 성리학의 입장을 거부하고, 새로운 인간관을 제시했다. 그는 주장하기를 하늘은 인간의 마음에 자주권自主權을 부여해 주었다고 했고, 이로써 인간은 그 자아의 주체적 자율성을 가진 존재로 새롭게 규정되었다. 이상의 사례에서 볼 수 있는 바와 같이 실학자들은 주자주朱子註를 기준으로 한 성리학의 유학 해석방법을 벗어나서 새로운 철학을 구성해갔다. 이렇게 구성되어 간 철학이 탈성리학적 철학이었다.

그런데 18세기를 전후한 시대에 존재했던 일단의 사상가들은 탈성리학적 사상 가운데 선진유학 내지는 원초 유학의 입장에서 왕도정치론王道政治論을 제기하면서 변법적變法的 개혁을 추진하던 국가재조國家再造의 사상을 제기했다. 그리고 이러한 경향의 사상을 공유하던 학인들이 있었다. 이 학인들의 사상을 뒷날 '조선후기의 실학'이라고 부르게 되었다.

실학자들이 가지고 있었던 두 번째의 특성은 그 연구방법론에서 드러난다. 즉 그들은 성리학에서 취하고 있던 학문연구 방법론을 비판 극복하기 위해서 원초유학의 방법론을 수용했다. 원초유학의 방법론은 사변적이거나 심오한 것에 매달리지 않고 일상적이고 현실적인 실제성實際性

을 위주로 하여 학문을 연구했었다. 실학자들은 이 원초유학의 학문방법론의 회복을 주장했다.

실학은 백과전서적 학문경향을 가지고 있으므로 실학의 연구 분야는 매우 다양하다. 우선 실학은 이기理氣 심성心性 등에 관한 철학적 탐구를 시도했다. 여기에서 그들은 조선 성리학과는 구별되는 견해에 도달할 수 있었고, 이에 근거하여 인간과 세계와 자연을 보는 새로운 안목을 키울 수 있었다. 또한 실학은 왕도정치론에 대해 각별한 관심을 갖고 연구해 나갔다. 실학은 성리학과는 구별되는 원초유학에 입각하여 왕도정치를 구현하고자 했다. 그들이 왕도정치론을 개진해 나가던 시점은 조선후기 중세사회 해체기였다. 그들은 이 해체기적 양상으로 각 분야에서 드러나고 있던 비리와 모순을 개혁하고 경색된 현실을 타개하여, 유교적 이상사회를 구현하려 했다. 그리고 그들은 이를 위한 구체적 방법으로 각 분야를 개혁하고자 하는 과제들을 검토했다.

이와 같은 탈성리학적 사고방식과 원초유학적 연구방법론을 통해서 실학은 자신의 개혁안에 있어서 기본이 되는 왕도정치론과 인간에 대한 새로운 인식을 제시해 주었다. 우선 그들은 중국 고대의 삼대三代를 왕도정치가 구현된 이상세계로 규정하고, 이를 모범으로 삼아 조선 후기 사회의 모순을 근원적으로 극복하고자 했다. 즉, 실학은 현실의 국가체제를 개혁하여 궁극적으로 왕도정치를 실현한다는 이상을 추구했다. 그들의 왕도정치론은 현실의 모순을 개혁하고 경색된 현실의 타개를 주장하는 개혁론적 사상의 성격을 띠게 되었다.

실학에서는 왕도정치를 현실사회에서 구현하기 위한 구체적 방법들을 모색해 나갔다. 여기에서 그들은 성리학적 왕도정치론과는 입장을 달리해서, 왕도王道의 기준을 인의仁義와 같은 도덕적 요소에 설정하기보다는 현실의 개혁을 통한 '안인安人'에 설정했다. 실학자들은 자신들이 살고 있던 조선왕조의 현실이 전쟁을 치른 직후나 마찬가지로 일대 변혁이 요청되는 상황으로 인식했던 것이다. 이 때문에 그들은 국가를 재조再造하는 방략을 포기할 수 없었다.

한편, 실학에서는 인간에 대한 새로운 이해를 시도해 갔다. 당시 조선 성리학은 인간의 심心에 관한 문제를 중요시하는 심학心學의 경향을 취하고 있었다. 실학은 성리학과의 관계를 분명히 하고 그 차이점을 모색하는 과정에서 이기심성론理氣心性論에 대한 연구를 진행시켜 나갔다. 그 결과 그들은 성리학과는 다른 입장에서 심성론을 제기해 나갔고, 이를 통해 인간과 세계와 역사에 대한 새로운 인식에 도달했다. 성리학과 실학의 심성론에서 드러나는 차이는 상당히 큰 것이었다.

성리학적 심성론의 대표적 이론가인 이황李滉이나 이이李珥는 기질지성氣質之性의 선천적 규정성을 매우 강조했다. 그러므로 선천적 기氣의 차이에 따라서 인간은 이미 귀천과 현우賢愚 그리고 선악을 규정받고 태어나는 존재로 해석되었다. 그리고 이렇게 태어난 인간의 숙명을 변화시키기란 어려운 것으로 주장되었다. 그 결과는 세계 만물 가운데 인간이 갖는 독자성이나 자율성이 왜소화되는 논리로 귀결되었다.

그러나 실학자들은 대체적으로 인간이 선천적 '기질지성'에 구애되는 것을 부인하고 스스로 주체적 사유를 할 수 있는 존재로 규정했다. 실학은 인간의 심心이 활성活性인 것임을 강조했고, 인간의 본질을 성性이 아니라 심心으로 인식해 갔다. 이 과정에서 실학의 인간관은 인성이 선善으로 정향定向되었다고 단정하는 성리학적 도덕률의 허구성으로부터 인간을 해방시킬 수 있었다.

실학에서는 인간의 심心은 모든 이치를 깨달을 수 있는 영명성靈明性과 스스로 선악을 행할 수 있는 자율성自律性을 타고났다는 새로운 인간관을 제시했다. 여기에서 인간의 자율과 각자의 책임 및 역할에 대한 분명한 인식도 가능하게 되었다. 실학자들은 이와 같은 재해석을 근거로 인간과 자연에 대한 독자적 이해에 도달했다.

4) 실학의 연구 분야

실학은 이와 같은 새로운 철학과 왕도정치론을 총론으로 삼아 분야별 각론을 전개했다. 실학의 각론에서는 첫 번째로 조선의 존재와 전통에 관한 문제를 들 수 있다. 실학자들은 민족의 존재를 확인하면서 전통적 화이관華夷觀의 극복을 시도했다. 여기에서 그들은 중국과는 구별되는 자아自我에 대한 인식을 강화시키게 되었다. 그들은 조선의 존재 자체를 정확히 이해하고자 했다. 그리하여 조선어와 문학에 대한 관심뿐만 아니라 세시풍속을 비롯한 민속에 관해서도 애정을 가지고 조사와 연구를 진행시켰다. 그들은 역사지리와 인문지리에 대하여 깊은 관심을 가지고 있었다. 그들은 조선의 역사적 전통에 대해 관심을 쏟았으며, 자신이 제시하는 개혁안의 원리도 지난날의 역사 경험을 통해서 검증해보고자 했다. 그들에 있어서 역사란 조선의 주체적 인식을 위한 도구였고, 자신의 개혁안을 설득력 있게 제시하게 해주는 스승이었다.

실학의 각론에서 두 번째로 지적할 수 있는 분야는 정치제도의 개혁에 관한 문제들이다. 실학자들은 왕도정치론에 관한 성찰을 통해서 군신간君臣間의 관계를 새롭게 확인하고자 했다. 국정의 각 분야에 관한 연구에 힘을 기울여서 국가의 제도 개혁에 관한 문제를 논했다. 수취 체제의 개편에 관한 광범한 생각을 가지고 있었으며, 과거제도 등 관리 임용 방법의 개선책을 논했다. 그들은 군사제도의 개혁안을 제시하기도 했다.

실학의 각론에서 세 번째로는 현실 개혁을 위한 사회 경제적 문제들을 주목할 수 있다. 실학사상을 낳게 한 것은 조선후기의 역사적 현실이었기 때문에 당시의 실학자들은 농촌의 피폐상을 극복하기 위해 토지제도 및 농업경영의 개선책을 모색했다. 그리고 농업생산력의 발전을 촉진시키기 위한 문제에 관심을 가지고 있었다. 또한 그들은 상공업의 발전을 위한 개선안을 내놓았다. 그들은 부당한 수취체제의 문란상을 바로잡고자 노력했다. 그리고 그들은 전통적 신분제도의 모순을 극복해보고자 노력하기도 했다. 이러한 그들의 노력은 '신아구방[新我舊邦; 묵은 우리 나라를 새롭게 하자]'이라는 말 한 마디로 집약될 수 있을 것이다.

실학의 네 번째 연구 분야로는 자연과학과 기술과학을 들 수 있다. 실학자들은 자연의 논리와 인간의 논리가 가지고 있는 차이점에 대해 연구했고, 자연에 대한 과학적 관찰과 연구를 지속했다. 그리고 그들은 농민을 중심으로 한 민중생활에 직접 관심을 가지고 농업기술의 혁신에 관해서 연구했다. 또한 동시에 그들은 새로운 광업기술이나 공학 기술의 도입에 대해서도 적극적인 자세를 가지고 있었다.

요컨대, 실학은 조선후기에 실제로 존재했던 사상 가운데 하나였다. 물론 실학은 그 자신이 하나의 학풍임을 선언하거나 학파를 뚜렷이 형성하지는 못했다. 그러므로 실학은 즉자적 형태로 조선후기 사회에 존재했던 사상이었다. 실학은 탈성리학적 경향을 취하면서 원초유학에 입각한 새로운 방법론을 자신의 학문 연구에 적용했다. 또한 실학자들은 새로운 사고방법을 도출해 내는 전제로써 이기론 인성론 등에 대한 연구를 새롭게 전개하여 인간과 세계에 대한 새로운 안목을 드러내 주었다. 그리고 원초유학적 왕도정치의 연구를 통해서 자신의 개혁 방향을 선정해 나갔다. 원초유학에 기초를 둔 그들의 철학사상과 왕도정치론은 실학사상의 총론이었다. 이 총론을 전제로 하여 실학자들은 구체적 실천사항으로 각론을 전개시켜 나갔다. 그들에게서 드러나는 백과전서적 경향으로 인해 그들은 매우 다양한 분야를 연구해 나갔다. 즉, 그들은 민족의 존재와 전통에 대해서 연구했고, 현실개혁을 위한 정치 경제 사회에 관한 문제를 논했다. 그들은 자연과학과 기술과학에 대한 연구에도 정진해 나갔다. 이 모든 각론적 연구는 왕도정치를 구체적으로 실현하는 데에 목표를 둔 것이었다. 그러나 이 모든 사조는 대자적 존재가 아닌 즉자적 형태로 존재하고 있었다.

3. 해석된 사실로서의 실학

역사적 사실은 해석의 단계를 거쳐서 사람들에게 전해진다. 과거의 사실에 대한 해석을 통해 오늘의 우리들은 그 과거가 가지고 있던 여러 측면을 점차 더 잘 이해하게 된다. 더욱이 과거에 즉자적으로 존재했던 역사적 사건들은 해석의 과정을 거쳐야 그 개념이 선명히 제시될 수 있다. 이 때문에 실학사상은 개항기 이후 오늘에 이르기까지 다양한 측면에서 관심의 대상이 되어왔고, 그 성격이 규정되기에 이르렀다.

그런데 각 시대별로 실학사상에 대하여 의미를 부여하고 해석해 갔던 기준은 그 시대가 가지고 있던 시대적 과제들이었다. 각 시대의 역사연구자들은 실학이라는 주제에 대한 관심을 통해서 자신이 가지고 있던 당대에 대한 문제의식을 표출해 왔다. 이들의 역사해석에는 일정한 경향성이 있었지만, 바로 그 해석을 통해 역사연구자는 시대가 나아갈 방향을 모색해 주었다. 그리고 이와 같은 노력들을 통해서 역사적 사건으로서의 실학은 오늘의 우리에게도 해석된 사실로 거듭 나타날 수 있다.

1) 개항기 실학에 대한 연구와 해석

실학사상에 대한 해석이 시도되기 시작한 시점은 개항기를 들 수 있다. 1876년에 단행된 개항을 전후하여 조선왕조 사회는 내적으로는 백성들의 저항에 의해 지배체제가 동요되고 있었고, 외적으로는 조선을 향하여 몰려드는 외세의 압력에 직면해 있었다. 여기에서 당시의 지식인들은 문호개방에 주체적으로 대응하기 위한 노력을 전개하게 되었다. 그리고 당시는 조선후기 사회를 객관화하여 관찰할 수 있었던 시점이었다. 그리하여 이 시기를 살았던 사람들은 국가적 위기 탈출의 방략을 마련하고 개항에 주체적으로 대응하기는 길을 모색하던 과정에서 '조선후기 사상계의 개혁적 인물'에 대해 일정한 관심을 가지기 시작했다.

그 구체적 사례로는 당시 신헌申櫶이나 강위姜瑋 등을 들 수 있다. 이들은 조선후기 사상계의 개혁적 인물에 대해 부분적으로나마 관심을 표현하기에 이르렀다. 이는 당시 사회에서 조선후기 개혁적 인물과 사상이 존재했음을 인지했다. 그리고 그들은 자신들이 살고 있던 시대의 격랑을 헤쳐가기 위해서 선배 경세가들의 조언에 귀를 기울이고자 했고, 이를 구국의 방략으로 삼고자 했다. 여기에서 조선후기 실학자에 대한 관심이 비로소 싹트고 있음을 확인하게 된다.

개항기 실학에 대한 관심은 1890년대 후반에 이르러 좀더 분명히 나타났다. 이 때에 이르러 각종 신문들이 창간되어 새로운 사회세력들을 독자층으로 확보해 가고 있었다. 그리고 이 신문에서 조선후기의 개혁적 인물과 사상에 관한 구체적 관심들이 표현되기 시작했다. 그 사례로『황성신문皇城新聞』은 1899년에 두 차례에 걸쳐 정약용을 우리나라 '경제학의 큰 선생'으로 소개한 바 있었다.

그리고 조선후기 경세가들에 대한 이해를 드높이려는 시도가 진행되어 갔다. 그 결과 조선후기의 개혁적 인물들에 대한 관심이 국사교과서를 중심으로 하여 좀더 자주 나타나게 되었다. 그리고 이들을 경세가經世家나 경제가經濟家로 직접 지칭함으로써 그 개혁사상의 성격을 규정하고, 이를 구체적으로 개념화하려는 시도가 일어났다.

'조선후기 사상계의 개혁적 인물과 그 사상적 특성 및 경향'에 관한 서술의 빈도가 1905년의 '을사조약' 내지는 1907년 '정미7조약'이 체결된 이후에 이르러서 좀더 증가되어 갔다. 이 당시는 국권의 상실을 눈앞에 둔 절체절명의 상황이었다. 이러한 외적인 환경에서 개항기의 지식인들 가운데 일부는 유교구신적儒敎救新的 차원에서 '실지학문' 즉 실학實學을 보국保國의 방략으로 생각했고, 조선후기의 '경세가'나 '경제선생'에 관한 연구를 통해서 국권회복의 길을 찾아보고자 했다.

그러나 이와 같은 경향은 당시 사상계나 학계의 전반에 걸쳐서 드러나는 지배적 현상은 아니었고, 일부 선각적 개신유학 계열의 인물에 의해 제시된 소수의견이라는 성격을 가지고 있었다. 그렇다 하더라도 우리는 당시에 진행된 '조선후기 사상계의 개혁적 경향'에 대한 언급을 통해서 애국주의 내지는 민족주의적 측면에서 조선후기의 경세가들이 논의되고 있음을 주목하게 된다.

2) 식민지시대 실학 연구의 의미

조선왕조는 1910년 '한일합방'을 통해서 일본의 식민지로 전락하였다. 이 식민지시대 조선의 사상계와 학계에서는 두 가지의 과제를 가지고 있었다. 그 하나는 폭압적인 식민지지배와 민족문화 말살의 시도에 맞서 식민지지배로부터 해방될 수 있는 이론적 기초를 마련하고, 민족문화를 수호하는 일이었다. 그리고 또 다른 하나는 물밀듯이 들어오는 근대적 사조를 주체적으로 수용하여 민족문화를 발전시켜 나가야 했다. 이러한 시점에서 식민지화 직후부터 조선의 역사와 문화를 보존하기 위한 노력이 일어났다. 그리고 3·1운동을 지나 조선후기 사상계의 개혁적 경향에 대한 연구가 미약하게나마 진행되어 갔다.

식민지시대에 접어든 이후, 실학에 관한 연구 과정에서는 대략 세 가지의 주목할 만한 현상이 일어나고 있었다. 즉, 첫 번째로는 식민지 조선의 연구자들은 개항기의 연구를 이어받아 조선후기의 개혁적 학풍에 대한 연구를 강화시켜 나갔다. 그리하여 그들은 조선후기 개혁사상의 존재를 거듭 확인하면서 개혁적 인물들에 대한 인식의 범위와 이해의 깊이를 확대 심화시켜 갔다.

그리고 두 번째로는 그 개혁사상의 성격에 대한 구체적 관심이 표출되었고, 이를 개념화하기 위한 노력이 전개되었다. 그리하여 1923년 최남선崔南善은 조선후기의 학풍을 '실학'이란 용어로 설명하기도 했다. 그

러나 조선후기의 개혁적 학풍이란 의미로 사용되었던 이 '실학'이라는
용어는 당시 학계로부터 광범위한 지지를 얻지는 못했다. 그래서 당시의
연구자들은 이 학풍을 '실제에 근거를 두어 독자성을 구하려는 학문[依實
求獨之學]' 혹은 '실사구시의 학', '조선경제학파' 등으로 부르기도 했다.
조선후기 사상계의 개혁적 경향을 비로소 '실학'이라는 단어로 표현하기
에 이르렀다. 당시의 연구자들을 실학으로 범주화하여 이에 특정 개념을
부여해 보고자 시도했다.

한편, 식민지 시대 조선의 학계에서는 세 번째로 조선후기의 개혁적
사상인 '실학'을 하나의 학파로 설정하여 계보화하여 인식해 보고자 노
력했다는 사실을 주목하게 된다. 물론 이러한 세 가지의 현상은 축차적
으로 일어났던 일이 아니라 동시적으로 진행되고 있었다.

식민지시대에 진행된 이와 같은 경향은 조선의 지식인들이 식민지화
라는 정치적 좌절을 겪은 이후 민족문화의 우월성에 대한 자부심을 강화
해 나가려던 노력의 표현이었다. 이 과정을 통해서 조선후기의 개혁적
사상에 대한 존재확인과 함께 개념화 및 계보화 작업이 진행되어 갔다.

3) 조선학 운동과 실학 연구

식민지 시대 실학연구에 있어서 또 다른 분기점으로는 1934년에 진
행된 '다산서세백주년기념茶山逝世百周年紀念' 사업을 들 수 있다. 이 문화
운동은 정약용의 서거 일백주년을 기념하여 전개되었다. 이 사업은 조선
독립을 위한 좌우합작 기구였던 신간회가 해체된 이후 비타협적 민족주
의 세력이 중심이 되어 전개한 문화운동이었다. 이 운동의 과정에서 조
선후기의 대표적 실학자인 정약용의 『여유당전서』가 간행되기 시작했
다. 그리고 정약용을 비롯한 조선후기의 개혁사상에 대한 관심이 급격히
강화되었다.

문화적 민족주의 운동이라는 특성을 가지고 있던 이 운동의 중심적

인물은 정인보鄭寅普, 안재홍安在鴻 등이었다. 정인보는 정약용이 그 사상의 종지宗旨를 '묵은 우리나라를 새롭게 하자(新我舊邦)'에 두고 있음을 말하면서 조선사회의 혁신책을 제시하기 위해 현실에 대한 비판을 시도했다고 서술했다.

요컨대, 개항기와 식민지시대에 이르러 조선후기에 존재했던 역사적 사실로서의 실학은 해석된 사실로 전개되어 갔다. 우선 개항기 당시 실학은 나라를 개혁할 수 있는 경세론으로 인식되고 있었다. 그러나 식민지 지배가 시작된 이후 조선의 지식인들은 정치적 좌절을 강요당했고, 그들이 실학의 경세론에 근거하여 조선을 개혁할 수 있는 가능성은 더 이상 존재하지 않았다. 이와 같은 상황에서 실학은 민족문화의 정수로 인식되어 갔다. 그리고 실학자의 사상은 서양근대사상과 직접 비교되어 논해졌다. 이는 당시의 실학연구가 정치적 좌절을 극복하기 위한 준비의 일환으로 제기된 문화민족주의적 특성을 가지고 있었음을 말해준다. 이처럼 실학사상은 개항기와 식민지 시대에 걸쳐 당대 사회의 요구에 응하면서 해석되고 음미되어 갔다.

4. 실학의 현대적 의미

1) 해방 후의 실학연구

한국역사에 있어서 현대는 일반적으로 1945년 해방 이후 오늘에 이르는 시대를 말한다. 바로 이 현대라는 시점에서 실학은 본격적으로 연구되기에 이르렀다. 해방 직후부터 우리나라는 남북으로 분단되었다. 이 와중에서도 남북한은 모두 민족문화 재건운동을 전개하게 되었다. 이는 일제의 식민지 지배를 통해 철저히 파괴된 민족의 문화를 다시 세워서 신생 독립국가의 기초를 다지려던 노력이었다.

이 시기에 이르러 남한에서는 자유민주주의를 기반으로 하여 낙후된 사회의 발전을 위해 근대화를 강력히 추진해 갔다. 그리고 북한에서는 인민민주주의의 기초를 다지기 위한 노력을 전개하고 있었다. 이와 같은 현실적 과제는 역사연구에 있어서도 투영되었고, 남북한의 연구자들은 특히 1950년대 후반기에 이르러 앞 단계의 연구를 이어받아 조선후기의 사상에 대한 집중적인 연구를 전개해 나갔다. 이들은 각기 상이한 역사관을 가지고 사상사의 연구에 임하게 되었다.

그러나 이 시기는 남북한의 학계가 모두 일본의 식민사관을 극복하고 내재적 발전론을 강하게 주장하기 시작하던 때였다. 이러한 학문적 분위기와 관련하여 조선 후기 사회경제사 분야에 있어서 자생적 발전상이 속속 연구되었다. 그리고 조선후기의 사회경제적 발전을 반영하거나, 혹은 그 발전을 촉진시킨 사상의 존재 여부를 검증하기 위한 노력이 일어났다. 여기에서 실학사상이 주목을 받게 되었다. 따라서 이 당시 실학연구에는 이와 같은 연구 분위기와 관련하여 사회경제사가들이 대거 참여하게 되었고, 근대화론적 시각이 강하게 투영되기에 이르렀다. 바로 이 과정에서 실학의 개념과 발생 배경 및 그 연구 분야 및 역사적 의의 등이 본격적으로 거론되기에 이르렀다.

먼저, 실학의 개념은 조선후기의 시대적 특성과 함께 모색되었다. 그리하여 실학사상이 존재하던 조선 후기는 전근대적 사회로부터 근대를 지향하던 시기로 규정되었다. 실학은 이러한 시대적 성격을 설정한 기반 위에서 모색되어 갔다. 그리고 그 사상의 발생 당시 조선사회가 가지고 있던 전근대성을 극복하려던 실학의 노력에서 근대의 여명을 밝혀보고자 했다. 이에 1960년대의 연구자 가운데 일부에서는 실학을 조선 후기 '자본주의 맹아의 발생'을 반영하는 사상이거나 혹은 그러한 발전을 이끌어준 사상으로 규정하기도 했다. 이 경우 실학은 '허학虛學'인 성리학에 대항하는 학문이라고 적극적인 평가를 받기도 했다.

그리고 또 다른 연구자들은 실학사상에서 드러나는 과도기적 특성을 주목하여 이를 봉건사회의 해체기에 등장한 '근대지향적' 과도기의 사상으로 보고자 했다. 이 견해는 1967년 이후 천관우에 의해 제시되었다. 그는 실학을 근대성으로 규정했던 1930년대 안재홍의 견해를 발전적으로 극복하여 실학사상을 새롭게 규정해서 "전근대의식에 대립하는 근대정신을, 몰민족의식沒民族意識에 대립하는 민족정신을 뜻한다"고 말하면서, 실학사상의 가장 중요한 특징이 "근대지향적, 민족주의적 성격"임을 제시했다. 이와 같은 해석은 당시 시대적 과제가 근대화였다는 사실과, 민족주의가 강화되어 가고 있던 사회분위기와 일정한 관련이 있다.

이러한 그의 실학 개념 제시는 많은 연구자들에게 영향을 미쳐 주었다. 이와 같은 개념 규정이 제시된 이후 많은 연구자들은 조선 후기의 사상에서 이 기준에 의해 실학적 요소를 찾으려 했다. 그리하여 민족주의적 특성의 확인을 위해 중화문화와는 구별되는 자아 인식의 존재 여부를 검출하기 위한 노력이 진행되기도 했다. 그 과정에서 성리학적 화이관華夷觀에 입각하여 청국을 이적夷狄으로 규정했던 성리학자들까지도 실학자의 범주에 포함되기도 했다.

또한 모든 제도 개혁론은 현상타파론이므로, 일반적 제도개혁론도 봉건적 현상을 타파하고 근대사회를 지향하는 것으로 확대 해석하기도 했다. 여기에서 그들은 조선후기에 나타난 모든 개혁론을 '실학적 개혁' 즉 '근대적 개혁'으로 확대 해석하는 경향이 나타났다. 그러나 전통사회의 경우에 있어서도 자신의 제도를 유지하기 위해 성리학적 입장에서의 개혁론이 존재하고 있었으므로, 이와 같은 판단은 일종의 착오에 불과했다. 이러한 데에서 실학의 범위는 거의 무한정하게 확대되어 나가기도 했고, 실학 연구에 대한 회의가 싹트기 시작했다.

2) 1980년대 이후의 실학연구

이와 같은 상황의 당연한 결과로 '근대지향적, 민족주의적'이라는 실학 개념의 모호성에 문제를 제기하고 실학의 개념을 새롭게 규정하고자 하는 시도가 일어나게 되었다. 그리하여 실학의 개념을 '탈성리학'으로 규정하고 실학을 성리학과 구별되는 독자적 사상임을 다시 한번 확인하고자 시도하게 되었다. 이 새로운 시도에서도 대체로 실학이 가지고 있는 것으로 규정되었던 근대성 내지는 민족주의적 특성이 여전히 존중되고 있었다.

한편, 1980년대 후반기에 이르러 실학개념에 관한 이와 같은 연구의 진전을 기반으로 하여 '근대지향적 성격' '탈성리학적 성격' 등에 대한 비판적 검토가 새롭게 시도되었다. 이 시도와 함께 실학에서 논의되는 개혁성이나 합리성 또는 민족주의적 성격이 조선의 정통 성리학에서 논하는 그것과는 질적으로 다름이 논의되었고, 실학의 범위를 '북학사상北學思想'으로 제한하고자 하는 노력이 일어났다.

실학을 북학사상으로 제한하고자 하는 이 시도에서는 성리학의 본질에 해당하는 '성즉리性卽理'의 원칙을 부정하는 학풍이야말로 성리학과는 구별되는 실학으로 규정했다. 그리고 유형원柳馨遠, 이익李瀷, 안정복安鼎福 등은 '성즉리'를 인정하므로 성리학자로 보아야 함을 말했다. 그리고 홍대용洪大容, 박지원朴趾源, 박제가朴齊家 및 정약용 등에 의해서 주도되던 북학사상은 '성즉리'라는 성리학의 기본원칙을 거부했으므로 이 북학사상만을 실학이라고 하기를 제안했다.

여기에서 북학사상은 반청적反淸的 화이론의 극복을 주장하는 사상이며, 조선 정통 주자학의 자기극복 과정에서 제기된 개혁사상으로 규정짓기에 이르렀다. 그리고 그들은 종래 인간 심성心性 위주의 사고에서 벗어나 물物에 대한 새로운 설명을 시도하고 그 이용을 제기했다고 보았다. 또한 그들은 주자학적 심성론과 예론을 비판하고 이용후생을 지향하는 실용 위주의 학문 연구를 내세우면서 선진적인 것으로 평가된 청조의 문물과 학술의 수용을 강력히 제기하게 되었던 사상으로 규정했다.

그러나 북학사상만을 실학사상으로 보려는 견해에 대한 비판적 견해가 제시되었다. 이 견해는 북학자들이 성리학의 '성즉리'를 거부했다는 주장의 문제점을 제시했다. 이 반론은 홍대용이 '성즉리'를 확신하면서 이기론으로 주기론을 주장했다는 사실과, 최한기崔漢綺까지도 '성즉리'의 견해를 벗어나지 않았다는 입장을 전제로 하여 제시되었다. 그리고 실학의 개념은 주자 유일 기준을 거부하고 삼대三代의 왕정王政과 같은 이상적 국가 공동체를 조선후기 사회에 실현하려던 우리나라 전근대 국가론의 마지막 원형으로 이해하고자 했다.

이상에서 살펴본 바와 같이 실학의 개념은 연구자나 연구시기에 따라 다양하게 나타나고 있다. 그러나 오늘의 학계에서 성취한 연구의 실학 개념은 다음과 같이 규정될 수 있을 것이다. 즉 실학사상은 18세기 전후 조선 후기 봉건사회의 해체기에 등장한 사회개혁사상으로서, 주자 유일 기준을 거부하고 원초유학의 입장에서 전개되고 있던 왕도정치론의 조선적 변용으로 규정할 수 있을 것이다.

5. 맺음말

실학사상은 조선후기 사회에 존재하던 개혁사상의 일종이었다. 조선 후기를 살았던 일단의 지식인들은 자신이 처해 있던 사회의 모순을 해결하기 위해 고민했다. 그들은 성리학적 인식론의 한계를 극복하고자 했으며, 원초유학에 입각한 새로운 경세론을 제시했다.

실학사상은 조선 후기의 지식인들이 당시 동양의 사상계를 지배하던 일종의 중세적 보편주의를 극복하고 조선의 역사와 문화가 가지고 있는 개별성과 고유한 가치를 발견하는 데에 이바지했다. 그리고 조선의 전통과 현실에 관한 연구를 촉진시켜 주었다. 이러한 발견과 인식은 분명 민족적 자각의 강화와 관계되는 현상이며, 조선의 학문적 전통을 올바로 세우려던 그들의 노력은 긍정적 평가를 받을 수 있다.

또한 실학사상은 원초유학에 입각한 개혁사상으로서의 한계가 있다 하더라도 왕도정치론의 구체적 적용을 시도하는 과정에서 당시 사회가 가지고 있는 제반 모순에 대해 그침 없이 성찰했다. 그들은 토지제도 및 군역제도의 개혁과 환곡 수취과정에서의 문제점을 바로 잡고자 했다. 또한 그들은 노비제도의 문제점을 지적하는 등 당시 사회의 신분제에 대해서도 개선의 방안을 찾고자 했다. 그들의 이러한 성찰이 비록 현실적 개혁으로까지 직결되지는 못했다 하더라도, 그들이 조선 후기 사회의 문제점을 발견하고 드러내는 것은 개혁을 향한 여론의 조성에 있어서 기초가 되는 일이었다.

그러므로 비록 실학사상이 적극적인 측면에서 현실 개혁을 직접 유도해 내지는 못했다 하더라도, 또 다른 측면에서 실학자들이 수행한 그 현실 개선의 필요성을 강조해준 역할만은 긍정적으로 평가해야 할 것이다. 한편 실학사상은 조선의 중세철학을 대변하는 성리학을 극복하고자 하는 노력을 통해서 후대인들이 객관적 자연관과 평등한 인간관을 이해하는 데에 제한된 범위에서나마 도움을 주고 있었다. 즉 실학사상은 당시의 조선인들에게 새로운 사유형태를 일깨워 주었다. 이 점에서도 실학이 또 달리 발휘하고 있었던 긍정적 기능을 우리는 확인할 수 있을 것이다.

조선후기 사회에서 역사적 사실로 존재했던 실학사상은 개항기 이후 현실을 분석하며 연구하던 과정에서 그 의미를 더해갔다. 개항기 일부 지식인들은 조선후기의 실학사상이 국내외적 위기에 대처하고자 하는 경세론으로 규정했다. 그러나 식민지시대에 이르러서 실학은 현실사회를 개혁할 수 있는 경세론으로 인식되기 보다는 문화민족주의의 입장에서 그 특성이 연구되어 갔다.

그리고 해방 이후 실학은 남북한 사회가 성취하고자 하던 가치와 관련하여 그 의미가 더해져 갔다. 북한의 경우에는 실학을 한 때나마 '공상적 사회주의'에 가까운 이론으로 해석하기도 했다. 남한에서도 본격적 산업화가 진행되던 과정에서 실학이 근대지향적 학문임을 강조했고, 민족지향적 특성을 가지고 있음이 주장되었다. 물론 이와 같이 근대주의적 입장에서 실학사상을 긍정적으로만 보아왔던 견해에는 문제가 있었다. 이에 실학사상의 역사적 의미를 다시 검토하고자 하는 시도가 진행되기에 이르렀다.

이상에서와 같이 실학사상은 사회 자체의 전개과정에 따라 당대 사회적 요청에 부응하는 측면에서 그 역사적 의미가 규정되어 왔다. 오늘날 우리 사회는 민주주의의 발전 및 사회적 평등과 경제적 분배에 대한 심각한 고민을 지속적으로 가지고 있다. 또한 민족의 화해와 재일치를 수행해야 할 과업을 여전히 가지고 있다.

그리고 우리 자신의 원의와는 무관하게 진행되고 있는 세계화의 과정에서 자기 존재의 존엄성과 고유성은 큰 도전에 직면하고 있다. 이 도전을 극복해 나가는 데에는 우리의 역사 전통 안에서 찾을 수 있는 모델이 요청된다. 여기에서 실학에 대한 연구는 여전히 우리의 고뇌에 대답해 줄 수 있는 측면을 가지고 있다. 실학에 대한 연구는 우리의 미래에 대한 구체적 대답을 줄 수는 없지만 우리가 나아갈 기본적 방향은 제시해 줄 수 있을 것이다. 그리하여 전통과 우리 문화에 대한 해묵은 질문에 대한 새로운 대답이 실학연구를 통해서 얻어질 수 있을 것이며, 자신이 살고 있던 급변하는 세상에 대처해나가고자 고뇌했던 선학들의 노력에 우리도 동참할 수 있게 될 것이다. 우리를 향한 현대의 도전에 치열하게 대응하고자 하는 자세를 우리는 과거의 실학자에게서 그리고 그 실학을 연구했던 우리의 선학들을 통해서 확인하게 된다. 이 역사의 도전에 대한 치열한 대응의 노력은 우리 역사를 올바른 방향으로 이끌어 준다. 그러기 때문에 실학에 대한 새로운 해석은 항상 우리에게 요구되고 있다.

제3부

전환기의 사상가들

제1장 박세당의 현실개혁 의지

1. 머리말

조선왕조의 17세기 사상계는 새로운 변화가 일어나고 있었다. 이 변화의 중심에 있었던 인물 가운데 하나가 박세당朴世堂(1629~1703)이었다. 그가 살았던 때는 인조·효종·현종·숙종 등 네 임금이 재위하던 시절이었다. 특히 박세당이 태어난 시기는 임진왜란 이후 국가를 재건하고자 한 논리인 재조론再造論이 활발히 제기되던 시기였다. 그리고 그가 활동하던 시기 조선은 병자호란으로 인해 이적夷狄에 불과한 만주족에 굴복했다. 이 사건으로 말미암아 조선의 지배층 내에서는 사상적 측면이나 정치적 측면에서 일대 공황이 일어나고 있었다.

이 정신적 공황을 극복하기 위한 대책으로 집권 서인층 일각에서는 북벌론을 제기하여 청에 대한 복수를 주장했다. 그리고 명을 향한 의리를 강조하면서 주자학적 견지에서도 이 주장의 근거를 마련하기 위해 노력했다. 반면에, 현실적으로는 조선을 패배시켰을 뿐만 아니라 중국 중원을 장악한 청의 존재에 대한 객관적 인식의 필요성이 제기되고 있었다. 이들은 조선의 사상계를 지배하던 주자학에 비판적 입장을 견지하면서, 주자학과는 다른 새로운 사상체계를 마련하고자 했다. 이러한 과정에서 정치적 대립과 갈등은 잦았고, 그로 인해 중앙정계에서는 정권의 교체를 뜻하는 환국換局 정치의 시기가 도래하고 있었다.

박세당은 이 시기에 정통주자학이나 북벌론을 비판하는 입장에 섰다. 그는 환국정치의 과정에서 정치적으로는 소론계열에 속했으며, 철학적 입장에서는 고경古經에 근거하여 주희朱熹와는 다른 설을 제시했다. 또한 그는 국가재조론의 입장에서 각종의 제도개혁론을 제기했고, 농민 생활의 향상을 위해 자신이 직접 농사를 실험해 가면서 농서農書를 저술했다. 그의 이러한 행적은 당대 사회와 문화의 맥락 위에서 올바르게 인식될 수 있다. 박세당은 바로 17세기 조선사회가 만들어낸 인물이었다.

그러므로 여기에서는 박세당의 삶을 먼저 조명해 보면서 그의 사상이 가지고 있던 특성 및 그가 취했던 행동을 살펴보고자 한다. 그리고 이 특성을 이해하기 위한 전제로 당시의 정치적 상황과 조선의 사상계가 가지고 있던 특성들을 간략히 검토해 보고자 한다.

2. 박세당의 삶

박세당朴世堂은 1629년(인조 7년) 8월 19일 남원부사 박정朴炡과 양주 윤씨尹氏 사이의 넷째 아들로 태어났다. 그의 본관은 반남潘南이었고 호는 서계西溪였다. 그는 전형적인 조선중기의 양반 문벌 출신으로 그의 부친은 인조반정에 참여한 공로로 정사공신靖社功臣의 반열에 오른 인물이었다. 그의 집안은 원래 경기 양주에 세거하고 있었지만, 그는 부친이 남원 부사로 재임하던 전라도 남원의 관아에서 태어났다.

그러나 그의 부친은 박세당이 네 살 되던 1632년에 세상을 떠났고, 집안을 책임지고 있던 장형도 얼마 안 되어 요절하였다. 이로 말미암아 가세가 급속히 기울어서 그는 유년시기부터 경제적 곤궁을 견뎌내야 했다. 그의 나이가 8세에 이르렀던 1636년에 병자호란이 일어났다. 이때 그는 조모와 모친 그리고 두 형과 함께 강원도 원주, 충청도 청풍, 경상도 안동을 전전하면서 피난 생활을 했고, 난이 끝난 다음에도 청주와 천안을 옮겨 다니며 궁핍한 생활을 했다.

박세당은 조부에게서 천자문을 배웠고, 11세에 이르러서야 중형에게서 본격적인 수업을 받기에 이르렀다. 그리고 13세 때 고모부 정사무鄭思武에게서 글을 배우게 되었다. 그는 17세 때에 결혼했으나 가세가 빈곤하여 그의 처 남씨南氏는 십여 년간 친정살이를 해야 했다. 이러한 그의 생애를 살펴볼 때 그는 청년기에 이르기까지 상당히 궁핍한 생활을 하고 있었음을 알 수 있다. 그러나 그는 결혼 이후 처남 남구만南九萬과 함께 장인에게서 수업을 받으며 학문에 장족의 발전을 이루었다. 이때 그는 양주군 사촌沙村에 있던 자신의 친가와 서울 부근 정릉貞陵에 있던 처가를 왕래하면서 생활했다. 그가 친가에 있을 때에는 인근에 있던 도봉서원에서 독서기도 했다.

그는 21세가 되던 1649년(인조 27년) 모친을 사별하고 삼년상을 지냈다. 그는 삼년상을 치루는 동안 비장과 위장을 다쳐 평생의 고질병을 얻었고, 그의 막내 형은 치상 중에 병을 얻어 죽음을 당했다. 그는 탈상한 다음 과거에 응시했다. 그는 24세 때인 1652년(효종 3년) 유생 정시庭試에 3등으로 합격하여 회시會試에 나갈 수 있었다. 그러나 그의 중형이 과거에 낙방하게 되자 형의 권유에도 불구하고 과거에 응시하지 않았다.

박세당은 자신의 형이 1654년에 춘당대시에 합격한 후에야 다시 과거에 응시했다. 그는 1660년(현종 원년) 가을에 시행된 생원시 초시에서 수석을 했고, 회시에서 2등을 차지했다. 그리고 그해 겨울에 시행된 증광시에 장원 급제하여 성균관 전적典籍으로 벼슬길에 올랐다.

그는 1662년(현종 3년) 예조좌랑·병조좌랑·춘추관 기사관을 지냈고, 사간원 정언이 되었다. 그는 주로 대간직에 재직하면서 개인적 친소를 떠나 원칙론의 입장에서 탄핵과 간쟁 활동에 종사했다. 그의 간쟁활동에서 가장 두드러진 사건은 김만균金萬均을 대상으로 하는 탄핵이었다.

즉, 1663년(현종 4년) 청나라 사신이 왔을 때 국왕이 친히 영은문에 나가서 청사를 영접해야 했다. 이 때 김만균은 자신의 조모가 병자호란 때 강화도에서 피살되었으므로 임금을 수행하여 청나라 사신을 영접할 수 없다고 주장하면서 왕명을 거역하고 그 자리를 회피했다. 이에 박세당은 김만균에 대한 탄핵을 주장했고, 김만균은 파직되었다.

그러나 1664년 김만균의 문제에 대한 처리는 효종대에 주장되었던 북벌론이 현종대에도 지속될 수 있는지를 가늠하는 척도로 간주되었다. 이에 송시열을 비롯하여 북벌론을 표방하고 정계에 등장했던 서인들은 김만균을 탄핵한 박세당을 공격하게 되었다. 그는 송시열의 공격을 정면으로 거부하면서 대결의 자세를 드러냈다. 그러나 이로 인해 박세당은 관직생활에 많은 어려움을 겪게 되었고, 관직생활 중에 환멸을 체험했다. 여기에서도 서인이 후일 노론과 소론으로 분열되어 나갈 수 있는 조짐이 드러나고 있었다.

박세당은 원래 집권층의 핵심이었던 서인이었다. 당시 서인들은 중앙의 정계에서 자신의 정치적 기득권을 강화 유지시키고자 했다. 그리고 송시열을 중심으로 하여 일부 서인은 순정 주자학을 강조하면서 척화의 리를 내세웠다. 그러나 박세당은 송시열 계의 주장에 대해 비판적 태도를 견지하고 있었다.

즉, 그는 국내 정치 분야에서 논의되었던 국가재조론의 연장선상에서 양반지주계급의 특권을 제한하여 양반에게도 국역을 부담시키고 반상의 차이를 좁혀나가야 한다고 생각했다. 또한 그는 양반층을 생산자화하기 위한 방안을 마련하고자 했다.[1] 그러나 이러한 그의 견해는 당시 송시열 계의 견해와 차이를 드러내주는 것이었다.

박세당은 순정 주자학을 고수하려던 송시열의 입장과는 달리 유교 경

---

1) 金駿錫, 2003,「17세기의 새로운 賦稅觀과 士大夫 生業論: 朴世堂의 賦役論과 稼穡論」『朝鮮後期 政治思想史 研究－國家再造論의 擡頭와 展開』, 지식산업사, 563쪽.

전의 자유로운 해석과 주체적 이해를 촉구했다. 그리하여 그는 주회 일변도의 경향을 가진 성리학의 경전해석을 거부하고, 실학적 사고방식을 제기했다. 그는 유학의 개신을 위한 방법의 하나로 노장사상老莊思想에 주석을 다는 작업을 시도했다.[2]

한편, 박세당은 대외관에서도 송시열과 분명한 차이를 드러내고 있었다. 그는 '군신지의君臣之義'를 앞세워 현실적인 대청관계론을 전개하면서 청의 실체를 인정해야 한다고 했다. 그리고 국세가 약한 조선의 존립을 위해서는 청과의 사대관계를 원만히 해결해야 한다는 점을 설명하고자 했다.[3]

이러한 그의 주장들은 집권 서인층 내에서도 송시열 계열과 예민한 대립을 초래하게 되었다. 이 과정에서 그는 명분론적 척화의리가 강조되던 조정에 머물기보다는 향리에 돌아가 학문에 정진하고자 했다. 그가 관직을 떠난 까닭은 스스로 재주와 힘이 약하여 의미 있는 일을 할 수 없고, 날로 퇴폐해져가는 세상을 자신의 힘으로는 구하기 어렵다고 판단한 결과였다고 한다. 그는 40세가 되던 1668년(현종 9년) 정월 관직을 떠났다.

그의 관직 사퇴는 양반 사회의 풍토에 비추어 볼 때 상당히 어려운 결단이었다. 당시 관직은 개인이나 가문이 추구하는 최고의 영예였고, 사회적 특권을 향유할 수 있는 가장 유력한 수단이었다. 박세당은 정월에 관직을 사퇴한 후 3월에 정언·지평, 4월에 수찬, 6월에 정언, 그리고 청의 사행에서 서장관으로 임명되었다. 그는 또 그해 8월에는 이조좌랑, 9월에 교리로 제수되었으나 서장관 이외의 직책에는 나아가지 않았다. 이조 좌랑으로 제수되었을 때는 그가 부임하지 않는다 하여 의금부에 불

2) 尹絲淳, 1972, 「朴世堂의 實學思想에 관한 研究」『亞細亞研究』46, 고려대 아세아문제연구소, 95쪽.
3) 尹熙勉, 1992, 「朴世堂의 生涯와 學問」『國史館論叢』34, 국사편찬위원회, 187쪽.

려가 곤장을 맞고 마지못해 취임했으나 곧 사직했다.[4]

물론 그는 1668년 10월 연행燕行에 서장관으로 수행했던 일과 1670년 1년여에 걸쳐 통진 현감에 취임했던 일이 있었다. 그는 이때 청의 문물을 직접 관찰하고, 청과의 사대관계를 원만히 유지해야 한다는 판단의 정당성을 스스로 확인한 듯하다. 그러나 그는 통진 현감을 사직한 이후 관직을 포기하고 향리에 머물며 후진 양성과 저술에 종사했다.

한편, 박세당은 1666년(현종 7년) 38세 때에 부인인 남씨를 사별하게 되었다. 박세당은 이때 산세와 풍광이 수려한 양주 땅 수락산 서쪽 기슭을 부인과 자신의 장지로 정하고 자신의 만년을 이곳에서 보내고자 했다. 수락산 서쪽 계곡에 느꼈던 그의 애정은 그 호를 통해서도 드러난다. 그가 서계西溪라고 호를 정했던 까닭은 아마도 이 지역의 풍광을 아끼는 마음에서 유래했다고 생각된다.

그리고 그는 관직을 떠난 이후 재취한 부인 정씨鄭氏와 함께 이곳 장재울長者谷, 현재의 장암동長岩洞에 은거했다. 그는 이곳을 석천동石泉洞이라 명명하고 제자들을 가르치며 저술 활동을 해나갔다. 이 시기 1683년을 전후하여 중앙정계에서는 서인이 노론과 소론으로 분립되고 환국이 거듭되었다. 이 과정에서 박세당은 소론으로 분류되었다.

박세당은 갑술환국(1694년)으로 소론이 정권을 장악한 이후, 1695년(숙종 21년)에 공조판서, 1697년에 의정부 우참찬·사헌부 대사헌, 1699년에 예조판서와 이조판서 등에 제수되었지만 정계에 나가지 않았다. 그는 소론 정권 하에서 대신의 반열에 올라 중앙정계에도 일정한 영향력을 주고 있었지만, 석촌동에 머물며 저술과 후진 양성에 투신하고 있었다.

그러나 박세당은 중앙정계의 파동으로부터 완전히 자유로울 수는 없었다. 그는 그의 나이 75세가 되던 1703년(숙종 29년) 송시열 계의 탄핵을 받았다. 그가 탄핵을 받았던 직접적 계기는 이경석李景奭의 신도비명을

---

4) 윤종영, 2001, 「西溪 朴世堂」『문명연지』 2-2, 한국문명학회, 213쪽.

두고서 벌어진 논의 때문이었다. 병자호란 후 이경석은 인조의 명에 따라 마지못해 삼전도의 비문을 지었다. 그러나 이경석은 이로 인해서 척화의리를 주장하던 송시열을 비롯한 노론계로부터 비난을 받았다.

이경석이 죽은 후 그의 손자는 박세당에게 신도비문의 찬술을 부탁했고, 박세당은 이를 작성했다. 박세당이 이경석의 신도비문을 작성하면서 국왕이 이미 굴욕을 당했는데 신하가 춘추대의를 앞세워 군주의 명을 거역한다면 이는 '군신지의君臣之義'를 모르는 패륜적 행동이라고 규정했다. 그리고 신도비문에서 이경석을 공격하던 송시열을 간접적으로 꾸짖었다. 이 신도비문이 알려지자 송시열 계에서는 박세당을 집중적으로 공격했다.5)

한편 그는 자신의 모친을 위한 삼년상을 지내던 과정에서 고질병을 얻었던 데다가, 그 막내 형의 죽음을 목도해야 했다. 이에 그는 1696년(숙종 22년) 자손들에게 고례古禮에 따라 아침저녁으로 올리는 상식上食을 올리지 말라는 유훈을 남기었다. 그런데 『주자가례朱子家禮』에는 조석상식朝夕上食에 관한 분명한 구절이 남아 있지 않았다. 동방예학의 으뜸으로 불리던 김종직金宗直의 경우에도 상식은 졸곡卒哭 후에 폐지해야 한다고 말했다.

그러나 당시 노론 계열에서는 조석상식이 『주자가례』의 정신을 실천하는 것으로 해석하고 이를 시행해 왔다. 이 상황에서 1704년(숙종 30년) 그의 예론이 문제로 제기되었다. 박세당이 『주자가례』의 정신을 거부하고 고례를 따르도록 유훈을 남긴 것은 곧 노론의 관행에 대한 도전이며 기존 질서에 대한 거부로 인식되었다. 이에 노론계에서는 주희의 권위를 빌어 주희에 도전한 박세당과 그가 속해 있던 소론계를 공격하여 정계에서 제거하고자 했다. 그리하여 노론 세력은 자신들이 향유하고 있는 기득권을 더욱 견고하게 만들고자 했다. 이 공격의 과정에서 송시열 계에

---

5) 尹絲淳, 1972, 앞의 논문, 41쪽.

서는 그의 『사변록』의 내용을 문제시하여 그는 사문난적斯文亂賊으로 몰렸고 삭탈관작削奪官爵과 문외출송門外出送의 처벌을 받았다.

이에 그는 1704년 노구를 이끌고 동대문 밖에서 대죄했고, 전라도 옥과玉果로 유배되었다. 이 상황에서 그가 75세의 노령으로 노환 중에 있음과 숙종대에 그의 아들 박태보朴泰輔가 인현왕후의 폐출에 반대하다 죽음을 당했던 공을 감안하여 유배형이 과하다는 상소가 제기되었다. 이 상소에 힘입어 그는 그해 5월 유배가 풀려 석천동에 돌아왔으나 8월 21일 75세를 일기로 세상을 떠났다. 그는 먼저 세상을 떠난 두 부인 남씨南氏 및 정씨鄭氏와 함께 수락산 서쪽 기슭에 합장되었다.

그는 1707년 그의 사후 3년이 지나서 복관되었다. 그리고 신임사화辛壬士禍로 1722년(경종 2년) 소론이 다시 집권하게 되자, 문절文節이란 시호를 받았다. 그러나 문절이라는 시호가 부적절하다는 견해가 제시되어 1723년(경종 3년)에는 문정文貞이란 시호로 바뀌게 되었다.6) 이로써 그의 명예는 사후에 회복될 수 있었다.

요컨대, 박세당은 서인 계열의 명문에서 태어났으나 부친의 작고로 인해 경제적으로 상당히 어려운 처지에 놓여 있었다. 그러나 그는 과거를 통해서 대간직을 비롯한 관직에 진출한 이후 국가재조론의 연장선상에서 개혁안을 제기하였고, 원리원칙에 입각한 간쟁과 탄핵을 수행했다. 그러나 그는 서인 계열의 주류 세력이었던 송시열의 순정 주자학적 입장과는 상당한 차이를 드러내고 있었다. 즉, 그는 국내 정치적 상황이나 철학적 이론 그리고 대청對淸 관계 등에서 당시의 주류 세력과는 다른 견해를 가지고 있었다.

이러한 그의 입장 때문에 그는 노론과 소론이 분리된 이후 소론의 일원이 되었다. 한편, 노소 분립에 앞서 그는 40세가 되던 해에 관직을 떠나서 수락산 기슭 석천동에 머물며 후진을 양성하면서 저술에 힘쓰고 있

---

6) 朴世堂, 『西溪全書』 下, 甲申錄 1979, 太學社 影印, 601쪽

었다. 그러나 그가 저술한『사변록』등으로 인해 사문난적으로 몰려 자신이 유배되기도 했다. 그는 주희중심주의에 반기를 들고 탈주자학적 경향을 드러내고 있었다. 이러한 그의 입장을 감안할 때 그는 초기 실학자 가운데 하나로 규정되기도 한다. 그리고 탈주자학을 실천했던 그의 사상적 영향은 18세기 북학파 사상가들에게도 연결되는 것으로 설명된다.

3. 그가 살았던 시대

조선의 양반 사족士族들은 현실세계에서 왕도정치의 구현을 자신의 최종목표로 설정했다. 이러한 경향을 가진 사회에서 사상과 현실 정치는 깊은 관련을 맺게 마련이었다. 그러므로 박세당의 생애와 사상을 이해하기 위해서도 그가 생존했던 시기를 전후하여 전개되었던 정치사 및 사상계의 특성을 먼저 검토해야 한다. 우리는 이 검토 작업을 통해서 박세당이 영향을 받았던 사건이나 사상 및 그의 사상이 남겨준 영향을 정확히 이해할 수 있을 것이다.

조선 중기에 이르러 사상계와 정치 일선에서 드러나는 중요한 사건은 붕당의 분립 현상이었다. 이 붕당은 철학적 견해 및 이와 연결된 정치적 입장의 차이에서 성립되어, 정치사와 사상사의 전개에 강력한 영향을 미쳐주고 있었다. 조선의 사상계는 대체적으로 중국 남송대南宋代 주희朱熹(1130~1200)의 학설에 기초한 성리학을 지도이념으로 삼았고, 16세기 후반 이래 조선의 사정에 맞는 성리학을 확립시켰다. 그 결과 조선왕조는 철학과 통치이념이 일치를 이루면서 철학에 의해 지배되는 사회가 되었다. 조선왕조에서 철학적 학설의 차이는 현실세계에서 실천하는 경세론의 차이점과 직결되었고, 붕당의 분립과도 깊은 연관을 맺고 있었다.

17세기 당시 붕당과 연결된 사상적 경향으로는 동인학맥東人學脈과 서인

학맥西人學脈을 주목할 수 있다. 이들 가운데 퇴계退溪 이황李滉(1501~1570)
의 학맥을 이어왔던 동인들은 17세기에 이르러 남인과 북인으로 나뉘었다.
북인들은 17세기 전반에 중앙의 권력을 잡았으나 인조반정 이후로 몰락해
갔다. 반면에 남인들은 인조 연간에 정권을 장악할 수 있었고, 숙종대
초기에도 유력한 정치세력이었다. 그러나 이 남인들은 1694년의 갑술환
국甲戌換局으로 실세한 이후 오랫동안 정권에서 소외되었다가 18세기 영
조·정조대에 이르러 다시 유력한 정치세력으로 등장했다.

한편, 율곡栗谷 이이李珥(1536~1584)의 학설을 이어받았던 서인들의 경우
에도 노론과 소론으로 분립되었다. 노론과 소론의 분립은 송시열宋時烈
(1607~1689)과 윤증尹拯(1629~1714) 간의 학설 차이 등에서 유래되었다. 이
들 가운데 송시열을 중심으로 해서 형성된 노론은 율곡의 학설을 이어받은
정통 세력임을 자임하면서 숙종대 정계에 강한 인상을 주며 등장했다. 이
에 맞서 소론의 경우에도 성혼成渾(1535~1598)과 윤선거尹宣擧(1610~1669),
윤증으로 이어지는 학통을 성립시켰다. 대체적으로 볼 때, 노론과 소론은
경종과 숙종 연간에 중앙 정계를 장악하고 있었다.

17세기 이후 정치사의 변동과 맞물리면서 사상사 분야에서도 변화가
일어나게 되었다. 이 변화는 국가 지배의 원리가 되는 사상을 정비함으
로써 조선사회에 이상적 정치를 시행할 수 있는 이론을 정립해 보려던
노력의 결과였다. 당시 사상계에서 드러나는 변화와 대립은 성리학의 중
심을 이루는 주희의 학설에 대한 입장의 차이에서 나타났다.

조선 사상계는 17세기 후반에 이르러 자체 발전 과정에서 주희의 학
문체계를 지키고 이를 더욱 공고한 사상으로 만들고자 하던 수주자학守
朱子學의 입장이 등장했다. 동시에 주희의 학설에 대한 반성적 입장을 견
지하던 탈주자학脫朱子學의 입장도 출현하여 이 두 경향이 병존하게 되
었다. 주자학에 대한 이 문제는 당색을 떠나서 당시 지성계가 가지고 있
던 공통적 과제였다. 그리고 그 철학적 입장의 차이는 현실 정치에서 정

책을 시행하는 과정에서도 대립적 입장으로 연결되었다.

우선, 이 가운데 노론 사상계의 일각에서는 수주자학守朱子學의 입장이 강하게 제기되었다. 이 입장은 송시열에서 권상하權尙夏(1641~1721)를 거쳐 한원진韓元震(1682 ~1751)으로 이어졌다. 이 단계에 이르러 노론 사상계 안에서는 한원진과 이간李柬(1677~1727) 사이에 철학적 논쟁이 전개되기 시작했다. 호락논쟁湖洛論爭으로 불리는 이 과정에서 한원진은 정통 율곡학파임을 자임하면서 수守주자학적 견해를 견지했다. 이들의 견해는 호론湖論으로 불리고 있었다.

이와 동시에 노론 사상계에서도 탈脫주자학적 경향이 부분적으로 나타나고 있었다. 즉, 호락논쟁에서 이간은 한원진과 대립하여 낙론洛論을 제시했다. 낙론은 김창협金昌協(1651~1708), 김창흡金昌翕(1653~1722)에게서 유래한 이후 이간을 거쳐 18세기 후반 북학파 홍대용洪大容(1731~1783) 등으로 이어졌다. 그리고 이 낙론계 인물들은 영조대 후반에 노론 청류淸流로 결집하여 정조의 친위관료로 정계에 대거 진출했다. 이들은 18세기 영조와 정조대의 탕평 정국 아래에서 남인 청류와 연대하여 중앙정계를 장악하고 있었다. 그리고 세도 정권 아래에서도 중앙정계의 중심적 세력의 역할을 수행했다.

한편, 17세기에 이르러 소론 계열의 인물들 가운데에서도 탈주자학적 경향이 나타나고 있었다. 즉, 소론 학통을 이어받은 박세채朴世采(1631~1695), 조성기趙聖期(1638~1689) 등도 송시열 계열과는 다른 입장에서 절충적 이기론理氣論을 제기했다. 그리고 정제두鄭齊斗(1649~1736) 등은 양명학에도 일정한 관심을 표시하는 등 탈주자학적 입장을 가지고 있었다. 박세당의 당색은 바로 이 소론계열로 분류된다.

노론과 소론에서 드러나던 이러한 현상과 비슷하게, 남인들의 경우에도 정통 주자학에 충실하고자 하는 입장과 이를 극복하고자 했던 입장으로 나뉘어졌다. 즉, 남인들은 1694년의 갑술환국으로 실세한 이후 경상도 지방의 영남남인과 서울 인근지역에 살던 근기남인으로 나뉘어져 갔고, 이들 사이에는 사상적 차이가 드러나게 되었다. 이들 중 영남남인들은 향촌에 칩거하며 중앙학계와는 일정한 간격을 두고서 정통 주자학적 의리학義理學의 범위 안에서 이기심성론과 예학 연구에 몰두하는 경향이 강했다.

반면에 근기남인들은 허목許穆(1595~1682) 및 윤휴尹鑴(1617~1680), 그리고 유형원柳馨遠(1622~1673), 이익李瀷(1681~1763)의 학통을 이어받아 탈주자학적 입장을 취했다. 여기에 인조반정 이후 북인이 몰락하는 과정에서 서경덕의 학풍을 이어받은 북인계열의 일부 인물들이 근기남인에 합류하게 되었다. 이에 따라 근기남인은 영남남인과는 달리 박학적博學的이며 개방적 사상 경향을 상대적으로 강하게 드러내게 되었다.

이 근기남인들은 영조대에 이르러 오광운吳光運(1689~1745), 채제공蔡濟恭(1720~1799) 등을 통해 중앙의 정치에 다시 진출했다. 18세기에 접어들어 이들은 성호 이익을 사숙하면서 하나의 학맥을 이루고 있었다. 성호학파는 이단까지도 포용할 수 있는 사상적 특성을 가지게 되었고, 그들의 현실적 관심은 이단을 배척하는 벽이단闢異端이 아니라 국가의 현실적 문제 해결에 치중하는 시무책時務策의 마련에 있었다. 이들은 18세기 후반기에 이르러 문외파門外派(南人淸流)를 형성하게 되었다. 그리고 이 계열에 속하던 이가환李家煥(1742~1801), 이기양李基讓(1744~1802), 정약용丁若鏞(1762~1836) 등이 정조대에 출사하여 정치 일선에서 노론과 동참자적 위치에까지 이르렀다. 이들에 의해서 각종의 탈성리학적 사상이 제기되고 있었다.

요컨대, 박세당이 살았던 시대는 정치적으로 볼 때, 환국換局으로 표현되던 정권 교체가 자주 일어나고 있었고, 사상적으로 볼 때 탈주자학적 경향이 중요한 한 경향으로 자리를 잡아 갔다. 바로 이와 같은 사회적 조건 위에서 박세당의 철학과 경세론이 제시되고 있었다. 그가 실험하고자 했던 도가철학의 원리나 탈주자학적 견해들은 사상과 사회의 변동을 반영함과 동시에 더 큰 변동을 촉구하는 주장이 되었다. 그리고 그의 사후 18세기에 전개된 사상계의 변화도 주자학으로부터의 이탈을 꾀했던 그의 실험에 지속적으로 영향을 받고 있었다.

4. 현실개혁에의 의지

앞에서 살펴보았듯이 박세당은 40세에 관직에서 물러나 서울 근교인 양주 수락산 기슭 석천동에 물러나 살았다. 그의 생애는 이를 기점으로 수학과 관직생활을 중심으로 했던 전반기와 농사를 지으며 후진을 양성하면서 저술에 몰두하는 후반기로 나뉘게 되었다.[7] 박세당의 사유는 후반기에 좀 더 성숙한 모습으로 구체화되어 나타났으나, 이미 전반기에 그의 사유는 기본 틀을 잡아나가고 있었다. 그것은 박세당이 속해 있었던 서인西人 내 한당漢黨의 정치개혁론의 영향 속에서 이루어지고 있었다. 그가 속해 있던 한당은 송시열宋時烈 계의 산당山黨과 대립되는 양상을 드러내고 있었다.

한당의 정치사상을 가장 잘 보여주었던 것은 1663년과 1664년(현종 4~5년)에 있었던 사의私義·공의公義 논쟁이었다.[8] 박세당이 관직생활을 포기하고 은퇴를 결심하게 된 데에는 아마도 이 논쟁으로 인한 정치적 파장이 원인으로 작용하였을 것이다. 송시열과 대결한 상황에서 그가 할 수 있었던 정치적 선택이 그리 많지 않았기 때문이었다. 이 논쟁에서 한당 계열은 '중화와 이적의 구별(華夷之辨)'보다 '군주와 신하의 의리(君臣之

---

7) 金駿錫, 2003,「西溪 朴世堂의 爲民意識과 治者觀」『朝鮮後期 政治思想史 硏究 ─ 國家再造論의 擡頭와 展開─』, 지식산업사, 488쪽.
8) 정만조, 1991,「朝鮮 顯宗朝의 私義·公義 論爭」『韓國學論叢』14, 國民大學校 韓國學硏究所 참조.

義’를 우위에 두었다. 반면에 송시열 계열의 산당山黨은 ‘화이지변’을 우
선적으로 주장하고 있었다. 이후 이 논쟁은 사의론私義論과 공의론公義論
의 대립으로 발전해 나갔다. 사의론은 ‘중화와 이적의 구별’을 중시하고,
신료를 중심으로 하는 이론이었다. 반면에 공의론은 군신간의 의리를 중
시하고 군주를 존중하려는 ‘공의론公義論’의 대립으로 발전하는 양상을
보였다.

또한 한당 계열은 경세론의 대명분으로서 ‘백성을 편하게 하고 나라
에 이롭게 한다(安民益國)’는 주장을 제시하고 있었다.[9] 반면에 산당 계열
은 ‘양민론養民論’을 제시했다. 한당의 주장은 국가와 민의 입장을 균형
적으로 고려한 것이었다면, ‘양민’ 위주의 개혁론을 주장하는 산당은 농
촌 경제의 안정을 바라는 향촌 지주층의 견해가 투영되어 있었다.[10] 더
욱이 한당은 현실적이고 유연한 대청인식을 견지하고 있었다.[11] 반면에
산당은 청에 대한 북벌을 주장하기까지 했다.

한당의 이러한 정치사상은 박세당의 현실개혁론 성립에 중요한 배경
이 되어주었다. 박세당이 보여준 현실개혁론의 기조는 한당의 일반적 견
해에서 크게 벗어나지 않았다. 박세당의 현실개혁론은 대체적으로 세 가
지 범위에서 서술될 수 있다.

첫째, 박세당의 사회경제적 측면에서의 현실개혁론은 다음에서 구체
적으로 살펴볼 수 있다. 우선 농업론과 토지론을 살펴보면, 박세당은 석
천동에 퇴거한 후 『색경穡經』이라는 농업기술서를 지었다. ‘경’經이라는
용어를 쓴 것에서 이 저서에 대한 박세당의 자부와 자신감을 엿볼 수
있다. 이 저서는 내용면에서 볼 때 임란 이후 국가정책적인 차원에서 보

9) 정만조, 1999, 「17세기 중반 漢黨의 정치활동과 國政運營論」 『韓國文化』 23쪽.
10) 鄭萬祚, 1992, 「17世紀 中葉 山林勢力山黨의 國政運營論」 『擇窩許善道先生停年
    紀念 韓國史學論叢』, 一潮閣, 530~531쪽.
11) 鄭萬祚, 1999, 「17세기 중반 漢黨의 정치활동과 國政運營論」 『韓國文化』 23, 서
    울大學校 韓國文化研究所, 134~136쪽.

급된『농가집성農家集成』과 구별되는 입장을 취하고 있었다.12)『농가집성』은 식량 생산에 치중하여 씌어진 서적이었다. 이에 비해『색경』은 구곡九穀·화초와 채소·과실을 심는 것과 양잠 등『농가집성』에서 다루지 않았던 문제들을 다루고 있었다. 그리고『농가집성』이 논농사에 치중한 데 비해『색경』은 밭농사 중심의 농학체계를 보여주었다. 또한『농가집성』이 삼남지방을 주 대상으로 했던 데 비해『색경』은 중부 이북지역의 농업환경을 배려하고 있었다. 한편,『농가집성』은 지주나·대농大農 위주의 농서였던 데 비해『색경』은 직접 농업에 종사하는 소농층을 대상으로 하고 있었다. 이점은『색경』과 박세당의 현실개혁론을 이해하는 데 가장 중요한 점이었다. 소농층의 경제적 안정이 국가의 재정에 실질적으로 도움이 된다고 볼 때 이러한 박세당의 입장은 한당 계열의 '안민익국론安民益國論'과도 통한다고 할 수 있을 것이다.

소농층의 입장에서 농서를 저술한 그였지만 박세당은 혁신적인 토지제도 개혁론을 주장하지는 않았다. 단, 그는 정전난행설井田難行說과 같은 주희의 정전井田 논의를 부정하고 정전설井田說을 실현가능한 제도로 보고 있었다.13) 이러한 입장에서 그의 토지론이 결국 토지제도 개혁론으로 나아갈 수 있을 가능성을 추론해 볼 수도 있겠다.

하지만 그는 그러한 방식의 개혁론보다는 부세제도와 그 운영방식을 새롭게 하여 부세를 가볍고 고르게 부과하고 균역均役으로 나아가고자 하는 개량적인 방법을 택하였다. 박세당은 세를 가볍게 하기 위해 군사제도의 개편을 주장했다. 그리고 왕실의 재정을 관리하던 내수사內需司를 혁파하여 국가재정으로 통합하자는 재용절감책을 주장했다. 그는 조세와 부역을 고르게 하기 위해서는 양반·평민·천인 등 신분간의 불균등

---

12) 김용흠, 1996,「朝鮮後期 老少論 分黨의 思想基盤－朴世堂의『思辨錄』是非를 中心으로」『學林』17, 延世大學校 史學研究會, 114~116쪽 참조.
13) 김용흠, 1996, 앞의 논문, 117~121쪽 참조.

현상을 없애야 한다고 생각했다. 여기에서 그는 사대부도 세를 부담해야
한다는 원칙을 제시했다. 이러한 그의 주장은 그가 주장한 호포론戶布論
의 대전제가 된다는 점에서 중요한 의미를 지닌다.[14]

한편, 박세당과 같은 서인이었던 송시열도 호포론을 주장한 바 있었
다. 그러나 송시열의 주장은 토지제도의 개혁 없이 지주제의 유지를 전
제로 한 부세제도 개혁책이었다. 반면에 박세당의 호포론은 정전설을 전
제로 지주제를 부정하는 가운데 여러 제도를 개혁하고자 하는 의도에서
마련되고 있었다. 또한 송시열의 호포론은 신분제도를 유지·강화시키려
는 의도가 짙었다. 이에 비해 박세당의 호포론은 신분간 불균·불평을 없
애야 한다는 전제 아래 양반의 신분적 특권을 부정하면서 이루어진 개혁
론이었다.[15]

이렇게 양반의 신분적 특권을 부정하면서 호포론을 주장하였던 박세
당은 새로운 양반의 생활방식을 제시하고 있었다. 즉, 양반도 농업경영
과 생산노동에 참여하자고 주장했다. 그는 농업경영이 민생의 근본이며
천하의 요도要道이고 옛 성인도 이에 종사하였음을 강조하면서 역시 사
대부가 할 수 있는 일임을 분명히 했다. 이러한 그의 논의 속에는 양반
의 신분적 특권을 부정하고 직역 중심의 평등사회로 나아가고자 하는 의
도가 함축되어 있었다.[16]

그런데 박세당은 위와 같은 사회경제적 개혁을 실현하기 위해서는 군
주권君主權이 강화되고 군주 아래에서의 정연한 관료제도가 마련되어야
한다고 생각했다. 그러한 측면에서 박세당은 군주권 신장을 지향하고 있
었다. 박세당은 군주가 국가 업무에 직접 관여해야 한다는 정치운영론을

---

14) 金駿錫, 2003, 「17세기의 새로운 賦稅觀과 士大夫 生業論: 朴世堂의 賦役論과 稼
    穡論」『朝鮮後期 政治思想史 硏究－國家再造論의 擡頭와 展開－』, 지식산업사,
    529~548쪽 참조.
15) 김용흠, 1996, 앞의 논문, 121~126쪽 참조.
16) 金駿錫, 2003, 앞의 논문(賦稅觀·生業論), 지식산업사, 548~560쪽 참조.

제시하고 있었다.17)

반면에 서인 - 노론계는 왕이 대신에게 정사를 일임하고 자신은 단지 '수기修己'에만 힘쓰면 된다고 주장했다.18) 이러한 식은 '군신지의'를 강조했던 한당의 정치사상에서 그 맹아를 찾아볼 수 있다. 한당의 영수였던 김육金堉은 인재를 등용하는 권한은 임금의 고유한 권한임을 말함으로써 군주권을 강조한 바 있었다.19) 이와 더불어 박세당과 같이 소론이었던 남구만南九萬(1629~1711)도 군주권을 강조하고 있었다.20)

또한 박세당은 군주권 강화의 연장선상에서 대신이 국왕을 보필해야 한다는 주장을 내세웠다.21) 박세당은 국왕 다음으로 국정에 책임을 지는 대신의 역할과 소관을 강조하고 있었다.22) 반면에 서인들은 세도재상론世道宰相論 즉, '대신大臣은 임금을 가르치고 계도하여 왕도정치를 실현할 수 있는 실질적 권력행사자'라는 견해를 제시했다.

그런데 17세기 대신은 왕정의 대행자로서의 기능을 담당하면서도 여러 붕당간의 이해관계를 조정해야 했다.23) 그러므로 대신은 왕의 신임을 받는 왕권의 대행자 역할을 충실히 할 수 있는 인물이어야 했고, 이러한 이유로 박세당의 주장은 군주를 존중하는 의미로 이해할 수 있다. 이러한 박세당의 견해는 최명길崔鳴吉의 논의와도 흡사했다.24) 최명길 가문도 이후 소론으로 이어진다고 볼 때 그들이 가지고 있었던 사상의 공유점을 추론해 볼 수 있다.

---

17) 金駿錫, 2003, 앞의 논문(爲民意識·治者觀), 지식산업사, 507~516쪽 참조.

18) 金駿錫, 2003, 앞의 논문(爲民意識·治者觀), 지식산업사, 516쪽.

19) 『孝宗實錄』卷3, 孝宗 1年 1月 丁卯(13日).

20) 『肅宗實錄』卷16, 肅宗 11年 4月 甲辰15日.

21) 金駿錫, 2003, 앞의 논문(爲民意識·治者觀), 지식산업사, 516~523쪽.

22) 金駿錫, 2003, 앞의 논문(爲民意識·治者觀), 지식산업사, 516~523쪽 참조.

23) 정홍준, 1996, 『조선 중기 정치권력구조 연구』, 高麗大學校 民族文化研究所, 84~85쪽.

24) 金駿錫, 2003, 앞의 논문爲民意識·治者觀, 지식산업사, 523쪽 참조.

셋째, 박세당은 현실적이고 유연한 대청인식을 가지고 있었다. 우선 그는 최명길의 화의론을 높게 평가하였다. 박세당은 조선 사람들이 편안히 잠을 자고 그 자손을 보존하게 된 것은 모두 최명길의 공이라고 했다. 그러므로 최명길에 대한 사람들의 비방은 매우 잘못된 일이라고 그는 생각했다.[25]

이러한 그의 현실적인 태도는 숭정崇禎 연호 사용 문제에서 가장 극명하게 나타났다. 그는 숙종 8년(1682)에 선조 박상충朴尙衷(1332~1375)의 비석을 세울 때 같은 집안인 박세채朴世采와 이미 멸망한 명나라 황제 의종毅宗의 연호인 '숭정' 연호를 계속 사용할 것인가에 대한 문제에 대해서 논쟁을 벌였다. 당시의 지배층에서는 청의 연호를 거부함으로써 청의 정통성을 부인하고, 자신들의 북벌대의를 합리화해 나갔다.

박세채는 '숭정' 연호를 계속 사용하고자 했으나 박세당은 이에 반대했다. 박세당은 주희가 내세웠던 강목을 근거로 해서 이미 멸망한 나라의 연호를 억지로 끌어다 쓰는 전례는 일찍이 없었다고 했다.[26] 명나라 마지막 임금 의종毅宗을 '중화구주中華舊主'라고 부르기도 했다.[27] 그는 지금 만약 숭정 연호를 억지로 고집한다면 이것은 어리석은 짓이라고 하였다.[28]

요컨대, 박세당은 다양한 측면에서 현실개혁론을 전개시키고 있었다.

25) 朴世堂, 『西溪集』 卷7, 序, 遲川集序 "東土之人 得奠其枕席 保其子孫 皆公之賜 顧今之談者 賴其力而訕其人 不已舛乎"
26) 朴世堂, 『西溪全書』 卷7, 辨論, 辨和叔論紀年示兒姪 "則尤見綱目之於已絶之統 未嘗强引而續之 如今之云者也"
27) 朴世堂, 『西溪全書』 卷7, 辨論, 辨和叔論紀年示兒姪 "夫中華舊主 視之君親 容有戚疎之可言矣"
28) 朴世堂, 『西溪全書』 卷7, 辨論, 辨和叔論紀年示兒姪 "今乃薄晦菴淵明之義 遽欲掩而過之 多見其惑也 夫只書甲子或紀本朝年月者 乃出於不用康熙之義 則取法乎淵明晦菴 其例章章 又何云有所貶而弁髮先代之義也 設如是也 淵明未免爲貶其累世臣事之晉 而朱子未免爲弁髮君臣之義也"

사회경제적인 측면에서 『색경』을 통해서 소농민층을 위한 농서를 지었고, 호포론을 통해서 양반의 신분적 특권을 부정하고자 했다. 정치개혁론에서는 군주권 강화를 주장하고 있었다. 이것은 군주권을 강화시켜 제반 제도의 성공적인 개혁을 도모하고자 함이었다. 대청관에도 현실적인 태도를 보여 명청교체를 어쩔 수 없는 역사적 상황이라고 인식하고 있었다. 이러한 그의 현실개혁론은 그가 관료시절 속해 있었던 한당의 국정운영론과 밀접한 관계를 갖는 것으로 생각된다. 박세당의 현실인식과 개혁론은 송시열 계열의 서인 – 노론과는 대별되는 것으로서 이는 철학적 문제에 대한 인식의 차이와도 직결되어 있었다.

5. 주자학의 틀을 넘어서

박세당이 살고 있었던 17세기 조선왕조의 경우 철학적 논쟁과 사변적 이론추구는 상당히 활발하게 진행되고 있었다. 그러나 철학연구의 기초작업이라 할 수 있는 경전 주해에 대한 연구 작업은 상대적으로 활발하지 못했다. 이는 조선왕조의 유학이 송학宋學을 정통으로 받아들였고, 송학은 주희朱熹의 주석을 통해서 경전을 이해하고 연구하는 것만을 올바른 학문태도로 보았기 때문이다. 이러한 상황은 주희의 경전 주석 이외의 새로운 해석을 찾아보려는 작업을 요구하지 않았고, 경전 자체에 대한 연구에도 관심을 기울이지 않았다.

이처럼 당대 조선에서는 주희가 내린 기존의 주석들을 출발점으로 하여 유학을 연구했다. 이와 같은 방법은 기존의 주석에서 미진한 부분들을 드러내어 깊은 철학을 형성할 수 있는 장점이 있었다. 그러나 여기에서는 주희류流의 사고 이외에 다른 이론이나 사상적 문제의 제기가 용납되지 않았다. 이로 말미암아 조선의 학문영역은 불가피하게 왜소하게 되어 갔다.

한편, 주희의 철학은 이단에 대해 예민한 배척을 시도했다. 이는 조선의 성리학이 경전에 대한 해석에 있어서 주희의 주석만을 존중하고 다른 사상에의 접근을 사전에 차단되도록 하는 결과를 가져왔다. 주희의 주석만을 존중하던 특성을 주자지상주의朱子至上主義 혹은 주자중심주의朱子中心主義라고 부르기도 한다.

그러나 17세기에 이르러 조선의 학계에서도 경전에 대한 주희의 주석에 문제를 제기하고, 원초유학의 고경古經에 입각하여 유학을 성리학과는 다른 입장에서 새롭게 해석하고자 하는 노력이 일어났다. 이러한 경향을 가진 연구자 가운데 한 사람이 박세당이었다. 박세당은 주자중심주의적 학문풍토에 저항하여 유학의 경전에 대한 주해 작업을 주희의 시각을 떠나서 독자적 견지에서 진행하고자 했다. 그리고 그는 여기에 그치지 않고 도가철학의 경전들에 대한 주석까지도 시도했다.

이 상황에서 박세당은 『사변록』을 썼다. 『사변록』은 유학의 경전 자체에 대한 연구와 주석서였다. 조선왕조에서 유학의 경전은 성리학의 틀에 따라 '사서삼경四書三經'의 틀 안에서 이해되고 있었다. '사서'는 남송대 주희에 의해 확립된 체제였다. 사서 가운데 『논어』와 『맹자』는 이미 오래 전에 책이 이루어져 있었다. 그러나 『대학』과 『중용』은 원래 『예기禮記』에 포함된 편목이었지만, 주희가 「대학장구」와 「중용장구」를 주석하면서 이를 확실히 독립시켜 사서四書 체제를 완성시켰다. 이외에 『시경詩經』과 『상서尙書』 그리고 『주역周易』을 말하는 '삼경三經'도 경전의 일부를 이루고 있었다. 그러나 조선왕조의 경우에는 삼경보다는 사서가 특히 존중되고 있었다.

박세당은 주희의 경전 주석에 전면적인 비판 작업을 수행하면서 자신의 뜻에 따라 사서삼경에 대한 주석을 수정하고 재해석하고자 했다. 그의 노력은 1680년(숙종 6년)부터 1693년(숙종 19년) 사이에 저술된 『사변록』으로 결실을 맺었다. 그는 자신의 『사변록』에서 주희가 배열했던 『대학』과 『중용』의 경우에는 경전의 장구도 뜯어 고쳐 이를 재배열하면서 전면적인 개주改注를 단행했다.[29] 또한 『논어』와 『맹자』는 부분적으로 개주하며 이 경전에 대한 새로운 해석을 시도했다. 그는 삼경에 대한 새로운 주석 작업에 착수하여 『상서』의 주석을 마쳤고, 『시경』을 주석하던 과정에서 건강의 악화로 인해서 주석 작업을 중단했다. 이러한 그의 주석이 묶여져 『사변록』을 형성하게 되었다.

박세당은 유학의 경전에 대한 개주 작업을 진행하면서, 경전은 선진先秦 시대의 경전과 공자·맹자·자사子思 등의 설명에 따라 해석되어야 한다고 주장했다. 즉 그는 육경六經 중심의 고학古學을 존중하던 태도를 견지하면서 경전을 주석했다. 그리고 경전의 뜻을 멋대로 해석해서는 옳지 않으며, 먼저 경전이 말하는 바를 올바로 구하고 이어서 그 뜻을 겸허하게 체득해야 한다고 했다. 그는 자신의 『사변록』이 주희의 주석과는 달리 이와 같은 입장에서 저술되었다고 보았으며, 이에 대해 상당한 자부심을 가지고 있었다.

박세당은 주희가 주장했던 '성性은 리理이다[性卽理]'라는 근본적인 주장을 비롯하여 주자학적 가치관을 거부했다. 그리고 박세당은 객관적 자연인 물物과 도덕적 주체인 인간은 분리되어야 하고, 물物은 도덕과 별개로 보아야 한다고 주장함으로써 성리학의 틀을 벗어나고 있었다.

박세당의 경전 해석은 추상적 원리를 중시하는 상학지향上學指向이 아니라 일상적이고 구체적인 것에 먼저 관심을 두는 하학지향下學指向의 특성을 가지고 있었다. 그는 주희의 경전 주석이 상학지향이라고 생각하여 이를 극복하고자 했다.[30] 그는 경전의 해석에서 실천의 일상성과 현

---

29) 李昤昊, 2000, 「西溪 朴世堂의 思辨錄·大學에 대한 硏究」 『漢文學報』 2, 우리한문학회, 123쪽.
　　安秉杰, 1993, 「西溪 朴世堂의 中庸解釋과 朱子學批判」 『泰東古典硏究』 10, 泰東古典硏究所, 649쪽.

실적 기반을 중시함으로써, 주자학적 이론체계 내지 지적 추구 과정에서
드러나는 현실과의 괴리를 극복하고자 했다.[31]

한편, 주희의 경전 주석에 대한 박세당의 비판적 안목과 관련하여, 그
가 불교나 양명학 또는 노장사상老莊思想에 대해서 가지고 있던 태도에
대해서도 살펴볼 필요가 있다. 그런데 17세기 조선의 주류 지배층에서는
불교와 양명학에 대해 비판적 입장을 견지하고 있었다. 이 점에 있어서
는 박세당의 경우에도 동일한 노선을 취했다. 그러나 그는 노장사상에
대해서는 유학과 마찬가지로 수기치인修己治人의 학문이란 입장에서 이
에 대한 주석을 시도했다.

우선, 박세당은 불교를 악취에 비교하면서 불교를 따르는 일은 악취
를 따르는 것과 같다고 말했다.[32] 또한 그는 양명학에 대해서도 비판적
입장을 가지고 있었다. 그는 왕양명王陽明(1472~1529)의 주자학 비판서인
『전습록傳習錄』을 먼저 검토한 바 있다. 그리고 왕양명의 문집인 『왕문
성공전서王文成公全書』를 뒤늦게 구해서 읽었지만 이에 동의할 수 없었
다. 그는 이에 대한 축조비판을 시도하기도 했다.

한편, 박세당은 노장사상에 대해서 본격적 주석 작업에 착수했다. 당
시인들은 일반적으로 『도덕경』이나 『남화경』과 같은 책들을 '수기치인'
의 책으로 인정하지 않았다. 그러나 박세당은 노장사상과 유학의 일치점
을 찾아 노장사상도 그 근본에 있어서는 유학과 같이 '수기치인'하는 데
그 목적이 있음을 밝히고자 했다.[33] 그리고 그는 후세가 잘못되지 않도
록 한다는 명분에서 이 책들에 대한 주해작업을 시도하여, 1681년에는
『신주도덕경新註道德經』을, 1682년에 장자를 분석한 『남화경주해산보南

---

30) 李昤昊, 2000, 앞의 논문, 128쪽.
31) 安秉杰, 1993, 앞의 논문, 679쪽.
32) 朴世堂, 『西溪全書』上, 論韓歐排浮屠(1979, 太學社 影印, 139쪽)
33) 宋恒龍, 1982, 「西溪 朴世堂의 老·莊硏究와 道家哲學思想」 『大東文化硏究』 16,
    成均館大學校 大東文化硏究院, 56쪽.

華經註解删補』를 지었다.

그러나 박세당은 노장이 성인의 가르침과 같지 않으나 그 뜻이 수기 치인에 있다고 보았던 것은 기본적으로 도덕경에 긍정적 요소가 있음을 인정하는 태도였다. 이는 당시 순정 주자학에서 주장하던 바와는 거리가 멀었다. 그는 이 책들을 주희의 『사서집주四書集註』와 같은 형식으로 자구를 해석하고 내용을 철저히 분석해냈다. 이로써 박세당은 노장사상이 순정주자학자들과의 사이에 가지고 있던 거리를 좁히기 위해서 노자 도덕경에 대한 주해작업에 주희의 경전해석방법을 원용했다.

이는 『도덕경』을 수기치인이라는 유학의 틀에 맞추어 풀이하는 데에는 주희의 사유방식이 일정부분 적합성을 가지고 있다고 그가 판단한 결과였다. 또한 자신을 비롯해서 당시인들이 가장 친숙했던 주희의 사유방식을 빌어 도덕경도 수기치인의 책임을 설명하고자 한 것이다. 그러나 기실은 박세당이 도덕경의 주해작업을 통해 주희의 사유구조를 그대로 따랐다고 보기는 어렵다. 사실에 있어서 그는 주희의 경전해석을 비판한 자신의 「중용사변록」과 같은 글에서 이 작업을 수행했다. 그는 이 작업에서도 원초유학으로의 복귀를 전제로 하고 있다.[34] 그의 노장에 대한 이해는 전통적 도가의 입장에서 벗어나 유학적 측면에서 보려한 것이다. 즉, 그는 유학을 기반으로 하되 거기에 도가사상을 가미하여, 그것을 다시 주자학에 대한 비판적 입장에 활용하고자 시도했다.

그러나 박세당이 『사변록』을 짓고 노장사상을 주석했던 당시는 주자 중심주의적 견해가 상당히 우월한 위치를 차지하고 있던 때였다. 때문에 경전을 새롭게 주석하고자 한 그의 시도는 순정주자학을 주장하던 송시열 계열의 인물들로부터 격렬한 반대에 직면했다. 당시 송시열은 "주자의 말은 한 글자 한 구절이라도 지당한 논설이며 딱 들어맞는 말[至論格

34) 金學睦, 1998, 「新註道德經에 나타난 西溪의 思想」『民族文化』 21, 민족문화추진회, 272쪽.

言]이 아닌 것이 없다. … 주자 이후의 저술은 군더더기[剩說]에 불과하며 주자와 조금이라도 어긋나는 것은 잡설雜說에 불과하다.”라고 말한 바 있다. 이처럼 송시열 계에서는 경전해석에 있어서 주희의 절대적 권위를 인정했고, “주희의 견해에 한 자 한 획도 가감할 수 없다.”고까지 했다. 그들에게 주희의 경전해석을 의심하거나 반론을 제기하는 일이란 결코 용납될 수 없는 것이었다.

이로 인해 박세당은 후일 사문난적으로 몰리게 되었다. 성리학적 왕조국가에서 사문난적이란 규정은 학자와 양반사족으로서의 자격을 박탈하는 행위였다. 그런데 박세당은 자신의 그와 같은 사상적 반란이 초래할 결과까지도 짐작하고 있었다. 그러기에 그는 「대학장구」를 재개정하면서 “나의 좁은 견해와 얕은 식견으로 경전經傳을 찢어발겼으니, 어찌 그 죄를 피하겠는가, 어찌 그 죄를 피하겠는가.”라고 말한 바 있다.[35]

그러나 그가 도덕경 등을 주해했다는 사실은 주희에 대해 맹목적으로 따르던 전통에서 벗어나 자유로운 안목을 가지고 주자학을 비판적으로 검토한 것이다. 또한 이는 주체적인 현실인식을 바탕으로 주자학을 극복하려던 시대정신의 반영이었다.[36]

요컨대, 박세당은 주희의 경전 주석을 절대시하던 이른바 주자중심주의에 반기를 들어 고경古經에 근거한 새로운 주석을 시도했다. 그는 유학의 입장을 굳게 견지했으나, 주희의 주석에만 의존하기를 거부한 것이다. 유학의 경전에 관한 그의 주석은 『사변록』에 모여져 있다. 한편, 그는 불교와 양명학에는 비판적이었으나 노장철학에 대해서는 ‘수기치인’의 요소가 있다고 보아서 이에 대한 주석을 시도했다. 즉, 그는 성리학이 이단으로 배격했던 도가철학까지도 유학의 원의를 이해하는 데에 도움을 줄 수 있을 것으로 판단하고 노자老子와 장자莊子에 대한 주석을 시도

---

35) 朴世堂, 『思辨錄』, 大學章句識疑 “褊見淺識 破裂經傳 安得辭其罪也 安得辭其罪也”
36) 윤종영, 2001, 「西溪 朴世堂」『문명연지』 2-2, 한국문명학회, 231쪽.

했다. 그는 유학의 본령이 당시 이단으로 인식되고 있던 도가철학까지도 포괄하는 광대한 것으로 보았다. 조선의 유학자 가운데 이와 같은 입장에서 노자와 장자의 주석을 시도했던 인물은 박세당이 유일한 존재였다.[37] 이처럼 그가 시도했던 주자의 경전해석에 대한 거부나 노장철학에 대한 관심은 주희를 대종으로 삼던 노론집권세력에 대한 거부였다. 이로 인해서 그는 사문난적으로 규정되어 유배에 처해지기까지 했다.

6. 맺음말

박세당은 유학에 대한 주희의 경전 주석에 기초한 성리학이 강조되던 17세기 조선왕조 사회를 살았다. 그는 임진왜란과 병자호란 이후 피폐해진 나라의 경제를 바로세우고, 백성들의 생활을 안정시키는 문제에 큰 관심을 가지고 있었다. 물론 이와 같은 생각은 당시의 집권 양반층이면 누구나 가질 수 있을 법한 생각이었다. 그러나 그는 바로 국가재건의 중심을 국왕에게 두고, 양반 지배층의 특권을 제한함으로써 도탄에 빠진 백성들을 살리고자 했다.

그는 국가와 백성의 안전을 무엇보다도 중요한 문제로 생각했다. 그러므로 그는 청나라와의 관계에 있어서도 그들을 자극하여 도발을 자초하지 않아야 된다고 생각했다. 그러나 당시 조선의 지배세력들은 병자호란을 통해 조선 지배층의 자존심을 여지없이 무너뜨렸던 청나라에 대해 복수를 주장하고 있었다. 북벌론이라 불리는 이와 같은 주장은 집권층이 전란으로 실추된 자신의 위신을 회복하기 위한 방안의 하나였다.

그러나 북벌은 실현되기 어려웠고, 북벌론 자체도 17세기 말에 이르러서는 점차 명분론으로 바뀌어갔다. 이러한 경향은 송시열을 중심으로

---

37) 宋恒龍, 1982, 앞의 논문, 45쪽.

한 정파에서 두드러지게 드러나고 있었다. 이 상황에서 집권층은 조선의 현실에 대한 대응 방법에 관한 문제와 청국에 대한 입장 등 여러 요소와 관련하여 한당과 산당 또는 노론과 소론 등으로 갈려나갔다.

박세당이 가지고 있던 현실개혁의 논리나 청국에 대한 생각은 지배 귀족들을 본위로 하여 국가를 재건하고 청에 대한 복수를 뜻하는 북벌론을 주장하던 집권층 주류들의 생각과 여러 측면에서 차이를 드러냈다. 이로 말미암아 그는 관직을 떠나 수락산 기슭 석천동에 은거하면서 학문연구와 후진양성에 힘쓰게 되었다.

그런데 박세당이 가지고 있던 이와 같은 생각과 행동은 그의 철학에서 유래한 것이었다. 그는 주자학에 절대적 가치를 부여하던 주자중심주의의 사회를 살면서도, 유학의 경전에 대한 주희의 주석을 거부했다. 그는 주희가 아닌 공자·맹자·자사와 같은 옛 성현들의 가르침을 기준으로 하여 주희의 주석을 바로잡고자 했다.

이에 그는 『사변록』을 통해서 유학의 경전에 대한 자신의 견해를 드러냈다. 그의 사변록을 검토해 보면 그의 주장이 주자학에서 이탈한 부분을 다수 발견할 수 있다. 그는 주자학의 모든 부분을 철저히 거부하거나 극복하지는 않았지만, 독자적 논리의 힘으로 탈脫주자학적 사유를 지향하고 있었다.[38]

박세당은 17세기 중앙 정계와 주류학계에서 전개되고 있던 이념적 갈등의 중심부로부터 벗어나서 자신의 철학을 정리해 보고자 했다. 이러한 의도에서 그는 관직생활을 청산하고 은거를 결심했다. 그가 은거했던 곳은 오늘날 의정부시 장암동 수락산 계곡 일대였다.

이곳에는 그가 학문을 강론하고 『사변록』 등 주요 저서를 집필했던 궤산정簀山亭이 있다. 이 정자의 이름은 박세당이 직접 지었다. 이 정자

---

38) 李昤昊, 2000, 「西溪 朴世堂의 思辨錄·大學에 대한 硏究」 『漢文學報』 2, 우리한문학회, 126·153쪽.

이름에 삼태기 궤簣와 뫼 산山자가 들어 있다. 이는 삼태기로 흙을 쌓고 쌓아서 산을 이루듯이, 산을 쌓는 마음가짐을 가지고 꾸준히 학문에 정진해야 대성할 수 있다는 그의 학문관을 나타낸 이름이었다.[39]

궤산정 뒤편에 박세당의 집이 있었다 한다. 그러나 오늘날 그의 집은 사라졌고, 그가 손수 심었다는 은행나무와 느티나무들만이 버티고 있다. 궤산정 아래에 있는 취승대聚勝臺도 그가 아침저녁으로 노닐던 곳이다. 또한 궤산정을 지나 현재의 노강서원鷺江書院 아랫녘에는 그가 생육신 김시습金時習을 우러르며 학문을 펼치던 청풍정淸風亭 터가 남아 있다.[40] 노강서원은 박세당의 둘째 아들인 박태보의 위패를 모신 서원이다.

박세당은 오늘날의 지명으로 의정부시 장암동 일대에 살았다. 이곳에서 우리는 기존 학설의 권위를 거부하고 진리를 향해 나아가려던 그의 의연한 마음을 읽을 수 있다. 그는 이곳에서 농사의 중요성을 강조하고 농민을 사랑하는 마음에서, 손수 농사를 지으며 농업기술서인 「색경」을 지었다. 농업 기술관계의 책에 경經이라는 칭호를 붙여주어, 농사가 유학의 경전과 대등함을 은근히 깨우치고자 했다.

그는 철학적 견지에서나 현실정치에 있어서 기득권을 거부하고 새로운 대안을 모색해 보고자 했다. 그는 당시 사회의 주류들이 가지고 있던 문제점을 비판했다. 이러한 그의 비판정신은 새로운 사회를 잉태시키는 씨앗이 되었다. 성리학에 대한 그의 비판은 실학實學으로의 길을 열어주고 있었다. 여기에서 17세기의 인물 박세당이 우리 역사에서 가지고 있는 중요성을 확인하게 된다. 그리고 그가 새로운 창조를 위해서는 그침없는 자기반성과 비판이 요청된다는 사실을 오늘의 우리에게도 역설하고 있음을 알게 된다.

---

39) 윤종영, 2001, 「西溪 朴世堂」『문명연지』 2-2, 한국문명학회, 198쪽.
40) 金榮福, 1988, 「朴世堂의 생애와 유적」『畿甸文化』 3, 畿甸鄕土文化研究會, 99쪽 이하.

부록 : 박세당연보朴世堂年譜

1629. 8. 19 전라도 남원부 관아에서 출생

1632. 부친인 홍문관 부제학弘文館 副提學 박정朴炡 병사 4세

1635. 장형 박세규朴世圭의 요절로 가세가 기욺 7세

1636. 병자호란 발생으로 조모·모친·두 형과 함께 원주·청풍·안동을 전전하며 피난생활(8세)

　　　난후에도 청주·천안 등지로 옮겨 다니며 곤궁한 생활 영위, 10살이 넘어서야 글을 배우기 시작함

1641. 고모부 정사무鄭思武에게 수업(13세)

　　　같이 공부한 10여 명 중 글에 대한 이해가 매우 뛰어남

1645. 금성金城 현령 남일성南一星의 딸과 결혼(17세)

　　　가난 때문에 10년 넘게 부인을 친정에서 생활하게 함

　　　처가를 왕래하며 장인에게서 글을 배우면서 처숙부 남이성南二星, 처남 남구만南九萬과 수시로 토론을 벌임

1649. 모친 별세(21세)

1650. 조모 별세(22세)

　　　3년상 중에 숙형 박세후朴世垕 병사. 본인도 비위를 다쳐 평생의 고질병을 얻음

1652. 3년상을 치룬 뒤 유생정시儒生庭試에 3등으로 합격하여 회시會試에 나갈 수 있는 자격을 얻었으나 중형 박세견朴世堅이 과거에 실패하자 형보다 먼저 나갈 수 없다하여 중도에 과거 포기(24세)

1654. 중형이 춘당대시春塘臺試에 급제하자 본격적으로 과거를 준비함(26세)

1660. 생원시 초시에 수석한 뒤 회시에서 2등하였으며 그 해 증광시增廣試 갑과甲科에서 장원으로 급제함. 초사初仕로 성균관 전적成均館 典籍에 제수되어 관직생활을 시작함(32세)

1662. 예조좌랑과 병조좌랑을 거쳐 사간원 정언司諫院 正言에 임명(34세)

　　　이후 주로 대간직에 임명되어 활발한 탄핵과 간쟁활동 펼침

1666. 부인 남씨 별세(38세)

1667. 홍문관 수찬弘文館 修撰 재임시 응지상소應旨上疏하여 시무책을 제시함(39세)

1668. 관직에서 물러남(40세)

수락산 아래 장자곡長者谷을 석천동石泉洞으로 개명하고 두 번째 부인 정씨와 함께 은거함

동지사冬至使 서장관書狀官으로 일시 중국을 방문한 뒤 바로 석천동으로 돌아옴

이후 여러 차례 관직을 제수 받았으나 나가지 않음

1670. 통진 현감通津縣監으로 1년간 재임(42세)

1676. 『색경穡經』의 초고 완성(48세)

1679. 수락산 계곡에 서재인 관난정觀瀾亭, 궤산정簣山亭을 지어 문생들을 교육(51세)

1680. 중전의 승하로 입경했다가 승정원 동부승지承政院 同副承旨에 임명되었으나 보름간 근무한 뒤 병으로 그만둠(52세)

「대학사변록大學思辨錄」 저술

1681. 『노자도덕경老子道德經』 주해(53세)

1682. 『장자莊子』 주해(54세)

1686. 생육신의 한 사람인 김시습金時習을 배향한 충렬사忠烈祠를 수락산에 건립(58세)

1687. 「중용사변록中庸思辨錄」 저술(59세)

1688. 「논어사변록論語思辨錄」 저술(60세)

1689. 「맹자사변록孟子思辨錄」 저술(61세)

1691. 「상서사변록尙書思辨錄」 저술(63세)

1693. 건강 악화로 『시경詩經』 주해를 완성하지 못하고 고전 연구를 중단함(65세)

1696. 유훈遺勳을 남기어 치상 때에 조석상식朝夕上食을 거부하도록 함

1703. 이경석李景奭 신도비문 찬술로 인해서 노론계의 탄핵을 받아, 사문난적斯文亂賊으로 몰려 유배령이 내려졌지만, 고령과 노환으로 집행이 중단됨

그 해 8. 21 석천동에서 별세(75세)

1722. 문절文節이라는 시호가 내려짐. 다음 해 문정文貞으로 고쳐짐

제2장 실학자의 국방의식

1. 머리말

국방의식이란 외부의 침입으로부터 국가나 국토를 방위하고자 하는 의식을 말한다. 그러므로 국방의식은 국가나 국토에 대한 관념의 발생을 전제로 하고 있다. 역사시대에 들어와서 국가와 국토는 줄곧 존재해 온 바이다. 그러나 엄밀한 의미에서 말하자면 민족적 연대감에 기초를 둔 국가의식이나 국토애는 근대 사회에 이르러서야 출현할 수 있었다. 따라서 국방의식은 국가의식과 마찬가지로 근대적 사유의 일종이라 할 수 있을 것이다.

조선후기의 사회에서는 실학사상이 강력히 대두되고 있었다. 실학사상은 근대 지향적 성격과 민족 지향적 성격을 가지고 있는 것으로 규정되고 있다.[1] 즉 실학사상은 그 자체를 근대사상으로 규정하기에는 어려움이 있으나 전근대와 근대를 연결시켜 주는 사상이며, 거기에는 근대사상의 특징이 부분적으로나마 제시되어 있는 것으로 볼 수 있다. 그런데 실학자의 저술을 검토해 보면, 근대 지향적인 국방의식이 존재하고 있음을 우리는 확인할 수 있다. 그들이 가지고 있던 국방의식은 민족주의적 경향을 띠고 있는 영토의식과 병행해 가면서 출현되고 있으며,[2] 또한 그

---

1) 千寬宇, 1970, 「韓國實學思想史」『한국문화사대계』Ⅵ, 고려대 민족문화연구소, 967쪽.

것은 군제의 문란으로 인한 민중의 피해를 제거해 보려던 애민 정신의
소산이기도 하였다.

실학자들의 사유방식이 민족적 자아를 발견하고 민족주의적 경향을
띠고 있으며, 애민정신의 발로라는 사실은 선학들에 의하여 연구되어 왔
다. 이와 같이 민족적 자아발견과 애민정신의 구현이라는 입장에서 그들
은 군사제도의 정비·군사정책의 개혁·군비강화·무기체제와 군수· 군사
시설·민간 방위론·전략과 전술의 개발 등을 구체적으로 연구하였다. 이
러한 그들의 국방에 관한 의견을 분석함으로서 우리는 그들이 가지고 있
던 국방의식 전체적 구조를 밝힐 수 있을 것이다.

그런데 이 글에서는 우선 실학시대의 군사 문제 현황에 관한 실학자
들의 반성과 이 반성의 결과로 제시된 군사조직의 재편 및 군사정책의
개혁에 관한 그들의 의견만을 분석해 보고자 한다. 그리고 실학자들의
군사조직 재편론再編論에서는 병농일치론을 먼저 살펴보려 한다. 이는
토지제도의 개혁 내지 향촌질서의 재편성에 관한 구상構想에서 유래한
것이었다. 실학자들은 이를 전제로 하여 새로운 군사조직의 편성을 논하
고 있었다. 또한 군사정책 개혁론에서는 수포제收布制의 개혁책과 군역
부담층의 확대문제를 논하고자 한다. 이러한 개혁안은 당시 전근대적 신
분질서의 와해현상에서 유래한 것이었으며, 신분병역제적 상황을 개혁
해 보려던 실학자들의 의지를 나타낸 것으로 생각된다. 우리는 이 문제
들에 관한 고찰을 통하여 실학자들이 가지고 있던 국방의식의 구조와 그
특징의 일부를 밝힐 수는 있을 것이다. 실학자들이 가지고 있던 국방의
식을 근대적 국방사상으로 이해하기에는 어려움이 따른다. 그러나 실학
자들의 국방의식에서 우리는 근대 지향적 요소를 확인해낼 수 있을 것이
다. 우리는 여기에서 국방에 관한 그들의 의식을 검토해 봄으로써 실학
적 사유방법의 일단을 이해하고, 조선후기 지성계의 사상적 동향을 알아

---

2) 趙珖, 1974, 「朝鮮後期의 邊境意識」『白山學報』16, 白山學會, 162쪽.

볼 수 있을 것이다.

실학자의 국방의식에 관한 종합적인 연구는 아직 이루어지지 않은 것으로 알고 있다. 다만 실학자 개인에 관한 연구에서 사회개혁론의 일환으로 이에 관한 문제가 부분적으로 논의되고 있었을 뿐이며, 최근에 이르러서는 특정 실학자의 군제개혁안軍制改革案 등에 관한 연구의 일부가 출현하였다.3) 이 글에서는 이러한 기존의 연구 성과를 바탕으로 하여, 조선후기 여러 실학자들이 제시한 국방의식의 실상을 좀 더 분명히 밝혀 보고자 한다. 이 소고小考가 실학사의 이해와 국방사상의 형성과정을 밝히는 데에 일정한 도움이 될 수 있기를 기대해 본다.

2. 국방의식의 형성배경

조선초기의 국방체제는 병농일치를 원칙으로 한 부병제로 편성되어 있었다. 이 군사조직 아래에서 군역軍役은 주로 양역良役으로 인식되고 있었으며 양인은 정병이나 보인保人의 형태로 군역을 부담하였다. 그러나 오위제五衛制를 근간으로 하는 국방체제는 16세기 중엽 방군수포제放軍收布制의 시행으로 인하여 무너져 갔고, 지방의 진관체제鎭管體制도 흔들리게 되었다. 그리고 양인은 실역實役에 복무하는 대신 납포군納布軍으로만 남아 있는 경우가 많았다. 이러한 상황에서 임진왜란을 맞은 조선왕조의 당국자들은 군사제도의 재편을 꾀하게 되었으며, 전란戰亂 중 용병제傭兵制에 의한 훈련도감訓鍊都監이 설치되기에 이르렀다. 그리고 전

---

3) 宋正炫, 1973,「實學派의 軍制改革案에 대하여－磻溪隨錄을 중심으로」,『湖南文化研究』5, 湖南文化研究所, 41~59쪽 ; 鄭景鉉, 1978,「19세기의 새로운 國土防衛論－茶山의 ≪民保議≫를 中心으로」『韓國史論』4, 서울大學校 人文大學 國史學科, 331~336쪽 ; 姜萬吉, 1979,「軍役改革論을 통해본 實學의 性格」『東方學志』22, 延世大學校 國學研究院, 153~169쪽.

란이 종식된 이후에도 새로운 군영의 설치작업은 계속되어 18세기 전반기에 이르러 오군영五軍營이 완비되었다.4)

  그 후 용병의 증가 등으로 인해 국가에서는 군사유지비의 부담이 가중되었고, 국가는 이를 해결하기 위해 양인에 대하여 군포軍布의 납부를 강화시켜 나갔다. 여기에서 이른바 양역의 폐단弊端이 발생하게 되었으며, 양인들은 군포의 납부를 모면하기 위해 소극적인 방법으로 도망하거나, 적극적 저항 형태인 민란에 가담하기도 하였다. 이와 같이 양인들의 저항에 직면하게 된 지배층에서는 양역의 폐단을 개혁하기 위해 균역법均役法을 시행하게 되었다(영조 26년, 1750). 그러나 균역법은 양역의 폐단에 대한 근본적인 해결책이 아닌 일종의 미봉책에 불과하였고, 군역의 부담으로 인한 민중의 피해는 계속되었다. 이러한 상황에 직면하여 실학자들은 군포의 부담을 경감시키는 방안과 함께 군사제도 전반에 걸친 개혁안을 제시하면서 병정兵政에 대한 새로운 인식에 입각하여 당시의 폐단을 통렬히 비난하였다.

  또한 대부분의 실학자들은 전란을 경험하지 못하였고, 또 그들이 살던 때는 다른 시기보다도 비교적 국제적 정세가 안정되어 외부의 침략을 우려할 필요가 적었다. 그러나 실학자들은 외부의 적대 집단敵對集團으로 북적北狄과 남왜南倭를 설정하며 이들의 침략에 대한 대비책을 강구하도록 다음과 같이 역설하였던 것이다.

  비록 남북에 경계할 일이 없고, 국경에도 근심이 없다 하더라도 군사제도는 있어야 한다.5)

  군사력이란 100년 동안 쓰이지 않는다 하더라도 단 하루라도 강講하지 아니할 수가 없다. … 화평한 때에 이를 강하면 간사한 사람들의 엿봄을 끊을 수 있고 화란禍亂의 싹을 막을 수 있다.6)

---

4) 車文燮, 1973, 『朝鮮時代軍制研究』, 檀國大學校出版部, 52·92·158쪽 참조.
5) 丁若鏞, 『與猶堂全書』第1集 卷11, 論, 軍器論 1 "雖然南北無警 壃場無虞 兵可有制"

즉 그들은 전쟁의 위험이 없는 때라 하더라도 전쟁에 대한 대비책은 항상 마련되어 있어야 한다는 입장에서 군사제도의 필요성을 인정하고 있다. 그런데 당시의 실학자들이 인식한 군사제도의 현상은 매우 불만족한 상황에 놓여 있었으며, 군사제도란 민중을 착취하기 위한 수단으로 전락되어 갔던 것이다. 그러므로 이익(1681~1763)은 "국가의 위란危亂이 있을 때에는 군인軍人이 아니면 보전保全할 수 없다. 비록 후하게 양성하여 은혜를 베풀어 주어도 오히려 그 힘을 믿지 못할까 걱정되는데, 하물며 편안할 때에 그들의 재물을 약탈하다가 전진戰陣에 몰아넣으면서 과연 제 몸을 아끼지 않고 윗사람과 어른을 위해 죽겠는가."라고 말하면서 군사제도의 문란으로 전투력의 저하를 걱정했던 것이다.[7]

실학자들은 그들이 처해 있던 시대에 있어서 군사제도의 허상과 이로 말미암은 민중의 피해상을 서슴없이 지적해 나갔다. 그들은 조선의 군사력이 삼국으로 분립되어 있던 때보다도 훨씬 약화되어 병력이 거의 없음을 지적하였다.[8] 그리고 군보軍保에의 편입을 수치로 여기는 사회적 풍조로 인하여 피역避役을 위한 부정수단不正手段이 보편화되고 있으며,[9] 실역에는 납포대립納布帶立이 불가능한 경제적 무능력자만이 편입되어 있는 현실을 지적하였다.[10] 그리고 또한 이들이 적병을 만나면 토붕와

---

6) 洪大容, 『湛軒書』內集 卷3, 序, 勸武事目序 "武可百年而不用 不可一日而不講也 … 講之於昇平逸豫之時 則可以絶奸人之覬覦 而杜禍亂之萌矣"

7) 李瀷, 『星湖先生文集』卷46, 雜著, 論兵制 "夫國有危亂 非兵則不保 雖以厚養樹恩 尙恐不得賴其力 況剝割於安暇之時 而驅使於矢石之場 則其果有不愛其軀 而親上死長耶"

8) 李睟光, 『芝峯類說』卷3, 兵政部, 兵制 "吾東方 在三國鼎立時 號爲强國 唐人謂高麗善守城 又謂攻城必取 未有如高麗者 到今 兵力單弱 非但不能取於人 亦不能自守何也 … 今三韓一統 而當國者 每患無兵 嗚呼 是豈理哉"

9) 魏伯珪, 『存齋全書』卷3, 疏, 封事 "九曰 軍制之弊 … 其二常民之稍有家産 希覬發身者 性稍俊邁 締交兩班者 皆恥爲軍保 其三豪勢之家 脅勒官吏 庇其奴僕 雖放役者一人簽丁 遽以爲恥 於是頑民猾漢 相與依歸 爲逋逃主"

10) 魏伯珪, 『存齋全書』卷3, 疏, 封事 "其餘存而作軍者 盖不能什之四 而就其中 又除

해土崩瓦解하여 수습할 수도 없을 것으로 파악하였다.[11] 이와 같이 병력의 질質과 양量에 있어서 문제가 있을 뿐만 아니라, 평소의 군비도 극히 소홀하여 "병기兵器는 둔해져서 못 쓰게 되었고, 창고에는 돌발적 사고에 대비하기 위한 저장물이 없음"을 한탄했다.[12]

또한 평소에 있어서 군사의 조련도 형식적이어서, 군사들은 활을 다루거나 창을 들 능력조차 갖추지 못했으며, 조련 점고操練點考를 할 때에는 한 사람이 4~5인의 이름에 대답을 하는 현상도 언급되었다.[13] 그리고 지방의 수령守令들도 군사훈련 때가 되면 "임시변통으로 딴 사람을 대신 충수充數하여, 조련操練하는 시기에 맞추어 보내고, 조련이 끝나는 날을 기다리다가 제 고을이 별탈이 없었다는 것을 듣고서는 큰 다행으로 여기는" 실정을 지적하였다.[14] 이러한 상황에 직면하여 실학자들은 외적의 침입을 방어할 수 있는 대책을 마련하고 국경지방의 방어를 위해 무비武備를 충실히 하도록 역설하였다.[15]

한편, 군사제도의 운용이 이와 같이 허술함에도 불구하고, 군사제도의 폐단으로 인한 민중들의 고통은 더욱 심화되어 가고 있었다. 군사제도의 문란으로 인해 양역의 폐단이 발생하게 되었던 것이다. 양역의 폐단 가운데 대표적인 것으로는 백골징포白骨懲布와 황구첨정黃口簽丁·인징隣徵과 족징族徵 등을 들 수 있다. 이러한 폐단들은 군사제도의 문란으로 인한 구조악構造惡의 일종이었으며, 민중들은 이 구조악의 피해자였다. 이에 실학자들은 민중이 겪는 참상을 다음과 같이 지적하였다.

收布良役 則爲正軍結伍者 又不能十之一二"

11) 柳馨遠, 『磻溪隨錄』 卷21, 兵制, 各道營鎭鎭管 "賊鋒已迫 饑渴繼之 則鳥驚獸駭 相率而潰散 土崩瓦解 不可收拾"
12) 魏伯珪, 『存齋全書』 卷2, 疏, 萬言封事 "無控弦之卒 兵器鈍敗 庫無應變之貯"
13) 앞의 책 上, 95쪽 : "點名至有一人 應四五名者"
14) 朴齊家, 『貞蕤集』, 外篇, 北學議 "今之牧守 未必皆籍知夫家之數也 … 畏忌而不能 蔽 姑息而不能擧 疆縫代充 以赴操鍊之期 跂足而俊時日 以不失自己州縣爲大幸"
15) 趙珖, 1974, 「朝鮮後期의 邊境意識」 『白山學報』 16, 白山學會, 162쪽.

　　보인保人과 봉족奉足이라는 여러 명목을 가지고 백성을 침해하는 것이 만
가지가 넘었는데, 그 중에서도 가장 싫어하는 것은 포보砲保와 수군水軍이다.
또 그 중에서 가장 원망하는 것은 죽은 사람들에게 베를 징수하고 '백골징
포', 어린 아이를 군정軍丁으로 충수하며 '황구첨정', 이웃과 친척에게 남의
부세를 징수하는 것이다 '족징·인징'. 선조 이래로 이 폐단을 매우 민망히 여
기어 관청을 설치해서 이를 개정하도록 한 지가 여러 해 되었으나, 그 폐단을
그대로 갔을 뿐이고 지금은 어찌할 수가 없게 되어 버렸다.[16]

　　오늘날 몰락한 촌락의 보잘것없는 집에서 어린애가 태어나서 울음소리를
한번 내면 홍첩紅帖이 이미 도착하게 되니 … 나라 안의 부모들에게 천지가
생명을 낳게 하는 이치를 원망하게 한다. … 심지어는 뱃속에 있는 아이를
가리켜 이름을 지어 놓거나, 여자를 남자로 바꾸거나, 또한 심한 것은 강아지
의 이름을 군안軍案에 수록하기도 한다.[17]

　이와 같이 실학자들은 양역의 폐단으로 말미암아 당시의 군역부담자
들이 당하고 있던 참상을 지적하며 군사정책 개혁의 필요성을 역설하게
되었다. 즉 당시는 양역의 폐단이 만연하여 이로 말미암은 민중의 원망
은 높아가고 있었다. 지방의 수령들은 부족한 군액을 채우기 위하여 황
구첨정을 예사로 하고 아직 태어나지 않은 태아를 군적軍籍에 올리거나
여자를 남자로 바꾸어 기록해서 군포의 납부를 독촉하였고 심지어 강아
지의 이름을 군적에 올리는 일까지 있었던 것이다.

　물론 법으로는 황구첨정이나 백골징포가 금지되어 있었고 이러한 일
이 발생할 때에는 수령을 논죄한다고 규정되어 있었다. 그러나 당시의
민중들은 이와 같이 불합리한 처사에 대하여 감히 원망마저 할 수 없었

16) 鄭尙驥, 『農圃問答』, 設兵制 "保人奉足 各色名目 侵虐百姓 不啻萬端 其中最怨毒
　　者砲保水軍 又其中最怨者 白骨徵布·黃口充丁·隣族侵徵也 自先祖以來深悶此弊
　　設廳釐正者多有年 所以其弊自如 今則付之無可奈何"
17) 丁若鏞, 『與猶堂全書』 第5集 卷23, 兵典六條, 簽丁 "今殘村下戶 嬰孩落地 呱聲
　　一發 紅帖已到 陰陽之理 天之所賊 不能無交 交則有生 生則必簽 使域中之爲父母
　　者 怨天地生生之理 家嗷而戶啜 國之無法 一何至此 甚則指腹而造名 煥女而爲男
　　又其甚者 狗兒之名 或載軍案"

던 상황이었다. 또한 부친이 죽고 아들이 그 뒤를 이으려 하면 군포의
부담은 전과 같은데, 여기에 물고채物故債·부표채付標債·사정채査正債·도
안채都案債 등의 새로운 부담을 사망신고 때에 별도로 납부해야 했다. 그
러므로 오히려 백골징포白骨懲布가 더욱 편하다고 생각하기까지 하였던
것이다. 이러한 양역의 폐단이 계속된다면 민중들은 틀림없이 죽고 말
것이라는 실학자의 현실비판은[18] 충분히 근거가 있는 말이었다.

그러나 당시의 지배층에서는 양역의 폐단을 개혁하기 위한 새로운
제도를 다시 만들 필요가 없는 것으로 파악하고 있었다.[19] 이러한 지
배층의 안이한 태도나 고식적 수습책에 맞서 실학자들은 군사제도에
관한 전면적 개편을 주장하고 나서게 되었으며, 실학자들이 가지고 있
던 국방의식의 배경에는 이와 같은 현실에 대한 개혁의지가 깔려 있는
것이다.

요컨대, 실학자들의 국방의식은 민중의 폐단을 구제하고자 하는 애
민정신의 산물이었다. 그리고 그것은 전쟁에 관한 대비책이 전무全無한
국가현실에 처하여 전쟁을 자초自招할지도 모를 국가정책의 빈곤에 대
한 저항이라는 성격을 갖고 있다. 그리하여 실학자들은 군제의 문란으
로 인한 민중의 피해를 제거하기 위하여, 그리고 군제의 문란으로 말미
암은 민중들의 분노에 이론적 정당성을 부여해 주며 군사제도의 개혁을
적극적으로 논의했던 것이다. 또한 실학자들은 국가의 영토를 확보하고
외부의 침략 위험으로부터 안전 보장을 추구하며 국방문제를 논했던 것
이다.

---

18) 丁若鏞, 『與猶堂全書』第5集 卷23, 兵典六條, 簽丁 "法曰白骨懲布 守令論罪 然
    今之民情 咸以白骨懲布 爲至願大樂 何也 父死子代 物故債·付標債·査正債·都案
    債 納布旣同 而刑斂如此 其不以白骨懲布爲便乎 此法不改 民必盡劉 惜乎"
19) 『純祖實錄』卷11, 純祖 8年 8月 甲午 "甲午朔 召見備局有司堂上徐營輔·沈象奎
    … 象奎曰 … 盖我國若役 莫甚於軍丁 今不必更生新法 嚴飭守土之臣 申明其點檢
    則庶見實效矣"

3. 군사조직 재편론

실학자들은 국가의 상비전력을 강화하고, 민중착취와 제도로 전락한 군정軍政을 바로 잡기 위하여, 군사제도와 군사정책의 근본적인 정비와 개혁을 주장하였다. 즉 그들은 병농일치를 원칙으로 한 군정의 개혁을 논했고 군영제軍營制를 폐지하고 새로운 군사조직을 실시해야 할 것으로 생각하였다. 그리고 군대의 효율적인 운영방안을 마련하고 전투력을 향상시키기 위하여 군대조직의 재편과 전문화專門化를 꾀해 나갔다.

1) 병농일치론

실학자들이 제시한 군사조직 재편론 중에서 먼저 살펴볼 것은 병농일치적 군정으로서의 개혁에 관한 주장이다. 17세기의 지식인들 가운데는 징병제徵兵制보다도 모병제募兵制를 더욱 높이 평가하는 인물도 있었다. 그러나 모병제란 수포제의 원칙을 전제로 하여야만 주장될 수 있는 것이었다. 왜냐하면 모병에 소요되는 군사비는 당시의 상황으로 보아서 군포수취軍布收取에 의해서만이 조달될 수 있는 것이기 때문이다.[20] 반면에 18세기에 들어와서는 군포제가 시행되고 있음에도 불구하고 군포의 전용轉用과 유용流用으로 말미암아 상비전력은 공허화空虛化해 갔다. 또한 군포수취제軍布收取制는 양인만을 대상으로 한 것이었으므로 이에 따른 민중의 부담이 강화되고 있었다.

이러한 현실에 직면한 실학자들은 수포제收布制로 인한 전력의 약화를 지적하였고,[21] 수포제의 폐단을 밝히면서 이를 개혁하지 아니하면 민중은

---

20) 우리나라의 募兵制에 관한 주장은 모병제의 경제적 기반을 軍布수취에 두고 있다. 반면 당시 서양의 경우에 있어서는 모병에 의한 용병제가 상업자본의 기반 위에서 진행되고 있었던 것이므로 조선후기의 모병론은 일정한 한계성을 가지고 있었다.

곧 죽게 될 것임을 말하였다.22) 또한 수포제는 출병에 앞서 출재出財를 의
미하는 것이므로 이러한 제도란 원래 있을 수 없는 것으로 파악하였다.
그리고 실학자들은 수포제를 기반으로 한 모병제를 반대하고 "병정과 농
정의 분리는 막대한 해가 된다."는 입장에서 병농일치적 군제개혁론을 주
장하였다.23) 당시 상당수의 실학자들은 병농일치를 찬성하고 있었던 것이
다.24) 농업생산력에 의존하여 군제를 개혁하려던 병농일치의 주장은 비
군사 분야인 농업 내지 토지제도와 군사 분야를 통합 운용해 보려던 방책
이었다. 또한 이것은 전쟁의 준비와 경제제도와의 관계를 밝혀보려 한 것
이며, 민중에게 피해를 주고 있는 기존의 경제제도를 개혁해 보려던 의지
의 일단이었다. 즉 그들의 병농일치론은 사회개혁의 주축을 농업경제에
설정하고 있었던 데에서 파생된 개혁안이었다. 그리고 실학자들은 병농일
치론을 주장함으로써 농업의 조직화와 토지개혁을 통하여 군사제도의 결
함이 극복될 수 있다고 본 것이다. 그리고 이를 통하여 군의 동원이 쉽게
실시될 수 있으며, 전쟁 잠재력도 증가시킬 수 있음을 주장하였던 것이다.

사회의 개혁과 전력의 강화를 목적으로 삼았던 실학자들은 이를 실현
하기 위한 방법으로 병농일치를 제시하고 있음을 살펴보았다. 그들의 병

---

21) 柳馨遠, 『磻溪隨錄』 卷21, 兵制, 諸色軍士 "我國放軍收布之規 未知起於何時 當
初 必以爲安平無事時 多數立番 無益於事 … 唯其本之苟且 故其末之弊 有不可勝
言 … 是以名雖千軍之鎭 實無一人在鎭者 爲軍士者 日夜憂其綿布之難辦 而不知
射御之爲何事 … —所謂騎兵 亦只納綿布 無一人有馬—"

22) 丁若鏞, 『與猶堂全書』 第5集 卷23, 兵典六條, 簽丁 "簽丁收布之法 … 爲生民切
骨之病 此法不改 而民盡劉矣"

23) 丁若鏞, 『與猶堂全書』 第5集 卷23, 兵典六條, 簽丁 "大抵軍布之名 名已不正 自
黃帝習用干戈以來 聞有養兵 未聞其收布也 … 居者出財 兵者出命 古之道也 將責
出名 先責出財 有是理乎"

24) 丁若鏞, 『與猶堂全書』 第1集 卷11, 論, 田論七 "古者 寓兵於農 今行閭田之法 則
其於制兵也 尤善矣"
　洪大容, 『湛軒書』 內集 卷4, 補遺, 林下經綸 "男力于農 女勤于蠶 以其暇日 講孝
悌 習擊刺 … 閱旅較藝 明其賞罰"

농일치론은 다분히 복고주의적 경향을 띠고 있는 군사사상이었다. 그러나 그들의 이러한 주장은 조선왕조 전기에 시행되었던 오위제五衛制적 군사사상보다는 진일보한 것으로 파악된다. 조선왕조 전기의 오위제 아래에서 정병正兵이나 보인保人은 징병제의 원칙에 따라 의무동원義務動員이나 강제부담을 감수하도록 요구되고 있었다. 반면에 토지개혁론과 연결된 실학자들의 병농일치론은 농지소유권農地所有權의 보장에 따른 반대급부로서의 의무병역을 주장한 것이라는 특징을 가지고 있다.[25] 그러므로 군사사상의 발전과정에서 실학자들의 병농일치론을 검토해 보면 그것이 단순히 복고주의적 경향으로만 해석될 수는 없는 것이며, 발전적 측면이 드러나는 사상으로 평가된다.

2) 군사조직 재편론

실학자들은 병농일치의 주장과 관련하여 군사조직의 개혁안을 제시했다. 그들이 제시한 개혁안은 수포제收布制에 기반을 둔 오군영제의 부정에서 출발하고 있었다. 그리고 오군영제를 대치하고 민중의 군포 부담을 면제시키기 위한 방향에서 군사조직의 개편이 논의되었던 것이다.

일부 실학자들은 오위제와 군영제가 갖고 있는 장점을 취합한 새로운 조직의 시행을 주장하기도 하였다. 즉 정상기鄭尙驥(1678~1752)는 번番의 교체에 따르는 비합리성 때문에 오위제도의 복귀는 불필요한 것으로 보

---

25) 공전제公田制하의 농민이나 여전제閭田制 하에서 농민이 병역을 분담하도록 주장했던 유형원·정약용 등의 견해를 통하여 우리는 이와 같은 가설을 제시해 볼 수 있을 것이다. 그런데 실학자들이 주장했던 병농일치적 의무병역론은 훈련도감으로 대표되는 용병제적 특성을 불식시키려던 것이었다. 그렇다 하더라도 이를 국민군의 개념으로 파악하기에는 아직 어려움이 있다. 왜냐하면 병농일치적 의무병역론은 국민적 자유 내지 권리를 군무와 직결시키려는 단계로까지 완전히 성숙된 이론은 아니기 때문이다. 바로 이 점을 그들의 견해에서 드러나는 제약성으로 생각할 수 있을 것이다. 姜萬吉, 1979, 앞의 논문, 158~161쪽.

았다. 또한 오군영도 모두 혁파하고 금위영 하나만을 서울에 설치하도록
하고,[26] 지방군의 조직도 정비하여 국방을 강화시키면서도 민중의 부담
을 경감시킬 수 있는 길을 모색하였다.

한편 홍대용(1731~1783)은 군 최고 통수권자를 정점으로 하여 지휘체계
가 완비된 새로운 군사조직의 필요성을 역설하였다. 즉 그는 8도의 국방을
담당할 백만 대군의 양성을 주장하였다. 이 백만 대군은 10인으로 구성된
대대隊를 기본 단위로 조직되어 있으며, 10개의 대가 모여 1기旗를 이루고 기
위에는 교校(10旗 − 1,000명)·장將(10校 − 10,000명)·대장大將(10將 − 100,000)이 있
는 것으로 홍대용은 계획안을 작성하였다. 그리고 홍대용은 100만 대군 중
20만 명은 서울에 주둔시키고, 나머지 80만 명은 각 도에 10만 명씩 배치시
킬 것을 제안하였다.[27] 이 개혁안은 그 실현가능성에 문제가 있기는 한 것
이지만 향촌제도의 전방적인 개혁을 전제로 하여 작성된 것이었다. 따라서
향촌의 지배구조와 연결된 군 통수체제軍統帥體制가 이 개혁안에서 설정되고
있는 것이었다. 그리고 홍대용은 군의 최고 통수권자로 국왕을 들었다.[28]
홍대용의 군사조직 개혁안을 도표화하면 다음 <표 1>과 같다.[29]

〈표 1〉 홍대용의 군사조직 개혁안

부대명	대隊	기旗	교校	장將	대장大將
지휘관	대장隊長	기총旗摠	교위校尉	장군將軍	대장군大將軍
행정직무	면임面任	사장社長	현령縣令	군수郡守	도백道伯
병력수	10	100	1,000	10,000	100,000

26) 鄭尙驥, 『農圃問答』, 設兵制 "盖五衛之制 … 遠道之人 … 往來有弊 … 今京中悉
罷五營 而只設一營 名曰禁衛 一營之中 又設左右廂"
27) 洪大容, 『湛軒書』內集 卷4, 補遺, 林下經綸 "一將共萬人 大將軍統九將軍 … 大
將共十萬人 京統九將軍 − 八在其道 一在王都 − 王都下九部 郞佐吏隷驍衛虎賁宦
寺雜班餘軍之屬 幷爲十萬人 合九道爲百萬人"
28) 趙珖, 1979, 「洪大容의 政治思想 硏究」『民族文化硏究』14, 80쪽.
29) 주 28의 자료에 의하여 작성한 도표이다.

홍대용은 향촌제도의 전반적인 개혁과 관련된 군사조직의 개혁안을 제시하고 있었다. 반면에 정약용(1762~1836)은 향촌제도와 토지제도의 재편성을 통한 군사조직의 개혁안을 제시했다. 그는 이를 위한 방안으로 여전법閭田法의 시행을 주장한 바가 있었다. 그는 여전법이 시행되면 전제田制가 바로 잡힐 뿐만 아니라 병제兵制도 그 가운데 있게 되는 것으로 파악하였다. 이러한 그의 개혁안을 도표화하면 <표 2>와 같다.[30]

〈표 2〉 정약용의 군사조직 개혁안

행정조직	여閭	리里	방坊	읍邑
행정관명	여장閭長	이장里長	방장坊長	현령縣令
지휘관	초관哨官	파총把摠	천총千摠	현령縣令
병력수數	30가家	3려閭	5리里	5방坊

이와 같은 실학자들은 향촌조직의 개혁이나 토지제도의 개혁을 통한 군사조직의 새로운 편성을 주장하게 되었고 이와 관련하여 인보 방위 체제隣保防衛體制를 논하게 되었던 것이다.[31]

군사조직에 대한 개편안이 실학자들에 의해 제시되고 있음과 동시에, 그들은 병과兵科의 과제에 관해서도 연구를 진전시켜 나갔다. 즉 보병步兵 위주로 되어 있는 군대의 편제를 바꾸어, 적의 철기鐵騎가 공격해 오더라도 그 세를 막아낼 수 있는 기병騎兵의 양성에 관한 주장이 제시된 바 있었다.[32] 이는 보병 위주의 군대 편제가 가지고 있는 취약점을 보완

---

30) 丁若鏞, 『與猶堂全書』 第1集 卷11, 論, 田論七.
31) 인보 방위 체제隣保防衛體制에 관한 실학자의 주장을 정리한 논문으로는 상기한 鄭景鉉의 논문이 있다.鄭景鉉, 1978, 앞의 논문. 그리고 李海濬, 1979, 「存齋 魏伯珪의 社會改善論」 『韓國史論』 5, 서울大學校 人文大學 國史學科, 291~296쪽에서 '향토방위론'이 언급되어 있다. 인보 방위나 수군水軍·무과武科 등에 관한 실학자의 견해를 본고에서는 생략하기로 하고 별고를 통하여 다루겠다.
32) 李瀷, 『星湖先生文集』 卷46, 雜著, 論兵制 "雖有步卒 若遇鐵騎踐躪 則其勢無以

하기 위한 의견으로 생각된다. 한편, 군대의 편제에 관하여 숙고한 인물로는 홍대용을 들 수 있다. 즉 그는 군사조직의 개편을 주장하면서 보병이외에 특별 병과도 설정할 것을 주장하였다. 그의 견해에 의하자면 아홉 개의 보병부대와 하나의 특과병부대特科兵部隊가 모여져서 또 다른 하나의 상급부대를 형성하는 것으로 되어 있다. 그러므로 보병부대와 특과병의 비율은 9:1을 유지하도록 되어 있다. 그러나 보병부대 안에서도 특과병이 같은 비율로 배치되어 있는 것이므로 전체 병원兵員에 있어서 보병과 특과병의 비율은 8:2가 되는 것으로 볼 수 있다. 그의 개혁안을 검토해 보면, 각 군대 조직에 배치되어 있는 예하 특수병 부대의 병과와 인원수는 다음 <표 3>과 같다.[33)]

〈표 3〉

NO.	병종丙種:직능	기旗	교校	장將	대장大將
1	吹打手軍樂兵	x	5쌍	1대①	2대②
2	細樂手 〃	x	x	1대①	2대②
3	錚手 〃	1인	x	x	x
4	鼓手 〃	1인	x	x	x
5	令旗手儀仗兵	1쌍	5쌍	1대①	2대②
6	大旗手 〃	x	x	1대①	2대②
7	纛軍 〃	x	x	x	2대③
8	棍手憲兵	1쌍	5쌍	1대	5인③
9	巡視手 〃	x	x	1대①	2대③
10	朱棒手 〃	x	x	1대	2대②
11	刀劵手 〃	x	x	1대	2대③
12	司令軍 〃	x	x	x	2대③
13	號砲手砲兵	1인	1쌍	1대	5인③
14	火箭手 〃	x	1쌍	1기	1교
15	精砲手 〃	x	x	1기	1교
16	弓弩手 〃	x	x	1기	x
17	別騎騎兵	x	5쌍	1기	x

抵賊 而今也 馬價翔貴 名雖騎兵 其實無有矣"
33) 이 표는 洪大容, 『湛軒書』內集 卷4, 補遺, 林下經綸에 의거하여 작성되었다.

18	別衛特攻隊	X	X	X	50인
19	別奮衛 〃	X	X	X	401인
20	突擊 〃	X	X	1x	3기
21	火兵輸送兵 火兵馬	2인 3필	20인 24필	1기 120필	1교 1200필
22	匠手工兵	X	10인	3대	X
23	餘軍豫備隊	X	X	3대	3교
24	軍師副官	X	X	1인	1인
25	副軍手 〃	X	X	X	1인
26	別旗摠 〃	X	X	1인	2인
27	手下軍	X	X	9인	18인
28	記室行政	X	2인	4인	10인④
29	說客政訓	X	1인	5인	20인④
30	能算行政	X	1인	5인	20인④
31	能書 〃	X	1인	5인	20인④
32	能畵 〃	X	1인	5인	20인④
33	座馬直 〃	X	X	X	5인
34	印付直行政	X	X	X	4인
35	吏胥 〃	X	X	X	1기
36	羅卒使喚	X	X	X	1기
37	醫者軍醫	X	5인	5인	20인⑤
38	理馬馬醫	X	5인	5인	10인⑤
39	劍舞軍藝隊	X	1쌈	1대	2대⑤
40	細作情報	X	5인	15인	20인⑤
41	天文 〃	X	1인	2인	5인⑤
42	地理 〃	X	1인	3인	5인⑤
43	幼術 〃	X	X	2인	5인⑤
44	舌官通譯	X	X	3인	5인⑤
45	雜色	X	X	X	?
	計名	10	100	1,000	10,000

이 <표 3>을 통해서 볼 수 있는 바와 같이 그는 그 자의字義로 볼 때 행정병行政兵·수송병輸送兵·헌병憲兵·포병砲兵·공병工兵·정보병情報兵·정훈병政訓兵·군의병軍醫兵·의장병儀仗兵 등으로 파악할 수 있는 특수 병과에 종사하는 전문적인 병사들이 필요함을 주장하였다. 그리고 그는 또한 참모 업무의 필요성을 인정하고 있었다. 즉 그는 장將에 장군將軍을

보필하는 군수와 별기총別旗摠인 1인씩을 두고 있다. 그런데 장에서 군수의 역할을 뚜렷이 규정하지는 않고 있으나 별기총은 장의 헌병에 해당하는 것으로 생각되는 순시수巡視手와 통신通信 혹은 의장병인 영기수令旗手·대기수大旗手 그리고 통신 혹은 군악병인 취타수吹打手·세악수細樂手를 관할하도록 하였다. 그리고 장將의 별기총別旗摠은 자신의 영기수令旗手 및 곤수棍手와 수송병輸送兵인 화병火兵을 별도로 거느릴 수 있도록 계획되었다.

장將의 상급 부대인 대장大將에 이르러서는 참모직이 더욱 세분화하여 대장을 보필하는 군사軍師 및 부군사副軍師 각 1인과 별기총別旗摠 2인을 배치하고 있다. 그는 대장의 군수가 정훈政訓과 경리經理를 포함한 행정관계의 업무로 생각되는 여러 병과를 통솔해야 된다고 생각했다. 그리고 부군사副軍師는 정보情報와 군의軍醫에 속하는 병과를 통솔하도록 배치하고 있다. 이들 군사와 부군사는 각각 화병[수송병] 9인씩을 두어 업무의 지휘에 신속을 기하도록 계획되었다. 대장에 소속된 별기총 2인 가운데 1인은 통신 또는 의장儀仗과 군악軍樂에 관한 업무를 영솔하고, 나머지 1인은 헌병에 관한 업무를 관할하도록 배치되었다. 또한 이들 별기총은 수하에 아홉 명의 군사를 두어 자신을 보필하도록 하였다. 홍대용은 이와 같이 자신의 기술적 지식을 활용하여 특수 병과의 업무를 통솔하거나 영솔領率하는 참모직에 대한 의견을 제시하고 있다.[34] 이러한 그의 견해는 군대 편제에 관한 군사 사상 중 매우 특출한 의견으로 이해될 수 있을 것이다.

---

34) 서유럽의 경우에서도 참모 조직은 18세기 말까지도 정체 상태에 놓여 있었던 것으로 되어 있다. Samuel Huntington, 1957, "The Rise of the Military Profession in Western Society", *The Soldier and State: the theory and politics of civil-military relations*, The Belknap Press of Harvard University Press: Cambridge, Massachusetts ; 白樂晴 편역, 1974, 『軍隊와 社會』, 法文社, 32쪽 참조. 그런데 18세기 후반기에 활동하던 홍대용의 참모직에 관한 발상은 매우 특이한 것이라 할 수 있다.

　요컨대, 조선후기의 실학자들은 사회 개혁 사상의 일환으로 군제 개혁을 주장하게 되었다. 그들은 군사력의 약화와 민폐의 원인이 되는 현존하던 군제를 병농일치의 원칙에 의해 개혁해 보고자 하였다. 그리하여 그들은 향촌구조와 토지개혁을 전제로 한 군사 조직의 전면적 개편을 주장하였다. 그리고 군대 편제에 있어서도 특수 병과의 중요성을 인식하고 있었으며, 참모직의 설치를 통하여 군대의 효율적 운영을 생각하기도 하였다. 이러한 그들의 주장은 군사 사상의 전개 과정에 있어서 중요한 진보를 나타내 주는 것이다. 그리고 이러한 생각에 대한 검토를 통하여 우리는 그들의 국방 의식에 대한 근대 지향적인 한 단면을 파악할 수 있을 것이다.

4. 군사정책 개혁론

　실학자들은 군사 조직의 재편성을 논하면서 동시에 군사정책에 관한 일대 개혁을 주장하고 나섰다. 본 장에서는 실학자들의 군사 정책 개혁론과 관련되는 군사 조직을 유지하기 위해 필요한 비용을 염출하는 방법에 관해 실학자들이 제시한 정책 대안을 검토해 보기로 하겠다. 그리고 병력 충원 방법과 관련된 신분 병역제의 개혁에 관한 그들의 견해를 밝혀보려 한다.

1) 수포제 개혁론

　실학자들은 군대유지비로 필요한 군포의 납부가 양인층에게만 강요되고 있음을 비판하고, 군포의 폐단으로 말미암은 민중의 고통을 종식시켜 주고자 하였다. 그리하여 그들은 현존하던 수포제를 개혁하면서도 군사유지비를 무리 없이 확보할 수 있는 방안에 관하여 연구를 거듭하였

다. 그 결과로 그들이 제시한 첫 번째 방안은 당시의 수포제를 호포제로
바꾸어 양반층에게도 군사유지비의 부담을 지우자는 것이었다.35) 호포
제戶布制의 시행을 주장한 대표적 실학자로는 정약용을 들 수 있다. 그는
다음과 같이 호포제의 시행을 주장하고 나섰다.

> 대략 한 여閭의 백성에서 그 솔率은 셋으로 나눈다. 그 중 하나는 호정戶丁
> 을 내도록 하여 대오편성隊伍編成에 응하게 하고 둘은 호포戶布를 내어서 군수
> 軍需에 응하게 한다. 그리고 역정役丁의 많고 적음에 따라 그 호포戶布를 가감
> 하면, 장정壯丁을 징발하여 군적에 편입시키는 데에서 일어나는 폐단도 아주
> 제거될 것이다.36)

> 진실로 신포를 징수하려면 … 관직이 없는 사람이면 공경대부公卿大夫의 아
> 들에게도 징수하고 원훈귀척元勳貴戚의 아들과 손자에게도 이를 징수한다.37)

정약용은 이상에서와 같이 여전제閭田制와 관련하여 호포제戶布制의
시행을 주장했다. 그리고 그는 군포를 양인층만 부담할 것이 아니라 양
반을 포함한 전체 가호家戶가 부담해야 하며, 관직이나 군무에 종사하고
있는 경우에만 신분을 가리지 말고 이를 경감시켜 주어야 한다고 주장하
였다. 또한 군사유지비는 실제의 경비를 민정民丁의 실수實數로 나누어
균등하게 부담시키는 것으로 제안되었다. 그리고 그는 군사유지비의 납
부방법에 있어서도 포布만을 고집하지 않고 전錢으로 대치할 수 있는 방
안도 제시했다.38) 이는 현물납포現物納布에 따르는 불편을 방지하고 병

---

35) 물론 이러한 방안이 양반층의 군역부담을 반대하던 이익이나 안정복 등과 같은
   인물에게서 제시된 것은 아니었다.
36) 丁若鏞, 『與猶堂全書』第1集 卷11, 論, 田論七 "大較一閭之民 三分其率 其一出
   戶丁 以應編伍 其二出戶布 以應軍需 而以役丁多寡 加減其布 則括丁充軍之弊 亦
   頓然遂除矣"
37) 丁若鏞, 『與猶堂全書』第1集 卷9, 議, 身布議 "苟爲徵布 凡有一命之職者 勿徵也
   爲進士者 勿徵也 庶人在官者 勿徵也 隸征戰之軍者 勿徵也 其爲白徒者 自公卿大
   夫之子 徵之 元勳貴戚之子若孫 徵之"
38) 丁若鏞, 『與猶堂全書』第1集 卷9, 議, 身布議 "年十五歲以上至于六十者 徵之 其

사 행정의 효율화를 꾀한 것으로 평가해 줄 수 있다.

한편 일부 실학자는 군사유지비를 마련하기 위해 둔전屯田의 설치를 주장하기도 하였다.[39] 그리고 각 영진營鎭에 군자전軍資田을 별도로 지급하고 여기에서 나오는 소출을 군사비로 충당할 것을 제안하기도 했다.[40] 그런데 임진왜란과 병자호란 이후 아문둔전衙門屯田과 궁방전宮房田의 확대는 토지제도의 문란에 적지 않은 영향을 주고 있었던 바였다. 그럼에도 일부 실학자들이 둔전屯田이나 군자전軍資田의 설치를 계속 논하고 있는 것은 민중에게 지나친 부담이 되고 있던 군포제를 부정하기 위한 방법이었다고 생각된다.

또한 일부 실학자는 군인에 대해 군포 부담을 면제시켜 줄 뿐 아니라, 그들에게 급료를 지불해야 됨을 주장했다.[41] 그러나 대부분의 실학자들은 군사유지비의 지출항목 안에 지휘관의 급료의 조항을 포함시키고 있지 않았던 것으로 생각된다. 이는 그들이 병농일치적 방향에서 군제개혁을 논하던 사고방식과 맥이 통하는 것이다. 즉 병농일치적 제도 아래에서는 행정관이 군사 지휘관을 겸하도록 주장되었다. 그런데 지방관은 군사 지휘관이기에 앞서 행정관으로서의 급료를 받고 있었다. 그러므로 군사지휘관에게 지급되어야 할 별도의 비용은 필요 없는 것으로 실학자들은 생각했다.

爲布幾尺也 或爲錢幾文也 量經費之本數 計民丁之實額 以之相値焉可也"
39) 朴齊家,『貞蕤閣文集』卷2, 文, 應旨進北學議疏 "只就京師近處 少則百畝 多可百頃 作爲屯田 以知農者一人領之 如古搜粟都尉 別選農徒數十人 厚其稍廩 一聽其指 時秋旣穫 較其得失 一年二年 見其必效 然後分遣其徒於諸道 以一傳十 以十傳百 不出十年 風俗可易 但設始之初 亦畧費財 數年之內 足償其費而功亦遠及 則費不須論矣"
40) 柳馨遠,『磻溪隨錄』卷21, 兵制, 各道營鎭鎭管 "各營鎭 皆置軍資田 以給軍資"
41) 柳馨遠,『磻溪隨錄』卷21, 兵制, 諸色軍士 "一 凡諸軍士 一切勿收價布 皆給保以助 … 一 步兵 除其保一夫收米 番上時給料"

2) 군역부담층 확대안

실학자들은 병력 충원 방법에 있어서도 개혁을 주장하고 나섰다. 그들은 먼저 병역을 부담하는 군정의 연령에 대하여 논의하고 있었다. 당시에 있어서 15세 이상 60세까지의 남정男丁은 군역부담의 의무가 있고, 황구黃口[5세 이하]나 아약兒弱[14세 이하]은 군적에 충정充定하지 못하는 것을 원칙으로 하고 있었다.[42] 그러나 이러한 법규정은 극도로 무시되어 황구첨정이나 백골징포가 자행되고 있던 것이 당시의 상황이었다.[43] 그러므로 실학자들은 군역 부담층의 연령을 분명히 하고 군역 부담의 기간을 단축하기 위한 방책을 찾게 되었다.

물론 일부 실학자는 군역 부담이 시작되는 연령으로 당시의 기준이었던 15세를 존중하기도 하였다.[44] 그러나 유형원과 같은 인물은 "토지를 가진 자는 반드시 군역을 지고 군역을 지는 자는 반드시 토지를 갖게 되어야 함을 강조하여,[45] 토지지급 대상이 되는 연령층으로 20세부터 60세까지가 고려되었다.[46] 이는 군역 부담이 시작되는 연령을 종전의 15세로부터 20세로 올린 것이었다. 그는 이러한 제안을 통하여 민중의 군역 부담을 실질적으로 경감시킬 수 있는 방안을 제시하고 있었던 것으로 생각된다. 또한 정약용은 정군丁軍의 연령을 16세 이상 55세 미만으로 제시한 바가 있었다.[47] 그의 제안에 의하자면 군역 부담의 기간이 종전보다 6년이나 감소되는 것이었다. 이와 같이 실학자들은 군역 부담자

---

42) 景仁文化社 編, 『朝鮮王朝法典集』3, 大典通編, 兵典 "黃口[限五才以下]·兒弱[限十四才以] 充定守令 從輕重論罪"

43) 주 18 참조.

44) 鄭尙驥, 『農圃問答』, 設兵制.

45) 柳馨遠, 『磻溪隨錄』卷1, 田制, 分田定稅節目 "凡田改結負 定以頃畝－公田之法 均人以田 計田出兵 有田者必有役 有役者必有田－"

46) 柳馨遠, 『磻溪隨錄』卷1, 田制, 分田定稅節目.

47) 丁若鏞, 『與猶堂全書』卷3 補遺, 民堡議 "凡編伍之法 … 十五歲已下 曰弱 五十六歲已上 曰老 … 凡男子年在限內者 謂之丁軍 乃可編伍"

의 연령층을 좁히기 위한 의견을 제시하고 있었던 것이다.

조선시대에 있어서 군역은 주로 양인층의 부담으로 되어 있었다. 그런데 병력 충원 방법의 개선책을 모색하던 실학자들은 이와 같은 신분 병역제身分兵役制의 모순을 지적하고 이를 개선하기 위한 대안을 제시해 주었다. 실학자들은 이에 관한 대안을 마련하기 위한 과정에서 천인賤人과 양반의 군역 부담에 대한 문제를 집중적으로 논했다.

실학자들은 천인의 군역 부담에 대해서는 거의가 찬성했다. 그들은 당시 천인층도 군역을 부담하게 된 현실을 인정했던 것이다.[48] 그런데 유형원과 같은 실학자는 양인군보良人軍保로 기병騎兵·보병步兵·수병水兵을 들고 천인군보賤人軍保로는 속오군束伍軍과 능노군能櫓軍을 설정하였다.[49] 즉 그는 천인의 군역 부담을 주장하기는 하였지만 천인군보를 양인군보良人軍保와 별도로 설정함으로써 신분 병역제에 관한 종전의 견해를 완전히 탈피하지는 못했다.

또한 그는 양인의 경우에는 4경頃의 토지에서 한 명의 정병正兵을 내고 나머지 3인은 보인保人이 되도록 해야 함을 말했다. 반면에 천인은 2경頃의 토지에서 한 명의 속오군을 내어야 한다는 주장이 제기되었다. 그리고 두 명의 속오군에서 한 명의 보인이 나와야 함이 언급되었다.[50] 이러한 견해를 분석해 보면, 천인은 양인보다 실역實役에 복무하게 되는 기회가 두 배나 많아지며 실역에의 복무로 말미암은 괴로움도 그와 같이 증가하게 되는 것이다. 이와 같이 그는 천인군보를 별도로 설정하고 천인은 양인보다 더 자주 실역實役에 복무해야 한다고 생각했다. 이러한 그

---

48) 柳馨遠, 『磻溪隨錄』 卷21, 兵制, 諸色軍士 "本朝舊制 賤人不定軍 及賤人漸多 則今有束伍之法"

49) 柳馨遠, 『磻溪隨錄』 卷21, 兵制, 諸色軍士 "一 束伍軍 以公私賤出 定給保一夫 … 一 能櫓軍 亦以海濱本鎭附近公私賤 出定無保"

50) 柳馨遠, 『磻溪隨錄』 卷1, 田制, 分田定稅節目 "若公私賤外居受田者 爲束伍軍 二頃出一人 … 一若四頃內無良民 則出束伍二名 而各一夫保助一"

의 생각은 노비제가 상존하던 당시의 사회상을 감안한 것이었으리라 생각된다, 그러나 그는 궁극적으로 노비제는 폐지되어야 한다고 여겼다.[51] 따라서 그는 노비도 양인과 동일한 군역 부담을 지는 것을 이상적인 상황으로 파악하고 있었을 것으로 생각된다.

한편 그는 실역의 복무에 있어서 양천良賤을 구분하고는 있으나 보인保人이 부담해야 될 군포의 양을 모두 포 2필疋(米 12斗)로 규정했다. 그리고 그는 '일신양역一身兩役'인 천인층은 신공身貢 대신에 군포의 부담만을 짊어져야 한다고 주장했다.[52] 그리고 그는 천인군보로서 고역苦役에 속하는 능노군能櫓軍의 경우에는 오히려 양인군보보다 부담을 절감시켜 포 1필로 규정하자고 제안했다.

여기에서 우리는 그가 군포의 부담이라는 측면에 있어서는 천인과 양인의 구별을 부인하고 있음을 알 수 있다. 바로 이러한 점들이 그의 병력충원에 관한 대안에서 드러나는 긍정적 요소들이다.

그런데 유형원과는 달리 이익은 천인군보를 별도로 설정하는 데에 반대하고 있었던 것으로 생각된다. 그는 "환난이 생겼을 때 어찌 양인·천인을 가리겠는가. 마땅히 한 결같이 행오行伍에 편입시켜야 한다."고 말함으로써 군역의 부담에 있어서 양천의 구별을 인정하지 아니하였다. 그리고 입번立番하는 노비에 대해서는 노주奴主가 신공身貢을 요구해서는 안 된다고 말하였다.[53] 이는 유형원이 주장했던 '일신양역一身兩役'에 대해 반대하던 정신과 상호 일치되는 주장이다. 한편 정약용은 귀천의 구별이 없이 모두 군에 편입되어야 함을 말하였다.[54] 이와 같이 조선후기

---

51) 柳馨遠, 『磻溪隨錄』 卷1, 田制
52) 柳馨遠, 『磻溪隨錄』 卷21, 兵制, 諸色軍士 "一 凡諸軍民 一身兩役者 悉鐲除之 使各專其職 ─ 今軍民無不一身兩役 旣以正軍納布 又爲束伍 或別隊而獨辦軍裝 戰馬 或爲官役 而長立公門 各項名色 無不皆然 至有三役四役疊應者 宜一切鐲正 令各職其職 凡萬民職役 皆一依此例 ─"
53) 李瀷, 『星湖先生全集』 卷46, 論兵制 "患亂之至 何擇於良人賤人 宜一例編伍 … 凡若此者 雖賤奴是歲使其主不責貢"

대부분의 실학자들은 천인도 군역을 부담하는 데에 찬성하고 있었던 것이다.

그러나 양반의 군역 부담에 대해서는 실학자들에게서 일치된 견해를 찾아낼 수가 없다. 즉 유형원은 사士 이상의 양반층은 군역을 부담하지 않아야 한다고 생각했다.[55] 그리고 이익도 "향사鄕士의 자제를 아울러 군오에 편입시키는 것은 타당하지 않은 듯하다."고 말함으로써 양반의 충군에 반대하였던 것이다.[56] 또한 안정복도 "공신의 자손이나 종실의 후손, 그리고 잔미殘微한 양반들은 군역에 충정充定하지 말아야 한다."고 생각하였다.[57] 그리고 정상기鄭尙驥는 양반을 제외한 중인 이하 양인과 천인만을 행오에 편입시켜야 한다고 주장했다.[58] 이와 같이 상당수의 실학자들은 양반이 군역을 분담하는 문제에 대하여 비판적 생각을 가지고 있었던 것이다. 그들의 이러한 사고는 그들이 가지고 있었던 제약성制約性에서 말미암은 것이지만 그들의 군사사상軍事思想이 국민군적 사상과는 거리가 있으며, 당시까지도 징병제적 발상에서 벗어나지 못하고 있었음을 나타낸다.

반면에 위백규魏伯珪나 정약용과 같은 실학자는 양반의 군역 부담을 강력히 주장하고 나섰다. 즉 위백규는 비록 조관朝官이라 하더라도 4조四祖의 군보軍保를 밝혀야 하고 이렇게 하지 않음을 수치스럽게 여겨야만 관직에 취임해서도 선善을 권하고 충성을 권장할 수 있을 것이라고 말하

---

54) 丁若鏞,『與猶堂全書』卷3 補遺, 民堡議 "我邦有貴族賤族 … 貴賤同伍 則遇有差發 貴者占便賤者占苦 其力不齊 須分貴賤 各者編伍" 그는 천자도 귀자와 함께 편오되어야 함을 말함으로써 천자의 편오를 당연한 것으로 생각하고 있었다.

55) 柳馨遠,『磻溪隨錄』卷1, 田制, 分田定稅節目 "或曰 士以上田 皆不出兵何也 … 夫國之養士 莫非爲民 故勞心勞力 貴賤之職攸分 養士而不如養軍 則豈是道理 惟當敎誨匡勵 期不負所以養之之意而已 … −若廢養士大夫之具 則天下將貿貿爭紊大亂之道也 民無所措手足矣−"

56) 李瀷,『星湖先生全集』卷46, 論兵制 "今若卿士子弟 而並編于行伍 恐不安當"

57) 安鼎福,『臨官政要』, 軍政章 "功臣子孫 宗室後裔 兩班殘微 … 勿爲定役"

58) 鄭尙驥,『農圃問答』, 設兵制

면서 양반의 군적편입軍籍編入을 주장하였다.59) 그리고 정약용은 신포제
身布制를 호포제로 전환하여 양반도 군역을 부담해야 한다고 주장하면
서,60) 호포제의 시행을 건의하였다. 그들은 이와 같이 양반에게도 양인
이나 천인과 마찬가지로 군역 부담의 의무를 부과함으로써 신분병역제
적 사고방식을 완전히 탈피했다고 할 수 있다. 그리고 이러한 그들의 견
해를 통하여 우리는 병역에 대한 새로운 개념이 싹트고 있음을 확인할
수 있는 바이다. 즉 병역이란 단순히 하위의 신분층이 부담해야 할 신역
身役의 일종이 아니라 국가를 구성하는 모든 사람들이 공유해야 되는 의
무임을 그들은 밝혀주었다. 그리하여 군역을 신분적 예속물로부터 해방
시켰고 국방문제에 대한 국민적 연대감의 형성가능성을 제시해 주었던
것이다. 바로 이러한 사실에서 우리는 실학자들이 가지고 있던 국방의식
의 발전적 측면을 확인할 수 있는 바이다.

요컨대, 실학자들은 그들의 국방의식의 일종으로 군사정책의 개혁안
을 모색해 나갔다. 즉 그들은 군대유지비 내지는 군사비의 합리적인 확
보방안을 마련하기 위해서 당시의 수포제를 개혁하여 호포제로 바꿀 것
등을 제안하였다. 그리고 군역을 부담하는 연령층의 폭을 좁히려 하였
다. 또한 일부 실학자들은 신분병역제적 상황에 반대하여 천인의 충군에
관한 주장은 물론이러니와 양반층도 군역을 부담해야 한다고 생각하였
다. 이러한 그들의 주장은 당시 신분질서의 해체현상과 관련된 것이었
다. 그러나 이는 국방문제에 관한 국민적 연대감의 확대에 있어서 중요
한 전기를 마련해 줄 수 있었던 사상으로 평가된다.

---

59) 魏伯珪, 『存齋集』 卷19, 雜著, 政絃新譜 "則雖朝官 四祖若有軍保 亦書以某軍某
使 軍保 不爲可羞 而他日有發身之望 然後 可以勸善而責忠也"
60) 주 38) 참조.

415 제2장 실학자의 국방의식

5. 맺음말

조선후기의 실학자들은 국방을 강화하고 민중의 부담을 경감시키기 위해서는 문란한 군사제도를 바로 잡아야 할 것으로 생각하였다. 즉 그들은 외침에 대한 대비책이 마련되어 있지 아니한 국가정책의 빈곤에 대하여 반성하게 되었다. 또한 그들은 군제의 문란으로 인한 민중의 고통을 사실적으로 서술하며, 이들의 부담을 덜어줄 수 있는 방안을 모색하게 되었다. 그러므로 실학자들이 가지고 있던 국방의식은 애민정신의 소산所産으로 파악할 수 있다.

실학자들은 당시의 군제문란軍制紊亂에 대한 집권층의 안이한 태도나 고식적 수습책에 맞서 군사제도에 관한 전면적 개편을 주장하게 되었다. 즉 그들은 양인만의 군포 부담을 폐지하여 이를 호포제로 바꾸어 신분의 차별이 없이 모두가 군사비를 부담해야 한다고 주장하였다. 그리고 병농일치의 방법으로 군사조직을 개편하여 국방력을 강화시켜야 한다고 생각했다. 그들은 훈련도감訓練都監으로 대표되는 군영제적 군사조직의 개편안을 마련하였고 토지제도 및 향촌질서의 개혁을 전제로 한 새로운 군사조직에 관한 제안을 하였다. 또한 그들은 특수병과의 설치에 관한 의견을 제시했으며, 특수병과를 관장하는 참모직의 필요성을 역설하였다. 특수병과에 대한 논의나 참모직의 필요성에 관한 발상은 군사사상 진일보한 형태의 것이었다. 이와 같이 그들은 군사력을 강화하고 민막民瘼을 제거하기 위하여 당시의 군제를 병농일치의 원칙에 의해 개혁해 보고자 하였던 것이다.

실학자들은 군역을 부담하는 연령층의 폭을 좁히려 하였다. 이러한 그들의 노력은 당시 만연되어 있는 황구첨정이나 백골징포에 대한 반성의 결과로 나온 것이었다. 그리고 그들은 양인만이 군역을 부담하는 것으로 되어 있는 신분병역제적 사고방식을 부정했다. 그들은 속오군의 형태로 천인도 군역을 지고 있는 현상에 대하여 잘 알고 있었다. 뿐만 아니라 천인도 양인과 마찬가지로 동등한 군역 부담량과 평등한 군역 부담의 기회를 보장받아야 할 것으로 생각하였다. 또한 그들 중 진보적 사상을 가지고 있던 인물들은 양반도 군역을 부담해야 하며 양반이라 하더라도 군적이 없으면 이를 수치스럽게 여겨야 할 것이라고 말함으로써 국방문제에 관한 연대감의 확대에 있어서 중요한 전환점을 마련해 주었다.

이와 같이 우리는 애민정신과 애국정신의 소산인 실학자의 국방의식에 관하여 단편적으로나마 관찰을 시도해 보았다. 그리고 우리는 이 관찰을 통하여 실학이 가지고 있었던 근대 지향성의 일단을 검토해 보았으며 또한 조선후기 지성계의 국방문제에 관한 의견의 일부를 점검해 보았다. 실학자의 국방 의식은 국방에 관한 전근대적 사유방식이 전환되는 과정에서 등장했던 특이한 것이었다.

제3장 홍대용의 정치사상 연구

1. 머리말

담헌湛軒 홍대용洪大容(1731~1783)은 18세기에 출현한 일단의 실학자 가운데 북학파의 비조鼻祖로 불리고 있다.[1] 그가 생존했던 18세기는 전근대사회에서 근대사회로 이행되어 나아가던 과도기적 시기로 평가될 수 있을 것이다. 그런데 사회적 성격의 전환이 이루어지고 있던 과도기적 상황에서 우리는 옛 것에 대치되는 새로운 사상의 출현을 예상해 볼 수 있다. 이러한 통례적通例的인 기대를 가지고서 이 글에서는 홍대용의 정치사상을 집중적으로 검토해 보고자 한다. 그리하여 그의 정치사상에서 드러나는 전통적 가치의 잔존여부와 그 변모발전과정을 밝혀서 홍대용이 우리나라 정치사상사에서 차지해야 할 위치를 설정해 보려는 데에 이 글의 목적을 두고 있다.

이와 같은 연구의 목적을 이루기 위해 이 글에서는 먼저 홍대용의 정치사상이 형성되는 데에 기여하였을 출생 환경과 학문적인 배경을 검토해 보려 한다. 그리고 여기에 이어 그의 사상에서 드러나는 시대적 제약성을 염두에 두면서 정치사상의 특질을 파악해 보고자 한다. 그의 정치사상은 먼저 왕정에 대한 인식과 제도개혁에 관한 의견을 통하여 이해될 수 있다. 일종의 왕정체제 강화론과 연관된 것으로 여겨지는 이러한 문

---

1) 千寬宇, 1974, 「湛軒 洪大容」『韓國史의 再發見』, 一潮閣, 215쪽.

제의 검토에 이어, 필자는 그의 민중에 대한 인식을 살펴보아야 할 필요
성을 느끼게 되었다. 그는 민중의 역량을 새롭게 인식하였으며. 또한 그
들의 권리를 옹호하고 있었던 것이다. 그에게서 드러나는 왕정체제를 강
화시키고자 하던 경향과 민중의 역할을 증대시키려 한 행위 사이에는 일
견 상호 모순되는 점이 존재하는 것으로 파악할 수도 있을 것이다. 그러
나 이러한 경향은 근대정치사상이 출현하는 과정에서 발견할 수 있는 과
도기적 현상으로 생각해 볼 수 있다. 또한 그의 외국에 대한 인식의 특
이성을 밝힘으로써 그가 가지고 있던 자주의식의 강도를 가늠해 보고자
한다.

　홍대용과 그의 사상에 대한 연구는 실학들에 의하여 꾸준히 지속되어
왔다.[2] 이 글은 이러한 기존의 연구 업적을 바탕으로 하고 또 이에 자극
받아 이루어진 것이다. 특히 지전설地轉說에 입각한 홍대용의 새로운 천
문관에 관한 연구는 그의 정치사상을 연구하는 데에 있어서 중요한 자극
이 되었음을 밝혀둔다.[3] 그가 전통적인 천동설과 결별하고 지전설로 사
상의 전환을 단행한 것은 그의 정치사상에 있어서도 종전과는 다른 새로
운 요소가 나타날 수 있으리라는 가능성을 제시해 주었기 때문이다. 이
와 같은 기존의 성과가 있음에도 불구하고 홍대용에 관한 연구를 다시금
시도해 보려는 까닭은 그의 정치사상을 좀 더 집중적으로 파악하고 그
의미를 구체적으로 음미해 보고자 했기 때문이다. 홍대용의 정치사상에
관한 이 시론이 그의 사상이 가지고 있는 구조를 밝히고, 조선후기의 정

---

　2) 千寬宇, 1958,「洪大容의 實學思想」『文理大學報』제6권 2호 ; 千寬宇, 1965,「湛
　　軒 洪大容」『韓國의 人間象』4, 新丘文化社 ; 千寬宇, 1974,『韓國史의 再發見』,
　　一潮閣에 재수록 ; 金聖桓, 1975,「湛軒 洪大容의 對清認識」『民族文化』1, 민족
　　문화추진회 ; 朴忠錫, 1978,「朝鮮後期에 있어서 政治思想의 展開(4)」『현상과 인
　　식』제2권 제4호.
　3) 千寬宇, 1965,「洪大容 地轉說의 再檢討」『曉城 趙明基博士 華甲紀念佛教史學論
　　叢』, 曉城趙明基博士華甲記念刊行委員會 ; 金相運, 1975,「湛軒 洪大容」『실학
　　논총』, 全南大學校出版部.

치사상사를 이해하는 데에 있어서도 조그마한 기여라도 될 수 있기를 기대해 본다.

2. 사상형성의 배경

1) 출생환경

홍대용은 1731년(영조 7년) 서울 남산 밑 암이문동暗里門洞에서 태어났다.[4] 그는 태인현감泰仁縣監·영천군수永川郡守 등으로 외보外補되었던 말년의 7년간을 제외한 그 생애의 거의 전 기간을 서울에서 보냈으며, 1783년 풍으로 세상을 떠났다. 그가 태어나 생애의 대부분을 보냈던 당시의 서울은 점차 근대적 도시의 면모를 갖추어 나가고 있었다. 그러므로 홍대용은 도시적 환경에서 생장하고 활동했던 것으로 볼 수 있다.[5] 그의 본관은 남양南陽이었으며 그는 탕평책이 시행된 이후에도 계속 정권을 장악하고 있던 당당한 노론가문의 출신으로 그의 조부는 대사간을 역임했으며 목사牧使를 지냈다. 그는 노론의 중심적 위치에 있던 미호渼湖 김원행金元行 밑에서 전통적인 교육을 받았다. 그는 1765년 서장관書狀官으로 연행燕行한 그의 계부季父를 따라 북경에 잠시 체류하였다. 그의 연행 이전, 그는 수차에 걸쳐 과거에 응시하였으나 모두 실패하였고, 북경에서 돌아온 이후 3년간에 걸친 오랜 투병생활을 하였다. 그는 이 이후 관직에 나아갈 것을 단념하고 "실학實學에 전념할 계획으로"[6] 학문에만 정진하고 있었다. 그러다가 그는 1775년(영조 51년)에 음관蔭官으로 관직에 나아가 세손익위사世孫翊衛司의 시직侍直 등을 지내면서 약 2년간 세손인 정조

4) 洪大容, 『湛軒書』 內集 卷2, 日記, 桂坊日記, 英祖 乙未年 8月 26日 "令曰 家在何處 臣曰 家在南山下暗里門洞矣"
5) 李佑成, 1973, 「實學硏究序說」 『實學硏究入門』, 一潮閣, 12~13쪽.
6) 洪大容, 『湛軒書』 內集 卷2, 日記, 桂坊日記 "桂坊之廢科 想是尊實向裡之計也"

를 보필한 후에 1776년 지방관으로 외보外補되었던 것이다.[7]

　이와 같은 홍대용의 생애는 그의 사상을 이해하는 데에 있어 중요한 요소로 참고 되어야 하리라 생각된다. 그의 생에서 드러나는 이상의 여러 요소 중에서도 그의 사상형성에 특히 중요한 변수로 작용한 것은 그가 18세기에 태어났다는 사실과 서울에 거주하였다는 사실, 그리고 정치적으로는 노론에 속하고 있었다는 사실일 것이다. 즉 그가 살았던 18세기라는 시대는 박학다식을 숭상하며 민중의 이익을 대변하던 실학적 기풍이 감돌던 때였으므로 홍대용에게도 이러한 시대적 분위기를 접할 수 있는 긍정적인 기회를 제공해 주었다. 반면에 18세기가 갖는 과도기적 성격은 그에게 사상의 선명도를 떨어뜨리는 제약적 요소로도 작용했을 것으로 생각된다. 그리고 그가 서울에서 생장하여 농촌적 분위기에 접근할 수 있는 기회가 비교적 적었다는 지연적地緣的 특색은 그에게 도시민의 사고방식을 대변할 수 있는 기회를 제공해 줄 수도 있었다. 반면에 이는 당시 농촌문제의 심각성에 대한 그의 관심을 불러일으키지 못하게 한 제약적인 요소로도 작용하고 있었으리라 생각된다. 또한 그가 집권층인 노론가문에 속해 있었다는 사실은 그에게 전통적인 교육을 받을 수 있는 좋은 여건을 제공해 주었으며, 그의 견문을 넓힐 수 있는 연행의 기회를 부여해 주었다. 반면에 이는 그가 당파적 이해를 초월하고, 전통성으로부터 과감한 탈피를 시도하는 데에 있어서는 제약적인 요소로 역기능을 발휘하고 있었으리라 생각된다. 그가 생득적生得的으로 가지고 있던 이와 같은 세 가지의 변수는 그의 사회화과정(socialization)에 있어서 상당한 영향을 미쳤다. 그리고 이 요소들이 발휘하고 있던 정正기능과 역逆기능의 상호작용 과정에서 홍대용의 독특한 사실이 형성되기에 이

---

7) 이 글의 목적은 그의 생애를 검토하려는 데에 있지 아니하므로 매우 간략하게만 언급하고 지나간다. 그의 생애에 관한 자세한 내용은 상기한 논문들에서 발견할 수 있을 것이다.

르렀다. 그리하여 그의 사상에서는 돌연변이적인 혁명성의 요소와 함께 갖가지의 제약성도 아울러 출현하게 된 것으로 생각하는 바이다.

2) 학문적 배경

당시의 집권층인 노론가문에서 출생한 홍대용은 미호 김원행으로부터 교육을 받았다.[8] 그런데 김원행의 학문적 경향으로 미루어볼 때, 홍대용은 그의 스승에게서 주자학적 학문전통을 전수받았고, 주자학은 그의 사상이 형성되는 과정에서 적잖게 작용하였을 것으로 생각된다. 이러한 인연으로 인하여 그는 자신이 "주자학을 종지宗旨로 삼고 있음"을 밝히게 되었던 것이다.[9] 그리고 1774년(甲午) 12월에 익위사 시직翊衛司 侍直으로 있으면서 동궁과 토론을 할 때에, 그는 주자의 학설에 다음과 같이 상당히 큰 권위를 부여해 주기도 했다.

> 동궁이 묻기를 "문정공文定公이 『이선생문집二先生文集』을 개정했는데 이를 어떻게 생각하오"라고 하였다. 이에 홍대용은 "신은 문건이 넓지 못하여 문정공이 개정했다는 책자를 보지는 못하였으나, 이미 주자의 정론定論이 있었으니, 그 잘잘못은 더 이야기할 것이 없습니다"라고 하였다.[10]

즉 홍대용은 문정공 호안국胡安國이 정호程顥와 정이程頤의 문집을 개정한 것에 대한 주자의 비판을 존중하면서 호안국胡安國을 비난하는 입장에 서 있었다. 그리고 여기에서 볼 수 있는 바와 같이 홍대용은 학문적 최종판단의 근거로 주자의 학설을 이용하기도 하였으며, 이러한 그의 사상적 경향은 그의 문집에서 산견되고 있는 바이다.

---

8) 洪大容, 『湛軒書』湛軒書序, "先生英正間人－英祖癸亥生正祖癸卯卒－與黃頤齋胤錫 俱師事渼湖金文敬"
9) 洪大容, 『湛軒書』 外集 卷3, 杭傳尺牘 "起潛謂余曰 聞兄宗朱 我則陸學奈何"
10) 洪大容, 『湛軒書』內集 卷2, 日記, 桂坊日記 "令曰 文定所以改二先生集者何如 臣曰 臣見聞不廣 文定改本 未曾見之 而旣有朱子之論 則其得失 不待言矣"

　홍대용이 주자학적 학문전통을 어느 정도 가지고 있었다는 사실은 송시열宋時烈에 대한 그의 견해를 통해서도 드러나고 있다. 홍대용은 한때 송시열에 대해서 비판적인 태도를 취하고 있었다. 그러나 그의 스승인 김원행을 통하여 송시열의 학문과 인물됨을 알게 되었고, 마침내는 송시열의 학문과 업적을 추모하게 되었다.[11] 그 결과 그는 송시열의 문집인『우암집尤菴集』의 수정 문제에 깊은 관심을 가지게 되었으며,[12] 송시열을 독향獨享한 화양서원華陽書院의 재임齋任을 역임하기도 하였다.[13] 송시열의 학문 경향은 이이李珥 계열의 주기론에 속하는 것으로 이해되고 있다.[14] 그런데 홍대용도 우리나라 유학사상 주기론의 완성자로 불리는 율곡 이이를 사숙私淑하고 있었다. 그는 이이를 '동방東方의 대유大儒'로 높이고 있었으며, 이이가 "학문과 진리를 논한 것이 모두 볼 만한 데가 많이 있다"고 판단하였다. 또한 홍대용은 이이가 지은『성학집요聖學輯要』가 "임금의 귀감이 될 뿐만 아니라 선비의 학문도 여기에서 벗어나지 않는다."고 말하며,[15] 이이의 학설을 요약하여 설명해 주고 있었다.[16] 이러한 점으로

---

11) 洪大容,『湛軒書』外集 附錄, 從兄湛軒先生遺事 "皆據朱子所論以爲說 而朱子說有初晚之別 語類所錄 人各不同 此所以爲爭端 其間不無得失 而看作大事 一向務勝 不已則太過 退・栗・尤翁諸賢性理之說 曾無若是爭辨 而不害爲退・栗・尤翁 後之學者所當戒也"

12) 洪大容,『湛軒書』內集 卷2, 日記, 桂坊日記 "令曰 尤菴集終不可修正乎 臣曰 士林之議 以見行本間 有冗雜而見遺者 亦多 每有修正之論 而事係重大 無人主張 尙今無成矣."

13) 洪大容,『湛軒書』內集 卷2, 日記, 桂坊日記 "令曰 … 又曰 華陽洞誰見之乎 春坊皆對以未見 臣對曰 臣累見之 令曰 桂坊何以頻頻往來於華陽乎 臣曰 臣之鄕庄在淸州地 且華陽書院有所謂齋任者 臣嘗忝居 故果累次往來矣"

14) 裵宗鎬, 1974,『韓國儒學史』, 延世大學校出版部, 183쪽.

15) 洪大容,『湛軒書』外集 卷1, 與鐵橋書 "東谷先生李珥 東方大儒也 論學論理 俱多可觀 … 其中聖學輯要一書 編集旣簡嚴不苟 附說又切實懇到 不惟爲人君之龜鑑 韋布之學 亦不外是"

16) 洪大容,『湛軒書』外集 卷2, 杭傳尺牘, 乾淨衕筆談 "有李栗谷珥 稟質淸通 見解超邁 其論性理諸說 高明的確 洞見大原 如發之者氣也 所以發者理也 非氣則不能發 非理則無所發 數句語 其要旨也"

미루어 볼 때, 우리는 홍대용의 사상 형성에 영향을 미친 주자학적 학문 전통도 주기론 계통의 것이었음을 확인할 수 있는 바이다.

그런데 홍대용이 주자학의 영향권 안에 놓여 있었고 이를 존중하였다 하더라도 타학문에 대해서 배타적인 태도를 가지고 있지는 아니하였다. 즉 그가 주자학을 종지로 삼고 있음을 선언한 바도 있었지만, 그는 주자학과 같은 특정 학문에만 얽매이지 않았다. 그는 학문의 길에 들어선 10여 세 때부터 '고학古學'에 뜻을 두고 있었으며 "군국경제지업軍國經濟之業"에도 마음을 둔 바 있었다.[17] 여기에서 그가 고학을 숭상했다는 것은 개신유학인 주자학보다는 선진시대先秦時代의 원시유학原始儒學에 관심을 가지고 있었음을 뜻한다. 이러한 점에서 홍대용이 가지고 있던 '정통학문인 주자학'에 대한 여유 있는 태도를 짐작할 수 있게 된다. 그가 일찍부터 고학古學에 관심을 가지고 있었다는 그 자체는 송학에만 안주해 있기를 거부했기 때문에 가능했을 것으로 생각된다.

그는 18세기 당시 조선의 유학계가 처해 있던 현실을 비판하였다. 즉 그는 "도술道術이 없어진 지는 오래되었다. 공자가 죽으니 제자諸子가 도술을 어지럽혔고, 주자학이 말기에 이르니 제유가 이를 혼란시켰다"[18]고 말하면서 조선의 유학계에 참다운 도술의 부재不在를 통탄하였다. 그리고 도술의 부재를 극복하고자 하던 그의 사상적 여정旅程은 드디어 이단사설異端邪說로 공격받고 있던 양명학이나 불교의 존재가치를 인정해주는 데에까지 이르렀다.

　　유자儒者의 진성盡性과 노씨老氏의 재혼載魂과 불씨佛氏의 견심見心이 안을 향하여 마음 쓴 것은 또한 다르지 아니하다.[19]

---

17) 洪大容, 『湛軒書』 外集 卷1, 與汶軒書 "容自十數歲 有志於古學 誓不爲章句迂儒 而兼慕軍國經濟之業"
18) 洪大容, 『湛軒書』 內集 卷4, 補遺, 毉山問答 "道術之亡 久矣 孔子之喪 諸子亂之 失門之末 諸儒汩之"

노씨의 조박糟粕이 문경지치文景之治를 이루었고 선가禪家의 상승이 왕륙王陸
의 고원高遠함을 해롭게 하지 않았으니 … 이단異端의 학문이 행해진다 해서 세
상에 손해될 것이 무엇인가.[20]

이상의 자료에서 볼 수 있는 바와 같이 홍대용은 유불선의 근본적인
진리를 궁구窮究해 보면 다르지 아니한 것임을 말하고 있다. 17세기적
상황에서는 엄격히 배척되던 '이단사설異端邪說'에 대해서,[21] 홍대용은
이와 같이 등질적等質的인 가치를 부여해 주었던 것이다. 그리고 그는 이
러한 그의 주장이 역사적으로 볼 때에도 실증될 수 있는 것이라고 생각
한 듯하다. 그러기에 그는 도교가 성행하던 한대에 있어서도 문제文帝나
경제景帝 시대와 같은 태평성대가 있었으며, 선가禪家의 고매高邁한 이론
이 왕양명이나 육상산陸象山과 같은 유학자들을 해롭게 한 바가 없었다
고 생각하였다. 그리고 마침내 그는 이단의 학문이 행해진다 해도 세상
이 어지럽게 되지는 아니할 것이라고 생각한 듯하다.

홍대용은 이와 같이 여러 학문에 대하여 등질적인 가치를 인정해 주
었을 뿐 아니라 자신도 불교나 양명학 등에 상당한 관심을 가지고 있었
다. 그는 『능엄경楞嚴經』이나 『원각경圓覺經』 등 여러 불서佛書를 젊었을
때에 대략 읽었었고,[22] 뒷날 그는 "『능엄경』에서 심心을 논한 것은 진실
로 좋은 점이 꽤 많이 있다"고 말하기도 하였다.[23] 그리고 또한 불교의

---

19) 洪大容, 『湛軒書』外集 卷1, 杭傳尺牘, 與鐵橋書 "儒者之盡性 老氏之載魂 佛氏之
見心 其用心於內者 亦不懸殊"

20) 洪大容, 『湛軒書』外集 卷1, 杭傳尺牘, 與孫蓉洲書 "老氏糟粕 足爲文景之治 禪家
上乘 不害王陸之高 … 異學之行 固何損於世乎"

21) 韓㳓劤, 1961, 「白湖 尹鑴 研究」『歷史學報』15·16·19, 歷史學會 ; 尹絲淳,
1972, 「朴世堂의 實學思想에 관한 研究」『아세아연구』46, 고려대학교 아세아문
제연구소.

22) 洪大容, 『湛軒書』內集 卷2, 日記, 桂坊日記 "令日 桂坊亦見之乎 臣曰 楞嚴圓覺
諸經 亦少時略覽"

23) 洪大容, 『湛軒書』外集 卷2, 杭傳尺牘, 乾淨衕筆談 "余曰 楞嚴經 論心 儘有好處"

윤회설輪回說에 기울인 듯한 말도 하였으니, 즉 "불씨佛氏의 윤회설이 혹시 망령된 것이 아니라면 한번 죽어 중국 땅에 태어나서 인간에 노닐어 못다 한 나머지 인연을 마치겠다."[24]고 이야기한 바가 있었다. 그러나 홍대용 자신은 복전福田의 이익에만 추구하는 불교를 비판하기도 하였고,[25] 인과응보설因果應報說에 대하여 회의를 표시한 바도 있었다.[26] 그렇다 하더라도 불교에 대한 그의 태도는 "유역儒繹을 가릴 것 없이 모두 현군자賢君子가 되는 데에는 해로울 것이 없다"[27]라는 말을 통하여 결론적으로 표현되고 있는 바이다. 불교에 대한 그의 이러한 관용적인 태도는 종전의 주자학자들이 취하고 있던 척불론적斥佛論的인 태도[28]와는 현격한 차이가 나는 것으로 판단된다.

또한 그는 양명학에 대해서도 깊은 관심을 가지고 있었다. 그가 42세가 되던 1766년 연행燕行을 하였을 때 서로 사귄 육비陸飛·엄성嚴誠과 같은 인물들은 양명학도陽明學徒였다. 홍대용이 이들과 양명학에 대하여 토론하는 과정을 검토해 볼 때,[29] 그는 입연入燕 이전부터 양명학에 관한 서적을 읽었음이 밝혀진다. 그는 주자학과 양명학을 비교하여 양명학의 단처短處를 지적하기도 하였으나, 그가 양명학에 대하여 상당한 이해를 가지고 있었음은 부정될 수 없을 것으로 생각된다.[30] 또한 그는 도교나 서학에 대해서도 일정한 관심을 가지고 있었다. 그는 도교에 대하여 좋은 평가를 하지는 않고 있었다.[31] 한편 그는 당시 중국에 유행하던 서학

---

24) 洪大容, 『湛軒書』外集 卷1, 杭傳尺牘, 與孫蓉洲書 "佛氏輪廻 或其非妄 早晚歸寂 投生中土 邀遊人間"
25) 洪大容, 『湛軒書』外集 卷1, 杭傳尺牘, 與鐵橋書.
26) 洪大容, 『湛軒書』外集 卷2, 杭傳尺牘.
27) 洪大容, 『湛軒書』外集 卷1, 杭傳尺牘, 與嚴九峰書 "則勿論儒釋 俱不害爲賢豪君子"
28) 鄭道傳, 『三峰集』卷9, 佛氏雜辨.
29) 洪大容, 『湛軒書』外集 卷1, 杭傳尺牘, 與篠飮書.
30) 尹南漢, 1972, 「李朝 陽明學의 傳來와 收容의 問題」『中央史論』1, 中央大學校 史學研究會, 28쪽.

에 대해서도 그 과학과 종교를 구별하여 산술과 의상儀象 등 과학기술에
대해서는 높이 평가한 반면, 그 종교 자체는 불교의 하승下乘에서 나온
것으로 부정적인 평가를 내리고 있다.

요컨대, 홍대용이 처해 있었던 지적 환경은 주자학의 영향권 안에 드
는 것이었으며, 그의 사상이 형성되는 데에 특히 영향을 미친 것은 이이
계통의 주기론이었던 것으로 생각된다. 그러나 그의 전시대前時代의 주
자학도들이 대부분 가지고 있었던 학문적인 편협성으로부터 탈피해서,
이적금수夷狄禽獸의 학문이요, 사문난적斯文亂賊으로 매도罵倒되던 불교나
양명학, 혹은 도교나 서학에 대해서까지도 어느 정도의 관심을 가지고
있었던 것으로 생각된다. 그리고 그는 이들 '이단異端'에 대해서도 등질
적인 가치를 인정해 주는 데에까지 이르게 된 듯하다. 제諸 학문에 대한
이와 같은 그의 개방적인 태도에서 그 자신의 진보적인 측면이 드러나고
있는 바이거니와, 여기에서 그가 전단계의 주자학들과는 달리 독특한 정
치사상을 가지게 되었을 가능성이 제시된다.

3) 왕정에 대한 인식

홍대용은 전근대적인 왕조체제 아래에서 살았던 인물이다. 더욱이 그
가 생존했던 때는 당쟁으로 인한 왕권 약화 현상을 경험하고 난 이후의
시기였다. 즉 17세기 숙종조에는 당쟁의 성행으로 말미암아 왕권은 정치
일선에서 소외되었고 양반 귀족에 의하여 정권이 농단되고 있었다. 그러
나 영조가 즉위한 18세기 전반기에 이르러서는 탕평책蕩平策의 시행을 통
하여 드러나는 바와 같이 왕권 강화의 새로운 전기가 마련되기에 이르렀
다. 이러한 정치적 분위기에 놓여 있었던 홍대용이 당시의 왕조체제와 왕
권 그 자체에 대하여 어떠한 생각을 가지고 있었는지를 검토하는 것은 그

---

31) 洪大容, 『湛軒書』 內集 卷2, 日記, 桂坊日記 "臣日 道教雖稱三教 … 其學不足說
 … 皆無識無學 不足道也"

의 정치사상을 이해하는 데에 있어서 중요한 요체要諦가 될 것이다. 그리고 또한 그가 왕조체제를 유지하기 위한 이데올로기인 '충忠'이라고 하는 관념에 대하여 어떠한 견해를 가지고 있었는지를 파악해 봄으로써, 우리는 왕권에 대한 그의 이해정도를 좀 더 정확히 가늠할 수 있을 것이다.

홍대용은 왕조체제의 정당성이나 왕의 존재에 대하여 아무런 의심도 가지고 있지는 않았다. 그는 "나라에 임금이 없이는 선비와 백성을 안정시킬 수 없다"[32]고 말함으로써 왕조체제의 필요성을 인정하고 있었다. 그리고 왕위의 승계는 장자 상속의 원칙에 의하여 유지되어야 한다고 생각했다.[33] 즉 그는 『논어집주』에 나오는 태백泰伯에 관한 주자의 해설에[34] 의문을 표시하며 주문왕周文王이 장자인 태백을 버리고 3자三子인 계력季歷에게 전위傳位한 것은 부당하다고 말함으로써 장자상속의 원칙을 고수하고 있었다. 왕위가 장자에게 계승되어야 한다는 이와 같은 그의 사고방식은 현자賢者가 왕이 되어야 한다는 생각이나 왕의 선출을 주장하기까지 한 다른 실학자의 견해와는 상당히 거리가 먼 것이다.[35] 그의 이와 같은 말을 통하여 생각해 볼 때 그는 아직 혈통을 존중하는 왕조 중심의 전근대적 사고영역에서 탈피하지 못하였고, 능력을 본위로 한 근대적인 정치사상에는 접근하지 못했다는 제약성을 드러내고 있는 바이다.

그러나 홍대용의 견해에 관해 좀 더 정확한 의미를 파악하기 위해서는 그가 생존하던 때의 시대적 배경을 검토해야 된다고 생각한다. 즉 홍대용은 영조의 치세 아래에 살고 있었고, 영조는 당쟁으로 인해 약화된

---

32) 洪大容, 『湛軒書』 外集 卷1, 杭傳尺牘, 與秋庫書 "國無君 不可以鎭士民"
33) 洪大容, 『湛軒書』 內集 卷1, 四書問辨, 論語問疑 "且立嫡 萬世之經也 立賢 一時之權也"
34) 朱熹 編, 『論語集註』 圈8, 泰伯一.
35) 趙珖, 1976, 「丁若鏞의 民權意識研究」 『아세아연구』 56, 고려대학교 아세아문제연구소, 97쪽 참조.

왕권의 강화를 강력히 추진하던 인물이었다. 이러한 때에 그가 왕위의 장자 계승 원칙을 주장하고 있는 것은 그 자신이 왕권의 강화를 위해서는 왕통의 확립을 무엇보다도 중요한 것으로 생각했던 결과라고도 해석해 줄 수 있을 것이다. 또한 그는 후술하는 바와 같이 단순히 '군림하는' 국왕의 존재를 바랐던 것이 아니라 실제로 '통치하는' 국왕이 되어야 한다고 생각하였다. 그리고 '통치하는' 국왕이란 왕권의 강화가 이룩되어야만 존재할 수 있는 것임을 생각할 때에, 그의 장자 계승론도 이러한 왕권 강화론의 맥락 속에서 해석해 줄 필요가 있을 듯하다.

홍대용은 국왕이란 단순히 상징적인 존재가 아니라 실질적인 통치권을 가져야 한다고 생각하였다. 즉 그는 국왕이 국가의 피라미드적 통치구조에 있어서 최고의 위치를 점하고 있는 존재로 파악하였다. 우리는 이와 같은 그의 견해를 다음의 자료를 통하여 파악할 수 있을 것이다.

> 무릇 내외관內外官은 모두 요속僚屬을 스스로 택하게 한다. 국왕은 삼공三公을, 공公은 경卿을, 경은 낭郎을, 낭은 이吏를, 이는 예隷를 택한다.[36]

> 면임面任은 사장司長의 통솔을 받고, 사장은 현감의 통솔을 받고 현감은 군수郡守의 통솔을 받고 군수는 도백道伯의 통솔을 받고 도백은 국왕의 통솔을 받는다. 국왕이 아니면 출척黜陟할 수 없다.[37]

홍대용이 중앙과 지방의 행정제도를 논하는 과정에서 제시되고 있는 이 자료를 보면, 국왕은 통치구조상 최고의 지위에 놓여 있으며 최고의 권력을 행사하는 강력한 존재임을 알 수 있다. 즉 국왕은 삼공의 임명권을 장악하고 있을 뿐만 아니라 도백을 직접 통솔하며 관리의 출척을 맡고 있는 존재로 묘사되고 있다. 또한 홍대용은 도백道伯(관찰사)이 대장군

---

36) 洪大容, 『湛軒書』 內集 卷4, 補遺, 林下經綸 "凡內外官 皆自擇其僚屬 君擇三公 公擇卿 卿擇郎 郎擇吏 吏擇隷"
37) 洪大容, 『湛軒書』 內集 卷4, 補遺, 林下經綸 "任統於長 長統於監 監統於守 守統 於伯 伯統於君 非君不能黜陟"

大將軍의 직을 겸하고 10여만의 대군大軍을 지휘해야 하는 존재로 설정한 바가 있었다.38) 그런데 도백의 통솔권은 앞서 든 자료에 나타난 바와 같이 국왕이 장악하고 있는 것으로 되어 있으므로 결국 국왕은 문무양권文武兩權을 장악하는 존재로까지 부각될 수 있는 것이다. 이와 같이 국왕은 문무양권을 장악하는 존재에만 그치지 않고 하급자下級者의 혼약昏弱함이나 전횡專橫을 강력히 규찰糾察하는 존재여야 함을 홍대용은 진무제晉武帝의 고사를 들어 간접적으로 지적하고 있다.39) 이러한 그의 소론을 종합하여 보면 그는 왕권을 강력히 행사하며 실질적으로 '통치하는' 국왕의 존재를 이상적인 것으로 상정했음을 알 수 있는 바이다.

그런데 이와 같은 홍대용의 견해에는 제약성과 함께 부정적인 요소도 어느 정도 병존하고 있는 것으로 평가해 줄 수 있으리라 생각된다. 즉 상의하달적인 통치 구조를 전제로 한 그의 주장을 하의상달적인 통치 구조를 주장하며 민중에 의한 국왕의 추대를 말했던 정약용의 견해와 비교해 보면,40) 그것은 상당히 보수적이며 진부한 견해였다는 비판을 받아야 할 것이다. 홍대용(1731~1783)은 정약용(1762~1836)보다 불과 한 세대 정도 앞선 인물이었다. 그러나 통치구조와 국왕의 존재에 관한 이 둘 사이의 의견에서는 매우 현격한 차이가 나고 있는 것이며, 홍대용의 견해는 그의 사상적 제약성으로 지적될 수 있을 것이다. 반면에 왕권 강화론에 준하는 것으로 파악되는 그의 견해를 숙종 연간의 역사현실이나 송시열의 견해 등과 비교해 보면 어느 정도의 긍정성도 발견될 수 있을 것으로 생각된다. 즉 17세기 후반기 당쟁기에 있어서 국왕의 통치권은 극도

---

38) 洪大容, 『湛軒書』 內集 卷4, 補遺, 林下經綸 "大將軍統九將軍 … 大將共十萬人 … 道伯爲大將軍"

39) 洪大容, 『湛軒書』 內集 卷2, 論, 史論 "晋武知惠帝之昏而不能易 昧賈后之惡而不能廢 有楊駿之橫而不能退 可謂自貽伊亂矣"

40) 丁若鏞, 『與猶堂全書』 第1集 卷11, 論, 湯論 "天子者 衆推之而成者也 夫衆推而成 亦衆不推之而不成."

로 약화되어, 국왕은 단순히 '군림하는' 존재였지 '통치하는' 단계에까지
이를 수가 없었던 것이다. 그런데 홍대용은 이러한 17세기적 상황에 반
대하며 실질적으로 '통치하는' 권리를 가진 국왕의 존재를 설정했던 것
으로 생각할 수도 있을 것이다. 그러므로 그는 왕권의 영역을 재삼 확인
하며, 국왕은 최고위자일 뿐 아니라 최고권자여야 함을 역설했던 것이
다. 이러한 측면에서 그의 견해를 검토해 보면 거기에는 17세기적 상황
을 극복하고자 했던 그의 의지가 깃들인 것임을 알 수 있다. 바로 이 점
에서 우리는 그의 왕권에 대한 견해에 어느 정도의 긍정성을 인정해 줄
수 있으리라 생각한다.

　홍대용은 '군림'할 뿐만 아니라 '통치하는' 국왕의 존재를 상정하면
서, 국왕이 준수하여야 할 덕목과 치국의 방략에 대하여 말했다.

> 　　물고기를 놀라게 하지 않음은 백성을 위한 용龍의 혜택이며, 참새를 겁나
> 게 하지 않음은 세상을 위한 봉황의 다스림이다. 41)

> 　　후하厚下의 뜻은 크도다. … 이로써 치국治國하면 먼저 그 근본을 든든하게
> 한다. … 근본이 든든하지 않으면, 나라가 망하지 않은 적이 거의 없었다.42)

　홍대용은 용이 물고기를 놀라게 하지 않으며 봉황이 참새를 겁나게
하지 않으면서도 각기 그 왕좌를 향유하고 있음을 말하고 있다. 그는 이
비유를 통하여 소극적인 측면에서 국왕이 가져야 할 최소한의 책임을 설
명하였다. 즉 그는 국왕이 백성의 지배자이기는 하되 백성을 위협하거나
그들의 공포를 조장하는 존재여서는 안 됨을 말하였다. 그리고 더 나아

---

41) 洪大容, 『湛軒書』內集 卷4, 補遺, 毉山問答 "實翁曰 甚矣 爾之惑也 魚鮪不淰 龍
　　之澤民也 鳥雀不獝 鳳之御世也"
42) 洪大容, 『湛軒書』內集 卷1, 三經問辨, 周易辨疑 "厚下之義 大矣哉 以之修身 則
　　先立其基 以之治國 則先固其本 基不立而身之修者鮮矣 本不固而國不亡者 未之有
　　也" 이와 같은 그의 견해는 허균의 "夫天之立司牧 爲養民也 非欲使一人恣睢於上
　　以逞溪壑之欲矣."『惺所覆瓿稿』卷11 文部 8, 論, 豪民論이란 견해와 대비된다.

가서 그는 국왕이 통치권을 행사할 때 "아랫사람을 후하게 대한다[厚下]"라는 원칙을 존중해야 한다고 생각하였다. 그는 적극적인 측면에서 국왕이 취해야 할 궁극적인 자세로 '후하厚下'라는 원칙을 제시했던 것이다. 아랫사람을 후하게 대하는 국왕의 행동은 나라의 근본을 튼튼히 하고 국가를 유지해 나가는 데에 있어서 필수불가결한 것임을 그는 주장했다. 그리고 이러한 그의 주장은 국왕에게 계몽군주(dospote éclaire)와 유사한 역할을 부여해 보고자 하던 기대의 일단이 표출된 것으로 생각된다.

홍대용은 '후하'의 원칙을 제시하며 국왕이 통치권을 행사하는 데 있어서 취해야 할 방향을 설정하였다. 그리고 그는 국왕이 후하게 통치하여야 할 대상이 되는 모든 하민들에게 충성을 강조하고 있다. 이 충성이란 개념은 왕조체제를 유지시키는 이데올로기로서의 역할을 담당하고 있던 것인바, 왕조체제를 옹호하던 그가 이러한 개념을 강조하고 있는 것은 자연스러운 일이었다. 그는 사람으로 국왕을 섬기는 것은 대신의 임무임을 말하며 지성至誠으로 섬겨야 함을 강조하였다.[43] 그러면서 그는 임금에게는 국가를 위한 절대적인 의리를 언급했다. 홍대용은 "임금이 사직을 위해 죽는 것은 천하의 대의大義"로 파악하고 있었다.[44] 또한 홍대용은 국가의 위난危難에 처했을 때 왕을 호종扈從한 사람이나 사절死節한 신하들을 높이 평가했다.[45] 이러한 그의 견해에 입각하여 그가 강조하던 충성의 대상을 살펴보면, 그것은 추상적 존재인 국가에 대한 것이 아니라, 구체적 존재인 국왕 개인에 대한 것이었음을 미루어 짐작할 수 있다. 즉 그가 주장하던 충성의 내용은 근대적 애국심과는 구별되는

---

43) 洪大容, 『湛軒書』 內集 卷1, 三經問辨, 周易辨疑 "以人事君 大臣之任 苟非至誠 賢者遠矣"
44) 洪大容, 『湛憲書』 內集 卷2, 論, 史論 "國君死社稷 非天地之大義乎"
45) 이러한 평가는 蘇峻의 난 때에 유초나 종아에 관한 언급『湛憲書』 內集 卷2, 論, 史論이나, 남송 말 사절신에 대한 언급『湛軒書』 內集 卷2, 日記, 桂坊日記 등을 통하여 확인할 수 있는 바이다.

것으로 생각되며, 아직까지 전근대적 관념을 철저히 벗어나지는 못한 것임을 알 수 있다.

국왕에 대한 충성을 강조했던 당연한 결과로 그는 반역이나 혁명에 대하여 부정적인 태도를 분명히 드러내고 있었다. 그는 반정으로 말미암아 폐위된 왕에 대해 신의를 지키고 환도宦途에 나아가지 않은 것을 높이 평가하였다.[46] 그리고 그는 반역한 인물과는 함께 일할 수 없음을 명백히 하였다.[47] 이러한 관념의 연장으로 그는 왕조교체를 의미하는 혁명에 대해서도 부정적인 견해를 나타내었다.[48] 이와 같이 그가 반역이나 혁명을 부정적으로 보고 있었던 까닭은 역사의 주체인 민중에 대한 애착보다는 국왕에 대한 절대적 충성을 더 높이 평가했기 때문이라 생각된다. 즉 민중의 이익을 보장하기 위해서는 국왕에 대한 반역이나 혁명이 가능하다는 점을 그는 미처 파악하지 못하였고, 오직 국왕에 대한 의리인 충성만을 강조한 결과로 이와 같은 견해를 가지게 되었다.

홍대용은 국왕에 대한 충성을 극도로 강조하면서 충과 효를 동질적인 것으로 생각하였다. 그는 불충한 난신亂臣과 불효한 적자賊子를 동일한 범주 안에서 파악하고 있었다.[49] 그리고 불효한 사람은 나라를 다스릴 수도 없는 것으로 간주하였다.[50] 이와 같이 그는 충효일맥忠孝一脈이라는 전근대적 관념을 따르면서 효뿐만 아니라 충까지도 개인적인 윤리 관

---

46) 洪大容, 『湛憲書』 內集 卷2, 論, 史論 "曹芳之廢太宰 范粲稱疾不言 寢所乘車 足不履地 凡三十六年 終於其中 誠篤堅確 可謂千百年一人"

47) 洪大容, 『湛軒書』 內集 卷1, 四書問辨, 論語問疑 "夫公山佛肸 據邑叛主 其不足與有爲 固已明矣."

48) 洪大容, 『湛軒書』 內集 卷1, 四書問辨, 論語問疑 "泰伯 實始翦商之意 可疑 當時之時 商道雖衰 尙有賢君代作 … 憲問 … 則季氏有罪 擧而正之 可也 强不可制 則隱忍而待之 亦可矣"

49) 洪大容, 『湛軒書』 內集 卷3, 書, 又答直齋書 "今若以李氏之逐君 衛輒之拒父而謂之 適可言也 則是程子 亦將啓萬世不忠不孝而亂臣賊子 得以爲口實也 豈其然乎"

50) 洪大容, 『湛軒書』 內集 卷2, 論, 史論 "甚矣 魏王珪之不明也 殺其母而不哀 是不孝也 不孝之子 何以爲國."

계로 파악하여 충이 가져야 할 공공성을 도외시하는 오류에 젖어 있었다. 이러한 점에서 그가 가지고 있던 시대적 제약성이 드러나고 있는 바이지만 그는 국왕에 대한 충성을 새삼스럽게 강조함으로써 충성이란 관념이 왕위와 왕권을 유지시키는 데 있어서 중요한 요소임을 거듭 확인하고 있는 것이라 생각된다.

요컨대, 홍대용은 장자에 의해 왕위가 계승되는 왕조체제를 지지하고 있었다. 또한 국왕은 단순히 군림만 하는 존재가 아니라 실제로 통치하고 희생할 수 있는 존재가 되어야 함을 말하였다. 그리고 그는 국왕이 통치할 때 '후하'라는 원칙을 지켜야 할 것을 역설하고, 하민들에게는 국왕에 대한 충성을 강조하였다. 이러한 왕정에 대한 그의 견해는 일견 전통적인 사고방식에 온존溫存하여 있는 것인 듯한 느낌을 준다. 그러나 이러한 그의 소론은 사대부의 기득권 강화 현상을 극복하고 왕권강화를 지향하는 이론이었다는 측면에서 어느 정도 기득 질서의 부정성否定性이 있는 것으로 생각된다.

4) 제도개혁에 관한 의견

홍대용의 정치사상은 그의 제도개혁론을 통하여 좀 더 구체적으로 드러나고 있다. 그는 그가 처해 있던 18세기의 행정제도·관료제도·관료충원제도 등에서 발견되는 불합리한 점을 공격하면서 막연하게나마 그 대안을 제시해 주고 있다.

그가 제도개혁을 주장하게 된 사상적 근거는 과거의 관습보다 '시의時義'를 귀하게 여겨야 한다는 주역의 현실존중적 태도에서 출발하고 있다.[51] 그리고 비록 과거의 제도가 훌륭한 것이었다 하더라도 '잘 다스려진 끝에 쇠하고 어지럽게 됨은 시대와 형세의 자연스런 일이므로',[52] 과

---

51) 洪大容, 『湛軒書』內集 卷3, 書, 與人書二首 "竊意易貴時義 聖稱從周 古今異宜 三王不同禮"

거에 들었던 것에만 집착하고 이기려는 마음에 젖어 있어[53] 개혁에 저
해되는 행위를 하여서는 안 된다고 그는 생각하였다. 그리고 모든 예와
제도에서는 시의와 풍습을 존중해야 한다는 그의 생각[54]은 변화에 대한
긍정적 자세의 반영이며, 여기에서 사회 변동에 대한 탄력적인 그의 태
도를 엿볼 수 있을 것이다.

홍대용은 국왕을 정점으로 한 피라미드적 통치 구조를 설정하면서
'국왕만이 출척할 수 있음'[55]을 말함으로써 관리임면권이 오직 국왕에
게만 있음을 강조하였다. 이러한 통치제제는 조선 초기에 제정된 경국대
전 체제에서 형식적으로는 이미 마련된 것이었다.[56] 그러나 실제적으로
국왕이 직접 관리를 선임하거나 파면하는 데에는 사간원이나 사헌부의
통제가 뒤따르고 있었으므로, 관리의 임면에 국왕이 최고권을 행사하는
명실상부한 국왕중심제라고 말하기에는 문제점이 있었다. 그러므로 홍
대용은 이러한 상황에 반대하며 여기에서 관리임면권을 강력히 장악하
는 국왕의 존재를 다시금 설정하게 되었던 것으로 여겨진다. 그리고 이
는 귀족들에게가 아니라 국왕에게만 책임을 지우는 관리의 출현을 그가
기대하고 있었던 것으로 해석된다.

국왕을 정점으로 한 통치체제의 재편을 추구하던 그는 이를 효과적으
로 실천하기 위해서는 간관제도諫官制度의 혁파가 뒤따라야 되리라 생각
하였다. 간관제도란 일반적으로 왕권을 견제하고 귀족권을 강화시키는
기능을 하고 있는 것으로 이해되고 있다.[57] 간관이란 존재는 왕권에 대

---

52) 洪大容,『湛軒書』內集 卷4, 補遺, 毉山問答 "至治之餘 衰亂之漸 時勢然也."
53) 洪大容,『湛軒書』內集 卷4, 補遺, 毉山問答 "今爾膠於舊聞 狃於勝心 率口而禦人
　　求以聞道 不亦左乎"
54) 洪大容,『湛軒書』內集 卷3, 書, 與人書二首 "周公之制 因周之宜也 朱子之禮 因宋
　　之俗也 因宜因俗 損益無定法 是以行之無甚是 不行無甚非者 十居二三 今就其二
　　三之輕且小者 幷作不易之大典 齗齗焉無或小違 則以此爲禮"
55) 주 38 참조.
56)『經國大典』吏典, 京官職.

한 귀족권의 견제를 가능케 하는 제도적 장치였으므로 과거 대부분의 양
반귀족층에서는 이 제도의 필요성을 역설하고 있었다.[58] 물론 홍대용 자
신도 한때 간쟁권諫爭權의 확보를 중시한 적도 있었지만,[59] 마침내는 이
러한 사고방식을 버리고 간관제도의 혁파를 강력히 주장하게 되었다.

> 후세의 간관제도는 좋지 않은 것은 아니나, 6경의 소속이 각각 맡은 바에
> 있어 한 번의 호령으로 가부를 결정하므로 10여명이 듣고 본 것으로는 두루
> 다 알기가 어렵다. 낭리郞吏와 목수牧守는 직접 목격하여 잘못된 결정에 분개
> 하여 말하고 싶으나 월권越權하는 것이 두려워 감히 하지 못한다면 이는 관직
> 을 설치한 뜻은 비록 좋으나 간언을 오게 하는 길을 좁게 한 것이다. 마땅히
> 사헌부와 사간원을 혁파하여 위로는 공경公卿으로부터 아래로는 서예胥隸에
> 이르기까지, 가까운 데는 환관으로부터 먼 데는 농촌에까지 각각 맡은 일을
> 집행함에 있어 마음에 품은 바를 반드시 아뢰도록 하여야 한다.[60]

이 자료에서 그가 간관혁파諫官革罷의 제1차적 목적으로 내세우고 있
는 것은 언로言路를 넓힌다는 것으로 나타난다. 그러나 간관의 혁파가 빚
어낼 결과는 관리임면官吏任免이나 정사政事의 집행에 있어 국왕의 발언
권이 강화된 것으로 나타남은 필연적인 일일 것이다. 그리고 여기에는
국왕의 민중을 직결시키려는 긍정적인 의도가 잠재되어 있다. 또한 국왕
의 발언권을 강화하고 국왕과 민중을 직결시키려는 것은 왕권강화론적

---

57) 朴龍雲, 1971,「高麗朝의 臺諫制度」『歷史學報』52, 歷史學會, 87쪽.

58)『燕山君日記』卷25, 燕山君 3年 7月 庚戌 "其三曰 納諫諍 臣聞 人主以一身之孤
　　處億兆之上 耳目不足以周徧 故設置臺諫 以補明之所不及也 然人主之勢 其尊天
　　也 其威雷霆也 其怒霜雪也 孰敢忤天之尊 而抗雷霆之威 犯霜雪之凜哉 自人主能
　　改過不吝而後 人皆樂爲之諱論 自人主能從諫如流而後 人皆樂爲之盡言"

59) 洪大容,『湛軒書』內集 卷2, 論, 史論 "劉殷之事務幾諫 固可也 … 君若聽吾諫 而
　　改其過 則豈不益有光於其君乎"

60) 洪大容,『湛軒書』內集 卷4, 補遺, 林下經綸 "後世諫官之法 非不好矣 但六卿之屬
　　各有所掌 一號一令 當否立辨 十數人之聞見 理難遍 及 郞吏牧守 雖有目擊 慷慨欲
　　言 而畏於越俎 不敢出位 此其設官之意雖好 而來諫之道狹矣 當革兩司 上自公卿
　　下至胥隸 近自宦寺 遠至農畝 各執藝事 有懷必陳"

주장의 일종으로 해석할 여지가 있는 것이다.

그는 국왕이 관료임면권을 장악할 것과 간관제도의 혁파론을 제기하여 국왕에게만 책임을 지우는 관료의 출현을 기대하고 있었던 듯하다. 이러한 해석은 관리의 임기에 대한 그의 주장을 통해서도 어느 정도 뒷받침될 수 있는 것으로 생각된다. 그는 관리의 임기에 대하여 상당히 유연적인 태도를 보여주고 있다. 즉 관리는 "3년마다 실적을 점검하되 직책에 잘 맞도록 하였으면 종신토록 그 직위에 그대로 둔다"[61]는 개혁안을 그는 준비해 놓고 있었다. 그런데 당시에 통용되던 규정에 의하면 지방관인 관찰사의 임기는 360일이며, 수령의 재직기한은 1,800일로 제한되어 있었고 중앙관의 임기에 관해서도 실질적인 제한방법이 마련되어 있었다.[62] 그가 이러한 현실을 부정하고 새로운 개혁안을 제시한 것은 국왕의 신임을 받는 관료의 임기를 연장시킴으로써 국왕을 중심으로 한 세력의 안정을 기도한 것으로 생각된다.

홍대용은 간관의 혁파와 관리 임기의 연장을 주장하면서 중앙과 지방의 관료조직에 대해서도 개혁되어야 할 여지가 있음을 말하였다. 중앙의 행정제도에 대한 그의 견해를 살펴보면, 그는 6조六曹체제를 9경九卿체제로 바꾸어 종전의 관직 중 혁파할 수 있는 것은 혁파하고, 그렇지 않은 것은 경의 휘하에 소속시켜야 함을 주장하고 있다.[63] 그러나 그는 구경체제에 관한 구체적인 언급은 생략하였으므로 그 자세한 내용을 알 수는 없게 되었다. 반면에 지방제도의 개혁에 관해서는 비교적 상세히 언급하였다.

당시 조선왕조에서는 지방관의 파견이 군과 현에까지만 이루어졌고

---

61) 洪大容, 『湛軒書』 內集 卷4, 補遺, 林下經綸 "道置伯一一伯位正二品 兼管兵民 三載考績 稱職則終其身 牧守以下 皆倣此一"
62) 洪大容, 『經國大典』 吏典, 外官.
63) 洪大容, 『湛軒書』 內集 卷4, 補遺, 林下經綸 "置九卿 卿有九郎 … 革不急之官 不可廢者 屬之于卿"

그 이하의 조직은 향청과 같은 주민의 자치에 의하여 유지되고 있었다.[64] 그러나 홍대용은 이러한 현상에 대한 반성의 결과 지방제도의 개편과 조직화를 다음과 같이 논하게 되었다.[65]

> 국토를 나누어 아홉 도道를 만든다. … 도를 나누어 아홉 군郡으로 만들고 … 군郡을 나누어 아홉 현縣을 만들며 현은 나누어 아홉 사司로 만드는데 사에는 장長 한 명을 둔다. 사를 나누어 아홉 면面을 만드는데 면에는 면임面任 한 명을 둔다.

이러한 그의 개편안을 검토해 보면 그는 전국을 9도道 81군郡, 729현縣 6,164사司, 그리고 60,149면面으로 세분하고 있는 셈이 된다. 물론 이러한 주장에서 소규모의 단위로 무수히 존재하게 될 면 단위에 대해서까지 세분할 필요성이 어디에 있었는지가 의심되며, 그리고 그 실현 가능성 여부도 문제시된다. 그러나 그는 이 개혁안을 통하여 향촌질서의 재편성이 전국적 규모로 단행되어야 함을 말하고 있는 것으로 해석된다. 그리고 그가 현 이하의 단위에도 사장司章이나 면임面任의 임명을 제안하고 있는 것은 국가의 정령政令이 미치지 못하였던 말단 향촌에까지 국왕의 통치력이 미칠 수 있도록 기도한 것이라 생각된다. 그러므로 여기에서도 그의 개혁안이 가지고 있는 국가 통치력의 강화라는 성격이 표출된 것이라고 여겨진다.

그는 중앙과 지방제도의 개편을 통하여 새로운 질서의 수립을 상정하면서 기존의 '나라를 좀먹고 백성을 괴롭히는' 관원에 대해서는 서슴없이 비판을 가하였다.[66] 그리고 무위도식無爲徒食하는 관리의 태만함을

---

64) 金容德, 1978,「19世紀의 鄕廳」『鄕廳硏究』, 韓國硏究院, 89~101쪽.
65) 洪大容,『湛軒書』內集 卷4, 補遺, 林下經綸 "分國爲九道 … 道分爲九郡 … 分郡爲九縣 … 分縣爲九司 … 司置長一一爲從七品－分司爲九面 … 面置任一一爲從九品－"
66) 洪大容,『湛軒書』內集 卷2, 日記, 桂坊日記 "臣曰 生者衆 食者寡 理國之大經 所謂遊民倖位耗國病民 宜深加睿念也"

주장하면서 관리 충원제도의 개혁을 논하고 과거 제도의 폐단을 지적하기에 이르렀다. 즉 그는 사장詞章이나 기송記誦과 훈고訓詁에 얽매여 있던 당시의 과거를 통해서는 새로운 관료군의 출현을 기대하기가 어려운 것으로 판단했다.[67) 그리고 그는 과거제도가 '천하의 영재를 그르쳐 버리는 것으로'까지 생각하며,[68) 당시의 과거가 관리 충원제도로서의 기능을 이미 상실한 것으로 파악하였다. 그 결과 그는 일종의 공거제貢擧制에 의한 관리의 충원방식을 제시하였다.

> 면面 내의 8세 이상 되는 아이들을 모두 모아서 글을 가르치는데 … 그 중에 재행才行이 뛰어나 쓸 만한 자가 있으면 현사縣司로 보낸다. 사司에서는 교관敎官이 이를 모아 가르치고, 그 중의 우수한 자를 차례로 올려 태학에 이르게 하여 현자賢者와 능자能者는 관직을 주고 책임을 맡긴다.[69)

이상과 같은 그의 제안은 전통적인 공거제와는 달리 다양한 내용의 의무 교육을 통하여 배출되는 인재 중에 그들의 능력에 따라 태학의 추천을 받아서 관리를 충원한다는 내용의 것이다. 그리고 이것은 신분이 아닌 능력에 의한 관리의 채용이란 면에서 획기적인 성질의 것으로 평가해 줄 수 있을 것이다.

한편 홍대용은 왕실과 조정을 분별할 수 있는 능력도 아울러 소유하고 있었다. 즉 그는 "내수사內需司와 궁결宮結을 혁파하고 호부戶部에 통합시킨다."[70)라는 개혁안을 제시한 바 있다. 이는 국가의 재정을 호부에

---

67) 洪大容, 『湛軒書』 外集 卷1, 杭傳尺牘, 與鐵橋書 "天下之英才 不爲少矣 惟科宦以梏之 物慾以蔽之 宴安而毒之 由是而能脫然從事於古學者鮮矣 詞章以靡之 記誦以夸之 訓詁以拘之 由是而能闖然用力於實學者鮮矣"

68) 洪大容, 『湛軒書』 外集 卷1, 杭傳尺牘, 與孫蓉洲書 "科試之法 誤盡天下英才 識者之悼歎久矣"

69) 洪大容, 『湛軒書』 內集 卷4, 補遺, 林下經綸 "其有茂才卓行 可以需時適用者 貢之於司 司之敎官 聚而敎之 擧其最而以次升之 至于大學 大學之敎 司徒掌之 聽其言而觀其行 考其講而試其才 每於歲首 擧其賢者能者 於朝受之以職而責任"

70) 洪大容, 『湛軒書』 內集 卷4, 補遺, 林下經綸 "罷內需司 革宮結 屬之戶部"

집중시키고 왕실과 조정을 분리시키는 제도적 합리성에 접근한 발상이
었다. 또한 그는 행정사무의 능률화에 대해서도 관심을 가지고 있었던
듯하니, 이러한 그의 관심은 필사회람筆寫回覽되던 조보朝報를 인본印本으
로 하여 번잡함을 피해야 한다는 견해를 통해서[71] 부분적으로나마 엿볼
수 있을 것이다.[72]

이러한 긍정적인 성격을 가진 개혁안을 그가 가지고 있었다 하더라
도, 그는 근대적 관료제도에 대한 완벽한 이해에까지는 도달할 수 없었
다. 즉 그는 문무일체적 그리고 병농일치적 관념에 입각한 관료관을 가
지고 있었다. 당시의 조선왕조에서는 문관이 무관보다 우위에 놓여 있었
고 문관 출신의 지방관이 일반적으로 지방의 군사권까지도 장악하고 있
었다. 그런데 홍대용이 문무일체적 관료관을 가지고 있었던 것은[73] 당
시 조선의 그러한 현실에 대한 수긍이었으며, 관료직분官僚職分의 분화
및 관료의 전문화에 대한 이해가 부족했던 결과였다.

또한 그는 직업군인으로 조직된 상비군 대신 병농일치적 방법으로 국
방력의 강화를 꾀하고 있었다.[74] 병농일치적인 그의 발상은 지방제도의
개혁을 전제로 하고 있었다. 그의 지방제도 개혁안은 비단 지방행정의
능률화나 통치권의 강화에 목적을 두고 있을 뿐만 아니라 군사편제의 재
정비라는 각도에서도 이해되어야 할 것이다. 그리고 그는 토지제도의 혼

---

71) 洪大容,『湛軒書』內集 卷2, 日記, 桂坊日記 "令日 我國朝報 亦印用如何 臣曰 宣
廟朝嘗一印行 即有禁令 事在李先正經筵日記中而印行似甚省費"
72) 홍대용이 주장하고 있는 朝報의 印本化는 비용절감이란 측면 이외에 인본화를 통
해 행정의 능률화를 추구하고 있다는 측면에서도 고찰되어야 할 것이다. 흔히 행
정의 능률화란 근대행정의 한 특징으로 지적된다.
73) 洪大容,『湛軒書』內集 卷4, 補遺, 林下經綸 "道置伯一－伯位正二品 兼管兵民
… － … 分國都爲九部 部各有長 將軍兼焉"
74) 洪大容,『湛軒書』內集 卷4, 補遺, 林下經綸 "擇險固爲治 … 仲春則出處于田間
之宅 男力于農 女勤于蠶 以其暇日 講孝悌 習擊刺 … 閱旅較藝 明其賞罰 或散以
試其才 或聚以習其陣 或練於城 或習於野 繕甲厲兵 常若有警"

란에 대하여 개혁의 필요성을 느끼고 있었고,[75] 전국의 토지를 고루 나누어 아내가 있는 남자에게는 각각 2결結씩을 분급分給하고, 토지의 수급자受給者가 죽으면 3년 후에는 이를 타인에게 이급移給하도록 제안하였다.[76]

그가 국방력 강화의 주축으로 제시한 집단은 바로 이와 같이 토지를 분급 받은 농민군이었다. 이와 같은 그의 견해는 농업중심적인 당시의 사회상을 반영한 것으로서 그 자신이 18세기인으로서 갖고 있던 한계성을 드러낸 것이다. 그러나 문무일체적 혹은 병농일치적 개혁안을 제시함으로써라도 그는 군사제도의 전반적인 개선과 열세에 놓여 있던 군사력의 강화를 촉구했던 것으로 생각된다. 이와 같은 면에서 군사력을 강화하고자 하던 그의 노력에는 긍정적 요소가 있는 것으로 여겨진다. 사실 그 자신은 군비확립에 관하여 상당한 관심을 가지고 있었고, 그가 지방관으로 재직하던 때에는 사봉私俸을 털어 지방민의 군사훈련을 장려하기까지 하였다.[77] 그리고 그는 비록 평화시라 하더라도 무비武備를 갖추어 두어야 함을 극력 주장하였다.[78] 이와 같이 군사력의 강화를 주장하는 그의 견해는 근대민족주의에서 드러나는 방어기제防禦機制(defense mechanism)적 특징의

---

75) 洪大容,『湛軒書』內集 卷4, 補遺, 林下經綸 "井田之難行 先輩固已言之 雖然 無分田制産之法 而能治其國者 皆苟而已 居今之世 雖不能盡反古道 而善護國者 必有變通之制矣 至若山川狹窄 地勢高低 非所當憂也"

76) 洪大容,『湛軒書』內集 卷4, 補遺, 林下經綸 "均九道之田 什而取一 男子有室以上 各受二結－限其身死 卽三年之後 移授他人－"

77) 洪大容,『湛軒書』內集 卷3, 書, 序, 勸武事目序 "是以當時之以善射名者 甚盛 茲法之廢 習之者 日少 而射之所以不及古也 余恐其無所勸 而不能自遂其才 遂略捐私捧 以備施賞之資"

78) 洪大容,『湛軒書』內集 卷3, 書, 序, 勸武事目序 "武可百年而不用 不可一日而不講也 講之於衰亂 搶攘之際 則可以折衝外侮 而敵懷王室 講之於昇平逸像之時 可以絶奸人之覬覦 而杜禍亂之萌矣" 이상의 자료를 보면 홍대용은 왕실과 국가를 동일시하고, 평화시의 군사력이 왕권강화와 연결되고 있음을 말하고 있는 것으로 생각된다.

초기적 형태에 속하는 것으로 생각된다.

요컨대, 홍대용은 사회변동에 대하여 긍정적인 자세를 취하며, 국왕을 정점으로 한 피라미드적 통치구조의 확립을 위해 관료제도의 개편을 논했던 것으로 생각된다. 그리고 과거제를 폐지하고 일종의 공거제를 통하여 관리의 충원을 이룩하도록 제안하였다. 그러나 그는 문무의 분리를 통해서 이룩될 수 있는 관리의 전문화에 대한 이해가 부족하였다. 그리고 병농일치적 개혁안을 통하여 국방력의 강화를 추구하였으나 이와 같은 그의 발상도 상비군의 형성이라는 개념과는 거리가 먼 것이었다. 이러한 점을 참작해 볼 때 그의 사상을 근대적인 것으로 규정하기에는 주저하게 된다. 그러나 그의 정치사상이 근대를 강력히 지향하고 있었다는 사실의 확인에는 조금도 주저할 필요가 없을 것이다.

5) 민중에 대한 인식

정치가 시행되는 과정에서는 어떠한 의미로든지 민중에 대한 강제력이 전제되기 마련이다. 그러므로 어느 특정인물의 정치사상을 논할 때에는 그의 민중 내지 인간에 대한 인식 문제가 제기되어야 마땅하리라 생각된다. 민중을 의무만을 지닌 통치의 대상으로만 인식하고 있는지, 아니면 의무를 짊어짐과 동시에 권리를 가진 통치의 주체로 인식하고 있는가에 관한 문제의 이해는 그 정치사상의 진면목을 파악하는 데에 있어서 관건이 되는 것으로 생각된다.

여기에서 우리는 홍대용이 가지고 있던 민중 내지 인간에 대한 인식을 검토해 봄으로써 그의 정치사상이 추구하고 있던 가장 중요한 측면을 밝힐 수 있을 것이다. 그의 민중에 대한 인식은 '중세적 신분제의 부인否認이라는 혁명적인 주장'[79]에서 출발하고 있다. 중세적 신분제에 대한 부

---

79) 千寬宇, 1974,「湛軒 洪大容」『韓國史의 再發見』, 一潮閣, 228쪽.

인은 우선 양반층의 비생산적 작태作態와 그들의 특권에 대한 비판을 통해서 드러난다. 그가 감행한 양반에 대한 비판이나 신분적 특권에 대한 부정은 중세적 사회체제에 대한 반성이 없이는 불가능한 것이었다.

> 우리나라는 본래 명분을 중히 여긴다. 양반들은 아무리 심한 곤란과 굶주림을 겪더라도 팔짱을 끼고 앉아 농사를 짓지는 않는다. 간혹 실업에 힘써 몸이 비천해지는 것도 달게 아는 사람이 있으면 모두들 나무라고 비웃기를 노예처럼 무시하니 유민은 많아지고 생산하는 사람은 줄어든다. 재물이 어찌 궁하지 않을 것이며 백성이 어찌 가난하지 않을 수 있겠는가. 과조科條를 엄히 세워 사농공상에 관계없이 유식자遊食者에게는 관官에서 벌칙을 마련하여 세상에 용납될 수 없도록 하여야 한다.[80]

이상에서 제시된 자료에서 홍대용은 노동을 기피하며 천시하던 양반층의 의식 구조를 비판하였다. 그리고 그가 이러한 특권적 의식 구조로 말미암아 양반의 유민화가 당연한 것으로 여겨지던 당시의 세태를 공격한 것은 유민이 될 수 있는 양반의 특권에 대한 부인이었으며, 사민평등 사상의 출발점이 되고 있다. 그가 양반 유민층兩班遊民層을 공격한 것은 이들의 증가로 인해 생산하는 사람이 적어져서 민중이 가난하게 되는 상황을 개선코자 했기 때문이다. 그는 양반 유민층을 '나라를 좀먹고 백성을 괴롭히는 존재'로까지 파악하여,[81] 이들의 소멸을 통해 고질적인 빈곤으로부터 민중을 해방시켜 그들의 생존권을 보장하려 하였다. 즉 그는 민중의 빈곤화貧困化를 막고 그들의 생존권을 보장하는 첩경捷徑이 양반 유민층의 제거에 있는 것으로 보았다. 또한 양반 유민층의 제거를 위해

---

80) 洪大容,『湛軒書』內集 卷4, 補遺, 林下經綸 "我國素重名分 兩班之屬 雖顚連窮餓 拱手安坐 不執耒耜 或有務實勤業 躬甘卑賤者 群譏衆笑 視若奴隸 遊民多而生之者少矣 財安得不窮 而民安得不貧也 當嚴立科條 其不係四民 而遊衣遊食者 官有常刑 爲世大蠹"

81) 洪大容,『湛軒書』內集 卷2, 日記, 桂坊日記 "臣曰 生者衆 食者寡 理國之大經 所謂遊民倖位耗國病民 宜深加睿念也"

서는 법적인 강제력이 동원되어야 할 필요성에 대해서도 역설하였다. 그리고 양반 유민층의 특권이 제거되고 모두가 노동하는 사회가 도래해야 한다는 그의 주장은 평등사회에 대한 추구의 결과로 가능했던 것이다.

양반 유민층을 공격하며 평등사회의 도래를 희구하던 홍대용의 사상은 그의 새로운 직업관에 의하여 가일층加一層 보완되었다. 그는 신분에 의해서 직업이 결정되는 것에 반대하고 개인적 능력에 따라 직업이 선택되어야 함을 강조하였다.

> 뜻이 높고 재능이 많은 자는 위로 올려 조정朝廷에서 쓰고, 자질이 둔하고 용렬한 자는 아래로 돌려 야野에서 쓰도록 한다. 그 중에 생각을 잘 하고 솜씨가 재빠른 이는 공工으로 돌리고, 이利에 밝고 재화를 좋아하는 이는 상商으로 돌리며 모책謀策을 잘하고 용기가 있는 이는 무반武班으로 돌린다.[82]

> 재능과 학식이 있으면 비록 농상農商의 자식이 정부의 요직要職에 앉더라도 참람스러울 것이 없고, 재능과 학식이 없다면 비록 공경公卿의 자식이 하인으로 들어간다 할지라도 원망할 것이 없다.[83]

이러한 말들을 통하여 그의 직업관을 검토해 보면, 그는 관직우위라는 전통적인 관념을 완전히 청산하지는 못했음을 알 수 있다. 바로 이러한 점이 그가 가지고 있는 사상적 제약성으로 판단된다. 그러나 그는 관직을 능력 있는 모든 사람들에게 개방시켜, 신분이 아닌 능력을 본위로 한 관리의 등용을 주장했던 것이다. 이 점이 바로 그의 직업관에서 드러나는 긍정적인 측면이다. 그리고 이러한 그의 주장은 관직의 공직화를 꾀하며 민중에게도 공직 담임권公職擔任權이 있음을 제시한 견해로 평가

---

82) 洪大容,『湛軒書』內集 卷4, 補遺, 林下經綸 "其志高而才多者 升之於上而用於朝 其質純而庸鄙者 歸之於下 而用於野 其巧思而敏手者 歸之於工 其通利而好貨者 歸之於賈 問其好謀而有勇者 歸之於武"

83) 洪大容,『湛軒書』內集 卷4, 補遺, 林下經綸 "有才有學 則農賈之子 坐於廊廟 而不以爲僭 無才無學 則公卿之子 歸於輿儓 而不以爲恨"

될 수 있을 것이다. 이어서 그는 상업이나 공업 등 관직 이외의 직업에 대해서도 개인의 능력이 본위가 되어야 함을 말하였다. 그는 더 이상 신분과 관련하여 직업을 파악하려 하지 않았기 때문에, 상업의 말업관末業觀과 같은 것은 이미 지양되어 있었고 직업에 종사하는 사람들의 정신적 자세가 중요함을 강조하게 되었다.[84]

그는 교육에 대해서도 새로운 관념을 제시하였다. 그는 교육의 목적이 개인의 영달에 있는 것이 아니라 천리를 밝히고 인심을 바로잡는 데에 있다고 보았다.[85] 이는 과거 급제를 최상의 목적으로 삼고 있던 당시의 일반적인 교육풍토에 대한 반성의 결과로 제시될 수 있었던 것이다. 그는 이와 같이 교육의 새로운 목적을 설정하고서 교육제도의 일대 개편을 주장하였다.

> 안으로는 왕도의 9부部와 밖으로는 도道에서 면面까지 모두 학교를 설치하고 각각 교관敎官을 두는데, 면에는 각각 재齋가 있고 재에는 꼭 장을 둔다. 면내에 8세 이상의 자제들을 다 모아서 가르치는데, 효제충신의 도와 사어서수射御書數의 기예를 가르친다.[86]

여기에서 그는 양반귀족층의 독점적인 권리로 인식되어 오던 교육을 보편화시켜 적령기에 달한 모든 아동들에게 의무교육을 시행하자고 제안하였다. 이는 민중의 교육권에 관한 이해에 그가 상당히 접근해 가고 있었음을 말하는 것이다.

그리고 그는 교육기관에서 시행할 교육의 이념으로 충신효제忠信孝悌

---

84) 洪大容, 『湛軒書』外集 卷1, 杭傳尺牘, 與汶軒書 "雖躬稼服賈之中 苟爲先義而後利 何往而非學也"
85) 洪大容, 『湛軒書』外集 卷1, 杭傳尺牘, 與鐵橋書 "夫收育英才 著書立言 皆所以明天理 正人心 繼往聖而開來學者也"
86) 洪大容, 『湛軒書』內集 卷4, 補遺, 林下經綸 "內而王都九部 外而自道以至於面 皆設學校 各置敎官 面各有齋 齋必有長－取年高德卲可爲師表者－面中子弟八歲以上 咸聚而敎之 申之以孝悌忠信之道 習之以射御書數之藝"

를 말하며, 교육의 내용으로는 사어서수射御書數를 들고 있다. 그런데 충신효제란 전통적인 유교적 가치에 속하는 것이다. 그러나 이를 그의 새로운 사회의식과 관련하여 생각해 볼 때, 이것이 종전과 동일한 구태의연한 주자학적 내용의 것이라고만 말하기는 어려울 듯하다. 그리고 그가 제시한 사어서수도 유교의 고전에서 언급된 6예藝의 일종이다. 그렇지만 그는 여기에서 사장詞章이나 경학經學이 위주가 되었던 당시의 교과과정을 개혁하여 실생활에 직결되는 내용의 것으로 바꾸고, 교과과정의 다양화를 기해야 한다고 주장한 것이라 생각된다. 이렇게 그는 교육의 질적 향상과 양적 확대를 주장하면서, 교육의 성취도에 따라 관직에의 등용을 말했던 것이다. 그러나 그는 새로운 교육제도의 시행에 따르는 재정적 기반에 대한 언급을 보류하였다. 여기에서 이 새로운 제도의 실시 가능성에 대한 의문을 제시할 수도 있는 바이지만 이러한 그의 교육 평등론 내지는 민중의 교육권에 대한 이해는 전통적인 신분 체제관의 극복을 전제로 한 민중에 대한 새로운 인식이 없이는 출현될 수 없었을 것이다.

한편 그는 신분의 고하에 얽매임이 없이 자신의 의견을 상부에 관철시켜야 함을 주장하였다.[87] 이는 신분제가 철폐되고 평등 교육의 실시를 통해 성숙된 민중의 언론권 확보와 유기적인 관련을 맺고 있는 것으로 생각된다. 그리고 그는 한글의 효용성을 적극 인정하며 민중이 한자를 모른다 하더라도 이를 사용하면 '서찰과 장부帳簿·문권文券의 내용이 분명히 드러나 순 한문보다 나은 것'으로 말하였다.[88] 이는 단순히 한글이 가지고 있는 생활상의 편익성만을 강조한 것이라기보다는 그가 제시한 민중의 언론권 확보와도 유관한 것으로 이해되어야 할 듯하다.

홍대용이 민중 내지 인간에 대하여 가지고 있던 인식의 한 측면은 그

---

87) 주 60) 참조.
88) 洪大容, 『湛軒書』外集 卷1, 杭傳尺牘, 與汶軒書 "東國別有諺字 - 有其音而無其義 字不滿二百 而子母相切 萬音備焉 婦人及庶民 不識字者 幷用諺字 直以土話爲文 凡簡札簿書 契卷明暢 或勝眞文 -"

의 여성관을 통해서도 추출될 수 있다. 즉 그는 당시의 사대부층에게 변경할 수 없는 철칙으로 생각되던 과부개가 부정문제寡婦改嫁否定問題에 대해서 방관적인 자세를 취하며 "반드시 금하지도 말고 반드시 권하지도 말며 [그 당사자에게] 맡길 수밖에 없다"고 보았다.89) 이는 기존의 윤리관에 대한 일대 도전으로 생각되며 여성의 인간성에 대한 재발견의 결과로 볼 수 있다. 또한 여성의 비인간적 처지에 대한 그의 동정은 청조의 전족纏足풍습에 대한 비판으로 나타나고 있다.90) 여성에 대한 이러한 그의 이해는 여성의 인간성을 확인하는 과정에서 드러나는 초기적 형태의 것이기는 하지만 종전의 여성관과 비교해 볼 때 상당한 차이가 나는 것이다.

이상에서 우리는 홍대용 자신이 양반 출신이었음에도 불구하고 자신의 계급적 이해관계를 떠나 양반의 제반 특권을 부정하고 민중의 평등한 권리를 주장하던 '혁명적 사고방식'의 출현을 살펴볼 수 있는 바이다. 그리고 이는 그가 이미 사상적인 면에서는 양반계층으로부터 일탈하여 민중의 편에 서 있었음을 말해 주는 것이며, 유형원이나 그 이전의 학자들에게서는 찾아보기 어려운 발전적인 견해의 소유자였음을 말하는 것이다. 그가 민중에 대하여 가지고 있었던 발전적 견해는 중세적 신분체제의 부정에 근거해서 그들의 권리를 인정해 주고 있다는 점일 것이다. 즉 그는 비록 초보적 형태의 것이기는 하지만 능력에 의한 직업의 획득과 민중의 공직 담임권을 주장하였다. 그리고 평등 교육론을 통해 민중의 교육권을 간접적으로 설명했으며, 그들의 언론권이나 여성의 지위 향상에 대해서도 관심을 기울이고 있었다. 이러한 그의 모든 견해에서 우리는 민중 내지는 인간을 인위적 속박으로부터 해방시키려던 그의 의지

---

89) 洪大容, 『湛軒書』 外集 卷2, 杭傳尺牘, 乾淨衕筆談 "余曰 不必禁之 亦不必勸之 任之而已"

90) 洪大容, 『湛軒書』 外集 卷2, 杭傳尺牘, 乾淨衕筆談 "余又曰 婦人小鞋 始於何代 … 余曰 此亦甚不好 余嘗云網頭纏足 乃中國厄運之先見者"

를 발견할 수 있을 것이다. 그가 이와 같은 사고방식을 가지게 된 것은 정치에 있어서 민중의 존재를 점차 중요하게 인식한 결과였다. 그러나 그에 의해 발견된 민중은 아직 적극적인 참정권이나 저항권을 가진 존재로까지는 부각되지 못하고 있다. 이렇게 홍대용의 사상에는 문제되는 바가 없지 않다 하더라도, 그는 조선후기 정치사에서 민중에 대한 재평가를 시도한 선구적 인물이었음을 부정할 수는 없을 것이다.

6) 자아의 발견과 대외국관

홍대용의 평등의식은 국내의 사민평등론四民平等論에만 머무르지 아니하고 곧 그 폭을 넓혀 국제 질서에 있어서의 평등 의식에로까지 확대되어 나아갔다. 그에 의해서 이룩된 자아의 발견과 새로운 대외국관對外國觀은 그의 역외 춘추론에 집약되어 있으며 이것은 화이관이 극복되어 나가는 과정에서 중요한 좌표가 되는 것이다. 화이관의 극복은 자아의 발견과 민족의 주체적 역할에 대한 각성을 뜻하는 사건이었다. 그리고 이것은 그의 정치사상에 있어서 국제 질서에 대한 새로운 관계를 정립하려던 노력의 표현이며, "정통주자학파에 있어서 보편적 지향의 또 하나의 측면이었던 중화적 세계 질서 관념에 입각한 대외적인 폐쇄성을 타파하려 한 것이다."[91]

조선후기의 정치사상사에서 중화주의적 세계질서인 화이관의 극복은 중국 대륙의 정세 변화라는 외적인 요소와 과학 지식의 향상과 같은 자체 내부의 의식 성장이라는 내적인 요소의 교호작용交互作用에 의하여 가능하게 된 것이다. 그런데 홍대용이 생존해 있었던 당시의 지식인들이 일반적으로 가지고 있었던 대중국관對中國觀은 임진왜란 때의 '재조번방지은再造藩邦之恩'에 대한 대명의리의 강조와 함께 청조를 중심으로 한

---

91) 朴忠錫, 1978,「朝鮮朝 後期에 있어서의 政治思想의 展開4 - 特히 近代實學派의 思惟方法을 中心으로 - 」『현상과 인식』 2-4, 한국인문사회과학원, 132쪽.

세계 질서의 부정으로 특징지을 수 있을 것이다. 그런데 당시의 지식인들이 비록 청조에 대하여 비판 의식 내지는 타자 의식을 가지고 있었으며, 조선의 문화에 대해 상당한 자존심을 가지고 있었다 하더라도[92] 이것이 곧 화이관의 극복이나 자아의 발견을 의미하지는 않는 것이다. 왜냐하면 그들의 비판의식이나 자존심은 소중화적 관념[93]의 변형이기 때문이다. 그러나 이러한 한계가 있음에도 불구하고, 홍대용이 표현한 바 있는 소중화적 관념이 조선 전기의 소중화론과 동질적인 것은 아니었다. 조선전기의 소중화관은 일반적으로 당대 중국의 한족韓族 왕조, 명明으로 대표되던 중화문화에 대한 존중이었다. 이는 중원이라는 거주지역과 한족이라는 혈연에 따른 화이론을 전제하고 있었다. 그러나 명이 멸망하고 이족異族인 청이 존속하던 동아시아 정국에서 당시의 조선인들은 중화문화의 전통, 명明의 문화전통이 청靑에 계승되지 않고 오직 조선에만 남아 있다는 자부심의 표현이기도 했다. 이처럼 조선후기의 사족들은 소중화의식을 통해서 인류문화에 대한 자신의 사명감을 표현하고 있었다. 홍대용의 소중화론도 이와 같은 범주로 파악함이 타당하다고 생각된다.

홍대용의 민족적 자아(national identity)에 대한 인식이나 대외국관對外國觀을 검토해 보면 동시대의 인물들에 비하여 상당히 발전적인 측면이 있음을 알 수 있다. 그러나 그에게서는 이와 동시에 제약적인 요소도 산견되는 바이니, 이는 전근대적 사회에서 근대로 전환되는 과도기적 시대에 놓여 있던 그로서는 피하기 어려웠던 일일 것이다. 그가 처한 시대상에 감광感光되어 드러낸 제약적 요소로는 대명의리의 주장을 먼저 지적할

---

92) 宋時烈, 『宋子大全』 卷214, 傳, 金朔州兄弟復讐傳 "本朝禮義休明 無愧中華者 益可信也"; 洪良浩, 『耳溪先生集』 卷11, 序, 送李學士－鼎運－赴燕序. "東方之於中國 … 而猶能秉禮義 崇文敎 中國之人 以是重之 今天下冠裳揖讓者 獨我東耳 … 於子之行 可見周禮之獨在東矣"

93) 宋時烈, 『宋子大全』 卷213, 傳, 三學士傳 "我國雖僻在海隅 素以禮義聞於天下 天下稱之以小中華"

수 있을 것이다. 즉 그는 대부분의 동시대인과 마찬가지로 재조번방지은
에 대한 대명의리를 강조하며94) 강홍립姜弘立의 투항과 광해군의 밀지密
旨는 대명의리를 저버린 것으로 보았다.95) 또한 병자호란시 척화론을 주
창하였던 김상헌에 대해 찬사를 아끼지 아니하였고,96) 이와 같은 자신
의 견해를 그가 연행시에 맺은 청국의 지우知友들에게도 거리낌 없이 밝
혀 오히려 그들을 당황하게 만들기까지 하였다.97)

그런데 비록 그가 이와 같이 대명의리를 계속 주장함으로써 당시의
모화적慕華的 경향에서 철저히 탈피하지는 못했다 하더라도 청조에 대한
직접적인 비난이나 그 존재 가치를 부정하지는 않았다. 그는 신비적인
혈통론에 입각하여 청조를 비난하던 여타의 사람들과는 달리 오히려 청
조 문화의 우수성을 찬양했으며, 청조문물의 '사단취장捨短取長(단점을 버
리고 장점을 취하다).' 을 주장하였다.98) 이러한 주장은 청국에 대한 우월감
이나 사이비적 자존심을 청산한 객관적인 인식의 결과로 나올 수 있었던
것이었다. 그러나 청국문물의 도입에 관한 그의 이러한 주장은 곧 당시
인의 반발을 사게 되었다. 홍대용의 진취적 견해에 도전한 인물로는 김
종후金鍾厚를 들 수 있다. 청조를 '비린내 나는 더러운 원수의 나라'로99)
밖에 볼 수 없었던 김종후는 청국문물의 도입에 관한 홍대용의 견해를
비난하며 논쟁을 전개했던 것이다.100)

---

94) 洪大容,『湛軒書』內集 卷3, 書, 答韓仲由書 "我國之服事大明 二百有餘年 及壬
　　辰再浩之後 則以君臣之義 兼父子之恩"
95) 洪大容,『湛軒書』外集 卷1, 杭傳尺牘, 與秋庫書 "光海密諭弘立 使觀望成敗 …
　　惟彼弘立之降 實受光海之密諭也"
96) 洪大容,『湛軒書』外集 卷2, 杭傳尺牘, 乾淨衕筆談 "如金尙憲號淸陰 亦我國大儒也"
97) 洪大容,『湛軒書』外集 卷2, 杭傳尺牘, 乾淨衕筆談 "平仲曰 我副大人見蘭公 碟
　　卷中有茫茫宇宙 捨周何適之語 不覺斂袵 蘭公 色變良久 … 盖漢人於當今 … 其
　　言之如此 無足怪矣 余勸平仲勿復言"
98) 洪大容,『湛軒書』內集 卷3, 書, 又答直齋書
99) 洪大容,『湛軒書』內集 卷3, 書, 又答直齋書 "腥穢讐域"
100) 洪大容,『湛軒書』內集 卷3, 書, 與金直齋鍾厚書 "孝廟尤翁之世 不可謂甚遠 而

홍대용은 자연과학적 지식에 입각하여 지리중심적인 화이관을 탈피하고 중국에 대한 객관적인 파악을 할 수 있었다. 즉 그는 우선 중국이 거대한 지구의 극히 작은 일부분에 지나지 않음을 밝히면서[101] 지구 전체의 수십 분의 하나밖에 안 되는 중국을 세계의 중심으로 보려는 데에 반대하였다. 그리고 둥근 지구 위에 존재하는 무수한 지역들은 모두다 그 곳에 거주하는 사람들의 입장에서는 중심[正界]으로 파악할 수 있음을 역설하였다.

> 중국은 서양에 대하여 경도의 차이가 180도에 이르는데, 중국인은 중국을 정계正界로 삼고 서양을 도계倒界로 삼는다. 반면에 서양인은 서양을 정계로 삼고 중국을 도계로 삼고 있다. 그러나 사실은 하늘을 이고 땅을 밟는 사람이란 다 그러한 것이니 횡횡橫橫이나 도도倒라 할 것 없이 모두 정계이다.[102]

그는 이렇게 정계[中心]와 도계[周邊]가 어떠한 객관적인 기준에 의하여 존재하는 것이 아님을 지적하고, 나아가서 화華와 이夷의 구별도 무의미한 것임을 말하였다.[103] 이러한 화이관의 극복을 통하여 그는 각 국가가 국제사회에 있어서 평등한 관계에 놓여 있는 것이라는 새로운 대외국관을 가지게 된 것이다. 즉 그는 "하늘이 내고 땅이 길러주는 무릇 혈기가 있는 자는 모두 사람이며, 여럿에 뛰어나 한 나라를 맡아 다스리는 자는 모두 국왕이며, 문을 거듭 만들고 해자를 깊이 파서 강토를 조심하여 지키는 것은 다 같은 국가이다. 장보章甫나 위모委貌나 문신이나 조제雕題이

時義人心 不啻若天壤之截 而乃復以如此言語 行乎其間 則漸遠漸久之後 又當作何如模樣也"

101) 洪大容, 『湛軒書』 內集 卷4, 補遺, 毉山問答 "中國之於地界 十數分之一爾"

102) 洪大容, 『湛軒書』 內集 卷4, 補遺, 毉山問答 "且中國之於西洋 經度之差 至于一百八十 中國之人 以中國爲正界 以西洋爲倒界 西洋之人 以西洋爲正界 以中國爲倒界 其實戴天履地 隨界皆然 無橫無倒 均是正界"

103) 洪大容, 『湛軒書』 內集 卷4, 補遺, 毉山問答 "自天視之 豈有內外之分哉 是以各親其人 各尊其君 各守其國 各安其俗 華夷一也"

건간에 다 같은 자기들의 습속인 것이다. 하늘에서 본다면 어찌 내內와 외外의 구별이 있겠는가"104)라고 말하며 모든 국가가 대등한 존재이며 그들 국가의 독특한 풍습들도 동등한 가치를 갖고 있음을 역설하였다. 그리고 그는 "천하天下는 한 집안이요 사해四海는 한 형제라"105)는 발언을 자신 있게 하며 국제사회에서의 평등을 강조할 수 있었던 것이다.

국가 간에 평등을 추구하는 그의 모든 주장은 그의 역외춘추론에 귀결되었다.

> 공자는 주나라 사람이다. …『춘추』가 주나라의 사서史書인 바에야 내외內外를 엄히 나누는 것은 마땅한 일이 아니겠는가. 그러나 만일 공자가 그 소원대로 바다를 건너와 구이九夷의 땅에 살면서 중국의 예속을 이속으로 바꾸고 주周의 도道를 역외에서 일으켰다면, 그가 주장한 내와 외의 구분이나 존왕尊王과 양이攘夷의 태도로 보아 당연히 역외춘추域外春秋를 지었을 것이다.106)

즉 그는 여기에서 비록 종전에는 이적夷狄이라 불리던 국가라 하더라도 화하華夏의 역사인『춘추』를 가질 수 있음을 주장하고 나섰으며, 이러한 주장을 통하여 그는 조선의 역사도 화하의 역사인『춘추春秋』로 간주할 수 있음을 암시하였다. 이러한 그의 새로운 역사관은 민족적 자아의 발견에 도달한 결과 나올 수 있었던 것이다. 그리고 그의 역외춘추론은 박지원朴趾源 등 당대인의 사상 형성에도 상당한 영향을 끼쳐주었으며 당시 지식인들의 민족적 자아 각성에도 중요한 계기가 되었던 것으로 생각된다.

104) 洪大容,『湛軒書』內集 卷4, 補遺, 毉山問答 "出類拔萃 制治一方 均是君王也 重門深濠 勤守封疆 均是邦國也 章甫委貌 文身雕題 均是習俗也"
105) 洪大容,『湛軒書』外集 卷1, 杭傳尺牘, 與孫蓉洲書 "天下一家 四海兄弟 義有可據 跡無可嫌 同心之交 麗澤之樂 其可以徒然而舍之乎"
106) 洪大容,『湛軒書』內集 卷4, 補遺, 毉山問答 "孔子周人也 王室日卑 諸侯衰弱 吳楚滑夏 冦賊無厭 春秋者 周書也 內外之嚴 不亦宜乎 雖然使孔子 浮于海 居九夷 用夏變夷 興周道於域外 則內外之分 尊攘之義 自當有域外春秋 此孔子之所以爲聖人也"

그는 역외춘추론을 주장하며 민족의 역사에 대해서도 상당한 관심을 가지고 있었다. 그래서 그는 단군과 기자 그리고 삼한·삼국에서 고려와 조선왕조로 이어지는 역사의 정통성을 인정하여 자국自國역사에 대해 상당한 자존심을 드러냈다.107) 그러나 그는 이러한 역사적 정통성이 있음에도 불구하고 조선의 선비들이 늙도록 중국의 문헌에만 매달리어 조선의 역사와 전고典故는 빼어놓고 강구講究하지 아니하는 당시 지식계의 병통을 지적하는 데에 인색하지 않았다.108) 이는 그가 자기 자신마저도 객관화시켜 반성할 수 있는 능력을 가지고 있었음을 뜻하며, 이러한 객관적인 과학 정신이 민족적 자아의 발견과 대등한 국제 관계의 설정을 가능케 해 준 것으로 생각된다.

요컨대, 홍대용의 정치사상 가운데 대외국관은 '화이관의 극복'이란 말로 요약될 수 있으며 이는 국제 사회에 있어서 각 국가 간의 평등을 강조한 것으로 해석된다. 그가 비록 대명의리를 완전히 초월하지는 못했다 하더라도, 그는 새로운 자연 과학적 지식에 근거하여 종전의 중화주의적 세계 질서나 모화사상을 극복할 수 있었다. 그 결과 청국에 대한 객관적인 파악과 함께 그들의 문물을 사단취장捨短取長하자는 주장을 할 수 있었다. 그리고 그의 역외춘추론과 같은 주장은 그가 화이관을 극복한 구체적 실례로 지적할 수 있을 것이다. 이와 같은 그의 대외국관 내지 민족적 자아에 대한 각성은 약간의 제약성이 남아 있는 것이기는 하나 매우 발전된 성질의 것이었음을 확인할 수 있을 것이며 '배청세력排淸勢力이 그토록 격렬했던 당시의 경향 속에서 용기를 요하는 일이었던 것으로'109) 생각된다.

---

107) 洪大容, 『湛軒書』外集 卷2, 杭傳尺牘, 乾淨衕筆談 참조.
108) 洪大容, 『湛軒書』外集 卷1, 杭傳尺牘, 與秋庫書 : "東俗 崇信儒學 著述多門 但 士子沒齒從事 惟矻矻於中華文獻 而東史典故 多闕不講 鴶遠忽近 殊爲詫異"
109) 千寬宇, 1974, 앞의 책, 230쪽.

3. 맺음말

북학파의 선구자로 불리는 담헌 홍대용의 정치사상은 과도기에 처해 있던 인물들에게서 흔히 드러나는 제약성이 산견되는 바가 없지는 아니하다. 그러나 대체적으로 볼 때 그 당시인과 비교해 보면, 그는 매우 진보적인 견해를 가지고 있었던 것으로 생각된다. 그는 비록 주자학의 지적 영향권 안에 놓여 있던 인물이기는 하였으나 정통주자학자와는 달리 매우 개방적인 태도를 지니고 있었다. 이러한 그의 태도에서 진취적인 정치사상의 출현이 가능하였던 것이다.

홍대용은 왕조 체제에 대하여 아무런 의문도 가지지 않고 긍정적인 자세를 취하였다. 그러나 그는 단순히 '군림君臨'만 하는 국왕이 아니라 실제로 '통치'하는 국왕이 되어야 하는 것으로 생각했고 국왕 개인에 대한 충성을 특히 강조하였다. 이러한 그의 소론은 정치체제의 전반적인 개편을 주장하는 혁명성이 결여된 듯하다. 그러나 그는 귀족권의 강화현상을 극복하고 왕권의 강화를 추진하는 이론을 가지고 있었던 점에서 긍정적으로 평가될 수 있는 여지가 있다.

한편 그는 사회변동에 대하여 탄력적인 자세를 취하고 있었다. 그의 제도개혁론은 왕권강화의 주장과 어느 정도 연결되는 것으로 생각된다. 그는 국왕을 정점으로 한 피라미드적인 통치구조의 확립을 위해 중앙과 지방의 관제를 개혁하려 하였다. 그리고 새로운 관리 충원 방식으로 일종의 공거제를 제시하였다. 또한 그는 국방 문제에 대하여도 많은 관심을 가지고 있었다. 그러나 그는 전문적 관리의 양성이나 상비군의 형성이라는 데에까지는 사고의 영역이 미치지 못하였던 것이다.

그리고 그는 민중의 입장에 확고히 서서 민중의 생존권뿐만 아니라 공직 담임권이나 교육권, 또는 언론권 등 제반 민권에 관한 이해를 가지

고 있었던 것으로 생각된다. 이러한 그의 견해는 중세적 신분체제에 대
한 부정을 기반으로 하여 형성된 것이며, 정치에 있어서 민중의 역할을
점차 중요한 것으로 인식하게 된 결과였다. 즉 그는 조선후기 정치사상
사에서 민중에 대한 재평가를 시도한 선구적 인물이었던 것이다. 또한
그는 화이관의 극복을 통해 민족적 자아에 대한 발견이 가능했으며 국제
사회에 있어서 각 국가 간의 대등한 관계를 설정해야 함을 주장하였다.
그리고 그는 역외춘추론을 주장함으로써 자국의 역사적 정통성에 대한
이해에 도달할 수 있었다.

　이러한 특징을 가진 그의 정치사상을 검토해 보면, 그것은 비록 완전
한 의미의 근대적 정치사상이 못되었다 하더라도 근대를 강력히 지향하
던 사상이었음을 부인할 수는 없을 것이다. 그리고 그의 정치사상은 당
대나 후대의 실학자들에게 상당히 큰 영향을 준 것으로 생각된다.

제4장 다산 정약용의 사상

1. 머리말

조선후기의 사상계가 드러내고 있는 가장 중요한 특징 가운데 하나로
실학사상의 성립을 들 수 있다. 실학사상은 당시 사상계의 지배적 위치
에 있던 성리학에 대한 반성으로 출현하게 되었다. 성리학은 15세기 이
래 조선왕조를 이끌어 오던 지배 사상으로서 왕조체제의 성립과 유지에
적지 않은 기여를 남긴 바 있었다. 그러나 역사의 발전에 따라 조선후기
사회에서는 새로운 사상의 출현이 요청되고 있었다. 이에 붕괴되어 가는
조선왕조 체제를 계속 유지하고 왕권을 강화시키며, 이를 위해서 민民과
국가와의 관계를 재조정해 보려는 시도가 진행되어 갔다.

여기에서 실학사상이 태동될 수 있었다. 이 사상은 18세기를 전후하
여 그 형태를 분명히 드러내게 되었으며 정약용丁若鏞(1762~1836)이 집대
성했다. 그는 이익李瀷(1681~1763)의 학통을 이어받아 이를 발전시켰으
며, 각종 사회개혁사상을 제시하여 '묵은 나라를 새롭게 하고자' 노력했
다. 그의 사상은 정치·경제·사회·문화 등 역사 현상의 전반에 걸쳐 펼쳐
져 나갔다. 그가 제시한 이 방대한 사상의 주류는 조선 왕조의 기존 질
서를 전적으로 부정하는 '혁명론'이었다고 보기에는 어려움이 따른다.
그는 혁명론을 제시하기보다는 파탄에 이른 당시의 사회를 개량하여 조
선왕조의 질서를 새롭게 강화시키려는 생각을 가지고 있었다. 그리하여

그는 조선에 왕조적 질서를 확립하고 유교적 사회에서 중시해오던 왕도정치王道政治의 이념을 구현함으로써 '국태민안國泰民安'이라는 이상적 상황을 도출해내고자 했다.

여기에서는 조선후기의 대표적 실학자인 정약용의 생애를 간략히 검토하고, 그의 사상이 가지고 있었던 특성을 밝혀보며, 그 사상의 의미를 음미해 보고자 한다. 그리고 이를 위해서 실학사상의 일반적 특성 및 그의 실학사상이 발생하게 된 역사적 배경을 우선 검토해 보고자 한다. 이와 같은 작업을 통해서 우리는 조선후기라는 전환기를 살면서 시대의 병폐를 치유하고자 고민했고, 새롭게 개혁된 사회가 도래하리라는 그침 없는 희망을 간직하고 있었던 한 인간을 이해할 수 있을 것이다. 또한 우리는 그를 통해서 18세기 후반기 및 19세기의 전반기 조선왕조 사회에 대한 인식을 높일 수 있을 것이다.

2. 다산 정약용의 사상

1) 정약용의 생애

이상에서 살펴본 바와 같은 실학의 정치사상적 분위기는 18세기 후반기 조선의 지식인들에게 널리 퍼져 있었다. 특히 당쟁의 과정에서 오랫동안 정치적으로 소외되었던 근기近畿 지방의 남인들은 기존의 통치 방식에 회의를 갖게 되었다. 그들은 정권을 장악하고 있던 노론들이 존중하고 있던 성리설과는 달리 선진유학에 기초한 새로운 개혁의 이론을 일찍부터 발전시킬 수 있었다. 이들의 학문적 경향을 '근기학파'라는 범주 안에서 이해하기도 한다.

정약용은 바로 이와 같은 시대적 배경을 가지고 태어났고, 그 소시적부터 이러한 학문적 분위기를 접하게 되었다.[1] 그가 태어난 양근楊根(오늘날의 경기도 남양주군)[2] 땅 일대는 뒷날의 연구자들로부터 실학자로 불리게 된 일군의 학자들이 새로운 학풍을 형성해 가고 있었던 곳이었다. 그의 친인척들도 이곳의 학풍을 발전시키는 데에 일익을 담당하고 있었다. 그는 진주목사晋州牧使를 역임했던 정재원丁載遠과 해남 윤씨 사이에서 4남 2녀 중 4남으로 태어났다. 이 해는 영조 38년(1762)이었다. 그의 부친은 음사陰仕로 진주목사를 지냈으나, 고조 이후 삼세三世가 포의布衣로 세상을 떠났으니, 비록 양반이며 그 이전까지는 대대로 벼슬을 하였지만, 그의 집안은 당시로서는 권세와 별로 가까운 처지가 아니었던 셈이다. 그의 일생은 대략 다음과 같이 네 단계로 나누어 볼 수 있다.

그 생애의 첫째 단계는, 출생 이후 과거를 준비하며 지내던 22세까지를 말한다. 그는 부친의 임지인 전라도 화순, 경상도 예천 및 진주 등지로 따라 다니며 부친으로부터 경사經史를 배우면서 과거 시험을 준비했다. 그리고 16세가 되던 1776년에는 이익李瀷의 학문에 접할 수 있었다.[3] 때마침 이때 그의 부친의 벼슬살이 덕택에 서울에서 살게 되어, 문학으로 세상에 이름을 떨치던 이가환李家煥(1742~1801)과 학문의 정도가 상당하던 매부인 이승훈李承薫(1756~1801)이 모두 이익의 학문을 계승함을 알게 되었고, 그리하여 자신도 이익의 유서를 공부하게 되었다. 이익은 근기학파의 중심적 인물이었고, 실학의 원조元祖로 불리기까지 하는 인물이다. 정약용이 어린 시절부터 근기학파의 개혁이론에 접했다고 하는 것은 청장년기 그의 사상이 성숙되어 나가는 데에 적지 않은 의미를 던져주는 사건이었다. 그리고 정약용 자신이 훗날 이 근기학파의 실학적 이론을 완성한 인물로 평가를 받게 된 단초가 바로 이 시기에 마련되고 있었다.

---

1) 다산의 생애 부문은 尹絲淳, 1990,「茶山의 生涯와 思想」『丁若鏞』, 고려대학교 출판부 참조.
2) 정약용은 지금의 경기도 남양주군 조안면 능내리에서 태어났으며, 당시에는 광주 초부면 마현리였다.
3) 丁若鏞,『與猶堂全書』第1集 卷16, 自撰墓誌銘.

정약용의 생애에서 두 번째 단계는, 1783년 그가 진사시進士試에 합격한 이후부터 1801년에 발생한 신유교난으로 체포되던 때까지를 들 수 있다. 그는 진사시에 합격한 이후 1789년 식년문과式年文科 갑과甲科에 급제할 때까지 서울의 성균관 등에서 수학하며 자신의 학문적 깊이를 더했다. 그는 이 기간 동안 여러 관직을 역임하며 국왕 정조正祖의 특별한 총애를 받게 되었다. 그는 이때『대학大學』과『중용中庸』등의 경전을 집중적으로 연구했다. 그리고 그는 1789년에는 마침내 대과에 합격하여 희릉직장禧陵直長을 시작으로 벼슬길에 오른다. 이후 예문관 검열藝文館檢閱, 사간원 정언司諫院 正言, 사헌부 지평司憲府 持平, 홍문관 수찬弘文館修撰, 경기암행어사京畿暗行御史, 사간원 사간司諫院 司諫, 동부승지同副承旨, 좌부승지左副承旨, 곡산부사谷山府使, 병조참지兵曹參知, 부호군副護軍, 형조참의刑曹參議 등을 10년 동안 역임하였다. 또한 1789년에는 한강에 배다리[舟橋]를 준공시키고, 1793년에는 수원성을 설계한 것과 같은 기술적 업적을 남기기도 했다.

한편, 이 시기에 그는 이벽李蘗·이승훈 등과의 접촉을 통해 천주교에 입교하게 되었다. 그는 입교 이후 그의 다른 형제들과는 달리 교회 내에서 뚜렷한 활동을 전개하지는 아니했다. 그러나 그의 이 입교는 자신의 정치적 진로에 커다란 장애로 작용했다. 당시 천주교 신앙은 성리학적 가치체계에 대한 본격적인 도전으로 인식되어 집권층으로부터 격렬한 비판을 당하고 있었기 때문이다. 그의 천주교 신앙 여부가 공식적으로 문제시된 것은 1791년 이후였다. 이후 그는 천주교 신앙과 관련된 혐의로 여러 차례에 걸쳐 시달림을 당해야 했고, 그는 이때마다 자신이 천주교와 무관함을 변호했다. 그러나 그는 1801년의 천주교 교난 때에 유배를 당함으로서 중앙의 정계와는 결별하게 되었다.

정약용의 생애에서 세 번째 단계는, 1801년 유배 이후 다시 향리로 귀환하게 되는 1818년까지의 기간을 들 수 있다. 그는 1801년의 교난이 발발한 직후 경상도 포항 부근에 있는 장기로 유배되었다. 그러나 그는 곧 이어 발생한 '황사영백서사건黃嗣永帛書事件'의 여파로 다시 문초를 받고 전라도 강진康津에서 유배생활을 하게 되었다. 그는 이 강진 유배기간 동안 학문 연구에 매진하였고, 이를 자신의 실학적 학문을 완성시킬 수 있는 기회로 활용했다. 다산의 강진 유배기는 관료로서는 확실히 암흑기였지만, 학자로서는 매우 알찬 수확기였다고 할 수 있다. 그의 강진 생활은 관리로서는 고난의 연속이었지만, 학자로서는 문도를 거느리고 강학과 연구와 저술에만 전념하던 시기였기 때문이다. 그는 이 기간 동안 중국 진나라 이전의 선진先秦 시대에 발생했던 원시 유학을 집중적으로 연구했다. 그리하여 이 선진유학을 기반으로 해서 성리학적 사상 체계를 극복해 보고자 했다.

또한 그는 조선왕조의 사회 현실을 반성하고 이에 대한 개혁안을 정리했다. 그의 개혁안은 『경세유표經世遺表』, 『흠흠신서欽欽新書』, 『목민심서牧民心書』와 같은 책을 통해 제시되고 있다. 이러한 그의 저서는 육경사서六經四書에 대한 연구와 사회개혁안을 정리한 일표이서一表二書(經世遺表・牧民心書・欽欽新書)로서 주목되고 있다. 정약용 자신의 기록에 의하면 이러한 연구서들을 비롯한 그의 저서는 경집에 해당하는 것이 232권이고, 문집에 해당하는 것이 260여 권에 이르는데, 그 대부분이 유배기에 이루어졌다.

정약용의 생애에서 마지막 단계는, 1818년 57세 되던 해에 유배에서 풀려나서 생을 마감하게 되는 1836년까지의 기간을 말한다. 그는 이 기간 동안 향리에 은거하여 지내면서 『상서尙書』 등을 연구했으며, 강진에서의 귀양 기간 동안 마치지 못했던 저술 작업을 계속하여 추진했다. 『매씨서평梅氏書平』의 개정 증보 작업이나, 『아언각비雅言覺非』, 『사대고례산보事大考例删補』 등이 이때에 만들어졌다. 그리고 그는 자신의 회갑을 맞아 자서전적 기록인 「자찬묘지명自撰墓誌銘」을 저술했다. 그는 그 밖에도 자신과 관련되는 인물들의 전기적 자료를 정리하기도 했으며, 스스로 500여 권에 이르는 자신의 저서를 정리하여 『여유당전서與猶堂全書』를 편찬했다.

이상에서 살펴본 바와 같이 그의 생애는 결코 순탄하지만은 아니했다. 그러나, 그는 그 생애의 거의 전 기간에 걸쳐 위기에 처한 조선왕조의 현실을 개혁하고자 했으며, 그 현실 개혁의 이론적 근거를 확보하기 위해 선진유학을 비롯한 여러 사상에 대한 연구를 게을리 하지 않았다. 그가 유배 과정에서 불교와 접촉을 했고,[4] 유배에서 풀려난 후 천주교에 다시 접근했다는 기록도 이와 같은 그의 그침 없는 탐구정신의 일단을 나타내는 사례로 생각한다. 그는 학문 연구와 당시 사회에 대한 성찰을 통해서 실학사상을 집대성했던 조선후기 사회의 대표적 지성이었다.

2) 정약용의 실학사상

오늘날 실학을 연구하는 사람들은 정약용을 실학사상의 집대성자로 높이 평가하고 있다. 그는 자신이 살고 있던 당시 조선왕조가 직면한 위기를 해소하고 왕도정치가 시행되는 이상적 사회로 재편되기를 희구하며 각종의 개혁적 사상을 개진했다. 한편 당시는 오늘날과는 달리 사회와 학문의 분야가 미분화되어 있던 상황이었으므로 그의 개혁사상은 정치·경제·사회 그리고 문화 내지는 사상 등 각 방면에 걸쳐서 제시되고 있었다. 이러한 그의 사상은 『여유당전서』의 분석을 통해서 밝혀질 수 있다.

(1) 정치사상과 관제개혁론

19세기의 대표적 실학자인 정약용은 그의 일표이서를 통해서 군주권의 절대성과 우월성을 내용으로 하는 왕권강화론을 제시했다. 그는 벌열

---

4) 崔柄憲, 1985,「茶山 丁若鏞의 韓國佛敎史 硏究」『丁茶山硏究의 現況』, 326쪽.

이 권력을 장악하고 정치를 전횡하던 상황에서 국가 공권력의 회복을 위해서 왕권의 절대성을 강조했다. 그러나 그가 주장하는 왕권은 공권력을 대표하는 권위의 상징일 뿐이었고 절대 왕정과는 거리가 멀었으며, 영조와 정조대 탕평정책에서 추진되었던 왕권강화책과도 일정한 거리가 있었다. 정약용은 국왕이나 관료가 공적인 관료기구를 통해 권력을 행사하는 것을 가장 이상적인 것으로 파악했다.

또한 정약용의 정치사상은 왕도정치의 이념을 구현하려는 데에 집중되고 있다. 이러한 그의 정치사상은 주로 집권층의 정치관을 수정시키려는 방향에서 전개되었다. 즉, 그는 집권층에 대하여 위로는 국왕을 정점으로 하는 통치질서의 강화에 협조해야 함을 강조했다. 그리고 그는 집권층이 아래로는 애민愛民·교민敎民·양민養民·휼민恤民하는 목민지도牧民之道를 확립하여 선진先秦 시대 이래 유학의 기본적 가르침이었던 민본民本의 의식을 실천해야 함을 주장하고자 했다.

그는 한 때 국가의 최고 권력자인 천자天子도 인장隣長이나 이정里正과 같은 인민의 대표자들이 선출하여 추대해야 하는 것으로 생각했다.[5] 그리고 맹자에 의해서 주장된 바 있었던 폭군 방벌론暴君放伐論의 입장에서 민은 폭군을 거부할 수 있다고까지 생각한 바 있었다.[6] 그러나 그의 정치 개혁안들의 주류는 왕조체제를 근간으로 인정한 것이었다. 그렇다 하더라도 그는 봉건적 통치구조의 파행적 운영으로 말미암은 폐단을 제반 제도의 개편을 통해 최대한으로 막아보려는 의도를 가지고 정치 분야에서의 개혁안을 제시했다.

19세기에 이르면, 정치운영의 형태가 소수의 벌열이 권력을 독점하는 세도정치로 바뀌면서 국가 기강의 문란과 관료체제의 부패, 극심한 사회

---

5) 『與猶堂全書』 第1集 卷11, 論, 湯論.
6) 林熒澤, 1990, 「茶山의 '民'主體 政治思想의 이론적·현실적 근거」 『茶山의 政治經濟思想』, 창작과비평사 ; 趙珖, 1990, 「丁若鏞의 國民主權論」 『丁若鏞』, 고려대학교 출판부 참조.

경제적 혼란이 야기되었다. 이를 바로잡기 위해 정약용은 관료기구의 개혁안 마련에 주력했다. 그는 우선, 6조에 소속된 아문들을 재배치하고, 승정원 및 왕실 관련 아문들을 모두 이조에 예속시켰다. 정약용은 군영아문軍營衙門의 경우도 병조에 소속시켜, 명령전달체계를 일원화시키자는 주장을 제시했다. 또한, 정약용은 권력이 집중된 관료기구의 효율적 운영을 위하여 의정부의 기능을 강화시키고자 했다. 그는 비변사를 혁파하고 중추부를 실직화實職化시켜 변무邊務만을 담당하게 하는 방안을 제안했다. 동시에 그는 이전까지 비변사가 장악하던 군국기무 처리 기능을 의정부에 회복시키고 고위관직에 대한 인사권을 부여함으로써, 의정부가 명실 공히 관료기구의 중심이 되는 행정체계를 구상했다.

그리고 정약용은 왕과 관료집단 간에 사적인 연결을 방지하고, 관료기구를 효율적으로 운영하기 위해서 규장각의 초계문신抄啓文臣을 비롯한 청요직淸要職의 폐지를 주장했다.[7] 즉, 정약용은 왕을 정점으로 하고 의정부를 통해 권력이 일원적으로 행사되도록 하여 행정의 본체인 6조를 중심으로 하는 관료체제를 강화시키고자 하였다. 또한, 왕과 관료 사이에도 일정한 거리가 유지되도록 하여 사회개혁을 위한 정책이 일관성 있게 추진될 수 있는 독자적인 관료체제의 구조를 만들어나가고자 하였다.[8]

한편, 정약용은 과거제 개혁론도 피력하였다. 그는 나름대로의 새로운 관료제 개혁안을 제시하면서 이에 걸맞은 새로운 관료를 선발하기 위한 과거제 개혁론을 제시하였다.[9] 정약용은 이익의 견해에 찬동하여 식년시 이외에 부정기시를 모두 혁파하고, 급제자의 숫자도 줄임으로써 과거에 합격하고도 관직을 얻지 못하는 일이 없도록 해야 함을 강조하였

---

7) 『與猶堂全書』 第5集 卷1, 經世遺表, 春官禮曹, 弘文館.
8) 姜錫和, 1989, 「丁若鏞의 官制改革案 硏究」 『韓國史論』 21, 서울대학교 인문대학 국사학과, 192~216쪽.
9) 『與猶堂全書』 第5集 卷15, 經世遺表, 春官修制, 科擧之規 참조.

다. 이는 과거제 본래의 기능을 일단 회복시키자는 목적에서 제기된 것이었다.

또한 정약용은 과거제의 실시 절차를 정비·보강하려는 계획을 마련했다. 공거제貢擧制를 과거시험의 1단계에서 도입하고, 소과小科와 대과大科를 통합하였으며, 마지막으로 삼관三館의 관료들이 급제자와 경륜을 논하는 조고朝考를 첨설하자는 것이었다. 정약용은 고시과목도 대폭 증설하자는 제안을 했다. 경학과 관련된 과목들이 시험 때마다 바뀌면서 응시생들에게 요구되는 부담이 매우 커졌으며, 중국사는 물론 우리역사, 관료로서의 실무 행정과 관련되는 잡학雜學, 체력의 단련을 요하는 시사試射 등이 새로운 안案에서 추가되었다.10) 정약용의 이러한 과거제 개혁론은 관료를 선발하는 기준을 덕행, 재주 등으로 다양하게 확대하고, 학교제와 과거제의 연결을 통해 관료 양성과 선발을 구조화하고자 하였으며, 관료로서의 기본적인 자질과 실무능력을 고양시키려는 의도를 담고 있었다.

(2) 토지제도 개혁론

원초유학의 단계에서 제시되고 있던 왕도정치론에서는 그 구체적 실천 방안으로 민에게 항산恒産을 보장해 주고, 정전제의 실시를 통해서 부세와 요역을 고르게 하고, 상공商工의 보호를 제시했다. 또한 당시의 왕도정치론에서는 전반적 차원에서 '보민保民'을 주장했고, 특히 궁민窮民의 구제에 관심을 가져야 함을 말했다.11)

---

10) 李秉烋, 1972, 「茶山 丁若鏞의 科擧制 改革論」 『東洋文化』 13, 영남대학교 동양문화연구소 참고.

11) 劉澤華, 1992, 『中國古代政治思想史』, 天津: 南開大學出版社, 77~78面. 여기에서는 仁政의 내용으로 給民以恒産, 賦稅徭役有定制, 輕刑罰, 救濟窮人, 保護工商을 들었다. ; 狩野直喜 著·吳二煥 譯, 1986, 『中國哲學史』, 乙酉文化社, 164쪽. 여기에서 가노 나오키는 왕도를 구체적으로 설명하고 있다. 그는 "왕도의 대요는

조선후기의 실학자들은 원초유학의 왕도정치론을 중세 해체기의 조선 사회에 적용함으로써 조선에서 왕도정치를 구현하고자 했다. 이는 정전제의 정신을 살려 토지개혁을 단행함으로써 인정仁政의 회복을 주장하는 새로운 왕도정치론으로서의 의미를 가지고 있었다. 실학자들이 제시했던 정전제 등에 관한 주장은 단순한 경제개혁의 이론이라기보다는 왕도정치를 구현하고자 하는 통합적 이론 가운데 주요한 일부였다는 측면이 있다.

즉, 실학자들이 주장했던 토지개혁사상은 왕도정치를 조선사회에 알맞게 재해석하여 그 시행을 역설한 것이다. 실학자들은 왕도정치의 구현이라는 현실적 목표를 가지고 정전론을 제시함으로써, 국가 내지 국왕은 민을 본위로 하고 민을 위하는 민본위민의 의무를 수행해야 함을 천명하고자 했고, 항산을 보장 받게 될 민에게 무농務農을 강조하고자 했다.

그런데, 조선후기 실학자들이 살고 있던 당시의 농업 속에서 주요한 생산관계는 지주 – 전호제가 보편적이었다. 따라서 이 시기 토지 개혁론은 이러한 지주제를 인정하는 위로부터의 길과 지주제를 해체하고 자립적 소농이나 중소 상공인의 입장을 지지하는 아래로부터의 길 등 두 가지가 있었다. 실학파의 토지개혁론은 후자의 길과 관련된다.[12] 이러한 조선후기 토지 문제에 대한 개혁론은 균전론均田論·한전론限田論·정전론井田論·여전론閭田論으로 크게 구별할 수 있다. 이들은 중국의 토지개혁 논의를 자신의 근거로 삼고 있었다.

務農과 興學의 둘로 나뉜다. 務農에 의해 백성의 생활을 안락하게 하고, 興學에 의해 人倫 孝悌의 도를 밝히는 것이다."라고 규정했다. ; 勞思光 著·鄭仁在 譯, 1987, 『中國哲學史: 宋明編』, 探究堂, 148쪽. 여기에서는 仁政에서 논하는 주요 취지가 '保民'에 있음을 말했다. 맹자가 仁政을 王道라고 이름 붙인 것은 인정을 행하면 민심을 얻을 수 있고, 민심을 얻으면 천하에서 왕 노릇할 수 있다고 믿었기 때문이다.

12) 金容燮, 1988, 「近代化過程에서의 農業改革의 두 方向」 『한국자본주의 성격논쟁』, 大旺社.

유형원은 『반계수록磻溪隨錄』에서 국가체제의 전반적인 개혁방안을 제시하면서 토지제도의 개혁을 가장 중요시했다. 그는 지세불편地勢不便이나 공전公田에서의 수세收稅가 어려운 까닭에 정전제의 시행이 어렵다고 하면서 정전제가 가지고 있던 균산均產의 의미를 살리는 방향에서 균전제의 시행을 주장했다.13) 그리하여 그는 균전의 토지 분급과 정전의 공동 부담을 근간으로 한 토지개혁안을 제안해서 당시의 문란한 토지 소유관계를 혁신하고, 국가가 이를 재분배하여 민이 균등하게 점유하게 하는 토지관계를 설정하고자 했다. 그가 토지개혁론을 주장했던 궁극적인 목적은 토지를 국유화하여 토지의 겸병을 억제하고 토지의 균점을 통해 농민의 생활을 안정시키고, 국가 재정을 재건하기 위한 것이었다.

유형원의 토지개혁론과 함께 이익의 개혁론도 검토할 수 있다. 이익은 전통적인 토지국유의 원칙을 토지제도의 기본적인 대전제로 삼아 토지의 개인적인 소유 즉, 사점私占을 원칙적으로 배제하고자 했다. 그는 농민의 균등한 토지 소유를 보장하며, 토지에 대한 절대적 처분 관리권을 국가에 귀속시켜야 한다는 개혁론을 주장했다.

이익이 제시했던 토지개혁안의 구체적인 내용은 첫째, 토지 겸병이 빈민貧民의 토지 매매[賣田]에서 비롯된다고 파악하여 이를 방지하기 위해 호당 영업전永業田의 면적을 설정할 것을 주장했다. 둘째, 영업전 이외 토지는 자유로이 매매하고 이를 팔도록 강요하지 않는다는 점이다. 셋째, 영업전으로 제한된 토지 내에서는 매매를 금지해야 한다고 했다. 넷째, 일체의 전지田地 매매는 관에 보고하여 관에서 이를 통제해야 한다는 것이었다.14)

이와 같은 그의 토지개혁론은 귀부자貴富者가 토지를 사유하는 현실을 인정한 위에서 점진적인 방법을 통한 균전제 실시를 주장한 것이었다.

13) 『磻溪隨錄』 卷1, 田制上, 分田定稅節目.
14) 『星湖先生全集』 卷45, 均田論.

또한 유형원의 균전제가 국가의 권력으로 토지를 균분하려는 것임에 반해 이익의 한전제는 국가권력으로 소전주小田主들의 몰락을 방지하는데 중점을 두어 점진적으로 장기간에 걸쳐 꾸준한 개혁의 실시를 의도했다.

박지원은 『과농소초課農小抄』에서 '한민명전의限民名田議'15)라고 하는 토지 재분배론을 주장했다. 이 주장은 일종의 한전법으로 토지 소유 상한 선을 설정하고 그 이상의 소유는 허락치 않으면 수십 년 후 매매와 상속을 통해 토지가 균등해 질 것이라고 예상했다. 서유구徐有榘(1764~1845)의 한전론도 이와 비슷했다.16) 서유구는 처음에는 한전제를 주장했다. 그러나 현실적 방안으로서 둔전론屯田論을 제기했다. 이 방안은 국가가 주체가 되는 국영농장제의 개혁론이었다.

이러한 실학자의 토지개혁안 가운데 단연 주목되는 것은 정약용의 이론이었다.17) 정약용은 자신의 개혁론을 제시하기에 앞서 정전제·균전제·한전제를 차례로 비판한 바 있다. 그는 중국 고대의 정전제가 한전旱田과 평전平田에서만 시행되었던 것이므로, 수전水田과 산전山田이 많은 우리나라의 현실에는 맞지 않는다고 판단했다. 또한 균전제는 토지와 인구를 계산하여 이를 표준으로 삼는 방법인데, 당시 조선은 호구의 증감이 수시로 변동되며 토지의 비옥도가 일정치 않기 때문에 당시 조선에서 이를 실천하기에 적합하지 못하다고 했다. 그리고 한전제는 전지의 매입과 매각에 일정한 제한을 두고자 하는 이론이나, 타인의 명의를 빌어 한도 이상으로 늘이거나 줄이는 것을 일일이 적발해 낼 수 없다고 했다. 이들의 기본적 결함은 토지의 관리 다시 말해, 치전治田에 반하여 농사를

---

15) 『燕巖集』 卷16.

16) 『楓石全集』 卷7, 農對.

17) 정석종, 1970, 「茶山 丁若鏞의 經濟思想」 『李海南博士華甲紀念史學論叢』, 一潮閣 ; 朴贊勝, 1986, 「丁若鏞의 井田制論 考察: ≪經世遺表≫「田制」를 중심으로」 『歷史學報』 110, 歷史學會 ; 愼鏞廈, 1985, 「茶山 丁若鏞의 閭田制 土地改革思想」 『丁茶山研究의 現況』, 민음사 ; 趙誠乙, 1998, 「丁若鏞의 土地制度 改革論」 『韓國思想史學』 10, 韓國思想史學會 참조.

짓지 않는 자에게 토지를 주고 균산에 주안을 둔 데 있다고 주장했다. 그러면서 그는 균산에 그 목적을 두지 않고 오직 농업생산력을 상승시킬 수 있는 치전에 목적을 둔 토지제도의 개혁을 주장하면서, 경자유전의 원칙을 분명히 하고자 했다.

그의 토지 개혁론은 「전론田論」에 나타난 여전제閭田制와 『경세유표』에 보이는 정전제의 두 단계로 나누어 볼 수 있다. 그리고 다시 정전제는 고대 정전제에 대해 나름대로 해석한 정전론과 전제개혁안을 적용한 정전의井田議로 나누어 볼 수 있다.[18] 정약용의 토지개혁안 가운데 여전제적 개혁안을 담고 있는 「전론」[19]은 1798년에 작성되었고, 정전제적 개혁을 추구하던 『경세유표』는 1817년에 씌어졌다.

먼저, 정약용의 경우는 농업 생산력의 향상에 관심을 갖고 그의 토지개혁안인 여전제를 논하였다. 「전론」에서 주장하는 여전제의 목적은 토지균분으로 토지와 재부가 집중되는 것을 방지하고자 하는 것이었다. 여기에서는 경자유전의 원칙에 따라 농사를 짓는 자만이 농지를 얻고, 농사를 짓지 않는 자는 얻지 못하도록 했다. 이는 정전제정전론, 정전의의 입장과 같다.

여전제에서 제시하고 있는 구체적인 내용은 다음과 같다. 여전제는 30가구를 1여閭로 하여 여민閭民은 공동노동을 통해서 생산과 수확을 하는 것으로 설정되었다. 여기에서 여민이 선출한 여장閭長은 생산작업을 분담시키며, 일역부日役簿를 만들어 노동량을 기록했다. 이와 같이 여전제 아래에서는 공동생산을 추진했지만, 가족 단위로 소비를 하는 것으로 생각했다. 그러므로 생산물의 분배는 생산에 투하된 가족의 노동량에 따라 진행되어야 한다고 했다. 그런데 여전제는 봉건적 토지소유를 부정하면서 토지의 공동소유 공동경작을 창안함으로써 그 경제적 내용으로만

---

18) 趙誠乙, 1998, 앞의 논문, 101쪽.
19) 『與猶堂集』 續集8, 田論 ――七 규장각 소장본

본다면 토지는 사회적 소유로 규정된 것이었다.[20]

여전제 아래에서는 인구의 자유로운 이동을 8~9년간 허용하면, 이익을 추구하고 해를 피하려는 농민의 합리적 행동에 의해 각 여의 노동생산성과 빈부는 균등하게 될 것으로 전망되었다. 그리고 10년째부터는 인구와 노동력의 이동을 노동생산성을 균등화하는 방향에서만 국가에서 계획적으로 관리해야 한다는 것이 그의 주장이었다. 그리고 그는 나아가 여전제의 토지제도를 군사조직의 근간으로 삼아 여閭 - 리里 - 방坊 - 읍邑에 따른 병농일치를 중심으로 하는 군제개혁안을 구상했다.

정약용은 농사를 짓지 않는 사·공·상의 토지소유를 반대했다. 이에 따라 상인과 수공업자는 독립되어 여전제와는 사회적 분업관계를 이루도록 했다. 사족의 경우 직업을 바꾸어 농사에 종사하거나 이외의 생산활동 즉 상업, 수공업, 교육 등에 종사할 것을 주장했다. 특히 사士들이 이용후생을 위한 기술 연구에 종사하는 것을 가장 높이 평가했다.[21]

한편, 『경세유표』에 보이는 「정전의」[22]는 국가에서 재정을 마련하여 그 돈으로 사유농지를 유상매입하여 전체 농지의 9분의 1을 공전公田으로 만들기를 제안했다. 그리고 이 공전을 민의 노동력으로 경작하여 그 수확을 전세에 충당한다는 것이다. 그는 이를 실천하기 위한 과제로서 공전을 마련하기 위한 재원 마련·기구 편성·공전 편성 작업·공전 경작을 위한 노동력 할당·토지 대장 작업·공전의 조세량 등을 검토했다. 그가 제시한 이 정전의의 개혁론은 조세개혁적 성격이 크며, 토지개혁이나

20) 朴承奎, 1990,「茶山의 田制改革思想의 現代史的 意義」『晋州文化』9, 진주 교육대 진주문화연구소.
21) 慎鏞廈, 1983,「茶山 丁若鏞의 閭田制 土地改革思想」『奎章閣』7, 서울大學校 奎章閣韓國學研究院.
22) 『與猶堂全書』第5集 卷7, 經世遺表, 地官修制田制7 ; 『與猶堂全書』第5集 卷7, 經世遺表, 地官修制田制8 ; 『與猶堂全書』第5集 卷7, 經世遺表, 地官修制田制9 ; 『與猶堂全書』第5集 卷8, 經世遺表, 地官修制田制10 ; 『與猶堂全書』第5集 卷8, 經世遺表, 地官修制田制11 ; 『與猶堂全書』第5集 卷8, 經世遺表, 地官修制田制12

경작권 조정이라는 측면도 있었다. 그는 정전의를 통해서 농업전문화를 통한 상업적 농업을 추구하며 그 경영 규모는 100무畝를 단위로 하는 부농에 의한 자본주의적 개별 경영을 지향했다. 한편, 『경세유표』의 정전론은 전국의 토지를 국유화하여 정전을 편성하고, 그 중 9분의 1은 공전을 만들어 조세에 충당하고 나머지는 농민에게 분배하며, 공전은 토지를 분배 받은 농민의 공동노동으로 경작한다는 내용이었다. 정약용의 정전론에서는 국가에 토지처분권을 귀속시켜, 지주전호제의 재등장을 막아 보고자 하는 시도가 있었다.

전반적으로 정약용의 토지개혁론은 상업적 이윤과 '자본주의적' 경영을 전제로 한 것으로 농민에게 토지를 갖게 하되 양반 및 상공계층은 제외하고 농업을 통한 상업적 이윤을 추구하게 한 점에서 다른 실학자들과는 차이가 있다. 한편 그가 제시한 여전제와 정전론은 유사점이 많다. 즉 그는 자신의 개혁안에서 모두 토지의 사적소유를 부정했고, 경자유전의 원칙에 따라 농민에게만 토지를 주고자 했다. 그리고 농업생산력의 발전을 목표로 삼았으며, 전제개혁田制改革을 통해서 병농일치를 관철하고 지방제도와 병제의 일체화를 시도한 점도 비슷하다.

그러나 이 두 개혁안 사이에는 차이도 있었다. 즉, 정약용은 여전론을 통해서 여閭의 설치를 논했고 여민의 공동생산을 분명히 했다. 그러나 정전론에서 제시하고 있는 정전의 경우는 그 운영의 측면에서 여전과 차이가 있었고, 농업의 전문화와 부농에 의한 개별경영을 제안했다. 그렇다 하더라도 정전론과 여전론이 근본적으로 다른 개혁안일 수는 없었다. 아마도 정약용은 지향해 나가야 할 궁극적 목표 내지는 방향으로 여전제적 개혁안을 제시했을 것이라고 생각된다. 그리고 현실적 개혁안으로서 정전제를 말했기 때문에 이 둘 사이에는 상이점보다도 유사점이 더 많이 드러나게 되었을 것이다.

조선후기의 실학자들은 선진시대의 왕도정치론에서 제시하고 있었던

정전론의 이념을 살려서 지주전호제의 모순에 시달리던 조선의 토지제
도를 개혁하고자 했다. 실학자 가운데 유형원의 경우는 균전론을 논했고
이익은 한전론을 제안했다. 이들은 농민 보유지의 확보, 즉 자영농민의
확보에 주안점을 둔 개혁을 제안했다. 한편, 정약용의 경우에는 정전론
과 여전론을 통해서 새로운 토지개혁안을 제안했다. 정약용을 비롯한 실
학자들이 제안한 이 토지개혁안들은 당대 사회에서 왕도정치의 재현을
시도하고자 했던 실학자들의 이상을 담고 있었다.

(3) 상업·공업 정책론

원초유학에서 제시하고 있었던 왕도정치론에서는 인정仁政의 지표 가
운데 하나로 상인과 장인匠人을 보호하는 문제가 거론되고 있었다. 뿐만
아니라 전반적인 사회개혁을 시도하며 실학사상이 제시되던 조선후기
사회에서는 선진시대와는 달리 상공업이 상대적으로 발전해 가고 있었
던 단계였다. 그리하여 실학자들은 선진유학에서 제시하고 있었던 공고
工賈, 수공업자와 상인에 대한 보호논리와 조선후기의 상공업계의 발전
단계 등에 영향을 받아서 상공업 진흥론을 전개했고, 화폐의 유통정책에
적극적이었으며, 광업의 개발 문제에 대해서도 깊은 관심을 가지고 있었
다. 따라서 왕도정치의 재현을 시도하던 실학자들이 상공업 진흥론을 개
진한 것은 일견 당연한 일이기도 했다.

우선 상업에 대한 실학자들의 견해를 주목할 수 있다. 조선왕조에서
는 상업을 천업시하는 말업관과 상인의 관직 진출을 막는 금고법의 철폐
를 주장했다. 이러한 주장은 유수원柳壽垣이나 정약용이 강하게 제시한
내용이었다.[23] 그들이 상인을 구속하는 금고규정의 철폐를 주장한 것은
농업생산에 참여하지 않는 양반을 지칭하는 유식양반遊食兩班에 대한 문

---

23) 姜萬吉, 1991, 「實學者의 商工業 發展論」『東洋學國際學術會議論文集』, 成均館
    大學校 大東文化研究院, 168쪽.

제를 해결하기 위한 방법의 일환이었다. 한편, 실학자들은 상업발전론을 직접 제시해 나갔다. 유형원 단계의 실학에서는 농본적 입장이 견지되면서, 농업생산 중심의 경제체제를 유지하는 데에 지장을 주지 않은 범위 내에서만 상업을 한정시켜야 한다고 주장했다.

그러나 18세기 중엽에 활동한 유수원의 단계에 이르러 실학의 상업론은 상당한 발전을 이룩했다. 유수원은 상업자본의 육성을 전망하면서 대상인에게 금난전권禁難廛權과 같은 전매특허를 주어야 한다고 했으며, 영세상인의 자본을 합자合資시켜 대규모의 상인자본으로 육성해야 한다고 생각했다. 그가 금난전권의 보장을 요구한 것은 국가재정에서 중요한 의미를 차지할 수 있는 상업세의 증수에 직접적인 목적을 둔 것이었다. 그리고 유수원은 지방도시의 상업발전을 위해서 정기시장의 상설화를 주장했고, 농촌지역에 정기시장의 개설을 장려하고자 했다.[24]

정약용은 특권상업 및 매점상업에 대한 반대론을 전개했다. 이 시기에는 이미 18세기 이후 발달한 특권 및 매점상업에 따른 폐단이 발생하고 있었기 때문이었다. 그리고 그는 '선왕의 법'을 들어서 상업이윤을 확보하고 있던 상인들에 대한 상업세의 증수를 꾀했다. 그는 이를 위해서 세과사稅課司나 독세사督稅司와 같은 세무관서의 설치가 필요하다고 보았고, 상업세의 증수를 위한 구체적 방안을 제안했다.[25]

실학자들은 상업뿐만 아니라 수공업 분야에 대해서도 일정한 관심을 가지고 있었다. 박지원, 박제가 등 실학자는 방직紡織 분야 등에서 드러나는 낙후된 국내 기술을 발달시키고 생산력의 향상을 통한 국부의 증대를 목적으로 하여 선진기술을 과감히 수용해야 한다고 주장했다. 정약용도 중국으로부터 선진기술을 받아들이기 위해서 이용감利用監과 같은 관

24) 姜萬吉, 1973,「實學者의 商業觀」『朝鮮後期 商業資本의 發達』, 高麗大學校出版部, 22~23쪽.

25) 姜萬吉, 1984,「丁若鏞의 商工業政策論」『朝鮮時代 商工業史研究』, 한길사, 243~252쪽.

청을 설치하기를 제안했다. 그리고 선박과 수레 제조 기술을 장려하기 위해서 전함사典艦司나 전궤사典軌司와 같은 관청을 중앙정부에 설치해서 정부 주도로 기술을 발전시켜 나가야 한다고 생각했다.

화폐 유통에 관해서는, 당시 17세기 이후 조선사회에서는 화폐의 전국적 유통으로 여러 가지 문제점이 나타나면서 화폐유통에 대한 부정론과 긍정론이 등장했다. 특히 18세기 초 발생한 전황錢荒 또는 전귀錢貴 현상의 등장 이후로는 화폐제도나 유통을 개선시키려는 개혁론이 실학자들 사이에 적극적으로 나타났다. 화폐유통에 대한 긍정론은 유형원과 유수원·박제가 등에게서 나타났다. 그리고 이익·이규경은 화폐 유통에 수반되는 문제점을 제시하고자 했으며, 정약용은 화폐 제도 개선을 요구한 경우로 분류될 수 있다.26)

유형원은 화폐유통에 긍정적이었다. 그는 중국 및 고려시대의 화폐유통을 연구하여 국내에서 동전유통을 주장하는 근거로 삼았고, 화폐를 식량과 함께 민생의 근본으로 인식했다. 이에 따라 화폐주조의 국가관리를 주장했고, 화폐체재 및 품질의 규격화를 논했다. 그는 화폐 원료의 공급 및 화폐 주조량의 결정 문제에 대해도 관심을 가지고 있었다. 한편 그는 화폐의 보급을 장려하기 위해서 국가에서 화폐의 유통 가치를 결정해주고, 국가의 수입과 지출을 화폐납화하기를 제안했다. 그리고 그는 상설점포의 설치를 제안했고, 물품화폐였던 추포麤布의 유통금지를 주장했으며, 관용비를 금속화폐로 지급할 것 등을 제안했다.

반면에, 이익은 화폐유통에 비판적이어서 폐전론廢錢論을 주장하기도 했다. 그는 상품교환 수단으로서 동전의 기능이나 가치는 원칙적으로는 인정했다. 그러나 그는 지역의 협소성 및 재화를 운송하기 위한 교통의 편리를 들어 금속화폐의 유통에 부정적이었다. 그가 부정적 화폐관을 가지고 있었던 까닭은 동전유통으로 인해 상업의 발달이 촉진되고 이와 병

---

26) 元裕漢, 1981, 「實學者의 貨幣經濟論」『東方學志』26, 延世大學校 國學研究院.

행하여 고리대가 성행해서, 농민의 몰락이 촉진되고 농업이 위축되던 현상과 관련이 있었다.

정약용은 화폐유통의 현실을 인정하고 있었지만, 농본적인 절약론의 입장에서 화폐유통의 구조개선을 주장했다. 그는 화폐가 상품유통의 매개체로서 국가경제에 중요하다고 인식했다. 그는 당시 화폐정책 및 화폐제도의 개혁과 전황錢荒을 극복하려는 개혁안을 제시했다. 전환서典圜署를 설치하여 화폐 주조 관리체계를 일원화하고 화폐의 품질과 체재를 개선하려고 했다. 또한 화폐제도의 개혁안으로 동전을 가장 이상적인 화폐로 생각했으나, 고액전의 통용 및 금은화의 주조를 제안하기도 했다.

조선후기 사회에서 광업 분야에서도 큰 변화가 일어나고 있었다. 그리하여 18세기말에는 매뉴팩쳐 단계의 덕대제德大制 광업경영이 진행되었다. 동시에 농민층 분화와 관련하여 광산노동자가 증가되었고, 이로 인해 농업노동력의 부족현상이 나타났다. 광업의 발달은 전답과 봉건질서를 함께 파괴시켜 갔다. 그리고 광세鑛稅의 징수 문제, 금은의 국외 유출 등에 따른 손실 등 여러 문제가 수반되었다.27)

이와 같은 상황에서 유형원은 광업에 대해 공장세工匠稅 징수 등에 약간의 관심을 보였지만, 관영제官營制보다는 사채제私採制를 지지하는 입장에 있었다. 이익은 농사에 피해가 없는 한 광산 개발의 필요성을 주장했다. 그리고 과중한 징세로 인해서 광업 개발이 위축된다고 하여 당시 시행되었던 설점수세제設店收稅制의 보완을 요구했다. 이외에도 박지원, 박제가, 서유구, 이규경 등과 같은 실학자들은 대체로 설점수세제에 의한 광산 개발을 인정하면서 광산물의 효율적 활용에 더 큰 관심을 지니고 있었다.28) 이렇듯 당시 실학자들은 광업이 차지하는 산업 비중이 높

---

27) 조선후기 광업의 구체적인 전개 과정에 대해서는 柳承宙, 1993, 『朝鮮時代鑛業史研究』, 고려대학교출판부 참조.

28) 元裕漢, 1985, 「朝鮮後期 實學者의 鑛業論 研究 − 茶山 丁若鏞의 鑛業國營論을 중심으로 −」『韓國近代社會經濟史研究』, 정음문화사.

지 않았으며, 사회적 독립 분업론 등에 대한 인식도 미숙하여 체계적이
고 진보적인 광업론을 제기하지 않았다.

그러나 정약용의 광업론은 특출한 면모를 가지고 있었다. 그의 광업
론은 크게 두 단계로 나눌 수 있다. 초기는 국영 광업 정책의 단서가 마
련되는 「지리책地理策」, 「응지논농정소應旨論農政疏」가 저술된 시기이다.
이때 정약용은 설점수세제를 기본으로 한 정부의 광업정책을 용인하면
서 동점銅店과 철점鐵店에 대한 억제정책을 완화시키기를 요구했고, 광업
의 민영화를 인정했다.[29] 그러나 정약용의 광업개혁론은 광업민영화보
다는 관영화 또는 국영화의 필요성을 강조하는 방향으로 전개되었다.

정약용의 광업개혁론 시기적으로 구분할 때, 두 번째 단계는 『경세유
표』, 『목민심서』의 단계이다. 여기에서 그는 광업정책 및 광업경영론을
논했고, 광업제도의 운영을 개선하는 방안을 마련하고자 했다. 이 시기
에 그는 중앙정부 차원의 근본적 개혁방안으로 국영광업정책 및 국영광
업론을 제시했다. 즉, 그는 중앙에는 사광서司礦署를 설치하고 지방에는
감무관監務官을 파견하여 광산을 관리하자는 안을 내놓았다. 이외에도
이용감의 설치를 제안했고, 금광군의 생산·노동 조직과 광산의 경영 형
태 및 생산기술에 대해 구체적으로 기술하면서 생산성 향상을 전망했다.
그리고 그는 아전의 중간수탈을 막고 소란의 근원도 방지하기 위해서 지
방관 차원의 광업제도 운영 방안으로 광업행정 지침을 구상했다.[30] 이
러한 정약용의 국영광업개혁론은 당시 발달한 덕대제 광업 경영의 기술
수준을 바탕으로 했다.

이상에서 살펴본 바와 같이 정약용을 비롯한 실학자들은 왕도정치의
이념에 따라 상공인을 보호하고, 당시 사회의 한 과제로 제시되고 있었

---

29) 元裕漢, 1985, 앞의 논문.
30) 林炳勳, 1987, 「茶山 丁若鏞의 國營鑛業政策·經營論 −사회개혁사상의 발전 및
    사회개혁론 체계와 관련하여−」 『東方學志』 54·55·56, 延世大學校 國學研究院.

던 상공업 발전을 촉진시키기 위해서 상공업개혁론을 전개했다. 그리고 그들은 상업의 말업관을 거부했다. 그들은 통공발매정책을 지지했고 상업세의 증대에 관해서도 관심을 가졌다. 그들은 금속화폐의 제조와 유통에 대해서 대체적으로 긍정적 입장을 취했다. 그들은 수공업의 발전에 대해서도 긍정적 사고를 가지고 있었다. 그들은 광업을 국부의 원천으로 파악하여 국가재정의 확보를 위해서는 광산국영이 요청된다고 판단했다. 이러한 그들의 상공업 개혁론은 현실적으로 국가의 재정을 확보하고 유식자遊食者를 정리하여 개직皆職을 성취해야 한다는 사회개혁적 입장에서 제시되었다.

(4) 사회 신분제도 개혁론

조선후기의 실학자들은 경제사상의 경우에서와 마찬가지로 자신들이 추구하고 있던 왕도정치의 이념과 조선사회가 직면해 있던 현실에 대한 성찰을 기반으로 하여 일련의 사회개혁론을 전개했다. 즉 왕도정치의 이념을 제시했던 맹자는 「등문공 상滕文公 上」에서 "백공百工의 일은 본래 농사를 지으면서 할 수 있는 일이 아니다[百工之事 固不可耕且爲也]"라고 말하며, 노심자勞心者와 노력자勞力者를 구별해서 사회적 분업 개념의 원형을 제시했다. 그러나, 봉건사회 해체기에 처해 있었던 조선후기 당시의 사회구조에서는 사회적 분업이라는 측면보다는 신분제도가 적용되는 사회적 불평등이 엄존하고 있었다. 실학자들은 이와 같은 당시 사회에서 사회신분 제도의 모순성을 지적하고, 고착적 신분제로 사회를 설명하기보다는 사회적 분업에 가까운 개념으로 조선사회를 재편하고자 했다.

우선 실학자들은 당시 사회 신분제도의 모순을 철저히 인식하고 있었다. 사람을 평가하는 데에 능력보다는 문벌이 중시되는 사회에서 양반이 아닌 중서中庶나 노비들은 차별 받을 수밖에 없었다. 이러한 신분간의 차별을 놓고 그들은 조선역사 전개 과정에서 특유하게 형성된 인습으로 바라보았다. 특히 당시의 성리학에서는 기자箕子가 창시한 정당한 법으로 간주하였던 노비제도를 두고서, 이익은 이를 훗날에 형성된 그릇된 규정으로 단정했다. 그는 나라를 좀먹는 여섯 가지 병폐로서 과업科業·벌열閥閱·기교技巧·승니僧尼·유타遊惰와 더불어 노비를 들었다. 특히 관직도 없는 양반층이 노비를 부려 놀고먹는 구조적 악습을 지적하고 노비법이야말로 인습 중의 인습이라 하였다. 그리하여 노비의 세전법과 매매를 반대하는 등 노비에게 동정적인 입장을 취했다.

또한 노비 소유의 상한을 정하고 종모법從母法을 시행할 것을 강조했다. 하지만 그도 노비제도 자체에 대한 폐지를 주장하는 데에 이르지는 못했고,31) 현실적인 관행의 불합리를 개선하는 수준에서 신분제도의 모순을 제거하려 하였던 것이다. 그리고 이익은 풍속의 타락으로 인한 향촌신분질서 동요를 사림파의 인륜 회복 노력을 원용하여 극복해 보려 하였다. 그는 제悌라는 횡적인 사회윤리 회복을 통해 풍속교화 및 국운회복까지 기대하고 있었는데, 이는 주자학의 명분론적 관념을 여전히 떨쳐버리지 못하고 있음을 드러낸다.

실학을 집대성한 정약용의 경우에도 사회신분제의 개혁논의에는 미진한 점이 많다. 그는 모든 신민을 사士·농農·공工·상商·포圃·목牧·우虞·빈嬪·주走의 구직九職으로 나누어 배치해야 한다고 보았다. 이는 직역에 대한 종래의 신분적 파악에서 사회분업에 따른 직능적 파악으로 나아갔음을 보여준다. 또한 사의 농·공·상에의 참여와 농·공의 과학기술적 기반의 중요성을 강조하고, 농육과 제도와 공장의 기에 경영을 통해 우수한 농·공인을 행정직에 발탁하는 일종의 직업별 과거제를 주장했다.32) 하지만 이

31) 金泰永, 1997, 「조선후기 實學에서의 현실과 이성」『韓國思想史方法論』, 도서출판 소화, 258쪽.
32) 金泳鎬, 1985, 「丁茶山의 職業觀－四民九職論을 중심으로－」『千寬宇先生 還曆紀念韓國史學論叢』, 736쪽 ; 成大慶, 1990, 「茶山의 技術官吏育成策」『碧史李佑成教授定年退職紀念論叢 民族史의 展開와 그 文化』下, 창작과비평사, 참조.

러한 9직은 공동체적 필요에 의해 국가에서 배정하는 것으로 자유로운 선택의 의미가 들어있는 것은 아니며 사민구직을 수평적, 직능적으로 파악한다는 것이 신분제의 철저한 혁파를 의미하는 것도 아니었다.

그는 또한 인간의 본질적 평등에 관해서는 인정을 하였지만 신분간의 위계질서는 어느 정도 필요한 것으로 보았다. 그리하여 "국가에서 의지하는 것은 사족인데 그들이 권리도 세력도 없어지면 위급할 때 소민의 난리를 누가 막을 수 있겠는가?"[33] 라는 우려를 나타내기도 했다. 그는 양반 사족의 지도나 통솔이 없이는 국가가 존립할 수 없다는 신분관을 가지고 있었던 것이다. 이러한 인식은 교육관에서도 드러나 양반자제와 서민은 교육기관이나 교육내용을 엄격히 구분하여 양반은 지도자로서 수기치인의 전인교육을, 일반 백성은 효제의 윤리교육을 실시해야 한다고 했다. 양반은 통치자로서 갖추어야 할 덕목을 배우고 평민은 피지배자로서 지켜야 할 윤리를 배워야 한다는 것이다.

그는 지배계급의 선천적인 우월과 피지배계급의 선천적인 열등을 합리화시키는 운명론을 부정하고 인명을 중시하는 민본주의 사상에서 계층간 격차를 좁혀보려 했다. 그러나 정치의 담당자는 양반임을 내세우는 고정된 신분관에서 벗어나지 못했으며, 완전한 신분제의 타파로 나아가지도 못했다.[34]

또한 실학자들은 군현의 면임面任까지도 사실상 책임을 지고 업무를 수행할 현지의 직관職官으로 충원해야 한다고 보았다. 유형원은 면리面里의 향정鄕正에 사족을 동원하여 직무를 맡기게 했고, 홍대용은 면임을 종9품의 정식 관원으로 삼아야 한다고 하였다. 정약용은 정전제의 시행 과정에서 유산有産의 유지를 동원해 응분의 직임을 맡기도록 하고, 그 재능

---

33) 『與猶堂全書』第5集 卷23, 牧民心書, 禮典, 辨等.
34) 李培鎔, 1987,「茶山의 身分觀에 대한 再檢討」『朝鮮身分史硏究 - 身分과 그 移動 -』, 法文社, 246쪽.

에 따라 정식 관원으로 발탁해야 한다는 생각을 가지고 있었다. 좌수座首·별감別監 등 향임鄕任의 대우 여부도, 정식 관직을 부여하고 사족으로서 응분의 대우를 할 것이며 반드시 승진 기회를 허용해야 한다는 견해가 제시되었다. 정약용은 기술개발의 최종 통로를 관직의 수여에 귀착시키거나, 성공적인 독농가나 향촌지도자의 경우에도 그 최종 귀착점을 관직에 두고 있었다. 이는 당시 사회문제가 되고 있던 특정한 직업이 없었던 유식遊食 양반들에게 각각 직업을 보장하고, 그들을 지방 행정의 하급 담당자로 삼아 행정의 운용 효율을 높이고, 사회 풍속의 개선도 기대할 수 있다는 인식과도 연결되는 것이었다.

이상에서 살펴본 바와 같이 정약용을 비롯한 실학자들은 사회신분제도 자체를 인습적 관념에 매달리지 않았고 직능적 관점에서 파악하고자 했다. 그들은 사회적 분업을 인정하는 입장에서 사회구조를 논했던 것이다. 그들은 성리학적 견지에서 제시되던 선천적 불평등성에 입각한 인간 불평등성론에는 분명한 반대의지를 가지고 있었다. 그러나 그들은 만민평등의 원리를 개관적으로 이론화하는 데에는 이르지 못했고, 신분제를 철폐하여 사회적 평등을 이루어야 함을 선명히 주장하는 단계에까지 이르지는 못했다.

그렇다 하더라도 정약용과 같은 실학자들은 왕도정치의 이념에 따라서 자신들이 살고 있던 조선후기 사회의 불평등성에 대해 문제의식을 가지고 있었다고 말할 수 있다. 한편, 그들은 향촌제도의 개편과 연결하여 향직鄕職을 정식 관직화하기를 제안했고, 향리鄕吏제도의 문제점을 지적했다. 이와 같은 그들의 개혁안은 유식 양반들에게 직업을 보장하기 위한 노력의 일환이기도 했다.

이상에서 살펴본 바와 같이 정약용의 사상은 당시의 사회적 제약성을 완전히 극복하지 못한 바도 있었다. 그러나 그의 개혁안 가운데 상당 부분은 당시 사회가 직면해 있던 봉건적 질곡을 극복해 줄 수 있는 탁월한 것이었다. 그러므로 오늘의 학계에서는 그를 실학사상의 집대성자로 평가하며 조선후기 사회가 배출한 대표적 개혁사상가로 말하고 있다.

3. 맺음말

정약용은 조선후기 사회가 배출한 대표적 사상가였다. 그는 당시 사회가 직면해 있던 각종 해체 현상을 직시하고, 사회개혁을 위한 여러 방향을 생각했다. 그는 현실에 날카로운 비판의식을 가지고 그 문제점들을 찾아나갔다. 그는 문제점이 생길 수밖에 없었던 근본적 원인에 대해서도 생각했고 이를 기반으로 하여 그 문제에 대한 구체적이고 실천적인 개혁안을 마련해 보기 위해 노력했다. 그리고 이와 같은 개혁안은 그가 생각하기에 정조正祖와 같은 성군聖君이 왕도정치의 구현을 위해서 실천해야 할 것으로 생각했다. 이 왕도정치의 실현에는 창의적이고 강직한 신하의 보필이 필요할 것으로 생각했고, 아마도 그는 자신이 이와 같은 역할을 감당할 수 있을 것으로 생각한 듯하다.

정약용은 정조가 재위하고 있던 자신의 젊은 시절 한때, 관직에 있으면서 직접 개혁정사를 실천한 적도 있었다. 그러나 정약용은 생애의 대부분을 개혁의 현장과는 유리된 상태에서 보내게 되었고, 오랜 기간의 귀양살이를 통해 당시 사회의 피폐상을 정확히 파악할 수 있었다. 여기에서 정약용은 이상적이며 참신한 개혁안들을 제시할 수 있었다. 반면에 그는 개혁안을 자신이 직접 추진할 수는 없었고, 관직에 대한 경험의 부족은 그의 개혁안에 현장성의 결여라는 문제점을 제기하게 되었다. 그는 개혁의 목표와 개혁된 사회상에 대해서는 선명히 제시해 주고 있지만, 개혁된 사회를 이루기 위한 구체적 방법이나 과정에 대해서는 별다른 아이디어를 가지고 있지 못했다. 여기에서 그의 개혁안이 가지고 있는 이상적 특성과 함께 실천을 제약하는 제한성이 드러나게 된다.

한편, 그의 개혁안은 민본주의가 가지고 있는 한계를 완전히 벗어나지는 못했다. 민본주의에서는 지배층이 민을 객체화하여 통치나 보호의 대상으로만 파악하지, 민 자신을 통치의 주체로 인식하지는 못했다. 이러한 제약성은 그 개혁안의 실현가능성에 상당히 심각한 문제를 제기하고 있다.

그러나 정약용은 18세기를 전후하여 조선사회에서 강력히 제시되고 있던 개혁의 의지를 집대성했고, 개혁의 당위성을 명백히 해주었던 인물임에는 틀림이 없다. 그에게는 개혁을 향한 열정이 그침 없이 타오르고 있었으며, 빈곤과 착취에 시달리던 민을 배려하려는 애정이 드러나고 있다. 그는 시대의 문제점을 밝혀내는 데에 과감했으며, 그것을 해결하기 위해 고뇌하던 양심적인 지식인이었다. 그는 이상적인 왕도정치가 이 땅에서 이루어 질 수 있으리라는 꺾이지 않는 희망을 간직하고 있었다. 그러기에 그는 스스로 좌절하지 않고 그 방대한 개혁사상을 전개해 나갈 수 있었다.

우리는 그의 개혁안이 묵살되거나 좌절되어가는 과정에서 조선왕조의 몰락 원인을 찾을 수 있을 것이다. 동시에 우리는 그의 개혁안을 통해 우리 역사의 발전을 위해 꾸준히 노력하던 선인先人들의 의연한 자세를 확인할 수 있는 것이다. 우리가 정약용의 개혁사상을 검토하는 근본 목적도 역사발전을 위해 노력하던 그 의연한 자세와, 어떠한 역경 가운데에서도 간직하고 있던 개혁을 성취한 미래를 향한 그 희망을 거듭 확인해보기 위해서 일 것이다. 그러므로 정약용의 개혁정신은 오늘날에도 검토할 만한 가치가 충분히 있다.

제5장 정약용의 민권의식 연구

1. 머리말

조선왕조의 전근대적 통치체제는 19세기 전반기에 이르러 그 모순을 적나라하게 드러내고 있었는데, 이 전근대적 모순을 극복하기 위해 노력한 대표적인 인물이 정약용丁若鏞(1762~1836)이었다.

그는 그가 처한 시대적 모순을 극복하려는 노력의 일환으로 정치·경제·사회·문화 전반에 걸친 많은 혁명적인 이론을 제기하였다. 물론 이러한 그의 제안은 그 자신의 독창적인 이상이었다기보다는 광범위한 지식대중들의 생각을 그가 집대성한 것이며,[1] 또한 그 당시 사회의 발전도와 상호 밀접한 연관을 맺고 있는 것이기도 하다. 그렇다 하더라도 그의 제반이론은 조선후기에 생존했던 어떤 인물의 주장보다도 진일보한 것이었으며 타의 추종을 불허하는 독특한 측면이 있는 것이다.

정약용이 제시한 여러 혁명적 이론의 근저를 궁구해 보면, 그는 당시의 여타 지식인과는 다른 이론적 근거 위에서 그의 논리를 전개해 나가고 있었던 듯하다. 정약용을 제외한 대부분의 실학자들은 이른바 민중을 본위로 한다는 민본 사상 내지는 민중을 위한다는 위민 의식에 그들 주장의 기초를 두고 있었다. 그러나 이러한 민본 사상 내지는 위민 의식을

---

1) 姜萬吉, 1975, 「實學의 爲民意識과 政策反映」 『李乙浩博士停年紀念 實學論叢』, 全南大學出版部, 160쪽 참조.

엄밀히 분석해 보면, 여기에는 아직까지 전근대적인 요소가 강하게 잔존하여 있음을 부인할 수는 없을 것이다. '민본'이나 '위민'이란 관념 안에는 원칙적으로 지배자의 자비에 민중의 운명을 내맡기려는 태도가 남아 있기 때문이다. 그러므로 민본이나 위민이란 관념만이 강조되는 한, 지배자는 제멋대로 '민중을 위한다.'고 생각하는 정책을 내걸고 민중 위에 군림할 여지가 남아 있는 것이다. 또한 설령 이러한 관념에 근거를 둔 지배자의 시책이 요행히 민중의 이익에 부합될 때도 있겠지만 그 정책의 결정과정에 민중의 실질적인 참여가 배제되는 것임에는 틀림이 없으므로 항구적인 '위민'을 보장할 수 없으리라 생각된다. 즉 단순한 민본사상이나 위민사상은 전근대적인 질서의 테두리 안에 드는 것이며, 이것만으로는 민본주의의 항구적인 실현이나 민중의 정당한 권리를 보장받을 수도 없는 것이다. 그런데 정약용은 다른 실학자와는 달리 민본 의식 내지는 위민 의식에만 머무르지 않고 민중을 본위로 해야 한다고 생각했다. 그뿐만 아니라 정약용은 그들에게 정당한 권리를 부여해 주어야 하고 민중에 대한 민본정책이 소기의 목적을 달성하기 위해서는 민본정책의 수립과정에 민중들이 직접 참여할 필요가 있음을 알았고, 또 이를 민중의 권리로 파악한 듯하다. 이 '민중의 권리' 즉 민권에 대한 관념은 그가 제시한 여러 혁명적인 안건들의 밑바탕이 되는 가장 기본적인 관념이라고 생각할 수 있을 것이다.

전근대사회에서 한 개인을 가름할 때는 신분과 같은 생득적인 요소가 그 중요한 기준이 되었다. 또한 전근대사회가 갖고 있던 특질로 지적될 수 있는 것은 엄격한 신분제적 질서에 의하여 극히 제한된 소수 계층에게만 권리의 행사가 용인되었고, 대다수의 민중들은 권리의 행사로부터 제외되었으며 그들에게는 오직 국역 혹은 신역과 같은 형태의 의무만이 강요되고 있었다는 점이다. 이와 같이 권리의 행사에 있어서 각 신분집단 사이에 현격懸隔한 차이가 있었던 전근대사회에서는 인간의 평등이란 관념이 나오기가 어려운 것이었으며, 일반 백성에게도 지배계급과 동일한 권리의 행사를 주장한다는 것은 용납될 수 있는 성질의 것이 결코 못 되었다. 민중의 권리행사를 확대시키려는 주장은 평등의식의 출현과 깊이 관련되는 것이며, 따라서 중세적 신분질서체계가 온존하는 한 민권의식의 출현을 기대하기는 어려운 것이다. 이러한 측면에서 민권 의식을 생각해 보면 그것은 전근대사회가 해체되는 과정에서 비로소 나올 수 있는 것이며, 근대정신의 일단으로서, 정치사상의 발전과정에 있어서 뚜렷한 진보를 의미하는 것이다.

정약용 자신이 민권의식을 드러내었다면 그것은 그를 이해하는 데 있어서 매우 중요한 지표가 될 수 있을 것이다. 그런데 정약용 자신이 비록 완전한 자유 민권 사상에까지는 이르지 못하였다 하더라도 그에게서 근대적 민권 의식의 맹아가 힘차게 움터 나오고 있었다고 생각된다. 그 자신은 근대적 평등의식에 가까운 관념을 가지고 있었고, 민중을 역사의 주체로 올바르게 파악했기 때문에 이 민권 의식을 가질 수가 있었던 것이다. 따라서 그에게서 드러나는 민권 의식은 그의 사상을 이해하는데 있어서 기본적인 전제가 되어야 할 뿐만 아니라, 정약용의 사상과 그 밖의 다른 실학자들이 주장한 바를 비교하는 데 있어서 가장 뚜렷한 구별기준으로 삼을 수 있을 것이라 생각된다.

정약용에 대한 연구는 각 방면에 걸쳐 상당한 성과를 드러내고 있다.[2] 이 글은 이러한 기존의 연구 업적을 바탕으로 하고 또 이에 자극받아 이루어진 것이다. 특히 정약용의 토지개혁 사상과 같은 '경제적 평등론'을 연구한 여러 업적들은 민권 의식이란 '정치적 평등론'을 연구하는 데에 있어서

---

2) 洪以燮, 1959, 『丁若鏞의 政治經濟思想研究』, 韓國研究圖書館 ; 鄭奭鍾, 1970, 「茶山 丁若鏞의 經濟思想」『李海南博士華甲紀念史學論叢』, 一潮閣 ; 黃龍雲, 1970, 「茶山行政思想研究」『亞細亞學報』8, 아세아학술연구회 ; 劉元東, 1971, 「茶山의 田政論考」『柳洪烈博士華甲紀念論叢』, 探求堂 ; 韓永愚, 1973, 「丁若鏞의 與猶堂全書」『實學研究入門』, 一潮閣 ; 金容燮, 1975, 『韓國近代農業史研究』, 一潮閣 등.

중요한 전제가 되었음을 밝혀둔다. 그러나 상술한 바와 같이 정약용을 이해할 때에 그의 민중 의식을 규명해 보는 것은 그의 사상을 구조적으로 이해하는 데 매우 중요한 문제가 되리라 생각하므로, 이 글에서는 민본주의적 견지에서 그를 이해하려 했던 기존의 연구 태도를 발전적으로 지양하여, 민권 의식이라는 새로운 시각을 가지고서 그를 재조명해 보고자 하는 바이다. '민권'이란 개념 안에는 인간의 본능적인 생존권이나 혹은 사유재산권 이외에, 역사의 주체로서 민중이 당연히 행사하여야 하는 참정권과 공직 담임권, 그리고 폭정에 항거할 수 있는 저항권 등이 포함되어 있는 것이다. 따라서 정약용의 민권 의식을 밝혀 보려는 이 글에서는 그 의식의 형성 배경과 함께 민권이란 개념 안에 포함되어 있는 상기의 측면들을 간략하게 언급해 보고자 한다. 정약용의 민권 의식에 관한 이 글의 전체적인 서술에서는 소략한 부분이 자주 발견됨을 자인하는 바이지만, 이러한 이 글의 결점은 정약용이나 그 당시 사회에 관한 여러 실증적인 논고의 훌륭한 연구 성과를 채용함으로써 다소나마 보완될 수 있기를 바란다. 그러나 정약용의 민권 의식에 관한 이 글의 소략한 서술이 그의 사상과 그가 제시한 개혁안의 의식을 보다 구체적으로 이해하는 데에 조금이나마 도움이 될 수 있기를 기대해 보며 하나의 시론을 제시하려는 바이다. 그리고 만일 이러한 시론이 조선후기 실학사상의 성격을 명확히 하는 데에 다소라도 보탬이 될 수 있다면 그것은 격외의 소득이리라 생각된다.

2. 민권의식의 형성배경

1) 정치적 배경

조선후기의 대표적인 실학자라 할 수 있는 정약용은 정조正祖치하의 성세에서 그 사상의 기틀을 마련하였고, 순조純祖 이후의 유배 생활을 통하여 이를 완성시켜 나갔다. 정약용이 출사하였던 정조 연간은 개명된 전제(despote eclaire)를 기초로 한 주권 강화를 주장하는 실학사상이 강력히 대두되던 시기였다. 정조는 채제공蔡濟恭・서명응徐命膺・이가환李家煥・정약용 등과 같은 인물을 과감하게 그의 조정에 들여놓음으로써 각 방면에 걸친 개혁을 시도하였고, 왕권을 굳게 하여 세도 가문의 발호를 효과적으로 억제할 수 있었던 것이다. 이러한 시기에 정약용은 정조의 개혁 정치에 일선을 담당하였고 '성인의 시대에 낳아서, 성인의 정사에 참여함'을 매우 다행으로 여기며,[3] 정조의 통치 방식에 적극적으로 기여하고 있었던 것이다. 그런데 왕권의 강화를 주장하는 실학의 대두와 그것을 실현시키려는 개혁 정치 아래에서는 세도 가문들의 권력을 보장할 수 없었던 것이었다. 그러므로 이에 위협을 느낀 세도 가문에서는 영・정조시기를 통하여 어느 정도 성장된 절대왕권의 해체를 기도하고, 실학자와 그들의 옹호자인 정조의 제거를 획책하지 않을 수가 없었던 것이다.[4] 따라서 정조의 의문에 찬 급작스러운 죽음으로 말미암아 모든 개혁 정치는 좌절되었고 개혁에 참여했던 많은 인물들이 추방되었으며, 개혁 정치에 대한 반동으로 이른바 순조 이후의 세도정치가 등장하였던 것이다.[5] 이로써 온건한 개혁 정치는 종언을 고하게 되었으며, 전근대적 사회 체제를 유지・강화 시키려던 몇몇 가문이 민중들을 혹독히 수탈함으로써 조선후기의 사회는 더욱 혼란해져 갔다.

정약용 자신은 이 세도정치의 등장으로 정계에서 추방을 당하게 되었

---

3) 『承政院日記』 1777册, 正祖 21年 6月 庚寅 "臣旣幸而生於聖人之世 其亦幸而遊 於聖人之門"

4) 정조의 죽음이 자연사가 아니라 세도집단에 의한 독살이었을 가능성이 있다. 이미 정약용은 정조매독설을 그의 글 중에서 언급한 바가 있다. 丁若鏞, 『與猶堂全書』, 紀古今島張氏女子事 "正宗大王薨 … 先是 玄慶父與府使之父 爲異姓親屬 數入府相見 言傳聞之說云 以逆醫沈薦之 使進毒藥 吾不能手除此賊 爲之忧慷流涕 及聞史言 謂欲聲罪以陷之"

5) 세도정치의 성격과 세도집단의 동향에 관해서는 별고를 통하여 상론하겠다.

고, 또 순조 치하의 정치 실현에 대하여 신랄한 비판을 가하였던 것이다. 그는 정조시대와 순조시대 사이에 뚜렷한 차이가 있음을 감득하여 '세국 대번'이란 말로써 이를 표현하고 있다.[6] 종전에 국왕 정조의 측근에서 국가의 정책 결정 과정에 참여하여 왔던 그는 통치자의 일원으로서 민중에 대한 일종의 시혜 정책을 구상하여 왔다고 생각된다. 그러나 세국이 대번한 결과 그의 정치적 위치에는 큰 변동이 일어났고 일개 유배인의 처지로 그 생애의 상당한 기간을 보내야만 되었다. 또한 그는 유배 기간을 통하여 농민들의 생활상을 구체적으로 목도할 수 있었고, 현실에 대한 날카로운 비판의 결과 종전의 민본적인 태도에서 진일보하여 청년기부터 잠재되어 있던 민권 의식이 본격적으로 발현될 수 있었던 것으로 생각된다. 이와 같이 정약용이 유배자로 전락된 것은 그가 단순한 민본주의적인 시책에만 만족하지 않고, 민중의 위치에서 민중의 권리를 주장하게 되는 중요한 배경 가운데 제일 먼저 지적할 수 있을 것이라 생각된다.

2) 사회적 배경

정약용이 민권 의식이란 획기적인 사고방식을 가지게 된 두 번째 배경으로는 당시의 사회상을 들 수 있을 것이다. 세도정치의 등장으로 세국이 크게 변동된 것은 일반 민중들의 생활에도 심각한 영향을 주게 되었다. 즉 세도 집단에 의한 민중 수탈이 강화됨으로써 삼정의 문란은 극에 다다랐고, 이로 인해 민중들의 생활은 더욱 비참해질 수밖에 없었던 것이다. 지주 전호제를 강화하려던 세도 집단의 치하에서 관사와 아전의 수탈로 인해 농민들의 생활은 더욱 피폐해져 갔고, 이러한 농민의 피폐

---

6) 丁若鏞,『與猶堂全書』第2集 卷25, 尙書古訓, 盤庚上, 古我先王 亦惟圖任舊人共
   政 王播告之修 不匿厥指 王用丕欽 罔有逸言 民用丕變 今汝聒聒 起信險膚 予弗
   知乃所訟 "鏞案 … 凡前王新王之際 其世局大翻 則世臣巨族 必譊譊焉聒聒焉 父
   傳子承 猶或如此 兄崩弟及"

상은 바로 전통적인 왕조의 몰락을 예시하는 현상으로 받아들여졌다.

여기에서는 그의 몇몇 시작품을 중심으로 해서 당시의 사회상을 간략하게 살펴보았다.

질그릇 같은 시냇가의 무너진 집	臨溪破屋如甕鉢
된바람에 이엉 걷혀 서까래가 앙상하다	北風捲茅穰瞖瞖
묵은 재에 눈이 덮여 아궁이는 썰렁하고	舊灰和雪籠口冷
벽은 뚫어져 별빛이 비쳐드네	壞壁透星節眼豁
방안은 쓸쓸히 갖춘 것 없어라	室中所有太蕭條
모조리 팔아도 칠팔 전이 안 되겠네	變賣不抵錢七八中略
낮에는 두 끼 굶어 밤에야 밥을 하며	晝闕再食夜還炊
여름에는 털옷 한 벌 겨울에는 삼베옷	夏每一裘冬必葛
들 냉이 캐려면 땅 녹기를 기다려라	野薺苗沈待地融
이웃집 술 거르면 술찌끼나 얻어먹자	村篘糟出須酒醱[7]

18세기말 그가 암행어사로 연천 지방을 순행했을 때 지방 행정의 부패로 인해 적빈 상태에 처한 농가의 현실은 끼니마저 이을 수 없었으며, 철에 맞는 옷을 해 입을 수도 없었던 상황이었다. 농민의 생활은 보릿고개에 이르러선 이웃 부호에서 나오는 술찌끼라도 얻어먹어야 목숨을 부지할 수 있었던 것이다. 그 후 19세기 초 그가 유적지에서 본 농민의 상황은 더욱 비참한 것이었고, 농촌 사회의 양극화현상으로 농민들은 점차 몰락해 가고 있었다. 해마다 닥치는 보릿고개는 태산만큼이나 가팔랐고,[8] 흉년이 들면 유리걸식하는 농민의 군상이 들끓고 있었다.

(전략)	(前略)
길거리선 떠돌이를 마주치는데	道塗逢流離
지고 이거나 가진 것은 없다네	負載靡所聘
그들은 끝내 어디로 가려나	不知竟何之

---

7) 丁若鏞, 『與猶堂全書』, 奉旨廉察到積城村舍作.
8) 丁若鏞, 『與猶堂全書』, 長鬐農歌十章·麥嶺崎嶇似太行火.

부도와 자식도 돌볼 수 없으니	骨肉且莫保
가장 큰 도리마저 무너지려나	迫厄傷天彝
크게 농사짓던 이도 거지로 되어	上農爲丐子
남의 집 문 두드려 구걸을 하네	叩門拙言辭
(중략)	(中略)
얼굴색은 참혹히도 누렇게 떴구나	顔色慘浮黃
흐트러진 머리털은 엉킨 실날인가	鬖髮如亂絲
(중략)	(中略)
뭇 목숨들이 불수렁에 빠졌는데	生靈在途炭
관가에서 아니면 그 누가 구해주리	拯拔非公誰9)
(후략)	(後略)

전정의 문란으로 인해 농민들은 최소한도의 생활을 유지할 수 있는 토지마저도 빼앗기고 상당히 크게 농사를 짓던 사람들까지도 점차 몰락하여 알거지가 되어서 갈 데 없는 유민들이 길을 메우는 것이 19세기 전반기의 농촌 상황이었다고 그는 말하고 있다. 농민의 유리·몰락현상 즉 빈농층의 증대는 바로 국가의 근본이 흔들리는 것과 마찬가지로 파악되었기 때문에 정약용은 당시 조선왕조의 전근대적 통치 계층에 대한 신랄한 비판을 하지 않을 수가 없었던 것이다. 즉 당시의 토지 집중 현상과 이에 대한 정부의 미온적인 태도에 대하여 정약용은 "지금 호남 지방 민중들의 형편을 헤아려 보면 대략 100호 중에서 남에게 토지를 주고 소작료를 받아먹는 자는 5호에 지나지 않으며 자기의 땅을 경작하는 자는 25호 가량이다. 반면에 다른 사람의 땅을 경작하고서 소작료를 바치는 농민은 70호나 된다. (토지제도를 개혁하면) 싫어할 사람은 불과 다섯인데, 이 다섯 사람이 슬퍼하는 것을 두려워하여 95인이 즐겨 뛰며 춤출만한 정치를 하지 못한다면 어찌 국왕이 정무를 집행한다고 하겠는가."10)

---

9) 丁若鏞, 『與猶堂全書』, 飢民詩.

10) 丁若鏞, 『與猶堂全書』 第1集 卷9, 疏 "擬嚴禁湖南諸邑佃夫輪租之俗箚子" ; "今計湖南之民 大約百戶 則授人田而收其租者 不過五戶 其自耕其田者 二十有五 其耕人田而輪之租者七十 今若改其舊俗 令同諸路 … 其悵然不樂者 不過五人耳 畏

라고 말하였던 것이다. 이러한 토지소유의 불평등을 제거하기 위해 그가 생각해낸 것은 여전제의 실시를 최종 목표로 하는 토지 혁명론이었다. 또 이와 같은 새로운 토지제도는 모든 민중에게 경제적인 평등을 보장하는 새 사회 건설의 기초가 되는 것으로 생각할 수 있다.

전정과 함께 환자[還上]도 문란의 극에 다다랐다. 그는 유배지 강진에서 목격한 환자의 문란을 아래와 같이 증언하고 있다.

> 내가 다산에 거처하면서 창고로 가는 길을 내려다 본 지가 지금까지 10년인데, 단 한 사람의 농민도 [창곡을] 힘들여 짊어지고 돌아오는 사람을 본 적이 없다. 단 한 톨의 곡식도 받아온 적이 없으나 도리어 겨울철에 이르러선 집집마다 5·6·7석石의 곡식을 내어서 관창에 운반한다. 대저 환자還上란 돌려주는 것이며 갚는 것이다. 가져가지 않았으면 돌려줄 것도 없는 것이며, 주지 않았다면 갚을 것도 없는 것인데 어찌 환자라 하겠는가, 지금은 백상白上만이 있을 뿐이다.[11]

환자를 농민에게 한 번도 내어준 적이 없는데도 매해마다 많은 환자미를 거두어 가니 이것은 빌려준 다음에 받아내는 환자가 아니라 근거 없이 거두어들이는 백상白上에 불과할 것이라고 정약용은 지적하였다. 또한 그는 이러한 환자의 폐단을 바로 잡기 위하여 <수령협잡 6조>와 <사서농간 22조>를 열거하면서 수령과 아전이 서로 결탁하여 민중을 수탈하고 있음을 지적하였다.[12] 수령의 협잡과 아전의 농간에 의해서 자행되는 환자는 가난한 농민을 살리려는 전대가 아니라 그들에게 의무적으로 부과되는 부담이며, 또한 민중들이 의무적으로 부담하여야 하는

五人之悵然 不敢爲九十五人踊躍抃舞之政 孰謂王者操化權哉"
11) 丁若鏞, 『與猶堂全書』 第5集 卷20, 牧民心書, 戶典六條, 穀簿 "余家茶山 俯臨倉路 于今十年 未嘗見有一箇村氓負苫而過者也 一粒之栗 未嘗受來 而及至冬月 戶出穀五六七石 輸之官倉 … 夫還也者 回也報也 不往則無回 不施則無報 何謂還乎 今有白上"
12) 丁若鏞, 『與猶堂全書』 第5集 卷20, 牧民心書 각 부조 참조.

부담이라기보다는 민중들에게서 강제로 빼앗아 들이는 늑탈과 동일한 것이다.13) 환자라는 '제도화된 늑탈'이 그대로 유지되는 한 그것은 "민중들의 뼈에 사무치는 병통이 되어 민중들은 죽고 나라는 망하리라"14)는 절박한 위기감을 가지고서 정약용은 환자 제도를 비판하였다.

(전략)	(前略)
봄철에 좀먹은 쌀 한 말을 주고서는	春蟲受一斗
가을엔 온전한 쌀 두 말을 바치라네	秋鑿二斗全
더욱이나 좀먹은 쌀 돈으로 물으려면	況以錢代蟲
온전한 쌀값으로 치러야 하느니	豈非賣鑿錢
이익으로 남는 것은 벼슬아치 살을 찌워	贏餘肥奸猾
고을님 한번 하면 벼락부자 된다네	一宦千頃田
가혹한 형벌은 민중에게 돌아가니	楚毒歸圭蓽
휘두르는 채찍질에 살점이 떨어진다	割剝紛筵鞭
큰 가마 작은 솥 모두 떼어 가버리고	鉎鍋旣盡出
자식은 팔려가고 소마저도 끌려가네	孥粥犢亦牽15)
(후략)	(後略)

환자[還上]의 폐단으로 인해 민중들은 그들의 생활상 가장 기본적인 가재도구마저 탈취당할 뿐 아니라, 자식을 팔아서라도 이를 갚아야 될 지경에 이르렀다는 극도의 상황을 묘사하여 정약용은 이의 개선을 요구했던 것이다.

전정·환곡과 함께 군정의 부패상도 마찬가지였다. 이것은 모두 민중의 사유재산권을 극도로 침해할 뿐만 아니라 그들의 생존권마저 위협하고 있었다.

---

13) 丁若鏞, 『與猶堂全書』第5集 卷20, 牧民心書, 戶典六條, 穀簿 "此是賦歛 豈可曰賑貸乎 此是勒奪 豈可曰賦歛乎"
14) 丁若鏞, 『與猶堂全書』第5集 卷20, 牧民心書, 戶典六條, 穀簿 "還上者 社倉之一變 非糶非糴 爲生民切骨之病 民劉國亡"
15) 丁若鏞, 『與猶堂全書』, 夏日對酒.

어린 것은 헤진 옷에 어깻죽지 드러났고	兒穉穿襦露肩肘
날 때부터 바지버선 걸쳐 보지 못하였네	生來不著袴與襪
큰 아이는 다섯 살에 기병으로 올라 있고	大兒五歲騎兵簽
작은 놈은 세 살인데 군관으로 적혀 있네	小兒三歲軍官拓
두 아들놈은 군포세가 500냥이나 되니	兩兒歲貢錢五百
그 놈 빨리 죽어야지 옷 해줄 수 있겠는가	願渠死決衣褐[16)

(전략)	(前略)
군보라 이름한 건 그 무엇이길래	軍保是何名
이다지 모질게도 법률을 만들었나	作法殊不仁
한 해가 지나도록 힘들여 베를 짜도	終年力作苦
일찍이 한 번이나 그 몸을 가려봤나	曾莫庇其身
어린 아이 태어나면 신포를 물라 하고	黃口出胚胎
죽은 후 먼지 되도 군포를 내야 하네	白骨成灰塵[17)
(후략)	(後略)

한해를 다 마치도록 힘들여 길쌈을 하여도 농민들은 농민 자신에게 부과된 군포를 마치기 힘들던 상황에서 이미 죽은 자에겐 백골징포가 가해지고, 낳은 지 얼마 안 된 어린 아들에게까지 군포가 부과되던 실정이었다. 귀여운 아들마저 죽여 버리기를 바라는 것은 바로 이 군포 때문이었다.

삼정의 문란으로 인해 이와 같이 절대 절명의 경지에 다다른 농민들에 대해 지방관과 아전들의 수탈행위는 거침없이 자행되고 있었다. 그리고 당시 민중이 물어야 했던 명목에도 없는 부세는 날마다 늘어가고 달마다 번져가고 있었다.[18) 그리하여 정약용은 이러한 조세제의 문란상을 다음과 같이 지적하지 않을 수가 없었다.

---

16) 丁若鏞, 『與猶堂全書』, 奉旨廉察到積城村舍作.
17) 丁若鏞, 『與猶堂全書』, 夏日對酒.
18) 丁若鏞, 『與猶堂全書補遺』, 尙書知遠錄 "鏞案我邦田稅 本用貊道 不滿什一 田一結稅米只六斗 中葉以來 始行大同之法 一結之田 例輸米十二斗 其後無名之賦 日增月衍 皆以田結懲之 此所謂用田賦也"

> 우리나라의 세법은 인구가 늘어나도 세금을 부과하지 않는다. 저택이 호
> 화로워도 세금을 부과하지 않는다. 산택에는 금법이 없고 마우도 적이 없다.
> 많은 목재감과 유실수들이 산에 가득 차고 들에 덮여 있어도 이에 세금을 부
> 과하지 않는다. 오직 병들고 나약하여 외롭고 의지할 데가 없으며 호소할 데
> 없는 궁민들만 붙들고서 군적에 올려놓고 살갗을 도려내고 뼛속을 후벼 파니
> … 원망하는 소리가 하늘에 사무친다.[19]

부세는 오직 민중에게만 집중되고 있었다. 교활한 지방관과 아전들은
단지 이들만을 수탈하였는지 세력 있는 토호들에게는 세금을 부과하지
않는다고 정약용은 당시의 상황을 비판하였던 것이다. 또한 그는 이와
같이 수탈만 당하는 민중을 살리려는 방책을 강구하게 되었고, 그 최상
의 해결책으로 단순히 지배자의 민본 정책에만 기대할 것이 아니라 국가
는 민중의 제반 권리를 인정해 주어야 하고, 민중은 자신의 권리를 확보
하는 길밖에 다른 방법이 없으리라 생각하게 된 듯하다. 그러므로 삼정
의 문란으로 야기된 곤궁한 민중의 생활에 대한 통찰은 정약용이 민권
의식을 갖게 되는 두 번째의 배경으로 지적될 수 있을 것이다.

3) 사상적 배경

근대적 사상의 일환인 민권 의식을 정약용이 가지게 된 세 번째 배경
으로는 당시의 사상적 분위기를 지적할 수 있을 것이다.

젊었을 땐 성학을 생각하였고	弱齡思學聖
나이 들어 현인에 기울이다가	中世漸希賢
늙어서는 민중에 마음 쏠리니	老去甘愚下
걱정되어 잠마저 들 수 없구나	憂來不得眠[20]
(후략)	(後略)

---

19) 丁若鏞, 『與猶堂全書補遺』, 尙書知遠錄 "我方之法 民國藩殖而莫之賦焉 第宅翬飛
而莫之賦彥 山澤無禁 馬牛無籍 千樹黎枒 漫山被野 而莫之問焉 惟執罷癃殘疾 鰥
寡孤獨 無告之窮民 裁之軍簿 剝膚推髓 歲懲錢市 以補軍之 黃口白骨 怨咨徵天"
20) 丁若鏞, 『與猶堂全書』, 憂來 十二章.

이 시에 단적으로 드러나 있는 바와 같이 정약용 자신은 많은 사상적인 편력을 했다. 그가 구도 방황하던 20대 초에는 천하의 모든 일을 다 알기 위해서 국내에서 구할 수 있는 책 등을 모두 다 읽어보려 하기까지 하였다.[21] 그는 이러한 편력 끝에 오직 민중의 안위만을 지상과제로 생각하게 되었던 것이다. 정약용의 의식이 이 단계에 이르기까지 이르는데 기여할 수 있었던 고도의 사상체계로는 전통적인 유학 즉 주자학과, 그의 유배지에서 본격적으로 접해 보았던 불교, 그리고 서학 사상 등을 들 수 있으리라 생각된다.

그러면 먼저 정약용에게 가장 큰 영향을 주었던 전통적인 유학에 대하여 그가 어떠한 태도를 드러내고 있었나를 알아보겠다. 그런데 정약용 자신이 당시 집권층의 지배 이념이었던 주자학에 대하여 비판적인 태도를 드러내고 있었음은 널리 알려진 사실이다. 사회를 변혁시키려던 강렬한 의식을 가진 그로서는 주자학이 특권 지배 계급과 결탁되어 어용적인 역할을 하고 있다고 생각했으므로 주자학에 대하여 비판적인 자세를 취할 수밖에 없었으리라 생각된다. 그리하여 그는 주자학을 유일한 지식으로 인정하는 것을 거부하고 있으며 당시 진부한 학풍의 서적을 읽고 나서 얻은 지식이라 하더라도 기존의 지식은 별 무가치한 것에 불과하다고 보았던 것이다.[22] 그는 생각하기를, 만 권의 서적을 읽고 나서 얻은 지식이라 하더라도 기존의 지식은 별 무가치한 것에 불과하다고 보았던 것이다.[23] 여기에서 그가 분서의 대상으로까지 생각했고, 별 무가치한 '만권의 서적'으로 인정했던 것은 당시의 주자학적 학문 체계에 의해서 쓰인 책들이었

---

21) 丁若鏞, 『與猶堂全書』, 自笑 "迷茫義路與仁居 求道彷徨弱冠初 妄要盡知天下事 遂思窮覽域中書"
22) 丁若鏞, 『與猶堂全書』, 獨臥三道獻爲放翁體 "衆愚棄智想玄虛 喙喙爭鳴溢百車 孰見苞犧初設計 思與秦始再焚書"
23) 丁若鏞, 『與猶堂全書』第1集 卷22, 雜評, 史略評 "知識之所不及 雖傾五車而破萬卷 猶無讀也"

으리라 쉽게 연상할 수 있을 것이다. 또한 그는 당시의 학문 동료를 비판
했을 뿐만 아니라, 더 나아가서 주희朱熹가 편찬한 『통감강목通鑑綱目』을
읽을 필요가 없는 책이라고 배전적인 자세를 취함으로써 주자를 직접적으
로 거부했다.24) 그는 『대학강의大學講義』·『중용강의中庸講義』·『중용강의中
庸講義』·『논어고금주論語古今注』·『시경강의詩經講義』·『상서고훈尙書古訓』·『상
서지원록尙書知遠錄』·『주역사전周易私箋』 등을 지어 주희의 주가 아닌 고훈
으로 돌아가는 자세를 취하면서 자기의 새로운 견해를 전개시켜 나감으로
써 모든 경전에 대해서 비주자학적인 재해석을 기도하였다.

　이러한 그의 태도는 전통적인 주자학을 옹수하던 자들의 입장에서는
중요한 비난거리로 화할 수밖에 없었다. 일례를 들어보자면, 주자학을
존신하던 이경명李景溟은 정약용과 그의 동료들이 주희의 주와는 달리
사서를 해석하고 있음을 공격하고 있었다.25) 당시 홍문관 수찬으로 재
직 중이던 정약용이 이경명李景溟으로부터 받은 이러한 비난을 통하여,
그는 정치적으로 몰락되기 이전부터 전통적인 세력 집단과는 다른 특이
한 사고를 가지고 있었음을 분명히 알 수 있을 것이다. 또한 정약용은
주주변개를 기획하는 한편 당시 주자학자들에 의해 이단자의 대표적인
상징으로 꼽히고 있던 양자楊子와 묵자墨子를 옹호하는 주장을 과감히
전개하였다.26) 이와 같이 주자학적인 전통을 철저히 부정했던 그는 당
시의 이단자임에 틀림이 없었고 또 이단으로 지목받아 불우한 여생을 보
낼 수밖에 없었으리라 생각된다. 주주변개를 기도하거나 이단적인 말을
한 결과가 어떻게 되리라 하는 것은 박세당朴世堂이나 윤휴尹鑴의 사건을

---

24) 丁若鏞, 『與猶堂全書』, 通鑑不可讀說 "以司馬溫公資治通鑑爲本 乃其義例則反用
　　朱夫子綱目"
25) 丁若鏞, 『與猶堂全書補遺』, 舍珠日錄 "李景溟言 南人索讀班馬 頗獻四書 故丁令
　　之文 亦有班馬氣昧 與四書註解不同 此亦南人本色"
26) 丁若鏞, 『與猶堂全書』 第2集 卷5, 滕文公第3章以下, 公都子曰外人皆稱夫子好辯
　　章 "然楊墨皆賢人也 孟子慮其弊而距之 今人誤讀孟子 以楊子爲各人 墨子爲狂客
　　不知拔毛磨頂 皆設喩之言 非二者之實事也"

잘 알고 있었을 그로서는 이미 자기주장이 채택되지 못할 경우 그 결과까지 짐작하고 있었을는지도 모른다. 그러나 그는 자신의 신체적인 위협보다는 자신의 신념에 충실하고자 했고, 그럼으로써 조선의 사회발전에 기여하고자 하였으므로 이렇듯 과감한 주장을 공적으로 피력할 수 있었을 것이라고 생각된다. 또한 주자학적 사상체계로부터 탈출하려는 이러한 그의 태도로 미루어 볼 때, 실학자뿐만 아니라 일부 주자학자들에 의해서도 주장되던 민본주의적인 종전의 정치관보다 진일보한 민권사상을 그가 가질 수 있었던 것으로 생각된다.

불교사상이 정약용에게 끼쳤을 영향에 대해서도 그의 사상 형성 과정을 말하는 데에서는 일단 언급할 필요가 있다고 생각한다. 정약용이 불교사상과 각별한 접촉을 하게 된 것은 그의 유배지에서였다. 그는 그 결과 불교에 관해서『대동선교고大東禪敎考』나『만일암지挽日庵志』등의 서술을 남겼고 초의선사艸衣禪師와 같은 불가 출신의 문도를 두기까지 했다. 그러나 그의 불교에 대한 견해는 부정적인 것이라고 밖에 볼 수 없다. 그는 불교 사상에 대하여 다음과 같이 말하였다.

> 부처의 말은 진리와 동떨어진 것이다. 내가 남쪽 지방에 유배를 당하여 깊은 산중에 살고 있을 때 스님을 따라 불교서적을 읽어보았다. 그러나 그 책에서 논하는 심성의 이치는 모두가 원본이 없을 뿐만 아니라 구경도 없으므로 진리와는 동떨어진 것이다. 송宋나라 때 여러 선생들이 어찌하여 늘 불교가 진리에 가깝다고 말했는지를 알지 못하겠다.[27)]

정약용 자신은 불서를 읽어보았으나 그 결과 불교사상 자체에 대해서 말하기를 '진리와는 동떨어진 것(大不近理 最不近理)'이라 하고 나서, 개신 유학을 일으켰던 송유들이 불교를 진리에 가까운 것으로 파악했던 까닭

---

27) 丁若鏞,『與猶堂全書』第2集 卷5, 孟子要義, 滕文公第三章以下, 公都子曰外人皆稱夫子好辯章 "鏞案 佛氏之言 最不近理 余流落南荒 居深山之中 從經僧觀佛書 其所論心性之理 皆無原本 亦無究竟 大不近理 不知有宋諸先生 何故每云佛氏近理"

을 알지 못하겠다고 까지 하였던 것이다. 이로 미루어볼 때 그의 정치사
상 특히 민권의식이 형성되는 데 있어서 불교가 중요한 역할을 했다고
판단을 내릴 수는 결코 없을 것이다.

　이상에서 살펴본 유학과 불교 이외에 그가 접촉했던 사상으로는 서학
을 들 수 있다. 당시의 학문적인 분위기를 친서학적인 것으로 정조正祖가
판단을 내릴 정도로,[28] 서양 사상이 많은 지식인들에게 침투되어 있었다.
이러한 당시의 분위기로 인해 그는 서학 즉 천주교사상에 깊은 관심을
가지고 있었고, 그 자신이 천주교의 조선 전래에 대한 기록을 남기기도
하였음은 이미 밝혀진 사실이다.[29] 또한 그는 하나의 서학도로서 양주楊
朱와 묵적墨翟과 함께 서학을 이단으로 매도하던 당시의 사고방식에 도전
을 가하였다. 서학을 은연중에 두호하려던 그의 이러한 태도에 대해 당시
의 우의정 이병모李秉模는 비록 묵적墨翟과 양주가 현인이라 하더라도 서
학과는 비교조차 할 수 없는 것이라고 그에게 주의를 환기시켜 주기까지
하였다.[30] 그런데 서학에 대한 조선왕조 당국의 탄압이 일어나자 정약용
은 이로 말미암아 유배로 그의 장년기 대부분을 보내야 했다. 그는 추국
이 행해지던 마당에서 서학을 부정하는 태도를 분명히 드러냄으로써 잔
명이나마 보존할 수 있었던 것이다. 그러나 그 후 정약용은 다시 서학
사상으로 복귀하고 있음을 다음 자료를 통하여 알 수 있을 것이다.

　　수년 후 사면을 받은 정약용은 자기 죄에 대하여 오래고도 진실한 참회를
　하였고 모범적인 그의 열심과 희생으로 신도들을 위로하였으며 마침내 매우
　모범적인 죽음을 하였다.[31]

---

28) 『承政院日記』1777册, 正祖 21年 6月 丁酉(28日) "上曰 … 天下之目 皆西洋之目
　天下之學 皆西洋之學"

29) 崔奭祐, 1970, 「Dallet가 인용한 丁若鏞의 韓國福音傳來史」 『李海南博士華甲紀
　念史學論總』, 一潮閣, 205～216쪽.

30) 丁若鏞, 『與猶堂全書補遺』, 舍珠日錄 "李秉模曰 … 至於楊朱墨翟 則雖謂之賢人
　未爲不可今以西學 比之於楊墨 或不無擬非其倫之嫌"

정약용은 1835년에 죽었는데, 유방제劉方濟 신부가 조선에 들어온 후 그의
손으로 종부성사를 받았다.[32]

이러한 과정을 거쳐 그의 사상 전반에는 서학이 침잠되어 들어갔고
서학은 그의 사상 형성에 중요한 자극제가 되었으므로 그를 '외유내야外
儒內耶(겉은 유학자 내면은 기독교 신자)'라고까지 평하고 있는 것이다.[33] 그
에 대한 이와 같은 평가와 관련지어 서학이 그의 정치사상 내지는 민권
의식 형성에 기여하였을 가능성을 전혀 부정할 수는 없다.[34] 그러나 그
의 사상이 전적으로 서학 사상의 영향을 받은 것이라고도 결코 말할 수
는 없을 것이다. 이질적인 사상을 수용하기 위해서는 그 수용 요건이 마
련되어 있어야 한다. 그러므로 정약용의 민권 사상은 서학에 기반을 둔
것이라기보다는 당시의 발전적인 사상 풍토에 더 큰 비중을 두어야 하리
라고 생각되며, 또한 보편적인 사회 발전의 추세로 인해 조선후기 사회
에서 스스로 도달하게 된 것이라고 생각된다.

즉 민권 의식과 같은 혁명적인 사상의 배경에는 정약용과 거의 같은 시
기에 활동하였거나 혹은 그에게 선구적인 역할을 하여 주었던 여러 실학자
들의 사상이 존재해 있었다고 여겨진다. 장기간에 걸쳐 온축되었던 실학사

---

31) Ch. Dallet, 1876, *Historie de l'Eglise de Cotee*, Tome I, Victor Palmé, Paris, p.369
"Ajoutons de suite que Jean TiengIak-iong, gracie quelques annees apres, fit une
longue et sincere penitence de son crime=apostasie, qu'il consola les chrétiens par
sa ferveur et sa mortification exemplaires et fit une mort tres-edifiamte"

32) *Ibid.*, p.370 "II=*Jean Tieng* mourut en 1835, apres l'entree du P. Pacifique en
Corée, et requt les derniers sacrements de sa main"

33) 李相殷, 1972, 「實學思想의 形成과 展開過程」『創造』 2월호, 122쪽.

34) 일례를 들면 그의 상향적인 권력 구조론과 교황 선출 제도간의 유이성을 지적할
수 있겠다. 교황 선출 제도에 관해서 당시의 유학자들은 '無君之說'이요 '尤極凶
惡'한 설이라고 비난을 하였다. 그러나 정약용은 민중의 선출에 의해서 주군이 결
정되어야 함을 말함으로써 당시 유자들과는 판이한 태도를 드러냈다는 것이다. 그
러나 이것을 단순한 서학의 영향으로 돌리기보다는 그 당시의 사회 발전도가 이러
한 사상을 배출하기에 충분한 여건이 마련되어 있었음에 주목해야 할 것이다.

상이 정약용에 이르러서 비약적으로 발전하게 되었고, 이 발전의 일단으로 민권 의식이 나오게 된 것이라 볼 수 있을 것이다. 여러 실학자들은 사회의 발전 과정에 걸맞지 않는 제유의 설을 부정하고 지양해 나가려는 새로운 각오를 드러내고 있었다. 또한 이들 실학자 중에서 홍대용洪大容과 같은 인물은 유가의 전통적인 민본 사상을 부인하기에까지 이르렀던 것이다.35) 홍대용은 '실옹實翁'의 입을 통하여 구태의연한 민본을 주장하면서 현실적인 불평등을 호도하려던 당시 주자학적 정치사상의 허상을 매섭게 비판하였던 것이다. 주자학 자체에 대한 비판과 민본주의에 대한 회의는 현실적인 부조리와 불평등의 원천이 바로 그러한 주자학적 의사 체계에 있음을 암시하는 것이다. 당시 종교의 역할을 하던 주자학적 이념에 대해 반기를 든 것은 새로운 획기적인 사상을 출현시키는 결과를 가져왔다.36) 요컨대 정약용은 민본주의를 지양하고 새로운 의식을 가질 수 있었던 사상적 분위기가 형성되어 있었으므로 민권이란 보다 발전된 의식에 도달할 수 있었던 것으로 생각된다. 그리고 그가 민권 의식을 갖게 된 때는 그의 시문집 대부분이 쓰여졌던 청년기로 볼 수 있으며, 이 의식이 본격적으로 강화되기는 19세기 초 그의 유배생활기를 통하여서라고 할 수 있을 것이다.

3. 국민주권론에의 접근

1) 국민참정권의 원초적 형태 제시

당시의 학문적 분위기와 사회경제적 발전에 병행하여 정약용은 항구적인 민본 정책이 종전의 하향적인 권력 구조에 의해서는 관철될 수 없

---

35) 洪大容, 『湛軒書』內集 卷4, 補遺, 毉山問答 참조.
36) K. Griewank, "The Stage of Revolution", *Why Revolution?*, p.16. "A change in religion was often the evident cause of political change."

으므로 이를 위해서는 일반 민중들이 정치에 참여할 수 있는 권리를 확보해야 된다고 생각한 듯하다. 하향적인 정치 체제 아래에서는 국왕을 비롯한 일부 특권 집단만이 정치에 참여할 수 있는 권리를 향유하고 있었으며, 이러한 특권층에 의해 정약용이 생존했던 조선후기 당시의 민중들은 오직 통치의 대상으로만 파악되고 있었을 뿐이었다. 그러나 정약용은 이 구태의연한 전근대적 자세를 벗어버리고 민중에 의한 정치 체제를 구상하여 민중을 정치의 주체로 부각시켜 상향적인 통치 구조를 주장했다고 생각된다. 정약용이 제시한 상향적인 통치 구조는 민본을 효과적으로 달성하기 위해서 제시된 민본 의식에서 진일보한 것이라 생각되지만, 그것은 지배자와 피지배자의 엄격한 구별 위에 성립하는 하향적인 통치 구조를 부인하는 혁명적인 견해의 일단으로 파악할 수 있을 것이다.

또한 이와 같은 상향적인 정치관은 인간의 평등한 존재에 대한 자각을 전제로 하여 나온 관념이리라 여겨진다. 사실, 정약용은 중세적 신분 질서 체계를 그 나름대로 부정하는 입장에 있었던 것이다. 그는 하늘[天]과 민중을 직결시킴으로써 민중 위에 군림하는 특수한 신분 집단의 존재 가치를 인정하지 않고, 고전의 글귀를 재해석하여 사민평등을 강조했다.

> 위에 존재하는 자는 하늘[天]이며, 그 밑에 존재하는 자는 민중일 뿐이다.[37]

> 그 신분이 관리[士]인가 민중인가를 하늘은 묻지 않는 것이다.[38]

하늘[天]과 민중을 직결시키려는 그의 철학적 사고는 일반 민중들이 오직 '하늘'에만 책임을 질 뿐 그 밖의 어떠한 상전에도 의무를 지지 않

---

37) 丁若鏞, 『與猶堂全書』, 第2集 卷22, 尙書古訓－卷1－, 堯典, 日若稽古－句－帝堯曰放勳 欽明文思安安 允恭克讓 光被四表 格于上下 "竊謂上者天也 下者民也"
38) 丁若鏞, 『與猶堂全書』, 第2集 卷5, 孟子要義, 公孫丑第二, 失人函人章 "鏞案 … 其位之爲士爲庶 天所不問"

는다는 것에 귀착될 수 있는 것이다. 또한 그는 일반 민중들 사이에 직업상의 귀천을 부인하며 '농사꾼은 밭을 갈며, 장인은 대장간[窒]을 운영하고 장사꾼은 험한 길을 걸어 다니니, 먼저 애써 일하지 않고 보수를 얻는 자는 아무도 없다. 이것은 모두가 덕을 기리는 것이다.'39) 라는 점을 일깨웠다. 그러나 그는 당시의 사회가 이와 같은 평등한 관념을 용납하지 않는 반상의 구별이 엄격한 사회였음을 직시하고 있었다. 그러기에 그는 이러한 신분제적 사회를 무너뜨리는 방법으로 모든 민중을 '양반'으로 만들고자 하였던 것이다.

> 만일 내가 간절히 바라는 대로 실현된다면 우리나라의 모든 사람들을 모조리 양반으로 만들고 싶다. 이렇게 되면 나라에는 한 명의 양반도 없어지고 말 것이다. 젊은 사람이 있기 때문에 늙은 사람이 있고, 천한 사람이 있기 때문에 귀한 사람이 있는 법이다. 만일 전체 민중이 모조리 존귀한 사람으로 된다면 이는 곧 그러한 존귀한 사람이라는 것은 아주 없어져 버리게 되기 때문이다.40)

이와 같이 모든 민중을 존귀한 양반으로 만든다는 것은 신분제적 질서를 부정하는 '사회적 평등'을 추구했던 것임과 동시에 민중에게도 양반들의 경우와 마찬가지로 국가를 통치하는 정치적인 권리가 있음을 암시하는 말로 이해할 수 있을 것이다. 또한 민중이 주인으로 등장하는 평등한 새로운 사회에 대한 구상을 개진한 것으로도 생각된다.

모든 민중이 양반화하여 정치적 권리를 행사할 수 있게 되기를 주장하였으므로 그에게 있어서는 종래 민중 위에 군림하여 왔던 관리에 대한

---

39) 丁若鏞,『與猶堂全書』, 第2集 卷12, 論語古今註, 顔淵下, 樊遲從遊於舞雩之下曰 敢問崇德脩慝辨惑 子曰善哉問 先事後得 非崇德與 攻其惡 無攻人之惡 非脩慝與 一朝之忿 忘其身 以及其親 非惑與 "農者耕田 匠人營室 賈人涉險 莫不先勞於事 然後得報 是皆崇德乎"

40) 丁若鏞,『與猶堂全書』, 第1集 卷14, 跋, 跋顧亭林生員論 "雖然若余所望則有之 使 通一國 而爲兩班矣 有少斯顯長 有賤斯顯貴 苟其皆尊 卽無所爲尊也"

관념도 변질될 수밖에 없었을 것이다. 종전의 엄격한 신분제하에서 나온 특권적 관료와는 달리 이미 모두가 양반화한 평등한 민중 가운데에서 관리가 나오게 된다면 그들에게는 민중을 억압하고 민중 위에 군림할 아무런 근거도 없게 되기 때문이다. 그러므로 정약용은 '관리란 민중을 위해서 존재하는 것'[41]이라 말하게 되었다고 여겨진다. 또한 이러한 관리들에 의해서 구성된 '조정朝廷'이라야 민중들과 직결되어 호흡을 같이 하는 정부 조직이 될 수 있으리라고 그는 생각하면서 '조정'과 민중의 일치를 다음과 같이 논했을 것이다.

> 조정이란 것은 민중의 심장이자 간과 같으며心肝, 민중은 조정의 사체四體이다. 민중과 조정은 힘줄과 맥락이 연결되어 있고 핏줄이 서로 통하는 것이니 잠시라도 떨어질 수 없는 것이다.[42]

민중과 조정이 일체가 되었을 때에 그 조정 즉 정부의 최고 통치자도 의당히 민중과 일체가 될 수 있는 인물이어야 할 것이다. 이러한 논리에서 정약용은 통치자가 민중과 일체가 되기 위해서는 민중에 의해서 추대된 인물이어야 한다고 생각한 듯하다. 정약용의 이러한 관념은 그의 「탕론湯論」에서 집중적으로 드러나고 있다. 이 「탕론」의 저술 동기는 고대 중국의 대표적 현군인 탕왕湯王과도 같은 이상적 통치자란 오늘날에 와서는 민중에 의해 선출된 인물이어야 함을 논하려는 데에 있었다고 볼 수 있다. 정약용은 그가 구상하는 최고 통치자의 새로운 결정 요인을 「탕론」을 통하여 다음과 같이 말했다.

> 도대체 천자天子란 어떻게 생겨났는가? 하늘에서 비처럼 내려서 천자가 되었는가? 그렇지 않으면 땅에서 샘물처럼 솟아나서 천자가 되었는가? 다섯 집

---

41) 丁若鏞, 『與猶堂全書』, 第1集 卷10, 原, 原牧 "民爲牧生 豈理也哉 牧爲民有也"
42) 丁若鏞,『與猶堂全書』, 第1集 卷19, 書, 與金公厚 "朝廷者 生民之心肝 生民者 朝廷之四體也 筋絡連湊 血脈流"

이 인鄰이 되는데 다섯 집에서 장長으로 뽑힌[推] 자가 인장鄰長이 되고, 오린五
鄰이 리里가 되는데 오린에서 장으로 뽑힌 자가 이장里長이 된다. 여러 현장縣
長이 되며, 여러 현장이 함께 뽑은 자가 제후로 되며, 제후들이 함께 뽑은 자
가 천자로 되니, 천자란 민중이 뽑아서 된 것이다. 대저 민중이 추대하여서
된 것이며, 또한 민중이 추대하지 않으면 될 수 없다.[43]

　정약용은 이와 같이 말함으로써 전통적인 가부장적 전제 군주 사상
내지는 천명天命에 의하여 통치권이 부여된다는 사상을 파기하였다. 즉
그는 혈통의 세습에 근거를 둔 정통성을 부인한 것이며 인간으로서는 불
가항력적인 천명에 의해 정통성이 부여된다는 데에 대해서도 이를 부인
한 것이다. 그리고 나서 민중의 동의라는 정통성에 기반을 둔 새로운 통
치자의 출현을 희원하며, 통치자의 결정 요인에는 민중의 동의가 전제됨
을 말한 것이다.

　'민중의 동의'란 민중의 참정권을 통하여 구체적으로 이루어지는 것
이다. 그러므로 여기에서 그가 제시한 다섯 집이 한 인鄰이 되어 인장鄰
長을 뽑고, 다섯 명의 인장이 한 이장里長을 뽑고 다섯 명의 이장이 비장
鄙長을 뽑고, 같은 방법으로 현장縣長과 제후를 뽑으면, 그 들 중에서 천
자 즉 최고 통치자가 뽑히어 나온다는 상향적인 정치 체제는 민중의 참
정권을 전제하여야만이 비로소 성립할 수 있는 것이라고 생각된다.

　그러나 그가 비록 모든 민중을 정치적인 권리를 가진 양반으로 만들
고 싶다고 하였다 하더라도, 여기에서는 천자를 추대할 수 있는 혹은 뽑
을 수 있는 참정권을 행사하는 민중이란 과연 어떠한 성질의 존재인가라
는 문제에 봉착하게 된다. 왜냐하면 당시의 시대적 제약성으로 말미암아
오늘날과 같은 국민의 보편적인 참정권 행사를 그에게서 기대하기는 어

---

43) 丁若鏞, 『與猶堂全書』, 第1集 卷11, 論, 湯論 "夫天子 何爲而有也 將天雨天子而立
　　之乎 抑涌出地爲天子乎 五家爲鄰 推長於五者爲隣長 五鄰爲里 推長於五者爲里
　　長 五鄙爲縣 推長於五者爲縣長 諸縣長之所共推者爲諸侯 諸侯之所共推者爲天子
　　天子者 衆推之而成者也 夫衆推之而成 亦衆不推之而不成"

려울 것이라고 생각되기 때문이다.

그런데 이 문제를 푸는 데 있어서는 그가 앞의 글에서 말한 인장鄰長
이나, 혹은 '황제의 근본은 마을 어른[里正]에서부터 시작된다.'44)라는 글
에서 드러나는 이정里正의 성격을 이해하는 데에 그 초점이 있을 것이다.
그러나 이 인장이나 이정에 대해서 그 뚜렷한 성격이나 그들의 사회적
성분을 단적으로 말하기는 어려운 점이 있다.

그렇다 하더라도 그 당시의 농촌 사회상과 또 그가 제시한 새로운 사
회 구조와 관련시켜 이를 생각해 본다면, 인장이나 이정은 아마도 농촌
사회에 있어서 농업 경영에 성공한 인물이거나 농촌 지식인일 가능성이
크다고 하겠다. 또한 인장이나 이정과 거의 같은 역할을 하는 것으로 생
각되는 둔장屯長의 직위에 상업 자본가의 임명을 말하고 있음을 보면, 농
업이나 상업 분야에서 성공한 인물들이 참정권의 행사에서 중요한 존재
로 부상되어 있다고 말한다 하더라도 지나친 논리의 비약은 아니리라 생
각된다.45)

당시의 시대적 제약성으로 인해 그가 비록 보편적인 참정권을 주장할
수는 없었으리라 하더라도, 여태까지 정치 참여의 기회가 실질적으로 박
탈되어 왔던 농민이나 상인들에게 참정권의 부여를 주장하였다면 이는
종전과는 판이하게 다른 관념의 출현이리라 할 수 있을 것이다. 또한 정
약용이 비록 완전한 자유 민권 사상에까지는 이르지 못하였다 하더라도
그가 지향한 최종적인 사상은 국민 주권 사상에 가까운 것으로 이해할
수 있을 것이며, 우리나라의 민권 의식 발달사史 상 그가 차지하는 위치
를 결코 과소평가할 수는 없으리라 생각된다.

---

44) 丁若鏞, 『與猶堂全書』, 第1集 卷10, 原, 原牧 "皇王之本 起於里正"
45) 金容燮, 1975, 「實學派의 農業改革論」 『韓國近代農業史研究』, 一潮閣, 138쪽. 정
    약용이 『經世遺表』 井田論에서 등장시킨 '原夫'는 참정권을 행사하는 대표적인
    '민중'으로 파악할 수 있을 것이다. 상업자본가의 정치적 진출에 관해서는 김용섭
    의 논문 각주 110번을 참조.

정약용은 민중적인 정치 행동에 의하여 정치권력이 확립되는 것을 말함과 동시에 일종의 정치 계약설에까지 접근하였다고 생각된다. 민중을 통치할 사람은 민중의 선출로 존재할 수 있는 것이므로 민중의 의사를 받들어야 한다는 책임이 있는 것이다. 이 민중과의 계약을 통치자가 저버렸을 때는 그가 더 이상 계약 당사자 중의 일방으로 남아 있을 수 없게 된다. 그러므로 정약용은 통치자의 개선을 논하게 된 것으로 이해된다.

> 다섯 집이 화합하지 못하면 다섯 집에서 의논하여 인장鄰長을 개선하고, 오린五鄰이 화합하지 못하면 25가家에서 의논하여 이장을 개선하고, 아홉 제후와 여덟 방백이 서로 합하지 못하면 아홉 제후와 여덟 방백이 의논하여 천자를 개선한다. 아홉 제후와 여덟 방백이 천자를 개선하는 것은 다섯 집에서 인장을 개선하는 것과 25가에서 이장을 개선하는 것과 같은데 누가 즐겨 말하기를 신하로서 임금을 정벌한다 하겠는가.[46]

> 뜰에서 춤추는 자는 64인인데 그 중에 한 사람을 선출하여 우보羽葆를 잡고 선두에 서서 춤추는 자를 인도하도록 한다. 그런데 그 우보를 잡은 자가 좌우 절차를 맞출 수 있으면 민중이 높이면서 '우리 선생님이다.'라고 부른다. 그러나 우보를 잡은 자가 좌우 절차를 맞추지 못하면 민중이 잡아 내려서 대열에 복귀시키고 다시 퇴출하여 유능한 자를 얻으면 그를 끌어 올려서 '우리 선생님이다'라고 부른다. 그를 잡아 내린 자도 민중이고 그를 끌어 올린 자도 또한 민중이다.[47]

이 말을 통하여 정약용은 통치자가 민중과 맺는 통치권의 계약을 설명하고 있는 듯하다. 그리고 또한 그는 이 계약을 통치자가 이를 존중하

---

46) 丁若鏞, 『與猶堂全書』, 第1集 卷11, 論, 湯論 "五家不協 五家議之 改鄰長 五鄰不協 二十五家議之 改里長 九侯八伯不協 九侯八伯議之 改天子 九侯八伯之改天子 猶五家之改鄰長 二十五家之改里長 誰肯曰臣伐君哉"

47) 丁若鏞, 『與猶堂全書』, 第1集 卷11, 論, 湯論 "舞於庭者 六十四人 選於中 令執羽葆 立于首以導舞者 其執羽葆者能左右之 中節則衆尊而呼之曰我舞師 其執羽葆者 不能左右之中節 則衆執而下之 復于列 再選之 得能者而升之 尊而呼之曰我舞師 其執而下之者衆也而升而尊之者亦衆也"

는 기간까지만 계속되는 것으로 보고 있다. 즉 다시 말하자면 정약용은 통치자가 선정을 하겠다는 계약을 파기할 경우에는 민중이 그에게 위탁하였던 통치권을 박탈하여 통치자를 추방하고서 새로운 인물을 선출하는 것을 지극히 당연한 일로 여겼던 것이다.

그러므로 정약용은 여기에서 또 다른 하나의 예를 들었던 것이다. 즉 마당에서 춤추는 많은 사람들을 이끌 인도자는 춤추는 많은 사람들을 제대로 이끌어 나갈 수 있는 인물이어야 함을 말했다. 춤추는 사람들은 이러한 능력을 기준으로 하여 그들의 인도자를 선출하는 것이며, 그 인도자가 자격을 상실했을 경우에는 가차 없이 그를 끌어 내리고 그들 중에서 다시 새로운 인물을 인도자로 뽑아 올린다는 이 비유는 계약에 의한 통치권의 성질을 정약용이 말한 것이라고 밖에 볼 수 없으리라 생각된다.

그러나 정약용은 계약에 의한 통치권이 당시 용인되지 않았음을 잘 알고 있었으므로 이러한 상황을 아래와 같이 비판하고 있다.

> 후세에 와서 어떤 사람이 스스로 황제가 되어 자기의 아들과 아우 혹은 그 추종자들을 제후로 삼았으며, 제후들은 자기와 친근한 사람들을 뽑아서 주장州長을 삼았다. 주장은 자기와 가까운 사람들을 당정黨正·이정里正으로 선발하였다. 이리하여 황제는 자기의 욕망을 채우기 위하여 법을 제정해서 제후에게 주었다. 제후들은 자기의 욕망을 채우기 위하여 법을 제정해서 주장에게 주었고, 주장은 당정에게 당정은 이정에게 주었다. 그러므로 그 법은 모두 웃사람만 존중하고 민중들을 천대한다.[48]

정약용은 혈통의 세습에 의한 정통성을 부정하고 민중의 동의를 전제로 하는 정통성을 구상했기 때문에 민중의 선출에 의하지 않고 스스로 최고 지배자가 되는 것을 비판하고 있는 것으로 생각된다. 그리고 이러

---

48) 丁若鏞,『與猶堂全書』, 第1集 卷10, 原, 原牧 "後世一人 自立爲皇帝 封其子若弟 及其侍御僕從之人 以爲諸侯 諸侯簡其私人以爲州長 州長薦其私人以爲黨正里正 於是皇帝循己欲而制之法 以授諸侯 諸侯循己欲而制之法 以授州長 州授之黨正 黨正授之里正 故其法皆尊主而卑民"

한 지배자 아래에서는 그 새 지배자에 대한 민중적 동의의 여지가 없는 것이므로 그 법률도 민중의 이익과는 동떨어질 수밖에 없는 것이라고 정약용은 생각했다.

그러나 법률이란 자연 법칙처럼 확고부동할 수는 없는 것이며,[49] 오직 민중의 이익에 따라서 민중의 동의를 전제로 하여 제정되어야 한다고 보았던 것이다. 그러므로 그는 '이정里正은 민중이 바라는 바를 좇아 법을 제정하여 당정黨正에게 올린다. 당정은 민중이 바라는 바를 좇아서 법을 제정하여 주장州長에게 올린다. 주장은 국군國君에게 올리고, 국군은 황제에게 올리게 되므로 그 법은 모두가 민중을 편하게 하는 것이다.'[50] 라고 말했다.

즉 정약용은 민중이 법의 제정에 직접 관여함으로써 민중의 이익과 부합이 되는 법이 나올 수 있을 것이라 생각했던 것이다. 여기에서 정약용이 말하는 바와 같이 법의 제정에서 민중이 참여해야 한다는 것은 그의 상향적인 권력 구조, 그리고 계약에 의해 통치권의 수여와 함께 정약용이 제시한 참정권의 내용을 이해할 때에 중요한 요소가 되리라 생각된다.

요컨대 정약용은 상향적 통치 체제·정치 계약설 그리고 입법 과정에서의 민중 참여 등과 같은 세 가지의 주장을 통하여 전제적 정치 체제를 부인하고 민중에 의한 정체(government by the people)를 간접적으로나마 천명한 것이라고 볼 수 있다. 즉 그는 정치 집단의 새로운 조직 원리와 그 의사의 결정 방법으로 새로운 형태의 대안을 제시한 것이었다. 이를 통하여 우리는 국민 참정권 의식의 초기적인 형태를 발견해 낼 수 있다고 여겨진다.

---

49) 丁若鏞, 『與猶堂全書』, 第5集 卷1, 經世遺表, 引, 引 "法之不能改 制之不能變一由夫本人之賢愚 非天地之理 原欲其無改無變也"
50) 丁若鏞, 『與猶堂全書』, 第1集 卷10, 原, 原牧 "當是時 里正從民 上之黨正 黨正從民望而制之法 上之州長 州上之國君 國君上之皇王 故其法皆便民"

2) 공직公職 담임권의 요구

민중에 기반을 둔 상향적인 통치 체제를 제시하며 '민중에 의한 정체'
를 구상하였던 정약용은 그의 이러한 구상과 관련하여 모든 민중에게 공
직 담임권을 확대시키도록 주장했던 것으로 생각된다. 이 새로운 정체政
體 하에서는 '민중을 위해서 공직을 설치하고 공무를 위해서 관리를 두
어야'[51] 하므로 공직에 취임하는 데에 부과됐던 모든 전근대적 제한은
철폐되어야 마땅하다고 그는 생각한 듯하다.

이러한 제한을 철폐하고자 했던 것은 그가 관직을 민중을 위한 공직
公職으로 생각했기 때문이리라 여겨진다. 전근대적 통치 체제 아래에서
는 관직에 취임할 수 있는 권한은 극히 소수에게만 제한되어 왔었고 또
한 이들은 민중 위에 군림하는 존재였다. 정약용이 생존했던 조선왕조
후반기에는 이러한 통치 체제가 유지되어 왔었고, 세도정치라는 반동기
를 통하여 관직을 담당할 수 있는 범위는 더욱 제한되었던 것이다.

그러나 이와 같은 당시의 현실은 그의 상향적인 통치 구조론이나 또
는 민중을 위해서 공무를 집행하는 데에 그 존재 이유를 찾을 수 있는
새로운 관료상과는 거리가 먼 것이었다. 그러므로 그는 새로운 관료상을
관철시키고 관직의 공익성을 밝히기 위해서 세도 집단을 공격하였고, 또
공직에 취임할 수 있는 문호를 개방하라고 요구했다.

(전략)	(前略)
떵떵거리는 수 십 집안이	落落數十家
대를 이어가며 국록을 먹는다	世世呑國祿
(중략)	(中略)
서로들 돌려가며 민생을 해치면서	殺伐互翻覆
약한 민중 고기 삼아 힘센 놈이 먹어 치우네	弱肉强之食
세력을 휘두르는 대여섯 집안	豪門餘五六

---

51) 丁若鏞, 『與猶堂全書』, 第1集 卷10, 論, 職官論2, "夫爲民置官 爲職事置官"

재상 자리 대감 자리 모두 다 차지하고	以玆爲卿相
관찰사 절제사도 완전히 차지하네	以玆爲岳牧
도승지 부승지는 모두가 이들이며	以玆司喉舌
사헌부 사간원엔 전부가 이들이라	以玆寄耳目
이들이 모두다 벼슬아치 노릇하며	以玆爲庶官
이들이 오로지 모든 옥사獄事 판결하네	以玆監庶獄52)
(후략)	(後略)

이와 같이 민중 위에 군림하며 모든 정치권력과 관직을 독점하고 있던 안동 김씨·풍양 조씨·청송 심씨·남양 홍씨·반남 박씨 등 몇몇 가문을 정약용은 이 시를 통하여 공격하고 있는 것이다. 그리고 그는 '어찌 천지天地가 정기를 모으고 산천이 그 진기를 자라게 하여, 반드시 수 십 집안의 사람들에게만 뿌려주고 그의 더러운 기운은 나머지 사람에게 뿌리는 것이겠는가.'53)라고 말했다. 정약용은 이 언급에서 정치권력의 세습화에 강한 분노를 터뜨리며 세도가문 출신에게만 관직 담임권이 보장되어 있는 상황을 타파하고 관직을 공직으로 전환시킬 것을 주장했다.

그리고 이 공직 담임권을 확대시키기 위해 정약용은 거듭 말했다. '인재를 얻기가 어렵게 된 지 오래이다. 온 나라의 인재를 다 뽑아 올려도 오히려 부족할까 염려되는데, 하물며 그 열 가운데 여덟·아홉을 버리는 것이겠는가. 온 나라의 민중을 다 모아 배양하더라도 오히려 진흥시키지 못할까 두려운데, 하물며 그 열 가운데 여덟·아홉을 내쳐버리겠는가.'54)

정약용은 이와 같이 소민小民·중인中人·서북인西北人·송경松京·심도인沁都人·서얼 그리고 남인南人·북인北人 등 전체 인구의 절대 다수를 차지하는 사람들을 모두 다 관직에서 제외시키고 오직 문벌 좋은 수 십 집안

---

52) 丁若鏞, 『與猶堂全書』, 第1集 卷5, 詩, 夏日對酒甲子夏在康津.
53) 丁若鏞, 『與猶堂全書』, 第1集 卷9, 議, 通塞議 "何天地之聚會其情神 山川之亭毒其氣液也 必鍾之於數十 家之産 而以其穢濁之氣 播于其餘哉"
54) 丁若鏞, 『與猶堂全書』, 第1集 卷9, 議, 通塞議 "人才之難得也久矣 盡一國之精英而拔擢之 猶懼不足 況棄其八九哉"

에만 관직 담임이 허용되던 상황을 지적했던 것이다. 여기에서 그가 민중들에게도 담당시킬 대상으로 생각했던 공직은 물론 중앙 정부의 고위 관직까지도 포함되어 있다고 생각된다.

그런데 정약용이 세도가문의 고위 관직 독점에 대해서 항의한 것은 관직을 담임할 수 있는 자기 계층의 기득권을 설정하여 달라고 세도집단에게 요구한 것이 아닌가 하는 의문을 품어 볼 수 있을 것이다. 그러나 그는 결코 자기 출신 계층의 기득권 보장을 요구한 것은 아니었다. 그는 이미 자기 계층에 대해 철저히 비판함으로써 자기 계층 위주의 관념을 불식해 버렸던 것이다. 그리고 모든 민중에게까지 공직 담임권을 확대시키도록 주장하였던 것이다.

이에 관한 예로서는 서얼의 정계 진출에 대한 그의 견해를 들 수 있을 것이다. 서얼 출신의 제한된 정계 진출은 이미 영조대에 단행되어 서얼에게 대간직을 주게 되었던 것이다.55) 그러나 정약용은 이에 만족하지 않고 서얼에게 대간직을 준 것은 서얼을 '아무 직職으로 한정하고 아무 품으로 제한한 것'56)에 지나지 않는 것이라고 말했다. 또한 그는 서얼이라 하더라도 능력이 있을 경우에는 '대간 벼슬은 작은 것이니 반드시 정승을 시킨 다음에라야 옳은 것이다.'57)라고까지 했던 것이다.

서얼의 경우라도 최고 관직을 가질 수 있다고 정약용은 생각했을 뿐만 아니라 그가 상인층에게도 공직 취임과 실질적인 통치권의 행사를 제시했다. 그리고 그는 준 지배층이라고 할 수 있는 서얼이나 돈 많은 상업 자본가 뿐 아니라 모든 민중에게 공직 담임권의 확대를 주장하며 '동서남북에 구애됨이 없게 하고, 멀거나 가깝거나, 귀하거나 천하거나 이

---

55) 丁若鏞, 『與猶堂全書』, 第1集 卷12, 論, 庶孼論
56) 丁若鏞, 『與猶堂全書』, 第1集 卷9, 議, 通塞議 "庶流通淸之議 或行或格 然行之而 庶流不足喜也 使注擬於三望者 而必皆庶流 則是得爲庶流正言 而未嘗爲正言也 限 某職焉 限某品焉 是皆棄人也"(밑줄 필자)
57) 丁若鏞, 『與猶堂全書』, 第1集 卷12, 論, 庶孼論 "臺諫其小者也 必相而后可者也"

런 조건은 사람을 선택하는 데에 아무 상관이 없게 되기'58)를 바랐다.

이러한 그의 주장으로 미루어 볼 때, 그가 행한 세도 집단에 대한 비판이 단순한 몰락 양반의 불만에 그치는 것은 결코 아니고, 능력 본위의 새로운 사회를 지향하는 데에서 나온 민중의 공직 담임권에 관한 견해와 연결된다고 말할 수 있을 것이다. 그는 담임상의 제한을 둔 관직이란 공직이 될 수 없으므로 그 제한을 철폐해야 한다고 생각했으리라 여겨진다. 요컨대 정약용은 당시 권력의 디플레이션(power deflation) 현상에 강력히 반발하여 그가 구상하는 새로운 사회에서는 모든 민중에게 정치권력을 행사할 수 있도록 공직 담임권을 주어야 함을 주장했다고 볼 수 있을 것이다.

4. 민중 저항권의 고취

1) 민중 저항권의 성질

정약용은 정치 집단화하지 못한 일반 민중들의 요구를 대변하는 과정에서 한 걸음 더 나아가 민중들의 저항권을 인정하게 되었다고 생각한다. 민중 저항권 내지는 혁명권이란 민권의 개념을 이해하는 데에 있어서 가장 중요한 요소로 생각된다. 이 민중 저항권은 국가적 정통성의 근거를 민중의 동의에 두어야만 나올 수 있는 것이다. 그러므로 정약용이 민중 저항권을 과연 인정하였다면 그것은 정통성의 근거를 민중 위에 군림하는 국왕에게 두었던 종전의 관념을 청산하고 참정권과 공직 담임권과 같은 민권 의식을 분명히 가지고 있었다는 말이 될 것이다.

또한 그가 주장했던 저항권을 충분히 이해하기 위해서는 그가 제시했

---

58) 丁若鏞, 『與猶堂全書』, 第1集 卷9, 議, 通塞議 "東西南北 無所障碍 遐邇貴賤 無所揀擇"

던 새로운 사회상에 대한 이해가 전제되어야 할 것이다. 그래야만이 그가 인정했던 저항권의 질을 명확히 알 수 있을 것이다. 저항권의 행사로 민중이 얻을 수 있는 것은 단순한 지배자의 교체라고 말할 수 있는 정권의 변동이나 혹은 사회 전반에 걸친 변혁을 의미하는 정체政體의 변화를 지적할 수가 있다. 정약용이 저항권을 용인했다면 그것은 정권의 변동을 기도한 것인가 아니면 정체의 변화까지도 의도했던 것인가 하는 저항권의 질에 관한 문제를 풀기 위해서는 불가불 그의 혁명적인 제 이론과 결부시켜서 이를 판단하여야 할 것이다.

그런데 이전의 장章에서 지적한 바와 같은 참정권이나 공직 담임권과 같은 것은 확실히 국가의 정체를 변동시키려던 혁명적인 것이었다. 따라서 정약용은 그 사상의 귀결점을 전근대적인 사회를 부정하고 새로운 사회를 형성시키는 데에 두었다고 할 수 있다. 전근대사회 혹은 중세 사회 다음 단계로 도래할 새로운 사회란 근대 사회라 말할 수 있을 것이다. 또한 정약용이 근대적인 사회에 대한 구상을 하고 있었고 아울러 민중 저항권을 인정했다면, 정약용은 근대적인 혁명을 기도했다고 볼 수 있을 것이다.[59]

근대적 혁명이란 제반 사회 질서를 재구성하고, 현존하는 윤리 규범에 도전하며 도덕적 가치의 새로운 틀을 제시해 주는 것이다.[60] 즉 국가나 사회의 구조에 뚜렷한 변화를 끼쳐주는 대중 운동으로 파악할 수 있는 것이다. 그러나 대중 운동이란 혁명의 최후 단계에 나타나는 것이며 이러한 행동은 선도적인 이념에 의해서 이끌어질 수 있는 것이다.[61] 흔

---

59) M.N. Pokurovsky, *History of Russia*, p.20 ; 韓庸熙, 1974,『革命論』, 一潮閣, 67쪽에서 재인용.

60) Paynton&Blackey eds., "introduction", *Why Revolution?*, p.2. "It(=revolution) seeks to reconstruct the entire social order. it challenges the existing mores and proposes a new scheme of moral value."

61) Louis Gottschalk, "Causes of Revolution", *Why Revolution?*, p.103. "Revolution is a popular movement whereby a significant social change in the structure of a nation

히 말하기를, 혁명을 이끌 수 있는 이념을 제시할 수 있는 인물은 지배 계층과 완전히 유리된 계층에서 나오는 것이 아니라 오히려 지배 계층과 근접해 있는 계층에서 출현한다고 한다.[62]

이에 정약용의 경우를 비추어 보면, 그는 지난 날 지배 계층의 일원으로서 국정의 개혁에 진력해 왔던 인물이므로 그에게는 혁명적인 이념을 제시할 수 있는 인적 여건이 어느 정도 갖추어져 있었다고 볼 수 있다. 또한 정약용의 사상은 혁명을 수행하는데 필요 불가결한 선도적인 사회적 신화(social myth)로서의 역할을 충분히 할 수 있었다고 생각된다.

그러나 정약용의 사상은 자신과 당시의 시대적 제약성으로 인해 완전한 혁명을 유발시키는 데에까지는 이르지 못하였다. 즉 시대적 제약성으로 지적할 수 있는 것은 당시 조선 왕조에 근대적인 혁명을 이끌 시민층이 완전히 성장을 이루지 못했다는 점과 또한 정약용의 사상 자체 내에도 근대적인 요소와 함께 간간이 전근대적인 잔재가 병존해 있음을 들 수 있을 것이다. 그러나 이 커다란 두 가지의 문제점이 있음에도, 그가 근대적인 민중의 혁명권을 주장하고 있다고 생각되는 것은 당시의 중세적인 기존 질서와 그것의 바탕이 되는 가치관을 부수기 위한 그의 전체적인 사상 체계를 감안한 결과라고 말할 수 있겠다. 또한 정약용은 비록 당시 시민 계급의 성장이 완전히 이루어지지는 않았다 하더라도 성장의 여세를 타고 그들에게 저항권을 인정하게 되었던 것으로 생각할 수 있을 것이다.

동양 여러 나라에서 국통의 변혁에 대한 전통적인 사상으로는 맹자의 혁명론이 지적되고 있다. 그리고 정약용이 가지고 있던 국통의 변혁에 대한 이론의 근거도 맹자의 혁명론에 근거를 둔 것으로 이해되어 왔다. 그러나 맹자의 혁명관과 정약용의 혁명관 사이에는 커다란 간격이 가로

---

    or a society."
62) Crane Brinton, 1952, *The Anatomy of Revolution*, New York: Prentice Hall, p.88.

놓여 있는 듯하다. 이러한 사실을 밝히어 정약용의 혁명관을 맹자의 그
것과 연결하려는 관념을 불식하기 위해서는 양자를 상호 비교해 볼 필요
가 있으리라 생각된다. 맹자의 혁명관은 이른바 민본 사상을 기초로 하
여 나온 것이다.

> 민중이 가장 귀중하고 사직은 그 다음이며 임금이 가장 가벼운 존재이다.
> 이런 까닭으로 민중에게 신임을 얻으면 천자가 되나 천자에게 신임을 얻으면,
> 제후가 되고 제후에게 신임을 얻으면 대부가 될 뿐이다. 제후가 사직을 위태
> 롭게 하면 다른 사람으로 갈아세운다.[63]

> 제후의 보배는 세 가지이다. 영토와 민중과 정치이다. 금은보화를 보배로
> 삼는 자는 재앙이 반드시 자신에게 미치게 될 것이다.[64]

맹자가 주장했던 혁명 사상의 바탕이 되는 대표적인 것으로는 이상과
같은 구절들이 지적되고 있다. 민중이 가장 귀중한 존재이며, 제후의 보
배라고 표현한 데서 맹자가 주장했던 민본 사상의 핵심이 있는 것이며
맹자는 이러한 그의 민본 사상을 기초로 해서 은殷의 탕왕湯王과 주周의
무왕武王이 행했던 방벌放伐을 논했다.

> 인도仁道를 해치는 자를 적賊이라 하고 의리를 해치는 자를 잔殘이라 한다.
> 잔적을 일삼는 자를 일부一夫라 한다. 일부一夫인 주紂를 죽였다는 말은 들었
> 어도 임금을 살해하였다는 말은 아직 듣지 못하였다.[65]

위의 글에서는 인도를 해치고 의리를 버리는 자는 임금이라도 죽일
수 있다는 논리에서 맹자의 혁명관이 드러나고 있다.

---

63) 『孟子』, 盡心章句 下, "孟子曰 民爲貴 社稷次之 君爲輕 是故 得乎丘民而爲天子
　　得乎天子爲諸侯 得乎諸侯爲大夫 諸侯危社稷 則變置"
64) 『孟子』, 盡心章句 下, "諸侯之寶三也 土地人民政事 寶珠玉者 殃必及身"
65) 『孟子』, 梁惠王章句 下, "賊仁者 謂之賊 賊義者 謂之殘 殘賊之人 謂之一夫 聞誅
　　一夫紂矣 未聞弑其君也"

이러한 맹자의 혁명관 내지는 정치사상에 대하여 일반적으로 긍정적인 평가를 내리면서, 혹자는 맹자의 정치관을 민중을 위한 새로운 사상으로 파악했다.[66] 또는 '근대 민주 정치의 선하先河를 열어 논 것이다.'라고 말한 이도 있었다.[67] 그러나 이상의 평가가 맹자의 생존 당시 맹자 사상의 긍정적인 기능을 강조하는 것이라면 수긍이 가나, 이를 근대적인 정치사상으로 이해하는 것이라면 거기에는 많은 문제점들이 따르게 된다.

맹자의 민귀지설民貴之說은 근대의 민권과는 차이가 나는 것이다.[68] 그리고 그가 내세우는 민본이나 위민爲民이란 것은 어디까지나 고정된 통치자의 입장에서 피치자인 민중을 언급한 데 지나지 않는 것이다. 그리고 또한 맹자의 이론은 민중의 봉기를 선도하는 이념이라거나 민권을 강조하는 이론이 아니라 제후를 경계하는 이론에 지나지 않는다. 따라서 맹자는 민중을 단순한 객체로만 파악하고 있는 것이며 또한 민중을 정권 획득의 방법으로만 여기고 있는 것이지 그들에게 어떤 주체적인 역할을 부여하지 않았던 것이다. 이러한 맹자의 태도는 그의 다음 구절에서 분명히 드러났다.

> 걸주桀紂가 천하를 잃은 것은 그 민중을 잃은 까닭이다. 그 민중을 잃은 것은 그 민심을 잃은 까닭이다. 천하를 얻는 데는 방법이 있다. 그 민중을 얻으면 곧 천하를 얻을 수 있다. 그 민심을 얻는 데에는 방법이 있다. 민중이 갖고 싶어 하는 것을 모아다 주고 민중이 싫어하는 것을 베풀지 않도록 하는 것뿐이다.[69]

---

66) 五雲五, 1968, 『先秦政治思想』, 臺北: 商務印書館, 47쪽.
67) 楊幼炯 著, 村田孜郎, 1930, 『支那政治思想史』, 東京: 大本出版社, 21쪽.
68) 蕭公權, 1971, 『中國政治思想史』, 臺北: 華岡出版有限公司. "孟子民貴之說 與近代之民權有別 未可混同 簡言之 民權思想必含 民亨 民有 民治之三觀念 故人民不祇爲政治之目的 國家之主體 必須具有自動參預國政之權利 以此衡之 則孟子民貴不過由民亨 以達於民有 民治之原則與制度 皆爲其所未聞 故在孟子之思想中 民權僅能作被動之表現 治勸專操於 '勞心' 階級 暴君必待天吏而後可誅"
69) 『孟子』, 離婁章句 上 "桀紂之失天下也 失其民也 失其民者 失其心也 得天下有道

'탕왕이 걸왕을 내쫓'고 '무왕武王이 주왕紂王을 치'는 혁명이란 사회 전반에 걸친 대대적인 변화를 말하는 것이 아니라 단순한 상부 지배 구조의 변동에 지나지 않는 것이다. 그리고 혁명을 일으킬 때의 위민爲民이나 민본은 혁명의 명목상의 구호에 불과한 것이다. 맹자가 제후들과 나눈 대화에서 등장하는 민중은 어디까지나 생존권 이외에는 아무런 권리도 없는 피지배자의 입장에 머물러 있는 민중임을 먼저 이해해야 할 것이다. 즉 맹자는 끝까지 민중을 정치의 주체로 파악하지 못하였으며 혁명의 주체로도 파악하지 못한 것이다.

맹자가 주장했던 민본주의의 이 점이 민중을 주체로 파악하는 민권의식과 뚜렷이 다른 점이다. 그리고 이러한 민본주의에 입각하여 제시된 맹자의 혁명권은 기존의 입장에서 혁명을 이해한 것이었으므로, 그의 혁명론은 일종의 음모설(conspiracy theory)[70]에 가까운 것이라 할 수 있겠다. 또한 거기에 등장하는 민중의 역할이란 오직 지배층에게 음모의 명분을 제공해 주는 데에 지나지 않는 것이다.

그러나 정약용은 민중을 정치의 주체로까지 이해하고 있으며, 정치의 권력 구조도 하향적인 것이 아닌 상향적인 것이어야 함을 주장했다. 그 정치권력은 민중의 대변자인 여장閭長을 기본으로 하여 국가의 최고 책임자인 천자에 이르는 것으로 정약용은 생각했다. 함께 춤을 추던 무용대에서 선도자가 인도를 잘못할 경우에는 선도자의 뒤에 있던 무용수들이 선도자를 갈아 치울 수 있는 권리를 가졌던 것과 마찬가지로, 정약용은 민중이 그들의 지도자를 선택할 수 있는 당당한 존재임을 선언하였던 것이다.

이 점이 정약용의 혁명관과 맹자의 혁명관에서 드러나는 본질적인 차

得 其民 斯得天下 得其民有道 得其心 斯得民矣 得其心有道所欲 與之聚之 所惡勿施爾也"

70) C. Johnson, 1966, *Revolutionary Change*, Bombay: Vakils: Feffer and Simons Private, p.28.

이점이다. 정약용은 맹자와는 달리 민중을 혁명 내지 정치 변종의 주역으로 부각시켜 놓았던 것이다. 따라서 맹자는 상부 지배층의 변동만을 혁명으로 본 반면에 정약용은 단순한 지배자의 변동만이 아닌 사회 구조 전반에 걸치는 변혁을 기도하는 새로운 이론을 제시함으로써 근대적 의미의 혁명관을 밝히고, 민중 저항 곧 혁명권을 요구했던 것이다.

반란은 권위나 기존 사회 질서 자체에 대한 도전이라기보다는 권위있는 인물을 바꾸자는 것에 불과하다. 그러므로 반란이 정치적 이념에 대한 도전일 수는 없으며 그것은 단지 폭군이나 탐관오리를 제거하는 데에 목적이 있는 것이다. 이러한 대표적인 사례로서 정약용이 들었던 19세기 초엽 반란으로는 '홍경래 난'을 들 수 있다. 홍경래 난은 단순한 농민 반란의 형태를 벗어나서 상공층 및 지식인의 참여가 이루어지고 있다 하더라도,[71] 거기에서는 혁명적인 새로운 지도 이념이 뚜렷이 부각되어 있지 못하였기 때문에 민란의 수준을 뛰어 넘을 수는 없었던 것이다.

그러나 정약용의 사상에서 드러나고 있는 바는 새로운 사회 질서의 원칙을 제시하고 있다는 점이다. 그의 여전제론閭田制論이나 민보의民堡議에서 드러나는 새로운 사회를 건설하려는 생각은 단순히 공상적인 이상 사회를 그린 것이 아니라 혁명을 선도할 수 있는 새로운 사회상을 구체적으로 언급한 것이라 할 수 있다. 이러한 그의 사상은 근대적인 혁명을 이끌 수 있는 이데올로기로서 역할을 충분히 할 수 있는 것이며 이를 바탕으로 해서 근대적인 성격과 유사한 저항권을 가지게 되었던 것이다.

2) 적대 집단의 설정

정약용이 민중 저항권을 주장할 때에 세 가지의 단계를 거치고 있음을 그의 여러 논저에서 추출해 낼 수 있다고 생각된다. 즉 그는 먼저 민

---

71) 鄭奭鍾, 1972, 「洪景來亂의 性格」『韓國史研究』7, 韓國史研究會, 151~206쪽.

중의 적대 집단을 설정했고, 다음으로 혁명적 사회 분위기를 말하고 있으며, 끝으로는 간접적으로나마 혁명을 고취하고 있는 것이다.

정약용은 하늘[天]과 민중을 직결시켰는데 이는 민중이 오직 하늘에 의해서만 지배될 수 있다는 관념을 내포할 여지가 있는 것이다. 이러한 사고방식에서 하늘과 민중 사이에 민중의 동의 없이 민중 위에 군림하는 모든 존재를 적대 집단으로 돌리게 되었다고 생각된다. 그가 설정한 적대 집단은 민중의 이익에 반하는 행위를 자행하는 봉건적인관료들과 이에 기생하는 무리들이었다. 그는 명확한 '우적友敵 개념'을 가지고 있었으므로, 이 적대 집단에 대한 공격을 더욱 신랄하게 하게 됐던 것이다. 당시 조선 왕조의 정치 체제는 이른바 '법적·합리적' 체제가 아니었으므로 정부 행정의 발달이나 중앙의 행정력이 지방의 발단 조직에까지 효과적으로 파급되기를 바라기는 어려운 문제였다.

그렇다 하더라도 일반 민중에 대한 지방관의 수탈 행위는 도를 지나치는 것이었다. 이들 지방관은 바로 민중에게서 가차 없이 수확물을 거두어들이는 존재였다.[72] 정약용은 이들이야 말로 바로 큰 도둑으로서, "포졸이 감히 문책할 수 없으며 의금부의 금오랑金吾郞('금오'는 의금부의 다른 이름)이 체포할 수 없고, 암행어사라도 공격하지 못하며, 재상까지도 그들에게 충고를 못한다. 이들은 온갖 토색討索과 횡포를 자행하여도 아무도 그들을 나무라지 못한다. 광대한 전답을 마련해 두고서 평생토록 나태한 생활을 하여도 어느 누가 감히 비난하지 못한다."[73]고 분노를 드러냈다. 이러한 큰 도둑들은 국가와 민중의 사이에서 나라를 깎아먹고 민중

---

72) 丁若鏞, 『與猶堂全書』 第5集 卷19, 牧民心書, 吏典六條束吏 馭衆 用人 擧賢 察物 考功, 束吏吏典第一條, "民以土爲田 吏以民爲田 剝膚槌髓 以爲耕耨 頭會箕斂 以爲刈穫 習與性成 認爲當然"

73) 丁若鏞, 『與猶堂全書』 第1集 卷12, 論, 監司論 "是盜也 干揶不敢問 執金吾不敢捕 御史不敢擊 宰相不敢言 勦討橫行 暴戾而莫之敢誰何 置田墅連阡陌 終身逸樂而莫之敢訾議 若是者庸詎非大盜也與哉 大盜也已 君子曰大盜不去 民盡劉"

을 긁어 먹는 자들인데 만일 이들을 제거하지 않는다면 민중들은 모두
죽게 될 것이라고 정약용은 심각한 우려를 표명했던 것이다. 그러면서 그
는 '지방관이 민중을 위해서 설치된 것인가, 아니면 민중이 지방관을 위
해서 태어났는가.'라고 말하면서, 당시 조선의 전근대적인 관료들은 무능
한 존재일 뿐만 아니라 유해한 존재로 까지 파악했던 것이다.

정약용은 조선의 관료와 함께 그들에 기생하는 아전층도 신랄하게 비
난했다. 그는 당시의 아전이 민중 위에 군림하여 생사여탈권을 행사하고
있다고 보았다.74) 또한 이 아전들은 '굶주린 호랑이가 돼지를 얻은 듯이,
배고픈 솔개미가 꿩을 만난 듯이'75) 민중을 괴롭히고 있었다.

(전략)

평생에 안심을 건 수박일러라   平生不種西瓜子
아전 놈이 탐나 트집할까 두려웁다   剛怕官奴惹是非

(중략)

금년에 가자미는 구하기 어렵구나   今年比目猶難得
잡는 즉시 건어 말려 관가에 드린 까닭   盡作乾鱐入縣門
황송아지 외밭에 들어갈세라   不教黃犢入瓜田
서쪽 들 맷돌가로 옮겨서 매었더니   移繫西庭碌碡邊
새벽 일찍 이정里正이 코 꿰어 갔소   里正曉來穿鼻去76)

(후략)

아전은 수박과 같은 하찮은 물건뿐만 아니라 농민이 가장 중히 여기
는 농우農牛마저도 마음대로 끌고 가는 당당한 세력가였다. 그러므로 정
약용은 그의 글 도처에서 아전을 공격했다. 즉 아전은 이미 '멋대로 거
만하고 호사하며 권력층과 결탁하여 위복威福을 오로지 맡고 있으니 이

---

74) 丁若鏞, 『與猶堂全書』 第1集 卷11, 論, 鄕吏論一 "古者大夫世卿 今鄕吏世其職
    彼世其卿者 執國命制民之死生 卒之權在人主之上"
75) 丁若鏞, 『與猶堂全書』 第1集 卷11, 論, 鄕吏論三 "如餓虎得豕 飢鷹遇雉 其奮迅
    酷烈 而復有顧瞻者乎"
76) 丁若鏞, 『與猶堂全書』 第1集 卷4, 詩, 長鬐農歌.

들을 금하지 않는다면 민중들이 죽게 될 것이고, 나라는 아전들의 손으로 망하게 될 것이다.'77)라고 그는 말했다. 또한 만일 아전만 제거한다면 세상이 크게 변할 것이라고78) 그는 생각하였다.

정약용이 이렇게 지방관과 그 지방관의 앞잡이인 아전을 비판한 것은 당시 농민이 직접 대면하고 있던 정치적 권위에 대한 충성을 깨뜨려서 그에 대한 도전을 유도하기 위함이었다고도 생각하여 볼 수 있을 것이다.

정약용은 지방관·아전과 함께 토호도 적대 집단의 범주 속에 두었다. 그들은 지방 수취를 통해 곤궁한 농민을 괴롭히고 있었으며, 농민의 가장 기본적인 재산인 쇠솥까지 걷어 가니 민중을 수탈하는 그들의 행위도 아전과 별 다름이 없었다.79) 또한 지방관과 아전·토호들은 모두 서로 긴밀히 결탁되어 있었다. 지방관은 향리와 함께 '상인과 짜고서 그 이익을 나누며 도둑질한 물건을 나누어 갖고 민중을 어육으로 만드는' 일을 자행하고 있었다. 또한 토호와 지방관이 결탁하여 그들의 토지를 누결로 만들어 세금 포탈을 방조해 주고, 이로써 그들은 큰 이득을 얻었던 것이다.

정약용은 이들만을 비난하는 데에 머무르지 않고 이들의 배후에 자리 잡고 있는 세도가문과 세도정치를 비판하였다. 또한 그는 이들 세도가문은 광대한 전장田莊을 차지하고서도80) 민중을 수탈하는 데에 여념이 없으며, 어떠한 행위를 자행하든지 간에 거의 면책되고 있었다.81) 그러므로 정약용은 이들 모두를 적대 집단으로 파악하게 되었고 특히 관리와

77) 丁若鏞, 『與猶堂全書』 第5集 卷7, 經世遺表, 地官修制田制七, 地官司稼 "所竊旣濫驕奢 以作締交權貴 肆行威福 一任而不之禁 則民殘國亡 必由吏胥之手"
78) 丁若鏞, 『與猶堂全書』 第5集 卷7, 經世遺表 地官修制田制七, 續大典 戶典 收稅 "唯其實戶之先納者 吏則摘之 蓋天下之大變也"
79) 丁若鏞, 『與猶堂全書』 第1集 卷2, 詩, 奉旨廉察到積城村舍作 "銅匙舊遭里正攘 鐵鍋新被鄰豪奪"
80) 丁若鏞, 『與猶堂全書』 第5集 卷6, 經世遺表, 地官修制田制考, 邦田議 "畿內之田 多係宰相家莊墅 制是法者 或者其有私乎"
81) 『憲宗實錄』 卷48, 憲宗 15年 1月 己卯 "利川前府使金喆淳 久逋八千餘石 特蕩 幷從 左議政金道喜所奏也"

일반 민중은 서로 원수와 같은 처지에 놓여 있다고 논술했던 것이다.[82]

삼정三政의 문란과 유식층의 수탈로 인해 농민은 유민으로 화하여 도로를 메우고 마을들은 황폐화했다.[83] 민중들이 절체절명의 처지에 놓이게 된 최종 책임은 일개 지방 관리나 나 유식층에게만 돌릴 수 없는 일이었다. 따라서 정약용은 당시의 왕정에 대한 강력한 회의를 드러내고, 나아가서는 이것을 거의 부정하기에 이르렀다.

> 아아 왕자王者의 민중은 가까운 사람이 기꺼이 복종하여야, 먼 데 있는 사람도 사모하는 법이다. 가까이 있는 사람이 먼저 원망하니 이렇게 멀리 있는 사람을 복종시킬 수 있겠는가. 원망에 가득 찬 나의 민중을 모아 민중을 학대한 죄를 성토하겠다.[84]

> 살인자라 하는 것은 전란이나 형법을 일으켜 죽이는 것을 말하지 않는다. 왕정을 행하지 아니하여 풍년이 들 때 단속할 줄 모르고 흉년이 되어서는 창고를 풀 줄 모른다면 이것은 곧 살인을 좋아하는 것이다. 정비된 토지 제도를 시행하지 아니하여 우러러 부모를 받들 수 없고 아래로 치자를 기를 수 없게 한다면 살인을 좋아하는 것이다. 50세 된 어른에게 비단 옷을 입히지 못하고 70세 된 노인에게 고기를 대접하지 못하며, 얼고 굶주려 죽는 자가 있다면 곧 살인을 좋아하는 것이다.[85]

정약용은 왕정에 대하여 이와 같이 준엄한 기준을 제시했다. 그런데 이러한 기준을 당시의 상황과 결부하여 생각하면 민중을 학대하는 최종

---

82) 丁若鏞, 『與猶堂全書補遺』, 民堡議 "官之與民 先爲讎敵 斬殺逆命 以克首級 坑屠官差 以滅蹤跡 奸鄕猾猾吏 又以其隙 公受賄賂"

83) 丁若鏞, 『與猶堂全書』第1集 卷9, 書, 與金公厚 "淳昌 同福之際 流民充塞道路 沿海諸墺則井落蕭然"

84) 丁若鏞, 『與猶堂全書』第2集 卷25, 尙書古訓 "金云湯誓 … 鏞案 … 嗚呼 王者之民 近悅而遠懷 近者先怨 何以服遠 驅我怨訓之民 以討虐民之罪"

85) 丁若鏞, 『與猶堂全書』第2集 卷5, 孟子要義, 梁惠王, 梁襄王望之不似章 "鏞案此節從來誤解 蘇說尤大謬 余謂殺人者 非謂兵刃刑杖而殺之也 不行王政 豐年不知檢 凶年不知發 則嗜殺人者也 不行井田之法 仰不足以事父母 俯不足以育妻子 則嗜殺人者也 五十不能衣帛 七十不能食肉 有凍餒以死 則嗜殺人者也"

책임자로 군주를 지적하여 그를 바로 살인자로 모는 것과 마찬가지였다
고 생각된다. 그는 당시의 임금이 민중을 학대하는 죄를 성토하고픈 자
신의 심정을 경전의 주해를 통하여 표현하였던 것으로 볼 수 있다.

또한 합법적인 권위를 상실했을 경우, 지배자에 대한 민중의 성토가
가능하다고 그는 생각했으므로 소수 관료들의 독점적인 지배권과 타락
한 권위주의에 대해 과감한 도전을 전개한 것으로 이 글들을 해석할 수
도 있을 것이다. 그리고 정약용이 적대 집단을 설정하여 이에 대한 비판
을 하고 있는 것은 구제도舊制度 전반에 걸친 부정을 효과적으로 수행하
기 위해 현실적인 공격 대상을 지목한 것으로 생각할 여지가 있는 것으
로 여겨진다.

3) 사회 변동의 예시豫示

적대 집단을 설정한 다음 단계로 정약용은 사회 변동에 대한 강력한
예시를 함으로써 민중 저항권의 현실적인 실현 가능성을 유시하고 있다
하겠다. 삼정三政의 문란과 특권층의 착취에 대한 정약용의 비판을 음미
해 보면 그는 조선 왕조가 거의 말기적인 현상을 드러내고 있는 것으로
파악한 듯하다. 사실 영조英祖와 정조正祖 시기 정치에서 활발히 진행되
던 집권층을 중심으로 한 왕조 자체의 개혁 세력은 세도정치의 등장으로
인해 무산되어 버리고, 이로 말미암아 국왕의 선정을 기대하는 민중들의
실의는 컸을 것이다. 정약용도 이러한 실의와 좌절을 느끼어 왕조의 몰
락과 사회의 변동을 예시하는 말을 하게 된 것이다. 그는 당시 사회상을
비판하면서 말하기를 나라에서 민중을 돌보지 않으므로 '만민이 모두 구
렁텅이에 다다랐으니 나라가 장차 어찌될 것인가.'[86]라고 근심을 하였
다. 또한 그는 국가의 멸망을 예시하는 말들을 거듭함으로써 변화에 대

---

86) 丁若鏞, 『與猶堂全書』 第1集 卷17, 書, 與金公厚 "萬民盡迫溝壑 此將奈何"

한 강한 기대를 드러내었던 것이다.

즉 정약용은 '국가는 몽땅 좀 먹히고 말 것이며, 민중들은 모두 죽고 말 것이다.'[87], '국가가 위태하니 … 변혁하지 않을 수 없다.'[88]라고 하였다. 그는 비록 그가 거처했던 호남 지방의 현실을 지적하며 이러한 말을 하는 데 지나지 않았던 것이지만 이와 같은 현실이 국가 전반에 걸친 상황의 일임을 파악하고서 단순히 호남 지방의 변동뿐만 아니라 국가의 전반적인 변동까지를 예시했던 것이라고 할 수 있다.

이러한 사회 변동에 대한 기대는 비단 정약용과 같은 지식인에게서만 드러나는 것이 아니었다.

> 근래에 와서 조세와 부역이 번잡하고 과중하며 관리들의 약탈이 혹심하여 백성들은 살아 나갈 수 없게 되었다. 때문에 전체 민중이 난을 생각하게 되어 요언망설이 동에서 일어나고 서에서 호응한다. 법에 비추어 그들을 전부 처단한다면 한 사람도 살아남을 백성이 없을 것이다.[89]

정약용의 이러한 말을 통하여 볼 수 있는 바와 같이 당시의 시대적 분위기는 일반 민중들까지도 대부분 난亂을 생각하는 혁명 전야와도 같은 음울한 상태였다. 그와 함께 유언비어가 나돌아 그러한 말을 하는 자들을 법대로 처단한다면 하나도 살아남지 못할 정도였다. 이러한 사회 심리적 동요로 말미암아 일부 부호들은 전면적인 민란에 대비하여 무주茂朱나 장수長水와 같은 깊은 산 속으로 피해 들어가는 사태가 일어났다. 이들이 지은 집이 산골에 들어찼다고[90] 정약용은 당시 사회의 동향을 보고했다.

---

87) 丁若鏞, 『與猶堂全書』 第5集 卷2, 經世遺表, 秋官刑曹, 掌胥院 "國必盡蠹而後已 民必盡劉"
88) 丁若鏞, 『與猶堂全書』 第1집 卷9, 議, 還餉議 "國必危 罷之固善 如其不能 下之不可以不變也"
89) 丁若鏞, 『與猶堂全書』 第5集 卷23, 牧民心書, 兵典, 應變 "近年以來 賦役煩重 官吏肆虐 民不聊生 擧皆思亂 妖言妄說 東唱西和 照法誅之 民無一生"
90) 丁若鏞, 『與猶堂全書』 第1集 卷19, 書, 與金公厚 "數三年來 望族豪戶之遷徙入深

이와 같이 사회는 불안한 상태에 처해 있었으나 묘당의 윗자리를 차지하고 앉은 재상들은 '정사政事는 예전대로 해야만 된다.'[91]고 말하며 그들 스스로 사회를 개혁하려는 노력을 전혀 드러내지 않고 있었다. 세도재상들의 관심은 사회의 개혁에 있었던 것이 아니라 자신들의 특권적인 지위를 유지하는 데에만 있었기 때문이었다. 상부 특권층이 이러한 상황이었으므로 하급 지방관들의 탐학은 더욱 자행될 수 있었던 것이다. 따라서 정약용이 유배되어 있던 호남 지방 일대에서는 관리들의 탐학에 저항하는 민중 반란의 기운이 무르익고 있었다.[92]

그러나 일개 유배자에 지나지 않았던 정약용은 호남의 이와 같은 사태에 대해서 어떤 해결책을 적극적으로 강구해 볼 처지가 못 되었던 것이다. 오직 그가 할 수 있는 일이란 강개한 마음을 토로하며 이를 시로 옮기는 것에 지나지 않았다.

나라의 기강이 이미 무너졌으니	大綱旣隳圮
만사가 답답히 통하지 않는다	萬事窒不通
한밤중에 책상치고 홀로 일어나	中夜拍案起
높은 하늘 바라보면 한숨짓는다	歎息瞻高穹 (中略)
수많은 참대를 잘라	那將萬箇竹
기다란 빗자루를 하나 만들어	束箒千丈長
검부러기 찌끼 먼지 모두 다 쓸어 모아	盡掃秕穅塵
바람결에 태워서 훨훨 날려 보내리	臨風一飛颺[93]

나라의 기강은 이미 다 무너져서 사회의 개혁을 집권자의 선의에만 맡길 수 없다고 정약용은 판단했다. 위의 시에서 정약용은 부조리가 제

者 幾千人矣 茂朱 長水之間 芿舍彌滿山谷"
91) 丁若鏞, 『與猶堂全書』 第5集 卷20, 牧民心書, 戶典, 穀簿 "民在水火之中 呼號宛轉 而宰相坐廟堂之上者 方且以政由舊三字 佩之爲至訣 噫 且奈何"
92) 丁若鏞, 『與猶堂全書』 第1集 卷19, 書, 與金公厚 "今湖南一路 有可憂者二 其一 民騷也 其一吏貪也"
93) 丁若鏞, 『與猶堂全書』 第1集 卷5, 詩, 夏日對酒.

거된 새로운 사회를 그리며 검부러기 같은 유식층遊食層과 사회적 모순
늘을 쓸어버리겠다고 소회를 밝힌 것이었다.

이 놈의 고양이들 죄악이 극악하니	念此貍奴罪惡極
곧바로 칼을 뽑아 천주天誅를 베푸를가	直欲奮劍行天誅
하늘이 너를 낳아 어디에 쓰려 했나	皇天生汝本何用
너는 원래 쥐를 잡아 민중 고통 덜어야지	令汝捕鼠除民痛
너는 쥐를 한 마리도 아니 잡고서	汝今一鼠不曾捕
오히려 스스로 도둑이 되는구나	顧乃自犯爲穿窬
긴 활에 큰 화살로 너희를 쏘아 맞춰	我今彤弓大箭手
쥐들이 끓더라도 부추겨 주리라	射汝若鼠橫行寧嗾盧[94]

　　정약용은 민중을 보호하고 아전을 단속해야 할 지방관들이 아전과 어
울려 민중을 수탈하는 것을 쥐를 잡기 위해 기른 고양이가 쥐는 잡지
않고 오히려 주인을 해치는 것으로 비유하였다. 지방관들의 탐학에 분노
하고 있던 정약용은 곧바로 칼을 빼어 그들에게 응징을 가하고 싶은 심
정을 가지고 있었음을 알 수 있다. 또한 그는 민중을 괴롭히는 아전들을
송충이에 비유하여 그 송충이를 모두 이글거리는 화롯불 속에 던져 버리
겠다는 격렬한 감정을 품고 있었다.[95]

　　이상의 시에서 볼 수 있는 바와 같이 정약용은 당시의 관리들에 대한 저
항을 비록 정신적으로나마 스스로 갖고 있었던 것이다. 이러한 자신의 사고
에서 한 걸음 더 나아가 그는 민중에게도 정당한 저항권 내지는 혁명권이
있음을 암시했다. 그는 민생고의 최종 책임자로 '왕정王政'을 시행하지 못하
는 국왕을 살인자로 생각했을 뿐 아니라, 민중의 관리에 대한 저항을 들어
관리들을 경계했다. 즉 그는 말하기를 '관리가 청렴하지 못하면 민중들은
그를 도둑으로 지목하고, 그가 지나가는 거리에선 더럽다고 꾸짖는 소리가

94) 丁若鏞, 『與猶堂全書』第1集 卷5, 詩, 貍奴行.
95) 丁若鏞, 『與猶堂全書』第1集 卷4, 詩, 蟲食松 "安得雷公霹靂斧 盡將汝族秉畀炎
火洪鑪鎔"

들끓을 것이니 부끄러운 노릇이다.'96)라고 말했다. 이는 관리에 대한 민중의 저항권을 전제로 한 말이라 해석할 수 있는 여지가 있는 것이다.

정약용은 이것보다 더욱 분명한 비유를 들어 민중의 저항권을 주장했다.

> 양이 호랑이를 잡아 죽이지 않고 새싹이 잡초를 제거하지 않는다면 어찌 양이나 새싹이 건강하게 자랄 수 있겠는가.97)

> 오늘날의 급무로는 농민의 수를 많게 하는 것밖에 없다. 농민의 숫자가 많으면 탐욕스럽고 교활한 관리가 농민을 침해하는 것을 농민들이 지혜를 모두어 금단할 수 있을 것이다.98)

무력한 양들이 호랑이를 잡아 죽이고 나약한 새싹이 잡초를 뽑아 버린다는 비유는 양이나 새싹과 같이 아무런 힘이 없는 민중들이라도 호랑이나 잡초같이 해로운 적대 집단들을 제거함을 의미한다고 생각된다. 따라서 그는 이 비유를 통해 분명히 민중 저항권을 주장하고 있는 것이라고 생각된다. 그리하여 약한 농민이라도 그 수가 늘어나면 그들의 지혜를 합쳐서 횡포한 관리도 제거할 수 있으며, 지배자가 어떠한 힘을 가지고 있다 하더라도 민중들이 단결하여 싸워 나가면 이기지 못할 바가 없다고 그가 생각했던 것을 의미한다.

조선 왕조 집권자의 입장에서 보자면 정약용의 이러한 생각은 '민란'을 유도하는 것으로 밖에 보이지 않았을지도 모른다. 그러나 '새로운 신화'를 가지고 있던 그가 이렇게 말한 것은 혁명적 사회 변동을 민중의 힘에 기대해 본 것이라 생각할 수 있다. 그리고 이와 같이 민중의 저항

---

96) 丁若鏞, 『與猶堂全書』 第5集 권17, 牧民心書, 律己, 淸心 "牧之不淸 民指爲盜 閭里所過 醜罵以騰 亦足羞也"

97) 丁若鏞, 『與猶堂全書』 第1集 卷19, 書, 與金公厚 "羊不去虎 苗不去莠 其何能苗壯長也"

98) 丁若鏞, 『與猶堂全書』 第5集 卷7, 經世遺表, 地官修制田制, 續大典 "今之急務 莫如使農夫多 欲農夫多 則貪官猾吏之侵害農夫者 宜謀禁斷"

권을 인정한 데에서 그 사상의 일대 전환을 볼 수 있을 것이다. 즉 18세기의 정약용은 민중을 위한 왕권 강화론자였다면, 19세기의 정약용은 민중을 주체로 파악하는 민권 강화론자로 그 사상적인 전환과 발전이 이루어지게 되었다고 생각된다. 그는 민중을 주체로 한 사회의 변동을 염두에 두었기 때문에 이와 같은 저항권을 주장하게 되었다고 볼 수 있을 것이다. 그의 모든 사상은 이러한 사회 변동에 대한 신앙을 기초로 하여 나온 것이라 생각된다.

4) 사회 변동의 촉진책

정약용 자신이 이상과 같이 사회 변동에 대한 강력한 예시를 하며 민중의 저항권을 인정하고 있었다고 생각할 때, 정약용 자신이 사회 변동을 촉진할 구체적인 대안까지도 가지고 있었는가 하는 문제에 봉착하게 된다. 왜냐하면 새로운 사회를 건설하기 위한 이념을 제시한 인물이라면 그 이념을 실현시킬 구체적인 방법까지도 제시해 주었을 가능성이 충분히 있으리라 생각되기 때문이다. 또한 이념을 실현시킬 방법으로 민중의 저항권을 인정하게 되었으면, 그 저항을 효과적으로 실현시키기 위해서 민중을 결집시키고 훈련하는 방안까지도 생각했을 가능성이 있기 때문이다. 그런데 사회 변동을 촉진할 방안으로는 합법적이고 평화적인 방법과 비합법적이고 폭력적인 방법 두 가지를 들 수 있을 것이다. 먼저 평화적인 촉진 방안이란 지배자의 이성에 호소하여 정책 담당자에게 자신들의 의사를 전달해서 이를 관철시키는 것이라 할 수 있다. 그러나 자신들의 개혁안이 평화적인 방법으로 받아들여질 수 없다고 생각될 때에는 폭력에 의한 사회 변동을 기도하게 되는 것이다.

만일 정약용이 정책 결정자에게 자신의 의사를 전달하여 정책에 반영시킬 수 있는 통로를 가지고 있었고, 또 그의 이론이 집권층에게도 충분히 수긍될 수 있는 것이라면 그는 사회 변동을 위해 평화적인 방법을 우선적으로 존중했을 것이다.

그러나 정약용이 주장했던 바는 그 중 어느 한 가지도 결코 당시의 집권층이 용납할 수 있는 성질의 것이 못 되었다. 왜냐하면 그는 정책 결정자의 특정 정책만을 반대했던 것이 아니라 당시 사회의 기본 질서까지를 부정했기 때문이다. 즉 그는 민중을 기본으로 하는 새로운 정체政體를 구상하고 있었으며, 그가 국가의 경제적 위기를 구제하는 방안으로 제시했던 것은 지주 전호제地主佃戶制의 해체를 통하여 특권층의 모든 경제적 기반을 박탈하고 부의 재분배를 기도하려던 이유 때문이었다. 또한 사회적으로는 그들의 신분적 특권에 도전하여 기존 정체를 파괴하고 기존 통치층을 타도하려는 목적도 정약용의 저서에서 관찰할 수 있다. 즉 정약용은 경제적 평등과 사회적 평등 그리고 이와 관련하여 정치적 평등까지를 주장했던 것이었고 더욱이 정약용은 그의 주장을 전달할 공식적인 통로를 정조가 죽은 후로는 전혀 갖지 못했던 것이다.

이러한 여건으로 미루어 볼 때, 정약용 자신은 자신의 제안이 평화적인 방법으로 시행될 수는 없었음을 잘 알고 있었으리라 생각된다. 그가 평화적인 사회 변동 방안을 포기했다면 폭력적인 방법에 의한 사회 변동을 용인하고 교사했을 가능성을 완전히 배제할 수는 없을 것이다. 물론 폭력에 의한 사회 변동 즉 혁명을 직접적으로 주장한다는 것은 그 자신의 죽음을 재촉하는 일이었을 것이므로 그는 감히 이를 그의 저서에 기록으로 드러나게 남기지는 못했을 것이다. 그러나 직접적으로 표현된 기록을 남기지는 못하였다 하더라도 그의 정치사상 일부에는 폭력을 용인하는 측면이 남아 있을 가능성이 있고, 또 그의 글 어딘가에는 이것이 간접적으로나마 표현되어 있을 것이라고 생각된다.

그러므로 여기에서는 그의 국방론을 중심으로 하여 그가 력에 의한 사회 변동을 고취했을 가능성을 추적해 보겠다. 그가 지은 국방 관계의 저서로는 『비어고備禦考』·『비어촬요備禦撮要』·『민보의民堡議』 등 몇 편의 책자가 남아 있다. 이러한 저술을 그가 남기게 된 것은 물론 국방 강화책을 세우기 위해서였다고 말할 수 있을 것이다. 그러나 그가 가지고 있었던 정치관이 조선 왕조의 전통적인 사고와는 큰 차이가 있음을 감안하면 그의 국방 강화론도 전통적인 조선 왕조에서 주장하던 것과는 차이가 있을 가능성을 인정해야 할 것이다.

종전의 국방 강화론이란 일부 지배적인 특권층의 견해를 반영하는 것이었다면, 정약용은 일반 민중에 중점을 둔 국방 강화론이었을 가능성이 짙은 것이다. 즉 민중을 주체로 하여 부국과 강병을 꾀했고 부국강병으로 발생하는 이익을 특권층이 아닌 민중에게 환원시킬 방안을 그가 제시했다고도 볼 수 있을 것이다. 또한 그의 이러한 주장은 18세기 실학자들의 국방 강화론과 맥이 통하는 것으로서 근대 내셔널리즘이 가지는 방어기제(defence mechanism)로서의 기능을 드러내고 있는 것이기도 하다. 정약용의 경우 그가 국방 강화책으로 제시한 여러 대안을 우선 방어기제적 기능을 드러내고 있는 것으로 볼 수 있다.

그러나 그가 조선 왕조의 기존 제도 전반에 걸친 위기를 통찰하고 사회의 변동을 희구하였다 할 때에 국방 강화론을 주장한 그의 저서는 방어 기제로서의 기능 이외에 제2의 기능을 가질 수 있는 가능성이 충분히 있었을 것이다. 이 제2의 기능이라 할 수 있는 것은 바로 민중의 저항권을 보장하고 경우에 따라서는 폭력적인 사회 변동을 추진할 수 있는 힘을 민중에게 부여해 주는 것이라고 할 수 있겠다.

정약용의 국방 강화에 대한 구상은 『민보의』에서 가장 잘 드러나고 있다. 민보 조직은 다섯 사람을 한 오伍로 만들고, 두 오를 한 대隊로 편성하며, 세 대를 한 기旗로 조직하자는 것이다.[99] 즉 활동할 수 있는 인원 30명을 한 기로 묶어 이를 보堡의 기본 단위로 만들 것을 주장했다.

---

99) 丁若鏞, 『與猶堂全書補遺』 卷3, 民堡議 "凡堡五人爲伍 二伍爲隊 三隊爲旗 一旗爲公堡 二旗爲小堡 三旗爲中堡 四旗爲大堡 五旗爲元堡 不滿一旗者 不能爲堡聽鄰堡節制"

또한 이 민보는 병농일치를 기본으로 하는 것이며,[100] 평소에 일반 민중을 조련해 두었다가 적의 침입에 대비하자는 것이 정약용의 주장에 표면상으로 나타나는 것이다.[101]

이러한 그의 주장은 단순히 외적의 침입에만 대비하려는 것이었다고 간단히 평가해 버리기에는 미진한 점이 있다. 민중이 갖추게 된 방어력은 쉽게 공격력으로도 전환시킬 수 있는 것이다. 이러한 원리를 정약용이 간파하지 못했으리라고는 생각하기 어렵다. 또한 정약용은 방어 무기 외에 공성용 무기로 민보 대원을 무장시키려 했다. 즉 그는 성을 공격할 때에 가장 효과적인 무기로 호창거虎倀車를 지적하였고, 이로써 민보 대원을 무장시키려 했던 것이다.[102]

민보民堡가 단순한 향토 방어에만 목적이 있었다면 이러한 본격적인 공성용 무기로까지 그들을 무장시킬 필요는 없었으리라 생각된다. 또한 그는 『비어고』에서 군대의 진격로를 자세히 언급했다.[103] 이러한 점으로 미루어 볼 때 경우에 따라서는 민보의 조직과 훈련이 민중들의 반란 에너지를 효과적으로 발현시켜 집권층이 점거하고 있는 성을 공격하는 방안도 될 수 있을 것이라 생각된다.

또한 정약용은 저서에서 이러한 군사 작전 중 일반 민중의 보호에 각별한 주의를 기울였다.

> 소인배들은 기회를 타서 겁탈도 할 것이며 도둑질도 할 것이다. 그러나 빼앗은 물건을 가지고 있는 자가 있으면 강제로 빼앗았거나 몰래 훔쳤는지를 가리지 말고 당장 때려 죽여 민중에게 보여 준다. 먹고 마실 것이 넉넉하지 못한 사람은 관청에 아뢰어 구호해 준다.[104]

---

100) 丁若鏞, 『與猶堂全書補遺』 卷3, 民堡議 "民保之所以爲良法 爲農作不廢也"
101) 丁若鏞, 『與猶堂全書補遺』 卷3, 民堡議 "民不知兵 文恬武嬉 上下嬵婧 至今日而 極矣 民之知之 云云"
102) 丁若鏞, 『與猶堂全書補遺』 卷3, 民堡議, 虎倀車設.
103) 丁若鏞, 『與猶堂全書補遺』 卷3, 備禦考 賦路相距 등 참고.

이와 같이 전투 중일지라도 일반 민중의 보호에 특별한 관심을 가져야 함을 말한 것으로 미루어 보면 그의 목적이 비단 향토방위에만 국한되어 있지 않음을 암시한다고 하겠다. 즉 그는 혁명을 위한 내전까지도 감안하고 있었으므로, 일반 민중들의 폭넓은 지지를 얻기 위한 방법으로서 엄한 군율과 대민 선무책對民宣撫策을 제시했던 것이라고 생각할 여지가 있다. 사실 민보 조직을 주장하는 그의 생각은 반란을 준비하려는 것으로 해석될 소지가 충분히 있었다. 그러므로 그는 『민보의』의 말미에 「답객난答客難」을 통하여 미리 이에 대한 답변을 준비했다.

> 객客이 묻기를 '오늘날처럼 민심이 소란한 때를 당하여 미련하고 완악한 민중들을 산과 골짜기에 떼 지어 모아 놓고 군사 조련을 익히게 한다면 어찌 도둑이 되어 대란을 도모하지 않겠는가.'하였다. 그는 대답하기를 '그대의 말은 지나치다. 난을 일으키려는 마음을 가진 사람은 천하에 몇 사람밖에 되지 않는다. 난을 일으킨 사람을 따르는 자들은 모두 애초부터 난을 일으키려는 마음을 가지고 있지는 않았을 것이다. 그러나 배고픔과 추위 때문에 마음이 조급해지고 죽거나 다칠 위험으로 마음이 조급해져서 마지못해 그 다음에야 난을 일으킨 자를 따르게 되는 것이다. 만일 그런 절박한 위험이 조금 누그러지면 비록 난을 일으킬 마음을 가진 자가 있다 하더라도 민중을 꾀어서 자기를 따르게 할 방도가 없을 것이다. 민보는 난을 가라앉히려는 방책인데 그대는 난을 일으키려는 것으로 생각하는가.'[105]

정약용은 이 「답객난」을 통해 그가 오해를 받을 수 있던 여지를 미봉하고 그의 진의를 은폐하려한 듯하다. 그는 민보가 난을 진정시키는 방법임을 객에게 역설하고 있지만, 그는 객이란 가상적인 인물을 설정해

104) 丁若鏞, 『與猶堂全書補遺』 卷3, 備禦撮要, 嚴姦盜 "小人乘機 爲姦爲盜 但有拏獲眞贓者 不分强竊 當時打死示衆 基飮食不足之人 廩官賑借 照出存恤"

105) 丁若鏞, 『與猶堂全書補遺』 卷3, 民堡議 "客曰 … 禮曰 弁冕兵革 佛藏旂私家 今也當板蕩之時 使愚頑之氓 皆爲兵革之事 幾何不爲盜爲冠 以謀大亂乎 答曰 自之言過矣 凡民之有不軌之心者 天下蓋數人已矣 其從而爲不軌者 皆初無是心 心迫於飢寒 迫旂死傷 不得已而後從之也 若其逼迫之禍 得有少紓 則雖有懷不軌之心資者 亦無由誘之使從己也 民堡爲息之策 子以爲起亂乎"

놓고 스스로 반문한 질문의 핵심을 교묘히 피해 나가고 있음을 알 수 있다. 즉 그는 '객'의 질문을 통하여 민보를 실시하는 데에는 반란이 일어날 현실적인 위험이 있음을 직시하고서 민보 실시에 반대하는 의견을 제시하게 하였다.

그러나 여기에 대한 그 스스로의 답변은 이 현실적인 위협을 전혀 도외시하고서 민보를 설치해야 된다고 끝까지 주장하는 것이었다. 즉 다시 말하자면 그는 '객'으로 하여금 현실적인 사회 상황을 기초로 한 질문을 던지게 해 놓고 이에 대해 안정된 사회를 전제하고 대답함으로써 객에게 던지게 했던 질문의 핵심을 교묘히 피해버렸다고 할 수 있을 것이다.

이미 앞서 보았던 것처럼 정약용은 그가 살고 있던 사회를 혁명 전야와도 같은 극한 상황에 처해 있던 것으로 인식했다. 일반 민중들은 배고픔과 추위에 허덕이고 있었으며, 특권층의 수탈로 인해 죽기 직전의 상태에 처해 있던 것으로 그는 생각했던 것이다. 그가 생각했던 현실은 바로 그가 「답객난」에서 말했던 폭력적인 행동이 일어나는 상황과 일치하고 있다. 이러한 점으로 미루어 볼 때 그는 민중을 무장시켜 적대 집단에 대항케 하려던 그의 진의를 숨기고서 민보 설치를 주장했다고 생각할 수도 있을 것이다. 그러므로 정약용의 국방 강화책은 배고픔과 추위와 관권의 억압이 없는 새로운 사회에서는 시행할 수 있는 제도임과 동시에 만일 이것이 시행될 수만 있다면 이 민보 조직은 새로운 사회를 건설하는 유력한 힘을 배양시켜 줄 것을 기대하면서 이를 그가 제시했던 것이라고 생각할 수 있을 것이다.[106]

---

106) 丁若鏞이 추구했던 사회변동의 방법이 평화적인 것이었는가, 아니면 폭력적인 것이었는가를 단정적으로 말하기는 어렵다. 그러나 여기에서는 그를 단지 평화적인 개혁론자 내지는 漸進主義者로만 이해하려는 견해에 대해 그가 평화주의적인 것과는 거리가 있는 측면도 가지고 있음을 지적해 보려는 것일 뿐이다.

5) 새로운 사회의 성격

정약용이 어떠한 방법으로든지 간에 사회 변동을 강력히 추구하고 있었음에는 의문의 여지가 없다. 그러므로 여기에서는 민중 저항권과 결부하여 그가 추구한 사회는 과연 어떠한 성질의 사회였을까를 고찰해 보고자 한다. 이에 관하여 먼저 말할 수 있는 것은 그가 민권 의식을 가지고 있었음을 감안해 보면 그가 추구했던 사회는 전근대적인 왕조 체제와는 확실히 다른 사회였을 것이라는 점이다.

이를 좀 더 부연하여 살펴보겠다. 정약용이 가장 중점을 두어 다루고 있던 토지 개혁론은 조선 왕조라는 봉건 국가 체제에 기생하고 있는 봉건적인 지배층을 제거하려던 것이었다. 비록 국가에서 유상 몰수의 원칙에 의하여 토지를 재분배한다[107] 하더라도 전통적인 지배층들은 그들의 봉건적인 특권을 박탈당하거나 축소당할 수밖에 없었을 것이다. 이렇게 된 이후 도래할 사회는 거의 근대 사회로서의 특징을 드러내는 사회가 될 것이다. 더욱이 토지 개혁의 결과 경작자만이 토지를 가질 수 있게 된다면 농민들은 경제적 및 경제외적인 강제를 더 이상 받을 필요가 없는 평등한 민중으로 존재할 수 있을 것이다. 정약용이 기대하였을 이러한 농민의 존재양식은 그가 계획했던 사회가 거의 근대적인 사회였음을 말하는 것이다.

정약용의 국방 강화론은 그의 토지 개혁론과 밀접한 관계를 가지고 있는 것이다. 정약용이 그의 국방 강화론에 제시했던 또 하나의 의견은 둔전제의 실시였다.[108] 그의 둔전론은 토지 개혁론과 거의 비슷한 사고에서 출발한 것이었고 둔전의 설치 방법도 정전제의 시행 방법과 동일한 것이었다. 그런데 그는 이 둔전을 유지하는 비용이나 둔전에서 거두어들일 세금은 차茶와 같은 상품 작물의 재배를 통해서 얻을 수 있는 국제

---

107) 丁若鏞, 『與猶堂全書』 第5集 卷7, 經世遺表, 田制, 井田議.
108) 丁若鏞, 『與猶堂全書補遺』 卷3, 桑土誌, 置屯田 참고.

무역을 통한 상업적 이익에 근간을 두어야 함을 말하고 있다.[109)]

정약용은 이와 같이 차의 수출을 통해 얻어지는 이익으로 둔전 설치 등 토지 개혁의 비용을 충당할 것을 제시함으로써 국제 무역을 촉진하는 상황을 기대했다. 그 뿐 아니라, 둔전을 설치할 때 상인들의 재력을 이용하고 상인들에게는 그들이 투척한 재력에 상응하는 정치적 지위를 주어야 함을 주장하였다.

> 송도의 아무개·평양의 누구누구와 주현州縣의 유명한 큰 장사꾼의 경우에는 관청에서 그 재력의 정도를 헤아려서 그들에게 힘을 보태도록[效力] 하고 그들의 수고에 보상을 해 주어야 한다. 비록 공금으로 둔전을 사들이는 일에 있어서도 또한 지탱할 만한 부자들에게 한 구역을 맡겨서 그에게 다스리도록 [經紀] 하며 그를 둔장屯長으로 삼아야 한다.[110)]

> 민간 중 재산이 많은 자가 둔전 하나를 병립할 수 있거나 그 반이나 3분의 1을 도와 설치할 수 있다면 조정에서는 변장邊將을 제수해 주거나 혹은 둔장 屯長으로 삼는다면 … 부자들이 이를 듣고 일어날 것이다.[111)]

이와 같이 정약용은 송상이나 유상柳商(평양 지역의 상인)과 같은 상업 자본가의 저력을 새 사회의 건설에 이용하려 했고, 그들이 정치에 참여할 수 있는 정당한 권리를 보장해 주려 했다. 신분적인 배경에 구애 받지 아니하고 상업 자본가에게 관직을 제수한다는 것은 그들의 정치 참여

---

109) 丁若鏞, 『與猶堂全書補遺』 卷3, 桑土誌, 置屯田 "獨茶者 天下之所同嗜 我東所獨昧 雖盡物取之 無權利之嫌政 宜自國家始採 而嶺南湖南 處處有茶 若許一斗米代納一斤茶 或以十斤茶 貸納軍布 則數十萬斤 不勞可集 舟輸西北開市處 依越茶印貼之價 一兩茶 取二錢銀 則十萬斤茶可得二萬斤銀 而爲錢六十萬 不過一兩年而可置四十五屯之田矣"

110) 丁若鏞, 『與猶堂全書補遺』 卷3, 桑土誌, 置屯田 "至若松都之某某 平壤之某某及州縣之有名大商 則營門最其財力所及 使之効力而償其勞 雖官錢買田等事 亦必委一境之能幹富民 使之經紀 仍爲之屯長"

111) 丁若鏞, 『與猶堂全書補遺』 卷3, 桑土誌, 置屯田 "民有饒於財 能辦立一屯 或助其牛 或三之一 自朝家 許除邊將 或仍爲屯長 … 則富民亦當有聞而興焉"

를 허용하려는 의도를 나타낸 것으로 풀이할 수 있을 것이다.

또한 이러한 그의 주장은 임진왜란 이후부터 성행하였던 납속보관納粟補官과는 차이점이 있는 것으로 생각된다. 조선 왕조의 재정 파탄으로 인해 행해졌던 납속보관의 경우에는 일정한 양의 곡식을 납부한 자들에게 봉건적인 지배 신분을 획득하는 직품職品만을 주었을 뿐이지 그들에게는 대부분 실질적인 정치 참여가 허용되지 않았던 것이다. 그러나 정약용은 이상 사회의 축소판인 둔전屯田을 건설하는 방법으로 국가와 상인과의 제휴를 말하고 있는 것이며 그들에게 정치권력을 인정해 주려 했던 것이므로 정약용의 이러한 주장과 납속보관과를 동일시할 수는 없을 것이다.

이상에서 언급한 바와 같이 자유로운 농민과 상인층에 의해서 구성되고 그들을 위해서 존재할 새로운 사회는 완전한 근대 시민 국가라고는 할 수 없다 하더라도 근대적인 성격을 강하게 띠고 있는 새로운 사회이리라 생각할 수 있다.

정약용은 자유로운 농민과 상인 계층이 정치권력에 참여할 수 있는 새로운 사회를 구상했고, 이를 실현시키기 위한 민중의 저항권을 용인하였다 하더라도 실제에 있어서 그의 생존 당시 그의 사상에 바탕을 둔 사회 혁명이 단행되지는 않았다. 그 이유는 다음과 같을 것으로 생각된다. 정약용이 지적했던 바와 같은 당시 국가 재정의 파탄 상태나 관권의 해이, 그리고 개혁 정치의 좌절, 권력의 디플레이션(power deflation) 등은 혁명을 이끌 필요조건은 될 수 있었다 하더라도 혁명을 일으킬 충분조건이 되지는 못했다. 혁명의 충분조건이란 이를 추진할 강력한 세력 집단의 출현을 들어야 할 것이다.

이 혁명의 충분조건을 성숙시키기 위해서 정약용은 민보 조직을 구상하기까지 하였다고 볼 수 있으나 그러나 이것을 실현시킬 힘이 그에게는 없었던 것이다. 정약용은 세도 정치 하에서 한낱 지배자의 처지에 놓여 있었으므로 그의 견해에 동조할 유력한 지식인들을 규합할 수 없었고, 민중의 집단 불안(collective unrest)을 효과적으로 이용할 수 없었던 것이다. 따라서 새로운 사회를 건설하기 위한 그의 열정은 시구詩句와 저서 속에 침잠되어 들어갔을 뿐 이것이 행동으로 표출되지는 못했다.

의기에 북받쳐 병서를 읽으면서	慷慨讀兵書
만고에 한번쯤 내달려 보려한다	萬古期一馳
그러나 이 뜻은 너무도 걸맞잖아	此意良已迂
보던 책 덮고서 기나긴 탄식한다	掩卷一長噫
웅대한 뜻 있는 자 가까이 하지 말자	豪士不可近
내 생각 바탕 삼아 일어서면 어찌하나	恐以我爲資
평범한 사람들도 가까이 하지 말자	庸人不可近
이 몸을 스승으로 받들으면 어찌 하나	恐以我爲師
초연한 외론 사람 만날 수만 있다면	超然得孤邁
나의 뜻 말하고서 위로나 받아볼까	庶慰我所思[112]

이렇게 그는 새로운 사회의 건설에 앞장설 수 없었던 자신의 처지를 괴로워하며 극도의 실의에 헤매면서 그의 마음을 노래로 표현하였다. 어느 누구도 믿을 수 없던 혹은 어느 누구와도 마음 놓고 자신의 주장을 토로할 수 없던 고독한 처지에서 민중의 저항권에 대한 신념을 그 자신이 효과적으로 전파시킬 수는 없었을 것으로 생각된다.

정약용은 이러한 상황에서 60세 되던 해에 그 자신이 지었던 「자찬묘지명自撰墓誌銘」에서 자신의 지난날을 돌아보며, '육경六經과 사서四書로 나를 수양하였고 일표이서一表二書(『경세유표』·『흠흠신서』·『목민심서』)를 지었으니 이로써 천하 국가를 위하여 본말을 갖춘 바가 되었다. 그러나 알아주는 사람은 얼마 안 되고 나무라는 사람들은 많이 있도다. 천명이 허락하지 아니한다면 한꺼번에 불을 질러 이를 태워버려라.'[113]고 말하며

---

112) 丁若鏞, 『與猶堂全書』 第1集 卷1, 詩, 讀孫武子.
113) 丁若鏞, 『與猶堂全書』 第1集 卷16, 墓誌銘, 自撰墓誌銘 "六經四書 以之修己 一

자신의 심정을 드러내었다.

그는 평생 동안 육경과 사서를 해설하는 주석서를 저술했고, 『경세유표經世遺表』·『흠흠신서欽欽新書』·『목민심서牧民心書』를 비롯하여 많은 저술을 남기었다. 그의 「자찬묘지명」에 나오는 이 말을 가지고 생각해 보면 전근대적인 통치 질서 아래에서 기득권을 행사하고 있던 대부분의 사람들이 일표이서를 비롯한 저서의 진가를 인정해 주지 않았고, 그 스스로가 이 저서의 진가를 실증할 수도 없는 상태였음을 알 수 있다.

5. 맺음말

정약용을 비롯한 조선후기 실학자들의 사상은 근대 지향적인 것으로 이해되고 있다. 그런데 실학사상을 근대 지향적인 사상으로 파악하기 위해서는 실학을 단순히 민본주의적 사상으로만 이해하여서는 부족한 점이 있다고 여겨진다. 참으로 실학을 근대 지향적 사상으로 해석하기 위해서는 실학사상에서 민권 의식적 요소를 적출해 내는 작업이 요청될 것이라고 생각된다. 민본 의식 혹은 위민 의식은 민권 의식과는 달리 근대 이전의 사회에서도 엄존해 왔기 때문이다. 즉, 이러한 민본이나 위민이라는 용어는 전근대적인 통치자들이 민중을 지배하는 명분으로 사용되어 왔고, 또 그들의 정치적 이상을 여기에 두었던 것이다.

따라서 민본주의나 위민 의식을 가리켜 전근대적인 전통의 뿌리가 깊은 개념이라고도 말할 수 있으리라 생각된다. 이러한 개념 아래 '근대 지향적인 실학사상'을 이해하려 하기보다는 근대 사회의 특징이 함축되어 있는 민권이란 개념을 가지고 실학사상을 파악함으로써 그 근대 지향

表二書 以之爲天下國家 所以備本末也 然知者旣寡 嗔者以衆 若天命不允 雖一炬以焚之可也"

성을 더욱 선명히 드러내 줄 수 있으리라 생각된다. 민권 의식이란 근대
의 산물이기 때문이다.

민권 의식은 중세 봉건 사회 혹은 반봉건半封建 사회가 해체되어 근대
사회로 접어들면서 민중의 각성에 의해 차차 대두되기 시작한 것이라 할
수 있다. 따라서 근대의 산물인 민권 의식을 기준으로 하여 실학의 근대
지향도를 판단함이 실학사상을 이해하는 데 더욱 타당성을 가질 수 있으
리라 생각된다. 이러한 문제의식에 입각하여 조선후기에 대표적 실학자
인 정약용의 정치사상을 궁구하면서 하나의 시론을 제시해 보았다.

조선왕조의 중세적인 사회 체제가 본격적으로 붕괴되어 가던 18세기
후반기와 19세기 전반기에 걸쳐 생존하였던 다산 정약용은 특출한 사상
체계를 드러냈다. 당시의 학문적인 분위기와 시대 환경의 영향을 받아
이룩된 그의 사상 중에서 가장 중요한 것은 민권 의식이라 생각된다. 이
민권 의식은 그 이전의 실학자들이 제시했던 민본주의 혹은 위민 의식보
다는 진일보한 것이었다. 민본 혹은 위민 의식 속에는 민중을 단순한 객
체로 파악하는 경향이 잔존되어 있는 것이지만, 정약용은 이러한 사고방
식을 지양하고서 민중을 주체로 파악하는 민권 의식을 가지게 되었던 것
이다.

그가 민권 의식을 가지게 된 것은 항구적인 민본 정책을 실천하기
위해서는 이를 집권자의 자비에만 기대할 것이 아니라, 민중의 직접적
인 정치 참여가 이루어져야 비로소 가능하게 된다고 생각했기 때문이리
라 여겨진다. 정약용은 민본 정책을 힘써 실천하던 청년기에 이미 민권
의식의 골격을 형성시켜 나갔지만, 그는 유배 생활을 통하여 이를 좀
더 구체적으로 발전시킬 수 있었을 것이다. 그가 민권 의식을 가지고
있었음은 그를 여타 실학자들과 비교하는 때에 중요한 구별 기준이 될
것이다.

정약용이 품고 있던 민권 의식 중에는 민중의 참정권과 공직 담임권

을 지적할 수 있을 것이다. 당시 주자학적 사고방식에 의하면 어디까지
나 피지배자의 지위에서 벗어날 수 없었던 민중들에게도 정치에 참여할
수 있는 권리가 있고 국가의 정치는 민중에 의하여 이루어져야 함을 말
하였다. 이로써 그는 종전의 하향적인 권력 구조를 상향적인 것으로 변
모시키려 했던 것이다. 그는 또한 민중의 공직 담임권을 강조하였다. 즉
신분제적 사회 질서에 기반을 두고 오직 소수인 만이 정치에 참여할 수
있었던 당시의 상황을 부정하고서 모든 사람들에게 특히 농업 경영에
성공한 사람이나閭長 상업 자본가들에게도 공직 담임의 길이 열려야 한
다고 주장했던 것이다. 또한 그는 민중 저항권을 용인해야 한다고 생각
한 듯하다. 폭정에 항거할 수 있는 권리는 민권의 중요한 요소가 되는
것이다. 그는 새로운 사회의 주역으로 민중의 역할을 극도로 부각시켜
놓았다.

그가 제시했던 '민권'에 대한 주장은 그가 처한 시대적인 한계성으
로 말미암아 오늘날과 같은 완전한 자유 민권 사상으로 이해할 수는
없다 하더라도 조선후기 실학이 이루어 놓은 가장 뚜렷한 정치사상의
발전 현상으로 파악될 수 있을 것이다. 정약용이 가지고 있었던 '민권
의식'은 민본주의로 꾸며 놓은 당시의 관념에 일대 도전을 감행한 것
이라 할 수 있다. 그리고 이 내용은 '민본'만을 주장하던 주자학적 사
유 방식과의 결별을 뜻하는 것이다. 이러한 정약용의 민권 의식은 우리
나라 근대 정치사상 형성 과정을 이해하는 데에 매우 중요한 요소가
될 것이다.

정약용이 가지고 있었다고 생각되는 이 민권 의식은 그가 어떤 외부
의 영향을 받아 갖게 된 것이라기보다는 조선후기 사회가 발전해 나가는
과정에서 정약용이 스스로 시대의 요청으로 간파한 이념이리라 여겨진
다. 따라서 정약용은 그가 생존하던 시대와 지역의 제한을 벗어나기는
어려웠다. 그리하여 그는 참정권과 저항권 등의 내용에 관한 더 자세한

구조를 밝혀 주지를 못했고, 의회주의적 원칙을 명료히 제시하지는 못했던 것으로 생각된다.

정약용이 이러한 취약점을 드러내고 있다 하더라도 우리는 정약용의 사상에서 민권 의식의 기본적인 형태를 충분히 발견해 낼 수 있을 것이며, 그의 이 민권 의식에 관한 이해를 통하여 그의 정치사상에 강력한 근대 지향성이 있었음을 단언할 수도 있으리라 생각된다.

찾아보기

ㄴ

ㅅ

경인한국학연구총서

*대한민국학술원 우수학술 도서   ****문화체육관광부 우수학술 도서**